Gabriele Gast · Die politische Rolle der Frau in der DDR

Studien zur Sozialwissenschaft

Band 17

Bertelsmann Universitätsverlag

Gabriele Gast

Die politische Rolle der Frau in der DDR

Bertelsmann Universitätsverlag

© 1973 Verlagsgruppe Bertelsmann GmbH/Bertelsmann Universitätsverlag, Düsseldorf
Umschlaggestaltung: studio für visuelle kommunikation, Düsseldorf
Satz: M. Seifert, Erkrath
Druck und Buchbinderei: Mohndruck Reinhard Mohn OHG, Gütersloh
Alle Rechte vorbehalten. Auch die Vervielfältigung des Werkes (Fotokopie, Mikrokopie) oder von Teilen daraus bedarf der vorherigen Zustimmung des Verlages.
Printed in Germany

ISBN 3-571-09219-8

Inhalt

Verzeichnis der Tabellen und Abbildungen 9

Abkürzungsverzeichnis 13

Vorwort 15

Einleitung 19

Erster Teil:

I. Kapitel: Die Gleichberechtigung der Frau im Sozialismus 27

1. Die Gleichberechtigungstheorie der marxistischen Klassiker: von Marx bis Lenin 27
2. Der Emanzipationsgedanke bei der SED 31
   a) Anknüpfung an die marxistische Gleichberechtigungsideologie 31
   b) Wirtschaftliche Erwägungen 32
   c) Persönlichkeitsentfaltung und sozialistische Bewußtseinsbildung 33
3. Probleme der Verwirklichung der Gleichberechtigung in der DDR 35
   a) Gesetzliche Bestimmungen 35
   b) Unzureichende Berufsausbildung und Qualifizierung der Frauen 37
   c) Mehrbelastung der Frauen durch Beruf, Haushalt und Familie 39

Zweiter Teil:
Die Frau in der SED 42

II. Kapitel: Die Frau als Mitglied, Parteiarbeiterin und Parteitagsdelegierte der SED 42

1. Weibliche Mitgliederstruktur 42
   a) Mitgliederbewegung 42
   b) Soziale Struktur der weiblichen Mitgliedschaft 47
   c) Werbung weiblicher Mitglieder 50
2. Mitwirkung der Frauen in der allgemeinen Parteiarbeit 53
   a) In den Statuten garantierte Mitarbeit 53

b) Möglichkeiten und Grenzen der Mitarbeit 57
     aa) Möglichkeiten und Schwierigkeiten 57
     bb) Frauen als Funktionäre in der Frauenarbeit 59
     cc) Kleinarbeit in den Grundeinheiten: Wohn- und Betriebsgruppen . 61
     dd) Maßnahmen zur Intensivierung der weiblichen Parteiarbeit 63
     ee) Zusammenfassung 64
  c) Schulung der weiblichen Mitglieder......................... 67
3. Weibliche Delegierte zu den Parteitagen........................ 71
  a) Delegiertenstatistik 72
  b) Mitwirkung der Frauen in den Parteitagsgremien................ 75
  c) Zusammenfassung 78

III. Kapitel: Frauen in den Bezirksorganisationen der SED 79

1. Die weiblichen Mitglieder und Kandidaten der Bezirksleitungen 79
2. Die weiblichen Mitglieder und Kandidaten der Büros bzw. Sekretariate
   der Bezirksleitungen..................................... 83
   a) Die weiblichen Parteisekretäre 84
   b) Weibliche Führungskräfte aus verschiedenen Funktionsbereichen als
      Mitglieder der Büros bzw. Sekretariate 89
   c) Die weiblichen Kandidaten der Büros 92
3. Die weiblichen Mitglieder und Kandidaten der Bezirksparteikontrollkommissionen 92
4. Die weiblichen Mitglieder und Kandidaten
   der Bezirksrevisionskommissionen............................ 95
5. Die Frauenkommissionen bei den Bezirksleitungen 95

IV. Kapitel: Frauen in der zentralen Parteiführung der SED 97

1. Zentralkomitee 97
   a) Veränderungen im Aufgaben- und Funktionsbereich des Zentral-
      komitees 97
   b) Das Ausmaß der Mitwirkung von Frauen im Zentralkomitee 98
      aa) Der Prozentanteil weiblicher Mitglieder und Kandidaten 98
      bb) Fluktuationstendenzen unter den weiblichen Mitgliedern und
          Kandidaten..................................... 101
   c) Die weiblichen Mitglieder und Kandidaten des Zentralkomitees in ihrer
      sozialstrukturellen Zusammensetzung 105
      aa) Die altersstrukturelle Entwicklung 106
      bb) Dauer der Parteizugehörigkeit 108
      cc) Politische Betätigung bzw. Aufenthalt in den Jahren
          1933 bis 1945................................... 111
      dd) Die Schul- und Berufsbildungsstruktur (Schul- bzw. Ausbildungs-
          abschluß / Erlernter Beruf) 111
      ee) Zur Repräsentanz der Funktionsbereiche (Ausgeübter Beruf) ... 116
      ff) Die Verbindung zwischen Partei- und Staatsapparat.......... 120
      gg) Ehepaare im Zentralkomitee 122

2. Die Organe des Zentralkomitees 123
   a) Politbüro 124
   b) Sekretariat des Zentralkomitees 127
   c) Der ZK-Apparat 129
      aa) Die Abteilungen des ZK 129
      bb) Die Arbeitsgruppe Frauen beim ZK 130
      cc) Die Frauenkommission beim Politbüro 133
3. Zentrale Parteikontrollkommission 135
4. Zentrale Revisionskommission 137
5. Zusammenfassung 137

Dritter Teil:
Die Frau in den Parlamenten und in der staatlichen Exekutive 142

V. Kapitel: Frauen in den Parlamenten 142
1. Die Frau als Wählerin 142
2. Kandidaturen von Frauen 146
3. Die Frau als Volksvertreterin 154
   a) Stellung, Funktion und Kompetenzen der Volksvertretungen und
      ihrer Abgeordneten 154
   b) Die weibliche Mitarbeit in den Volksvertretungen – ein Gradmesser
      für die politische Rolle der Frau? 155
4. Frauen in den örtlichen Volksvertretungen 159
   a) Der Einfluß der Gemeindegröße auf die parlamentarische Vertretung
      von Frauen 159
   b) Frauenüberschuß und weiblicher Anteil in den örtlichen Volksvertretungen 162
5. Frauen in der Volkskammer 164
   a) Der Frauenanteil in der Volkskammer und Fluktuationstendenzen
      unter den weiblichen Abgeordneten 164
   b) Die weiblichen Abgeordneten nach ihrer Fraktions- und Parteizugehörigkeit sowie dem Datum ihres Eintritts in die Parteien und Massenorganisationen 169
   c) Die weiblichen Volkskammerabgeordneten in ihrer sozialstrukturellen
      Zusammensetzung 177
      aa) Die altersstrukturelle Entwicklung 177
      bb) Die Schul- und Berufsbildungsstruktur (Schul- bzw. Ausbildungsabschluß / Erlernter Beruf) 179
      cc) Die Berufsstruktur (Ausgeübter Beruf) 182
   d) Die Mitarbeit der weiblichen Abgeordneten in den Ausschüssen der
      Volkskammer 185
   e) Frauen im Fraktionsvorsitz und im Präsidium der Volkskammer 190
6. Zusammenfassung 191

VI. Kapitel: Frauen in der staatlichen Exekutive 194
1. Frauen in den örtlichen Exekutivorganen der Staatsmacht 194
   a) Struktur, Zusammensetzung und Arbeitsweise der örtlichen Exekutivorgane der Staatsmacht................................. 194
   b) Der Frauenanteil in der Funktion des Bürgermeisters (Vorsitzende der Räte der kreisangehörigen Städte und Gemeinden) 196
   c) Die weiblichen Oberbürgermeister (Vorsitzende der Räte der kreisfreien Städte) 198
   d) Der Frauenanteil in den mittleren und leitenden Funktionen der Räte der Kreise und Bezirke 202
   e) Das Ausmaß der weiblichen Mitwirkung in den örtlichen Exekutivorganen der Staatsmacht in Abhängigkeit vom Machtcharakter der Funktion 204
2. Frauen in der Regierung (Ministerrat)........................ 205
   a) Struktureller Aufbau und Machtbefugnisse des Regierungsapparates der DDR... 205
   b) Der Frauenanteil in den Spitzenfunktionen des Regierungsapparates .. 207
   c) Die Staatsfunktionärinnen nach Parteizugehörigkeit, Ausbildungsniveau und Mitgliedschaft in der Volkskammer 212
   d) Die weiblichen Minister der DDR – Charakteristik 218
   e) Die weiblichen Staatssekretäre und stellvertretenden Minister 225
   f) Frauen in leitenden Rängen des diplomatischen Dienstes 228
   g) Zusammenfassung 231
3. Frauen im Staatsrat 232
   a) Entstehung, Zusammensetzung und Machtbefugnisse des Staatsrates .. 232
   b) Der Frauenanteil im Staatsrat 234
   c) Die weiblichen Mitglieder des Staatsrates als Repräsentanten von Berufs- und Bevölkerungsgruppen 236
   d) Zusammenfassung 237

Schlußbetrachtung 242

Anmerkungen 250

Anhang – Tabelle 1 287

Anhang – Tabelle 2 292

Personenregister 304

Verzeichnis der Tabellen und Abbildungen

Tabelle 1: Anteil der weiblichen Mitglieder und Kandidaten an der Gesamtmitgliedschaft der SED (1946–1971) 43
Tabelle 2: Der weibliche Mitgliederanteil in führenden Parteien der Bundesrepublik (1946–1965) 44
Tabelle 3: Soziale Struktur der weiblichen SED-Mitgliedschaft in den Landesverbänden Mecklenburg und Sachsen-Anhalt 1947 und in der Gesamtpartei 1950 und 1966 49
Tabelle 4: Mindestvertretung von Frauen in den Sekretariaten der Parteivorstände nach dem ersten SED-Statut von 1946 54
Tabelle 5: Anteil der weiblichen Delegierten auf den Parteitagen und Parteikonferenzen der SED (1947–1971) 73
Tabelle 6: Prozentualer Frauenanteil in den Kommissionen der Parteitage und Parteikonferenzen der SED (1947–1971) 76
Tabelle 7: Prozentualer Anteil der weiblichen Mitglieder und Kandidaten in den Bezirksleitungen der SED (1956–1971)............ 81
Tabelle 8: Anteil der weiblichen Mitglieder und Kandidaten in den Büros bzw. Sekretariaten der Bezirksleitungen der SED (1949–1971) 85
Tabelle 9: Funktion und Amtszeit der weiblichen Sekretäre der Bezirksleitungen der SED 88
Tabelle 10: Funktion und Amtszeit der übrigen weiblichen Mitglieder der Büros bzw. Sekretariate der Bezirksleitungen der SED 90
Tabelle 11: Die weiblichen Vorsitzenden der Bezirksparteikontrollkommissionen und der Bezirksrevisionskommissionen der SED 94
Tabelle 12: Anteil der weiblichen Mitglieder und Kandidaten im Parteivorstand bzw. Zentralkomitee der SED (1946–1971) 100
Tabelle 13: Die weiblichen Mitglieder und Kandidaten des Parteivorstandes bzw. Zentralkomitees der SED (1946–1971)............ 102
Tabelle 14: Die weiblichen Mitglieder und Kandidaten des Parteivorstandes bzw. Zentralkomitees der SED (1946–1971) nach ihrem Alter 107
Tabelle 15: Die weiblichen Mitglieder und Kandidaten des Parteivorstandes bzw. Zentralkomitees der SED (1946–1971) nach dem Datum ihres Parteieintritts 109
Tabelle 16: Die weiblichen Mitglieder und Kandidaten des Parteivorstandes bzw. Zentralkomitees der SED (1947–1971) nach ihrem Schul- bzw. Ausbildungsabschluß........................ 113

Tabelle 17:	Die weiblichen Mitglieder und Kandidaten des Parteivorstandes bzw. Zentralkomitees der SED (1946–1971) nach dem erlernten Beruf	114
Tabelle 18:	Die weiblichen Mitglieder und Kandidaten des Zentralkomitees der SED 1971 nach den von ihnen repräsentierten Funktionsbereichen	117
Tabelle 19:	Weibliche Mitglieder und Kandidaten des Parteivorstandes bzw. Zentralkomitees der SED (1946–1971) mit zusätzlichen Funktionen im Partei- und Staatsapparat	121
Tabelle 20:	Die Leiterinnen des Arbeitsgebietes Frauen im ZK-Apparat (1946–1971)	131
Tabelle 21:	Mitglieder der Frauenkommission beim Politbüro des ZK der SED	134
Tabelle 22:	Die weiblichen Mitglieder und Kandidaten der Zentralen Parteikontroll- und Revisionskommission der SED (1946 bzw. 1949–1971)	136
Tabelle 23:	Prozentualer Frauenanteil in den zentralen Parteiorganen der SED (1946–1971)	139
Tabelle 24:	Prozentualer Frauenanteil in den Parteiorganen der SED auf zentraler und regionaler (Bezirks-) Ebene 1971	140
Tabelle 25:	Wahlentscheidung von Männern und Frauen bei den Gemeindewahlen 1946 in ausgesuchten Städten der SBZ	143
Tabelle 26:	Der Frauenanteil in den Parlamenten der SBZ und der Stadt Berlin 1946	147
Tabelle 27:	Der Frauenanteil an den Kandidaturen für die Volkskammer (1954–1971) nach Bezirken	150
Tabelle 28:	Der Frauenanteil in den Volksvertretungen der DDR (1958–1971)	160
Tabelle 29:	Der Frauenanteil in der Volkskammer der DDR (1949–1971)	165
Tabelle 30:	Durchschnittliche Mandatsdauer der weiblichen Volkskammermitglieder (1954–1971) nach Fraktionen	167
Tabelle 31a:	Die weiblichen Volkskammerabgeordneten (1954–1971) nach ihrer Fraktionszugehörigkeit	170
Tabelle 31b:	Die weiblichen Berliner Vertreter in der Volkskammer (1954–1971) nach ihrer Fraktionszugehörigkeit	171
Tabelle 32:	Die weiblichen Volkskammerabgeordneten (1954–1971) nach ihrer Fraktionszugehörigkeit und Parteimitgliedschaft	174
Tabelle 33:	Die weiblichen Volkskammerabgeordneten (6. Legislaturperiode 1971) nach ihrer Fraktionszugehörigkeit und dem Datum ihres Eintritts in die Parteien bzw. Massenorganisationen	175
Tabelle 34:	Die weiblichen Volkskammerabgeordneten (1954–1971) nach ihrem Alter	178
Tabelle 35:	Die weiblichen Volkskammerabgeordneten (1954–1971) nach ihrem Schul- bzw. Ausbildungsabschluß	180

Tabelle 36:	Die weiblichen Volkskammerabgeordneten (1954–1971) nach dem ausgeübten Beruf	183
Tabelle 37:	Der Frauenanteil in den Ausschüssen der Volkskammer (1957–1971)	186
Tabelle 38:	Die weiblichen Vorsitzenden von Volkskammer-Fraktionen und die weiblichen Mitglieder des Präsidiums der Volkskammer (1949–1971)	191
Tabelle 39:	Der Frauenanteil in der Funktion des Bürgermeisters in kreisangehörigen Städten und Gemeinden der DDR (1947–1970)	197
Tabelle 40:	Der Frauenanteil in der Funktion des Oberbürgermeisters in kreisfreien Städten der DDR (1950–1970)	199
Tabelle 41:	Die weiblichen Oberbürgermeister in der DDR	200
Tabelle 42:	Der Frauenanteil in leitenden und mittleren Funktionen in den örtlichen Exekutivorganen der Staatsmacht (1961–1964)	204
Tabelle 43:	Der Frauenanteil im Regierungsapparat der DDR (1949–1971)	208
Tabelle 44a:	Die weiblichen Minister der DDR bzw. Frauen im Ministerrang (1949–1971)	213
Tabelle 44b:	Die weiblichen Staatssekretäre in den Ministerien der DDR (1949–1971)	214
Tabelle 44c:	Die weiblichen Stellvertreter der Minister der DDR (1949–1971)	215
Tabelle 44d:	Die weiblichen Leiter und stellvertretenden Leiter staatlicher Institutionen beim Ministerrat der DDR (1949–1971)	216
Tabelle 45:	Frauen in Spitzenfunktionen des diplomatischen Dienstes der DDR (1950–1971)	229
Tabelle 46:	Der Frauenanteil im Staatsrat der DDR (1960–1971)	235
Tabelle 47:	Die weiblichen Mitglieder des Staatsrates der DDR (1960–1971) als Repräsentanten von Berufs- und Bevölkerungsgruppen	238
Tabelle 48:	Die weiblichen Mitglieder des Staatsrates der DDR (1960–1971) nach politischen Funktionen und der Mitgliedschaft in der Volkskammer	240

Anhang

Tabelle 1:	Die beruflich-politischen Hauptfunktionen der weiblichen Mitglieder und Kandidaten des Parteivorstandes bzw. Zentralkomitees der SED (1946–1971) im Zeitraum ihrer Zugehörigkeit zu diesem Gremium	287
Tabelle 2:	Die weiblichen Mitglieder der Volkskammer der DDR (1950–1971) nach ihrer Fraktionszugehörigkeit	292

Abbildungen

Abbildung 1: Ausmaß der weiblichen Beteiligung in Parteifunktionen mit unterschiedlichem politischen Einfluß 82
Abbildung 2: Prozentualer Frauenanteil in Funktionen der SED-Bezirksleitungen mit unterschiedlicher Machtstellung 93
Abbildung 3: Die Sitzordnung im Plenum der Volkskammer 173
Abbildung 4: Der Frauenanteil in den Spitzenfunktionen der örtlichen Exekutivorgane der Staatsmacht 205

Abkürzungsverzeichnis

Gemäß internationalen Gepflogenheiten werden alle Institutionen mit den Namen bezeichnet, die sie sich selbst gegeben haben. Deshalb steht für die Zeit von 1945 bis Oktober 1949 die Bezeichnung Sowjetische Besatzungszone und für die Zeit ab Oktober 1949 die Bezeichnung Deutsche Demokratische Republik. In gleicher Weise wird die 1953 erfolgte Umbenennung der sächsischen Großstadt Chemnitz in Karl-Marx-Stadt berücksichtigt.

Abs.	Absatz
ADN	Allgemeiner Deutscher Nachrichtendienst
Agit.	Agitation
Anm.	Anmerkung
Antifa	Antifaschismus, antifaschistisch
APO	Abteilungsparteiorganisation
Art.	Artikel
BGL	Betriebsgewerkschaftsleitung
BHE	Bund der Heimatvertriebenen und Entrechteten
BPKK	Bezirksparteikontrollkommission
BPO	Betriebsparteiorganisation
BRD	Bundesrepublik Deutschland
BRK	Bezirksrevisionskommission
BT	Bundestag
CDU	Christlich-Demokratische Union
ČSSR	Tschechoslowakische Sozialistische Republik
CSU	Christlich-Soziale Union
DAW (DAdW)	Deutsche Akademie der Wissenschaften zu Berlin
DBD	Demokratische Bauernpartei Deutschlands
DDR	Deutsche Demokratische Republik
DFD	Demokratischer Frauenbund Deutschlands
DKB	Deutscher Kulturbund
DP	Deutsche Partei
Einl.	Einleitung
FDGB	Freier Deutscher Gewerkschaftsbund
FDJ	Freie Deutsche Jugend
FDP	Freie Demokratische Partei
GBl.	Gesetzblatt

HA	Hauptabteilung
HO	Handelsorganisation
IAH	Internationale Arbeiterhilfe
IDFF	Internationale Demokratische Frauenföderation
IWE	Informationsbüro West (-Berlin)
KJVD	Kommunistischer Jugendverband Deutschlands
KPD	Kommunistische Partei Deutschlands
KPdSU	Kommunistische Partei der Sowjetunion
Krs.	Kreis
KZ	Konzentrationslager
LDPD	Liberal-Demokratische Partei Deutschlands
LPG	Landwirtschaftliche Produktionsgenossenschaft
MAS	Maschinen-Ausleih-Station
MTS	Maschinen-Traktoren-Station
NDPD	National-Demokratische Partei Deutschlands
NSDAP	Nationalsozialistische Deutsche Arbeiterpartei
Prop.	Propaganda
RLN	Rat für landwirtschaftliche Produktion und Nahrungsgüterwirtschaft
SAP	Sozialistische Arbeiterpartei
SBZ	Sowjetische Besatzungszone
SED	Sozialistische Einheitspartei Deutschlands
Sekr.	Sekretär
SMAD	Sowjetische Militäradministration in Deutschland
SPD	Sozialdemokratische Partei Deutschlands
Stellv.	Stellvertreter, stellvertretend
SU	Sowjetunion
Tab.	Tabelle
TU	Technische Universität
UdSSR	Union der Sozialistischen Sowjetrepubliken
UfJ	Untersuchungsausschuß freiheitlicher Juristen
USA	Vereinigte Staaten von Amerika
USPD	Unabhängige Sozialdemokratische Partei Deutschlands
VdgB	Vereinigung der gegenseitigen Bauernhilfe
VEB	Volkseigener Betrieb
VEG	Volkseigenes Gut
VK	Volkskammer
Vors.	Vorsitzende(r)
VR	Volksrepublik
VVB	Vereinigung volkseigener Betriebe
ZK	Zentralkomitee
ZPKK	Zentrale Parteikontrollkommission
ZRK	Zentrale Revisionskommission

Vorwort

Wo Macht ist, sind keine Frauen — mit dieser Feststellung sind nicht die gesellschaftlich-politischen Verhältnisse in Bonn gemeint, sondern in Ost-Berlin, und so könnte man die Ergebnisse dieser Studie wohl am kürzesten zusammenfassen.

Trotz der unterschiedlichen politischen Systeme im Osten und Westen Deutschlands ist die politische Rolle der Frauen in beiden Staaten einander verblüffend ähnlich: die Frauen sind heute zwar nicht mehr zur politischen Abstinenz verdammt wie im nationalsozialistischen (faschistischen) Deutschland, das von einer ausschließlich männlichen Elite beherrscht wurde, aber sie sind auch nicht Teilhaberinnen an der politischen Macht in jenen beiden Staaten, die aus den Trümmern des Dritten Reiches hervorgegangen sind. Sie erscheinen eher als Zaungäste an der Peripherie der Machtzentren, als Hinterbänkler oder Hospitanten. Wenn auch einzelne Frauen im Rampenlicht der politischen Bühne standen oder stehen, so sind sie doch nur Ausnahmen, ihre Wahl oder Ernennung oftmals eher eine Konzession an den Geschlechtsproporz, denn eine Würdigung ihrer Fähigkeiten. „Konzessionsfrauen" in Parteien und Kabinetten regen jedoch weniger dazu an, ihre politische Karriere oder ihre Machtstellung zu analysieren, als vielmehr die allgemeine Frage nach der weiblichen Rolle in der Politik und nach den Ursachen der Unterrepräsentation von Frauen zu stellen.

Diese Frage zeigt sich als ein spezieller Aspekt des allgemeinen Problems der Emanzipation des weiblichen Geschlechts, das seit gut hundert Jahren die Industriegesellschaften mehr oder weniger beschäftigt und im Zuge der sich verstärkenden Demokratisierungstendenzen zunehmend an Bedeutung gewinnt. Die Schwierigkeit der Problemlösung ergibt sich vor allem aus der besonderen weiblichen Rolle im natürlichen Reproduktionsprozeß des menschlichen Lebens. Dieser Rolle kann zwar mit speziellen sozial- und bildungspolitischen Förderungsmaßnahmen für die Frauen Rechnung getragen werden, doch ist das gesamte Dilemma nicht generell aufhebbar. Die Emanzipation der Frau ist also sowohl für die DDR als auch für die BRD ein zentrales gesellschaftliches Problem und wird es auch auf absehbare Zeit bleiben.

Die Fragen nach der politischen Rolle der Frau in der DDR berührt zugleich ein aktuelles politisches Problem, insofern im Verlauf der Entspannungspolitik ein verstärktes Interesse am Gesellschaftssystem und der politischen Kultur der DDR entstanden ist. Als die vorliegende Untersuchung begonnen wurde, galt die DDR hierzulande noch als „Phänomen", dessen politische und soziale Realität wahrzunehmen die offizielle Politik vermied. Bei Abschluß der Arbeiten war die DDR inzwischen auch für die politische Führung der BRD zu einer Realität geworden, die Nichtpolitik einer beginnenden Interaktion gewichen. Die im Zuge dieser Politik aufgeworfenen Probleme von Entspannungsbemühungen einerseits und Abgrenzungsbestrebungen andererseits machen nun mehr denn je eine intensive Erforschung jenes Staates unerläßlich, der sich auch heute noch als ein Staat deutscher Nation bezeichnet. Gerade das im Streit um die nationale Frage sich herauskristallisierende Problem, ob es sich bei den beiden Staaten BRD und DDR um „feindliche" Brüder, aber eben doch um Brüder – ein „familiensoziologisches" Problem – handelt, erfordert fundierte Untersuchungen über die DDR, um nicht nur die zeitgeschichtliche Entwicklung, sondern auch die gegenwärtige gesellschaftlich-politische Situation und ihre Veränderungen zu erhellen.

Die hier vorgelegte Arbeit wurde zum Jahresende 1972 abgeschlossen, so daß alle 1971 stattgefundenen Partei- und Parlamentswahlen in der DDR sowie die Machtübernahme Erich Honeckers voll berücksichtigt werden konnten. Die im Verlauf der Krankheit und des Todes von Walter Ulbricht erfolgten Machtverlagerungen im Staatsapparat der DDR – die Aufwertung des Ministerrates und der Volkskammer, der tendenziell eine Abwertung des Staatsrates entsprach – liegen jedoch außerhalb des Untersuchungszeitraumes; allerdings hatten sie keine Auswirkungen auf die analysierte politische Rolle der Frauen. Gewichtiger indes waren die personalpolitischen Entscheidungen auf der 10. Plenartagung des Zentralkomitees der SED im Oktober 1973, auf der die Leiterin der Abteilung Frauen im ZK, Inge Lange, sowohl zum Sekretär des Zentralkomitees als auch zum Kandidat des Politbüros gewählt wurde. Sie hat damit eine Höhe in der internen Machthierarchie der Partei erreicht, wie sie vor ihr nur die – inzwischen verstorbene – Edith Baumann einnehmen konnte. Doch gerade die Wahl der obersten SED-Frauenfunktionärin Inge Lange in die Machtzentren der Partei deutet eher auf eine erneute Phase verstärkter Anstrengungen der SED in der *außerparteilichen* Frauenarbeit hin als auf eine sich verändernde, d. h. verbessernde politische Rolle der Frauen *innerhalb* der Partei.

Diese Arbeit stellt einen Beitrag zur empirischen DDR-Forschung dar. Gegenstand der Untersuchung ist ein politisch-sozialer Teilbereich der DDR, der in der bundesrepublikanischen DDR-Forschung bisher weitgehend ausgeklammert oder aber von ihr nicht gesehen worden war, was jedoch die politische und wissenschaftliche Relevanz der Thematik keineswegs schmälert. Gerade die unzureichende Information über unseren Nachbarstaat kennzeichnet die Situation der hiesigen DDR-Forschung, die nicht zuletzt mit dem speziellen Problem der Wertungskriterien in besonderer Weise konfrontiert ist; denn die Fakten und Ergebnisse sollen weder negativ verfärbt noch positiv aufgeladen werden. Ich habe versucht, dieser Gefahr dadurch zu begegnen, daß ich mich in der Untersuchung auf eine beschreibende Analyse der politischen Rolle der Frau in der DDR konzentriert habe, wobei eine Bewertung sich nur aus der Konfrontation mit dem expliziten Selbstverständnis ergibt. Im Bereich der DDR-Forschung ist die Untersuchung damit in die Richtung der Immanenzkritik einzuordnen.

Eine Analyse der politischen Rolle der Frau in der DDR muß historische, politologische und soziologische Aspekte einbeziehen, um der Komplexität des gesamten Emanzipationsproblems gerecht zu werden. Im Rahmen der Erhebungen entstand oftmals das Verlangen, in einen Systemvergleich Bundesrepublik – DDR einzutreten, wie er in jüngster Zeit die Arbeit der DDR-Forschung verstärkt bestimmt. Eine solche Arbeitsweise mußte sich jedoch schon deshalb verbieten, weil ein Vergleich spezieller Aspekte grundlegende Studien voraussetzt, zumal die politische Rolle der Frauen im Osten und Westen Deutschlands eng mit dem jeweiligen System verknüpft ist.

Gleichwohl zeigen die gewonnenen Untersuchungsergebnisse z. T. verblüffende Ähnlichkeit mit Forschungsergebnissen über die Bundesrepublik – die weitgehend in die Studie eingearbeitet wurden –, so daß sich der Schluß aufdrängt, daß die politische Rolle der Frauen in der DDR wie auch in der BRD weniger vom jeweiligen politischen System geprägt ist als vielmehr von übergreifenden Tendenzen der Industriegesellschaften. Hinzu kommt die gemeinsame politische und gesellschaftliche Vergangenheit der beiden deutschen Staaten, die sich gerade bezüglich des Emanzipationsproblems in Form von tradierten Rollenerwartungen gegenüber der Frau äußert – ein Stück gemeinsamer politischer Kultur. Aus beidem resultiert die traditionelle berufliche Einschränkung der Frau, der eine Einschränkung im politisch-staatlichen Leben entspricht.

Bezogen auf die arbeitsteilige, hochspezialisierte Industriegesellschaft ist damit ein Kernproblem der weiblichen Repräsentanz in der Politik angesprochen. Gerade die zunehmende Differenziertheit und Kompliziertheit politischer Prozesse, denen der sichtbare Trend zum ausschließlich professionellen Politiker entspricht, haben im Zusammenhang mit der biologisch begründeten weiblichen Sonderrolle eine derartig filtrierende Wirkung, daß nur wenige Frauen die Stufen zur Macht ersteigen können. Damit aber zeigen sich sowohl die Volksdemokratie DDR als auch der freiheitlich-demokratische Rechtsstaat BRD in einem eher oligarchisch-patriarchalischen als demokratischen Licht, da die Hälfte der Bevölkerung an den politischen Entscheidungsprozessen kaum Anteil hat.

Es bleibt zu hoffen, daß im Zuge des weiteren gesellschaftlichen Wandels in Ost und West auch die politische Rolle der Frau einer Veränderung unterliegen wird. Zweifelsohne haben die Frauen dazu selbst in entscheidendem Maße beizutragen. Denn der Weg kann nur über eine nachhaltige Hebung des Bildungs- und Ausbildungsniveaus der Frau beschritten werden, das allein und dauerhaft aus der bestehenden beruflichen Einseitigkeit und Begrenzung sowie der politischen Unterrepräsentanz befreit. Hierzu bedarf es aber vorrangig einer Selbstbefreiung der Betroffenen aus Haltungen der Passivität, Bequemlichkeit und Lethargie. Verstärkte, energische Bildungsanstrengungen der und für die Frauen in allen technisch-naturwissenschaftlichen, wirtschaftlichen und geisteswissenschaftlichen Fachgebieten, verbunden mit einer teilweisen Entlastung von den und gerechteren Verteilung der familialen Aufgaben, könnten das weibliche Geschlecht noch am ehesten aus seiner beruflich-politischen Einseitigkeit und Begrenzung herausführen und die Distanz des Gros der Frauen zur Politik verringern.

München, im November 1973 *Gabriele Gast*

Einleitung

Im Deutschland des ausgehenden 19. und beginnenden 20. Jahrhunderts stellte die Forderung nach gleichberechtigter Mitwirkung der Frauen im politischen Bereich einen wesentlichen Teilaspekt im Kampf um die Emanzipation des weiblichen Geschlechts dar. Seitdem das Frauenwahlrecht am 12. November 1918 in Deutschland eingeführt und in der Weimarer Verfassung juristisch verankert worden war, standen der politischen Mitarbeit und dem Aufstieg von Frauen in Partei- und Staatsfunktionen keine rechtlichen Hindernisse mehr entgegen. So gehörten dem Deutschen Reichstag stets weibliche Abgeordnete an, wenn auch nur in geringer Anzahl. Diese mit dem Zusammenbruch des Kaiserreichs erzielte politische Stellung der Frauen wurde unter der Herrschaft des Nationalsozialismus völlig verändert, als die angestrebte totale Erfassung der weiblichen Bevölkerung durch die Partei mit einer ebenso totalen Ausschaltung der Frauen aus der parlamentarischen Tätigkeit einherging.

Als 1945 das nationalsozialistische Regime liquidiert und Deutschland geteilt wurde, bestand in allen Besatzungszonen die gleiche Ausgangssituation hinsichtlich des politischen Interesses und Engagements der Frauen. Sie läßt sich einerseits charakterisieren durch eine gewisse politische Lethargie der weiblichen Bevölkerung als Folge ihrer bewußten Ausschaltung aus den Parlamenten; ebenso bewirkte das Erlebnis der Diskriminierung nationalsozialistischer Parteianhänger eine Ablehnung jeglicher politischer Tätigkeit. Andererseits waren die Frauen durch ihren totalen Einsatz im Krieg zur Mitarbeit in allen Gebieten des Lebens herangezogen worden und nach dem Zusammenbruch des Dritten Reichs gewillt, nunmehr auch am Neuaufbau des Staatswesens mitzuwirken. Ihrem Willen zur Mitarbeit kam – wie in den westlichen so auch in der sowjetischen Besatzungszone – die Aufgeschlossenheit und bejahende Einstellung der neuentstandenen Parteien und Institutionen in dieser Zeit des allgemeinen politischen und gesellschaftlichen Wandels entgegen.

Auch die Sozialistische Einheitspartei Deutschlands (SED) führte, insbesondere in den ersten Jahren nach ihrer Gründung, eine lebhafte Diskussion über die Frage einer umfassenden Einbeziehung der Frauen in alle Bereiche des öffentlichen Lebens und in die spezifische parteipolitische Arbeit. Im Mittelpunkt der Überlegungen standen dabei als wesentliche Aspekte:

1. die bereits von Lenin begründete und auch von der SED vertretene These, daß die Errichtung einer neuen Gesellschaftsordnung, daß „Aufbau und Sieg des Sozialismus" nur möglich seien, wenn die Emanzipation des weiblichen Geschlechts vollzogen ist und Männer und Frauen gleichermaßen aktiv und bewußt an diesem Aufbauwerk teilnehmen. Deshalb bedurfte es – nach Meinung der SED – einer Mobilisierung der Frauen zur Mitarbeit an allen zu bewältigenden wirtschaftlichen und gesellschaftlichen wie auch den politisch-staatlichen Aufgaben;

2. die Einsicht, daß es zur inneren Konsolidierung, zur „Sicherung der antifaschistisch-demokratischen Ordnung" und damit der eigenen Macht notwendig war, die weibliche Bevölkerung im Sinne des neuen Herrschaftssystems politisch zu aktivieren und zu „verantwortungsbewußten Staatsbürgerinnen" zu erziehen. Die SED sah sich deshalb vor die Aufgabe gestellt, „aus der unpolitischen Frau politisch denkende Frauen zu formen"[1], die mit gefestigtem ideologischen Bewußtsein am politischen Kampf der Partei teilnehmen konnten. Von der aktiven Mitwirkung der Frauen im öffentlichen Leben versprach sich die SED deren Einbeziehung in die generelle politische Auseinandersetzung und die Reifung ihres ideologischen Bewußtseins[2];
3. die Forderung und das Bestreben der Frauen selbst, auf die Neugestaltung der politischen, ökonomischen und sozialen Verhältnisse Einfluß zu nehmen und „als politisch reife Menschen ... am Aufbau eines antifaschistisch-demokratischen deutschen Staatswesens mitzuschaffen".[3] Als wirtschaftlich und gesellschaftlich gleichgestellte Bürger wollten die Frauen auch im politischen Bereich von ihren Rechten und Pflichten umfassend Gebrauch machen.

Mit welchem Nachdruck die SED sofort nach ihrer Gründung die verstärkte Einbeziehung von Frauen in das politische Geschäft forderte, wird aus der Entschließung ihres II. Parteitages 1947 exemplarisch sichtbar. Darin heißt es:

„Zur Sicherung der Demokratie ist die aktive Mitarbeit der Frauen von entscheidender Bedeutung. Darum ist es eine vordringliche Aufgabe der Partei, in wachsendem Maße Frauen mit politischen Funktionen zu betrauen und dafür einzutreten, daß die Frauen im gesamten öffentlichen Leben zu verantwortlicher Arbeit herangezogen werden. Die Sozialistische Einheitspartei Deutschlands wird alles tun, um diese Entwicklung zu fördern und die Frauen für ihre Aufgaben zu schulen."[4]

Die Frage nach der gleichberechtigten und verantwortlichen Teilnahme der weiblichen DDR-Bevölkerung am politisch-staatlichen Leben als Ausdruck ihrer umfassenden Emanzipation — dies ist die zentrale Thematik der vorliegenden Studie. Darin soll untersucht werden, in welchem Maße die Frauen in der DDR ihr Recht auf Mitgestaltung der Politik von Partei und Staat verwirklicht haben bzw. verwirklichen konnten. Deshalb wird insbesondere zu fragen sein, wie die SED als die führende politische Kraft ihrer Forderung und Zusage nachgekommen ist, die Frauen verstärkt mit verantwortlichen Funktionen zu betrauen und ihre Einbeziehung in das gesamte öffentliche Leben zu fördern. Es steht die generelle Frage nach der politischen Rolle der Frauen in der DDR.

Diese Fragestellung ist einerseits für den Beobachter der DDR von Interesse, denn ihre Beantwortung kann einen Beitrag liefern zum weiteren Verständnis der politischen Kräfte und gesellschaftlichen Verhältnisse in Mitteldeutschland.[5] Andererseits hat sie Bedeutung für die Bundesrepublik selbst, die sich — wie Bundeskanzler Willy Brandt in seinem Bericht zur Lage der Nation 1971 formulierte — in einem „Wettbewerb" mit der in der DDR bestehenden Ordnung befindet[6], in einem Wettbewerb also auch hinsichtlich dieses speziellen Aspektes. So ist es nicht unwesentlich zu fragen, ob und in welchem Maße die Frauen in der DDR inzwischen eine politisch relevante Kraft darstellen, und zugleich die entsprechende Situation in der BRD ins Auge zu fassen. Dabei dürfte es für die politisch aufgeschlossenen und engagierten Bundesbürgerinnen von besonderem Interesse sein, zu erfahren, welche Stellung ihre mitteldeutschen Geschlechtsgenossinnen tatsächlich in Partei und Staat einnehmen bzw. welche Ziele sie nicht erreichen konnten. In der vorliegenden Studie werden deshalb — sofern die unterschiedlichen Systeme überhaupt einen direkten Vergleich erlauben — Zahlen und Fakten über die politische Rolle der Frauen in der BRD eingearbeitet und der entsprechenden weiblichen Rolle in der DDR gegenübergestellt.

Die politische Stellung der Frau im bürgerlich-parlamentarischen System der Bundesrepublik ist bereits in soziologischen und politikwissenschaftlichen Untersuchungen betrachtet worden. Die 1956 veröffentlichte Studie von Gabriele Bremme[7] und eine spätere Neubearbeitung und Weiterführung der Thematik durch Mechtild Fülles[8] geben Antwort auf die Frage, wieweit die Bundesbürgerinnen ihre politische Gleichberechtigung verwirklichen konnten und am Willensbildungsprozeß in Parteien und Parlamenten teilnehmen. Auch die Bundesregierung hat sich in ihrer 1966 vorgelegten „Frauenenquete"[9] mit der sozialen, wirtschaftlichen und politischen Situation der weiblichen Bevölkerung befaßt.

Während die ökonomische Stellung der Frauen in der DDR, ihre Rolle im Wirtschaftsprozeß und als Produktivkraft, bereits in zahlreichen westlichen und östlichen Abhandlungen analysiert wurde, war der Aspekt ihrer politischen Rolle bisher noch nicht Gegenstand einer umfassenden politikwissenschaftlichen Untersuchung. Im Rahmen der gesamten Frauenpolitik in der DDR kommt zwar der Frauenarbeitspolitik zentrale Bedeutung zu; nicht minder wesentlich ist aber die Intention der SED, die weibliche Bevölkerung auch in das gesellschaftliche und staatliche Leben zu integrieren und ihr eine politische Rolle im System der sozialistischen Demokratie einzuräumen bzw. zuzuweisen. Trotzdem wird die Frage nach der weiblichen Mitwirkung in der Politik in den vorliegenden Publikationen nur in Form eines Exkurses abgehandelt[10] oder — zumeist zeitlich und thematisch begrenzt — in Veröffentlichungen der Presse aufgeworfen. Hierdurch verbieten sich aber tiefergehende soziologische und politikwissenschaftliche Analysen, deren Ziel die Erforschung des Kriteriums „Frau" als einer politisch wirksamen Kraft ist.

Auf Grund dieser unbefriedigenden Materiallage schien es ratsam, die Studie nur insofern einer zeitlichen Eingrenzung zu unterwerfen, als die Jahre 1945/46 — mit ihren folgenschweren Ereignissen der Teilung Deutschlands und Schaffung der SBZ sowie der Gründung der SED — den Ausgangspunkt der Untersuchung darstellen. Gerade jene Jahre waren gekennzeichnet von dem intensiven Bemühen der Einheitspartei, die Frauen politisch zu aktivieren, ihr Stimmenpotential bei den ersten demokratischen Nachkriegswahlen zu gewinnen und sie darüber hinaus in den eigenen Reihen zu organisieren. Obwohl die parteiinternen Säuberungen Ende der 40er/Anfang der 50er Jahre einen erheblichen Rückgang des weiblichen Anteils an der SED-Mitgliedschaft bewirkten, gelang es in der Folgezeit einer Reihe von Frauen, sowohl im Parteiapparat — insbesondere auf regionaler Ebene — als auch im Staatsapparat beachtliche Positionen einzunehmen und eine effektive politische Rolle zu spielen.

Diese Entwicklungsphase wird in den zeitlich begrenzten Untersuchungen jüngeren und jüngsten Datums zumeist übergangen und nur die augenblickliche Situation betrachtet, in der sich die weibliche Mitarbeit im politischen Leben in einem recht ungünstigen Licht präsentiert. Personelle und strukturelle Veränderungen haben vor allem seit 1958 ein Absinken der Anzahl maßgeblicher Partei- und Staatsfunktionärinnen in der

DDR bewirkt, so daß zur Zeit die politische Stellung der Frauen als begrenzt und wenig gefestigt erscheint und sich auf den ersten Blick nicht wesentlich von derjenigen der Bundesbürgerinnen unterscheidet.

In dieser Studie wird deshalb der Versuch unternommen, unter Berücksichtigung zeitgeschichtlicher Ereignisse[11] sowie partei- und gesellschaftspolitischer Maßnahmen das „Auf und Ab" der weiblichen Mitarbeit in der Politik zu analysieren. Bei Betrachtung des Entwicklungsprozesses seit 1945 lassen sich vor allem jene Faktoren herausarbeiten, die sich fördernd oder hemmend auf die Einbeziehung der Frauen ins politisch-staatliche Leben ausgewirkt haben.

Der Untersuchungszeitraum erstreckt sich bis zum jüngsten Datum. Die Studie kann allerdings nicht als abgeschlossen betrachtet werden, da weitere Wandlungsprozesse in der DDR auch zu Veränderungen in der politischen Stellung der Frauen führen dürften. Wo sich bereits ein solcher Wandel abzeichnet oder wo die bisherigen Entwicklungstendenzen auf zukünftige Veränderungen schließen lassen, ist in der Studie darauf hingewiesen worden. Die *politische Rolle* der Frau kann nicht als etwas Statisches betrachtet werden, sondern sie modifiziert sich im Prozeß politischer und gesellschaftlicher Veränderungen.

Als Gegenstand der Politischen Wissenschaft gehört die Frage nach der politischen Rolle der Frau in der DDR in den Bereich der Politischen Soziologie, die sich mit den „sozial-strukturellen Bedingungen politischen Handelns" befaßt.[12] Die Politische Soziologie analysiert das auf die Herrschaftsstruktur des Staates bezogene Ringen um die Verteilung und Ausübung der Macht in der Gesellschaft, wobei den Politikwissenschaftler die institutionelle Problematik in besonderer Weise interessiert. Denn Herrschaft ist „immer an gesellschaftliche Positionen gebunden" und verweist damit auf organisatorische Institutionsbereiche.[13] Für die vorliegende Untersuchung ergeben sich daher als wesentliche Ansatzpunkte: die Frage nach dem Anteil der sozialen Kräfte (d. h. der Frauen) am Zustandekommen bindender Entscheidungen und darüber hinaus die Frage nach dem institutionellen Rahmen, innerhalb dessen sich der politische Entscheidungsprozeß vollzieht. Im Mittelpunkt dieser Studie steht deshalb eine Analyse des Ausmaßes der weiblichen Integration in den Herrschaftsapparat der DDR und der sich daraus ergebenden Möglichkeiten der Einflußnahme auf den Prozeß politischer Willensbildung.

In einem engeren Sinne steht damit zugleich die Frage nach der Einbeziehung der Frauen in die elitäre Führungsspitze des Staates, und dies umso mehr, als totalitäre Herrschaft stets von einer politischen Elite ausgeübt wird.[14] Der Untersuchung wird jener „deskriptiv-funktionale Elitebegriff" zugrunde gelegt, wie ihn Ludz[15] verwendet hat. Dieser Begriff geht davon aus, daß die Inhaber von Spitzenpositionen auch tatsächlich über gesamtgesellschaftliche Entscheidungs- und Einflußmöglichkeiten verfügen.[16] Von den Führungspositionen wird deshalb auf die entsprechenden *Funktionen* der Positionsinhaber geschlossen, wie dies mittels der — in ihrem Ansatz institutionsbezogenen — Positionsanalysen geschieht. Dieses Verfahren auf die Führungsgruppen in der DDR-Gesellschaft zu beziehen, erscheint sinnvoll: „Positionsinhaber im Sinne politischer Eliten bekleiden in dieser Gesellschaft in weit höherem Maße als in parlamentarisch-demokratischen Systemen Funktionen, denen auch tatsächlich Macht und Einfluß zugeschrieben werden können."[17]

Die Fragestellung nach der politischen Rolle der Frau in der DDR konzentriert sich insbesondere auf das Ausmaß der weiblichen Einbeziehung in die Führungspositionen der Partei und des Staates unter Berücksichtigung deren funktionalen Charakters. Der Elitestudie geht also stets eine Organisationsanalyse voraus bzw. mit ihr einher. Im Zusammenhang mit dieser Untersuchung interessieren insbesondere die Fragen: Sind deutliche Abstufungen des Ausmaßes der weiblichen Mitwirkung erkennbar — etwa von der regionalen zur zentralen Ebene der Machtausübung und Zuständigkeit —, oder ist der Frauenanteil in den verschiedenen Organisations- und Institutionsbereichen jeweils annähernd gleich groß? Besteht etwa ein Zusammenhang zwischen der Größenordnung des weiblichen Anteils in den politischen Positionen und deren Machtcharakter und Funktionsgehalt? Bezieht sich die permanente Forderung der SED, mehr Frauen in die Lenkung und Leitung des Staates einzubeziehen, nur auf eine untergeordnete bzw. spezielle Funktionsausübung innerhalb des Systems der sozialistischen Demokratie, oder bezweckt sie deren generelle Heranziehung auch in die Spitzenpositionen von Partei und Staat; haben diese Forderungen zu einer beschleunigten Integration der Frauen in die politischen Entscheidungsprozesse geführt?

Weiter stellt sich die Frage, ob die von den Frauen erreichte und eingenommene politische Stellung gefestigt und abgesichert ist oder im Zuge allgemeiner struktureller und personeller Veränderungen ebenfalls einem Wandlungsprozeß unterliegt. Hierüber sollen spezielle Fluktuationsanalysen Auskunft geben.

Zur Charakterisierung und Differenzierung der weiblichen politischen Elite — nicht nur im engeren Sinne der SED-Führung, sondern unter Einschluß auch der Funktionärinnen in staatlichen „Spitzenpositionen" mit stark repräsentativem Charakter — soll eine empirische Studie auf der Grundlage biographischer Daten beitragen. Dabei werden sowohl soziologische als auch politische Merkmale berücksichtigt: das Alter der Frauen, ihre Schulbildung und berufliche Situation, ihre Parteimitgliedschaft vor 1933 und die Dauer ihrer Parteizugehörigkeit, der Verlauf ihrer politischen Karriere. Ziel dieser Elitestudie ist die Erforschung jener Kriterien, die für den Aufstieg der Frauen in Führungspositionen von Bedeutung sind bzw. sein können, und die Skizzierung eines Bildes von der „DDR-Politikerin".

Wiederholt stellt sich die Frage nach dem Einfluß, der Macht jener Frauen, die Positionen im Partei- und Staatsapparat bekleiden. Es versteht sich von selbst, daß direkte Erhebungen und informative Gespräche an Ort und Stelle, die zur Klärung dieser Frage beitragen könnten, unmöglich sind. Den politischen Einfluß einer Positionsinhaberin aber ausschließlich aus der entsprechenden Funktion abzuleiten, erscheint letztlich als nicht unproblematisch. Denn so wesentlich die sachlich-funktionale Komponente, die strategische und taktische Machtkomponente im politischen Entscheidungsprozeß sind, so spielen doch auch psychologische Faktoren eine bedeutende Rolle.[18] Die Persönlichkeit der Funktionärin, ihre Intelligenz, ihr Ansehen, Machtwille und Durchsetzungsvermögen, aber auch die Charaktereigenschaften und -stärke ihrer Widerparts — all das bestimmt ausweitend oder eingrenzend ihre Möglichkeiten der Einflußnahme auf die politische Willensbildung. Psychologische Untersuchungen könnten hier weiterhelfen und das untermauern, was oft noch im Bereich der Vermutung bleiben muß.

Schließlich steht auch die Frage, wieweit die SED als die herrschende Kraft im Staate den Frauen eine politische Rolle zukommen läßt. Gibt es etwa ein bestimmtes Bild von der *Rolle* der Frau in der Politik? Werden die Frauen gezielt zur Ausübung spezieller Funktionen herangezogen, um damit ihre allgemeine politische Stellung zu dokumentieren? Welche politische Rolle spielen die Frauen in der sozialistischen Demokratie?

Wie bei den Monographien über spezielle „Frauenthemen" zumeist der Fall, so war auch diese Studie nicht zuletzt von der Schwierigkeit betroffen, daß es an zusammenfassenden Materialien und insbesondere an statistischen Übersichten fehlt. Deshalb war es notwendig, sich über die Erarbeitung allgemeiner Grundlagen und Daten Zugang zu den speziell interessierenden Fragen zu verschaffen.

Als Quellen dienten insbesondere jene Veröffentlichungen der DDR, die Hinweise auf den weiblichen Anteil in politischen Funktionen enthalten, Rückschlüsse auf die Tätigkeit, auf die machtpolitische Stellung, den Handlungsspielraum und die Einflußmöglichkeiten der Funktionärinnen zulassen, den politischen Werdegang dieser Frauen umreißen und sie als Persönlichkeiten charakterisieren.

Die zur Verfügung stehenden Quellen[19] — so vor allem Protokolle, Reden und Entschließungen der Parteien und Massenorganisationen, Zeitungen, Zeitschriften und Bücher — wurden unter den vorgenannten sachlichen Gesichtspunkten ausgewertet. Jene Publikationsorgane, die sich vorwiegend mit aktuellen Fragen des Partei- und Organisationslebens befassen, wurden vollständig durchgesehen; hier sind insbesondere zu nennen: das Organ des ZK der SED „Neuer Weg" und das Funktionärorgan des Demokratischen Frauenbundes Deutschlands (DFD) „Lernen und Handeln". Tageszeitungen, vor allem das vom ZK herausgegebene „Neue Deutschland", wurden zu bestimmten Ereignissen und Daten bearbeitet, so z. B. in den Wochen vor und nach den Parteitagen der SED oder wichtiger Plenartagungen ihres Zentralkomitees, im Zeitraum der Volkskammerwahlen und der Frauenkonferenzen der DDR. Einer speziellen Auswertung wurden die SED-Tagesblätter aller Bezirke zum Zeitpunkt der Bezirksdelegiertenkonferenzen unterzogen. Das der Studie zugrunde liegende Material ist im wesentlichen im Spezialarchiv des Ministeriums für innerdeutsche Beziehungen (Bundesanstalt für gesamtdeutsche Aufgaben, Abteilung II; vormals Archiv für gesamtdeutsche Fragen) in Bonn verfügbar. Die dortige umfangreiche Zeitungs- und Zeitschriftensammlung ist allerdings nicht immer vollständig.

Zur Erstellung der zahlenmäßigen Übersichten über die Beteiligung von Frauen in Partei- und Staatsorganen wurde ebenfalls auf die vorgenannten Quellen zurückgegriffen, in denen sich entsprechende Hinweise und Daten meist nur sehr verstreut finden. Wiederholt mußte auf die Verwendung solcher Absolutwerte verzichtet werden, die nicht in Relation zu anderen Zahlenangaben zu setzen waren. Auch die Statistischen Jahrbücher der DDR lassen sich nicht immer heranziehen, da sie z. T. unter Ungenauigkeiten leiden; Umgruppierungen der Merkmale in Einzelaufstellungen und unterschiedliche Erhebungsdaten (Stichtage) erschweren zudem die Vergleichbarkeit einzelner Jahrgänge.

Als „sachlich-historisch gegliederte Detailanalyse"[20] bewegt sich die Studie sowohl auf dem Gebiet der Zeitgeschichte als auch auf dem der Politischen Wissenschaft. Die historische Perspektive erweist sich nach Hans Mommsen als „unentbehrliches Korrektiv" für die Politische Wissenschaft, die zu einer isolierenden Betrachtung der politischen

Prozesse neige und der die allgemeineren Antriebe politischen Handelns leicht entgehen.[21] Von der Historie unterscheidet sich die Politische Wissenschaft allerdings prinzipiell durch ihren auf die Zukunft gerichteten Blick.[22]

Dem Charakter einer empirisch-systematischen Studie gemäß bewegt sich die Untersuchung überwiegend im deskriptiv-analytischen Raum.[23] Aus einer Vielzahl verstreuter Quellen wurden die Meinungen und Hinweise über die angestrebte und tatsächliche politische Stellung der Frauen in der DDR nach der Methode der „Mosaik-Erstellung"[24] analytisch herausgearbeitet und unter systematischen Gesichtspunkten, wie sie in der Gliederung zum Ausdruck kommen, zu einem Bild von der weiblichen Mitarbeit in den Partei- und Staatsorganen und den Einflußmöglichkeiten der Frauen auf die politischen Entscheidungsprozesse zusammengestellt.

Die vorliegende Studie isoliert die Fragestellung aus der komplexen gesellschaftspolitischen Problematik der Frauenemanzipation, die primär die wirtschaftliche Gleichstellung des weiblichen Geschlechts zum Ziel hat, ohne jedoch solch generell bedeutsame Aspekte wie die Doppelbelastung der Frauen durch Beruf und Familie oder ihre beruflich-fachliche und politisch-ideologische Qualifikation zu übergehen. Die Betrachtung dieses Teilaspektes erfolgt unter Berücksichtigung der historisch-politischen Ereignisse und gesamtgesellschaftlicher Entwicklungsprozesse. Die politische Relevanz der Untersuchung liegt in der Intention, den ideologischen Anspruch, Gleichberechtigung sei nur in einem sozialistischen System zu verwirklichen, und die propagandistische Behauptung, in der DDR stünden den Frauen „alle Wege . . . zu einflußreichen Positionen in Staat und Gesellschaft" offen[25], einer kritischen Prüfung zu unterziehen.

Gemäß dem systematischen Vorgehen entspricht der Gliederungsaufbau weitgehend der Struktur der Organisationen und Institutionen, in denen sich die politische Tätigkeit und Einflußnahme der Frauen vollzieht. Im Ersten Teil werden die verschiedenen Aspekte der marxistisch-leninistischen Gleichberechtigungstheorie dargelegt und die Probleme ihrer praktischen Verwirklichung in der DDR aufgezeigt. In den beiden folgenden Teilen wird die Stellung der Frauen in Partei und Staat beleuchtet, und zwar jeweils auf unterer, mittlerer und zentraler Organisationsebene; besondere Berücksichtigung findet dabei der Zusammenhang, der zwischen dem Innehaben staatlicher Positionen und einer Ausübung parteipolitischer Funktionen besteht. Ein umfangreiches Tabellenwerk rundet die Studie ab. Die Übersichten wurden von der Verfasserin aus zahlreichen Einzelinformationen zusammengestellt; sie lassen z. T. Lücken erkennen, die angesichts der äußerst schwierigen Materiallage unvermeidbar sind.

Der Umfang der komplexen Gesamtthematik, nicht zuletzt ein Resultat des sehr ausgedehnten öffentlichen Bereichs in der DDR[26], erforderte eine sachliche Eingrenzung auf die wesentlichen politischen Organisationen und Institutionen. So wurde — in Anbetracht der überragenden Stellung der SED[27] — nur diese Partei hinsichtlich der allgemeinen weiblichen Integration und der Einbeziehung von Frauen in Führungsfunktionen untersucht. Dieses Verfahren erscheint insofern als legitim, da die Analyse des Staatsapparates Rückschlüsse auf die politische Rolle der weiblichen Mitglieder „bürgerlicher" Parteien zuläßt. Die Massenorganisationen, insbesondere der DFD als einheitlicher Frauenorganisation, der weniger eine politische als eine erzieherisch-mobilisierende Rolle spielt, konnten nur am Rande berücksichtigt werden.

Diese Studie kann deshalb keinen Anspruch auf Vollständigkeit erheben. Vielmehr muß die Untersuchung von wesentlichen Teilaspekten der politischen und gesellschaftlichen Mitarbeit der Frauen in der DDR – so z. B. ihre Einbeziehung in leitende Positionen der „bürgerlichen" Parteien, der Massenorganisationen, der Justiz oder des Pressewesens – weiteren Arbeiten vorbehalten bleiben. Vielleicht kann ihnen die vorliegende Studie als geeignete Grundlage dienen.

Erster Teil

I. Kapitel: Die Gleichberechtigung der Frau im Sozialismus

1. Die Gleichberechtigungstheorie der marxistischen Klassiker: von Marx bis Lenin

Der Kampf um die Gleichberechtigung der Frau war – der Lehre des Marxismus-Leninismus zufolge – stets ein unlöslicher Bestandteil des Kampfes des Proletariats um den Sturz der Herrschaft der Bourgeoisie und die Errichtung der eigenen Macht, der Diktatur des Proletariats. Die klassischen Theoretiker des Marxismus weigerten sich, in der „Frauenfrage" ein eigenständiges soziales Problem zu sehen, das unabhängig von den politischen Machtverhältnissen im bürgerlich-kapitalistischen Staat zu lösen sei oder gar von den Frauen selbst und aus eigener Kraft einer Lösung zugeführt werden könne. Vielmehr betrachteten sie die „Frauenfrage" als eine Teilfrage des proletarischen Klassenkampfes: die Befreiung der Frau aus ihrer Rechtlosigkeit, Unterdrückung und wirtschaftlichen Abhängigkeit sei nur möglich im Zusammenhang mit und als Folge der allseitigen politischen, ökonomischen und ideologischen Befreiung des Proletariats aus den Fesseln der kapitalistischen Gesellschaft.[1]

Unter dem Eindruck der rechtlosen und entwürdigenden Stellung der Frau in der kapitalistischen Gesellschaft des 19. Jahrhunderts entstanden jene Monographien von Marx, Engels und Bebel, die im Kampf der deutschen Arbeiterbewegung um die Frauenemanzipation das theoretische Fundament bildeten.[2]

Marx, Engels und Bebel vertraten gleichermaßen die Auffassung, daß die Frau als erstes menschliches Wesen in Knechtschaft geriet und Sklavin wurde, „ehe der Sklave existierte".[3] Den Keim der Unterjochung erblickten sie in der Monogamie, im Umsturz des Mutterrechts und dem Aufkommen des Vaterrechts. Dadurch war die Frau nicht nur in eine entwürdigende sexuelle Versklavung geraten, sondern auch in die wirtschaftliche Abhängigkeit vom Mann gezwungen worden; in der ökonomischen Abhängigkeit des Unterdrückten vom Unterdrücker wurzelt aber „alle soziale Abhängigkeit und Unterdrückung".[4]

„Die Geltung des Mutterrechts bedeutete Kommunismus, Gleichheit aller; das Aufkommen des Vaterrechts bedeutete Herrschaft des Privateigentums, und zugleich bedeutete es Unterdrückung und Knechtung der Frau."[5]

Engels bezeichnete die Einzelehe sogar als „Proklamation eines bisher in der ganzen Vorgeschichte unbekannten Widerstreits der Geschlechter"[6] und fügte hinzu:

„Der erste Klassengegensatz, der in der Geschichte auftritt, fällt zusammen mit der Entwicklung des Antagonismus von Mann und Weib in der Einzelehe, und die erste Klassenunterdrückung mit der des weiblichen Geschlechts durch das männliche."[7]

Wie Bebel darlegte, war die Frau seit der Vorherrschaft des Patriarchats und dem Entstehen des Privateigentums einer doppelten Unterjochung und Ausbeutung durch den Mann ausgesetzt: einer Unterdrückung in der Familie *und* in der Gesellschaft, einer sozialen *und* ökonomischen Unterdrückung.

„Das weibliche Geschlecht in seiner Masse leidet in doppelter Beziehung: Einmal leidet es unter der sozialen und gesellschaftlichen Abhängigkeit von der Männerwelt . . . und durch die ökonomische Abhängigkeit, in der sich die Frauen im allgemeinen und die proletarischen Frauen im besonderen gleich der proletarischen Männerwelt befinden."[8]

Nach Ansicht der marxistischen Klassiker kam der Frau die soziale Rechtlosigkeit und ökonomische Abhängigkeit ihres Daseins nicht zu Bewußtsein, solange die alte patriarchalische Familienordnung intakt war und sie in der produktiven Tätigkeit in Haus und Hof ihren Lebensinhalt fand. Erst die kapitalistische Produktionsweise, die Entwicklung der industriellen Produktivkräfte, hätten zum Niedergang der alten Familienordnung geführt[9] und die Stellung des weiblichen Geschlechts in Familie und Gesellschaft revolutioniert:

Indem die maschinelle Produktion der wirtschaftlichen Tätigkeit der Frau in der Familie den Boden entzog, schuf sie die Grundlagen für deren Tätigkeit in der Gesellschaft. Die Mechanisierung der Industrie, welche die Muskelkraft des Mannes und damit seine Arbeitskraft überflüssig machte und zugleich die Frauenarbeit in großem Ausmaß ermöglichte, hätte die Rolle des Mannes als Ernährer der Familie zerstört. Zur Sicherung der familiären Existenz sei der Proletarier nunmehr auf die bezahlte Arbeit seiner Frau und seiner Kinder angewiesen. Wie er früher seine eigene Arbeitskraft verkaufte, so verkaufe er jetzt „Weib und Kind".[10]

In dieser Entwicklung sahen die marxistischen Theoretiker zugleich den einzig möglichen Weg zur Befreiung der Frau aus der ökonomischen Abhängigkeit und von der Herrschaft des Mannes, einen Weg, den das kapitalistische System selbst ebnete. Denn mit dem Entstehen der großen Industrie sei der Frau – und zwar nur der Proletarierin – der Zugang in die gesellschaftliche Produktion wieder geöffnet worden, von deren Teilnahme sie das Patriarchat verdrängt und zur „ersten Dienstbotin" des Mannes in der monogamen Einzelfamilie degradiert hatte.[11] Mit dem Eintritt in den Produktionsprozeß werde die Frau – bisher ein bloßes wirtschaftliches Anhängsel des Patriarchen – eine eigenständige ökonomische Kraft, wirtschaftlich und damit auch sozial unabhängig vom Mann.[12]

„Hier zeigt sich schon, daß die Befreiung der Frau, ihre Gleichstellung mit dem Manne, eine Unmöglichkeit ist und bleibt, solange die Frau von der gesellschaftlichen produktiven Arbeit ausgeschlossen und auf die häusliche Privatarbeit beschränkt bleibt. Die Befreiung der Frau wird erst möglich, sobald diese auf großem, gesellschaftlichem Maßstab an der Produktion sich beteiligen kann, und die häusliche Arbeit sie nur noch in unbedeutendem Maß in Anspruch nimmt. Und dies ist erst möglich geworden durch die moderne große Industrie, die nicht nur Frauenarbeit auf großer Stufenleiter zuläßt, sondern förmlich nach ihr verlangt, und die auch die private Hausarbeit mehr und mehr in eine öffentliche Industrie aufzulösen strebt."[13]

Wenn sich auch nach marxistischer Auffassung die Frau — namentlich die Arbeiterin — durch ihre Teilnahme an der gesellschaftlichen Produktion aus ihrer ökonomischen Abhängigkeit vom Mann befreite, so war sie nunmehr der ökonomischen Herrschaft des Kapitalisten unterworfen;

„aus einer Sklavin des Mannes ward sie die des Arbeitgebers: Sie hatte nur den Herrn gewechselt. Immerhin gewann sie bei diesem Wechsel; sie ist nicht länger dem Mann gegenüber wirtschaftlich minderwertig und ihm untergeordnet, sondern seinesgleichen."[14]

Für die Marxisten gewann die Frau auch in einer weiteren Beziehung: indem sie im industriellen Produktionsprozeß mitarbeite, ordne sie sich in die Reihen des Proletariats ein, was ihre Einbeziehung in den Befreiungskampf ihrer Klasse fördere. Als Proletarierin werde sie sich ihrer Klassenlage immer mehr bewußt, und sie erkenne den unversöhnlichen Gegensatz zwischen Arbeit und Kapital, zwischen Proletariat und Bourgeoisie. Die Frau erfahre, daß aus der gleichen Wurzel ökonomischer Verhältnisse, aus der die Versklavung und Entrechtung der Arbeit im Kapitalismus hervorwachse, auch ihre Unfreiheit und Rechtlosigkeit in der Gesellschaft entstehe. Und sie werde den Weg erkennen, der allein und gleichermaßen zur Befreiung des Proletariats wie auch des weiblichen Geschlechts aus Rechtlosigkeit und Unterdrückung führe: wenn die moderne Arbeiterklasse mittels der politischen Macht das Privateigentum an den Produktionsmitteln aufheben und damit die letzte und höchste geschichtliche Form der Ausbeutung und Unterdrückung des Menschen durch den Menschen vernichten werde, dann könne „auch die Gesamtheit des weiblichen Geschlechts als gleichberechtigt und gleichverpflichtet zu voller menschlicher Freiheit" emporsteigen.[15] Im Kampf um die Eroberung des Klassenstaates und seine Umgestaltung erfülle das moderne Proletariat seine historische Mission, „nicht nur die eigene Befreiung, sondern auch die Befreiung aller anderen Unterdrückten, also auch der Frauen, herbeizuführen".[16]

Da also die gesellschaftliche Stellung der Frau immer von den Machtverhältnissen im Staate, von der sozialen und ökonomischen Struktur der Gesellschaft abhängig ist, war für Marx, Engels und Bebel die Emanzipation des weiblichen Geschlechts mit der Schaffung einer neuen, sozialistischen Gesellschaftsordnung verwirklicht. Gleichberechtigung der Frau — das bedeutete für sie deren soziale und ökonomische Gleichstellung mit dem Manne[17]; den Aspekt einer politischen Gleichberechtigung der Frau im Staatswesen hatten sie hingegen nicht ins Auge gefaßt, da er sich auf Grund ihrer Theorie vom Staate erübrigte.[18]

Angesichts konkreter Aufgabenstellungen im Kampf um die politische Macht, um die Errichtung und Sicherung der Diktatur des Proletariats, entwickelten insbesondere Clara Zetkin und W. I. Lenin ihre Auffassungen zur Frage einer politischen Gleichberechtigung der Frau.

Clara Zetkin, die überragende Führerin der deutschen proletarischen Frauenbewegung[19], kämpfte nicht nur allgemein für die Befreiung des weiblichen Geschlechts aus Rechtlosigkeit und wirtschaftlicher Abhängigkeit, für die Verbesserung der sozialen Lage der Arbeiterinnen, sie kämpfte darüber hinaus für die volle politische Gleichberechtigung der Frau. Im Reich Wilhelms II. bedeutete das konkret: Kampf um das Frauenwahlrecht, Aufhebung des Vereins- und Versammlungsverbots für das weibliche Geschlecht. Es war das Ziel der von ihr geführten Frauenbewegung, die Proletarierin zum

„klassenbewußten politischen Leben" zu erwecken, sie in die revolutionäre Arbeiterbewegung zu integrieren und aktiv in den Kampf des Proletariats um die Macht im Staate einzubeziehen. In diesem Bestreben Clara Zetkins war der Kampf um die Eroberung politischer Rechte für die Frau ein wesentliches „Mittel zum Zweck", um die Arbeiterin effektiver im politischen Kampf ihrer Klasse einsetzen zu können.[20]

Als Grundlage ihrer Forderung nach vollen politischen Rechten der Frau erachtete Clara Zetkin die außerhäusliche Erwerbstätigkeit. In der wirtschaftlichen Selbständigkeit der Frau sah sie die unerläßliche Voraussetzung für deren allseitige ökonomische, soziale und politische Gleichberechtigung; einzig und allein aus der ökonomischen Unabhängigkeit des weiblichen Geschlechts ergebe sich auch die soziale und politische Gleichstellung mit dem Mann. Der Kampf um die volle politische Gleichberechtigung der Frau war somit das notwendige Korrelat der wirtschaftlichen Selbständigkeit.[21] Clara Zetkin betrachtete deshalb zeitlebens die weibliche Arbeit außerhalb der Familie in der Gesellschaft als ein unveräußerliches Prinzip und wehrte sich gegen jegliche Tendenz zur Einschränkung der Frauenarbeit.

Clara Zetkin hat also die marxistische These, nach der die völlige Emanzipation der Frau nur durch deren Teilnahme am Produktionsprozeß und als Ergebnis der revolutionären Umwandlung bestehender Machtstrukturen in eine sozialistische Gesellschaftsordnung zu erreichen sei, aufgegriffen und um ein konkretes politisches Element bereichert. Indem sie die aktive Teilnahme der Frauen am Kampf um die Befreiung nicht nur ihres Geschlechts, sondern der ganzen Arbeiterklasse propagierte, bemühte sie sich einerseits um die Erziehung der Arbeiterin zur bewußten Klassenkämpferin, andererseits um die Eroberung politischer Rechte für das weibliche Geschlecht zum Zwecke der effektiveren Einbeziehung der Frauen in den politischen Kampf ihrer Klasse.

Lenin[22], der nach der russischen Oktoberrevolution die Diktatur des Proletariats errichtete, und sein Nachfolger Stalin gingen davon aus, daß die Schaffung einer neuen Gesellschaftsordnung, daß Aufbau und Sieg des Sozialismus nicht möglich seien ohne die Einbeziehung und bewußte Mitwirkung aller Frauen. Der eigentliche Aufbau der sozialistischen Gesellschaft könne sogar erst dann beginnen, wenn die vollständige Gleichstellung des weiblichen Geschlechts durchgesetzt sei und die Frauen gemeinsam mit den werktätigen Massen an „die neue Arbeit" gingen.[23] Denn, wie Stalin präzisierte, hänge die erfolgreiche Schaffung einer neuen Gesellschaftsordnung entscheidend von der Einstellung der Frauen ab, von ihrem Widerstand gegen oder ihrer bewußten und aktiven Mitwirkung am Aufbau des Sozialismus.

„Die werktätigen Frauen, die Arbeiterinnen und Bäuerinnen, bilden eine gewaltige Reserve der Arbeiterklasse. ... Ob diese Frauenreserve für die Arbeiterklasse oder gegen sie sein wird – davon hängt das Schicksal der proletarischen Bewegung, der Sieg oder die Niederlage der proletarischen Revolution, der Sieg oder die Niederlage der proletarischen Staatsmacht ab."[24]

Die politische Gleichberechtigung der Frau ergebe sich zudem aus dem Wesen der proletarischen Diktatur selbst, die die gesamte Staatsmacht in den Händen der werktätigen und ausgebeuteten Massen konzentriere. Die Massen selber nähmen die Politik, „das heißt das Werk des Aufbaus der neuen Gesellschaft", in ihre Hände. Man könne aber nicht die Massen in die Politik einbeziehen, „ohne die Frauen in die Politik einzubeziehen".[25] Deshalb erblickten Lenin und Stalin – nach der „Befreiung der Arbeiterklasse von der kapitalistischen Ausbeutung" und als deren Folge die Befreiung der Frau von männlicher Unterdrückung und „häuslicher Sklaverei"[26] — einen weiteren notwendigen Schritt in der Heranziehung der Frauen zur Verwaltung des Staates, zur aktiven Teilnahme am politischen Leben.

„Ohne die Heranziehung der Frauen zur selbständigen Teilnahme nicht allein am politischen Leben schlechthin, sondern auch am ständigen, von allen zu leistenden öffentlichen Dienst kann vom Sozialismus keine Rede sein, ja nicht einmal von einer vollständigen und dauerhaften Demokratie."[27]

Die Politik, unter den Bedingungen der Arbeiter-und-Bauern-Macht „einfach, klar und durchaus für alle verständlich", müsse jeder werktätigen Frau zugänglich sein. Auf diese Weise könne sich das weibliche Geschlecht auch im Leben die Gleichberechtigung mit dem Mann erobern und jene Ungleichheiten nivellieren, die noch auf Grund seiner — historisch bedingten — ungenügenden politischen Kenntnisse bestünden.[28]

Hinsichtlich der gleichberechtigten Mitwirkung der Frauen in der Politik zeichnete Lenin schließlich ein optimistisches Zukunftsbild:

„Die Teilnahme der Frauen an der Arbeit der Partei und der Sowjets erlangt gerade jetzt eine gewaltige Bedeutung, da der Krieg beendet und die friedliche organisatorische Arbeit ... in den Vordergrund gerückt ist. Bei dieser Arbeit aber müssen die Frauen die erste Rolle spielen, und sie werden sie zweifelsohne auch spielen."[29]

2. Der Emanzipationsgedanke bei der SED

a) Anknüpfung an die marxistische Gleichberechtigungsideologie

„Unter Führung der Sozialistischen Einheitspartei Deutschlands befreiten sich in der Deutschen Demokratischen Republik die Arbeiterklasse und das ganze werktätige Volk von kapitalistischer Ausbeutung und Unterdrückung und errichteten ihre Arbeiter-und-Bauern-Macht. Damit zugleich erfolgte die Befreiung der Frau und die Herstellung ihrer realen, wirklichen Gleichberechtigung mit dem Mann auf allen Gebieten des Lebens. Im Prozeß des sozialistischen Aufbaus wurde und wird die reale politische, ökonomische und kulturelle Gleichberechtigung der Frau verwirklicht und ständig vervollkommnet."[30]

Gestützt auf die marxistische These, die Emanzipation der Frau sei „ausschließlich das Werk der Emanzipation der Arbeit vom Kapital" und deshalb nur in der sozialistischen Gesellschaft möglich[31], erhebt die DDR den Anspruch, auf ihrem Territorium die Gleichberechtigung der Frau umfassend verwirklicht zu haben. Mit der Errichtung der Arbeiter-und-Bauern-Macht und der Vergesellschaftung der Produktionsmittel sei die Ausbeutung des Menschen durch den Menschen und damit auch die Unterdrückung der Frau für immer beseitigt worden.[32]

„Hätte der Sozialismus allein diese Tat vollbracht, es reichte aus, seine historische Überlegenheit zu beweisen. Diese Befreiungstat gegenüber der Hälfte der Bevölkerung drückt unwiderlegbar den demokratischen und menschlichen Charakter des Sozialismus aus."[33]

Die SED, die nach eigener Auffassung „die besten Traditionen der revolutionären deutschen Arbeiterbewegung" verkörpert[34], betrachtet sich auch hinsichtlich der Frauenemanzipation als „legitimer Erbe" der deutschen Arbeiterbewegung, der das Werk der Vorkämpfer für die Gleichberechtigung des weiblichen Geschlechts fortsetze.[35] So hat sie das theoretische Gedankengut Clara Zetkins und August Bebels übernommen und zum Teil gesellschaftspolitisch-pragmatisch modifiziert. Entsprechend der marxistisch-leninistischen Lehre vertritt auch die SED die Ansicht, die Grundlage einer „wahrhaften Gleichberechtigung" der Frau sei ihre ökonomische Unabhängigkeit vom Mann, die sie sich durch ihre Teilnahme am gesellschaftlichen Produktionsprozeß sichere. Denn es gebe letztlich keine gesellschaftliche Gleichberechtigung des weiblichen Geschlechts ohne seine Einbeziehung in das Wirtschaftsleben um dieser angestrebten sozialen Stellung willen. Die Verwirklichung der gesellschaftlichen Gleichberechtigung der Frau in der DDR beruht also auf ihrer Gleichstellung in ökonomischer Hinsicht.[36]

„Nur wenn die Frau eine selbständige Stellung in der Produktion hat, wenn sie in keiner Weise ökonomisch vom Mann abhängig ist und wenn sie sich eben in der Arbeit, in der Produktion schöpferisch entwickeln kann, nur dann kann von einer wirklichen und vollen Gleichberechtigung die Rede sein."[37]

b) Wirtschaftliche Erwägungen

Die Frage der weiblichen Berufstätigkeit ist allerdings auch mit dem akuten Problem des Arbeitskräftemangels in der DDR eng verknüpft; sie ist somit nicht nur eine politisch-ideologisch zu motivierende Notwendigkeit, sondern ebenfalls von eminent ökonomischer Bedeutung. Denn die weibliche Arbeitskraft wird umso dringender benötigt, da sich die Bevölkerungsstruktur mit ihrem erheblichen Frauenüberschuß und dem hohen Anteil von Rentnern aus volkswirtschaftlicher Sicht als äußerst ungünstig erweist.[38] Diese Sozialstruktur zeigt nicht nur die Auswirkungen der Bevölkerungsverluste in den zwei Weltkriegen, sondern ist ebenfalls ein Ergebnis der bis 1961 anhaltenden starken Fluchtbewegung aus der DDR. Die Erfüllung volkswirtschaftlicher Pläne, die Steigerung der Produktivkraft, die Erhöhung des allgemeinen Lebensstandards erfordern deshalb eine Mobilisierung des gesamten Arbeitskräftepotentials für den Produktionsprozeß, also auch die umfassende Erwerbstätigkeit der Frauen.[39]

Die hiermit verbundene wirtschaftspolitische Zielsetzung – der Aufstieg der DDR zu einer modernen, bedeutenden Industriemacht – wird jedoch wiederum auf den Emanzipationsgedanken zurückgeführt und ideologisch verankert. Indem nämlich die Arbeiterinnen um ökonomische Erfolge in der Produktion ringen, würden sie zugleich ihren sozialistischen Staat stärken, der allein ihre wirkliche Gleichberechtigung garantieren könne.[40] Durch ihre Berufstätigkeit leisteten also die Frauen ihren spezifischen Beitrag zum Aufbau des Sozialismus, zur inneren und äußeren Konsolidierung der DDR und sicherten mit dem Staatssystem zugleich ihre Emanzipation.[41] In dieser Argumentationsweise tritt ein besonderes Kennzeichen der marxistischen Lehre deutlich zutage: die Identität von individuellem und allgemeinem Interesse.

c) Persönlichkeitsentfaltung und sozialistische Bewußtseinsbildung

Die weibliche Berufstätigkeit ist aber nicht nur aus ideologischen und ökonomischen Gründen notwendig, ihr liegen auch erzieherische Intentionen zugrunde. Denn der Arbeitsbegriff, den die SED vertritt, enthält den Gedanken der Selbstverwirklichung des Menschen, seiner Entfaltung durch und im Prozeß der Arbeit. Allerdings hat dieser Begriff eine gewisse pragmatische Einengung erfahren, indem die maximale Entwicklung der Persönlichkeit nur im sozialistischen Kollektiv arbeitender Menschen möglich sei. Diese Theorie von der funktional-erzieherischen Wirkung der Arbeit wird in vollem Umfang auch auf die Frau, ihre Emanzipation und Persönlichkeitsentfaltung angewendet:

„Wo anders, als im Prozeß der Arbeit bildet und formt sich der sozialistische Mensch? Erst in einem sozialistischen Kollektiv arbeitender Menschen können die Frauen ... alle ihre Fähigkeiten entfalten und ihre volle Gleichberechtigung durchsetzen."[42]

Der Auffassung der SED zufolge ist die Berufstätigkeit ein inneres Bedürfnis aller Menschen und immanenter Bestandteil der Persönlichkeitsentwicklung; sie sei somit auch für die Frauen ein permanentes persönliches Bedürfnis und keineswegs eine vorübergehende Erscheinung.

Denn vor allem im Prozeß der Arbeit bilde sich die „neue, sozialistische Frauenpersönlichkeit" heran, die in der produktiven Tätigkeit ihre „lebendige Gleichberechtigung" verwirkliche. Deshalb würden die Frauen — unabhängig von der Arbeitskräftelage — auch in der vollendeten sozialistischen oder kommunistischen Gesellschaft stets berufstätig sein.[43]

Die Heranbildung einer „neuen, sozialistischen Frauengeneration", die sich insbesondere im kollektiven Arbeitsvollzug entwickelt, soll — dem Willen der SED zufolge — durch direkte erzieherische Maßnahmen unterstützt und beschleunigt werden. In der Absicht, die ganze Gesellschaft zu „sozialistischem Bewußtsein", zu politisch-ideologisch motiviertem Denken und Handeln zu erziehen, wird auch die weibliche Bevölkerung in diesen Prozeß der allgemeinen Bewußtseinsbildung eingeschlossen. Denn der Partei geht es nicht nur darum, die Frauen in den sozialistischen Aufbau schlechthin *einzubeziehen,* sondern sie zu bewußtem, einsichtigen Handeln zu *befähigen,* aus dem heraus ihre bewußte und aktive Teilnahme am Kampf um den „Sieg des Sozialismus" erwächst. Die Frauen sollen die „geschichtliche Rolle und Perspektive ihres Arbeiter-und-Bauern-Staates" erkennen, in die ihre eigene Rolle und Stellung in diesem Staat eingebettet ist.[44]

Wie die Verwirklichung der Emanzipation der Frau und ihre Persönlichkeitsentfaltung, so setzt auch der Prozeß der Erziehung zum sozialistischen Bewußtsein die weibliche Berufstätigkeit voraus.

„Erst durch die Teilnahme am gesellschaftlichen Arbeitsprozeß können der Frau die Vorteile der sozialistischen Gesellschaftsordnung im vollen Umfang deutlich werden. Das Bewußtsein, gesellschaftlich und ökonomisch frei zu sein, entsteht bei der Arbeit in der sozialistischen Gemeinschaft. Auf eine Frau, die nur ihren häuslichen Verpflichtungen nachgeht, können deshalb diese im Arbeitsprozeß wirkenden politischen Faktoren kaum Einfluß nehmen."[45]

Diese Argumentationsweise entspricht zwar dem formalen Arbeitsbegriff der SED, der die Entwicklung und Entfaltung der Persönlichkeit im Rahmen der produktiven Tätigkeit mitsetzt. Allerdings kann nicht übersehen werden, daß im Arbeitsprozeß, am Arbeitsplatz und im Betrieb noch andere politisch-erzieherische Faktoren wirken als jene funktionalen, die dem Arbeitsvollzug im sozialistischen Kollektiv entspringen. Die berufstätige Frau ist im Betrieb leichter erreichbar für die nach dem Produktionsprinzip organisierte SED und die Gewerkschaftsverbände. In der Werksabteilung, am Arbeitsplatz finden Partei und Massenorganisation günstigere Bedingungen als im Wohngebiet, um auch die Frauen umfassend in ihre politische Agitations- und Überzeugungsarbeit einzubeziehen und sie gezielt zu sozialistischem Bewußtsein zu erziehen.

So wird verständlich, daß — besonders in der Phase des Aufbaus des Sozialismus — die Arbeiterin als das Vorbild einer in diesem Prozeß der Bewußtseinsveränderung heranzubildenden neuen Frauengeneration propagiert wurde.[46]

„Im täglichen Kampf um die Erreichung der Planziele, zur Erhöhung des Lebensstandards unseres ganzen Volkes werden die Arbeiterinnen immer sichtbarer zu dem Frauentyp, der das Antlitz des Sozialismus trägt, der Bewußtsein und Moral der neuen Gesellschaft verkörpert und auch für die Frauen aus allen anderen Schichten der Bevölkerung das Vorbild ist."[47]

Denn die Arbeiterin — insbesondere die Produktionsarbeiterin — hat bereits das „richtige" Bewußtsein, die sozialistische Weltanschauung, und als Teil der Arbeiterklasse partizipiert sie zudem an deren führender Rolle im Staat.[48]

Inzwischen sei — mit der politischen Konsolidierung der DDR, dem umfassenden Aufbau des Sozialismus und der Herausbildung neuer Gesellschaftsstrukturen — diese neue Frauengeneration herangewachsen, wie insbesondere im 20. Jahr der DDR-Gründung auf dem 2. Frauenkongreß 1969 festgestellt wurde. Mit dem Werden und Wachsen der Republik seien auch die Frauen zu „selbstbewußten, selbständig denkenden und handelnden sozialistischen Persönlichkeiten gereift".[49] Aus der rechtlosen und ausgebeuteten Frau der kapitalistischen Gesellschaft, aus der Trümmerfrau der ersten Nachkriegsjahre sei die gleichberechtigte und geachtete Bürgerin des sozialistischen Staates geworden, die politisch klug und bewußt, fleißig und umsichtig hervorragende Leistungen im wirtschaftlichen und gesellschaftlichen Leben, bei der Erziehung der heranwachsenden Generation und der Lenkung und Leitung des Staates vollbringe.[50]

Der Emanzipationsgedanke der SED ist vielschichtig und enthält sowohl politisch-ideologische als auch wirtschaftlich-pragmatische und erzieherische Elemente. Die mit der Gleichberechtigungsideologie verbundene ökonomische Zielsetzung wird allerdings im Rahmen der folgenden Betrachtung weitgehend ausgeklammert und diese primär unter dem Aspekt der gesellschaftspolitischen Zielsetzung geführt, nämlich der umfassenden Integration des weiblichen Geschlechts in das sozialistische System.

3. Probleme der Verwirklichung der Gleichberechtigung in der DDR

a) Gesetzliche Bestimmungen

Was die formal-juristische Seite anbelangt, so ist die Gleichberechtigung der Frau in der DDR umfassend verwirklicht. Bereits in der Periode der antifaschistisch-demokratischen Ordnung wurde die formale Gleichstellung des weiblichen Geschlechts zum Teil durch Befehl der sowjetischen Militäradministration (SMAD) vollzogen.[51]

Am 17. August 1946 trat der Befehl Nr. 253 der SMAD[52] in Kraft, demzufolge Männer, Frauen und Jugendliche bei gleicher Arbeit gleichen Lohn erhielten. Diese Anordnung „schuf die Grundlage für die ökonomische Gleichberechtigung der Frau und sicherte eine bis dahin in Deutschland unerreichte Stellung der Frau im Berufsleben"[53], wie die SED einschätzt. In der Verfassung der DDR vom 7. Oktober 1949 ist das Prinzip „gleicher Lohn für gleiche Arbeit" noch einmal wiederholt und als Rechtsgrundsatz formuliert worden. Das Arbeitsverhältnis der Frau wird darin als besonders schutzwürdig bezeichnet und zugleich die Schaffung spezieller Einrichtungen vorgeschrieben, die gewährleisten sollen, „daß die Frau ihre Aufgabe als Bürgerin und Schaffende mit ihren Pflichten als Frau und Mutter vereinbaren kann" (Art. 18).[54]

„Mann und Frau sind gleichberechtigt. Alle Gesetze und Bestimmungen, die der Gleichberechtigung der Frau entgegenstehen, sind aufgehoben."[55]

Mit dieser elementaren Rechtsnorm – die nunmehr das Prinzip der Gleichberechtigung für das gesamte Staatsgebiet einheitlich regelt – knüpft Artikel 7 der DDR-Verfassung an entsprechende Bestimmungen der Verfassungen der fünf Länder der SBZ an[56], die nach den Wahlen vom 20. Oktober 1946 Verbindlichkeit erlangt hatten. Zugleich wird das Recht und die Pflicht eines jeden Bürgers zur Mitgestaltung in der Gemeinde, im Kreis, Land und Staat ausdrücklich betont. Die Ausübung eines allgemeinen aktiven und passiven Wahlrechts, der freie Zugang zu öffentlichen Ämtern in Verwaltung und Rechtsprechung sichern den Frauen auch die politische Gleichberechtigung (Art. 3). Artikel 30 stellt Ehe und Familie unter den Schutz des Staates und erklärt das Prinzip der Gleichberechtigung ebenfalls für den Bereich der Familie als verbindlich; die Mutterschaft ist besonders schutzwürdig (Art. 32). Weiterhin wird das gleiche Recht aller Bürger auf Bildung und freie Wahl des Berufes betont (Art. 35).

Auf Grund der Verfassung der DDR von 1949 ist also die volle rechtliche, ökonomische und politische Gleichstellung der Frau, ihre Gleichberechtigung auf allen Gebieten des öffentlichen und privaten Lebens – insbesondere im Arbeits- und Familienrecht – prinzipiell und ohne Einschränkungen gesichert.[57]

Um der neuen gesellschaftlichen Stellung der Frau in der DDR Rechnung zu tragen und die in der Verfassung verankerte Gleichberechtigung in der Praxis weiterzuentwickeln, verabschiedete die Volkskammer am 27. September 1950 das „Gesetz über den Mutter- und Kinderschutz und die Rechte der Frau".[58] Dieses Gesetz umfaßt eine Reihe von Maßnahmen zum Schutz der Arbeitskraft und Gesundheit der Frau, insbesondere zum Schutz der werdenden Mutter und zur Förderung berufstätiger Mütter; es enthält Bestimmungen über die Stellung der Frau in Familie und Beruf sowie über die Schaffung sozialer Einrichtungen zur Betreuung der Kinder. Des weiteren sieht das Gesetz eine stärkere Heranziehung von Frauen „zur Teilnahme an der staatlichen, gesellschaftlichen und kulturellen Tätigkeit" vor, insbesondere eine zahlreichere weibliche Mitwirkung in ehrenamtlichen politischen und gesellschaftlichen Funktionen (§ 26). Dieses Gesetz, in der Regel als „Mutterschutzgesetz" bezeichnet und inzwischen durch mehrere Durchführungsbestimmungen und ein Änderungsgesetz vom 28. Mai 1958 [59] ergänzt, wird in der DDR als wesentliche juristische Grundlage erachtet, „um den Frauen als gleichberechtigten Bürgerinnen die Teilnahme am gesellschaftlichen Leben zu ermöglichen".[60]

Das „Gesetz der Arbeit" vom 19. April 1950 [61] enthielt Rahmenbestimmungen über die weibliche Berufstätigkeit und baute den Grundsatz der gleichen Entlohnung bei gleicher Arbeit noch aus. Es wurde am 1. Juli 1961 durch das „Gesetzbuch der Arbeit" vom 12. April 1961 [62] abgelöst, das die Grundsätze sozialistischer Arbeitspolitik wiedergibt und die arbeitsrechtliche Lage umfassend regelt. Ausgehend von dem Recht aller Bürger auf Arbeit betont es die „moralische Pflicht" jedes arbeitsfähigen Bürgers, zum gesellschaftlichen und eigenen Nutzen eine Berufstätigkeit auszuüben und seine Fähigkeiten zu entwickeln (§ 2, Abs. 2). Um auch den Frauen die gleichberechtigte und umfassende Teilnahme am Arbeitsprozeß zu ermöglichen, bestimmt das Gesetzbuch Maßnahmen zur Förderung und Weiterbildung werktätiger Frauen, zur Erleichterung ihrer häuslichen Aufgaben, zur sozialen Betreuung von Mutter und Kind. Die allgemeinen Grundsätze sind in Paragraph 123 formuliert:

„ (1) Die Gleichberechtigung der Frau in der sozialistischen Gesellschaft wird durch die Teilnahme am Arbeitsprozeß und die Mitwirkung an der Leitung von Staat und Wirtschaft voll verwirklicht.
(2) Die Organe der Staatsmacht und die Betriebsleiter sind verpflichtet, alle Voraussetzungen zu schaffen, die es den Frauen ermöglichen, am Arbeitsprozeß teilzunehmen, ihre schöpferischen Fähigkeiten zu entwickeln und zugleich ihrer hohen gesellschaftlichen Aufgabe als Mutter gerecht zu werden."[63]

Die Gleichberechtigung der Frau im familiären Bereich war bereits 1949 durch Verfassungsnorm fixiert; entgegenstehende Gesetze und Bestimmungen — insbesondere des Bürgerlichen Gesetzbuches — wurden zugleich aufgehoben. Ein neues Familiengesetzbuch, 1954 vom Justizministerium als Entwurf vorgelegt, trat allerdings nicht in Kraft; lediglich die darin enthaltenen Vorschriften über Eheschließung und Ehescheidung erlangten durch eine Verordnung vom 24. November 1955 [64] Rechtsgültigkeit. Solange eine gesetzliche Regelung für den gesamten Lebensbereich der Familie ausstand, war es der Rechtsprechung überlassen, in individuellen Streitfällen eine Klärung herbeizuführen.

Am 20. Dezember 1965 erließ die Volkskammer schließlich ein „Familiengesetzbuch"[65], dem kurze Zeit später weitere familienrechtliche Bestimmungen folgten. Das Familiengesetzbuch legt fest, daß — entsprechend dem Grundsatz der Gleichberechtigung von Mann und Frau — beide Ehegatten gemeinsam und im Einverständnis über alle das eheliche und familiäre Leben betreffende Fragen zu entscheiden haben (§§ 2 und 9).

Außer in diesen vorgenannten fundamentalen gesetzlichen Bestimmungen hat das Prinzip der Gleichberechtigung in zahlreichen Normativakten der DDR seine juristische Verankerung gefunden.

Insofern gilt die Gleichberechtigung der Frau in der DDR nicht mehr als eine juristische Frage; „sie ist vielmehr vor allem eine ideologisch-praktische Frage".[66] Denn im Besitz der verfassungsmäßigen Rechte

„liegt es nunmehr an den Frauen selbst, alle Möglichkeiten ihres Aufstiegs durch die volle Entfaltung ihrer Fähigkeiten auszunutzen. Nur dann wird ihre Gleichberechtigung vollkommen sein, wenn jede Frau und jedes Mädchen die hohe Verpflichtung fühlt, nach vermehrtem Wissen und erhöhter Leistung zu streben."[67]

b) Unzureichende Berufsausbildung und Qualifizierung der Frauen

Wenn man auch in der DDR betont, die Gleichberechtigung der Frau sei vom Prinzip her verwirklicht — auf Grund der politischen und sozialen Umwälzungen, der ökonomischen Unabhängigkeit der Frauen und der umfassenden rechtlichen Bestimmungen —, so wird doch die tatsächliche Realisierung der Gleichberechtigung von den führenden politischen Kräften weitaus differenzierter und als ein langwieriger, komplizierter Prozeß betrachtet. Da nach Ansicht der SED die Stellung der Frau in der sozialistischen Gesellschaft aufs engste verbunden ist mit ihrer Stellung im Produktionsprozeß, könne sich die Durchsetzung der Gleichberechtigung des weiblichen Geschlechts nicht mit einem „Ruck" vollziehen, sondern nur „in aufeinanderfolgenden Etappen, die dem jeweils erreichten Stand der gesellschaftlichen Entwicklung und den darin eingeschlossenen neuen, höheren Aufgaben entsprachen und entsprechen".[68]

Es sind im wesentlichen zwei Problemkreise, die der Gleichberechtigung und Gleichwertigkeit der Frauen im wirtschaftlichen und gesellschaftlichen Leben entgegenstehen und die endgültige Verwirklichung der Gleichberechtigung behindern und verzögern: zum einen die mangelhafte Berufsausbildung und infolgedessen ungenügende Qualifikation der berufstätigen Frauen; zum anderen die mehrfache Belastung des weiblichen Geschlechts durch Beruf, Haushalt und Familie.[69]

„Gleichberechtigung der Frau heißt auch, daß die Frauen die gleichen Arbeitsplätze einnehmen können" wie die Männer.[70] Infolge gänzlich fehlender oder ungenügender beruflicher Ausbildung — größtenteils ein Relikt aus der Zeit vor der DDR-Gründung, dessen Ursache insbesondere im historisch geprägten Bild von der gesellschaftlichen Rolle der Frau wurzelt — sind die meisten Frauen jedoch nicht in der Lage, die Arbeitsplätze der Männer gleichwertig auszufüllen. In überwiegendem Maße verrichten sie angelernte und untergeordnete Tätigkeiten innerhalb des Produktionsprozesses, während die Leitungsfunktionen den qualifizierteren männlichen Kollegen vorbehalten bleiben.[71]

Um diese „Überreste der faktischen Ungleichheit in der Stellung der Frau" zu überwinden[72], um ihre völlige Gleichberechtigung in der Produktion herzustellen und sie zur Teilnahme an der Wirtschaftsleitung zu befähigen, bedarf es deshalb nach Auffassung der SED einer planmäßigen Förderung der Frauen, einer gezielten Hebung ihres Qualifikationsniveaus. Mit Hilfe eines systematischen Qualifizierungsprogramms soll den werktätigen Frauen eine nachträgliche Berufsausbildung vermittelt werden, die – mehrstufig angelegt – die ungelernte Arbeiterin über eine Phase der Anlernung zur Facharbeiterin entwickelt. Daran können sich weitere Ausbildungsgänge zur Technikerin, Meisterin und Ingenieurin anschließen, die in der letzten Stufe den Weg zum Hochschulstudium eröffnen.[73] Als Folge dieser Weiterbildungsmaßnahmen wird ein Ansteigen der Anzahl beruflich qualifizierter Frauen erwartet, die in mittleren und leitenden Funktionen der Wirtschaft eingesetzt werden können und sollen.[74]

Obwohl in der DDR bereits in den 50er Jahren die berufliche Weiterbildung von Frauen in größerem Umfang durchgeführt wurde, ist dieser Prozeß zur Verwirklichung der weiblichen Emanzipation im ökonomischen Bereich „noch nicht abgeschlossen". Vielmehr drohen die fortschreitende Mechanisierung und Automatisierung der Produktion allen Qualifizierungsanstrengungen davonzulaufen und die tatsächliche Gleichberechtigung der berufstätigen Frau im wirtschaftlichen Leben auf lange Sicht unmöglich zu machen.[75]

„Unter Berücksichtigung der Tatsache, daß die zunehmende Automatisierung und Technisierung höhere Anforderungen an die Menschen stellt, ist jetzt schon abzusehen, daß dann, wenn sich die Masse der Frauen nicht wissenschaftlich-technisch weiterbildet, sie immer weiter hinter den Erfordernissen unserer Zeit und auch hinter den Männern zurückbleiben werden. Eine solche Entwicklung entspricht aber ganz und gar nicht einer vollen Verwirklichung der Gleichberechtigung der Frau."[76]

„Das Verhältnis der Frauen und Mädchen zur Technik zu klären, das ist also die neue und zugleich äußerst schwierige Aufgabe im Prozeß der völligen Verwirklichung der Gleichberechtigung der Frau."[77] Als ein Beitrag zu diesem Klärungsprozeß ist das Kommuniqué des Politbüros des Zentralkomitees der SED vom 23. Dezember 1961 „Die Frau – der Frieden und der Sozialismus"[78] anzusehen. In diesem Frauenkommuniqué bringt das Politbüro seine Erwartung zum Ausdruck, „daß Maßnahmen festgelegt werden, die zu einer Erhöhung des Anteils der Frauen in mittleren und leitenden Funktionen führen".[79]

Detaillierte Aufgaben für die Staatsorgane, die den Erfordernissen einer Qualifizierung der Frauen für naturwissenschaftlich-technische Berufe und ihrer Förderung und Entwicklung für Leitungsfunktionen Rechnung tragen, sind in einem Ministerratsbeschluß vom 19. April 1962 festgelegt.[80]

In der DDR geht es also heute „um die Gleichberechtigung der Frau auf einer höheren Stufe der gesellschaftlichen Entwicklung".[81] Es geht darum, die Frauen zu befähigen, einen den Männern *gleichwertigen* Platz in der technisierten Produktion einnehmen zu können, der allein ihre gleichberechtigte Stellung in der sozialistischen Gesellschaft garantiert:

„Die wichtigste Erfahrung, die wir im Prozeß der Befreiung der Frau gewinnen konnten, ist jedoch, daß ihre Stellung im Sozialismus vor allem durch ihre Stellung im gesellschaftlichen Produktionsprozeß bestimmt wird."[82]

Gegenüber der Gleichberechtigungsideologie der marxistischen Klassiker hat sich also die Auffassung der SED insofern modifiziert, als sie dem grundsätzlichen Aspekt einer

Befreiung des weiblichen Geschlechts durch seine Teilnahme am gesellschaftlichen Produktionsprozeß die These von der Notwendigkeit einer gleichwertigen beruflichen Position der Frau, die durch Qualifizierungsmaßnahmen erreicht werden soll, hinzugefügt hat. Danach ergibt sich die volle Emanzipation der Frau und die maximale Entfaltung ihrer Persönlichkeit nicht durch den Prozeß der Arbeit schlechthin; vielmehr bestimmt die eingenommene berufliche Stellung den Grad ihrer Befreiung und Gleichberechtigung, den Grad ihrer wirtschaftlichen und gesellschaftlichen Integration. Diese Umwandlung der marxistisch-leninistischen Ideologie seitens der SED resultiert nicht zuletzt aus gesellschaftspolitisch-pragmatischen — und auch aus ökonomischen — Notwendigkeiten.[83]

c) Mehrbelastung der Frauen durch Beruf, Haushalt und Familie

Es erscheint zweifelhaft, daß das Ziel einer gleichwertigen Stellung der Frauen im Produktionsprozeß in absehbarer Zeit zu erreichen ist, es erscheint sogar fraglich, ob dieses Ziel überhaupt erreicht werden kann. Denn allen staatlichen und betrieblichen Qualifizierungsmaßnahmen zum Trotz: das Bestreben der Frauen um berufliche Weiterbildung findet dort seine Schwierigkeiten und — nicht selten — seine Grenzen, wo es auf ein generelles Problem weiblicher Berufstätigkeit stößt: die mehrfache Belastung der Frau durch Beruf, Haushalt und Familie.[84]

Um auch in dieser Beziehung für die Frauen gleiche Bedingungen zu schaffen wie für die Männer, Bedingungen, die es ihnen ermöglichen, „ihre schöpferischen Kräfte und Fähigkeiten zu entfalten — insbesondere die Grundrechte auf Teilnahme an der Leitung von Staat und Wirtschaft, auf Arbeit und auf Bildung vollkommener wahrzunehmen — und damit ihre gleichberechtigte Stellung immer mehr zu verwirklichen und zu vervollkommnen"[85], kommt in der DDR den Maßnahmen zur Erleichterung des Lebens der Frau große Bedeutung zu.

Um die Frauen von den häuslichen und familiären Pflichten zu entlasten[86] und sie für eine intensivere Mitarbeit im wirtschaftlichen Produktionsprozeß und an den gesellschaftlichen und politischen Aufgaben freizustellen, sollen in immer stärkerem Maße soziale Einrichtungen die spezifischen Aufgaben des Einzelhaushalts wahrnehmen. Ziel aller Maßnahmen zur Verbesserung der Arbeits- und Lebensbedingungen der berufstätigen Frau und Mutter ist letztlich die Vergesellschaftung des individuellen Haushalts. Dies geschieht, indem die Gesellschaft zu einem großen Teil die Verantwortung für die Betreuung und Erziehung der Kinder übernimmt und entsprechende Gemeinschaftseinrichtungen bereitstellt[87] und indem die Hausarbeit rationalisiert und industrialisiert wird. Die Technisierung des Einzelhaushalts, seine Ausstattung mit elektrischen Geräten zum Zwecke der Erleichterung und Verkürzung der Arbeitsgänge, hat allerdings nur sekundäre Bedeutung gegenüber der Erweiterung des Netzes von Dienstleistungsbetrieben, die die individuelle Hausarbeit völlig aus dem familiären Bereich herausnehmen und in einen Zweig der industriellen Großproduktion umwandeln.[88]

Obwohl in der DDR die Zahl der Einrichtungen zur Betreuung der Kinder ständig erhöht, das Dienstleistungswesen ausgebaut und auch in seiner Arbeitsqualität verbessert wurde, reichen diese Maßnahmen noch bei weitem nicht aus, um die Frauen auch nur annähernd unter solchen Bedingungen in das wirtschaftliche und gesellschaftliche Leben einzubeziehen, die der Entfaltung ihrer Fähigkeiten und damit der „systematischen Vervollkommnung ihrer Gleichberechtigung" dienen.[89] Denn das Tempo der Entwicklung dieser sozialen Einrichtungen steht in Abhängigkeit von der Erfüllung der Volkswirtschaftspläne und der Steigerung der Arbeitsproduktivität.[90] Andererseits aber erfordert die Steigerung der Arbeitsproduktivität die uneingeschränkte und insbesondere qualifizierte Berufstätigkeit der Frau, „die objektiv notwendige Nutzung aller gesellschaftlichen Produktivkräfte zum Wohle der ganzen Gesellschaft".[91] Insofern stehen die Berufstätigkeit der Frau und ihre Entlastung von Hausarbeit und familiären Pflichten in einem engen Funktionszusammenhang: eines setzt jeweils das andere als notwendig voraus.

Insgesamt zeichnet sich damit ein Circulus vitiosus ab: indem sich die gesellschaftliche Gleichberechtigung der Frau nur über ihre gleichwertige Stellung in der Produktion verwirklichen läßt; zur Erreichung ihrer Gleichwertigkeit als Arbeitskraft sowie zur Steigerung der Arbeitsproduktivität umfangreiche Bildungs- und Qualifizierungsmaßnahmen erforderlich sind; die Berufstätigkeit der Frauen im allgemeinen und ihre Weiterbildung im besonderen ein dichtes Netz sozialer Einrichtungen voraussetzen; die Schaffung dieser Einrichtungen und die weitere Verbesserung der Arbeits- und Lebensbedingungen der Werktätigen aber wiederum ein Ergebnis aller wirtschaftlichen Produktivkräfte sind, also auch ein Ergebnis der weiblichen Berufstätigkeit.

Die ideologische Einengung des Emanzipationsgedankens in der DDR auf die wirtschaftliche Gleichstellung der Frau, aus der allein ihre gesellschaftliche und politische Gleichberechtigung resultiert, führt letztlich zu dem Dilemma, daß die Frauen zwar vom Prinzip her gleichberechtigt sind, ihre tatsächliche gesellschaftliche Integration, ihre endgültige und vollständige Befreiung sich aber erst in einem langwierigen Prozeß der „Weiterentwicklung und Vervollkommnung des sozialistischen Aufbaus" ergeben kann.[92]

Trotz dieser Schwierigkeiten und Hindernisse bei der Durchsetzung der Emanzipation hat die SED ein Rollenbild von der „modernen Frau" gezeichnet, das die vielfältigen praktischen Probleme unberücksichtigt läßt.

„Teilzunehmen am umfassenden Aufbau des Sozialismus, sich hohe Kenntnisse anzueignen, gute Ehepartner zu sein, feinfühlige Erzieherinnen, liebevolle Mütter ihrer Kinder, die mit klarem Sinn und fester Hand unseren Staat mitregieren":

dies sei die „Rolle der modernen Frau" in der DDR.[93]

„Den Staat mitregieren": angesichts dieser speziellen Rollennorm stellt sich die Frage, in welchem Maße auch der Aspekt der *politischen* Gleichberechtigung der Frau im Prozeß der allgemeinen Emanzipationsbestrebungen in der DDR berücksichtigt wurde. Hat die SED in ihrem Bemühen, die wirtschaftliche und gesellschaftliche Integration der Frauen herbeizuführen, auch deren gleichberechtigte Einbeziehung in den politischen Bereich mit eben derselben Intensität betrieben? Hat sie – abgesehen von der politischen Aktivierung der Frauen, dem Kampf um deren Loyalität gegenüber der herrschenden Macht – auch die Teilnahme der Frauen an der Lenkung und Leitung des Staates gefördert und Maßnahmen zu ihrer Qualifizierung für politische Führungsfunktionen unterstützt? Über die Entwicklung und den derzeitigen Stand der Verwirklichung der Gleichberechtigung im politischen Raum Auskunft zu geben, ist Inhalt und Ziel der folgenden Untersuchung.

Zweiter Teil: Die Frau in der SED

II. Kapitel: Die Frau als Mitglied, Parteiarbeiterin und Parteitagsdelegierte der SED

1. Weibliche Mitgliederstruktur

Seit ihrer Gründung im April 1946 ist die SED nicht nur die zahlenmäßig stärkste Partei in Deutschland, im Vergleich mit anderen deutschen Parteien verfügt sie auch über einen relativ hohen Frauenanteil.

Die Entwicklung des Mitgliederstandes seit 1946 und der Anteil der weiblichen Mitglieder an der Gesamtmitgliedschaft sind in Tabelle 1 wiedergegeben.

Zum Vergleich seien die weiblichen Mitgliederanteile der führenden westdeutschen Parteien genannt (Tabelle 2).

a) Mitgliederbewegung

Als die SED auf ihrem I. Parteitag[1] am 21./22. April 1946 aus der Vereinigung von SPD und KPD hervorging, umfaßte sie nahezu 1,3 Millionen Mitglieder, die sich zu 52,3 Prozent aus Mitgliedern der ehemaligen SPD (insgesamt 679.159) und zu 47,7 Prozent aus Mitgliedern der ehemaligen KPD (insgesamt 619.256) zusammensetzten.[2] Der weibliche Mitgliederanteil zum Zeitpunkt der Vereinigung betrug 21,5 Prozent.[3]

Eine Aufschlüsselung der weiblichen SED-Mitgliedschaft nach ihrer ehemaligen Parteizugehörigkeit liegt zwar nicht vor, doch weisen verschiedene Angaben darauf hin, daß die größere Anzahl von Frauen über die KDP zur SED gekommen ist. Den Archivmaterialien der SPD-Bundesgeschäftsstelle zufolge hatte diese Partei am 31. März 1946 in der SBZ und in Groß-Berlin einen Mitgliederstand von insgesamt rund 700.700, darunter 15 bis 18 Prozent Frauen.[4] Auch in den westdeutschen Parteiorganisationen der SPD bewegte sich der weibliche Mitgliederanteil in dieser Größenordnung.[5] Aus diesen Zahlenangaben läßt sich der Frauenanteil an der Mitgliedschaft der ostzonalen KPD zum Zeitpunkt des Vereinigungsparteitages im April 1946 ableiten. Danach ergibt sich für die KPD ein weiblicher Mitgliederanteil von rund 25 bis 29 Prozent; in ihren Reihen waren also beträchtlich mehr Frauen organisiert als in der Sozialdemokratischen Partei.

Dieser Tatbestand erscheint recht bemerkenswert, da nach Gabriele Bremme die Frauen in ihrer Wahlentscheidung weder rechten noch linken radikalen Parteien zuneigen. In bezug auf die Stimmabgabe für derartige Organisationen bezeichnet sie sowohl die KPD als auch die NSDAP als ausgesprochene „Männerparteien".[6] Für die Entscheidung von Frauen, einer radikalen Partei beizutreten, trifft diese Feststellung

Tabelle 1: Anteil der weiblichen Mitglieder und Kandidaten an der Gesamtmitgliedschaft der SED (1946–1971)

Jahr	Mitglieder und Kandidaten (ab 1950) insgesamt	davon Frauen	Prozentualer Anteil der Frauen an der Gesamtmitgliedschaft
21. April 1946[1]	1.298.415	279.240	21,5
April 1946[2]		286.950	
März 1947[2]		410.049	23,8
Mai 1947[3]	1.786.138	427.150	23,9
Dezember 1948[4]			24,1
Januar 1949[5]	1.773.689		
März 1950[4]			23,5
April 1950[5]	etwa 1.750.000		
Juli 1950[6]	etwa 1.750.000		19,8[7]
Dezember 1950[6]	1.316.700		
Juni 1951[6]	1.221.300		
September 1953[8]	etwa 1.230.000		
April 1954[9]	1.413.313	282.663[10]	20,0[11]
Dezember 1957[11]	1.472.932	346.139[10]	23,5
Dezember 1961[12]	1.610.679	386.563[10]	24,0
Januar 1963[13]	1.652.085		
Dezember 1966[14]	1.769.912	469.027[10]	26,5
Juni 1971[15]	1.909.859	548.130[10]	28,7

1 Vgl. Bericht an den II. Parteitag (Anm. I/56), S. 29 und 36.
2 Vgl. Ullrich, Lisa, Frauenaufgebot der SED in Altenburg, in: Neuer Weg, 1947, H. 6, S. 27.
3 Vgl. Bericht an den II. Parteitag (Anm. I/56), S. 29 und 35.
4 Vgl. Ulbricht, Lotte, Schluß machen mit der Vernachlässigung der Arbeit unter den Frauen, in: dieselbe, Reden und Aufsätze. 1943 bis 1967. Berlin-Ost 1968, S. 47.
5 Vgl. Pieck, Wilhelm, Rechenschaftsbericht über Politik und Arbeit der Sozialistischen Einheitspartei Deutschlands seit dem II. Parteitag im September 1947, in: Neues Deutschland, 21.7.1950, S. 7; vgl. auch derselbe, Die gegenwärtige Lage und die Aufgaben der Partei, in: Protokoll der Verhandlungen des III. Parteitages der Sozialistischen Einheitspartei Deutschlands. 20. bis 24. Juli 1950 in der Werner-Seelenbinder-Halle zu Berlin. 2 Bände. Berlin-Ost 1951, Bd. I, S. 82.
6 Vgl. Schultz, Joachim, Der Funktionär in der Einheitspartei. Kaderpolitik und Bürokratisierung in der SED. Schriften des Instituts für Politische Wissenschaft, Band 8. Stuttgart, Düsseldorf 1956, S. 247; vgl. auch Förtsch, Eckart, Die SED. Stuttgart, Berlin, Köln, Mainz 1969, S. 66.
7 Vgl. Die Frauen in der Deutschen Demokratischen Republik, Ms. Frankfurt/M. 22. 8. 1952, S. 25; in der Bundesanstalt für gesamtdeutsche Aufgaben, Abt. II/Bonn unter Ku 1379 archiviert.
8 Die Zahlenangabe bezieht sich nur auf die Vollmitglieder der SED; vgl. Schultz, Der Funktionär (Anm. Tab. 1/6), S. 247. Zur Zeit des 16. Plenums des ZK im September 1953 zählte die SED mehr als 1.200.000 Mitglieder; vgl. Schirdewan, Karl, Über die Abänderungen am Statut der Sozialistischen Einheitspartei Deutschlands, in: Protokoll der Verhandlungen des IV. Parteitages der Sozialistischen Einheitspartei Deutschlands. 30. März bis 6. April 1954 in der Werner-Seelenbinder-Halle zu Berlin. 2 Bände. Berlin-Ost 1954, Bd. II, S. 931.
9 Vgl. Schirdewan, Karl, Über die Abänderungen am Statut der SED, in: Neues Deutschland, 6.4.1954, S. 5.
10 Die Absolutzahlen für die weibliche Mitgliedschaft wurden von der Verfasserin auf Grund der von der SED veröffentlichten Zahlen (Anzahl der Gesamtmitglieder und prozentualer Frauenanteil an der Gesamtmitgliedschaft) errechnet. Auf- bzw. Abrundungen der angegebenen Prozentsätze lassen geringfügige Abweichungen der errechneten Werte von den tatsächlichen Gesamtzahlen weiblicher Mitglieder zu.

(Fortsetzung auf der nächsten Seite)

Tabelle 2: Der weibliche Mitgliederanteil in führenden Parteien der Bundesrepublik (1946–1965)[1]

Partei und Jahr		Anzahl der weiblichen Mitglieder	Prozentualer Anteil der Frauen an der Gesamtmitgliedschaft
SPD	1946	109.215	15,4
	1948	159.479	19,2
	1951	121.985	18,7
	1955	114.347	19,5
	1959	121.668	19,2
	1962	119.978	18,6
	1965	123.565	17,4
CDU	1957		17,0
	1962	36.031	14,5
	1964	37.119	13,3
FDP	1965	6.500	7–8

1 Tabelle verkürzt zusammengestellt nach: Fülles, Frauen (Anm. Einl./8), S. 25. Die Mitgliederzahlen für die SPD beruhen auf parteioffiziellen Angaben, die für die CDU und die FDP gründen sich zum größten Teil auf Auskünfte dieser Parteien (Auszählungen der Mitglieder bzw. Schätzung) oder wurden in geringerem Umfang den Veröffentlichungen verschiedener Autoren entnommen.

(Fortsetzung der Anmerkungen zu Tabelle 1)

11 Vgl. Protokoll der Verhandlungen des V. Parteitages der Sozialistischen Einheitspartei Deutschlands. 10. bis 16. Juli 1958 in der Werner-Seelenbinder-Halle zu Berlin. 2 Bände. Berlin-Ost 1959, Bd. II, S. 1608 f.
12 Vgl. Protokoll des VI. Parteitages der Sozialistischen Einheitspartei Deutschlands. 15. bis 21. Januar 1963 in der Werner-Seelenbinder-Halle zu Berlin. 4 Bände. Berlin-Ost 1963, Bd. IV, S. 252 f.
13 Vgl. ebenda, Bd. II, S. 118.
14 Vgl. Protokoll des VII. Parteitages der SED (Anm. I/82), Bd. IV, S. 226 f.
15 Vgl. Honecker, Erich, Bericht des Zentralkomitees an den VIII. Parteitag der Sozialistischen Einheitspartei Deutschlands, in: Neues Deutschland, 16.6.1971, S. 8. Der hier genannte weibliche Prozentanteil scheint sich nur auf die Vollmitgliedschaft zu beziehen, nicht auf die Gesamtheit aller Mitglieder und Kandidaten.

jedoch nicht zu. Allerdings ist zu berücksichtigen, daß bei einer solchen Entscheidung auch noch andere Faktoren eine Rolle spielen, die hinsichtlich des Wahlvotums weniger stark oder überhaupt nicht ins Gewicht fallen.

Wenn auch der weibliche Mitgliederanteil der SED zur Zeit des Vereinigungsparteitages im April 1946 mit 21,5 Prozent angegeben wurde, so bedeutete es noch keineswegs, daß dieser Prozentsatz einheitlich auf alle Parteiorganisationen zutraf. Vielmehr wichen die entsprechenden Prozentsätze in den einzelnen Landes- und Kreisverbänden teilweise erheblich vom Gesamtanteil ab. So wurde einige Monate nach Gründung der SED festgestellt, daß solche Kreise, wo der Anteil der Frauen an der Mitgliedschaft 25 Prozent betrage, zu den Ausnahmen gehörten. Die meisten Kreise wiesen einen Prozentsatz auf, der unter 20, ja nicht selten unter 15 Prozent läge.[7] Ein halbes Jahr nach Bestehen der SED gäbe es immer noch in allen Kreisen Ortsgruppen ohne weibliche Mitglieder oder mit völlig ungenügendem Frauenbestand.[8]

Zum Zeitpunkt des II. Parteitages der SED im Mai 1947 war der weibliche Mitgliederanteil bereits auf 23,9 Prozent gestiegen, variierte jedoch immer noch beträchtlich in den einzelnen Landesverbänden. Diese Abweichungen dürften hauptsächlich von solchen Faktoren wie Bevölkerungsdichte, Wirtschafts- und Sozialstruktur sowie politischer Rolle der SED beeinflußt worden sein. So war der weibliche Mitgliederanteil in den städtischen Ballungszentren von Berlin und Sachsen mit 27,6 Prozent bzw. 25,0 Prozent am höchsten, besonders gering hingegen in den ländlichen Gebieten Thüringens (19,3 Prozent). Eine bemerkenswerte Ausnahme bildete jedoch das landwirtschaftlich geprägte Mecklenburg mit 27,4 Prozent weiblichen Mitgliedern.[9] Der Parteivorstand der SED analysierte diese Erscheinung als Ergebnis und Anerkennung ihrer politischen Rolle bei der Durchführung der Bodenreform:

„Die umfassende Hilfe der Partei für die Umsiedlerfamilien und die Unterstützung der Bäuerinnen bei der Durchführung der Bodenreform brachten der SED gerade in den ländlichen Gebieten jenes große Maß von Vertrauen, das in dem hohen Prozentsatz der weiblichen Mitglieder zum Ausdruck kommt. Ähnlich liegen die Verhältnisse in den Landgebieten von Sachsen-Anhalt."[10]

Diese Analyse beruhte jedoch auf einer irrigen Schlußfolgerung und wurde vom Parteivorstand der SED im gleichen Bericht korrigiert, indem er die große Schwäche der Partei vor allem auf dem Lande betonte:

„Die Bäuerinnen haben wir keineswegs durch die SED systematisch beeinflußt, sonst könnte sich nicht das krasse Bild ergeben, wie z. B. in Mecklenburg, wo wir trotz einer guten weiblichen Mitgliedschaft in unserer Partei nur 744 Bäuerinnen [und 2.094 Neubäuerinnen von insgesamt 54.473 weiblichen Mitgliedern; die Verf.] als Mitglieder aufweisen können."[11]

Die Ausführungen von Fülles über den Einfluß soziologischer Faktoren auf den Eintritt von Frauen in die Parteien[12] scheinen demnach im allgemeinen auch auf die SED zuzutreffen, die in den städtischen Gebieten mit hoher Bevölkerungsdichte größere Chancen für die Gewinnung weiblicher Mitglieder vermutete als auf dem Lande.[13]

Da die SED in den folgenden Jahren keine Aufschlüsselung der Mitgliedschaft nach Ländern bzw. Bezirken vorgenommen hat, kann nicht gesagt werden, wieweit sich diese soziologisch bedingten Unterschiede im weiblichen Mitgliederanteil inzwischen nivelliert haben. Gewisse Abweichungen im Frauenanteil der einzelnen Kreisparteiorganisationen dürften jedoch ständig bestehen.

Wie Förtsch darlegt, verstand sich die SED in den ersten Jahren nach ihrer Gründung als „offene Massenpartei", in der die Politik der großen Zahl eine bedeutende Rolle spielte. In diesem Zeitraum versuchte sie, mittels einer breit angelegten und undifferenzierten Werbung neuer Mitglieder die numerische Überlegenheit der in die SED eingebrachten Sozialdemokraten zu neutralisieren.[14] So ist für das erste Jahr ihres Bestehens ein rasches Ansteigen der Mitgliederzahlen zu verzeichnen, das gleichermaßen für den Frauenanteil gilt. Dabei gelang es, den weiblichen Mitgliederanteil sowohl absolut als auch relativ um einige Prozente zu erhöhen. Auf ihrem II. Parteitag im September 1947 konstatierte die SED, der Prozentanteil der Frauen in einer sozialistischen Partei habe noch nie diese Höhe erreicht.[15]

Der Eintritt der Frauen in die SED wurde von mehreren Faktoren begünstigt: Forderungen dieser Partei, die „Gleichberechtigung der Frau im öffentlichen Leben und im Beruf" zu verwirklichen und besondere Förderungs- und Schutzmaßnahmen für die werktätige Frau und Mutter zu ergreifen[16]; Werbekampagnen zur Gewinnung von Frauen für die Partei[17]; ein stärkeres Eigeninteresse der Frauen am politischen Engagement in Krisenzeiten[18]; die allgemein formulierten Aufnahmebedingungen des ersten Parteistatuts von 1946, das noch keine soziale Klassifikation und normativen Maximen postulierte.[19]

Die Umstrukturierung der SED zwischen 1948 und 1950 zu einer Kaderpartei war mit administrativ-organisatorischen und selektiven Maßnahmen sowie Überprüfungen und Säuberungen innerhalb der Mitgliedschaft verbunden.[20] Als Folge verringerte sich die Anzahl der Mitglieder bis 1951 radikal um nahezu ein Drittel. Auch die weiblichen Mitglieder blieben von den Parteisäuberungen nicht verschont; sie waren sogar noch stärker davon betroffen als ihre männlichen Kollegen. Ihr prozentualer Anteil sank noch unter den Stand vom Vereinigungsparteitag 1946.[21] Demzufolge dürften die Kriterien der Selektion[22] – die Entfernung „parteifremder und parteifeindlicher Elemente" – in besonderem Maße auf die Frauen zugetroffen haben. Es ist anzunehmen, daß die undifferenzierte Werbung und wahllose Aufnahme von Frauen zwischen 1946 und 1948 zur Hebung des weiblichen Mitgliederanteils zahlreiche politisch-ideologisch indifferente und inaktive Kräfte in die Reihen der Partei geführt hatte, die nun wieder eliminiert wurden.

Die Einführung des Kandidatenstatus erschwerte gleichzeitig die Neuaufnahme in die SED, die nunmehr unter Berücksichtigung bestimmter sozialer Kategorien erfolgte, denen auch die Frauen zu entsprechen hatten.[23] Deshalb verringerte sich ebenfalls erheblich die Zahl der Neuaufnahme weiblicher Mitglieder in diesem Zeitraum, und sie vermochte nicht die Lawine der Parteiaustritte bzw. -ausschlüsse von Frauen zu kompensieren. Bereits ein Jahr nach Einführung des Kandidatenstatus in der Partei im Januar 1949 zeigten sich stark rückläufige Tendenzen beim Beitritt von Frauen. So sank der Anteil weiblicher Kandidaten in Mecklenburg von 33 Prozent im April 1949 auf 24,4 Prozent im März 1950 und in Berlin in der gleichen Zeit von 33,2 Prozent auf 25,9 Prozent.[24] Interessanterweise führte Lotte Ulbricht, die Lebensgefährtin und spätere Ehefrau Walter Ulbrichts, das „Zurückbleiben bei der Gewinnung der aktivsten Kämpferinnen für ein neues Leben in den Reihen der Partei" auf jenes Phänomen zurück, das die Parteisäuberungen in erster Linie ausgelöst hatte: die Überwindung des „Sozialdemokratismus" in der SED.

„Die *Hauptursache* ist unseres Erachtens die, daß die *tiefverwurzelten Überreste des Sozialdemokratismus* in den Reihen der Partei immer noch nicht überwunden sind. Sie kommen zum Ausdruck erstens in einem tiefen Unglauben an die schöpferischen Kräfte, die gerade in den Frauen schlummern, und zweitens in der Auffassung, daß mit der immer stärkeren Einbeziehung der Frauen in das wirtschaftliche und staatliche Leben ihr politisches Erwachen von selber, das heißt im Selbstlauf kommen müßte."[25]

Seit 1954 ist ein kontinuierliches Anwachsen des Mitgliederstandes der SED festzustellen, das in besonderem Maße auf den Frauenanteil zutrifft. Zwar wurde erst 1961 der prozentuale Frauenanteil vom Mai 1947 wieder erreicht; er ist aber seitdem sowohl relativ als auch absolut über den Mitgliederstand vom II. Parteitag gestiegen. Die SED führt diese Entwicklung auf die Erfolge in ihrer Frauenpolitik zurück, die die Anerkennung großer Teile der weiblichen Bevölkerung gefunden habe. Dadurch habe sich die Einstellung vieler Frauen zur Partei positiv entwickelt. So wachse ständig die Zahl der Frauen, die den Entschluß fassen, Kandidat der SED zu werden.

„Betrug der Anteil der Frauen an den Kandidaten vordem durchschnittlich 24 bis 25 Prozent, so stieg er ab 1962 auf 34 bis 35 Prozent an. Damit ist gesichert, daß der Frauenanteil an der Gesamtzusammensetzung unserer Partei unablässig wächst."[26]

Der weibliche Mitgliederanteil ist in den letzten Jahren tatsächlich noch weiter angestiegen und hat zum VIII. Parteitag der SED im Juni 1971 mit 28,7 Prozent seinen bislang höchsten Stand erreicht. Damit vereinigt die SED in ihren Reihen rund 10 Prozent mehr Frauen als irgendeine der westdeutschen Parteien; einem weiblichen Mitglied der CDU/CSU, der SPD und FDP insgesamt stehen mindestens zwei weibliche SED-Mitglieder gegenüber. Die Frauen in der DDR sind also in viel stärkerem Maße parteipolitisch organisiert als ihre Geschlechtsgenossinnen in der Bundesrepublik.[27]

Es bleibt abzuwarten, ob der weibliche Mitgliederanteil in der SED in den nächsten Jahren weiterhin so kontinuierlich ansteigen wird wie seit ca. 1960. Dabei dürfte vor allem die Frage interessieren, ob mit Erreichen eines entsprechenden Wertes von rund 30 Prozent eine Stagnation in der bisherigen Entwicklung eintreten wird und sich diese Größenordnung möglicherweise als das Maximum für den Frauenanteil in der SED erweist oder ob der in den ersten Jahren nach der Parteigründung propagierte Idealzustand auch in Zukunft als Zielvorstellung bestehen bleibt: nämlich eine nach Geschlecht paritätische Zusammensetzung der SED-Mitgliedschaft.

b) Soziale Struktur der weiblichen Mitgliedschaft

Das von Förtsch konstatierte Bestreben der SED in der Phase der offenen Massenpartei, eine breite soziale Basis zu besitzen, die möglichst alle Schichten umfaßte und in ihrer Zusammensetzung die Bevölkerung repräsentierte[28], traf auch auf die weiblichen Mitglieder zu. Charakteristisch für diese erste Phase war der enorm hohe Anteil von Hausfrauen, der bis zu 70 Prozent der weiblichen Mitgliedschaft betrug[29], was annähernd auch der Sozialstruktur der Bevölkerung entsprach. In der SED wurde allerdings der niedrigere Anteil berufstätiger Frauen – insbesondere von Arbeiterinnen und Bäuerinnen – als gravierend empfunden.

„Der schwächste Punkt unserer Arbeit ist die Arbeit unter den berufstätigen Frauen. ... Wir haben weit mehr Hausfrauen als berufstätige Frauen in der Partei."[30]

Der sozialen Struktur der Bevölkerung in den einzelnen Ländern entsprechend war die soziale Zusammensetzung der Mitgliedschaft in den einzelnen Landesverbänden der SED unterschiedlich; so auch der Hausfrauenanteil, der keineswegs in allen Landesorganisationen einheitlich hoch war, sondern spezifische regionale Unterschiede aufwies. Aufstellungen über die soziale Zusammensetzung der Gesamtmitgliedschaft lassen erkennen, daß der großen Anzahl von Hausfrauen unter den weiblichen SED-Mitgliedern in landwirtschaftlichen Gebieten eine niedrigere Anzahl in industriellen Gebieten gegenüberstand.[31] Wie aus Tabelle 3 hervorgeht, war das zahlenmäßige Übergewicht der Hausfrauen gegenüber den Arbeiterinnen im landwirtschaftlich geprägten Mecklenburg und Sachsen-Anhalt besonders groß; auch die Angestellten – meist Stenotypistinnen und Verkäuferinnen – waren recht zahlreich in der Partei vertreten. Es fehlen zwar direkte Vergleichswerte für das industrielle Sachsen, doch lassen verschiedene Hinweise darauf schließen, daß in dieser Region mehr Industriearbeiterinnen der SED angehörten und die Diskrepanz zwischen Arbeiterinnen- und Hausfrauenanteil nicht so ausgeprägt war.[32]

Da sich die SED mit dieser Sozialstruktur ihrer weiblichen Mitgliedschaft nicht zufrieden gab, wurden – soweit auf Grund der sozialen Herkunft möglich – die Hausfrauen den Werktätigen zugeordnet.

„Zu den 860.000 reinen Industriearbeitern gehören ihrer sozialen Herkunft und ihrer Lebenshaltung nach ein großer Teil der 323.000 Angestellten und der 246.000 Hausfrauen und Rentner. Zählen wir weiterhin die Landarbeiter mit 65.000 hinzu, dann können wir mit tiefster Befriedigung feststellen, daß in unserer Partei ein Heer von mehr als 1 Million werktätiger Frauen und Männer organisiert ist."[33]

Diese Klassifizierung wurde zumindest noch in den 50er Jahren beibehalten. So versicherte Schirdewan auf dem IV. Parteitag der SED 1954, die Formulierung „Werktätiger" schließe selbstverständlich auch die Aufnahme von Hausfrauen in die Partei ein.[34]

Um die Sozialstruktur der weiblichen Mitglieder zugunsten der Arbeiterinnen zu verändern, richtete die SED ihr besonderes Interesse auf die Werbung berufstätiger Frauen. Zu diesem Zweck wurden in Betrieben mit überwiegend weiblicher Belegschaft Genossinnen „eingebaut", die die Patenschaft über die Arbeiterinnen mit dem Ziel übernahmen, diese für die SED zu gewinnen.[35]

Die Einführung einer differenzierten Kandidatenzeit kam der Intention zur Verbesserung der Sozialstruktur der Mitgliedschaft entgegen; die damit verbundene Selektion diente als Hebel zur Regulierung der sozialen Zusammensetzung.[36] Der Anteil der Hausfrauen an der Kandidatenschaft der SED sank in der Folgezeit ganz erheblich.[37] Auf dem VII. Parteitag 1967 wurde schließlich die Zahl der Hausfrauen mit 77.121 = 4,4 Prozent – bezogen auf die Gesamtmitgliedschaft der SED – angegeben.[38] Dieser Trend deckte sich im übrigen mit der sozialstrukturellen Entwicklung der weiblichen Bevölkerung und entsprach dem kontinuierlichen Anwachsen der Zahl berufstätiger Frauen sowie dem gleichzeitigen Rückgang der Zahl nichtberufstätiger Frauen im arbeitsfähigen Alter.[39]

Tabelle 3: Soziale Struktur der weiblichen SED-Mitgliedschaft in den Landesverbänden Mecklenburg und Sachsen-Anhalt 1947 und in der Gesamtpartei 1950 und 1966

Soziale Kategorien	Landesverbände 1947[1]				Gesamtpartei			
	Mecklenburg		Sachsen-Anhalt		1950[2]	1966[3]		
	Anzahl der weibl. Mitglieder	in Prozent[4]	Anzahl der weibl. Mitglieder	in Prozent[4]	Prozentual. Anteil an der weibl. Mitgliedschaft	Anzahl der weibl. Mitglieder	in Prozent[4]	
Weibl. Mitgl. insg.	54.473	100,0	92.542	100,0	100,0	469.027	100,0	
Industriearbeiterinnen			18.518	20,0	20,6			
Ungelernte Arbeiterinnen	7.779	14,3						
Gelernte Arbeiterinnen	2.953	5,4						
Landarbeiterinnen			6.014	6,5	2,0			
Bäuerinnen	744	1,4	2.009	2,2				
Neu-Bäuerinnen	2.094	3,8						
Angestellte, Beamtinnen	9.352	17,2	15.887	17,2				
Händlerinnen, selbst. Handwerkerinnen	1.035	1,9	2.131	2,3				
Technikerinnen, Ingenieurinnen			53	0,06				
Lehrerinnen			1.995	2,2				
Ärztinnen			57	0,06				
Freie Berufe			2.426	2,7				
Hausfrauen	24.586	45,1	43.450	47,0	46,9[5]	77.121	16,4	
Keine Angabe[6]	5.930	10,9	2	—				

1 Vgl. Bericht an den II. Parteitag (Anm. I/56), S. 92. Die Tabelle 3 wurde nach den dort vorliegenden Angaben von der Verfasserin zusammengestellt. Es mußte darauf verzichtet werden, die entsprechenden Werte für den Landesverband Brandenburg der SED in diese Tabelle zu übernehmen, da sie ein Plus von mehr als 18.000 gegenüber dem tatsächlichen Frauenanteil in jener Parteiorganisation enthalten. Diese Differenz verteilt sich auf mehrere Einzelpositionen und konnte deshalb nicht annäherungsweise korrigiert werden.
2 Vgl. die Prozentangaben für März 1950 in: Zörner, Guste, Macht die Frauen zu Kämpferinnen für Frieden und Wohlstand! Über die Aufgaben unserer Partei zur Verwirklichung der Gleichberechtigung, in: Neuer Weg, 1951, H. 5, S. 3.

(Fortsetzung auf der nächsten Seite)

Die Propagierung der weiblichen Berufstätigkeit in der DDR hat zu einem Absinken des Hausfrauenanteils in der weiblichen Bevölkerung geführt, allerdings nicht in jenem beträchtlichen Maße, wie der Hausfrauenanteil in der SED gesunken ist. Somit ist der Partei der Einbruch in die Reihen der werktätigen Frauen und ihre Gewinnung als Mitglieder gelungen. Die Hausfrauen, die in den ersten Jahren nach Gründung der SED einen großen Anteil an der weiblichen Mitgliedschaft ausmachten, sind heute innerhalb der Partei unterrepräsentiert.

c) Werbung weiblicher Mitglieder

Obwohl die SED bereits zum Zeitpunkt ihrer Gründung einen beachtlich hohen weiblichen Mitgliederanteil hatte, empfand sie diesen bis in die 50er Jahre hinein als unbefriedigend. Die zahlenmäßige Unterlegenheit der weiblichen Mitglieder gegenüber den Männern wurde als große Schwäche der Partei angesehen. Diese selbstkritische Einschätzung resultierte aus einem starken Repräsentationsdenken innerhalb der SED, die zumindest während der Phase der Massenpartei auch in der Zusammensetzung ihrer Mitgliedschaft nach Geschlecht ein Spiegelbild der Bevölkerungsstruktur sein wollte. Deshalb konnte ihr angesichts des Frauenüberschusses in der Bevölkerung der eigene weibliche Mitgliederanteil nicht genügen.

„Der durchschnittliche prozentuale Anteil der weiblichen Mitglieder an der Gesamtmitgliedschaft der Partei entspricht mit 23,9 Prozent leider nicht dem hohen Anteil der weiblichen Bevölkerung an der Gesamtbevölkerung in der Ostzone von 62 Prozent."[40]

Darüber hinaus hatte die SED den Frauen eine neue gesellschaftliche Rolle auf der Grundlage völliger Gleichberechtigung im politischen, wirtschaftlichen und kulturellen Leben zugedacht, so daß selbst der „günstigste" Prozentsatz für den weiblichen Mitgliederanteil bei weitem nicht befriedigen konnte.[41] Auch die Zuwachsrate für die weibliche Mitgliedschaft zwischen April 1946 und Mai 1947 war der SED noch unzulänglich.[42]

So richtete sich jahrelang das Interesse darauf, möglichst viele Frauen für die Partei zu gewinnen und als Mitglieder zu werben. Die Werbung zielte einerseits allgemein auf eine zahlenmäßige Vergrößerung des weiblichen Mitgliederanteils, sollte aber andererseits auch als differenzierte und qualitative Auswahl betrieben werden, um die ebenfalls als ungünstig empfundene Sozialstruktur der weiblichen Mitgliedschaft zu korrigieren.[43] Dem Trend, wahllos Frauen in die SED aufzunehmen, stand die Forderung gegenüber, die Werbung unter den berufstätigen Frauen zu forcieren.

(Fortsetzung der Anmerkungen zu Tabelle 3)

3 Vgl. Protokoll des VII. Parteitages der SED (Anm. I/82), Bd. IV, S. 226. Der dort genannte Prozentsatz für den Hausfrauenanteil bezieht sich auf die Gesamtmitgliedschaft der Partei.
4 Die Prozentsätze wurden von der Verfasserin errechnet.
5 Der Prozentsatz bezieht sich auf die Gesamtzahl der Hausfrauen und Rentnerinnen unter den weiblichen Parteimitgliedern.
6 Entspricht der Differenz der Einzelpositionen zur gesamten Anzahl der weiblichen Mitglieder.

Die Werbemittel, die anfangs eingesetzt wurden, waren allgemeiner Natur und konzentrierten sich auf die Erfassung der weiblichen Bevölkerung in geselligen und künstlerischen Veranstaltungen.

„Der Frauenwerbung dienten eine Vielzahl von Frauenversammlungen in den Betrieben, Wohnorten und in den Häusern. Bunte Nachmittage, Filmdarstellungen, künstlerische Veranstaltungen und Kundgebungen zu den Gedenktagen der Frauenbewegung waren stets gut besucht und erfreuten sich allgemeiner Beliebtheit."[44]

Auch die Massenmedien (Presse und Rundfunk) wurden mit Beiträgen zur Frauenarbeit der Partei in den Dienst der Werbung gestellt. Die Agitation erfolgte dabei in Form einer Selbstdarstellung der SED als einer Partei, die sich für die Verwirklichung der Rechte der Frauen kämpferisch einsetzt.[45]

Um den Erfolg der Werbekampagnen zu sichern, bemühte sich die SED insbesondere, ihren weiblichen Nachwuchs aus solchen Organisationen zu rekrutieren, in denen Frauen zusammengeschlossen und bereits aktiviert waren. Dafür bot sich zunächst der Demokratische Frauenbund Deutschlands an, der seit März 1947 als einheitliche Frauenvereinigung in der DDR existiert. Zwar wurde der DFD, der selbst die Aufgabe der Mitgliederwerbung zu bewältigen hatte, nicht als Konkurrenzunternehmen zu dem eigenen Bestreben angesehen, große Massen der Frauen innerhalb der SED zu sammeln. So erklärte Grotewohl auf dem II. Parteitag der SED, die Gewinnung einiger Millionen deutscher Frauen in einem demokratischen Frauenbund sei für die „Erfüllung von Frauenfragen" (gemeint sind zweifellos „Frauenaufgaben"; die Verf.) und für die allgemeine Demokratisierung Deutschlands ebenso wichtig wie die Gewinnung einer halben oder einer ganzen Million Frauen im engeren Rahmen der Partei.[46] Aber der Gedanke lag nahe, sich dieses Reservoir potentieller weiblicher Mitglieder zu erschließen. „Größte Bedeutung kommt auch dem Demokratischen Frauenbund zu, der mehr als 300.000 Frauen vereinigt, von denen 60 Prozent keiner Partei angehören."[47] Damit war auch die Möglichkeit gegeben, eine systematische qualitative Auswahl treffen zu können, denn nur die besten und aktivsten der organisierten Frauen sollten als Kandidaten für die Partei gewonnen werden.[48] Allerdings setzte sich die DFD-Mitgliedschaft überwiegend aus Hausfrauen zusammen, was der Forderung der SED, primär berufstätige Frauen in die Partei aufzunehmen, entgegenstand.

In den ersten Jahren nach der Parteigründung wurde auch der Gedanke diskutiert, die „Frauen der Genossen" zu aktivieren und als Mitglieder zu gewinnen. Dieses Vorhaben war allerdings gar nicht so leicht zu realisieren, da es auf den Widerstand der parteigebundenen Ehemänner stieß und auch von deren Frauen abgelehnt wurde. Es seien vor allem psychologische Gründe, warum es so schwer falle, den Genossenfrauen näherzukommen. Diese gerieten aus Unverständnis schnell in eine Abwehrstellung zur SED, weil die Partei ihre Männer abends noch mit Versammlungen und Konferenzen beschäftige und damit vom familiären Leben zu Hause fernhalte. Außerdem falle es besonders einer Genossin schwer, diese Ehefrauen zu werben, weil die zwischen Genossen bestehende weltanschauliche Harmonie die Genossin als Widerpart erscheinen lasse. Aber gerade die Teilnahme der Genossenfrauen am Kampf für den Sozialismus, ihr Eintritt in die SED, lasse sie als Frauen viel gewinnen, indem sie ihren Männern weltanschaulich nahekämen.[49] Die Diskussion über diese „stereotype Forderung" wurde schließlich mit dem Hinweis auf den hohen Anteil von Hausfrauen und Rentnerinnen an der weiblichen Parteimitgliedschaft abgebrochen, der sich durch die Aufnahme der Ehefrauen der Genossen nur noch weiter erhöhen würde.[50]

So konzentrierten sich die Werbekampagnen immer wieder auf die berufstätigen Frauen, zunächst noch mit geringerer Intensität, aber seit Beginn der 50er Jahre als gezielte Maßnahmen zur systematischen Verbesserung der Sozialstruktur der weiblichen Mitgliedschaft. Mit der Schaffung von betrieblichen Frauenausschüssen Anfang 1952[51] konnte die SED endlich auf ein Reservoir parteilich nicht gebundener, aber bereits organisierter und aktivierter Frauen zurückgreifen, die auch den sozialen Kategorien der qualitativen Werbung entsprachen: „(es) gehört ... zur Pflicht unserer Genossen, von diesen in den Frauenausschüssen arbeitenden Frauen die besten als Kandidaten für unsere Partei zu gewinnen".[52]

In den Frauenausschüssen sah die SED eine ideale Kaderreserve, um nicht nur den weiblichen Mitgliederanteil zu heben, sondern auch den Arbeiterkern in der Partei zu festigen und zu stärken. Besondere Bedeutung kam überdies der Tatsache zu, daß die Mitarbeiterinnen der Frauenausschüsse bereits ein Stadium der politischen Aktivierung und ideologischen Bewußtseinsbildung erreicht hatten, das sie als Adressaten der Kandidatenwerbung geradezu prädestinierte.

„Die Mitarbeiterinnen der Frauenausschüsse sind wertvolle Kader, auf die sich die Parteiorganisationen bei der Kandidatenwerbung orientieren müssen. Dann wird auch der Anteil der weiblichen Mitglieder in der Partei wachsen."[53]

Die in den 50er Jahren von der SED zahlreich durchgeführten Konferenzen mit Vertreterinnen der Frauenausschüsse waren oft der Anlaß und der Rahmen für die Beitrittserklärung von Frauen: „Zu Ehren der Konferenz stellte diese Kranführerin den Antrag, Kandidat der Partei zu werden. Ihrem Beispiel folgten weitere 22 Kolleginnen."[54]

Auch besondere Höhepunkte im politischen Leben, wie z. B. die Jahrestage der DDR- bzw. der SED-Gründung, dienten häufig als auslösendes Moment für die Antragstellung um Aufnahme in die Partei.[55] Darüber hinaus kam der individuellen Werbung durch „klärende Gespräche" große Bedeutung zu.[56]

In der Folgezeit zeigte sich die SED dann auch zufrieden mit ihrem zahlenmäßigen weiblichen Mitgliederanteil und dessen Sozialstruktur. Bereits auf dem V. Parteitag 1958 war die Rede von einer „günstigen Entwicklung" des Frauenanteils, der zwischen 1954 und 1957 erheblich angestiegen war.[57] Selbst das nur geringfügige weitere Ansteigen der weiblichen Mitgliederzahlen zwischen 1958 und 1961 wurde als positiv gedeutet, denn die Werbung hatte nun eine Methodik und zielt auf einen leicht erreichbaren Personenkreis, aus dem die Frauen der Partei zugeführt werden konnten. Anfang 1962 verkündete die Leiterin der Arbeitsgruppe Frauen beim ZK der SED und Vorsitzende der Frauenkommission beim Politbüro, Inge Lange[58]:

„Wir können mit Stolz feststellen, daß allein seit dem Jahre 1958 über 7.000 ehemalige Mitarbeiterinnen der Frauenausschüsse verantwortliche Funktionen in der Partei, über 13.000 in den Gewerkschaften und über 9.000 in anderen gesellschaftlichen Organisationen übernommen haben. Mehr als 10.000 fanden in dieser Zeit den Weg in die Partei der Arbeiterklasse."[59]

Auf dem VII. Parteitag 1967 schließlich bestätigte das Zentralkomitee der SED in seinem Bericht das kontinuierliche Wachstum des weiblichen Mitgliederanteils, mit dem man endgültig zufrieden zu sein scheint. Es wird nicht mehr — wie zuvor — zu verstärkten Werbeanstrengungen aufgerufen.[60]

Zwar ist die Diskrepanz zwischen Männer- und Frauenanteil an der Mitgliedschaft weiterhin beachtlich groß, und der Frauenüberschuß in der Bevölkerung verringert sich nur äußerst langsam; aber die SED scheint sich damit abgefunden zu haben, daß eine Zusammensetzung der Mitgliedschaft nach Geschlecht entsprechend den Bevölkerungsanteilen auf absehbare Zeit nicht zu erreichen ist, sondern günstigstenfalls das Ergebnis einer langfristigen Entwicklung sein wird. Denn selbst die intensivste Werbung unter den Frauen kann diese nicht in dem Maße wie die Männer für die Partei gewinnen. Die parteipolitische Abstinenz der Frauen in westlichen Ländern und ihre geringere Organisationsfreudigkeit ist — wenngleich nicht so stark ausgeprägt wie in der Bundesrepublik — auch bei den DDR-Frauen festzustellen.[61] Ein Hinweis darauf, daß die SED diese Determinanten erkannt hat, findet sich bereits 1948 in ihrem Funktionärorgan:

„Es kommt nicht darauf an, diese Frauen von heute auf morgen in unsere Partei aufzunehmen. Die Millionen Frauen in Deutschland müssen aber für den demokratischen Aufbau, für die demokratische Erziehung unserer Kinder und unserer Jugend und für eine wahre Friedenspolitik gewonnen werden."[62]

2. Mitwirkung der Frauen in der allgemeinen Parteiarbeit

„Die Forderung ‚Gleichberechtigung der Frau' ist eine Forderung unserer Partei, geboren aus unserer Weltanschauung. Sie ist damit ein Bestandteil unserer Gesamtaufgaben und macht die Mitarbeit der Frauen unbedingt notwendig. Deshalb bietet unsere Partei den Frauen die Möglichkeit, ihre vorhandenen politischen Fähigkeiten zu entwickeln."[63]

Der Verwirklichung dieser wiederholt geäußerten Forderung der SED stand als Hindernis die Tatsache entgegen, daß die weiblichen Mitglieder seit eh und je eine Minderheit in der Partei darstellten. Diesem Zustand Rechnung tragend, bekannte sich die SED bei ihrer Gründung nicht nur zur aktiven Mitarbeit der Frauen in der Partei, sondern eröffnete ihnen auf Grund verbindlicher Festlegungen auch die Möglichkeit, politisch aktiv und wirksam zu werden.

a) In den Statuten garantierte Mitarbeit

Das erste Parteistatut von 1946 garantierte den weiblichen Mitgliedern eine Mindestvertretung in den führenden Parteiorganen auf allen Organisationsebenen. Die entscheidenden Paragraphen dieses Statuts lauteten:

„Dem ... Vorstand müssen Frauen ... in angemessener Zahl angehören."[64]

„Das Sekretariat besteht in der Regel aus . . . Mitgliedern, darunter mindestens [hier folgt die jeweils gültige Zahl; die Verf.] Frauen."[65]

Was die SED unter einer Beteiligung von Frauen „in angemessener Zahl" verstand, kann zwar nicht genau erhellt werden, weil aus dieser Zeit nur wenige Angaben über die Zusammensetzung von Parteivorständen der unteren und mittleren Organisationsebene vorliegen. Allerdings läßt der Diskussionsbeitrag einer Delegierten auf dem II. Parteitag der SED vermuten, daß der weibliche Anteil in den Vorständen mit 25 bis 33 Prozent im allgemeinen beachtlich hoch war und die Frauen nicht nur aus „optischen Gründen" an der Parteileitung beteiligt wurden.[66] Es war aber letztlich dem Ermessen der Delegiertenkonferenz überlassen, die Beteiligung von Frauen in „angemessener Zahl" konkret zu definieren und die weiblichen Parteimitglieder in die jeweiligen Vorstände zu wählen.

Demgegenüber legte das Parteistatut die zahlenmäßige Mindestvertretung von Frauen in den Sekretariaten als den ausführenden Organen verbindlich fest (siehe Tabelle 4).

Tabelle 4: Mindestvertretung von Frauen in den Sekretariaten der Parteivorstände nach dem ersten SED-Statut von 1946[1]

Parteiorgan	Anzahl der Mitglieder in der Regel	davon mindestens Frauen	Frauen in Prozent[2]
Ortsgruppenvorstand	6	1	16,7
Sekretariat des Kreisvorstandes	6–8	1	12,5–16,7
Sekretariat des Bezirksvorstandes	8	2	25,0
Sekretariat des Landes-(Provinzial-) Vorstandes	10–12	3	25,0–30,0
Zentralsekretariat des Parteivorstandes	14	2	14,3

1 Vgl. die Paragraphen 10, Abs. 6; 11, Abs. 4; 13, Abs. 3; 15, Abs. 3 und 19, Abs. 2 des ersten Parteistatuts, in: Dokumente der SED, Bd. I (Anm. Einl./2), S. 14 ff.
2 Die Prozentsätze wurden von der Verfasserin errechnet.

Diesen Zahlenangaben lag allerdings kein einheitlicher Prozentsatz für die weibliche Mitgliedschaft in den Sekretariaten der verschiedenen Organisationsebenen zugrunde. Vielmehr zeigt ein Vergleich der für die einzelnen Exekutivorgane garantierten prozentualen Frauenanteile die großen Schwankungen in der zahlenmäßigen Mindestvertretung der Frauen auf. Dem hohen Prozentanteil der Frauen in den Sekretariaten der Bezirks- und der Landes-(Provinzial-)Vorstände, der im übrigen ungefähr dem Frauenanteil an der Parteimitgliedschaft entsprach, stand ein geringerer Prozentanteil in den untersten Führungsgremien der Partei sowie im zentralen Leitungsorgan gegenüber.[67] Die Mitarbeit der Frauen war also von vornherein gerade in solchen Parteigremien eingeschränkt, die entweder den eigentlichen Führungskern der SED darstellten[68] oder an der Basis wirkten und die Politik der Partei in die Massen transmittierten.

Trotzdem wurden die Bestimmungen des Statuts als ein wesentlicher Fortschritt gelobt. Die sozialistischen Parteien hätten zwar bereits vor 1933 die Heranziehung von weiblichen Sekretariatsmitgliedern angestrebt; nunmehr läge aber ein Beschluß der Partei vor, der die Heranziehung von Frauen in die Sekretariate zur Pflicht erkläre. Damit sei die SED nicht nur die einzige Partei in Deutschland, sondern auch die erste sozialistische Partei, die solche Bestimmungen kenne.[69]

Die Behauptung, die SED garantiere als einzige deutsche und erste sozialistische Partei ihren weiblichen Mitgliedern die Mitarbeit in den Führungsgremien, ist allerdings unkorrekt; sie übersieht, daß bereits lange vor Gründung der SED eine andere deutsche Partei derartige Bestimmungen über die Mindestvertretung von Frauen in Parteiorganen in ihre Statuten aufgenommen hatte. Auf diese Weise sicherte die SPD schon im Reich Wilhelms II. und insbesondere in den Jahren der Weimarer Republik ihren weiblichen Mitgliedern eine Vertretung in allen Leitungen der Organisationen „im Verhältnis ihrer Zahl".[70] Nach 1945 haben entsprechende Bestimmungen wiederum Eingang in die Statuten der SPD gefunden und besitzen heute noch bindenden Charakter.[71] Die KPD hingegen hat weder vor 1933[72] noch nach 1945[73] Bestimmungen über die Mindestvertretung von Frauen in ihre Statuten aufgenommen. Wenn also die pflichtmäßige Heranziehung der weiblichen SED-Mitglieder in die Parteigremien als ein „wesentlicher Fortschritt" gelobt wurde, so hat die SED lediglich traditionelle Inhalte sozialdemokratischer Statute als eigene „Errungenschaft" ausgegeben.

Die ideologische, politische und organisatorische Entwicklung der SED zu einer Partei neuen Typus auf der Grundlage des Marxismus-Leninismus erforderte schließlich innerparteiliche Maßnahmen, durch die die absolute Festigkeit in den Entscheidungen der Partei und die konsequente Durchführung ihrer Beschlüsse gesichert werden sollten.[74] Die mit der 1. Parteikonferenz 1949 eingeleitete Reorganisation der SED bewirkte eine Reihe von Parteidirektiven und -beschlüssen zur Verbesserung der organisatorischen Arbeit. Diese Reorganisation erwies sich als besonders folgenschwer für die weiblichen Parteimitglieder. Die im ersten Statut kodifizierte Mindestvertretung der Frauen wurde zunächst wesentlich gelockert und in eine Soll-Bestimmung umgewandelt:

„Das operative Organ des Kreisvorstandes ist das Sekretariat des Kreisvorstandes. Das Sekretariat besteht aus 5 bis 9 Mitgliedern und wird vom Kreisvorstand gewählt. Darunter sollen sich mindestens eine Genossin, in größeren Sekretariaten zwei Genossinnen befinden."[75]

Als auf dem III. Parteitag 1950 schließlich ein neues Statut angenommen wurde, war der Passus über die pflichtmäßige Heranziehung von Frauen in die Leitungsgremien in allen betreffenden Artikeln gestrichen.[76] Auch im dritten Statut der SED, das mit dem IV. Parteitag 1954 in Kraft trat, und im derzeit gültigen (vierten) Statut vom VI. Parteitag 1963 sind keinerlei Bestimmungen über die Mindestvertretung von Frauen enthalten.[77]

Als Begründung für die Annahme eines neuen Statuts wurde in der Entschließung des III. Parteitages festgestellt, daß die vom Vereinigungsparteitag beschlossenen „Grundsätze und Ziele" überholt seien; die damaligen Minimalforderungen seien inzwischen im wesentlichen erfüllt, und die Grundsätze sowie das Ziel der Partei müßten jetzt präzis formuliert werden.[78] Zu diesen Minimalforderungen gehörten aber auch die Verwirklichung der Gleichberechtigung und besondere Förderungsmaßnahmen für die Frauen.[79] Deshalb erscheint die 1950 erfolgte Streichung des Passus über die pflichtmäßige Heranziehung von Frauen in die Parteivorstände und -sekretariate als verfrüht. Ein Jahr nach dem Inkrafttreten der verfassungsmäßig garantierten Gleichberechtigung war diese Bestimmung noch längst nicht in das Bewußtsein aller männlichen Parteimitglieder gedrungen, so daß von ihnen deren freiwillige Verwirklichung generell nicht erwartet werden konnte. Ein Festhalten an den Auflagen des ersten Statuts hätte deshalb der Durchsetzung einer gleichberechtigten Mitarbeit der Frauen in der SED eher gedient.

Allerdings darf – bei allen Vorzügen, die sich den Frauen in einer garantierten Mindestzahl von Ämtern bieten – der entscheidende Nachteil einer solchen Garantieerklärung nicht übersehen werden. Er besteht in der Gefahr einer „Kontingentierung" von Parteifunktionen, die den weiblichen Mitgliedern freiwillig zur Verfügung gestellt werden. Darüber hinaus gehende Ansprüche befähigter Frauen auf Positionen innerhalb des Parteiapparates könnten dann aber durch wirksame Sperrmechanismen abgewehrt werden.[80]

1947 hatte eine Funktionärin die Bestimmungen des ersten Statuts als einen Beschluß der SED gerühmt, der die Beteiligung von Frauen an den Parteileitungen zur Pflicht mache; gleichzeitig äußerte sie sich auch über die notwendige Dauer der Gültigkeit solcher Bestimmungen: „Wenn es uns einmal gelungen sein wird, alle werktätigen Frauen in Deutschland politisch zu interessieren, dann wird ein solcher Beschluß nicht mehr notwendig sein."[81]

Als 1950 ein „wirklich marxistisch-leninistisches Statut" angenommen[82] und somit dieser Beschluß revidiert wurde, waren noch längst nicht alle Arbeiterinnen politisch interessiert und aktiviert.

Aber im Zuge der Umstrukturierung der SED in eine Partei neuen Typus erschien es ihr angebracht, den Ballast vom Vereinigungsparteitag abzustoßen, um die Leitungstätigkeit nach kaderpolitischen Prinzipien zu straffen und effektiver zu gestalten.[83] Zu diesem Ballast gehörten dann auch solche Bestimmungen, die die Wahl von Parteimitgliedern in Führungsgremien unter dem Geschlechtsproporz fixierten und damit einer konsequenten Durchsetzung des Leistungsprinzips entgegenstanden. Diese Bestimmungen dürften sich noch in einer besonderen Weise als Ballast erwiesen haben, da sie – wie oben gezeigt wurde – keineswegs ein kommunistisches, sondern ein sozialdemokratisches Erbgut waren. Angesichts des innerparteilichen Kampfes gegen den „Sozialdemokratismus" wird verständlich, daß auch dieses spezielle Erbe der allgemeinen Revision zum Opfer fiel. Mit ihrem Abrücken von den Sonderbestimmungen für die weiblichen Mitglieder entsprach die SED letztlich der kommunistischen Auffassung, die Frauen seien umfassend und gleichermaßen wie die Männer in die Parteiorganisation zu integrieren.

Im folgenden wird zu untersuchen sein, ob die pflichtmäßige Mindestvertretung von Frauen in den verschiedenen Parteiorganen – wie sie das erste Statut vorschrieb – verwirklicht wurde, ob derartige Vorschriften die aktive Mitarbeit der Frauen förderten und auf welche Aufgabenbereiche sich deren politische Tätigkeit konzentrierte.

Weiterhin ist zu fragen, welche Konsequenzen die Streichung des Passus über die weibliche Beteiligung an den Parteileitungen hatte und ob die Mitarbeit der Frauen in der SED mit der Annahme des zweiten Statuts 1950 eine rückläufige Tendenz erfuhr.

b) Möglichkeiten und Grenzen der Mitarbeit

aa) Möglichkeiten und Schwierigkeiten

Der erste Schritt zur Mitarbeit bestand für die weiblichen SED-Mitglieder — wie es für die gesamte Parteimitgliedschaft üblich ist — in einer kontinuierlichen und regen Teilnahme an den Veranstaltungen ihrer Grundeinheit. Hier hatte jedes Mitglied die Chance zur Mitarbeit, hier lag auch der Ausgangspunkt eines Aufstiegs in Parteipositionen. Die Beteiligung an Diskussionen, das Einbringen eigener Beiträge galt als primäre Form der Aktivität[84]; darüber hinaus eröffnete die Wahl von Delegierten und Funktionären die Möglichkeit, nicht nur die Rechte eines stimmberechtigten Mitglieds auszuüben, sondern selbst für Parteiämter zu kandidieren.[85]

Innerhalb der Ortsgruppe bot sich also den Frauen die Gelegenheit, mit der praktischen Parteiarbeit vertraut zu werden und dann zunächst kleinere Funktionen zu übernehmen.[86] Die Praxis sollte der Lehrmeister sein und den Frauen die notwendigen Erfahrungen und Kenntnisse vermitteln, um sie für die Übernahme höherer Funktionen zu befähigen.[87]

Den Veröffentlichungen zufolge war die Aktivität der Frauen und ihre Mitarbeit in der SED in den Jahren nach der Parteigründung teilweise gering, und der Einsatz weiblicher Mitglieder in Parteifunktionen entsprach keineswegs ihrem Anteil an der Gesamtmitgliedschaft.[88] So befanden sich unter den 1947 in Sachsen neugewählten Funktionären 58.362 Männer, aber nur 14.779 Frauen = 20,2 Prozent.[89] Nicht zuletzt um das Interesse und Engagement der weiblichen Mitglieder zu steigern und den Mangel an weiblichen Funktionären zu beheben, wurde deshalb der Vorschlag geäußert, die Heranziehung der Frauen zur verantwortlichen Mitarbeit durch konkrete Beschlüsse — ähnlich den Bestimmungen des Parteistatuts — festzulegen. So sollte bei der Regelung aller Personalfragen eine genau bestimmte Anzahl von Frauen für die entsprechenden Funktionen vorgesehen werden.

Für die mangelnde Aktivität einiger Frauen und die weibliche Unterrepräsentation in Parteifunktionen gab es eine Reihe von Gründen, die auch in den folgenden Jahren und bis heute nichts oder kaum an Gültigkeit verloren haben; bezeichnenderweise sind es weitgehend die gleichen Motive, aus denen die ebenfalls geringere Mitarbeit von Frauen in den westdeutschen Parteien resultiert. Die fehlende Qualifikation und Eignung mancher Frauen für das parteipolitische Geschäft war ein wesentliches Merkmal in den ersten Nachkriegsjahren, was auch von der SED-Leitung eingeräumt wurde. Wenn aber schon nicht jede Frau für die Übernahme verantwortlicher Funktionen befähigt sei, so müsse und dürfe sie deshalb nicht auch inaktiv sein, wie seitens der Partei argumentiert wurde. Sie könne zumindest eine erfolgreiche Werbung für die SED betreiben und sich auf diese Weise an der Lösung der anstehenden Aufgaben beteiligen.[90]

Im Bewußtsein der fehlenden Kenntnisse und Erfahrungen und aus Angst vor einem Versagen und Scheitern scheuten sich nicht wenige Frauen vor der Übernahme von Parteifunktionen.[91] Für diese Mitglieder galt es, die vorhandenen starken Hemmungen selbst zu überwinden, und alle Genossen — besonders die Funktionäre — waren aufgerufen, den Frauen Mut und Selbstvertrauen zu geben, sie in ihrer Arbeit gut anzuleiten und zu unterstützen, ihre Initiative zu entwickeln und zu fördern und ihnen in kameradschaftlicher Weise zu helfen.[92]

Neben diesen subjektiven Hindernissen erschwerten zusätzliche objektive Umstände den Frauen die Mitarbeit. Die doppelte Belastung der werktätigen Frauen durch Beruf und Haushalt erforderte von ihnen einen größeren Einsatz an Zeit, wenn sie darüber hinaus noch aktiv am Parteileben teilnehmen wollten.[93] Die Genossinnen aber, die in der Parteiarbeit standen und Funktionen ausübten, wurden dann nicht selten „bis zur völligen Erschöpfung" mit zusätzlichen Aufgaben belastet und mit Ämtern überhäuft, so daß ihr Beispiel zahlreiche weibliche Mitglieder vor der Übernahme von Funktionen abschreckte.[94]

Schließlich hatten die Frauen — wie in den bürgerlichen Parteien des Westens, so auch in der SED — noch gegen ein Aufleben von Vorurteilen männlicher SED-Mitglieder anzukämpfen, die sich gegen die gleichberechtigte Mitarbeit der Frauen wehrten und die Genossinnen eher als lästige Konkurrenz in der Bewerbung um Parteiämter empfanden denn als Sinnes- und Kampfgefährten.[95] Die SED-Spitzenfunktionärin Elli Schmidt nahm derartige Vorurteile zum Anlaß, um auf dem II. Parteitag 1947 heftige Kritik an solchen Erscheinungen und Verhaltensweisen zu üben:

„Selbst manchem Mitglied unserer Partei ist der mittelalterliche Zopf noch nicht abgeschnitten. ... Wir haben ... zum ersten Male Genossinnen, die als Vorsitzende an der Spitze von Kreisleitungen der Partei stehen. Daß aber bei der Wahl dieser Genossinnen männliche Parteimitglieder gegen ihre Kandidatur auftraten ..., nicht etwa, weil diesen Frauen die Befähigung als Kreisleiter abgesprochen werden kann, sondern nur, weil es eben Frauen sind ..., das zu begreifen, bemühen wir uns umsonst. So handelt kein Sozialist, sondern ein verkalkter Spießer."[96]

Es bleibt also festzuhalten, daß die weiblichen SED-Mitglieder bereits vor der Übernahme von Parteifunktionen mit größeren Schwierigkeiten zu kämpfen hatten als die Männer. Die Möglichkeiten und Grenzen ihrer Mitarbeit wurden nicht nur von ihrer persönlichen Aktivität und Einsatzbereitschaft bestimmt, sondern auch von parteipolitischen und funktionalen Gegebenheiten sowie menschlichen Verhaltensweisen. Der Intention der SED, die Frauen für die Mitarbeit zu aktivieren, standen zum Teil Desinteresse, mangelnde Eignung oder Hemmungen der weiblichen Mitglieder gegenüber. Der Vorstoß von Frauen in Parteiämter wurde vom Widerstand mancher Männer gebremst oder scheiterte an ihrer arbeitsmäßigen Überlastung. Diese Faktoren waren von nicht geringer Bedeutung für die Einbeziehung der Frauen in die Parteiarbeit und ihren Einsatz als Funktionäre.[97]

Wenn von der Parteiarbeit der weiblichen Mitglieder die Rede war, so meinte man damit in den ersten Jahren nach Gründung der SED zumeist eine verantwortliche Tätigkeit in den Parteileitungen auf mittlerer Organisationsebene.[98] In Erfüllung der Aufgabe, mehr Frauen in leitende Funktionen zu bringen, berücksichtigte man oft nur deren Einsatz in Positionen von der Kreisorganisation an aufwärts. Kritische Stimmen äußerten sich gegen diese Erscheinung: hierin läge eine Unterschätzung der Funktionen in den Grundeinheiten, deren Bedeutung nicht geringer sei als diejenige der Positionen im Kreisvorstand. Außerdem nähme man damit den Frauen die Möglichkeit, sich für die Übernahme höherer Funktionen zu qualifizieren.[99]

„Je mehr wir verstehen, aktive Genossinnen mit Funktionen *in den Grundeinheiten* der Partei zu betrauen, desto größer wird das Kräftereservoir, aus dem heraus mehr und mehr weibliche Kader für *entscheidende Funktionen* entwickelt werden können. Das Nichtbeachten dieses Grundsatzes, also der sofortige Einsatz von Genossinnen, die nicht die Schule der Kleinarbeit in den Grundeinheiten durchlaufen haben, in verantwortliche Funktionen, hat vielfach zum Scheitern solcher Kräfte geführt, die bei systematischer Entwicklung wertvolle Funktionäre für die Partei geworden wären."[100]

Mit der organisatorischen Umstrukturierung der SED und ihrer ideologischen Ausrichtung als Kaderpartei in den Jahren 1949/50 fand die Forderung nach vorrangiger Tätigkeit der weiblichen Mitglieder in den Grundeinheiten allgemein Beachtung. Die Frauen wurden in der Folgezeit primär und verstärkt in die Arbeit und Leitungstätigkeit der Grundeinheiten einbezogen, unter gleichzeitiger wesentlicher Verringerung ihres Anteils in den Kreissekretariaten.[101]

Ehe auf diese Entwicklung eingegangen wird, stellt sich jedoch zunächst die Frage nach den speziellen Aufgabenbereichen der Frauen in den Parteileitungen der mittleren bzw. unteren Organisationsebene. Oder allgemeiner formuliert: Welche waren und sind die spezifischen Funktionen der Frauen in der Partei? Und wie sah es mit der Einsatzbereitschaft und Bewährung der weiblichen Mitglieder in diesen Funktionen aus?

bb) Frauen als Funktionäre in der Frauenarbeit

„Eine richtige Personalpolitik muß die Funktionäre an die Stellen setzen, wo sie am besten die Politik der Partei vertreten können, nach dem Grundsatz: ‚Der richtige Mann an den richtigen Platz'."[102]

Unter Abwandlung dieser Maxime präsentierte sich die weibliche Mitarbeit in der SED ein halbes Jahr nach der Parteigründung. Eine Untersuchung über Ausmaß und Art der von den weiblichen Mitgliedern ausgeübten Parteifunktionen verdeutlichte,

„daß zwar die Funktionen für die Arbeit unter den Frauen ausschließlich von Frauen besetzt sind, daß aber die Besetzung aller übrigen Funktionen in keinem Verhältnis steht zu der Rolle, die die Frau in der Partei spielen müßte. Die Ursache dieser Erscheinung liegt zu einem sehr erheblichen Teil in der Auffassung begründet, daß die Arbeit unter den Frauen eine Art Ressortarbeit ist, für die die Frauen gerade gut genug sind, während sie für andere Funktionen nichts taugen. Gegenüber dieser falschen Auffassung muß eindeutig gesagt werden, daß die Arbeit unter den Millionenmassen der Frauen eine Aufgabe der gesamten Partei ist, und daß umgekehrt jede Funktion der Partei, gleich welcher Art, sowohl von Männern als auch von Frauen ausgeübt werden kann."[103]

Mit diesem kritischen Beitrag waren die wesentlichsten Fakten und Argumente umrissen, über die in den folgenden Jahren immer wieder debattiert wurde. Innerhalb der

Partei bestand der Trend, die weiblichen Mitglieder einseitig in die (auf die Gesamtheit der Frauen zielende) Frauenarbeit abzudrängen. Diese Entwicklung wurde durch das Verhalten der Genossinnen noch begünstigt, die von sich aus eine Konzentration auf die speziellen Aufgaben der Frauenarbeit anstrebten[104] und sich ihrer Tätigkeit mit der größten Hingabe und Begeisterung widmeten. Hierfür ernteten sei allerdings den Vorwurf einzelner Männer, sie bildeten „eine Partei in der Partei".[105]

Der einseitigen Ausrichtung der weiblichen Mitglieder auf Funktionen in der Frauenarbeit standen aber ebenso der Wunsch und die Forderung gegenüber, auch verstärkt mit anderen Aufgaben innerhalb der Parteiarbeit betraut zu werden. Dazu fühlten sich die weiblichen Mitglieder durchaus befähigt; sie wiesen auf die Qualifikation hin, die sie sich während ihrer Tätigkeit als Leiterinnen der Frauenabteilungen bei den (lokalen oder regionalen) Parteivorständen erworben hätten. Keine Funktion verlange so viel Beweglichkeit und Elastizität wie gerade diese. Die Frauenleiterin wirke nicht nur außerparteilich im ständigen Kontakt mit nichtorganisierten Frauen, sie leiste auch interne Parteiarbeit, für die sehr viel politisches Können und Wissen erforderlich sei. In ihrer Funktion verkörpere sie den „Organisations-, Agitprop- und Betriebssekretär" in einer Person. Darüber hinaus trete sie als Referentin auf, nehme als gleichberechtigtes Sekretariatsmitglied an den Funktionärsitzungen und den Mitgliederversammlungen untergeordneter Parteiorganisationen teil und gehöre gewöhnlich auch noch dem Kommunalparlament als Abgeordnete und verschiedenen Ausschüssen an.[106] Deshalb verlangten die Frauen nach weiteren politischen Entwicklungsmöglichkeiten innerhalb der Parteiarbeit und ihren Einsatz auch in anderen Tätigkeitsbereichen.

Aber auch die SED-Führung empfand die ressortmäßig betriebene Frauenarbeit als ein wesentliches Hindernis bei der Gewinnung von Frauen für die Ziele der Partei. Außerdem meinte sie, die Frauenarbeit habe teilweise einen einseitigen Charakter angenommen und sich vielerorts zu sehr auf das Gebiet der sozialen Hilfstätigkeit beschränkt. Darüber hinaus hätten sich die Frauenfunktionärinnen oftmals in der Kleinarbeit verloren und dabei meistens die politischen Aufgaben außer acht gelassen.[107] Deshalb erklärte die SED-Führung auf der 1. Parteikonferenz im Januar 1949 die Frauenarbeit zu einer Aufgabe der Gesamtpartei[108] und leitete mit einem Beschluß des Politbüros im März 1949 die Reorganisation der Massenarbeit unter den Frauen ein.[109]

Dieser Beschluß des Politbüros erscheint zunächst recht widersprüchlich. Einerseits sollten dadurch die Parteiarbeiterinnen von den „obligatorischen" Frauenfunktionen entbunden und auch an andere verantwortliche Tätigkeiten herangeführt werden; andererseits erfuhr aber die Frauenarbeit zugleich eine Multiplikation auf Grund ihrer abteilungsmäßigen Aufgliederung und der erhöhten Anzahl von weiblichen Mitgliedern, die nun ebenfalls für diese Aufgabe zuständig waren. Trotzdem versprach sich die SED davon eine intensivere Beteiligung der Frauen auf allen Gebieten der Parteiarbeit. Denn in allen Abteilungen der Parteileitungen hatte nunmehr eine Genossin für die Berücksichtigung der besonderen Frauenfragen zu sorgen. Deshalb waren die Parteiorganisationen gezwungen, ihre weiblichen Mitglieder in sämtlichen Arbeitsgebieten einzusetzen.[110]

Bereits einige Monate später erfolgten weitere organisatorische Maßnahmen, um die Frauenarbeit endgültig in die Verantwortlichkeit und Zuständigkeit der Gesamtpartei zu legen, so vor allem durch Auflösung der Frauenabteilungen bei den Kreisvorständen.[111] Die meisten bisherigen Frauenfunktionärinnen verblieben aber als Mitarbeiterinnen in den Parteiapparaten der Kreise und übernahmen andere Aufgaben; nicht wenige von ihnen übten nunmehr Tätigkeiten als 2. Kreissekretäre, als Abteilungsleiter (z. B. als Leiter der Organisations-Instrukteur-Abteilung oder der Abteilungen Personalpolitik und Staatliche Verwaltung) oder als Instrukteure aus.[112] Wie Beispiele aus den Ländern Sachsen, Thüringen und Brandenburg zeigen, begann man nun systematisch, die Forderung „mehr Frauen in leitende Positionen" zu erfüllen. Hier bot sich den aktiven weiblichen Mitgliedern die Chance, mit allgemeinpolitischen Aufgaben betraut zu werden. So wurde als interessante Feststellung berichtet, daß jetzt viel mehr Genossinnen in den Abteilungen Organisation, Massenagitation und Staatliche Verwaltung tätig seien als in der Abteilung Arbeit und Sozialfürsorge, traditionsgemäß ein spezifisch weibliches Arbeitsgebiet. Von Bedeutung sei auch die vielseitige und kollektive Tätigkeit der Frauen in den Instrukteurstäben, die manche Genossin dazu befähigen werde, später eine höhere leitende Funktion zu übernehmen. Allerdings gab es auch Länder, wie Mecklenburg und Sachsen-Anhalt, in denen nur vereinzelt Frauen als Mitglieder der Kreissekretariate tätig waren.[113]

cc) Kleinarbeit in den Grundeinheiten: Wohn- und Betriebsgruppen

Mit dem Strukturwandel der SED zu einer Kaderpartei erfolgte im Laufe des Jahres 1949 die weitere organisatorische Aufgliederung der untersten Parteieinheiten. Diese Maßnahmen schufen die organisatorischen Voraussetzungen für eine Aktivierung der gesamten Parteimitgliedschaft[114], die sich seit dem Inkrafttreten des zweiten Statuts 1950 erhöhten Anforderungen ausgesetzt sah. Die Teilnahme am Parteileben, regelmäßiger Besuch der Versammlungen, das kämpferische Eintreten für die Durchführung der Parteibeschlüsse, ständige Erweiterung des politischen Wissens und kontinuierliche Überzeugungsarbeit unter den Parteilosen gehörten nunmehr zu den Pflichten aller Mitglieder[115] und zwangen auch bisher untätig gewesene Frauen zu gesteigerter Aktivität.

Auch weiterhin lenkte die SED die besondere Aufmerksamkeit der Parteiorganisationen auf die „mutige Heranziehung von ... Frauen in leitende Parteifunktionen".[116] Unter „leitenden Parteifunktionen" verstand die SED-Führung jedoch nicht mehr speziell jene Positionen in den Kreis- und Landesvorständen mit einem erhöhten Verantwortungsbereich, sondern alle Ämter, die in den Vorständen der Grundeinheiten – den Wohngruppen, Betriebsgruppen und den ländlichen Parteigruppen in den MAS und volkseigenen Gütern – zu vergeben waren.[117] Dies zeigte sich bereits bei den im Jahre 1949 durchgeführten Neuwahlen der Parteileitungen. Im Bericht des Parteivorstandes der SED an den III. Parteitag hieß es dazu:

„Zum ersten Male gelang es auch, viele Frauen in die leitenden Parteiorgane zu wählen. Besonders stark zeigte sich dies bei der Wahl der Leitungen für die Wohngruppen. 22 Prozent aller Funktionäre waren Frauen, wobei ihr Anteil in den Wohngruppen einiger Kreise bis auf 50 und 60 Prozent anstieg. Selbst in den ländlichen Ortsgruppen stieg der Anteil der Frauen in den Leitungen bis auf 30 Prozent."[118]

Wesentlich geringer hingegen war der prozentuale Anstieg des Frauenanteils in den Leitungen der Betriebsgruppen, denen auch nach den Neuwahlen 1949 nur ca. 15 Prozent weibliche Mitglieder angehörten.[119]

Diese Zahlen verdeutlichen nicht nur das Bemühen der SED, die Frauen verstärkt in die Leitungen der Grundeinheiten einzubeziehen, sie enthüllen zugleich eine große Schwäche in der weiblichen Parteiarbeit, deren sozialstrukturelle Ursache bereits bei der beruflichen Gliederung der weiblichen Mitgliedschaft aufgezeigt wurde: der überwiegende Teil der Genossinnen rekrutierte sich zu diesem Zeitpunkt aus Hausfrauen und war dementsprechend den Wohngruppen zugeordnet. Diese Grundeinheit bot sich ihnen als Betätigungsfeld für die praktische Parteiarbeit an; in ihr stellten sie in nicht wenigen Fällen die absolute Mehrheit.[120] Die berufstätigen Frauen, die in einer Betriebsgruppe als der für sie zuständigen Grundeinheit organisiert waren, traten dagegen weit weniger in den Parteileitungen in Erscheinung. Selbst in solchen Betrieben, die einen hohen Prozentsatz von Frauen beschäftigten, setzten sich die Parteileitungen überwiegend aus Männern zusammen.[121]

Hatte also die SED schon große Schwierigkeiten, die berufstätigen Frauen als Mitglieder für die Partei zu gewinnen, so erwies sich ihre Aktivierung zur tätigen Mitarbeit als noch problematischer. Setzt man voraus, daß der Eintritt in eine Partei bereits ein vorhandenes politisches Interesse bekundet, dann läßt sich die geringe Aktivität der Arbeiterinnen nicht ausschließlich mit mangelnder Einsatzbereitschaft begründen. Vielmehr setzen die doppelten Belastungen – durch Beruf und Haushalt – ihrem Engagement in der Parteiarbeit objektive Grenzen. Zwar verspricht sich die SED den Effekt einer größeren Aufgeschlossenheit der Frauen für ihre politische und soziale Umwelt als Resultat der erzieherischen Momente der Berufstätigkeit. Diese möglicherweise größere Aufgeschlossenheit wird aber durch den Zeitfaktor, den die notwendigen zusätzlichen Arbeitsleistungen bedingen, schließlich kompensiert.

Die Hausfrauen konnten dagegen in der Parteiarbeit größere Initiativen entfalten, wenn man auch ihre Hausarbeit und die Sorge für ihre Familien ebenfalls als Belastung anerkannte. Im allgemeinen bewährten sie sich in der Leitungstätigkeit der Wohngruppen[122], leisteten „aufopfernd" ihre Arbeit als Parteiorganisatoren und bewiesen damit ihre Parteiverbundenheit. Aber entgegen der permanent wiederholten Forderung, „die Frauen kühn in verantwortungsvolle Funktionen zu bringen", standen der Übernahme höherer Positionen stets die gleichen Hindernisse im Wege: Hemmungen oder mangelnde Eignung vieler Frauen und zum anderen Behinderungen seitens der Männer, die in den Frauen lästige Konkurrenten in der Bewerbung um Parteiämter sahen.[123]

„Als Funktionärinnen unserer Partei ... leisten viele Frauen in treuer, aufopfernder Pflichterfüllung eine überaus wichtige Kleinarbeit. Diese bewußten und aktiven Frauen auch in die Leitungen zu wählen und sie zur verantwortungsvolleren Arbeit heranzuziehen, das ist die große Aufgabe, deren Erfüllung für die gesellschaftliche Weiterentwicklung der Frauen von entscheidender Bedeutung ist. Es genügt nicht mehr, über die Gleichberechtigung der Frauen allgemein zu reden, es gilt diese im Leben zu verwirklichen. ... Es darf nicht mehr zugelassen werden, daß Funktionäre der Partei ... die Frauen als Menschen zweiter Kategorie behandeln und verhindern, daß die Frauen entsprechend ihren Leistungen zu leitenden Funktionen herangezogen werden."[124]

Wie stark sich die einzelnen Faktoren, allein oder in Verbindung mit anderen beeinflussenden Komponenten, auswirkten und den Aufstieg von Frauen in verantwortungsvollere Positionen generell verhinderten oder verzögerten, kann nicht eindeutig festgestellt werden. Aber sie waren da und dürften für viele Frauen von entscheidender Bedeutung gewesen sein.

dd) Maßnahmen zur Intensivierung der weiblichen Parteiarbeit

Zu Beginn der 50er Jahre verlor sich allmählich das Interesse, die Gleichberechtigung der Frauen innerhalb der Partei konsequent zu verwirklichen, und seit 1952 verebbte die zuvor so intensiv geführte Diskussion über ihre umfassende Mitarbeit völlig: mit der Verkündung des Aufbaus des Sozialismus erhielt die Frage der Einbeziehung aller Frauen in die Produktion eine größere Bedeutung als die Verbesserung der Situation der weiblichen Mitglieder innerhalb der Partei. Gleichzeitig entbehrt es nicht einer gewissen Tragikomik, daß mit der territorialen Neugliederung der DDR in Bezirke und entsprechendem Organisationsschema der SED wieder in größerem Umfang Frauenabteilungen bei den Bezirks- bzw. Kreisleitungen entstanden. Wie schon 1946 fanden nun wiederum die Genossinnen ihr Betätigungsfeld in der Frauenarbeit und sahen sich den bekannten Problemen ausgesetzt: die Einseitigkeit der Parteiarbeit auf Grund ihrer besseren Kenntnis von Frauenfragen[125] als Beweis ihrer mangelnden Eignung für eine generelle politische Arbeit.

In den folgenden Jahren blieb es bei der lapidaren Feststellung, daß die Genossinnen eine wichtige Kraft in der Partei seien. Allerdings dürfe nicht vergessen werden, daß sie als Frauen und Mütter noch eine große zusätzliche Last zu tragen haben; deshalb müßten die Parteileitungen der Förderung und Unterstützung der Genossinnen mehr Aufmerksamkeit zuwenden.[126] Auch die Forderung, mittels der Parteiwahlen eine verbesserte Zusammensetzung der Leitungsorgane zugunsten des Anteils befähigter weiblicher Mitglieder zu erreichen[127], tauchte hin und wieder auf. Trotzdem blieb der Frauenanteil in den verantwortlichen Wahlfunktionen der SED auf unterer Organisationsebene gering und entsprach in keiner Weise dem weiblichen Mitgliederanteil der Partei.[128] So waren z. B. 1962 nur in 5 von 216 SED-Kreisleitungen Frauen in der führenden Funktion eines 1. Sekretärs tätig.[129]

Auf der Gegenseite stellte sich bei den Frauen eine Flucht in ihre beruflichen, gesellschaftlichen und familiären Verpflichtungen ein sowie zunehmendes Desinteresse am gesamten Parteileben ihrer Grundeinheit. In vielen Grundorganisationen wurde es üblich, die weiblichen Mitglieder „von der Teilnahme am Parteilehrjahr zu befreien oder ihnen ein vorzeitiges Verlassen der Mitgliederversammlungen zu ermöglichen".[130] Damit aber zogen sich die Frauen selbst von der Basis zurück, wo die ersten Ansätze zur aktiven Parteiarbeit erfolgen und von der aus ein Aufstieg in verantwortliche Funktionen möglich ist. Ein solches Verhalten schädigte also letztlich die eigenen Interessen. Hinzu kam ein unrationeller und zeitraubender Arbeitsstil in den Parteileitungen, der die Frauen oft gänzlich auf die Ausübung verantwortlicher Tätigkeiten verzichten ließ oder ihre Mitarbeit wesentlich erschwerte. Die Meinung einer Frau, die sich mit zahlreichen Geschlechtsgenossinnen einig weiß, soll hierfür stehen:

„. . . ich war jahrelang froh, daß man ‚mich in Ruhe ließ'. Warum? Ich hatte einfach Angst – was sage ich Angst, ich fühlte mich einfach abgeschreckt, eine solche Funktion zu übernehmen oder mich dafür qualifizieren zu lassen, weil ich rings um mich her sehen konnte, mit welchem Aufwand an Zeit so etwas oft verbunden ist. Ich fragte mich immer, müssen denn viele Sitzungen von leitenden Gremien immer so lang sein? Könnte nicht manches rationeller, kürzer abgehandelt werden und mit dem gleichen Effekt? Liebe leitende Männer! Ich glaube, Ihr hängt an so manche Sitzung noch ein Stündchen dran, laßt Euch von dem sicheren Gefühl tragen, nicht irgendwo pünktlich zur Stelle sein zu müssen, um ein Kind abzuholen oder einzukaufen ..."[131]

Darüber hinaus sahen sich die aktiven Frauen — wie bereits in früheren Jahren der Fall — einer Funktionshäufung ausgesetzt, die ihre Kräfte weit überstieg, infolge zusätzlicher Delegierung in andere Gremien, und das mitunter nur „der Statistik wegen".[132]

Mit dem Beschluß des Sekretariats des Zentralkomitees vom 26. Juni 1968 über „Auswahl, Ausbildung und Einsatz von Genossinnen in leitende Parteifunktionen"[133] unternahm die SED schließlich einen erneuten Vorstoß, um die weibliche Mitgliedschaft zu aktivieren und ihren Anteil in Führungspositionen zu erhöhen. Im Kaderperspektivprogramm der Partei solle nunmehr jene weibliche Kaderreserve stärker berücksichtigt werden, die bereits ein hohes Maß an politischer oder fachlicher Qualifikation mitbringt, nämlich: junge Parteitagsdelegierte, leitende Funktionärinnen oder politische Mitarbeiterinnen der FDJ und Genossinnen, die an Partei-, Hoch- und Fachschulen ausgebildet wurden. Diese Kader sollen — unter gleichzeitiger Einbeziehung in die Leitungstätigkeit sowie kontinuierlicher Schulung — systematisch auf eine spätere Parteiarbeit vorbereitet werden.[134]

ee) Zusammenfassung

Bei der Untersuchung der Möglichkeiten, Intensität und Entwicklung der weiblichen Parteiarbeit seit Gründung der SED werden somit mehrere Phasen mit unterschiedlichen Prioritäten sichtbar. Die *erste* Phase läßt sich von 1946 bis 1950 abgrenzen, ein Zeitraum also, in dem die Partei noch im Aufbau begriffen war und sich allen aktiven Mitgliedern eine Reihe von Chancen bot, als Funktionäre verantwortliche Tätigkeiten auszuüben. Auch für die weniger interessierten Frauen bestanden konkrete Möglichkeiten, Parteiämter zu übernehmen, selbst auf die Gefahr hin, daß sie in ihrer Arbeit scheiterten. Die SED-Führung bemühte sich in diesen Jahren intensiv um die Gewinnung der Frauen für die Mitarbeit in ihren Reihen; zahlreiche Veröffentlichungen in der Parteipresse legen davon Zeugnis ab. Möglicherweise hat der mit den wachsenden Mitgliederzahlen zunehmende Funktionärmangel dieses Verhalten entscheidend beeinflußt; aber auch das Vorhandensein eines ehrlichen Wollens, die Frauen in der Partei gleichberechtigt mitarbeiten zu lassen, soll den führenden Männern der SED — bis auf einige Ausnahmen — nicht abgestritten werden.

Als wesentlicher Tatbestand ist hervorzuheben, daß die Aktivität der weiblichen Mitglieder in dieser Phase systematisch auf die Frauenarbeit gelenkt wurde, ein Betätigungsfeld, in das sie auch von sich aus strebten, weil sie sich für diese Arbeit als besonders befähigt empfanden. Diese einseitige Ausrichtung tendierte bereits auf eine gewisse Fraktionsbildung hin, ein Verhalten, das zwar dem Wesen einer marxistisch-leninistischen Partei widerspricht[135]; aber das gemeinsame Erleben gleicher Schwierigkeiten bei der Ausübung von Funktionen ließ die Frauen enger zusammenrücken, was sie – wie oben dargelegt – vereinzelt dem Vorwurf aussetzte, „eine Partei in der Partei" zu bilden.

Intuitiv ersetzten sie sich damit die fehlende „Frauenvereinigung" (wie sie die westdeutsche CDU kennt), die sie als Repräsentativorgan gegenüber den männlichen Kollegen ins Spiel hätten bringen können, um ihren Forderungen nach Chancengleichheit und der Durchsetzung ihrer spezifischen Interessen Nachdruck zu verleihen. Wie wenig die SED eine eigene Organisation der Genossinnen innerhalb der Partei wünschte, die die weiblichen Mitglieder zudem in die Gefahr der Selbstisolierung gebracht hätte, wie sie vielmehr von Anfang an die völlige Integration der Frauen in die Gesamtmitgliedschaft beabsichtigte, geht aus den kritischen Äußerungen der Spitzenfunktionärin Elli Schmidt auf der 1. Parteikonferenz 1949 hervor:

„Die SED zu einer Partei neuen Typus zu entwickeln, setzt auf dem Gebiet der Frauenarbeit voraus, eine ganze Reihe schlechter Gewohnheiten restlos zu überwinden. In der Sozialdemokratischen Partei gab es besondere Frauengruppen, die neben der Partei standen. Eine solche Trennung zwischen Frauen und Männern kann es und darf es in einer marxistisch-leninistischen Partei nicht geben."[136]

Zahlreiche Frauen standen in der Zeit von 1946 bis 1950 in der aktiven Parteiarbeit und konnten 1949 – nach Auflösung der Frauenabteilungen bei den Kreisvorständen – in stärkerem Maße auch in allgemeinpolitische Aufgabenbereiche gelangen. Das erste Statut, das ihre Mindestvertretung in allen Parteiorganen verbürgte, sicherte ihnen die Ausübung auch höchster Funktionen.

Als 1950 das zweite Statut in Kraft trat – dieser Zeitpunkt ist als Beginn der *zweiten* Phase anzusehen –, wurde den Frauen eine Mitwirkung an der Leitungstätigkeit der Partei nicht mehr garantiert; ihre Vertretung in den Kreissekretariaten verringerte sich in der Folgezeit erheblich. Zugleich setzte sich das Prinzip durch, die weiblichen Mitglieder zunächst „die Schule der Kleinarbeit"[137] durchlaufen zu lassen, ehe sie in höhere Funktionen aufsteigen konnten. In den Grundeinheiten leisteten die Frauen nun „eine überaus wichtige Kleinarbeit"; sie entwickelten sich zum „Fußvolk der SED". Es ist bezeichnend, daß die Themen „Frauen wirklich mitarbeiten lassen"[138] und „Mehr Genossinnen in leitende Funktionen"[139] nun auch für die Parteipresse uninteressant wurden. Mit der einsetzenden sozialen Umschichtung der weiblichen Mitgliedschaft entwickelte sich außerdem der Zeitfaktor für die meisten berufstätigen Frauen zu einem zentralen Problem und Hindernis und schränkte ihre Möglichkeiten einer aktiven Mitarbeit wesentlich ein.

Das Ende dieses langwährenden Zeitabschnitts und der Beginn einer *dritten* Phase läßt sich erst mit dem VII. Parteitag 1967 abstecken, auf dem die Unterrepräsentation der Frauen in den Führungsfunktionen der eigenen Organisation endlich zur Sprache kam. Seit dieser Zeit leitete die SED-Führung wieder energischere Maßnahmen ein, um die Situation zugunsten der weiblichen Mitglieder zu verändern. In bezug auf die zukünftige Entwicklung der weiblichen Mitarbeit und des Anteils von Frauen in leitenden Parteifunktionen gibt sie sich recht optimistisch. Ihre günstige Zukunftsprognose muß jedoch auf Grund der in den vorausgegangenen Abschnitten aufgezeigten Faktoren stark bezweifelt werden; sie scheint eher einem möglicherweise ehrlichen Wunsch zu entspringen als einer Orientierung an den realen Verhältnissen.

Denn ebenso wie früher stellen sich der weiblichen Mitgliedschaft heute *Hindernisse* entgegen, die ihnen die Mitarbeit und die Übernahme von Funktionen wesentlich schwieriger machen als den Männern[140]:

1. die größere arbeitsmäßige Belastung der Frauen, die neben Berufsausübung[141], notwendiger fachlicher Weiterbildung und Einsatz in den gesellschaftspolitischen Massenorganisationen auch noch für Haushalt und Familie zu sorgen haben;
2. die weiterhin bestehenden Vorurteile der Genossen, die den Frauen den Aufstieg in verantwortliche Ämter erschweren;
3. das Problem mangelnder Eignung; während in den Aufbaujahren zahlreiche Frauen mit dieser individuellen Schwierigkeit zu kämpfen hatten, kann dieser Vorwurf heute nur noch in geringem Umfang zutreffen: der große Anteil weiblicher Studierender an den Hoch- und Fachschulen in der DDR[142] beweist das Gegenteil.

Abschließend läßt sich sagen, daß zwischen zwei wesentlichen Faktoren anscheinend eine enge Korrelation besteht: 1. Das Interesse der meisten weiblichen Mitglieder an aktiver Parteiarbeit und der Übernahme von Funktionen ist auf Grund der zusätzlichen Belastung nur gering; das von der SED kontinuierlich geäußerte Bemühen, die Frauen umfassend zu fördern, um ihnen die Arbeits- und Lebensbedingungen zu erleichtern und ihnen damit auch zeitlich die Möglichkeit für eine parteipolitische Tätigkeit einzuräumen, zeigte keine große Wirkung. 2. Weibliche Mitglieder, die trotzdem eine Parteikarriere anstreben, müssen mit zusätzlichen Schwierigkeiten fertig werden, die sich ihnen in Form allgemein herrschender Vorurteile in den Weg stellen.

Welcher der vorgenannten Faktoren letztlich im Vordergrund steht und die geringe Beteiligung der Frauen am Parteileben entscheidend bewirkt, kann nur vermutet werden: die Mehrheit der weiblichen Mitglieder scheint auf Grund objektiver und subjektiver Hindernisse an einer parteipolitischen Tätigkeit und Karriere nur wenig Interesse zu haben. Im Einzelfall dürften sich diese Faktoren differenzierter und subtiler ausnehmen. Im übrigen ist es recht bemerkenswert, daß die Kriterien und Verhaltensweisen, die für die Mitarbeit der Frauen in der SED bestimmend sind, sich weitestgehend mit jenen decken, die zu einer ähnlichen Situation in den westdeutschen Parteien geführt haben.[143] Die weiblichen Mitglieder haben sich zu Beginn der 50er Jahre, wie wir sahen, zum „Fußvolk der SED" entwickelt, und sie sind es bis heute geblieben.

Daran dürfte sich auch in absehbarer Zeit kaum etwas ändern. Denn seit den personellen Veränderungen in der Führungsspitze der SED im Mai 1971[144] scheint das Problem einer verstärkten Einbeziehung von Frauen in verantwortliche Funktionen der Parteileitungen vorläufig in den Hintergrund getreten zu sein. In seiner Rede auf dem VIII. Parteitag im Juni 1971 widmete Erich Honecker nur einen Satz der innerparteilichen Situation der weiblichen Mitglieder: „Größere Beachtung sollte auch weiterhin dem Einsatz von Frauen geschenkt werden."[145] Mit dieser unverbindlichen Aufforderung, die sich anscheinend an die zuständigen Funktionäre richtet, dürfte die SED das Problem der ungenügenden Entwicklung und Förderung weiblicher Kader allerdings nicht in den Griff bekommen. Dazu bedarf es vielmehr bindender Festlegungen in Form von Parteibeschlüssen und einer regelmäßigen Kontrolle über die Durchführung und Wirksamkeit getroffener Maßnahmen.

c) Schulung der weiblichen Mitglieder

Wie bereits dargelegt wurde, erwies sich in den ersten Jahren nach Gründung der SED die mangelnde Eignung vieler Frauen als ein wesentliches Hindernis in ihrer Parteiarbeit und bei der Ausübung von leitenden Funktionen. Zu den Kriterien der Eignung gehörte einerseits das Vorhandensein von Führereigenschaften, nämlich psychologischen und pädagogischen Fähigkeiten sowie charakterlicher Eigenschaften, als notwendige Voraussetzung für eine Tätigkeit auf dem Gebiet der Menschenführung. Andererseits bedurfte es, neben der ideologischen Festigkeit und politischen Zuverlässigkeit, die die Treue gegenüber der Partei und der Sache der Arbeiterklasse dokumentierten, eines Höchstmaßes an fachlicher Qualifikation für die politische Arbeit.

Wo diese Komponenten insgesamt nicht vorhanden waren, mußte auf den Einsatz von Frauen in Parteifunktionen wegen gänzlich fehlender Eignung verzichtet werden. Die fachliche Qualifikation und Einsicht in politisch-ideologische Zusammenhänge konnten und sollten hingegen im Rahmen der Parteischulung[146] vermittelt werden. Eine solche Schulung der weiblichen Mitglieder erwies sich als besonders notwendig, weil die überwiegende Mehrheit der Frauen die Zeit des Hitlerreiches in einer gewissen politischen Lethargie oder Abstinenz verbracht hatte. „Wissen ist Macht", rief eine SED-Funktionärin den Genossinnen zu und forderte sie auf, sich das notwendige Wissen über die vielen Teilgebiete der Parteiarbeit, in denen die aktiven Frauen generell tätig sein müßten, anzueignen; denn die Vorbereitung und Ausbildung zur Funktionärin erfolge nur durch eine intensive Schulung.[147]

Bereits auf dem II. Parteitag der SED 1947 wurde konstatiert, daß der Schulungs- und Wissensdrang der Frauen besonders groß und ihre Teilnahme an den Schulungseinrichtungen der Partei sehr rege sei; ihre Beteiligung schwanke zwischen 15 und 30 Prozent.[148] Die Frauen erhielten gemeinsam mit ihren männlichen Kollegen ihre politische Unterweisung in den allgemeinen Institutionen der Parteischulung. Dabei hatten sie – wie schon in bezug auf ihre Mitarbeit in der SED – wiederum mit dem Problem der Versorgung ihrer Familien und der Kinderbetreuung während der Dauer des Lehrgangs zu kämpfen, ein wesentlicher Hinderungsgrund für die Teilnahme an einer intensiveren und langfristigen Schulung. Die beruflichen und familiären Verpflichtungen der Frauen und damit verbunden die zeitlich begrenzten Möglichkeiten eines parteipolitischen Engagements waren auch für ihre systematische Schulung relevant. Selbst die Intention, den Bildungseinrichtungen Kindergärten anzuschließen[149], um auch die jüngeren Frauen und Mütter in der Schulung zu erfassen, konnte nach ihrer praktischen Verwirklichung die besonderen Schwierigkeiten der weiblichen Mitglieder nicht generell beseitigen.

Der Inhalt der Schulung umfaßte in den ersten Jahren allgemeine theoretische Aspekte des Marxismus, behandelte die neue antifaschistisch-demokratische Ordnung in der SBZ und aktuelle politische Themen, die Rolle und Politik der SED und die historische Entwicklung der Sowjetunion als des ersten kommunistischen Staates.[150]

Neben dieser allgemeinpolitischen Schulung, die in größerem Umfang an den Kreisparteischulen durchgeführt wurde, richtete man für die weiblichen Mitglieder Spezialkurse von meist 14tägiger Dauer ein. Die Anregung zu diesen Sonderlehrgängen, die auf Landes- und Kreisebene stattfanden, ging bereits 1947 vom Zentralsekretariat der

SED aus. In ihnen sollten neben allgemeinpolitischen Grundlagen die „besonderen Frauenfragen" behandelt werden, um den weiblichen Mitgliedern die theoretischen Kenntnisse und das „ressortmäßige" Wissen für die überparteiliche Arbeit unter ihren Geschlechtsgenossinnen zu vermitteln. Der Themenkatalog enthielt im wesentlichen folgende spezielle Aspekte: die historische Entwicklung der deutschen bürgerlichen und sozialistischen sowie der internationalen Frauenbewegung, die Rolle der Frau im neuen Deutschland, Probleme der Berufstätigkeit der Frau.[151] Als Teilnehmerinnen an den Lehrgängen wurden in erster Linie jene weiblichen Mitglieder erfaßt, die bereits als Funktionärinnen in der Frauenarbeit standen und zuvor in einer Kreisparteischule ein politisches Grundwissen erworben hatten.[152]

Wesentlich weiter gingen allerdings die Vorstellungen jenes Teils der weiblichen Mitglieder, die es gerne gesehen hätten, wenn auch die allgemeine Parteischulung auf die „spezifische Mentalität" der Frauen abgestellt worden wäre, wenn man sie also auf „frauliche Weise" in den ihnen kompliziert erscheinenden Fragenkomplex des Marxismus eingeführt hätte. Dazu hieß es in einem Diskussionsbeitrag auf dem II. Parteitag der SED:

„Der Schulungsplan soll . . . eine solche Gestaltung erhalten, daß er der Ideologie des Frauenherzens und des Frauenverstandes entspricht. Unsere Parteischulen müssen sozialistische Lebensschulen werden, in denen sozialistische Seelenfürsorge für die Frauen gepflegt wird."[153]

Die „Berücksichtigung der Gedankenwelt der Frau" in der Darstellung des Lehrstoffes sei von wesentlichem Einfluß auf die Teilnahme der weiblichen Mitglieder an den Schulungseinrichtungen der Partei.[154]

Eine solche Berücksichtigung des spezifisch Weiblichen hätte allerdings die generelle Einführung von Frauenklassen auch in der allgemeinen Parteischulung notwendig gemacht. Doch selbst in der Einrichtung von Sonderlehrgängen für Funktionärinnen sahen viele Frauen bereits eine Chance, „unter sich" bleiben und frei von den Hemmungen, die die Anwesenheit der Genossen hervorrief, „aus sich herausgehen" und zu einer „größeren Sicherheit und Urteilskraft" finden zu können. Sie forderten sogar, in den Frauenlehrgängen möglichst nur Referentinnen einzusetzen.[155] Schließlich sah sich eine SED-Funktionärin gezwungen, in einer Stellungnahme mit dieser „sektiererischen Haltung" aufzuräumen:

„Um jeden Irrtum auszuschließen: Es handelt sich bei den Sonderlehrgängen für Frauenfunktionärinnen nicht darum, Funktionärinnen als Frauen gesondert zusammenzufassen, sondern darum, Genossinnen, die in der Frauenarbeit stehen, auf ihrem Fachgebiet ‚Frauenarbeit' zu schulen. Jedes allgemeine politische Wissen erarbeitet sich die Genossin Seite an Seite mit ihren männlichen Genossen auf den dafür von der Partei vorgesehenen Schulen oder auf den allgemeinen Bildungsabenden."[156]

Es erscheint durchaus möglich, daß ein Teil der weiblichen Mitglieder in den Aufbaujahren der SED an einer Parteischulung interessiert war, um sich die fundamentalen Kenntnisse für ihre praktische Tätigkeit anzueignen. Abgesehen von den Frauen, die bereits vor 1933 der KPD oder SPD angehört hatten, verfügten die seit 1946 in die SED eingetretenen Frauen über kein oder nur geringes politisches Wissen. Ihnen fehlten insbesondere Kenntnisse auf dem Gebiet politischer Theorien, speziell des Marxismus. Deshalb mußte vor allem die SED daran interessiert sein, den weiblichen Mitgliedern durch intensive Schulung die Grundlagen des Marxismus-Leninismus zu vermitteln und sie zu einer ideologisch gefestigten Haltung zu erziehen. Der „Wissensdrang" der Frauen und ihre Bereitschaft, trotz mancher persönlicher Schwierigkeiten an der Schulung teilzunehmen, konnte dem Bestreben der Partei nur entgegenkommen.

Als gravierend für eine allgemeinpolitische Parteiarbeit der Genossinnen kann das besondere Interesse an den speziellen Frauenfragen bezeichnet werden. Wie oben dargelegt, standen die meisten weiblichen Mitglieder zwischen 1946 und 1949 in der Frauenarbeit der SED. Deshalb waren sie von sich aus bemüht, sich auch die notwendigen Spezialkenntnisse für diese Tätigkeit anzueignen, nämlich: die kommunistische Interpretation der weiblichen Rolle in den historischen Gesellschaftsformen und in einer anzustrebenden sozialistischen Gesellschaft sowie überzeugende Argumente für die Agitationsarbeit unter der Gesamtheit der Frauen, die es für die Politik der SED zu gewinnen galt. Die Schulung der Genossinnen hatte also letztlich ein konkretes, praktisches Ziel: „Sie werden [dank ihrer materialistischen Weltanschauung; die Verf.] nicht mehr nur wissen, daß sie recht haben, sondern sie werden auch fähig sein, die Masse der Frauen davon zu überzeugen, daß sie recht haben."[157] Damit begaben sich die weiblichen Mitglieder aber vollends in den Circulus vitiosus: indem sie in die Frauenarbeit der Partei hineingedrängt wurden und sich auch aus eigenem Interesse dafür engagierten, eigneten sie sich das notwendige Fachwissen an und entwickelten sich zu Spezialisten, denen die fachliche Qualifikation für andere parteipolitische Tätigkeiten fehlte.

Zugleich zeigt sich noch einmal mit aller Deutlichkeit die Tendenz der Frauen zur Fraktionsbildung innerhalb der SED. Diesem Verhalten lag eine große Unsicherheit zugrunde, die aus mangelnden theoretischen Kenntnissen und fehlender politischer Erfahrung resultierte und zu Hemmungen im Auftreten gegenüber den männlichen Kollegen führte. Anstatt diese Schwierigkeiten zu überwinden, neigten viele Frauen dazu, die Flucht nach hinten anzutreten, sich auch im Rahmen der Schulung von der Gesamtmitgliedschaft zu isolieren und den politischen Machtkampf in einem Schonraum zu erlernen. Doch ebenso konsequent wie auf dem Gebiet der Parteiarbeit, verfolgte die SED auch hinsichtlich der Schulung die totale Integration der Frauen in die allgemeinen Organisationsformen.

Mit Aufhebung der ressortmäßig betriebenen Frauenarbeit und der Auflösung der Kreisfrauenabteilungen 1949 war der Bann schließlich gebrochen. Die Sonderlehrgänge für Frauen-Funktionärinnen entbehrten nunmehr ihrer Grundlage und fanden nicht mehr statt. Die Schulung der weiblichen Mitglieder erfolgte jetzt generell im Rahmen der allgemeinen Bildungsmaßnahmen der SED und – als 1950 das einheitliche Parteilehrjahr[158] an die Stelle der politischen Bildungsabende trat – vorwiegend in den Grundeinheiten. Diese externe Schulung trug zwar einerseits zum Abbau der terminlichen Schwierigkeiten bei, die der Teilnahme der weiblichen Mitglieder an den Bildungsveranstaltungen der Internatsschulen der SED im Wege standen. Andererseits erforderte sie aber ebenfalls zeitliche Opfer, da sie in den Abendstunden stattfand und mit zusätzlichen Hausaufgaben verbunden war. In der Folgezeit sank das Interesse und die Bereitschaft der Frauen zum Lernen im engeren Rahmen der

Parteischulung rapide ab, wie auch die besondere Aufmerksamkeit seitens der Partei nachließ, mit der sie sich zuvor der politischen Qualifizierung der Frauen gewidmet hatte. Es ist denkbar, daß die außerhalb der Partei bestehenden vielfältigen Möglichkeiten einer systemimmanenten politischen Aus- und Weiterbildung zu dieser Entwicklung beigetragen haben. Denn die SED beherrschte nunmehr alle Massenkommunikationsmittel und konnte damit ihren Mitgliedern ständig das notwendige Grundwissen über den Marxismus, Analysen zur Tagespolitik und propagandistische Argumentationen anbieten. Von hierher kann sich deshalb die Vernachlässigung der politischen Schulung der weiblichen Mitglieder seitens der SED auch erklären.

Neben der allgemeinen politischen Unterweisung im Parteilehrjahr bestand bzw. besteht zusätzlich ein differenziertes System der Internatsschulung, das vornehmlich der stufenweisen Aus- und Weiterbildung von Parteikadern dient. Da den Frauen die Teilnahme an langfristigen geschlossenen Kursen überwiegend aus zeitlichen Gründen nicht möglich ist, sind ferner in den letzten Jahren zunehmend spezielle Externatslehrgänge für die weiblichen Mitglieder durchgeführt worden. Auch mit der Einrichtung von Fernstudien an den Bezirksparteischulen werden den Frauen neue Bildungsmöglichkeiten erschlossen.[159]

Damit ist die SED nunmehr teilweise wieder zu einem gesonderten Schulungssystem für die weiblichen Mitglieder zurückgekehrt, wie es in den ersten Jahren nach der Parteigründung bestand. Diese spezielle Frauenschulung erfolgt jedoch keineswegs unter dem Aspekt, den Lehrstoff vereinfacht und der „Ideologie des Frauenherzens" entsprechend darzubieten. Vielmehr sollen mit diesen besonderen Unterrichtsformen die ungünstigeren Lernbedingungen eliminiert werden, die den weiblichen Mitgliedern aus ihren Verpflichtungen als Berufstätige, Hausfrau und Mutter erwachsen.[160] Daß aber auch die Teilnahme an der externen Schulung gewisse zusätzliche Belastungen mit sich bringt, steht außer Zweifel. Im übrigen ist die SED nicht daran interessiert, die politische Qualifizierung der Frauen generell in externe Kurse zu verlagern; die über das Parteilehrjahr hinausgehende Schulung soll weiterhin hauptsächlich in Form von Internatslehrgängen an den verschiedenen Parteischulen erfolgen. Deshalb wird darauf geachtet, daß dort der Frauenanteil nicht absinkt, sondern sich systematisch erhöht.[161]

Zusammenfassend läßt sich feststellen, daß zwischen der Aktivität der Frauen in der Parteiarbeit und ihrer politischen Schulung Parallelen bestehen. Der kurzen Phase intensiver Mitarbeit und großer Lernbereitschaft Ende der 40er Jahre folgte ein langer Zeitraum, in dem die Parteiarbeiterinnen nicht besonders in Erscheinung traten und ihre systematische Schulung und Vorbereitung auf Funktionen von seiten der Partei vernachlässigt wurde. Nicht zuletzt ist in der mangelhaften Ausbildung weiblicher Kader der Grund für die Unterrepräsentation der Frauen im Funktionärkorps der SED zu suchen.

Seitdem 1952 der Aufbau des Sozialismus in der DDR verkündet wurde, stiegen die Anforderungen an die politisch-ideologische und fachliche Qualifikation der Funktionäre, denen die Frauen in nur geringem Maße entsprechen konnten. Ihre zugleich verstärkte Einbeziehung in die Produktion setzte den zeitlichen Möglichkeiten für eine Schulung Grenzen und bewirkte schließlich ihr Desinteresse an einer politischen Weiterbildung. Wer letztlich zur Vernachlässigung der Schulung der weiblichen Mitglieder stärker beigetragen hat, die SED-Führung oder die Frauen selbst, kann nur vermutet werden: es dürften die Genossinnen gewesen sein, die sich nicht noch zusätzliche Arbeits- und Lernpflichten innerhalb der Partei aufbürden wollten.

Für die Zukunft verspricht sich aber die SED eine intensivere Teilnahme der Frauen an der Parteischulung, was ein Anwachsen des für die Übernahme von Parteiämtern zur Verfügung stehenden weiblichen Kaderreservoirs bedeuten würde. Die SED leitet diese Prognose aus der in den letzten Jahren gestiegenen Lernbereitschaft der weiblichen Mitglieder ab. Dieser Optimismus kann nicht geteilt werden; denn noch ist das größte Hindernis, das einer planmäßigen und umfassenden politischen Schulung der Frauen im Wege steht, nicht beseitigt. Nach wie vor müssen die Frauen in größerem Umfang zusätzliche Arbeitsleistungen erbringen, wenn sie sich den vielfältigen Bildungsmaßnahmen unterziehen, um eine langfristige Parteikarriere systematisch vorzubereiten. Es bleibt daher abzuwarten, ob die SED in den nächsten Jahren gezielte Maßnahmen für eine umfassende politische und fachliche Qualifizierung speziell ihrer weiblichen Mitglieder ergreift — und zwar in Verbindung mit einem ausgewogenen Förderungsprogramm, das zur Überwindung der aufgezeigten objektiven Schwierigkeiten beiträgt —, um die Frauen dann in Funktionen auf allen Organisationsebenen einzusetzen.

3. Weibliche Delegierte zu den Parteitagen

Der Parteitag ist das höchste Organ der SED; er findet in der Regel alle vier Jahre statt. Die Wahl der Delegierten zum Parteitag erfolgt auf den Delegiertenkonferenzen der untergeordneten Bezirksorganisationen; ihr liegt ein vom Zentralkomitee vorgegebener Schlüssel zugrunde, der die Anzahl der von den einzelnen Bezirksorganisationen zu entsendenden Delegierten festlegt.[162]

Die Wahl von Parteimitgliedern als Delegierte zu den Parteitagen gilt als große Ehre und Auszeichnung; deshalb finden sich unter ihnen — neben den hauptamtlichen Funktionären aus Partei-, Staats- und Wirtschaftsapparat sowie den Massenorganisationen — vor allem verdiente Aktivisten, Helden der Arbeit, Neuerer, Genossenschaftsbauern usw., die sich nicht nur durch politische Aktivität, sondern auch durch fachliche Leistungen und erhöhte berufliche Einsatzbereitschaft hervorgetan haben.[163]

Diese Maßstäbe gelten in gleicher Weise für die weiblichen wie für die männlichen Parteimitglieder. Auch die Frauen müssen diesen Ansprüchen genügen und sich als würdig erweisen, als Delegierte am Parteitag teilnehmen zu dürfen. Die stark emotional geprägte Auffassung vom Delegiertentum zeigt sich besonders in den zahlreichen Presseartikeln, in denen die Delegierten der Öffentlichkeit vorgestellt werden. Der folgende Auszug soll diese Tendenz verdeutlichen:

„Eine junge Frau, die unsere Welt verändern hilft. Eine junge fleißige Sozialistin, die für das Wohl der Menschen arbeitet. Das ist Erika Kobiella, Aktivist und verdienter Aktivist. Eine tüchtige Genossin, die würdig ist, am V. Parteitag teilzunehmen."[164]

a) Delegiertenstatistik

Der prozentuale Anteil der Frauen unter den stimmberechtigten Delegierten auf den Parteitagen der SED unterlag zwar in dem untersuchten Zeitraum von über 20 Jahren zum Teil beträchtlichen Schwankungen, hat sich aber nunmehr auf rund 25 Prozent eingependelt (siehe Tabelle 5).

Während der Aufbaujahre der SED von 1946 bis 1949, in denen der weibliche Mitgliederanteil rasch anstieg, blieb die Teilnahme der Frauen an den Parteitagen mit rund 18 Prozent relativ gering. Die Gründe hierfür dürften in der mangelnden parteipolitischen Erfahrung und noch ungenügenden Förderung der Frauen sowie ihrer erst allmählich einsetzenden beruflichen Aktivität zu suchen sein. Bereits zum III. Parteitag 1950 stieg jedoch der Prozentsatz weiblicher Delegierter auf über 28 Prozent sprunghaft an, was möglicherweise den inzwischen stark rückläufigen Frauenanteil an der Gesamtmitgliedschaft und in den Parteifunktionen kompensieren bzw. nach außen hin verdecken sollte. Denn während sich die Teilnehmer an den Parteitagen der Öffentlichkeit präsentierten, vollzog sich das generelle Absinken des Anteils weiblicher Mitglieder und Funktionäre parteiintern und war damit weniger augenfällig. Es läßt sich deshalb nicht ausschließen, daß die zahlreichere Teilnahme von Frauen an diesem Parteitag als Ersatz dienen sollte für nicht bestehende oder nur geringe Aufstiegschancen in verantwortliche Leitungsfunktionen.[165] Gleichzeitig konnten mit dem Hinweis auf die ehrende Auszeichnung vieler Frauen, die beim Parteitag „dabei" waren, weitergehende Ansprüche weiblicher Mitglieder auf Funktionen abgefangen werden.

Das einmalige und erhebliche Absinken des weiblichen Delegiertenanteils auf der 3. Parteikonferenz im März 1956 (17,2 Prozent Frauen) läßt sich nur mit dieser außerordentlichen Parteiversammlung in Verbindung bringen: sie fand unmittelbar nach dem XX. Parteitag der KPdSU im Februar 1956 statt und leitete die Entstalinisierung auch für die DDR ein. Die ungeheure Wichtigkeit und Brisanz der Beratungen auf der 3. Parteikonferenz können als Ursache für die geringe Teilnahme von Frauen angesehen werden: die absolute Parteitreue der Delegierten war wichtiger als die Einhaltung eines bestimmten Proporzes. Diese Schlußfolgerung führt zu der Annahme, daß die SED selbst letztlich nicht von der konsequenten Linientreue und politischen Zuverlässigkeit ihrer weiblichen Mitglieder überzeugt war bzw. befürchtete, die Frauen würden den ideologischen Sprung zur Entstalinisierung nicht so rasch und nachhaltig vollziehen wie die Männer.

Auf dem V. Parteitag 1958 stieg der weibliche Delegiertenanteil um 6,5 Prozent gegenüber der 3. Parteikonferenz wieder an; seitdem besteht eine gewisse Übereinstimmung des Anteils weiblicher stimmberechtigter Delegierter mit dem Frauenanteil an der SED-Mitgliedschaft. Das zeigte sich erneut auf dem VIII. Parteitag 1971, an dem 27,0 Prozent Frauen teilnahmen, was ungefähr dem weiblichen Mitgliederanteil von 28,7 Prozent (Juni 1971) entspricht. Der weibliche Delegiertenanteil deckt sich heute annähernd mit den Vorstellungen der SED über eine angemessene Beteiligung von weiblichen Mitgliedern am Parteileben entsprechend den „hervorragenden Leistungen der Frauen im gesellschaftlichen Leben".

Für die zukünftigen Parteitage läßt sich vermuten, daß sich die in den letzten Jahren

Tabelle 5: Anteil der weiblichen Delegierten auf den Parteitagen und Parteikonferenzen der SED (1947–1971)

Parteitag/Parteikonferenz	Delegierte mit beschließender Stimme[1]			Delegierte mit beratender Stimme[2]		
	Insg.	davon Frauen	Frauen in %	Insg.	davon Frauen	Frauen in %
II. Parteitag 1947[3]	1.111	206	18,5[4]			
1. Parteikonferenz 1949[5]	384	69	18,0[4]			
III. Parteitag 1950[6]	2.201	628	28,5[4]	2.067[7]	312	15,1
2. Parteikonferenz 1952[8]			24,5			
IV. Parteitag 1954[8]	1.779	451	25,4	600	125	20,8
3. Parteikonferenz 1956[9]	1.731	298	17,2	582	123	21,1
V. Parteitag 1958[10]	1.648	391	23,7	603	115	19,1
VI. Parteitag 1963[11]	1.907	490	25,7	582	137	23,5
VII. Parteitag 1967[12]	2.098	525	25,0	101	20	19,8[4]
VIII. Parteitag 1971[13]	2.057	555	27,0	74	14	18,9[4]

1 Es handelt sich um jene gewählten Delegierten, deren Mandate auf den Parteitagen als gültig bestätigt wurden.
2 Es handelt sich um jene gewählten Delegierten, die an den Beratungen der Parteitage teilnahmen.
3 Vgl. Protokoll des II. Parteitages der SED (Anm. Einl./1), S. 152.
4 Der Prozentsatz wurde von der Verfasserin errechnet.
5 Vgl. Protokoll der 1. Parteikonferenz der SED (Anm. II/9), S. 272.
6 Vgl. Protokoll des III. Parteitages der SED (Anm. Tab. 1/5), Bd. II, S. 138.
7 Gastdelegierte, die als Beobachter an dem Parteitag teilnahmen. Sie setzten sich wie folgt zusammen:
    Gäste des Parteivorstandes: 311, darunter   36 Frauen;
    Gäste der Länder: 543, darunter   90 Frauen;
    Gäste aus dem Westen: 1.213, darunter 186 Frauen;
vgl. Bericht der Mandatsprüfungskommission, in: Neues Deutschland, 25.7.1950, S. 2.
8 Vgl. Protokoll des IV. Parteitages der SED (Anm. Tab. 1/8), Bd. II, S. 892.
9 Vgl. Protokoll der 3. Parteikonferenz der Sozialistischen Einheitspartei Deutschlands. 24. März bis 30. März 1956 in der Werner-Seelenbinder-Halle zu Berlin. 2 Bände. Berlin-Ost 1956, Bd. II, S. 998 f.
10 Vgl. Protokoll des V. Parteitages der SED (Anm. Tab. 1/11), Bd. II, S. 979 und S. 983.
11 Vgl. Protokoll des VI. Parteitages der SED (Anm. Tab. 1/12), Bd. II, S. 118 und S. 121. Die Angaben sind auf die Gesamtzahl der auf den Bezirksdelegiertenkonferenzen als Delegierte gewählten Parteimitglieder bezogen. An den Beratungen des Parteitages nahmen jedoch nur 1.881 Delegierte mit beschließender Stimme (= 98,6 Prozent der gewählten Delegierten) und 577 Delegierte mit beratender Stimme (= 99,1 Prozent der gewählten Delegierten) teil.
12 Vgl. Protokoll des VII. Parteitages der SED (Anm. I/82), Bd. II, S. 176 und S. 178. Die Angaben sind auf die Gesamtzahl der auf den Bezirksdelegiertenkonferenzen als Delegierte gewählten Parteimitglieder bezogen. An den Beratungen des Parteitages nahmen jedoch nur 2.072 Delegierte mit beschließender Stimme (= 98,8 Prozent der gewählten Delegierten) und 100 Delegierte mit beratender Stimme (= 99,0 Prozent der gewählten Delegierten) teil.
13 Vgl. Bericht der Mandatsprüfungskommission an den VIII. Parteitag, in: Neues Deutschland,

(Fortsetzung auf der nächsten Seite)

sichtbar gewordene gleichartige Entwicklung des weiblichen Delegierten- und Mitgliederanteils im allgemeinen fortsetzen wird. Trotzdem dürften aber größere Abweichungen hiervon stets möglich sein: ein Absinken des weiblichen Delegiertenanteils, wenn auf einem Parteitag wesentliche politische Veränderungen in der Parteilinie beschlossen werden, ein Anstieg, wenn man den Frauen einen bescheidenen Ersatz für das Vorenthalten verantwortlicher Funktionen innerhalb der SED bieten will.

Über die Anzahl der stimmberechtigten weiblichen Delegierten hinaus wird noch weiteren Frauen die Auszeichnung zuteil, an den Beratungen der Parteitage teilnehmen zu können; als Vertreter der Kandidaten der SED üben sie allerdings kein Stimmrecht aus. In dem gesamten Zeitraum bis 1971 betrug der weibliche Anteil rund 20 Prozent, wovon sich nur geringfügige Abweichungen ergaben. Im Vergleich zu den stimmberechtigten Delegierten ist also die Teilnahme von Frauen an den Parteitagen als Delegierte mit beratender Stimme – abgesehen von der 3. Parteikonferenz 1956 – stets geringer gewesen. Diese Tatsache kann als außergewöhnlich bezeichnet werden, da in der SED die Tendenz besteht, Frauen in weitaus größerem Maße in Funktionen mit beratendem Charakter einzusetzen als in Funktionen mit Stimmrecht. Im Verlauf der Untersuchung wird diese Tendenz noch verdeutlicht.

Die SED war stets bemüht, in der Zusammensetzung der Parteitagsdelegierten die Sozialstruktur der Gesamtmitgliedschaft nachzuzeichnen und ihren Klassencharakter unter Beweis zu stellen. Die Delegierten sollten nicht nur das Stimmrecht für über eine Million Parteimitglieder ausüben, sondern diese auch in ihrer Sozialstruktur repräsentieren. Deshalb war die SED stets vorrangig bestrebt, eine große Anzahl von Arbeitern und Bauern zu den Parteitagen zu entsenden und für möglichst viele Delegierte den Nachweis der sozialen Herkunft aus der Arbeiterklasse zu erbringen.

Diese Ausrichtung auf die Arbeiterklasse wirkte sich besonders nachteilig auf eine spezielle Gruppe der Mitgliedschaft aus: auf die Hausfrauen.[166] Obwohl die Hausfrauen 1950 rund 47 Prozent der weiblichen Mitgliedschaft ausmachten[167], war ihr Anteil unter den weiblichen Delegierten auf der 1. Parteikonferenz 1949 bereits auf knapp 1,5 Prozent[168] gegenüber 11,7 Prozent auf dem II. Parteitag 1947[169] zurückgegangen. Selbst als 1966 immerhin noch 16,4 Prozent der weiblichen Mitglieder als Hausfrauen tätig waren, traten auf dem VII. Parteitag 1967 nur drei Hausfrauen – weniger als ein Prozent der weiblichen Delegierten – in Erscheinung.[170] Generell läßt sich also feststellen, daß bei der Wahl der Delegierten zu den Parteitagen diese soziale Gruppe der weiblichen Mitgliedschaft keine Berücksichtigung findet.

(Fortsetzung der Anmerkungen zu Tabelle 5)

18.6.1971, S. 8. Die Angaben sind auf die Gesamtzahl der auf den Bezirksdelegiertenkonferenzen als Delegierte gewählten Parteimitglieder bezogen. An den Beratungen des Parteitages nahmen jedoch nur 2.047 Delegierte mit beschließender Stimme (= 99,5 Prozent der gewählten Delegierten) teil. Die 74 gewählten Delegierten mit beratender Stimme waren hingegen vollzählig anwesend.

b) Mitwirkung der Frauen in den Parteitagsgremien

Die Größenordnung des weiblichen Delegiertenanteils läßt noch keine gültigen Schlußfolgerungen zu über die tatsächliche Beteiligung und Mitwirkung der Frauen an den Beratungen des Parteitages sowie ihren Möglichkeiten der Einflußnahme auf die Erarbeitung von politischen Entschließungen und Resulutionen, über die der Parteitag befinden soll. Denn die Aufgabe der überwiegenden Mehrheit der Delegierten erschöpft sich darin, ihre physische Anwesenheit bei der repräsentativen Massenveranstaltung zu demonstrieren[171] und den mehrstündigen Referaten, Diskussionsbeiträgen und Begrüßungsansprachen zuzuhören. So gleichen die Parteitage eher riesigen Akklamationsorganen, die die vorgelegten Wahllisten und Beschlüsse einstimmig annehmen, denn einer obersten Mitgliederversammlung, in der über die Linie der Parteipolitik und über personelle Fragen beraten und diskutiert wird.[172]

Aus dieser allgemeinen Statistenrolle ragt nur die Führungselite der SED hervor und — in geringerem Maße — jener kleine Teil der Delegierten, der mit Funktionen in den Kommissionen des Parteitages betraut wird.

Zu den ständigen, zu Beginn des Parteitages gewählten Gremien gehören neben dem Präsidium des Parteitages und — seit 1956 — dem Sekretariat des Parteitages: die Mandatsprüfungs-, Wahl- und Redaktionskommission. Ihre Mitgliederzahl ist nicht konstant. Daneben werden ad hoc Ausschüsse zur Beratung spezieller Fragen gebildet.

Wie aus Tabelle 6 hervorgeht, ist der Frauenanteil in diesen Gremien nicht nur im Vergleich der einzelnen Kommissionen sehr unterschiedlich, er schwankt auch innerhalb der Ausschüsse von Parteitag zu Parteitag sehr stark. Generell läßt sich feststellen, daß der prozentuale Anteil der Frauen in den Kommissionen — von einigen wenigen Ausnahmen abgesehen — nicht dem weiblichen Delegiertenanteil entspricht, sondern zum Teil erheblich darunter bleibt bzw. in Einzelfällen keine Frauen in einem Ausschuß mitarbeiten. Somit stellen die weiblichen SED-Mitglieder, die auf den Parteitagen von rund einem Viertel der Delegierten repräsentiert werden, innerhalb der Kommissionen eine erhebliche Minderheit dar. Auf Grund dieser zahlenmäßigen Unterlegenheit reduzieren sich zugleich auch die Möglichkeiten, auf parteipolitische Entscheidungen Einfluß zu nehmen bzw. an internen Maßnahmen mitzuwirken.

Zu den Parteitagsgremien mit relativ hohem Frauenanteil zählen das Präsidium des Parteitages, die Mandatsprüfungs- und die Statutenkommission.

Das Präsidium repräsentiert den Parteitag gegenüber der Öffentlichkeit; neben den führenden Kräften der SED werden in dieses Organ verdiente Aktivisten und Helden der Arbeit gewählt, die damit eine besondere Auszeichnung erfahren.[173] So gehören zu den weiblichen Präsidiumsmitgliedern nicht nur Funktionärinnen aus Partei- und staatlichen Organisationen, sondern auch Arbeiterinnen, Bäuerinnen usw. Mit ihrer Wahl sind allerdings keine zusätzlichen Kompetenzen bzw. Möglichkeiten zur Einflußnahme auf die Beratungen des Parteitages verbunden; das Präsidium übt als Kollektiv lediglich Repräsentativfunktionen aus. Der weibliche Anteil in diesem Organ beträgt etwa 15 bis 20 Prozent.

Seit 1956 hat das Präsidium des Parteitages an Bedeutung verloren, da nunmehr auch ein Sekretariat für die organisatorische Leitung gewählt wird. Diesem kleinen Gremium hoher SED-Funktionäre gehörten bis einschließlich des VII. Parteitages 1967

Tabelle 6: Prozentualer Frauenanteil in den Kommissionen der Parteitage und Parteikonferenzen der SED (1947–1971)

Parteitag / Parteikonferenz	Frauenanteil in Prozent[1]						
	Präsidium d. Parteitages	Sekretariat des Parteitages	Mandatsprüfungskommission	Wahlkommission	Redaktionskommission	Statutenkommission	Antragskommission	Ad-Hoc-Kommissionen[2]
II. Parteitag 1947[3]	8,3	–	20,0	10,0	10,0			–/6,7
1. Parteikonferenz 1949[4]	15,4	–	–	–	7,7			
III. Parteitag 1950[5]	26,1	–	31,6	22,2	8,7			
IV. Parteitag 1954[6]	14,5	–	28,6	6,7	–	34,8		
3. Parteikonferenz 1956[7]	–	–	15,4	–	–	22,2		2,8/6,2
V. Parteitag 1958[8]	21,5	–	10,5	15,8	8,6			
VI. Parteitag 1963[9]	18,5	–	21,4	20,0	12,1		5,0	11,8/–
VII. Parteitag 1967[10]	14,2	–	21,4	12,0	6,8	22,2	15,4	–
VIII. Parteitag 1971[11]	17,3	8,3	26,3	14,3	23,1		15,6	
							7,1	7,8/13,6

1 Die Prozentsätze wurden von der Verfasserin errechnet.
2 Ausschüsse zur Beratung und Ausarbeitung spezieller außen-, wirtschafts- und gesellschaftspolitischer Maßnahmepläne und Direktiven.
3 Vgl. Protokoll des II. Parteitages der SED (Anm. Einl./1), S. 11 und S. 45 ff.
4 Vgl. Protokoll der 1. Parteikonferenz der SED (Anm. II/9), S. 10 f.
5 Vgl. Protokoll des III. Parteitages der SED (Anm. Tab. 1/5), Bd. I, S. 12 f. und S. 17 ff.
6 Vgl. Protokoll des IV. Parteitages der SED (Anm. Tab. 1/8), Bd. I, S. 10 f. und S. 14 ff.
7 Vgl. Protokoll der 3. Parteikonferenz der SED (Anm. Tab. 5/9), Bd. I, S. 8 ff.
8 Vgl. Protokoll des V. Parteitages der SED (Anm. Tab. 1/11), Bd. I, S. 12 ff.
9 Vgl. Protokoll des VI. Parteitages der SED (Anm. Tab. 1/12), Bd. I, S. 13 ff.
10 Vgl. Protokoll des VII. Parteitages der SED (Anm. I/82), Bd. I, S. 13 ff.
11 Vgl. Neues Deutschland, 16.6.1971, S. 11; Neues Deutschland, 17.6.1971, S. 2; Neues Deutschland, 19.6.1971, S. 2; Neues Deutschland, 20.6.1971, S. 6.

keine Frauen an. Erst auf dem VIII. Parteitag 1971 wurde mit Gisela Trautzsch, Abteilungsleiter im ZK, erstmals ein weibliches Mitglied in das Sekretariat gewählt. Wenn in den Berichten der Mandatsprüfungskommission die Rede ist von einer notwendigen „angemessenen Beteiligung der Frauen an den Beratungen der Parteitage"[174], so scheint dieser kritische Hinweis nur allgemeingültigen Charakter zu besitzen und sich nicht generell und gleichermaßen auf alle Organe der Parteitage zu beziehen. Während die Frauen also mit einem für sie recht günstigen Prozentsatz an dem repräsentativen, aber kompetenzarmen Präsidium beteiligt sind, treten sie in dem wichtigsten Organ des Parteitages, dem Sekretariat, das über Organisation und Verlauf der Beratungen entscheidet, kaum bzw. überhaupt nicht in Erscheinung. Hier zeigt sich besonders deutlich, daß die weiblichen Mitglieder nicht zuletzt aus optischen Gründen als Delegierte recht zahlreich vertreten, in ihren Möglichkeiten der Mitwirkung und Mitentscheidung aber wesentlich eingeengt sind.

Die Mandatsprüfungskommission verfügt nicht nur über einen beträchtlichen Frauenanteil von 20 bis 26 Prozent, sie ist auch das einzige Parteigremium, das in dem Untersuchungszeitraum von über 20 Jahren einen weiblichen Vorsitzenden bzw. weibliche Sekretäre hatte. Nur einmal fungierte eine Frau, Edith Baumann, langjährige Mitarbeiterin im Parteiapparat, 1963 als Vorsitzende und erstattete den Bericht der Kommission. (1950 war sie ebenfalls als Berichterstatter dieses Gremiums aufgetreten.) Der Eindruck, es handele sich hierbei um eine Ausnahmesituation, wird noch verstärkt durch die Tatsache, daß Edith Baumann eine der wenigen Spitzenfunktionärinnen der SED ist und zu den Apparatschiks zählt. Für die überwiegende Mehrheit der weiblichen Delegierten bestehen hingegen keine Chancen, in die führenden Ämter der Parteitagsgremien gewählt zu werden; ihre Funktion ist passiver Art und erschöpft sich in der Teilnahme an der Massenveranstaltung. Dieses Phänomen findet seine Begründung in der sozialstrukturellen Zusammensetzung der weiblichen Delegierten: sie rekrutieren sich – ebenso wie die Mehrzahl der Männer – aus Aktivisten, die für ihre beruflichen Leistungen mit der Teilnahme am Parteitag geehrt und ausgezeichnet werden. Ihnen fehlt also generell der Bezug zum internen Parteiapparat, in dessen Händen die organisatorische Durchführung dieser Konferenzen ruht. Deshalb kommen für die Leitung von Parteitagsgremien nur solche Frauen in Betracht, die als Apparatschiks an exponierter Stelle stehen. Wie gering ihre Zahl ist, zeigt sich an der personellen Besetzung des Vorsitzes der Kommissionen.

Neben weiteren Gremien mit organisatorischer Aufgabenstellung werden auf den Parteitagen gelegentlich spezielle Ausschüsse gebildet, die sich mit der Ausarbeitung von Maßnahmeplänen und Direktiven politischer Art befassen. Diese Kommissionen setzen sich überwiegend aus fachlich versierten und in der Partei etablierten Mitgliedern zusammen; ihre Arbeitsergebnisse sind nach Annahme durch die Delegierten von weitreichender Bedeutung für Wirtschaft, Gesellschaft und Staat. Der weibliche Mitgliederanteil in den Ad-hoc-Ausschüssen ist aber nicht nur äußerst gering, er reduziert sich zudem auf solche Frauen, die über die notwendigen Fachkenntnisse verfügen.[175] Für eine Kommissionsarbeit von parteipolitischer Bedeutung werden also neben den Apparatschiks nur noch jene weiblichen Technokraten herangezogen, bei denen sich ideologische Festigkeit und fachliches Können verbinden.

Die Situation der Frauen auf den Parteitagen läßt Rückschlüsse auf ihre Situation innerhalb der Parteiorganisation zu. Da die SED in ihrer Selbstdarstellung die umfassende Förderung der Frauen innerhalb und außerhalb der Partei proklamiert und propagiert, dürfte sie bestrebt sein, sich gerade auf den Parteitagen allen Mitgliedern und der gesamten Öffentlichkeit in einer möglichst günstigen Struktur zu präsentieren. Daraus läßt sich folgern, daß die Situation der Frauen im internen Bereich noch nachteiliger ist und sie als Leitungsmitglieder von regionalen und lokalen Parteiorganisationen zwar an den allgemeinen Beratungen teilnehmen, aber nur in äußerst geringem Maße Führungsfunktionen in den Exekutivorganen – den Büros bzw. Sekretariaten und den Abteilungen – innehaben, die eine Mitwirkung und Einflußnahme auf die Parteipolitik gestatten.

c) Zusammenfassung

Wie die analytische Betrachtung über die weiblichen Delegierten zu den Parteitagen zeigt, ist zwar ihr prozentualer Anteil recht hoch und entspricht seit dem V. Parteitag 1958 annähernd demjenigen an der Gesamtmitgliedschaft; dieser Zahlenwert ist jedoch eher dazu geeignet, die tatsächliche Situation der weiblichen Delegierten und damit der weiblichen SED-Mitglieder überhaupt zu verschleiern, als über Umfang und Intensität der Beteiligung von Frauen an der Beratung und Fixierung der Parteipolitik konkret Aufschluß zu geben. Allerdings dürfen die entsprechenden Möglichkeiten der Delegierten nicht überschätzt werden; obwohl das „höchste Organ" der SED „die Generallinie und die Taktik der Partei bestimmt"[176], ist die Richtung bereits vom ZK bzw. vom Politbüro vorgegeben und findet auf dem Parteitag lediglich die formelle Bestätigung.

Für das Gros der weiblichen Delegierten erschöpft sich ihre Funktion in einer physischen Teilnahme an der Veranstaltung. Nur eine geringe Anzahl Frauen arbeitet darüber hinaus in Parteitagskommissionen mit, die aber zumeist politisch bedeutungslos sind, so daß sich keine Chancen zur innerparteilichen Mitbestimmung ergeben.

Die wenigen Frauen in den Gremien mit erhöhtem Kompetenzbereich sind der Masse der weiblichen Delegierten nicht vergleichbar; sie sind hauptamtliche Partei- und Staatsfunktionärinnen und kraft ihres Amtes in den Parteiapparat integriert. Ihre Wahl in die Kommissionen erfolgt auf Grund eines „Funktionär-Denkens"; in ihnen wirken sie als Apparatschiks oder als Technokraten. Damit reduziert sich letztlich die weibliche Mitgestaltung und Einflußnahme auf die Parteipolitik auf jene wenigen Frauen, die bereits im Apparat der SED tätig sind.

III. Kapitel: Frauen in den Bezirksorganisationen der SED

Im folgenden wird das Ausmaß der weiblichen Mitwirkung in den Parteiorgane auf Bezirksebene untersucht und nach den Kompetenzen und dem Entscheidungsspielraum in jenen Funktionen gefragt, die von Frauen ausgeübt werden. Dabei ist auch der Aspekt zu berücksichtigen, ob und wie sich die Änderung der Statutsbestimmungen über die Mindestvertretung von Frauen in allen Parteiorganen auf den Umfang der weiblichen Mitarbeit in den Führungsgremien der SED ausgewirkt hat. Die Untersuchung umfaßt sämtliche 14 Bezirke der DDR sowie Ost-Berlin.

Allen Tabellen dieses Kapitels liegen – sofern keine zusätzlichen Angaben gemacht sind – die Veröffentlichungen der SED-Bezirkspresse über die personalpolitischen Entscheidungen auf den Bezirksdelegiertenkonferenzen der Partei zugrunde, die mit Hilfe von zusätzlichen Gesamtübersichten auf ihre Genauigkeit überprüft wurden.[1] Die Prozentsätze wurden von der Verfasserin errechnet und basieren auf einer Auswertung der namentlichen Veröffentlichungen.

1. Die weiblichen Mitglieder und Kandidaten der Bezirksleitungen

Entsprechend den Bestimmungen des Parteistatuts der SED setzen sich die Bezirksleitungen aus Mitgliedern und Kandidaten zusammen, die mindestens drei Jahre Parteigenossen sind. Sie leiten die gesamte Tätigkeit der Parteiorganisation des Bezirkes und gewährleisten die unbedingte Durchführung der Beschlüsse und Direktiven der zentralen Parteileitung in ihrem Gebiet. Das Plenum der Bezirksleitung tagt mindestens einmal in drei Monaten (bis 1963: einmal in sechs Wochen). Für die Organisation und Durchführung der politischen Arbeit wählt es ein Sekretariat (bis 1963: Büro); die Wahl der Sekretäre erfolgt gemäß den Instruktionen des Zentralkomitees und bedarf seiner Bestätigung. Die Büros bzw. Sekretariate tagen mindestens einmal wöchentlich entsprechend den Instruktionen des Zentralkomitees und berichten den Bezirksleitungen regelmäßig auf den Plenartagungen über ihre Beschlüsse und Tätigkeit.[2]

Diese Bestimmungen verdeutlichen den konsultativen Charakter der Bezirksleitungen. Sie zeichnen zwar nominell für die gesamte Tätigkeit der Partei in ihrem Gebiet verantwortlich, aber die Entscheidungsbefugnisse und damit die eigentliche Machtausübung liegen bei den Büros bzw. Sekretariaten.

Die große Anzahl von Mitgliedern und Kandidaten charakterisiert bereits die Funktion der Bezirksleitungen als Konsultativorgane. 1950 setzten sich die sechs Landesvorstände der SED aus jeweils 70 bis 80 Mitgliedern zusammen. Seit Bildung der 15 Bezirksleitungen bestehen diese aus jeweils rund 65 Mitgliedern und zunächst 15 bis 20, nunmehr jedoch 17 Kandidaten. Nur die Berliner Organisation hat sich von etwa 85 auf ca. 100 Mitglieder und über 20 Kandidaten vergrößert. Während 1950 annähernd 450 Parteimitglieder in den Landesvorständen insgesamt mitarbeiteten, fungieren heute in den Bezirksleitungen rund 1.000 Mitglieder und ca. 250 Kandidaten.

Von dieser zahlenmäßigen Vergrößerung haben die Frauen keineswegs profitiert; das Gegenteil ist vielmehr der Fall. Zum Zeitpunkt des III. Parteitages der SED im Juli 1950 betrug der weibliche Anteil in den Landesvorständen im Durchschnitt 25,2 Prozent (Sachsen-Anhalt: 22,5 Prozent; Sachsen: 23,7 Prozent; Berlin: 25,0 Prozent; Thüringen: 25,3 Prozent; Brandenburg: 26,8 Prozent; Mecklenburg: 28,0 Prozent).[3] Dieser Prozentsatz entsprach wohl etwa den Vorstellungen der SED über die Beteiligung von Frauen „in angemessener Zahl", wie es das erste Statut vorsah.[4] Nach der territorialen Neugliederung der DDR 1952 in Bezirke und entsprechendem Organisationsschema der SED sank der weibliche Mitgliederanteil in den neuentstandenen Bezirksleitungen erheblich ab (siehe Tabelle 7). Ob es sich hierbei um eine Folge der organisatorischen Umstrukturierung der SED handelt oder ob das Absinken des Frauenanteils aus der 1950 vorgenommenen Streichung der im ersten Parteistatut garantierten weiblichen Mindestvertretung resultiert, kann nicht definitiv geklärt werden. Vermutlich haben beide Faktoren gleichermaßen diese Entwicklung beeinflußt.

Seit 1960 läßt sich ein mäßiges, aber kontinuierliches Ansteigen des weiblichen Mitgliederanteils in den SED-Bezirksleitungen feststellen. Der durchschnittliche Prozentsatz von 25,2 Prozent für das Jahr 1950 konnte zwar bis 1971 noch nicht wieder erreicht werden, aber es ist anzunehmen, daß der Frauenanteil in den nächsten Jahren noch geringfügig ansteigen und dann dem ehemaligen Stand entsprechen wird.

Auffallend sind die erheblichen Abweichungen des prozentualen Anteils weiblicher Mitglieder in den einzelnen Bezirksleitungen vom Durchschnittswert. Die größte Diskrepanz ergibt sich 1967 mit 15,4 Prozent zwischen Dresden (32,3 Prozent) und Rostock (16,9 Prozent), wobei es sich hier nicht um eine individuelle Erscheinung handelt. Eine hinreichende Begründung für die unterschiedlichen Frauenanteile läßt sich schwerlich finden; weder können sie mit der ökonomischen und soziologischen Struktur der Bezirke in Verbindung gebracht noch aus der sozialstrukturellen Zusammensetzung der Sekretariate der Bezirksleitungen erklärt werden, die sich nach Ludz auf Grund der Machtstellung von „strategischer Clique" und „institutionalisierter Gegenelite" in drei Kategorien einordnen lassen.[5]

Der durchschnittliche Prozentanteil weiblicher Kandidaten in den Bezirksleitungen ist nicht nur kontinuierlich, sondern jeweils auch beträchtlich gestiegen und liegt wesentlich über demjenigen weiblicher Mitglieder. Der Frauenanteil weist erhebliche Unterschiede auf, und zwar sowohl im Vergleich der einzelnen Bezirke (1969 betrug er für Erfurt 64,7 Prozent und für Leipzig und Suhl 23,5 Prozent) als auch innerhalb einer Bezirksleitung jeweils zu Beginn der neuen Wahlperiode (in Dresden betrug er 1960: 17,6 Prozent, 1962: 52,9 Prozent und 1964: 35,3 Prozent).

Die außergewöhnlich große Anzahl weiblicher Kandidaten — sie machen in vielen

Tabelle 7: Prozentualer Anteil der weiblichen Mitglieder und Kandidaten in den Bezirksleitungen der SED (1956–1971)[1]

Bezirk	Prozentualer Anteil weiblicher Mitglieder								Prozentualer Anteil weiblicher Kandidaten							
	März 1956	Juni 1958	Juni 1960	Juni 1962	Juni 1964	März 1967	Juni 1969	Mai 1971	März 1956	Juni 1958	Juni 1960	Juni 1962	Juni 1964	März 1967	Juni 1969	Mai 1971
Berlin			17,6	23,3	19,3	17,6	22,1	23,8			10,0	25,0	36,8	36,8	26,3	30,4
Cottbus		15,4	18,5	20,0	26,2	20,0	23,1	23,1		11,8	23,5	35,3	23,5	41,2	58,8	58,8
Dresden			20,3	23,1	29,2	32,3	26,2	29,2			17,6	52,9	35,3	29,4	58,8	58,8
Erfurt			16,9	21,2	20,0	23,1	20,0	20,0			23,5	52,9	58,8	47,1	64,7	64,7
Frankfurt/Oder		16,7	17,5			26,2	25,0	24,6		17,6	17,6			41,2	42,1	47,1
Gera				20,3	20,9	23,1	27,7	29,2				17,6	23,5	47,1	41,2	41,2
Halle			16,9	18,5	18,5	23,1	29,2	30,8			23,5	17,6	35,3	35,3	35,3	29,4
Karl-Marx-Stadt	18,1	16,9	16,4	20,0	20,0	21,5	23,1	23,1	26,6	23,5	27,8	23,5	29,4	41,2	41,2	47,1
Leipzig	10,8	20,0	23,1	21,5	20,3	24,6	29,2	24,6	26,3	26,3	26,3	21,1	35,3	29,4	23,5	29,4
Magdeburg						20,0	21,5	24,6						29,4	41,2	33,3
Neubrandenburg		13,8		21,5	24,6	24,6	26,2	26,2		40,0		23,5	29,4	41,2	47,1	52,9
Potsdam			25,0		26,2	29,2	27,7	29,2			47,1		47,1	23,5	41,2	47,1
Rostock		10,8	10,8	18,5	16,9	16,9	16,9	16,9		13,3	29,4	23,5	23,5	23,5	29,4	29,4
Schwerin				20,0	22,4	26,2	30,8	27,7				33,3	57,9	53,3	35,3	52,9
Suhl	20,0	16,7	16,4	13,8		21,5	24,6	21,5	18,8	15,0	30,0	47,1		23,5	23,5	23,5
durchschnittlicher Frauenanteil[2]	16,5	15,8	18,1	20,2	22,0	23,2	24,8	24,9	24,0	20,8	25,0	30,9	36,5	37,3	40,5	42,7

1 Zum Zeitpunkt der Neuwahl auf den Bezirksdelegiertenkonferenzen.
2 Bezogen auf die Anzahl der untersuchten Bezirksleitungen.

Fällen mehr als die Hälfte aus — erklärt sich vorrangig mit dem geringen Maß an „Leitungstätigkeit" in dieser Funktion. Während die Mitglieder volles Stimmrecht ausüben und somit an den Entscheidungen der Bezirksleitungen mitwirken, nehmen die Kandidaten lediglich beratend an den Sitzungen teil. Die These, nach der eine umfangreiche weibliche Beteiligung den engen Einfluß- und Machtbereich eines Gremiums kennzeichnet (und umgekehrt), läßt sich in Anwendung auf die Bezirksleitungen der SED verifizieren. Bereits auf Grund der statutarischen Bestimmungen, besonders aber in praxi, zeigt sich die Bezirksleitung als ein kompetenzarmes Gremium, und der beachtlich große Frauenanteil an der stimmberechtigten Mitgliedschaft, der im Durchschnitt mehr als 20 Prozent beträgt, deutet ebenfalls darauf hin, daß der Einflußbereich dieses Organs begrenzt ist. Demgegenüber sind die Frauen im eigentlichen Machtzentrum, dem Sekretariat, nur in äußerst geringer Anzahl vertreten, wie im folgenden noch ausführlich dargelegt wird. Die Wechselwirkung, die zwischen der Machtfülle parteipolitischer Funktionen und dem Ausmaß der weiblichen Beteiligung besteht, läßt sich graphisch in Form einer Pyramide darstellen (siehe Abbildung 1). Die Graphik verdeutlicht das Absinken des Frauenanteils in Funktionen mit zunehmender Machtstellung und sich vergrößerndem politischen Einfluß.

Abbildung 1: Ausmaß der weiblichen Beteiligung in Parteifunktionen mit unterschiedlichem politischen Einfluß

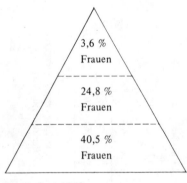

3,6 % Frauen	Sekretariate der Bezirksleitungen: Umfangreiche Entscheidungsbefugnisse.
24,8 % Frauen	Mitglieder der Bezirksleitungen: Stimmberechtigte Funktion.
40,5 % Frauen	Kandidaten der Bezirksleitungen: Beratende Funktion.

Stand: Juni 1969

Wie schwach die Position der Frauen als Kandidaten der Bezirksleitungen ist, verdeutlicht insbesondere die starke Fluktuation, die diesen Personenkreis kennzeichnet: im allgemeinen scheidet mehr als die Hälfte (ca. 60 Prozent) nach Ablauf der 2jährigen Amtszeit aus dieser Funktion wieder aus, nur etwa 10 bis 25 Prozent der Frauen werden als Kandidaten wiedergewählt. Die Kandidatur kann auch nicht als eine Stufe der Vorbereitung auf die Vollmitgliedschaft angesehen werden; nur knapp ein Drittel der weiblichen Kandidaten rückt bei der Neuwahl zu Mitgliedern der Leitungen auf. Dagegen zeigt sich die Position der weiblichen Mitglieder als gefestigter. Durchweg werden 50 bis 60 Prozent der Frauen in ihrer Funktion — nicht selten auch mehrfach — bestätigt. Seit 1967 hat sich zudem die Stellung der weiblichen Mitglieder in den Bezirksleitungen zunehmend stabilisiert, was sich in einem erheblichen Nachlassen der Fluktuation äußert.

Eine Begründung für den höheren Anteil weiblicher Kandidaten und die stärkere Fluktuation unter ihnen ergibt sich auch aus der sozialstrukturellen Zusammensetzung der den Bezirksleitungen angehörenden Frauen. Während die weiblichen Mitglieder überwiegend Leitungsfunktionen bzw. gehobene Stellungen in der Partei, in Massenorganisationen und in der Verwaltung, in Industrie und Landwirtschaft ausüben bzw. einnehmen, rekrutiert sich die Mehrheit der weiblichen Kandidaten aus untergeordneten Berufsschichten und Arbeiterkreisen. Soweit die Angaben zur Berufstätigkeit der Frauen vorliegen, läßt sich diese Entwicklung für die 60er Jahre mit zunehmender Tendenz feststellen.[6]

Die berufliche Qualifikation dürfte vermutlich bei der Wahl von Frauen als Mitglieder oder als Kandidaten der Bezirksleitungen eine wesentliche Rolle spielen und die Dauer ihrer Amtszeit beeinflussen. Es scheint demnach ein Zusammenhang zu bestehen zwischen dem allgemeinen Bildungsniveau der Frauen und ihrer Heranziehung in Funktionen mit beschließender oder beratender Stimme; die stärkere Fluktuation unter den weiblichen Kandidaten kann zugleich als Indiz für ihre unzureichende Eignung angesehen werden, über die parteipolitischen Maßnahmen umfassend mitzuberaten.

Da die Position der weiblichen Kandidaten von vornherein nur sehr schwach ist, gleicht diese Funktion eher einer Parteiauszeichnung als einer politischen Leitungstätigkeit; mit Hilfe eines häufigen personellen Wechsels wird diese Ehrung einer größeren Anzahl von Frauen — besonders aus Arbeiterkreisen — zuteil. Der Begriff *Kandidat*, der die Bewerbung um und die Anwartschaft auf ein Amt impliziert, ist also irreführend. Die Inhaberinnen dieser Position lassen sich eher als *Ehrenmitglieder* der Parteileitungen bezeichnen, womit ihre Funktion genauer charakterisiert wird.

2. Die weiblichen Mitglieder und Kandidaten der Büros bzw. Sekretariate der Bezirksleitungen

Als Exikutivorgane der Bezirksleitungen hatten und haben die Büros[7] bzw. Sekretariate für die prinzipielle Durchführung der Parteibeschlüsse in ihrem Gebiet zu sorgen. Ferner koordinieren sie die Parteiarbeit auf Bezirksebene, leiten die ihnen untergeordneten Kreisleitungen an und kontrollieren deren Tätigkeit.[8] Die Büros bzw. Sekretariate setzen sich aus den hauptamtlichen Sekretären der Bezirksleitungen und aus Funktionären der Partei- und staatlichen Institutionen, Massenorganisationen und der Wirtschaft zusammen. Seit 1967 gehören einem jeden Sekretariat sechs Sekretäre und weitere sieben Funktionäre an.[9]

a) Die weiblichen Parteisekretäre

Wie oben bereits kurz erwähnt, ist der weibliche Anteil in den Sekretariaten der Bezirksleitungen äußerst gering. Deshalb stellt sich die Situation 1949/50 mit 14,8 Prozent für den weiblichen Anteil noch als günstig dar, verglichen mit der Entwicklung in der Folgezeit, als der Prozentsatz bis zum Nullwert absank (siehe Tabelle 8). Die Begründung für eine umfangreichere Wahl von Frauen in die Sekretariate der Landesvorstände findet sich in den Bestimmungen des ersten Parteistatuts, das bis zum III. Parteitag 1950 Gültigkeit hatte. Danach bestand jedes Sekretariat in der Regel aus 10 bis 12 Mitgliedern, von denen mindestens drei Frauen sein mußten. Im Zuge der Reorganisation von 1949 wurde diese Fixierung bereits wesentlich gelockert, den Frauen aber weiterhin noch eine Vertreterin in Sekretariaten bis zu 9 Mitgliedern zugestanden. Allerdings waren die weiblichen Sekretäre der Landesvorstände durchweg nicht mit allgemeinpolitischen Aufgaben betraut, sondern zeichneten überwiegend für die Frauenarbeit verantwortlich. Eine selbständige Arbeitsweise, Eigenverantwortlichkeit und Entscheidungsbefugnisse in ihrem speziellen Tätigkeitsgebiet können ihnen jedoch nicht abgesprochen werden, zumal die SED in ihren Aufbaujahren der Frauenarbeit ein beachtliches Interesse und eine erhöhte Aufmerksamkeit widmete.

Mit dem zweiten Statut von 1950 fiel, wie wir sahen, der Passus über die weibliche Mindestvertretung fort. Wie nachteilig sich dies auf die Frauen auswirkte, geht aus der nun einsetzenden rückläufigen Entwicklung des prozentualen Anteils weiblicher Sekretäre hervor, der gegenüber dem Stand von 1949/50 bis 1956 um nahezu die Hälfte auf 7,8 Prozent sank und sich in der Folgezeit kontinuierlich weiter verringerte. Wenn in den ausgehenden 40er Jahren die Notwendigkeit einer garantierten Mindestvertretung seitens der Frauen wiederholt betont wurde, so nicht zuletzt auf Grund der berechtigten Sorge, daß sonst die Heranziehung weiblicher Mitglieder in leitende Funktionen völlig ungenügend erfolgen werde. Die vorliegenden Zahlen verdeutlichen, wie begründet diese Befürchtungen waren. Die seit 1950 eingetretene Entwicklung gibt deshalb zu bedenken, daß es zur Herstellung tatsächlich gleicher Chancen und Rechte der Frauen besonderer Schutz- und Förderungsbestimmungen bedarf, die über einen langen Zeitraum Gültigkeit besitzen. Während in der DDR die Gleichberechtigung im gesellschaftlichen Bereich dank verbindlicher Gesetze juristisch abgesichert ist und weitgehend verwirklicht werden konnte, fehlen im politischen Bereich derartige langfristige Verbindlichkeiten, die die Durchsetzung der Gleichberechtigung erzwingen.

Bewirkte die Reorganisation von 1949/50 bereits einen erheblichen Rückgang des weiblichen Anteils in den Sekretariaten, so besorgte die Umstrukturierung von 1963 das völlige Verschwinden der Frauen aus den Führungsorganen der Bezirksleitungen. Mittels einer radikalen Verkleinerung der Büros und ihrer Umwandlung in Sekretariate sollte der bürokratische und administrative Führungsstil überwunden und die Leitungstätigkeit effektiver gestaltet werden[10]; im Zuge dieser Veränderung mußten ausnahmslos alle weiblichen Sekretäre und Funktionäre weichen. Die verbliebenen Sekretäre fungierten nunmehr zugleich als Leiter der neugeschaffenen Büros für Industrie und Bauwesen und für Landwirtschaft sowie der Ideologischen Kommissionen, die den Sekretariaten der Bezirksleitungen zugeordnet waren.

Tabelle 8: Anteil der weiblichen Mitglieder und Kandidaten in den Büros bzw. Sekretariaten der Bezirksleitungen der SED (1949–1971)

Jahr	Mitglieder insgesamt			Sekretäre			1. Sekretär		weitere Sekretäre			weitere Funktionäre			Kandidaten der Büros		
	Insgesamt	davon Frauen	Frauen in %	Insgesamt	davon Frauen	Frauen in %	Insgesamt	davon Frauen	Insgesamt	davon Frauen	Frauen in %	Insgesamt	davon Frauen	Frauen in %	Insgesamt	davon Frauen	Frauen in %
1949/50[1]				54	8	14,8	6	–	48	8	16,7						
März 1956	164	9	5,5	90	7	7,8	15	–	75	7	9,3	74	2	2,7	59	3	5,1
Juni 1958[2]	179	8	4,5	92	6	6,5	15	–	77	6	7,7	87	2	2,3	53[3]	3	5,7
Juni 1960	187	8	4,3	98	6	6,1	15	–	83	6	7,2	89	2	2,2	67[4]	12	17,9
Juni 1962	203	9	4,4	95	4	4,2	15	–	80	4	5,0	108	5	4,6	76	14	18,4
Februar 1963				75	–	–	15	–	60	–	–						
Juni 1964				75	–	–	15	–	60	–	–						
Februar 1967				90	3	3,3	15	–	75	3	4,0						
März 1967	194	4	2,6	90	3	3,3	15	–	75	3	4,0	104	1	1,0			
Juni 1969	195	7	3,6	90	4	4,4	15	–	75	4	5,3	105	3	2,9			
Mai 1971	195	9	4,6	90	4	4,4	15	–	75	4	5,3	105	5	4,8			

1 Sekretariate der Landesvorstände der SED; insgesamt fünf Länder (Brandenburg, Mecklenburg, Sachsen, Sachsen-Anhalt, Thüringen) sowie Berlin. Vgl. Bericht an den III. Parteitag (Anm. II/36), S. 189 f.
2 Auf Grund unzureichender Veröffentlichungen der personellen Zusammensetzung des Büros der SED-Bezirksleitung Potsdam im Juni 1958 wurde von der Verfasserin – nach Vergleich mit den übrigen Büros und Berechnung der durchschnittlichen personellen Größe – hierfür eine Gesamtmitgliederzahl von 12 eingsetzt, die als zutreffend angenommen werden kann.
3 Insgesamt 14 Bezirke, außer Potsdam.
4 Insgesamt 14 Bezirke, außer Schwerin.

Wenn auch nur einige Bezirksleitungen die Mitglieder der Büros und Kommissionen (jeweils etwa 7 bis 15 Mitglieder) namentlich veröffentlichten, so läßt sich doch daraus ersehen, daß in allen Organen zumindest eine Frau mitgearbeitet hat. Dies erscheint jedoch eher als ein Ausdruck des Proporz-Denkens denn als Zugeständnis an die politischen Ambitionen der weiblichen Parteimitglieder. Denn es bedarf einer äußerst gefestigten und anerkannten Stellung, wenn eine einzelne Frau in einem Gremium von rund 15 Mitgliedern nicht nur ihre Meinung vorbringen, sondern Entscheidungen in ihrem Sinne beeinflussen will.

Während im Zuge der Verkleinerung 1963 alle weiblichen Sekretäre ihrer Funktion entbunden wurden, arbeiten seit einer erneuten Umstrukturierung des Parteiapparates auf Bezirksebene 1966 wieder einige Frauen in den Sekretariaten mit; sie stellen seit 1969 vier von 90 Sekretären, was einem Anteil von 4,4 Prozent entspricht.

Wie die Untersuchung zeigt, bringen Veränderungen in der Organisationsstruktur der SED insbesondere für die weiblichen Büro- bzw. Sekretariatsmitglieder Konsequenzen mit sich. Auf Grund der bisherigen Entwicklung läßt sich verallgemeinernd sagen:

1. Verkleinerungen in der personellen Zusammensetzung von Leitungsgremien unter gleichzeitiger Ausweitung des Verantwortungsbereiches der einzelnen Funktionäre bewirken eine weitgehende oder totale Entfernung der weiblichen Mitglieder aus ihren Funktionen. Davon sind gleichermaßen die neu eingesetzten Kräfte als auch langjährige, erprobte und bewährte Funktionärinnen betroffen. Dieses Phänomen kann damit begründet werden, daß die Positionen von Frauen in der Parteiexekutive keineswegs gefestigt sind und sie nicht über eine parteiinterne Anhängerschaft („Hausmacht") verfügen, die ihnen ihre Machtstellung sichert. Gleichzeitig wird in der SED-Führung die Tendenz sichtbar, Funktionen mit erweiterten Kompetenzen ausschließlich mit Männern zu besetzen. Begründete oder haltlose Zweifel an der ideologischen Zuverlässigkeit und fachlichen Versiertheit der Funktionärinnen mögen für diese Tendenz verantwortlich sein. Jedenfalls zeigt sich wiederum das Zurücktreten eines geschlechtsproportionalen Repräsentativdenkens gegenüber einer Denkweise, die von funktionalen Gesichtspunkten und internen personalpolitischen Überlegungen bestimmt wird.
2. Personelle Vergrößerungen der Leitungsgremien ermöglichen die Mitarbeit von Frauen. Zwar dürfte damit nicht gleichzeitig eine generelle Eingrenzung der Aufgaben- und Einflußbereiche der einzelnen Mitglieder verbunden sein; jedoch läßt sich nicht ausschließen, daß in einem größeren Kollektiv hauptamtlicher Funktionäre zahlreichere Möglichkeiten bestehen, die selbständige Verantwortlichkeit der weiblichen Mitglieder und ihren Entscheidungsspielraum in Grenzen zu halten. Vermutlich wird sich bei der personellen Besetzung eines größeren Gremiums auch bereits ein Proporz-Denken breitmachen, wodurch qualifizierte Frauen dann eher eine Berücksichtigung finden.

Die von Frauen ausgeübten Funktionen in den Sekretariaten der SED-Bezirksleitungen umfassen nicht generell alle bestehenden Positionen, sondern beschränken sich auf einige spezielle Ressorts. Bis heute hat noch keine Frau die Funktion eines 1. Sekretärs der Bezirksleitung (bzw. des Landesvorstandes) innegehabt. Auch der Posten eines Sekretärs für Wirtschaft wurde bislang — soweit bekannt — nicht mit einem weiblichen

Mitglied besetzt. Somit sind stets solche Funktionen in den Händen der Männer geblieben, denen in einer zentralistisch ausgerichteten Parteiorganisation und einer von Plandirektiven bestimmten Wirtschaftsführung vorrangige Bedeutung zukommt.

Wie in Tabelle 9 verdeutlicht, arbeitete und arbeitet die Mehrheit der weiblichen Sekretäre in den Bereichen Agitation/Propaganda und Erziehung/Kultur. Sie wirken damit in pädagogisch determinierten Ressorts, die traditionell den Frauen am ehesten zugestanden werden und für die sie bislang noch in größerem Umfang die fachliche Qualifikation mitbringen. Dagegen wurde die Funktion eines 2. Sekretärs und eines Sekretärs für Landwirtschaft nur in geringem Maße von Frauen ausgeübt.

Soweit feststellbar, sind im regionalen Parteiapparat weibliche Sekretäre mit kaufmännischer Berufsausbildung besonders zahlreich vertreten. Vermutlich dürfte eine derartige berufliche Vorbildung der Frauen für eine langfristige Funktionärtätigkeit als Apparatschik prädestinieren, wobei auch ein Ressortwechsel (z. B. Gerda Holzmacher) durchaus im Bereich des Möglichen liegt. In geringerer Anzahl sind Frauen entsprechend ihrer fachlichen Bildung als Ressortsekretäre eingesetzt.

Nicht von ungefähr haben die weiblichen Sekretäre — insbesondere die Apparatschiks — eine langjährige parteipolitische Vergangenheit hauptsächlich in der KPD hinter sich; ihr Eintritt in die SED erfolgte 1946 im Zuge der Vereinigung von KPD und SPD oder in den ersten Jahren nach Gründung der SED. Die Kommunistinnen Lena Fischer, Liesel Jende und Margarete Langner sowie die Sozialdemokratin Edith Baumann waren bereits vor 1933 politisch organisiert. Ihre rasche Verwendung nach 1946 im Apparat der SED entspricht dem allgemeinen Trend in dieser Zeit, auf bewährte Altkommunisten und insbesondere auf erprobte KP-Funktionäre aus der Weimarer Republik zurückzugreifen.

Nur wenige Frauen haben über einen längeren Zeitraum hinweg Funktionen in den Sekretariaten ausgeübt und sind in ihrem jeweiligen Amt mehrfach wiedergewählt worden. Etwa ein Jahrzehnt lang konnten sie ihre Stellung in den Sekretariaten behaupten, was sich mit ihrer Zugehörigkeit zur „strategischen Clique" begründet[11] und auf ihre Fähigkeit schließen läßt, sich eine starke, einflußreiche Machtposition innerhalb ihrer jeweiligen Bezirksparteiorganisation aufgebaut und gesichert zu haben. Ihre damaligen Möglichkeiten der Mitbestimmung in der regionalen Parteipolitik dürfen deshalb nicht unterschätzt werden. Die Ablösung dieser langjährig amtierenden weiblichen Sekretäre erfolgte z. T. 1961 im Zuge umfassender personeller Veränderungen in nahezu allen SED-Bezirksleitungen, denen interne Auseinandersetzungen mit der zentralen Parteiführung vorausgegangen waren[12], bzw. im Zusammenhang mit der Reorganisation der SED von 1963.

Die Funktionärinnen haben allerdings nach ihrer Ablösung durchweg wieder Verwendung im Parteiapparat gefunden und sind — entsprechend den obigen Ausführungen erscheint es nur als folgerichtig — erneut in erzieherischen und agitatorischen Bereichen der Parteiarbeit sowie in der internen Parteijustiz tätig.[13]

Demnach dürften sie für derartige Aufgabenstellungen sowohl über die notwendige Eignung verfügen, als auch ein gezieltes Interesse mitbringen.[14] Inwieweit das Interesse und die Eignung der Funktionärinnen seitens ihrer männlichen Kollegen bewußt in diese speziellen Bahnen gelenkt werden, entzieht sich jeglicher Nachprüfung. Jedoch liegt in dieser einseitigen Ausrichtung der Frauen die Gefahr des Abdrängens

Tabelle 9: Funktion und Amtszeit der weiblichen Sekretäre der Bezirksleitungen der SED

Funktion im Büro bzw. Sekretariat der Bezirksleitung	Name	Dauer der Tätigkeit bzw. Zeitpunkt der Mitgliedschaft im Büro bzw. Sekretariat[1]	Bezirk
2. Sekretär	Bäuml, Luise	1952–1954	Leipzig
	Feist-Altenkirch, Margot[2]	1949	Land Brandenburg
	Langner, Margarete	1952–August 1961	Potsdam
	Meschter, Gerda	1952–Dezember 1961	Chemnitz/Karl-Marx-Stadt
Sekretär für Landwirtschaft	Baumann, Edith	August 1953–1955	Berlin
	Vielhauer, Irmgard	1955–Februar 1963	Neubrandenburg
Sekretär für Agitation und Propaganda	Bäuml, Luise	1954–1956	Leipzig
	Blankenhagen, Marianne	1956–1960	Frankfurt/Oder
	Brandt, Edith	1952–1954	Magdeburg
	Günther, Loni	seit 1966	Suhl
	Holzmacher, Gerda	1958–1961	Gera
	Lübeck, Else	1952–1954	Leipzig
	Zellmer, Christa	seit 1966	Frankfurt/Oder
Sekretär für Kultur und Erziehung (bzw. für Wissenschaft, Volksbildung und Kultur)	Brandt, Edith	seit 1966	Halle
	Holzmacher, Gerda	1956–1958	Rostock
	Jende, Liesel	1952–Februar 1963	Suhl
	Kuhnt, Helga	seit 1969	Rostock
	Mewes, Renate	1962–Februar 1963	Rostock
	Müller, Dora	ca. 1954–1957	Dresden
Sekretär (keine genaue Funktionsangabe)	Bergmann, Herta	1952–März 1954	Chemnitz/Karl-Marx-Stadt
	Erler, Eva	1960–Februar 1963	Berlin
	Fischer, Lena	1950	Berlin
	Plesse, Marianne	1952	Schwerin

1 Vgl. hierzu auch SBZ-Biographie. Ein biographisches Nachschlagebuch über die Sowjetische Besatzungszone Deutschlands. Hrsg. vom Bundesministerium für gesamtdeutsche Fragen. 1. Auflage. Bonn, Berlin 1961. 3. Auflage 1964. Bonn, Berlin 1965.
2 Funktion vorübergehend kommissarisch ausgeübt; vgl. Protokoll des III. Parteitages der SED (Anm. Tab. 1/5), Bd. II, S. 188.

in Bereiche mit begrenzter politischer Einflußnahme, während die entscheidenden Parteifunktionen des 1. Sekretärs sowie des Sekretärs für Wirtschaft weiterhin ein Reservat der Männer bleiben.[15]

Vorläufig ist nicht mit einem Vordringen von Frauen in diese wichtigen Positionen zu rechnen, und es erscheint überhaupt als fraglich, ob jemals eine Frau das Amt des 1. Sekretärs einer SED-Bezirksleitung ausüben wird. Selbst in den Funktionsbereichen des 2. Sekretärs und des Sekretärs für Landwirtschaft sind seit 1963 ausschließlich Männer eingesetzt worden. Von den seit 1966 bzw. 1969 amtierenden vier weiblichen Sekretären leiten jeweils zwei Frauen die Arbeitsgebiete Agitation/Propaganda und Wissenschaft/Volksbildung/Kultur, die inzwischen als *traditionell weibliche Tätigkeitsbereiche* innerhalb der Parteiarbeit bezeichnet werden können. Die Position dieser Frauen scheint aber gefestigt zu sein, denn sie wurden bereits mehrfach in ihrer Funktion wiedergewählt.

b) Weibliche Führungskräfte aus verschiedenen Funktionsbereichen als Mitglieder der Büros bzw. Sekretariate

Bis 1963 gehörten jedem Büro einer Bezirksleitung neben den hauptamtlichen Sekretären 5 bis 8 weitere Mitglieder an; seit 1966 zählen 7 weitere Funktionäre zu den Sekretariatsmitgliedern. Unter diesen Funktionären ist die Anzahl von Frauen – wie Tabelle 8 ebenfalls zeigt – stets verschwindend gering geblieben. Der Grund hierfür liegt in der fast ausschließlich männlichen Besetzung aller maßgeblichen Positionen im Parteiapparat, in der staatlichen Verwaltung, den Massenorganisationen und wichtigen Industriebetrieben auf Bezirksebene; denn die Inhaber dieser Positionen gehören den Büros zumeist kraft ihres Amtes an.

Bis 1961 befanden sich in allen 15 Büros stets nur zwei Frauen, die auf Grund ihrer hauptamtlichen Leitungstätigkeit als Mitglieder dieser Exekutivorgane fungierten: Erna Warnke, die von 1952 bis 1971 ununterbrochen den Vorsitz in der BPKK Potsdam führte, und Lydia Poser, von 1952 bis 1959 Vorsitzende des Rates des Bezirkes Gera, bzw. Renate Mewes, Direktor des Pädagogischen Instituts Greifswald und von 1960 bis 1962 Mitglied des Büros der SED-Bezirksleitung Rostock, in dem sie schließlich 1962 die Funktion des Sekretärs für Kultur und Erziehung übernahm (s. Tabelle 10).

Die Stellung von Lydia Poser und Erna Warnke innerhalb der Büros dürfte einflußreich gewesen sein, da sie ihre Funktionen über einen langen Zeitraum innehatten. Das spricht dafür, daß sie sich stabile Machtpositionen innerhalb dieser Gremien schaffen und die Maßgeblichkeit ihres jeweiligen Amtes bei Entscheidungen mit ins Spiel bringen konnten.

1961/62 erhöhte sich die Gesamtzahl der weiteren weiblichen Büromitglieder auf fünf, verbunden mit einer allgemeinen personellen Vergrößerung dieser Organe. Aber noch bevor sich die neugewählten weiblichen Mitglieder in den Büros etablieren konnten – sie bekleideten im übrigen keineswegs die auf Bezirksebene bestehenden wesentlichen Funktionen –, erfolgte die generelle Auflösung dieser Organe.

Im Frühjahr 1967 wurden die Sekretariate wieder auf jeweils 12 bis 13 Mitglieder vergrößert; nunmehr gehören ihnen je 6 bis 7 weitere Funktionäre von Amts wegen

Tabelle 10: Funktion und Amtszeit der übrigen weiblichen Mitglieder der Büros bzw. Sekretariate der Bezirksleitungen der SED

Funktion	Name	Dauer der Mitgliedschaft im Büro bzw. Sekretariat[1]	Bezirk
Vorsitzende der Bezirksparteikontrollkommission	Holzmacher, Gerda Warnke, Erna	Oktober 1961–Februar 1963 1952–Februar 1963	Gera Potsdam
Vorsitzende des Rates des Bezirkes	Poser, Lydia	1952–1959	Gera
Ingenieur in der Volkswerft Rostock	Lüdtke, Edelgard	Juni 1962–Februar 1963	Rostock
Direktor des Pädagogischen Instituts Greifswald	Mewes, Renate	1960–1962	Rostock
Vorsitzende der LPG „Pionier" in Kotelow	Müller, Margarete Roisch, Ursula	Juni 1962–Februar 1963 Juni 1962–Februar 1963	Neubrandenburg Dresden
Vorsitzende des Rates des Bezirkes	Uschkamp, Irma	seit Mai 1971	Cottbus
Vorsitzende des Wirtschaftsrates des Bezirkes	Sela, Christa	seit 1971	Leipzig
Vorsitzende der Bezirksplankommission	Thiele, Ilse[2] Uschkamp, Irma	seit 1969 1967–1971	Dresden Cottbus
1. Sekretär der Bezirksleitung der FDJ	Hinz, Heide Labs, Helga	seit 1970 seit 1969	Schwerin Karl-Marx-Stadt

1 Vgl. hierzu auch SBZ-Biographie, 1. und 3. Auflage (Anm. Tab. 9/1).
2 Nicht identisch mit der gleichnamigen DFD-Vorsitzenden!

an. Gegenüber der Situation vor 1963 haben sich allerdings keine besonderen Veränderungen hinsichtlich der weiblichen Beteiligung ergeben: 1969/70 befanden sich unter den 105 Funktionären nur drei Frauen; 1971 hat sich ihre Anzahl auf fünf erhöht.

Außer Irma Uschkamp, die von 1967 bis 1971 in Cottbus als Vorsitzende der Bezirksplankommission fungierte[16], bekleidet seit 1969 auch in Dresden eine Frau — Ilse Thiele[17] — dieses Amt. Damit ist den Frauen auf Bezirksebene ein erster zaghafter Einbruch in Funktionen der Wirtschaftsplanung gelungen. Mit Margarete Wittkowski hatten sie allerdings bereits in den 50er Jahren eine Exponentin in der zentralen Staatlichen Plankommission. Die Ausübung dieses Amtes durch Frauen erscheint jedoch eher als eine Ausnahme von der allgemeingültigen Regel, daß nämlich die leitenden Funktionen im Bezirk in den Händen von Männern ruhen, denn als Indiz für ein allmähliches Vordringen weiblicher Führungskräfte in verantwortliche Positionen der regionalen staatlichen und wirtschaftlichen Verwaltung und damit verbunden in die Bezirksparteiorganisationen. Selbst die Tatsache, daß seit 1971 im Bezirk Leipzig — soweit bekannt zum ersten Mal — eine Frau, Christa Sela, die Funktion des Vorsitzenden des Wirtschaftsrates des Bezirkes innehat und somit zugleich dem Sekretariat der SED-Bezirksleitung angehört, kann noch nicht als ein solches Anzeichen für eine in Zukunft zahlreichere weibliche Beteiligung gedeutet werden.

Der Einfluß dieser Funktionärinnen auf Entscheidungen der Sekretariate wird sich aus den Kompetenzen ihres Amtes ableiten und nicht unerheblich sein. Besonders in Diskussionen und Abstimmungen über wirtschaftspolitische Maßnahmen in den Bezirken dürfte ihnen ein umfangreiches Mitspracherecht zukommen.

Über eine Führungsfunktion in der Massenorganisation der Jugend gelangte 1969 erstmalig eine Frau in das Sekretariat: Helga Labs, 1. Sekretär der Bezirksleitung Karl-Marx-Stadt der FDJ. Seit Ende 1970 ruht auch in Schwerin die Leitung der Bezirksorganisation der FDJ in weiblichen Händen; Heide Hinz, die bereits seit 1964 die Funktion des 2. Sekretärs der FDJ-Bezirksleitung Schwerin innehatte, übernahm nach Absolvierung eines einjährigen Studiums an der Parteihochschule der KPdSU in Moskau 1970 das Amt des 1. Sekretärs[18] und stieg in das Sekretariat der SED-Bezirksleitung Schwerin auf.

Als Repräsentantinnen der Jugendorganisation verfügen Helga Labs und Heide Hinz jedoch weder über eine stabile noch über eine einflußreiche machtpolitische Stellung in den Sekretariaten der Bezirksleitungen. Ihre Funktion hat eher informativen Charakter; indem sie an den Sitzungen der Sekretariatsmitglieder teilnehmen, gewinnen sie genauere Kenntnis von den Maßnahmen und Beschlüssen der Parteileitungen. Ihre Aufgabe besteht anschließend darin, für eine umfassende Transmission der Parteidirektiven in die FDJ zu sorgen.

Nach wie vor befinden sich also die maßgeblichen Funktionen auf Bezirksebene in den Händen der Männer, und zwar so vollständig, daß für die zukünftige Entwicklung nicht mit wesentlichen Veränderungen zu rechnen ist. Eine Verstärkung des weiblichen Einflusses in den Sekretariaten kann deshalb aus dieser Kategorie von Funktionären vorläufig nicht erwartet werden. Hier zeigt sich mit aller Deutlichkeit, daß gerade die Verquickung von Ämtern in der staatlichen und wirtschaftlichen Verwaltung und in der Partei den Aufstieg von Frauen in diese Verantwortlichkeit versperrt. Denn die aus einer Führungsfunktion abgeleitete Mitgliedschaft im Sekretariat einer SED-Bezirksleitung läßt ihr eine solche Wichtigkeit zukommen, daß die Männer geradezu bestrebt sein müssen, derartige Positionen aus ihren eigenen Reihen zu besetzen, wenn sie nicht den Frauen eine gleichzeitige Einflußnahme auf die Staats-, Wirtschafts- und Parteipolitik ermöglichen wollen.

c) Die weiblichen Kandidaten der Büros

Der Anteil weiblicher Kandidaten in den Büros der SED-Bezirksleitungen erhöhte sich mit jeder Wahlperiode – wobei für 1960 ein sprunghafter Anstieg festzustellen ist – und erreichte 1962 mit 18,4 Prozent seinen höchsten Stand (siehe Tabelle 8). Seit 1960 lag er damit erheblich über dem Anteil weiblicher Mitglieder in den Büros.

Wiederum bestätigen sich vorstehende Feststellungen über die höhere prozentuale Vertretung der Frauen in der Funktion von Kandidaten, die starke Fluktuation unter ihnen und die geringen Chancen, zu stimmberechtigten Mitgliedern und damit in der Parteihierarchie aufzurücken. Der lediglich beratende Charakter dieser Funktion mindert deren Bedeutung so stark, daß eine umfangreichere Beteiligung von Frauen in kompetenzlosen Positionen oder in solchen mit eng begrenzten Einflußmöglichkeiten als tragbar erscheint. Wie sehr das Ausmaß der Entscheidungsbefugnisse von Funktionsträgern die Mitarbeit der Frauen in den Parteigremien bestimmt, geht aus der Abbildung 2 hervor, die diese Zusammenhänge für die Bezirksleitungen insgesamt darstellt. Hierin zeigt sich noch einmal mit aller Deutlichkeit die Ablesbarkeit der Machthierarchie in der SED aus dem jeweiligen Frauenanteil.

3. Die weiblichen Mitglieder und Kandidaten der Bezirksparteikontrollkommissionen

Im September 1948 erfolgte die Gründung von Parteikontrollkommissionen; ihnen obliegt die innerparteiliche Gerichtsbarkeit. Im Kampf um die Erhaltung von Einheit und Reinheit der Partei sowie gegen jede fraktionelle Tätigkeit und feindliche Einflüsse ziehen sie diejenigen Parteimitglieder zur Verantwortung, die sich der Verletzung von Parteibeschlüssen schuldig gemacht und gegen die Parteidisziplin verstoßen haben. Die besondere Machtstellung der Kontrollkommissionen leitet sich aus dem Recht ab, Parteistrafen gegenüber Mitgliedern und Funktionären zu verhängen, die von der Verwarnung und Rüge über die Rückversetzung in den Kandidatenstand bis zum Ausschluß aus der SED reichen.[19]

Die Arbeit der Parteikontrollkommissionen ist „mit einem besonders dichten Geheimnisschleier umgeben", wie Förtsch konstatiert.[20] Die spärlichen Publikationen in der SED-Bezirkspresse über die personelle Zusammensetzung dieser Kommissionen können bereits als Bestätigung vorstehender Äußerung angesehen werden. So gaben im Juni 1969 wie auch im Mai 1971 nur 10 von 15 Bezirksleitungen die Mitglieder und Kandidaten ihrer Kontrollkommissionen bekannt. Danach setzen sich die Kom-

Abbildung 2: Prozentualer Frauenanteil in Funktionen der SED-Bezirksleitungen mit unterschiedlicher Machtstellung

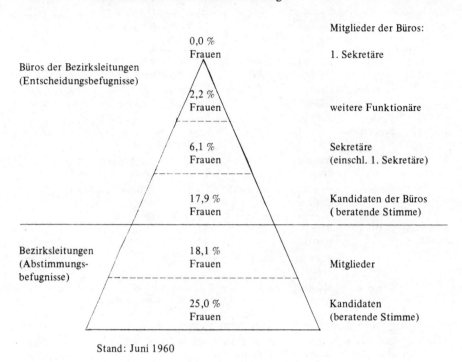

Stand: Juni 1960

missionen im allgemeinen aus 5 Mitgliedern und 2 Kandidaten zusammen; darunter befindet sich nicht selten eine Frau, in wenigen Fällen sogar zwei Frauen. Es gibt aber auch Bezirke, in denen keine weiblichen Mitglieder und Kandidaten mitarbeiten.

Entsprechend obigen Ausführungen findet die exponierte Stellung der Kontrollkommissionen ihren Ausdruck in dem niedrigen durchschnittlichen Anteil weiblicher Mitglieder, der — bezogen auf die Veröffentlichungen von 8 Bezirken (1964 und 1967) bzw. 10 Bezirken (1969 und 1971) — um 15 Prozent schwankt (Anteil weiblicher Kandidaten: 20 bis 25 Prozent). Die Frauen, die diese Kommissionen seit 1965 in 4 von 15 Bezirken leiten (1969 bis 1971 fungierten sogar fünf weibliche Vorsitzende; siehe Tabelle 11), gehören zur Parteielite. Erna Warnke hat ihr Amt am längsten ausgeübt; als Kandidat der Zentralen Parteikontrollkommission (1958 bis 1971) stand sie zugleich in direktem Kontakt zur obersten Instanz der Parteijustiz. Ihre Ablösung als Vorsitzende der BPKK Potsdam im Mai 1971, als deren Folge sie auch aus der ZPKK ausschied, dürfte vermutlich keine politischen Motive haben, sondern aus Altersgründen erfolgt sein; die 62jährige (Mai 1971) gehört diesem Gremium auch weiterhin als Mitglied an. Irmgard Vielhauer, seit Februar 1963 Vorsitzende der BPKK Neubrandenburg, avancierte auf dem VIII. Parteitag der SED im Juni 1971 zum Kandidat der ZPKK und hat damit den Platz von Erna Warnke im höchsten Organ der Partei-

Tabelle 11: Die weiblichen Vorsitzenden der Bezirksparteikontrollkommissionen und der Bezirksrevisionskommissionen der SED

Funktion	Bezirk	Name	Dauer der Tätigkeit[1]	Vorherige Tätigkeit
Vorsitzende der BPKK	Gera	Holzmacher, Gerda	seit Oktober 1961	1958–1961 Sekretär für Agitation und Propaganda der SED-Bezirksleitung Gera
	Leipzig	Gehre, Edith	seit 1969	1963–1969 1. Stellvertreter des Vorsitzenden des Rates des Bezirkes Leipzig
	Neubrandenburg	Vielhauer, Irmgard	seit Februar 1963	1955–Februar 1963 Sekretär für Landwirtschaft der SED-Bezirksleitung Neubrandenburg
	Potsdam	Warnke, Erna	1952–1971	1950–1952 Kaderinstrukteurin der SED-Landesleitung Brandenburg
	Schwerin	Naujoks, Eva	seit 1965	bis 1965 Mitglied der BPKK
Vorsitzende der BRK	Cottbus	Reimann, Martel	ca. 1958–1960	
	Halle	Warthold, Minna	ca. 1958–1969	
	Rostock	Stangneth, Ruth	seit Mai 1971	Juni 1969–Mai 1971 Vorsitzende der Frauenkommission bei der SED-Bezirksleitung Rostock

1 Zur Amtsdauer der weiblichen Vorsitzenden der Bezirksparteikontrollkommissionen vgl. Der SED-Apparat in den Bezirken der DDR (Anm. III/1), S. 877 ff.

justiz eingenommen. Vor der Übernahme ihrer leitenden Tätigkeit in der Kontrollkommission konnte sie als Sekretär der SED-Bezirksleitung bereits langjährige Arbeitserfahrungen im regionalen Parteiapparat sammeln; so auch Gerda Holzmacher, die außerdem seit 1950 ununterbrochen dem Zentralkomitee als Mitglied angehört und damit ebenfalls über Verbindungen zur zentralen Parteileitung verfügt.

Auf Grund der spezifischen Aufgabenstellung der Bezirksparteikontrollkommissionen läßt sich vermuten, daß ihre weiblichen Mitglieder und besonders die Vorsitzenden eine erhebliche Machtposition innerhalb der Parteiorganisation einnehmen und sich ihnen zahlreiche Möglichkeiten der Einflußnahme bieten. Wenn sie auch ihren Einfluß in aller Stille ausüben, so ist er doch nicht zu unterschätzen.[21] Als hauptamtliche und zum Teil langjährig tätige Funktionärinnen sind sie in den Parteiapparat integriert; das Recht der Einsichtnahme in alle internen Vorgänge[22] sichert ihnen zugleich ein höchstes Maß an Informiertheit über die Maßnahmen der Parteileitungen; mit Hilfe von Parteiverfahren üben sie die Gerichtsbarkeit gegenüber den anderen Mitgliedern aus. Auch ragt diese Funktion insofern hervor, als die Amtsträger der Bestätigung durch das Zentralkomitee bedürfen. Die als Vorsitzende tätigen Frauen genießen also nicht nur das Vertrauen der Bezirksleitungen, die sie gewählt haben, sondern vor allem das Vertrauen der Parteizentrale. Hieraus läßt sich die Schlußfolgerung ziehen, daß Funktionärinnen, die auf Grund ihrer Tätigkeit im Partei- und Staatsapparat bereits wertvolle Erfahrungen sammeln und ihre ideologische Festigkeit unter Beweis stellen konnten, in den Augen der SED-Führung für das Gebiet der internen Parteijustiz als zuverlässig und geeignet erscheinen.[23]

4. Die weiblichen Mitglieder und Kandidaten der Bezirksrevisionskommissionen

Revisionskommissionen bestehen beim Zentralkomitee, bei den Bezirks-, Stadt- und Kreisleitungen. Sie überprüfen regelmäßig das Finanzgebaren der jeweiligen Parteiorganisation, d. h. die laufenden Einnahmen durch die Mitgliedsbeiträge usw. sowie die sachgemäße Verausgabung der finanziellen Mittel.[24] Den Bezirksrevisionskommissionen gehören im allgemeinen jeweils 15 Mitglieder und 2 Kandidaten an; der weibliche Mitgliederanteil beträgt rund 23 bis 25 Prozent, der Anteil weiblicher Kandidaten schwankt um 30 bis 40 Prozent (Durchschnittswerte von insgesamt 13 Bezirken).

Um eine sachgemäße Arbeit der Revisionskommissionen zu gewährleisten, kommen für die Mitgliedschaft besonders solche Personen in Frage, die über Fachkenntnisse auf dem Gebiet der Finanz- und Geschäftsordnung verfügen. Frauen mit wirtschaftswissenschaftlicher und kaufmännischer Ausbildung und Berufspraxis werden deshalb bevorzugt in diese Kommissionen gewählt.[25]

Trotz des beachtlich hohen weiblichen Anteils in den Revisionskommissionen wird die Funktion des Vorsitzenden fast ausschließlich von Männern ausgeübt. Seit 1958 konnten in diesem Amt nur drei Frauen festgestellt werden (siehe Tabelle 11); zur Zeit ist Ruth Stangneth die einzige Frau, die diesem Gremium in einem der 15 Bezirke vorsteht.

5. Die Frauenkommissionen bei den Bezirksleitungen

Innerhalb des Parteiapparates auf Bezirksebene nehmen die Funktionärinnen in einem Bereich seit eh und je eine *unangefochtene* Stellung ein: nämlich als Vorsitzende der Frauenkommissionen bei den Bezirksleitungen. Diese Kommissionen gingen aus den Frauenabteilungen der Landesvorstände bzw. – seit 1952 – der Bezirksleitungen der SED hervor.

Ein Beschluß des Sekretariats des Zentralkomitees vom 29. November 1957 bestimmte die Bildung von Kommissionen für die verschiedensten Arbeitsgebiete bei allen Bezirks- und Kreisleitungen. Neben den Kommissionen z. B. für Industrie, für Landwirtschaft, für Volksbildung, für Agitation und Propaganda, für Jugend und Sport usw. bestehen seitdem die Frauenkommissionen als ständige Einrichtungen.[26] Ihre Leitung liegt nicht – wie es bei den meisten Kommissionen der Fall ist – in den Händen der für das entsprechende Gebiet zuständigen Sekretäre; vielmehr gehören die Vorsitzenden zu den wenigen ausgesuchten Mitarbeitern, die von den Bezirksleitungen in ihr Amt berufen werden.[27] Als hauptamtliche Funktionärinnen sind sie aber ebenfalls in den Parteiapparat integriert. Darüber hinaus fungieren sie nahezu ausnahmslos als Mitglieder der Bezirksleitungen; nur in wenigen Fällen haben sie lediglich den Kandidatenstatus inne.

Viele der zur Zeit amtierenden Vorsitzenden der Frauenkommissionen üben seit 1964 — über mehrere Wahlperioden hinweg — ihr Amt aus, was auf eine recht große Stabilität ihrer Position hindeutet. In ihrem speziellen Bereich dürften sie über eine generelle Eigenständigkeit in ihrer Arbeitsweise und den für notwendig erachteten Maßnahmen verfügen. Denn die Frauenarbeit ist zwar Aufgabe der Gesamtpartei, wird aber immer noch von den männlichen Funktionären vernachlässigt. So scheint sich auch in Zukunft keine Konkurrenz zu finden, die den Funktionärinnen dieses Tätigkeitsfeld streitig machen und sie aus ihrer gesicherten Stellung verdrängen könnten, es sei denn, die Frauenkommissionen würden generell aufgelöst.

Die Arbeit dieser Kommissionen ist in erster Linie auf die Masse der parteilosen Frauen, insbesondere der berufstätigen, ausgerichtet. Ihnen wird aber auch als Aufgabe die weibliche Interessenvertretung innerhalb der Partei zuerkannt.[28] Auf Grund der vorstehenden Untersuchung muß die Effektivität dieser Interessenvertretung stark bezweifelt werden. Danach scheinen die Vorsitzenden der Frauenkommissionen das Ausmaß der weiblichen Mitarbeit in den Bezirksparteileitungen und den Einsatz von Frauen in Führungsfunktionen in keiner Weise beeinflussen zu können. Vielmehr dürfte ihr Entscheidungsspielraum lediglich eine Beschlußfassung jener Maßnahmen zulassen, die in Zusammenhang mit der außerparteilichen Frauenarbeit stehen.

Für die Zukunft zeichnet sich keine Änderung der Situation der weiblichen Parteimitglieder auf Bezirksebene ab. Da die SED keine oppositionelle Fraktionsbildung innerhalb der Partei duldet, kann von einer Vertretung der weiblichen Interessen seitens der Frauenkommissionen im Grunde genommen nicht die Rede sein. So wird es weiterhin vom Interesse der Gesamtpartei und vom Wohlwollen einzelner Funktionäre abhängen, in welchem Umfang qualifizierte Frauen einer systematischen Schulung unterzogen und in einflußreichen Leitungsfunktionen eingesetzt werden.

IV. Kapitel: Frauen in der zentralen Parteiführung der SED

In der folgenden Analyse soll das Ausmaß der weiblichen Mitarbeit auf zentraler Parteiebene erhellt werden. Dabei liegt das besondere Augenmerk auf der Fragestellung: Welche fachliche Qualifikation und vorangegangene parteipolitische Laufbahn bilden die Voraussetzung für einen Aufstieg von Frauen in die obersten Ränge der Parteihierarchie? Weiterhin wird die Fluktuation unter den weiblichen Mitgliedern und Kandidaten des Zentralkomitees untersucht bzw. die Dauer der Funktionsausübung von Frauen im höchsten Leitungsorgan ermittelt und mit der entsprechenden Situation der Männer verglichen. Schließlich steht die Frage, welche Frauen bis in die politische Machtspitze der Partei, das Politbüro und das Sekretariat des Zentralkomitees, vorgedrungen sind.

1. Zentralkomitee

a) Veränderungen im Aufgaben- und Funktionsbereich des Zentralkomitees

Zwischen den in der Regel alle vier Jahre stattfindenden Parteitagen – den „höchsten Organen" der SED – amtiert stellvertretend das Zentralkomitee (bis Juli 1950 der Parteivorstand) als höchstes Organ der Partei.[1]

Seit 1950 hat sich der in den Statuten fixierte Aufgabenbereich des Zentralkomitees kaum verändert. Es

„führt die Beschlüsse des Parteitages durch, leitet zwischen den Parteitagen die gesamte Tätigkeit der Partei, vertritt die Partei im Verkehr mit den anderen Parteien, Organisationen, staatlichen, wirtschaftlichen und kulturellen Verwaltungen und Institutionen. Das Zentralkomitee bestimmt die Vertreter der Partei in den höchsten leitenden Organen des Staatsapparates und der Wirtschaft."[2]

Es bestätigt die Kandidaten der SED für die Volkskammer, lenkt und kontrolliert „die Arbeit der gewählten zentralen staatlichen und gesellschaftlichen Organe und Organisationen durch die in ihnen bestehenden Parteigruppen"[3] und nimmt weitere Leitungs- und Kontrollbefugnisse in anderen Institutionen wahr. Schließlich hat das Zentralkomitee das Recht, zwischen den Parteitagen Parteikonferenzen einzuberufen, die über „dringende Fragen der Politik und Taktik der Partei" beraten und beschließen.[4]

Obwohl dem Zentralkomitee de jure umfangreiche Aufgaben und Befugnisse zugeordnet werden, findet sich in westlichen Publikationen häufig die Meinung, die Praxis entspreche nicht den Paragraphen des Parteistatuts. Das Zentralkomitee sei im wesentlichen ein „Deklamations- und Akklamationsorgan"[5] und habe „nahezu keinen Einfluß".[6] Diese Interpretation gründet sich auf die Stellung des Politbüros als des entscheidenden zentralen Machtorgans der Partei und findet eine zusätzliche Bestätigung in der großen Zeitspanne, die zwischen den Sitzungen des Zentralkomitees liegt.

Allerdings ist nach dem VI. Parteitag 1963 ein Wandel im Funktionsbereich des Zentralkomitees voll sichtbar geworden, auf den insbesondere Ludz hinweist.[7] In einer umfangreichen empirischen Analyse hat er die zugleich aufgetretenen Veränderungen in der sozialstrukturellen Zusammensetzung der Parteielite, insbesondere der ZK-Mitglieder und -Kandidaten, spezifiziert. Als wesentliche Tendenzen dieses Wandlungsprozesses nennt er die Verjüngung und die „Verfachlichung" des Zentralkomitees.[8]

Da in der Untersuchung von Ludz eine Differenzierung nach Geschlecht unterlassen wurde[9], stellt sich im Rahmen dieser Arbeit vordringlich die Frage, ob in der sozialstrukturellen Entwicklung der Mitglieder und Kandidaten des Zentralkomitees möglicherweise geschlechtsspezifische Unterschiede bestehen. Die folgende Erhebung beschränkt sich deshalb nicht nur auf die Darstellung des Ausmaßes der weiblichen Vertretung im Zentralkomitee, sondern umfaßt darüber hinaus eine Analyse ihrer altersmäßigen, beruflichen und politisch-funktionalen Zusammensetzung. Die hierbei gewonnenen Ergebnisse werden den Resultaten der Ludz'schen Untersuchung gegenübergestellt. Damit soll die Analyse nicht nur über den prozentualen Anteil der Frauen im Zentralkomitee Aufschluß geben, sondern insbesondere zu einer Charakterisierung dieser Frauen führen.

b) Das Ausmaß der Mitwirkung von Frauen im Zentralkomitee

Die Wahl der Mitglieder und Kandidaten des Zentralkomitees erfolgt auf den Parteitagen der SED. 1950 konnten nur solche Personen gewählt werden, die mindestens vier Jahre Mitglied der Partei waren; diese Frist hat sich seit dem Inkrafttreten des dritten Statuts von 1954 auf sechs Jahre erhöht.[10] Die jeweilige Anzahl der Mitglieder und Kandidaten des Zentralkomitees wird zwar formal vom Parteitag festgelegt, de facto aber „von den Kaderabteilungen des zentralen und regionalen (bezirklichen) Parteiapparates" bestimmt.[11]

aa) Der Prozentanteil weiblicher Mitglieder und Kandidaten

Der auf dem Vereinigungsparteitag am 21./22. April 1946 gewählte erste Parteivorstand der SED setzte sich aus 80 Mitgliedern zusammen, die jeweils zur Hälfte aus der SPD und der KPD kamen. Von diesen 80 Mitgliedern hatten 20 Personen ihren Wohnsitz in den westlichen Besatzungszonen, was einen scharfen Protest der Militärregierungen auslöste.[12] Dem ersten Parteivorstand gehörten 11 Frauen = 13,7 Prozent an (siehe Tabelle 12). Unter ihnen befanden sich zwei, die in den westlichen Besatzungszonen wohnten.

Die Frauen waren ausnahmslos auf dem 40. Parteitag der SPD und dem 15. Parteitag der KPD am 19./20. April 1946, die der Vereinigung unmittelbar vorausgingen, in die Zentralausschüsse ihrer Parteien gewählt worden. Somit knüpfte ihre Wahl in die oberste Leitung der SED an eine bereits innegehabte Funktion an, die weiterhin ausgeübt wurde. Angesichts der paritätischen Besetzung des Parteivorstandes mit ehemaligen SPD- und KPD-Mitgliedern ist hervorzuheben, daß dieses Prinzip nicht unter geschlechtsproportionalen Gesichtspunkten Anwendung fand. Während sechs weibliche Mitglieder als Vertreter der SPD in den ersten Parteivorstand der SED gewählt wurden, rekrutierten sich nur fünf Frauen aus der ehemaligen KPD-Führung.

Der auf dem II. Parteitag 1947 gewählte Parteivorstand umfaßte ebenfalls 80 Mitglieder, davon wiederum 20 Personen aus den westlichen Zonen. Der Parteitag stimmte jedoch lediglich über die Mitglieder aus der sowjetischen Besatzungszone namentlich ab; auf Grund der Erfahrungen mit den westlichen Militärregierungen wurde der Arbeitsgemeinschaft SED-KPD das Recht vorbehalten, ihre Leitungsmitglieder selbst zu bestimmen, um sie dann dem Parteivorstand anzugliedern.[13] Unter den auf diesem Parteitag gewählten 60 Vorstandsmitgliedern befanden sich 10 Frauen = 16,7 Prozent. Damit lag die weibliche Vertretung im zentralen Leitungsorgan der SED erheblich unter dem allgemein üblichen Maß; denn mehr und mehr betrachtete man einen Frauenanteil von etwa 25 Prozent in den Parteivorständen auf unterer und mittlerer Ebene als „angemessene Vertretung der Frauen" — entsprechend den Vorschriften des ersten Statuts.

Auf Grund einer Entschließung des Parteivorstandes der KPD vom 3. Januar 1949 über die Trennung des organisatorischen Verhältnisses zwischen SED und KPD schieden die 20 von der KPD benannten Mitglieder aus dem Parteivorstand der SED aus.[14] Das auf dem III. Parteitag 1950 gewählte Zentralkomitee setzte sich nunmehr aus 51 Mitgliedern und 30 Kandidaten zusammen. Obwohl diese Wahl unter den Bestimmungen des neuen Parteistatuts stattfand, sank der prozentuale Anteil weiblicher Mitglieder im Zentralkomitee nur geringfügig auf 15,7 Prozent ab. Somit bestätigt sich für dieses Organ nicht die Vermutung, die Streichung der statutarisch garantierten Mindestvertretung der Frauen habe sofortige Auswirkungen auf das Ausmaß ihrer Beteiligung an der Parteileitung gehabt.

Erst 1954 verringerte sich der Anteil weiblicher Mitglieder im Zentralkomitee erheblich und betrug bis 1963 knapp 10 Prozent. Demgegenüber stieg jedoch der Anteil weiblicher Kandidaten sprunghaft auf über 20 Prozent an, so daß der Anteil weiblicher Mitglieder und Kandidaten insgesamt mit rund 13 Prozent fast konstant blieb. Die zeitweilig umfangreichere Vertretung von Frauen in der Funktion von Kandidaten dürfte jedoch weniger eine verzögerte Folgeerscheinung der veränderten Statutsbestimmungen gewesen sein, sondern vielmehr ihre Ursache in der allgemeinpolitischen Entwicklung in der DDR gehabt haben, vor allem in den innerparteilichen Auseinandersetzungen in den 50er Jahren über die Zielrichtung und Taktik der SED. Denn gerade in dieser Zeitspanne, in der die funktionale Stellung des Zentralkomitees eingeengt wurde und sich das Politbüro und das Sekretariat des ZK als politische Machtspitze

Tabelle 12: Anteil der weiblichen Mitglieder und Kandidaten im Parteivorstand bzw. Zentralkomitee der SED (1946–1971)

Jahr	Mitglieder und Kandidaten			Mitglieder			Kandidaten		
	insgesamt	davon Frauen	Frauen in %[1]	insgesamt	davon Frauen	Frauen in %[1]	insgesamt	davon Frauen	Frauen in %[1]
Parteivorstand 1946[2]				80[3]	11	13,7			
Parteivorstand 1947[4]				60	10	16,7			
Zentralkomitee 1950[5]	81	11	13,6	51	8	15,7	30	3	10,0
Zentralkomitee 1954[6]	135	18	13,3	91	9	9,9	44	9	20,5
Zentralkomitee 1958[7]	155	21	13,5	111	11	9,9	44	10	22,7
Zentralkomitee 1963[8]	181	20	11,0	121	15	12,4	60	5	8,3
Zentralkomitee 1967[9]	181	22	12,2	131	16	12,2	50	6	12,0
Zentralkomitee 1971[10]	189	25	13,2	135	18	13,3	54	7	13,0

1 Die Prozentsätze wurden von der Verfasserin errechnet.
2 Vgl. Bericht an den II. Parteitag (Anm. I/56), S. 95.
3 60 Mitglieder aus der sowjetischen Besatzungszone und 20 Mitglieder aus den westlichen Besatzungszonen; vgl. Flechtheim, Ossip K. (Hrsg.), Dokumente zur parteipolitischen Entwicklung in Deutschland seit 1945. Band V. Berlin 1966, S. 385; von vierzig blieben drei. Was wurde aus den Sozialdemokraten des ersten SED-Parteivorstandes?, in: SBZ-Archiv, 1966, H. 7, S. 101.
4 Vgl. Protokoll des II. Parteitages der SED (Anm. Einl./1), S. 428. Zum Parteivorstand gehörten weiterhin 20 Mitglieder aus den westlichen Besatzungszonen, die von der Arbeitsgemeinschaft SED–KPD bestimmt wurden; vgl. ebenda, S. 425. Da dieser Personenkreis namentlich nicht vorliegt, konnte er von der Verfasserin in der tabellarischen Zusammenstellung nicht berücksichtigt werden.
5 Vgl. Protokoll des III. Parteitages der SED (Anm. Tab. 1/5), Bd. II, S. 186 ff.
6 Vgl. Protokoll des IV. Parteitages der SED (Anm. Tab. 1/8), Bd. II, S. 1082 ff.
7 Vgl. Protokoll des V. Parteitages der SED (Anm. Tab. 1/11), Bd. II, S. 1031 ff.
8 Vgl. Protokoll des VI. Parteitages der SED (Anm. Tab. 1/12), Bd. II, S. 494 ff.
9 Vgl. Protokoll des VII. Parteitages der SED (Anm. I/82), Bd. II, S. 288 ff.
10 Vgl. Neues Deutschland, 20.6.1971, S. 4 f.

der Partei herausbildeten, standen insbesondere die personalpolitischen Probleme auf den Plenartagungen des Zentralkomitees im Vordergrund.[15] In diesem Zusammenhang erklärt sich die Reduzierung des weiblichen Anteils an der stimmberechtigten Mitgliedschaft und die stärkere Vertretung von Frauen in Funktionen mit lediglich beratendem Charakter.

Seit dem VI. Parteitag 1963 hat sich die Situation wieder stark verändert. Während der Frauenanteil an der Mitgliedschaft auf etwas mehr als 12 Prozent anstieg, sank der Anteil weiblicher Kandidaten ebenso sprunghaft, wie er sich 1954 vergrößert hatte. Doch kompensieren sich weiterhin der höhere und der niedrigere Anteil weiblicher Mitglieder bzw. Kandidaten und ergeben somit einen Prozentwert, der trotz der zahlenmäßigen Vergrößerung des Zentralkomitees seit 1950 nahezu unverändert blieb. Die personelle Erweiterung hat also nicht zu einer für die Frauen günstigeren Konstellation geführt, in der ihnen das Vordringen in dieses Parteigremium leichter gefallen wäre.

Obwohl 1963 der Prozentanteil weiblicher ZK-Mitglieder und -Kandidaten von 13,5 Prozent (1958) auf 11,0 Prozent absank – er stieg 1967 wieder auf 12,2 Prozent und 1971 auf 13,2 Prozent an –, läßt sich für die zukünftige Entwicklung das Gleichbleiben der Situation prognistizieren, wie sie sich seit 1950 präsentiert. Die obere Grenze für das Ausmaß der Vertretung von Frauen im Zentralkomitee dürfte bei rund 15 Prozent liegen. Allerdings sind größere Schwankungen im jeweiligen Anteil weiblicher Mitglieder bzw. Kandidaten stets möglich und zu erwarten.

Die Mitarbeit der Frauen und ihre Rolle im Zentralkomitee wird also im wesentlichen von jenen engen Grenzen bestimmt, die das Ausmaß ihrer Beteiligung absteckt. Diese Grenzen sind weit enger bemessen als in den vergleichbaren Organen auf Bezirks- bzw. regionaler Ebene und ergeben sich aus dem Funktions- und Aufgabenbereich des Zentralkomitees als des obersten Organs der SED. Damit sind die Möglichkeiten der politischen Einflußnahme und der Entscheidungsspielraum der weiblichen Mitglieder bereits von vornherein unverhältnismäßig stark reduziert. Trotzdem lassen sich aus der geringen Gesamtzahl von Frauen noch keine definitiven Rückschlüsse auf ihre Stellung im Zentralkomitee ziehen. Hier soll eine Fluktuationsanalyse über die Stabilität ihrer Position Aufschluß geben.

bb) Fluktuationstendenzen unter den weiblichen Mitgliedern und Kandidaten

Seit Gründung der SED 1946 haben bis 1971 insgesamt 56 Frauen als Mitglieder oder Kandidaten des Parteivorstandes bzw. Zentralkomitees fungiert. Die namentliche Zusammenstellung in Tabelle 13 gibt zugleich Auskunft über die Dauer ihrer Funktionsausübung und über ihre parteipolitische Herkunft. Dabei fällt einerseits die große Anzahl ehemaliger KPD-Mitglieder auf. Zum anderen verdeutlicht die Tabelle insbesondere die Häufigkeit der Wiederwahl einzelner Mitglieder und Kandidaten sowie den Aufstieg bzw. die Degradierung einiger Frauen in diesem Gremium und läßt bereits die Entwicklungstendenzen in bezug auf die Fluktuation unter den weiblichen Mitgliedern und Kandidaten erkennen.

Tabelle 13: Die weiblichen Mitglieder (M) und Kandidaten (K) des Parteivorstandes bzw. Zentralkomitees der SED (1946–1971)[1]

Name	Ursprüngliche Parteizugehörigkeit[2]	1946[3]	1947[4]	1950[5]	1954[6]	1958[7]	1963[8]	1967[9]	1971[10]
1. Arendsee, Martha	KPD	M							
2. Bauer, Gerda	KPD		M	M	K				
3. Baumann, Edith	SPD	M	M	M	M	M	M	M	M
4. Benjamin, Hilde	KPD					M	M	M	M
5. Berg, Helene	KPD					K	M	M	M
6. Bergmann, Herta	SPD				M				
7. Brandt, Edith	KPD					M	M	M	M
8. Credo, Renate	KPD							M	M
9. Damerius, Emmi	KPD			M					
10. Deutschmann, Gertrud	SED						K		
11. Dunker, Helene						K			
12. Erler, Eva	SPD					K	K		
13. Ermisch, Luise	SED					M	M	M	M
14. Feist-Altenkirch, Margot[11]	KPD				M	M	M		
15. Feist-Honecker, Margot[11]	KPD				K	K	K	M	M
16. Fischer, Lena	KPD				M				
17. Grauer, Gertrud	SPD				K	K			
18. Grundig, Lea	KPD						M	M	M
19. Hempel, Eva	SED						K	K	K
20. Hentsch, Gertrud	SPD	M							
21. Hieblinger, Inge	KPD							K	
22. Hoffmann, Friedel			M						
23. Holzmacher, Gerda	KPD			M	M	M	M	M	M
24. Hoppe, Ilse	SED								K
25. Kaiser, Hildegard			M						
26. Kern, Käthe	SPD	M	M	M	M	M	M	M	M
27. Köckeritz-Wollermann, Frieda	SPD						K		
28. Körner, Olga	KPD	M	M						
29. Konzack, Therese	KPD						M		
30. Krause, Anna	SED				K	K			
31. Lange, Inge	KPD						K	M	M
32. Lange, Marianne	KPD						M	M	M
33. Lautenschlag, Helene						K			
34. Meltzer, Hanna	KPD	M							
35. Müller, Margarete	SED						M	M	M
36. Rentmeister, Maria	KPD	M	M						
37. Sachse, Emma	SPD	M	M						
38. Schaar, Hella	SPD	M							
39. Schmidt, Elli	KPD	M	M	M					
40. Schuster, Gretl	KPD			K					
41. Selbmann, Käte	KPD			K					
42. Siegert, Maria						K			
43. Sternberg, Frieda	SED				K		K	K	K
44. Tamme, Irene	(KPD)[12]								K
45. Thiele, Ilse	KPD					M	M	M	M
46. Töpfer, Johanna	SED								M
47. Trautzsch, Gisela	(KPD)[12]								M
48. Vielhauer, Irmgard	SED					K			
49. Walther, Elisabeth	SED						K	K	M
50. Weingart, Edith	SED							K	K

(Fortsetzung s. nächste Seite)

Tabelle 13: Fortsetzung

Name	Ursprüngliche Parteizugehörigkeit	1946	1947	1950	1954	1958	1963	1967	1971
51. Wittkowski, Margarete	KPD				M	K	M	M	M
52. Wohlgemuth, Toni	SPD	M							
53. Wolf, Christa	SED						K		
54. Wolf, Hanna	KPD				K	M	M	M	M
55. Zellmer, Christa	SED								K
56. Zschau, Ursula	SED							K	K

1 Zum Zeitpunkt der Neuwahl auf dem jeweiligen Parteitag der SED.
2 Ehemalige Mitgliedschaft in der KPD oder SPD, die im Zuge der Vereinigung beider Parteien 1946 zur Mitgliedschaft in der SED führte. Erfolgte der Parteieintritt in die SED 1946 und später, so ist die ursprüngliche Parteizugehörigkeit mit „SED" angegeben. Bei einigen weiblichen Mitgliedern und Kandidaten war das Datum des Parteieintritts nicht festzustellen; deshalb konnten keine entsprechenden Angaben gemacht werden.
3 Die Zusammenstellung für 1946 beruht auf Materialien der SPD-Bundesgeschäftsstelle/Bonn, Referat für gesamtdeutsche Fragen; vgl. hierzu auch Flechtheim (Hrsg.), Dokumente, Bd. V (Anm. Tab. 12/3), S. 385.
4 Vgl. Protokoll des II. Parteitages der SED (Anm. Einl./1), S. 428.
5 Vgl. Protokoll des III. Parteitages der SED (Anm. Tab. 1/5), Bd. II, S. 186 ff.
6 Vgl. Protokoll des IV. Parteitages der SED (Anm. Tab. 1/8), Bd. II, S. 1082 ff.
7 Vgl. Protokoll des V. Parteitages der SED (Anm. Tab. 1/11), Bd. II, S. 1031 ff.
8 Vgl. Protokoll des VI. Parteitages der SED (Anm. Tab. 1/12), Bd. II, S. 494 ff.
9 Vgl. Protokoll des VII. Parteitages der SED (Anm. I/82), Bd. II, S. 288 ff.
10 Vgl. Neues Deutschland, 20.6.1971, S. 4 f.
11 Der Name Margot Feist verbindet sich mit zwei verschiedenen Biographien. Margot Feist-Altenkirch, geb. 1923, ZK-Mitglied, war lange Zeit als 1. Sekretär von SED-Kreisleitungen tätig. Margot Feist-Honecker, geb. 1927, ZK-Kandidat, seit 1953 mit Erich Honecker verheiratet, übte zum Zeitpunkt ihrer Wahl ins Zentralkomitee hohe Funktionen in der FDJ aus. Um Verwechslungen zu vermeiden, wird in der folgenden Untersuchung der Doppelname verwendet, es sei denn, daß lediglich von „Margot Honecker" die Rede ist. Vgl. hierzu auch Protokoll des III. Parteitages der SED (Anm. Tab. 1/5), Bd. II, S. 198.
12 Irene Tamme und Gisela Trautzsch sind „seit 1945 Mitglied der Partei"; vgl. Neues Deutschland, 20.6.1971, S. 4 f. Es entzieht sich der Nachprüfung, ob sie 1945 der KPD oder der SPD beitraten; vermutlich dürften sie aber ehemalige KPD-Mitglieder sein.

Die beiden „amtsältesten" Frauen in dem auf dem VIII. Parteitag 1971 gewählten Zentralkomitee sind Edith Baumann und Käthe Kern. Beide gehörten bereits dem ersten Parteivorstand von 1946 an und haben ihre Funktion bis heute ohne Unterbrechung ausgeübt. Ist bereits ihre 8malige Wahl als außergewöhnlich hervorzugeben, so erhält dieses Phänomen noch eine zusätzliche Bedeutung, da beide Frauen über die SPD zur SED gelangten. Neben Friedrich Ebert sind sie als einzige der 40 ehemaligen sozialdemokratischen Mitglieder des ersten Parteivorstandes noch heute im Zentralkomitee vertreten.

Der mehrmaligen Wahl einer Reihe von Frauen stehen einige Mitglieder gegenüber, die lediglich während einer Amtsperiode dem Zentralkomitee angehörten. War aber der Wechsel unter den weiblichen Mitgliedern in den 40er Jahren, selbst noch in den

50er Jahren relativ häufig, so ist seit 1958 und insbesondere seit 1963 eine Stabilisierung ihrer Position eindeutig erkennbar. Die Fluktuation hat sich seitdem wesentlich verringert; diese Erscheinung findet ihren besonderen Ausdruck in der Wiederwahl aller Frauen, die dem Zentralkomitee von 1963 als Mitglieder angehörten, auf dem VII. Parteitag 1967.[16]

Dieses Ergebnis läßt zugleich zwei bedeutsame Phänomene erkennen. Im Vergleich mit den Bezirksleitungen der SED sind die Frauen im Zentralkomitee zwar zahlen- und anteilmäßig weitaus geringer vertreten; ihre Position ist aber auf Grund der längerfristigen Amtszeiten und angesichts der gestiegenen Chancen der Wiederwahl erheblich sicherer und gefestigter. Hierin könnte ein Äquivalent für die mangelnde weibliche Repräsentation im Zentralkomitee gesehen werden.

Auch gegenüber ihren männlichen Kollegen befinden sich die Frauen — was die Stabilität ihrer Stellung anbelangt — im Vorteil. Seit 1958 beträgt der Prozentsatz für ihre Wiederwahl rund 80 bis 100 Prozent; ihm entspricht im gleichen Zeitraum ein Wert von etwa 60 bis 80 Prozent für die Männer. Bis 1958 war dagegen die Fluktuation unter den männlichen und weiblichen ZK-Mitgliedern bei einer Quote von rund 50 Prozent für die Wiederwahl annähernd gleich groß. Allerdings ist der prozentuale Anteil der auf dem VIII. Parteitag 1971 wiedergewählten männlichen ZK-Mitglieder mit 87,8 Prozent außergewöhnlich hoch und bleibt damit nur geringfügig unter dem für die Frauen ermittelten Wert von 93,8 Prozent. Diese geringe Fluktuation unter den Männern scheint aber nicht auf neue Entwicklungstendenzen im Zentralkomitee hinzuweisen; vielmehr dürfte sie mit dem im Mai 1971 in der Parteileitung erfolgten personellen Wechsel in Zusammenhang stehen. Nach der Ablösung Walter Ulbrichts als 1. Sekretär des Zentralkomitees durch Erich Honecker und weiteren personellen Veränderungen in der Führungsspitze einiger SED-Bezirksleitungen könnte man von dem üblichen Wechsel im Zentralkomitee abgesehen haben, um die Kontinuität in der Parteileitung und -arbeit zu gewährleisten und keine Unruhe unter der SED-Mitgliedschaft aufkommen zu lassen.[17]

Als Folgeerscheinung der geringen Fluktuation unter den weiblichen ZK-Mitgliedern vermindern sich die Aufstiegschancen für die weiblichen Parteimitglieder in einem beachtlichen Maß, und eine Wahl in das Zentralkomitee erscheint angesichts der geringen Gesamtzahl von Frauen sowie deren langfristiger Funktionsausübung als nahezu aussichtslos. Außerdem wirkt sich auf Grund der ausgeprägten Beharrungstendenzen unter den weiblichen ZK-Mitgliedern die Neuwahl dieses Gremiums keineswegs als Regulativ aus. Vielmehr läuft — bei Beibehaltung der derzeitig geübten Praxis einer fast vollzähligen Wiederwahl — diese Entwicklung den von Ludz festgestellten Tendenzen einer Verjüngung und Verfachlichung zuwider. Als Folgeerscheinung muß sich zumindest eine Überalterung, möglicherweise auch ein Absinken der fachlichen Qualifikation der Frauen einstellen.

Konnte für die weiblichen ZK-Mitglieder ein Rückgang der Fluktuation festgestellt werden, so ist für die weiblichen ZK-Kandidaten ein relativ häufiger Wechsel und damit verbunden eine allgemein kurzfristigere Funktionsausübung kennzeichnend. Die Fluktuation unter ihnen war bis 1967 im allgemeinen größer als unter den Männern in entsprechender Position: rund 35 bis 60 Prozent Frauen und nur 30 bis 40 Prozent Männer wurden in der Regel nicht wiedergewählt und schieden damit aus dem Zentralkomitee aus. Der weitgehende personelle Wechsel im Kandidatenstand, der auf dem VI. Parteitag 1963 erfolgte und von dem ausnahmslos alle Frauen betroffen waren, fällt besonders auf.

Bezüglich der Fluktuation unter den weiblichen Kandidaten zeigen sich im Zentralkomitee Parallelen zu der Situation in den SED-Bezirksleitungen. So gilt z. B. ebenfalls für das Zentralkomitee, daß der prozentuale Anteil neu hinzu gewählter weiblicher Kandidaten (seit 1958: rund 50 Prozent; Ausnahme 1963: 100 Prozent) den für die neuen Mitglieder ermittelten Wert (seit 1958: 0 bis 25 Prozent) bei weitem übertrifft. Insbesondere kann die Feststellung aufrechterhalten werden, daß die Kandidatur nicht unbedingt eine „Stufe der Vorbereitung" auf die Vollmitgliedschaft darstellt.

Der Aufstieg zur Vollmitgliedschaft ist bisher nur sechs Frauen gelungen[18], und zwar in der Regel zum Zeitpunkt der Neuwahl des Zentralkomitees. Lediglich Inge Lange, 1963 erstmals als Kandidat gewählt, rückte bereits im Dezember 1964 — also innerhalb einer Amtsperiode — zum Mitglied auf. Sie ist die erste und bisher einzige Frau, die diesen Aufstieg zwischen den ZK-Wahlen schaffte. Da im Verlauf einer Amtsperiode stets einige Mitglieder — aus verschiedenen Gründen — aus dem Zentralkomitee ausscheiden, finden demnach die männlichen Kandidaten bei der Wahl der nachrückenden Mitglieder eine größere Berücksichtigung als die Frauen. Tatsächlich verfügen sie über weit größere Aufstiegschancen: 1963 wurde nahezu die Hälfte von ihnen als Mitglieder ins Zentralkomitee übernommen (1967: 36,4 Prozent; 1971: 22,7 Prozent), bei den weiblichen Kandidaten waren es dagegen nur 20 Prozent (1967: 20 Prozent; 1971: 16,7 Prozent). Demnach scheint die Kandidatur für die Männer in weit stärkerem Maße den Charakter eines Stadiums der Vorbereitung auf die Vollmitgliedschaft zu enthalten, als dies für die Frauen erkennbar ist.

c) Die weiblichen Mitglieder und Kandidaten des Zentralkomitees in ihrer sozialstrukturellen Zusammensetzung

Die folgende Erhebung basiert auf den Biographien der weiblichen Mitglieder und Kandidaten des Zentralkomitees, die verschiedenen Materialien entnommen[19], miteinander verglichen und aufeinander abgestimmt wurden. Wenn dadurch auch ein hohes Maß an Genauigkeit gegeben ist, kann keineswegs ein Anspruch auf absolute Zuverlässigkeit erhoben werden.

Die biographischen Daten der Frauen standen in recht unterschiedlicher Fülle zur Verfügung. Während über die weiblichen Exponenten der Partei, des Staates und der Gesellschaft reichhaltige Quellen vorliegen, sind die Angaben über weniger bekannte Frauen sehr mangelhaft. Dies gilt insbesondere für die weiblichen Mitglieder des ersten und zweiten Parteivorstandes (1946, 1947) und für die weiblichen Kandidaten des Zentralkomitees von 1958. Dadurch ließen sich mehr oder weniger große Lücken in der Untersuchung nicht vermeiden.[20]

Die Erhebung bezieht sich jeweils auf den Zeitpunkt der Neuwahl des Parteivorstandes bzw. Zentralkomitees; personelle Veränderungen innerhalb einer Amtsperiode bleiben deshalb unberücksichtigt. Auf Grund dieser einheitlichen Datenfixierung ist ein exakter Vergleich eher möglich.

Auf eine differenzierte Analyse der beruflichen Mobilität der Frauen, wie sie Ludz für die Mitglieder und Kandidaten des Zentralkomitees umfassend durchgeführt hat, wurde verzichtet. Dafür ist einerseits der im Mittelpunkt des Interesses stehende Personenkreis zu klein; zum anderen zeigte sich, daß dieses Phänomen bei Frauen nur in geringem Maß auftritt. Deshalb hat die Verfasserin die beruflichen bzw. politischen Hauptfunktionen der weiblichen Mitglieder und Kandidaten jeweils für den Zeitraum ihrer Zugehörigkeit zum Zentralkomitee in einer Gesamtübersicht zusammengestellt (siehe Anhang, Tabelle 1) und eine Spezifizierung nach den von den Frauen repräsentierten Funktionsbereichen vorgenommen.

aa) Die altersstrukturelle Entwicklung

Wie oben festgestellt wurde, ist die Fluktuation unter den weiblichen ZK-Mitgliedern in den letzten Jahren stark zurückgegangen, eine Erscheinung, die sich zwangsläufig auf die Altersstruktur dieser Frauen auswirken muß. Denn eine längere Dauer der Mitgliedschaft im Zentralkomitee bedeutet zugleich ein Älter-werden dieser Personen, was durch die wenigen Neuzugänge nur geringfügig oder möglicherweise gar nicht kompensiert werden kann. Tabelle 14 gibt die Altersstruktur der weiblichen Mitglieder und Kandidaten des Zentralkomitees wieder. Auf Grund unzureichender Angaben für die Mitglieder der Parteivorstände von 1946 und 1947 lassen sich über deren altersmäßige Zusammensetzung keine eindeutigen Aussagen treffen. Seit 1950 liegen jedoch die Altersangaben nahezu vollständig vor, so daß die bisherige Entwicklung recht genau analysiert werden kann.

Im Zentralkomitee von 1950 befanden sich die weiblichen Mitglieder überwiegend in der Gruppe der 40- bis 50jährigen; auch zwei jüngere Frauen gehörten dem Zentralkomitee an, von denen eine noch nicht 30 Jahre alt war. Bei der Neuwahl 1954 ergaben sich in der Altersstruktur nur geringfügige Veränderungen. Zwar dominierte die Gruppe der 30- bis 40jährigen mit vier Personen, doch zeichnete sich auch schon eine Verschiebung in die Gruppe der 50jährigen ab. Im Zentralkomitee von 1958 verdeutlichte sich diese Tendenz. Allerdings beruhte die Vergrößerung des Anteils älterer Frauen nicht allein auf der hohen Quote für die Wiederwahl; auch zwei neugewählte weibliche Mitglieder hatten zu diesem Zeitpunkt bereits die Altersgrenze von 50 Jahren überschritten. Seit 1963 ist die Alterszunahme der Frauen augenfällig geworden. Einige Neuzugänge haben die Gruppe der über 50jährigen weiter verstärkt bzw. lediglich jene Lücken in den unteren Altersgruppen füllen können, die auf Grund der geringen Fluktuation entstanden sind; eine Verjüngung ist dadurch allerdings nicht eingetreten. Da 1967 die weiblichen Mitglieder vollzählig ins neugewählte Zentralkomitee übernommen und 1971 – mit einer Ausnahme – ebenfalls wiedergewählt wurden, sind die starken Verschiebungen zugunsten der älteren Jahrgänge seither eindeutig auf die fehlende Fluktuation zurückzuführen. Nahezu die Hälfte der Frauen ist heute über 60 Jahre alt, und die Seniorin hat bereits das 70. Lebensjahr vollendet. Im Vergleich mit den Altersstrukturen der Zentralkomitees von 1950, 1954 und 1958 kann deshalb für die weiblichen ZK-Mitglieder spätestens seit 1967 von einer *Überalterung* gesprochen werden.

Tabelle 14: Die weiblichen Mitglieder (M) und Kandidaten (K) des Parteivorstandes bzw. Zentralkomitees der SED (1946–1971) nach ihrem Alter

Altersgruppen	Parteivorstand 1946	Parteivorstand 1947	ZK 1950		ZK 1954		ZK 1958		ZK 1963		ZK 1967		ZK 1971	
			M	K	M	K	M	K	M	K	M	K	M	K
Frauen insgesamt	11	10	8	3	9	9	11	10	15	5	16	6	18	7
bis 25 Jahre	–	–	–	2	–	–	–	–	–	–	–	–	–	–
26–29 Jahre	–	–	1	–	–	1	–	–	–	1	–	–	–	–
30–39 Jahre	2	3	1	–	4	1	3	2	3	3	2	2	–	1
40–49 Jahre	3	2	4	1	3	4	3	4	4	1	4	4	7	5
50–59 Jahre	1	–	1	–	2	1	4	1	6	–	6	–	3	1
über 60 Jahre	1	1	–	–	–	–	–	–	2	–	4	–	8	–
keine Angaben	4	4	1	–	–	2	1	3	–	–	–	–	–	–
Durchschnittsalter in Jahren	–	–	39,4	30,3	40,2	41,6	45,5	42,9	48,7	35,2	52,2	41,2	54,4	44,0

Diese Tendenz wird besonders deutlich, wenn man die Entwicklung des Durchschnittsalters verfolgt. Während es 1950 noch knapp unter 40 Jahren lag und 1954 nur 40,2 Jahre betrug, ist es seitdem stetig und rapide bis auf 54,4 Jahre (1971) angestiegen.

Die altersstrukturelle Entwicklung der weiblichen ZK-Mitglieder steht im Gegensatz zu den Ergebnissen von Ludz, der für das Zentralkomitee insgesamt einen deutlichen Verjüngungsprozeß im Zeitraum von 1958 bis 1963 festgestellt hat, welcher zwischen dem VI. und VII. Parteitag noch weiter vorangetrieben worden sei.[21]

Auf dem III. Parteitag 1950 wurden erstmalig Kandidaten des Zentralkomitees gewählt, unter ihnen drei Frauen. Da zwei weibliche Kandidaten zu diesem Zeitpunkt noch nicht das 25. Lebensjahr vollendet hatten, lag das Durchschnittsalter mit 30,3 Jahren extrem niedrig. In den Zentralkomitees von 1954 und 1958 unterschieden sich die Altersstrukturen der weiblichen Mitglieder und Kandidaten nur unwesentlich. Für die weiblichen Kandidaten des Zentralkomitees von 1963 ist jedoch jene rapide Verjüngung festzustellen, die Ludz für das gesamte Zentralkomitee beobachtet hat und in der er die planmäßige Durchführung der Generationenablösung ebenso sieht wie eine den jüngeren Parteimitgliedern seitens der SED-Führung gewährten „Chance". Die von Ludz aufgezeigte Tendenz einer Verjüngung und systematischen Generationenablösung im Zentralkomitee und seine Interpretation, die dem Kandidatenstatus den Charakter einer Bewährungsfunktion zuordnet, treffen zwar im allgemeinen auf die männlichen Kandidaten zu; für die weiblichen Kandidaten des Zentralkomitees haben sie aber nur in begrenztem Umfang Gültigkeit. Wie bereits dargelegt, erweist sich die Kandidatur für die Frauen keineswegs als eine Anwartschaft und Vorbereitung auf die Vollmitgliedschaft, sondern durchweg als eine Ehrenfunktion. Deshalb wird die Ablösung der langjährig amtierenden und gealterten weiblichen ZK-Mitglieder nicht über diesen Personenkreis erfolgen; eine Verjüngungsprozeß unter den Frauen im Zentralkomitee ist vielmehr mittels der sofortigen Wahl neuer weiblicher Vollmitglieder zu erwarten.

bb) Dauer der Parteizugehörigkeit

Die Beharrungstendenzen unter den weiblichen ZK-Mitgliedern beeinflussen nicht nur die Altersstruktur dieser Frauen, ihre Auswirkungen zeigen sich auch in deren politischer Biographie. Eine Analyse ihres Parteieintritts (siehe Tabelle 15) zeigt dies sehr deutlich.

Verständlicherweise setzten sich der erste und zweite Parteivorstand (1946, 1947) nahezu ausschließlich aus Altfunktionärinnen zusammen, die vor 1933 in die SPD oder KPD eingetreten waren und durchweg früher Parteifunktionen bekleidet hatten. Allerdings schieden bis 1950 vier der sechs ehemaligen weiblichen SPD-Mitglieder aus dem Parteivorstand aus; auch die Anzahl der Altkommunistinnen hatte sich bis 1950 auf zwei reduziert und blieb bis einschließlich 1958 nahezu konstant.

Seit 1950 ist die Zahl der Frauen, die nach Kriegsende 1945, aber noch vor Gründung der SED im April 1946 in eine der beiden Arbeiterparteien eingetreten sind, ständig gewachsen. Dabei handelt es sich mit einer Ausnahme ausschließlich um den

Tabelle 15: Die weiblichen Mitglieder (M) und Kandidaten (K) des Parteivorstandes bzw. Zentralkomitees der SED (1946–1971) nach dem Datum ihres Parteieintritts

Datum des Parteieintritts	Parteivorstand 1946	Parteivorstand 1947	ZK 1950 M	K	ZK 1954 M	K	ZK 1958 M	K	ZK 1963 M	K	ZK 1967 M	K	ZK 1971 M	K
Eintritt in die SPD vor 1933	6	3	2		2	1	2	2	2		2		2	
Wechsel von der SPD über die USPD zur KPD vor 1933	2	1												
Eintritt in die KPD vor 1933	3	2	2	1	2	2	3	1	6		6		6	
Eintritt in die SPD 1945 – April 1946			1											
Eintritt in die KPD 1945 – April 1946		1	3	2	4	2	5	1	5	1	6	1	6	1
Eintritt in die SED 1946 – 1951					1	2	1	2	2	3	2	4	3	5
Eintritt in die SED seit 1952										1		1	1	1
keine genauen Angaben		3				2		4						
Frauen insgesamt	11	10	8	3	9	9	11	10	15	5	16	6	18	7

Eintritt in die KPD. Die Anzahl dieser Frauen entspricht im übrigen bis 1958 derjenigen der Altfunktionärinnen. Seit dem VI. Parteitag 1963 hat sich jedoch — durch die Neuwahlen bedingt — die Zahl der weiblichen Mitglieder, die bereits vor 1933 den Arbeiterparteien angehörten, sprunghaft erhöht, und zwar ausschließlich in der Gruppe der Altkommunistinnen. Damit ist der Anteil der altgedienten weiblichen Parteimitglieder trotz der gestiegenen Anzahl von Frauen im Zentralkomitee prozentual konstant geblieben bzw. hat sich sogar noch etwas vergrößert. Seit 1963 gehören folgende Altfunktionärinnen dem Zentralkomitee an: Edith Baumann, Käthe Kern (SPD) und Hilde Benjamin, Helene Berg, Lea Grundig, Marianne Lange, Margarete Wittkowski, Hanna Wolf (KPD).

Wiederum steht die sozialstrukturelle Entwicklung der weiblichen Mitglieder im Gegensatz zu den für die gesamte ZK-Mitgliedschaft ermittelten Ergebnissen von Ludz.[22] Dieser hat für die Jahre 1954 und 1958 die eindeutige Dominanz der Altkommunisten im Zentralkomitee nachgewiesen. Eine solche Dominanz ist aber in dem genannten Zeitraum bei Frauen weder für Mitglieder noch für Kandidaten gegeben. Weiterhin bestätigt sich für die weiblichen Mitglieder nicht das zahlenmäßig starke Anwachsen der Gruppe der politischen Nachkriegsgeneration im Zentralkomitee von 1963, das 1967 noch seine Fortsetzung fand. Vielmehr ist die Zahl der Altkommunistinnen sprunghaft angestiegen, während die politische Nachkriegsgeneration, 1963 und 1967 von nur zwei Frauen vertreten, selbst in dem 1971 neugewählten Zentralkomitee immer noch unterrepräsentiert ist.

Lediglich unter den weiblichen Kandidaten ist seit 1963 eindeutig der Trend feststellbar, jene Frauen ins Zentralkomitee aufzunehmen, die erst seit 1946 zur SED gestoßen sind. Diese Tendenz ergibt sich im übrigen aus dem jugendlichen Alter der weiblichen Kandidaten, das zwangsläufig ein jüngeres Datum des Parteieintritts bedingt. Allerdings liegt der Zeitpunkt ihres Parteieintritts im allgemeinen noch vor 1952.[23]

Demnach scheint die im derzeit gültigen SED-Statut als notwendige Voraussetzung für die Wahl ins Zentralkomitee genannte Mindestdauer der Parteizugehörigkeit von 6 Jahren mehr theoretisch-bestimmenden Charakter zu haben. In praxi blicken die weiblichen Mitglieder und Kandidaten spätestens seit 1963 ausnahmslos auf eine mindestens 10- bis 15jährige Parteimitgliedschaft zurück.

Die Struktur des Parteialters der Frauen ist auch nach der Neuwahl des Zentralkomitees 1971 — und damit seit 1963 — nahezu unverändert geblieben. Weiterhin dominieren die Altfunktionärinnen; sie stellen zudem die gesamte Altersgruppe der über 60jährigen und beeinflussen damit ebenfalls, wie gezeigt wurde, die Altersstruktur der weiblichen ZK-Mitglieder. Wenn auch einige von ihnen inzwischen von ihren hohen Funktionen im Partei- und Staatsapparat zurückgetreten sind, so haben doch diese beruflichen Veränderungen keineswegs den Verlust der Mitgliedschaft im Zentralkomitee zur Folge gehabt. Vielmehr dürften sie auf Grund ihrer politisch-fachlichen Qualifikation (z. B. Hilde Benjamin) und als langjährig erprobte und bewährte Genossinnen (z. B. Käthe Kern) auch weiterhin ihren Sitz im Zentralkomitee einnehmen. Die Frage, ob und wann es zu einer Ablösung der Altfunktionärinnen kommen wird, läßt sich vorläufig nicht beantworten, zumal es nur als denkbar erscheint, daß diese Frauen aus Alters- und Gesundheitsgründen aus dem Zentralkomitee ausscheiden werden. Ihre Ablösung dürfte zwar den Aufstieg der politischen Nachkriegsgeneration begünstigen, würde aber noch nicht zu einer völligen Umschichtung in der Struktur des Parteialters führen. Denn unter den weiblichen ZK-Mitgliedern ragt ebenfalls die Gruppe jener Frauen hervor, die 1945/46 – also noch vor Gründung der SED – in die KPD eingetreten sind. Wenngleich sie nicht in demselben Maße wie die Altfunktionärinnen in den revolutionären Traditionen der KPD verwurzelt sind, so haben auch sie in Übereinstimmung mit der kommunistischen Ideologie zu dieser Partei gefunden und blicken auf eine über 25jährige Mitgliedschaft zurück.

cc) Politische Betätigung bzw. Aufenthalt in den Jahren 1933 bis 1945

Erlebnisse der politischen Diskriminierung und rassischen Verfolgung im Dritten Reich prägten nahezu ausnahmslos die dem Zentralkomitee angehörenden Altfunktionärinnen. Viele von ihnen standen in den Jahren 1933 bis 1945 in der illegalen antifaschistischen Parteiarbeit, waren in Zuchthäusern und Konzentrationslagern inhaftiert oder emigrierten in die Sowjetunion bzw. westliche Staaten.

Die Gesamtzahl der in die Sowjetunion emigrierten Frauen ist auffallend höher als diejenige weiblicher ZK-Mitglieder, die nach 1933 in westliche Länder auswanderten (6 gegenüber 2 Frauen). Die Aufenthaltszeit in der Sowjetunion war auch – soweit feststellbar – mit aktiver antifaschistischer Tätigkeit ausgefüllt.[24] Besonders erwähnenswert sind die beiden langjährigen Direktorinnen der höchsten SED-Parteischulen, Helene Berg und Hanna Wolf, die an sowjetischen Antifa- und Zentralschulen als Lehrerinnen wirkten.

In bezug auf die politische Betätigung und den Aufenthalt der weiblichen ZK-Mitglieder und -Kandidaten während der 30er Jahre lassen sich keine klaren Tendenzen für die bisherige und zukünftige Entwicklung herausarbeiten, da sich der in Betracht kommende Personenkreis als zahlenmäßig zu eng begrenzt erweist. Deshalb können die von Ludz analysierten Tendenzen einer geringen Fluktuation unter den ZK-Mitgliedern, die sich während des Dritten Reiches in der Sowjetunion aufhielten, einerseits und eines Anwachsens der Gruppe der West-Emigranten – insbesondere unter den ZK-Kandidaten – andererseits für die Frauen weder bestätigt noch widerlegt werden.[25]

Seit 1963 sind die Gruppen der in die Sowjetunion emigrierten Personen, der West-Emigranten und der Inhaftierten mit jeweils zwei Frauen in gleicher Anzahl im Zentralkomitee vertreten. Damit machen die ehemals politisch Verfolgten zur Zeit noch einen erheblichen Anteil an der weiblichen ZK-Mitgliedschaft aus. Dieses Phänomen steht in direktem Zusammenhang mit der großen Zahl von Altfunktionärinnen im Zentralkomitee.

dd) Die Schul- und Berufsbildungsstruktur (Schul- bzw. Ausbildungsabschluß/ Erlernter Beruf)

Die folgende Untersuchung befaßt sich mit dem Bildungsstand der weiblichen ZK-

Mitglieder und -Kandidaten, um über das Niveau ihrer Schul- und Berufsausbildung Rückschlüsse auf ihre Qualifikation ziehen zu können. Diese Analyse erfolgt insbesondere unter der Fragestellung: Hat sich das Bildungsniveau der Frauen verändert, und sind Anzeichen einer zunehmenden Qualifikation erkennbar?[26]

Im Vordergrund der Untersuchung steht eine Gegenüberstellung der Gruppe von Volksschulabsolventinnen mit den Gruppen derjenigen, die ihre Ausbildung an einer Fachschule oder an einer Fachhochschule bzw. Universität abgeschlossen haben. Da die Schulabschlüsse der Mittleren Reife und des Abiturs durchweg eine weiterführende Ausbildung an einer Fach- bzw. Hochschule nach sich ziehen, fallen diese beiden Gruppierungen zahlenmäßig kaum ins Gewicht.[27] Über den Bildungsstand einiger Frauen waren keine Daten zu ermitteln. Wenngleich diese Lücken den Wert der Untersuchung beeinträchtigen und darüber hinaus die zur Verfügung stehenden Angaben in ihrer Zuverlässigkeit z. T. bezweifelt werden müssen, so verdeutlicht die Untersuchung doch einige wesentliche Tendenzen, die eine Verallgemeinerung zulassen.

Wie aus Tabelle 16 erkennbar ist, hat sich die Gesamtzahl der weiblichen ZK-Mitglieder, die lediglich die Volksschule absolvierten, von 1947 bis 1971 etwas erhöht. Da jedoch die Anzahl der Frauen im Zentralkomitee ebenfalls gestiegen ist, kann für diese Gruppe ein geringfügiger prozentualer Rückgang festgestellt werden, und zwar insbesondere seit 1963. Als stärker rückläufig seit 1963 erweist sich die Anzahl der weiblichen Kandidaten mit Volksschulbildung. Demgegenüber hat sich der Anteil weiblicher ZK-Mitglieder, die ein Studium an einer (Fach-) Hochschule oder Universität abschlossen, 1963 sprunghaft erhöht. Gemeinsam mit den Fachschulabsolventinnen überwiegen sie seitdem die Anzahl der Volksschulabsolventinnen.

Diese Ergebnisse stehen keineswegs im Gegensatz zu den bereits oben festgestellten Beharrungstendenzen unter den weiblichen Mitgliedern, die auch eine Stagnation in bezug auf das Bildungsniveau bewirken könnten; vielmehr lassen sie sich eindeutig auf die 1963 erfolgte zahlenmäßige Vergrößerung der weiblichen ZK-Mitgliedschaft zurückführen. Hieraus ergibt sich, daß die Auswahl der neu hinzu gekommenen Frauen offensichtlich unter besonderer Beachtung ihres Bildungsniveaus stattgefunden hat. Der für die Wahl ins Zentralkomitee in Betracht kommende Personenkreis hat sich demnach stark eingeengt und umfaßt in erster Linie solche Frauen, die sich durch ihre Qualifikation auszeichnen. Diese Tendenz wird deutlich sichtbar, wenn man nach dem Ausbildungsabschluß der seit 1963 zu neuen ZK-Mitgliedern gewählten Frauen fragt. Von den vier weiblichen Neuaufnahmen ins Zentralkomitee 1963 hatten drei Frauen eine Universität oder Fachhochschule absolviert; unter den beiden Neuaufnahmen 1971 befindet sich ebenfalls eine Akademikerin.

Dieses Ergebnis deckt sich uneingeschränkt mit den von Ludz erarbeiteten Tendenzen hinsichtlich des stetig wachsenden Bildungsstandes der ZK-Mitglieder und -Kandidaten[28], die der allgemeinen Steigerung des Ausbildungsniveaus in der DDR-Gesellschaft entsprechen. Das Interesse der Parteispitze, im Zentralkomitee Personen mit hohem Ausbildungsniveau zu versammeln, ist also keineswegs geschlechtsspezifisch differenziert, sondern bezieht die Frauen gleichermaßen mit ein und setzt sie denselben Anforderungen an eine möglichst hohe Qualifikation aus.

Es kann deshalb angenommen werden, daß die notwendige Verjüngung unter den weiblichen ZK-Mitgliedern insbesondere unter Berücksichtigung des Bildungsniveaus

Tabelle 16: Die weiblichen Mitglieder (M) und Kandidaten (K) des Parteivorstandes bzw. Zentralkomitees der SED (1947–1971) nach ihrem Schul- bzw. Ausbildungsabschluß

Schul- bzw. Ausbildungsabschluß	Parteivorstand 1947	ZK 1950		ZK 1954		ZK 1958		ZK 1963		ZK 1967		ZK 1971	
		M	K	M	K	M	K	M	K	M	K	M	K
Volksschule	5	4	2	4	5	5	5	5	2	6	2	6	3
Realschule/Mittlere Reife	1	1		1	1	1		1		1		1	
Fachschule	2	2		2		2	1	2	2	2	2	3	1
Fachhochschule, Hochschule, Universität				2		1	1	5	1	5	2	5	2
keine Angaben	2	1	1			3	2	3	2		2	3	1
Frauen insgesamt	10	8	3	9	9	11	10	15	5	16	6	18	7

und der beruflichen Qualifikation erfolgen wird. Die Frage, ob sich dadurch die Chancen der weiblichen Kandidaten erhöhen, als Mitglieder im Zentralkomitee aufzurücken, muß jedoch verneint werden. Zwar liegt innerhalb dieses Personenkreises das Verhältnis von Volksschulabsolventinnen zu Fach- und Hochschulabsolventinnen seit 1963 eindeutig zugunsten der letztgenannten Kategorie; jedoch trifft die von Ludz herausgestellte „Bewährungsfunktion der Kandidatenzeit gerade für Fachhochschul- und Hochschulkader im Rahmen des Parteiapparates"[29] auf die weiblichen Kandidaten nicht zu. Wenn auch die erhebliche Fluktuation unter ihnen 1967 und 1971 zurückgegangen ist, so hat doch der Wechsel im Kandidatenstand in den genannten Jahren gerade die Hochschulabsolventinnen betroffen. Von einer „Bewährungszeit für Hochschulkader" kann bei Frauen auch insofern nicht gesprochen werden, da sie – wie oben dargelegt – seit 1963 in größerer Anzahl, ohne eine vorherige Kandidatenzeit durchlaufen zu haben, zu Mitgliedern des Zentralkomitees gewählt wurden.

Neben der Betrachtung des Schulbildungsniveaus läßt eine Analyse des Standes der beruflichen Ausbildung Rückschlüsse auf Art und Grad der Qualifikation der weiblichen ZK-Mitglieder und -Kandidaten zu. Zu diesem Zweck wurden die Angaben über den von den Frauen „erlernten Beruf" in Tabelle 17 zusammengestellt. Auf Grund des zahlenmäßig begrenzten Personenkreises verzichtete die Verfasserin auf eine Differenzierung nach Mitgliedern und Kandidaten.

Als wesentliches Ergebnis ist festzuhalten, daß die seit 1950 bestehende berufsstrukturelle Zusammensetzung der Frauen keine größeren Veränderungen erfahren hat; vielmehr sind die einzelnen Kategorien in annähernd gleichbleibendem Umfang vertreten. Danach liegen die augenfälligsten Unterschiede nicht so sehr zwischen den einzelnen Zentralkomitees, sondern generell zwischen den Kategorien der von Frauen ergriffenen Berufe.

Die weiblichen ZK-Mitglieder und -Kandidaten haben in überwiegendem Maße Be-

Tabelle 17: Die weiblichen Mitglieder und Kandidaten des Parteivorstandes bzw. Zentralkomitees der SED (1946–1971) nach dem erlernten Beruf

Erlernter Beruf	Parteivorstand		Zentralkomitee (Mitglieder u. Kandidaten)					
	1946	1947	1950	1954	1958	1963	1967	1971
Industrielle Berufe (insgesamt):	2	3	–	1	2	2	2	2
Diplom-Chemikerin						1	1	
Facharbeiterin						1	1	1
Arbeiterin	2	3		1	2			1
Landwirtschaftliche Berufe (insges.):	–	1	1	4	2	3	3	3
Diplom-Agronom						1	1	1
Staatlich geprüfter Landwirt					1	1	1	1
Bäuerin				1				
Landarbeiterin/landwirtschaftl. Gehilfin		1	1	3	1	1	1	1
Verwaltende Berufe (insgesamt):	4	3	7	7	8	7	9	13
Dipl.-Volkswirt/Dipl.-Wirtschaftler				1	1	1	1	3
Industrie-Ökonom							1	1
Kaufmännische Angestellte	2	2	4	3	3	3	4	5
Buchhalterin/Kontoristin	1		1	1	1	1	1	1
Korrespondentin			1					
Stenotypistin	1	1	1	2	2	2	2	2
Einzelhandelskaufmann/Verkäuferin					1			1
Berufe im Dienstleistungswesen (insgesamt):	1	1	1	3	4	4	4	4
Schneiderin	1	1	1	2	2	3	3	3
Köchin				1	1	1	1	1
Hausangestellte					1			
Erzieherische Berufe (insgesamt):	–	–	–	1	1	1	2	1
Hochschullehrerin							1	
Lehrerin				1	1	1	1	1
Freie Berufe (insgesamt):	–	1	–	1	1	3	2	2
Rechtsanwältin				1	1	1	1	1
Journalistin		1						
Schriftstellerin						1		
Malerin/Graphikerin						1	1	1
Keine Angaben	4	1	2	1	3	–	–	–

rufe erlernt, die im Bereich der Verwaltung und des Handels liegen. Tätigkeiten als kaufmännische Angestellte, Buchhalterin oder Stenotypistin charakterisieren sie als „Vollzugsgehilfinnen", die primär Büroarbeiten ausführen. In bezug auf den erlernten Beruf ergibt sich somit für die Frauen im Zentralkomitee eine bemerkenswerte Parallelsituation zu den weiblichen Sekretären im regionalen Parteiapparat. Wie oben festgestellt wurde, haben diese ebenfalls sehr zahlreich eine kaufmännische Berufsausbildung absolviert.[30]

Hinter den verwaltenden Berufen rangieren an zweiter Stelle die von Frauen erlernten technischen Berufe, die zur Ausübung von Tätigkeiten in Industrie und Landwirtschaft befähigen. Unverkennbar — wenn auch auf Grund des kleinen Personenkreises graduell kaum meßbar — sind die landwirtschaftlichen Berufe stärker vertreten als die industriellen. Etwas zahlreicher repräsentiert sind auch die Berufe im Dienstleistungswesen, während die erzieherischen und freien Berufe in geringerer und annähernd der gleichen Größenordnung rangieren.

Die berufsstrukturelle Zusammensetzung der weiblichen ZK-Mitglieder und -Kandidaten entspricht in ihren Relationen ungefähr der allgemeinen Berufssituation der weiblichen DDR-Bevölkerung. Danach ist der Frauenanteil unter den Beschäftigten in den nichtproduzierenden Bereichen sowie im Handel mit nahezu 70 Prozent (1968) am höchsten; in der Landwirtschaft (1968: 46,1 Prozent) und in der Industrie (1968: 41,0 Prozent) liegt er dagegen wesentlich niedriger.[31] Diese Zahlen beziehen sich zwar auf die ausgeübte Berufstätigkeit, die sich nicht unbedingt mit dem erlernten Beruf decken muß. Trotzdem können sie herangezogen werden, um den weitgehend repräsentativen Charakter der berufsstrukturellen Zusammensetzung der weiblichen ZK-Mitglieder und -Kandidaten zu verdeutlichen. Demnach sind die für die ZK-Mitgliedschaft in Betracht kommenden Frauen keiner besonderen Selektion unter dem Aspekt des erlernten Berufes unterworfen, wobei einer speziellen Berufsgruppe möglicherweise größere Aufstiegschancen eingeräumt werden könnten. Allerdings sei vermerkt, daß die erzieherischen Berufe nur geringfügig vertreten sind; es handelt sich hierbei um einen Bereich, in dem überwiegend Frauen arbeiten.

Die verschiedenen Kategorien der von den Frauen erlernten Berufe entsprechen in ihren Relationen nicht den Analyseergebnissen von Ludz. Seiner tabellarischen Zusammenstellung[32] ist das eindeutige Überwiegen von industriellen und landwirtschaftlichen Berufen innerhalb des Zentralkomitees zu entnehmen. In bezug auf das Untersuchungsmerkmal „erlernter Beruf" sind also ausgeprägte geschlechtsspezifische Unterschiede feststellbar, und zwar analog zu eben denselben unterschiedlichen Relationen zwischen den Berufskategorien, wie sie für die männliche und weibliche Bevölkerung bestehen.

Dagegen können die schichtenspezifischen Veränderungen hinsichtlich einer stärkeren Vertretung jener Berufsgruppen, die der oberen Mittel- und der Oberschicht zugehören[33], in entsprechender Weise für die weiblichen ZK-Mitglieder und -Kandidaten bestätigt werden. Wie aus Tabelle 17 ebenfalls hervorgeht, sind — wiederum seit 1963 — solche erlernten Berufe zahlreicher vertreten, die eine höhere Qualifikation erfordern und zur Ausübung leitender Funktionen befähigen. Da diese Berufe ein abgeschlossenes Universitätsstudium voraussetzen, lassen sich in diesem Fall Parallelen zum Schulbildungsniveau der Frauen ziehen. Es fällt besonders auf, daß sich 1963 erstmalig Frauen in der Kategorie „Technischer Bereich" finden, die einen hochqualifizierten Beruf erlernt haben. Seitdem können allen Bereichen — ausgenommen das Dienstleistungswesen — weibliche Mitglieder bzw. Kandidaten zugeordnet werden, die einen Beruf für leitende Funktionen erlernt haben.

Somit wird auch unter den Frauen im Zentralkomitee der Trend zur „Verfachlichung" seit 1963 deutlich sichtbar. Entsprechend ihrer höheren beruflichen Qualifikation und fachlichen Kompetenz dürften diese Frauen in der Lage sein, in den Sitzungen des Zentralkomitees sachbezogen und damit effektiv mitzuberaten.

Der Trend zur Verfachlichung hat jedoch noch nicht zu einer zahlenmäßigen Verringerung der Gruppe der kaufmännischen Angestellten führen können. Nach wie vor rangiert dieser Beruf an erster Stelle, was wiederum auf das relativ starke Beharrungsvermögen der weiblichen ZK-Mitglieder hindeutet. Da sich im übrigen die im Parteiapparat und in den Massenorganisationen tätigen Funktionärinnen überwiegend aus dieser Berufsgruppe rekrutieren, dürften sich in der nächsten Zeit keine wesentlichen strukturellen Veränderungen in bezug auf dieses Merkmal ergeben.

ee) Zur Repräsentanz der Funktionsbereiche (Ausgeübter Beruf)

Zum Zeitpunkt der Aufnahme ins Zentralkomitee bzw. während der Dauer ihrer Mitgliedschaft übten und üben die Frauen hauptamtliche Tätigkeiten aus, die sie als Funktionärinnen im Partei-, Staats- oder Wirtschaftsapparat kennzeichnen; weitere Frauen können als Repräsentanten der Massenorganisationen, des wissenschaftlichen und kulturellen Bereichs charakterisiert werden. Andere weibliche Mitglieder und Kandidaten haben — entsprechend ihrer beruflichen Situation — lediglich eine dekorative Funktion im Zentralkomitee inne, und ihre Aufnahme in dieses Parteiorgan gleicht eher einer ehrenden Auszeichnung, als daß sie auf einer politisch und beruflich gefestigten Stellung innerhalb der verschiedenen Apparate basiert.

In Tabelle 18 sind die weiblichen ZK-Mitglieder und -Kandidaten nach den Funktionsbereichen aufgeführt, welche sie zum Zeitpunkt ihrer Wahl in das Zentralkomitee 1971 repräsentierten. In dieser namentlichen Einzelaufstellung wurde eine Reihenfolge gewählt, der weitgehend eine Abstufung nach dem Machtbereich der jeweiligen Positionen zugrunde liegt.[34]

Als ein wichtiges Merkmal gegenüber früheren Jahren kann der Tabelle 18 eine stärkere Differenzierung der weiblichen ZK-Mitgliedschaft nach den von ihr vertretenen Herrschaftsbereichen entnommen werden. Bis einschließlich 1958 gehörten die Frauen mehr oder weniger zahlreich, aber doch stets überwiegend auf Grund ihrer hauptamtlichen Parteifunktionen dem Zentralkomitee an (1950: 7 von 11 Frauen; 1958: 10 von 21 Frauen). Insgesamt dominierten bis zu diesem Zeitpunkt die weiblichen Mitglieder und Kandidaten, die im Partei- und Staatsapparat tätig waren (1954: 13 von 18 Frauen; 1958: 17 von 21 Frauen). Seit 1963 hat sich die relative Verteilung der Frauen auf die einzelnen Funktionsbereiche wesentlich verändert. Nunmehr finden sich in allen im Zentralkomitee repräsentierten Herrschaftsbereichen weibliche Vertreter, unter gleichzeitiger Verminderung der absoluten Dominanz der Partei- und Staatsfunktionärinnen (hauptamtliche Funktionen in Partei- und Staatsapparat 1963:

Tabelle 18: Die weiblichen Mitglieder und Kandidaten des Zentralkomitees der SED 1971 nach den von ihnen repräsentierten Funktionsbereichen

Funktionsbereich	Name	Ausgeübte Hauptfunktion
Parteiapparat	Wolf, Hanna	Direktor der Parteihochschule „Karl Marx" der SED
	Lange, Inge	Leiterin der Abteilung Frauen des ZK
	Trautzsch, Gisela	Abteilungsleiterin im ZK
	Berg, Helene	Redaktionsmitglied (politisch-theoretische Zeitschrift)
	Lange, Marianne	Lehrstuhlleiter an der Parteihochschule „Karl Marx" der SED
	Brandt, Edith	Sekretär der SED-Bezirksleitung Halle
	Zellmer, Christa (Kandidat)	Sekretär der SED-Bezirksleitung Frankfurt/Oder
	Holzmacher, Gerda	Vorsitzende der BPKK Gera
	Weingart, Edith (Kandidat)	1. Sekretär der SED-Kreisleitung Arnstadt
	Zschau, Ursula (Kandidat)	BPO-Sekretär in einem VEB
	Hempel, Eva (Kandidat)	Sektorleiterin in der SED-Bezirksleitung Schwerin
	Kern, Käthe	Parteiveteranin[1]
Staatsapparat	Honecker, Margot	Minister für Volksbildung
	Wittkowski, Margarete	Präsident der Staatsbank der DDR
	Baumann, Edith	Sekretär des Ostberliner Magistrats
Wirtschaftsapparat	Ermisch, Luise	Betriebsleiter des VEB Bekleidungswerk Mühlhausen
	Walther, Elisabeth	Kombinatsdirektor des VEB Vereinigte Strumpfwerke „ESDA"
	Hoppe, Ilse (Kandidat)	Direktor des Centrum-Warenhauses Leipzig
	Müller, Margarete	LPG-Vorsitzende; Kandidat des Politbüros
	Sternberg, Frieda (Kandidat)	LPG-Vorsitzende
Massenorganisationen	Thiele, Ilse	Vorsitzende des DFD-Bundesvorstandes
	Töpfer, Johanna	Stellvertreter des Vorsitzenden des FDGB-Bundesvorstandes
Wissenschaftlicher Bereich	Benjamin, Hilde	Professor an der Deutschen Akademie für Staats- und Rechtswissenschaft „Walter Ulbricht"
Kultureller Bereich	Grundig, Lea	Professor für Graphik; Ehrenpräsident des Verbandes Bildender Künstler
Dekorative Funktion	Tamme, Irene (Kandidat)	Montiererin in einer Spindel- und Spinnflügelfabrik

1 Mit der Bezeichnung „Parteiveteran" werden diejenigen Parteimitglieder versehen, die sich schon in jungen Jahren — vornehmlich vor dem Ersten Weltkrieg — der Arbeiterbewegung anschlossen und aus Altersgründen ihre hauptamtlichen Funktionen im Partei- und Staatsapparat nicht mehr ausüben bzw. nicht mehr aktiv am Parteileben teilnehmen. Vgl. A bis Z (Anm. II/158), S. 463; Ludz, Parteielite (Anm. Einl./15), S. 347.

11 von 20 Frauen; 1967: 13 von 22 Frauen). Damit haben sich für die Frauen die Möglichkeiten und Chancen vervielfältigt, den Aufstieg in dieses Gremium auch über hauptamtliche Tätigkeiten außerhalb des Partei- und Staatsapparates zu vollziehen.

Jene Frauen, die hauptamtliche Parteifunktionen bekleiden, sind überwiegend in

Leitungsfunktionen des regionalen SED-Apparates tätig, und zwar als Ressort-Sekretäre von Bezirksleitungen, als Vorsitzende von Bezirksparteikontrollkommissionen oder als 1. Sekretäre von SED-Kreisleitungen. Innerhalb der Parteihierarchie nehmen sie damit Positionen ein, die Ludz als „mittlere Mitte" bezeichnet.[35]

Nur gering ist dagegen die Zahl der Frauen, die zwar nicht zur eigentlichen politischen Führungsgruppe der SED gehören, aber trotzdem innerhalb des Parteiapparates Spitzenfunktionen bekleideten bzw. bekleiden. Hierzu sind insbesondere die Direktorinnen der beiden zentralen Schulungseinrichtungen der SED, Helene Berg und Hanna Wolf, zu zählen.[36] Über einen erheblich langen Zeitraum haben sie den Bereich der parteipolitischen Erziehung und Bildung im wesentlichen mitgeprägt und beherrscht. Der Altfunktionärin Edith Baumann gelang es gleich zweimal, für kürzere Zeit bis in die politische Machtspitze der SED vorzudringen. Ihre Karriere ist in besonderer Weise durch den Auf- und Abstieg innerhalb der Parteihierarchie gekennzeichnet; die vorübergehende politische Degradierung hatte jedoch nie den Ausschluß aus dem Zentralkomitee zur Folge.

Es fällt auf, daß die Leiterin der Abteilung Frauen im ZK-Apparat stets dem Zentralkomitee angehört. Ein personeller Wechsel in der Leitung dieser Abteilung hat sich jeweils auch in der weiblichen Mitgliedschaft des Zentralkomitees bemerkbar gemacht und sowohl die Aufnahme als auch den Ausschluß bewirkt. Die ZK-Mitgliedschaft ergibt sich zwar nicht von Amts wegen aus dieser Funktion; jedoch scheint die SED-Führung dieser Abteilung als oberster Koordinierungs- und Kontrollinstanz ihrer Frauenpolitik besondere Bedeutung beizumessen, wie es in der Zugehörigkeit der Abteilungsleiterin zum Zentralkomitee zum Ausdruck kommt.

Es sei schließlich noch vermerkt, daß sich nur wenige fachlich vorgebildete Frauen in der Gruppe der hauptamtlichen Parteifunktionärinnen finden, deren Mitglieder sich im allgemeinen nicht durch eine sachbezogene Ausbildung, sondern durch eine traditionelle Parteischulung auszeichnen. Allerdings fällt die steigende Anzahl von Frauen auf, die ein Studium am Institut für Gesellschaftswissenschaften beim ZK der SED bzw. an der Parteihochschule „Karl Marx" mit einem Diplom abgeschlossen haben. So befinden sich unter den hauptamtlichen Parteifunktionärinnen im Zentralkomitee 1971 bereits fünf Diplom-Gesellschaftswissenschaftlerinnen; 1967 führten nur zwei Frauen diesen Titel.

Die Massenorganisationen hatten mit Edith Baumann, Generalsekretär der FDJ, bereits im ersten Parteivorstand von 1946 einen weiblichen Vertreter. Mit Ausnahme der Zentralkomitees von 1958 und 1971 hat stets auch eine Frau die Jugendorganisation in diesem Gremium repräsentiert, und zwar meistens lediglich im Status eines Kandidaten. Seit Gründung des Demokratischen Frauenbundes Deutschlands im März 1947 nimmt die jeweilige Vorsitzende dieser Massenorganisation ebenfalls ihren Platz im Zentralkomitee ein; allerdings hat ein personeller Wechsel im Vorsitz immer den Ausschluß aus dem Zentralkomitee zur Folge gehabt. Der FDGB wird erst seit 1971 von einer Funktionärin repräsentiert; Johanna Töpfer, auf dem 7. FDGB-Kongreß im Mai 1968 zum Stellvertreter des Vorsitzenden des FDGB-Bundesvorstandes gewählt[37], rückte im Juni 1971 als neues ZK-Mitglied in dieses Gremium ein.

Die im Staatsapparat hauptamtlich tätigen weiblichen Parteimitglieder waren 1950 erstmalig mit einer Frau im Zentralkomitee vertreten; seit 1954 ist ihre Anzahl im obersten Führungsorgan der SED erheblich angestiegen. Hinter den zahlreichen Parteifunktionärinnen rangierte die Gruppe der hauptamtlichen Staatsfunktionärinnen bis 1971 an zweiter Stelle (1958: 7 von 21 Frauen; 1967: 5 von 22 Frauen). Mit drei weiblichen Ministern der DDR[38] gehörten bzw. gehören nahezu alle Spitzenfunktionärinnen des Staatsapparates diesem Gremium an. Die übrigen Frauen haben Stellungen als Haupt- bzw. Abteilungsleiter in Ministerien inne, als stellvertretende Vorsitzende von Bezirksräten, Vorsitzende von Kreisräten und als Bürgermeister kleinerer Gemeinden. Sie sind dem mittleren Funktionärkorps zuzurechnen.

Im Vergleich mit den weiblichen Repräsentanten des internen Parteiapparates finden sich unter den Frauen, die Hauptfunktionen im staatlichen Herrschaftsbereich ausüben, in größerem Maße fachlich vorgebildete Funktionärinnen. Hier sind insbesondere die Juristin Hilde Benjamin, bis 1967 Minister der Justiz, und die Nationalökonomin Margarete Wittkowski zu nennen. Die beiden kaufmännischen Angestellten, Käthe Kern und Margot Honecker, können zwar von ihrer Ausbildung her nicht als Experten bezeichnet werden, jedoch läßt deren langjährige Ausübung gleichbleibender Funktionen in Ministerien darauf schließen, daß sie sich in ihrer praktischen Tätigkeit Fachkenntnisse erworben haben.[39]

1954 und 1958 war der Wirtschaftsapparat mit einer Betriebsleiterin und einer LPG-Vorsitzenden innerhalb der weiblichen ZK-Mitgliedschaft relativ gering repräsentiert. In diesem Funktionsbereich haben sich 1963 die größten Veränderungen ergeben. Die Zugehörigkeit von nunmehr drei Werkleiterinnen (1967) bzw. zwei Betriebsleiterinnen und einer Warenhaus-Direktorin (1971) sowie zwei LPG-Vorsitzenden kann als Hinweis darauf angesehen werden, daß den Frauen inzwischen ein zaghafter Einbruch in die Wirtschaftsführung gelungen ist.[40] Bei den Vertreterinnen dieses Bereiches handelt es sich durchweg um Wirtschaftsexperten mit fachlicher Ausbildung. Der für das Zentralkomitee von 1963 festgestellte Trend zur Verfachlichung wurde also primär durch das zahlenmäßige Anwachsen dieser Gruppe bewirkt. In diesem Zusammenhang sei auch darauf hingewiesen, daß seit 1958 — insbesondere seit 1963 — die weiblichen Kandidaten des Politbüros nicht als hauptamtliche Funktionärinnen dem internen Parteiapparat entstammen, der im Zentralkomitee von den Frauen zahlenmäßig am stärksten vertreten wird, sondern daß diese Kandidaten zu den Repräsentanten des Wirtschaftsapparates gehören. Insofern kommt der Gruppe der Wirtschaftsfunktionärinnen im Zentralkomitee ein besonderes Gewicht zu.

Seit 1963 werden auch der kulturelle und der wissenschaftliche Bereich von Frauen vertreten. Ebenso wie die Massenorganisationen sind diese Apparate nur relativ schwach im Zentralkomitee repräsentiert.

1947, 1958 und 1971 konnte die Mitgliedschaft oder Kandidatur einiger Frauen auf Grund ihrer beruflichen Situation zum Zeitpunkt des Eintritts in den Parteivorstand bzw. das Zentralkomitee als „dekorative Funktion" bezeichnet werden. Diese Frauen waren in keinen der genannten Herrschaftsbereiche integriert, sondern standen und stehen als Industriearbeiterinnen in der materiellen Produktion. Im Zentralkomitee nahmen bzw. nehmen sie allerdings eine nur schwache Stellung ein, was sich z. B. an ihrer kurzfristigen Mitgliedschaft von lediglich einer Wahlperiode zeigt.

Ein weiteres wesentliches Merkmal ist hervorzuheben: die berufliche Mobilität der weiblichen ZK-Mitglieder und -Kandidaten ist relativ gering. Während der Dauer ihrer Mitgliedschaft haben nur wenige von ihnen einen weiteren beruflichen Aufstieg erlebt. Der Höhepunkt in der Karriere war durchweg schon zuvor erreicht und dürfte für die Wahl in das Zentralkomitee bestimmend gewesen sein. Damit bestätigt sich für die Frauen die generelle Feststellung, daß beim Eintritt in das Zentralkomitee bzw. unmittelbar danach der berufliche Aufstieg bereits im wesentlichen abgeschlossen sei.[41]

Auch ein Wechsel zwischen den einzelnen Funktionsbereichen ist minimal. Die horizontale berufliche Mobilität der Frauen trat zwar 1950 etwas stärker in Erscheinung, hat sich seitdem aber weitgehend nivelliert. Bis 1963 war für jedes neugewählte Zentralkomitee nur eine Frau feststellbar, die aus einem Funktionsbereich in einen anderen überwechselte. Für 1967 ist keine derartige Veränderung zu verzeichnen. 1971 kann ebenfalls nur in einem Fall von einem tatsächlichen Wechsel der Funktionsbereiche gesprochen werden. Trotz der geringen horizontalen beruflichen Mobilität der weiblichen ZK-Mitglieder und -Kandidaten sind sowohl deren Ausgangspunkt als auch die Zielrichtung recht klar erkennbar. Einerseits wechseln die Parteifunktionärinnen vornehmlich in hauptamtliche Tätigkeiten im Staatsapparat (Käthe Kern 1950; Edith Baumann 1963), zum anderen streben die Vertreterinnen der Massenorganisationen — es handelt sich ausnahmslos um Funktionärinnen der FDJ — die Übernahme von Hauptfunktionen im Parteiapparat an (Edith Baumann 1950; Edith Brandt 1958; Eva Hempel 1971). Einzig dem FDJ-Sekretär Margot Honecker gelang 1954 der sofortige Wechsel in den Staatsapparat. Der Wirtschaftsbereich wird hingegen von der horizontalen beruflichen Mobilität der Frauen nicht berührt. Vermutlich bestehen in Form besonderer Anforderungen an die fachliche Qualifikation Barrieren, die den Wechsel der durchweg fachlich nicht vorgebildeten Funktionärinnen aus dem Parteiapparat und den Massenorganisationen in den Wirtschaftsapparat verhindern. Der Übertritt in einen anderen Herrschaftsbereich hat — soweit erkennbar — nicht unbedingt einen beruflichen Auf- bzw. Abstieg zu Folge; die neuen Funktionen bewegen sich durchweg auf der gleichen Rangstufe.

Für die meisten weiblichen ZK-Mitglieder und -Kandidaten ist also die langfristige Ausübung einer speziellen Funktion kennzeichnend, gleichgültig in welchem Apparat sie tätig sind. Ob diese berufliche *Immobilität* der Frauen aus einer mangelnden Flexibilität oder einseitigen fachlichen Qualifikation resultiert, muß dahingestellt bleiben. Allerdings kann auch nicht übersehen werden, daß die zunehmende Differenzierung und Spezialisierung im staatlichen und wirtschaftlichen Bereich der DDR die Durchlässigkeit der Apparate und die Austauschbarkeit der Funktionäre verhindern. Sicherlich haben sich aber eine Reihe von Funktionärinnen in ihren Positionen bewährt, was letztlich ihr langes Verbleiben nicht nur in ihrem Amt, sondern auch im Zentralkomitee beeinflußt haben dürfte und somit die bereits mehrfach herausgestellten Beharrungstendenzen innerhalb der weiblichen ZK-Mitgliedschaft bewirkt.

ff) Die Verbindung zwischen Partei- und Staatsapparat

Die weiblichen Mitglieder und Kandidaten haben neben ihrer Funktion im Zentralkomitee oft noch zusätzliche Positionen im Partei- und Staatsapparat inne (siehe Tabelle 19). Auffallend ist die gleichzeitige Übernahme weiterer Funktionen zum Zeitpunkt

Tabelle 19: Weibliche Mitglieder und Kandidaten des Parteivorstandes bzw. Zentralkomitees der SED (1946 – 1971) mit zusätzlichen Funktionen im Partei- und Staatsapparat

Name	Funktion bzw. Mitgliedschaft im:					
	Zentralkomitee	Sekretariat d. ZK	Politbüro d. ZK	Staatsrat	Ministerrat	Volkskammer
Baumann, Edith	seit 1946 Mitglied	1949–1953 und Nov. 1961–Jan. 1963 Sekretär des ZK	1958–1963 Kandidat			1947 Deutscher Volksrat 1949 Provisorische Volkskammer 1950–1958 Berliner Vertreter 1958–1963 Abgeordnete seit 1963 Berliner Vertreter
Benjamin, Hilde	seit 1954 Mitglied				1953–1967 Minister	1949 Provisorische Volkskammer 1950–1967 Abgeordnete
Brandt, Edith	seit 1954 Mitglied		1958–1963 Kandidat	1960–1963 Mitglied		1950–1958 Abgeordnete
Ermisch, Luise	seit 1954 Mitglied					seit 1950 Abgeordnete
Hieblinger, Inge	1967–1971 Kandidat					1967–1971 Abgeordnete
Honecker, Margot	1950–1963 Kandidat, seit 1963 Mitglied				seit 1963 Minister	1949 Provisorische Volkskammer 1950–1954 und seit 1967 Abgeordnete
Kern, Käthe	seit 1946 Mitglied		1946–1950 Mitgl. d. Zentralsekretariats			1947 Deutscher Volksrat 1949 Provisorische Volkskammer seit 1950 Abgeordnete
Krause, Anna	1954–1963 Kandidat 1963–Dez. 1964 Kandidat, seit Dez. 1964 Mitglied					1950–1954 Abgeordnete
Lange, Inge	seit 1963 Mitglied		seit 1963 Kandidat	seit 1971 Mitglied		1952–1954 und seit 1963 Abgeordnete
Müller, Margarete						seit 1963 Abgeordnete
Schmidt, Elli	1946–1954 Mitglied		1946–1950 Mitglied d. Zentralsekr., 1950–1953 Kand. d. Politb.		1953 (im Ministerrang)	1947 Deutscher Volksrat 1949 Provisorische Volkskammer 1950–1954 Abgeordnete
Selbmann, Käte	1950–1954 Kandidat					1950–1954 Abgeordnete
Thiele, Ilse	seit 1954 Mitglied			seit 1971 Mitgl.		seit 1954 Abgeordnete
Wittkowski, Margarete	1954–1958 Mitglied 1958–1963 Kandidat seit 1963 wieder Mitgl.				1961–1967 Minister	1952–1958 und 1963–1967 Abgeordnete

des Eintritts in das Zentralkomitee bzw. unmittelbar danach; mit dem innerparteilichen Aufstieg finden diese Frauen anscheinend besondere Beachtung bei der Betrauung mit zusätzlichen Ämtern.

Von den in Frage kommenden Doppelmitgliedschaften im Partei- und Staatsapparat macht die Funktion eines Abgeordneten der Volkskammer den größten Anteil aus; hierin deutet sich bereits an, daß die Frauen in den Parlamenten der DDR zahlreicher vertreten sind als in den Exekutivorganen der Partei und des Staates. 14 der 45 weiblichen Mitglieder und Kandidaten, die seit 1950 dem Zentralkomitee angehören, waren oder sind zugleich in der obersten Volksvertretung der DDR tätig, unter ihnen fünf Frauen, die bereits 1949 in der Provisorischen Volkskammer wirkten. Mit drei weiblichen Ministern ist auch seitens der Frauen die Verbindung zwischen zentralem Parteiapparat und oberster staatlicher Exekutive hergestellt, wie sie für die Männer auf Grund ihrer zahlenmäßigen Überlegenheit noch intensiver besteht.[42] Funktionen im Staatsrat übten bzw. üben drei Frauen aus. Auch innerhalb des SED-Apparates haben einige weibliche ZK-Mitglieder als Kandidaten des Politbüros zusätzlich höchste Parteifunktionen bekleidet.

Die gleichzeitige Mitgliedschaft in Organen des Partei- und Staatsapparates läßt manche Frau als *Multifunktionärin* erscheinen. Eine derartige Ämterhäufung zeichnet sich insbesondere bei Luise Ermisch in dem Zeitraum von 1960 bis 1963 ab. Als Betriebsleiterin hauptamtlich in der Wirtschaftsführung tätig, fungierte sie zugleich im Parteiapparat als Mitglied des Zentralkomitees und Kandidat des Politbüros und im Staatsapparat als langjährige Abgeordnete der Volkskammer sowie als Mitglied des Staatsrates. Auch die LPG-Vorsitzende Margarete Müller übt neben ihrer Tätigkeit in der Wirtschaftsführung seit 1963 das Amt des Volksvertreters sowie hohe Parteifunktionen aus; seit ihrer Wahl in den Staatsrat 1971 hat sie dieselbe Fülle gleicher Funktionen inne wie zuvor Luise Ermisch.

gg) Ehepaare im Zentralkomitee

Zum Abschluß der Untersuchung soll noch auf ein Phänomen eingegangen werden, das sich in totalitären Staatswesen häufiger findet und im Volksmund mit der Bezeichnung „Familienwirtschaft" charakterisiert wird. Bis Anfang der 50er Jahre trat dieses Phänomen im Parteivorstand bzw. Zentralkomitee der SED deutlich in Erscheinung; einige weibliche Mitglieder und Kandidaten gehörten diesem Gremium zum gleichen Zeitpunkt an wie ihre Ehemänner. Folgende Paare sind hier zu nennen: Elli Schmidt und Anton Ackermann, deren Ehegemeinschaft von ca. 1941 bis 1950 währte; Emmi Damerius und Wilhelm Koenen; Edith Baumann, von 1946 bis 1952[43] mit Erich Honecker verheiratet; Margot Feist, seit 1953 die zweite Ehefrau Erich Honeckers. In diesem Zusammenhang sei auch das Ehepaar Käte und Fritz Selbmann aufgeführt; sie gehörten dem Zentralkomitee zwar nicht gleichzeitig an, doch bekleidete Fritz Selbmann in dem interessierenden Zeitraum als Minister (1949 bis 1958) und als Stellvertreter des Vorsitzenden der Staatlichen Plankommission (1953 bis 1961) Spitzenpositionen im Regierungsapparat der DDR.

Die Tatsache einer ZK-Mitgliedschaft von Ehepaaren sollte aber nicht überbewertet werden. Denn der Zeitpunkt ihrer Aufnahme ins Zentralkomitee deutet darauf hin, daß beide Ehepartner — sie hatten in der voraufgegangenen Periode der illegalen Arbeit und des antifaschistischen Widerstandes sowie in den Aufbaujahren nach Kriegsende gleichermaßen politische Aktivität entfaltet — auf Grund ihres persönlichen Einsatzes in den Parteivorstand bzw. das Zentralkomitee gewählt wurden. Insofern basierte die Stellung der Ehefrauen im Zentralkomitee auf der eigenen Arbeit und Leistung; das gilt insbesondere für Elli Schmidt und Edith Baumann.

Im Falle der Emmi Damerius und Käte Selbmann kann jedoch eine gewisse Protektion auf Grund der herausragenden politischen Spitzenpositionen ihrer Ehemänner angenommen werden. Beide waren kürzere Zeit in der Frauenarbeit der SED bzw. des DFD tätig und sollen wegen mangelnder Fähigkeit ihrer Funktionen enthoben worden sein.[44] Ein weiteres Indiz für die vermutete Protektion ist in ihrer kurzfristigen Zugehörigkeit zum Zentralkomitee für die Dauer von nur einer Wahlperiode zu sehen, während ihre Ehemänner lange Zeit hohe Partei- und Staatsfunktionen ausübten.

Mit Margot und Erich Honecker — seine erste Ehe mit Edith Baumann wurde nach kurzer Zeit geschieden — gehört seit 1954 nur noch ein Ehepaar gleichzeitig dem Zentralkomitee an. Auch Margot Honecker wird — bedingt durch ihre familiären und persönlichen Beziehungen[45] — nachgesagt, ihre politische Karriere basiere auf einer umfassenden Protektion und dem politischen Gewicht ihres Mannes.[46] Sicherlich dürfte sie in ihrem beruflichen und politischen Aufstieg gefördert worden sein. Doch der persönliche Ehrgeiz von Margot Honecker und ihre langjährige Kandidatur im Zentralkomitee sprechen auch dafür, daß eigene Leistungen für den Verlauf ihre Karriere ebenso notwendig, wenn nicht ausschlaggebend waren. Insofern sollte die Stellung Margot Honeckers nicht primär oder einseitig aus ihrer Rolle als Ehefrau eines SED-Spitzenfunktionärs abgeleitet und simplifizierend erklärt werden. Die Entfernung prominenter Ehefrauen (Emmi Damerius-Koenen, Käte Selbmann) aus dem Zentralkomitee zu einem Zeitpunkt, als ihre Männer noch höchste Partei- und Staatsfunktionen innehatten, läßt erkennen, daß nicht allein Protektion, sondern ebenfalls Qualifikation für eine dauerhafte politische Karriere notwendig sind.

2. Die Organe des Zentralkomitees

Wenn auch die Statuten der SED das Zentralkomitee als „höchstes Organ der Partei zwischen den Parteitagen" charakterisieren, so stellt es keineswegs das oberste Leitungsgremium dar. Vielmehr bilden das Politbüro und das Sekretariat des Zentralkomitees die politische Machtspitze der Partei.[47]

Über die Tätigkeit und die Machtbefugnisse beider Organe gibt das Parteistatut nur allgemeine Auskunft:

„Das Zentralkomitee wählt zur politischen Leitung der Arbeit des Zentralkomitees zwischen den Plenartagungen das Politbüro, zur Leitung der laufenden Arbeit, hauptsächlich zur Organisierung der Kontrolle der Parteibeschlüsse und zur Auswahl der Parteiarbeiter, das Sekretariat . . . "[48]

Westliche Beobachter definieren übereinstimmend die Kompetenzen des Politbüros und des Sekretariats. Danach hat das Politbüro, das wöchentlich mindestens einmal tagt, im wesentlichen folgende Aufgabenbereiche wahrzunehmen: Außenpolitik, Gesamtdeutsche Fragen, Wirtschaftspolitik, Kulturpolitik, Sicherheitspolitik. Insbesondere werden alle gesellschaftspolitischen Entscheidungen vom Politbüro getroffen. Demgegenüber übt das Sekretariat primär exekutive Funktionen aus, indem es die organisatorische Arbeit leitet und die Ausführung der Parteibeschlüsse kontrolliert.[49]

a) Politbüro

Unter den 14 Mitgliedern des Zentralsekretariats von 1946 (1947: 16 Mitglieder) befanden sich – entsprechend den Bestimmungen des ersten Parteistatuts – zwei Frauen. Wie alle Mitglieder dieses Organs waren sie unter dem Gesichtspunkt der Parität von ehemaligen SPD- und KPD-Funktionären gewählt worden und leiteten im Zentralsekretariat jenen Aufgabenbereich, den sie bereits vor der Vereinigung im Berliner Vorstand ihrer jeweiligen Partei innehatten: Käthe Kern, Leiterin des Frauensekretariats der SPD, und Elli Schmidt, Leiterin des Frauensekretariats der KPD; gemeinsam standen sie dem Frauensekretariat des Zentralsekretariats vor und zeichneten für die gesamte Frauenarbeit der SED verantwortlich.[50]

Elli Schmidt und Käthe Kern waren zwei der profiliertesten Frauen der ostzonalen KPD und SPD und hatten bereits in ihren ursprünglichen Parteien über einflußreiche und gesicherte Machtpositionen verfügt. Dies trifft insbesondere auf Elli Schmidt zu, die im Auftrage des Zentralkomitees der KPD den Gründungsaufruf vom 11. Juni 1945 mitunterzeichnete.[51] Beide Funktionärinnen hatten sich für die Vereinigung von KPD und SPD aktiv eingesetzt und als Rednerinnen auf speziellen Frauenkundgebungen vor allem um die Zustimmung der weiblichen Parteimitgliedschaft zu dieser Fusion geworben.[52]

Mit Elli Schmidt und Käthe Kern verfügten die weiblichen SED-Mitglieder also über zwei Vertreterinnen im Zentralsekretariat, die sowohl an der „Diskussion über die Parteipolitik und die Richtlinien für den SED-Apparat"[53] teilnahmen als auch an Beschlußfassungen stimmberechtigt mitwirkten. Es kann angenommen werden, daß besonders Elli Schmidt einen erheblichen politischen Einfluß im Zentralsekretariat ausgeübt hat. Die Altkommunistin und aktive Widerstandskämpferin war bereits seit Jahren fest im politischen Machtzentrum der KPD/SED verankert. Schon während ihres Moskauer Exils gehörte sie zum inneren Führungskern der deutschen kommunistischen Emigranten.[54] Auch die bis 1950 währende Lebens- und Ehegemeinschaft mit Anton Ackermann, der ebenfalls dem Zentralsekretariat als Mitglied angehörte, dürfte beiden bei der Festigung ihrer Position in der Parteiführung zugute gekommen sein.[55] Zweifellos hat die Sozialdemokratin Käthe Kern in jenen Jahren im Schatten von Elli Schmidt gestanden, zumal sich ihr politisches Interesse primär auf den engeren Bereich der Frauenarbeit konzentrierte.[56]

Als im Januar 1949 im Zuge der Umstrukturierung der SED zu einer Partei neuen Typus das erste Politbüro gebildet wurde (7 Mitglieder und 2 Kandidaten)[57], setzte es sich nahezu ausschließlich aus Mitgliedern des Zentralsekretariats zusammen; jedoch waren die beiden Frauen nicht in dieses Gremium übernommen worden. Vielmehr wurde Käthe Kern bereits 1949 auf einen „minder wichtigen Posten abgeschoben"[58] — sie übernahm die Leitung der Hauptabteilung Mutter und Kind im Ministerium für Gesundheitswesen — und schied aus ihrer leitenden Tätigkeit im Parteiapparat aus. Elli Schmidt kehrte zwar im Juli 1950 in den engeren Kern der Parteiführung zurück, allerdings nur als Kandidat des Politbüros.

Die Ausschaltung Käthe Kerns ist einerseits unter dem Aspekt der Entfernung ehemaliger SPD-Mitglieder aus der Parteiführung zu sehen, die nach Aufhebung des Paritätsprinzips auf der 1. Parteikonferenz im Januar 1949 gezielt einsetzte[59]; andererseits kann hierin auch eine sofortige Auswirkung der Veränderungen in den Statutsbestimmungen analysiert werden, da nach Lockerung bzw. Streichung der bindenden Festlegungen über das Mindestmaß weiblicher Repräsentanz in allen Parteigremien die Frauen unverzüglich von der Mitgliedschaft im obersten Führungsorgan der SED ausgeschlossen wurden. Bis heute ist es keiner Frau gelungen, als entscheidungsberechtigtes Vollmitglied in das Politbüro aufzusteigen.

Elli Schmidt verblieb bis zum Juli 1953 in ihrer Funktion als Kandidat des Politbüros. Anfang des Jahres 1953 hatte sie ihre politische Stellung noch auszubauen vermocht, als sie — seit Mai 1949 Vorsitzende des Demokratischen Frauenbundes Deutschlands — im Februar 1953 zugleich den Vorsitz der Staatlichen Kommission für Handel und Versorgung übernahm und damit im Rang eines Ministers stand.[60]

Schon kurze Zeit später — in den Junitagen des Jahres 1953 — nahm ihre politische Karriere ein spektakuläres Ende. Obwohl Elli Schmidt als „eine der zuverlässigsten Genossinnen" galt und sich niemals ideologischer Abweichungen schuldig machte[61], hatte sie sich dem gemäßigten Flügel im Politbüro — wie übrigens auch ihr geschiedener Mann Anton Ackermann — angeschlossen, der eine Ablösung Ulbrichts durch Rudolf Herrnstadt anstrebte.[62] Elli Schmidt soll nicht nur „längere Zeit sehr aktiv an dem Kampf der Gruppe Zaisser-Herrnstadt teilgenommen", sondern auch persönlich gegen Ulbricht Stellung bezogen und in einer Politbüro-Sitzung „eine der gröbsten Formulierungen" gegen ihn geprägt haben.[63]

Ihr Verhalten in diesen internen Auseinandersetzungen charakterisiert Elli Schmidt keineswegs als einflußlose Repräsentantin des weiblichen Geschlechts im Politbüro; vielmehr verdeutlicht ihr Eingreifen in den innerparteilichen Machtkampf das Profil einer eigenständigen, nach Herrschaftsausübung strebenden Politikerin. Obwohl sie in ihrer Funktion als Kandidat des Politbüros lediglich beratendes Stimmrecht ausübte, dürfte sie es verstanden haben, ihre Position in diesem Gremium zu festigen und zu stärken und sich ein gewisses Maß an Einflußnahme zu sichern; hierzu scheint insbesondere ihre zusätzliche Funktion als Vorsitzende der Staatlichen Kommission für Handel und Versorgung beigetragen zu haben.

Nachdem der Arbeiteraufstand vom 17. Juni 1953 die innerparteilichen Machtkämpfe überrollt und das Eingreifen der Sowjets Ulbricht vor dem Sturz gerettet hatte[64], wurde die fraktionelle Gruppe Zaisser-Herrnstadt auf dem 15. Plenum des Zentralkomitees (24. bis 26. Juli 1953) zur Rechenschaft gezogen; Elli Schmidt verlor zunächst ihre Funktion als Kandidat des Politbüros und wurde damit aus der engeren Parteiführung entfernt.

Was aber ihren politischen Sturz besonders interessant macht, ist sein schrittweiser

Vollzug, nämlich ihre Absetzung als 1. Vorsitzende des DFD zu einem Zeitpunkt, da sie noch als Mitglied des Zentralkomitees fungierte und die Zentrale Parteikontrollkommission noch nicht über ihre politischen Vergehen geurteilt hatte.[65] Sicherlich dürfte die Ablösung Elli Schmidts als DFD-Vorsitzende auf Grund eines Hinweises der SED-Führung erfolgt sein; aber ebenso sicher haben sich ihre Rivalinnen im DFD, die bis dahin in ihrem Schatten standen, die Gelegenheit nicht entgehen lassen, lang aufgestaute Emotionen abzureagieren.[66] Hatten sie ihr auf dem III. DFD-Bundeskongreß 1950 noch zugejubelt: „Wir lieben unsere Elli Schmidt" und die westdeutschen Kongreßteilnehmerinnen ebenso begeistert ausgerufen: „Ganz Westdeutschland liebt Elli Schmidt"[67], so bezichtigten sie sie nun der Alleinherrschaft und des Hanges zum Personenkult, was sich „in der unbedingten und kritiklosen Anerkennung der Persönlichkeit und der Entscheidungen von Elli Schmidt" geäußert habe. Insbesondere wurden ihr eine „kapitulantenhafte Haltung" gegenüber der „defaitistischen Linie der parteifeindlichen Fraktion Zaisser-Herrnstadt" sowie „ernste politisch-ideologische Schwächen" vorgeworfen.[68]

In dieser vernichtenden Art der politisch-ideologischen und persönlichen Kritik ist weder zuvor noch später je mit einer Frau abgerechnet worden, die sich im politischen Leben der DDR engagiert hatte und an exponierter Stelle in Partei und Staat stand. Hierin demonstriert sich jedoch exemplarisch, daß auch ein weibliches SED-Mitglied keine Rücksichtnahme und Schonung erfährt, wenn es in die politischen Machtkämpfe eingreift, insbesondere sich gegen den Kern der Parteiführung stellt und den persönlichen Einflußbereich auszudehnen versucht.

Auf der 17. ZK-Tagung im Januar 1954 wurde die Parteistrafe über Elli Schmidt verhängt und ihr eine einfache Rüge erteilt.[69] Auf dem IV. Parteitag im März 1954 verzichtete man auf ihre Wiederwahl in das Zentralkomitee. Damit war der Schlußstrich unter eine politische Karriere gezogen, die Elli Schmidt bis in die Machtspitze der Partei getragen hatte. Zwar wurde die Parteistrafe auf der 28. ZK-Tagung im Juli 1956 wieder aufgehoben[70] und Elli Schmidt zum Internationalen Frauentag am 8. März 1957 mit der Verleihung der Clara-Zetkin-Medaille auch seitens des DFD rehabilitiert[71], sie kehrte jedoch nicht wieder in das politische Leben der DDR zurück.[72]

Nach der Ausschaltung Elli Schmidts gehörten dem Politbüro (9 Mitglieder und 4 bzw. 5 Kandidaten) von Juli 1953 bis Juli 1958 keine Frauen an. In der Parteispitze waren die Männer nunmehr unter sich, und zwar ausschließlich solche Männer, die das Vertrauen Ulbrichts besaßen und nun den Anfang Juni 1953 gestoppten „Aufbau des Sozialismus" fortsetzten.[73] Erst seit dem V. Parteitag 1958 finden sich wieder Frauen im Politbüro. Allerdings haben sie – wie zuvor Elli Schmidt – lediglich den Kandidatenstatus inne, üben also eine nur beratende Funktion aus und nehmen an den Abstimmungen im Politbüro nicht teil.

Mit Edith Baumann zog 1958 wiederum eine Altfunktionärin in die Parteispitze ein, die zugleich die Frauenabteilung im zentralen Parteiapparat leitete. Hier zeigen sich bemerkenswerte Parallelen zu Elli Schmidt, die von 1946 bis 1949 die gleichen Funktionen innehatte. Luise Ermisch, langjährige Werkleiterin einer Textilfabrik in Thüringen, repräsentierte hingegen den Wirtschaftsapparat im Politbüro; sie soll aber in diesem Gremium keinen Einfluß ausgeübt haben.[74] Beide Frauen wurden 1963 nicht wiedergewählt. Als Gründe für ihre Ablösung vermutete Carola Stern, daß Luise

Ermisch „ihren Aufgaben nicht gewachsen" und Edith Baumann in ihrem Arbeitsbereich im Sekretariat des Zentralkomitees „gescheitert" sei.[75]

Seit 1963 gehört die LPG-Vorsitzende Margarete Müller[76] dem Politbüro als Kandidat an, das sich inzwischen auf über 20 Mitglieder und Kandidaten vergrößert hat. Bei dem erdrückenden Übergewicht der Männer kann von einem weiblichen Einfluß in diesem Parteigremium kaum die Rede sein.[77]

Auf Margarete Müller treffen jene Merkmale zu, die Ludz seit 1963 für alle Kandidaten des Politbüros festgestellt hat[78]: sie gehört der jüngeren Generation an (geb. 1931) und repräsentiert als Landwirtschaftsexpertin „den Typ des fachlich gebildeten, politisch zuverlässigen, modernen Parteifunktionärs".[79] Demgegenüber findet sich ebenfalls die Ansicht, Margarete Müller habe vorwiegend „dekorative Funktion" und sei „im Politbüro hauptsächlich zur Repräsentation ihres Geschlechtes vertreten".[80] Wenn sie auch die einzige Frau im Politbüro ist und daher zwangsläufig in die Rolle einer *Repräsentantin des weiblichen Geschlechts* gerät, sollte man aus einer solchen *Funktionalisierung* nicht die Möglichkeit und das Ausmaß ihrer Mitbestimmung ableiten und ihr jeglichen politischen Einfluß absprechen. Als erfolgreiche Landwirtschaftsexpertin[81] dürfte sich der Einfluß Margarete Müllers im Politbüro in jenen Grenzen bewegen, die sich — unabhängig vom Geschlecht — aus der allgemeinen Stellung als Kandidat ergeben.

Diese Einschätzung ändert jedoch nichts an der Tatsache, daß die Frauen im Politbüro erheblich unterrepräsentiert sind und insofern das weibliche Geschlecht keinen nennenswerten Einfluß auf die wesentlichen und grundsätzlichen politischen Entscheidungen ausübt. Denn in jenem Gremium vollzieht sich das "decision-making"[82], welches in seinen Auswirkungen alle Bereiche des staatlichen und gesellschaftlichen Lebens in der DDR betrifft. An diesem Prozeß sind also die Frauen, die mehr als die Hälfte der Bevölkerung und gut ein Viertel der Parteimitgliedschaft ausmachen, weitgehend unbeteiligt.

b) Sekretariat des Zentralkomitees

In gleicher Weise wie im Politbüro stellt sich die Situation der weiblichen Parteimitglieder im Sekretariat des ZK der SED dar, zumal zwischen beiden Gremien auf Grund von Personalunion eine enge Verbindung besteht: die ZK-Sekretäre gehören nahezu ausnahmslos dem Politbüro als Mitglieder oder Kandidaten an.[83] Das Sekretariat (etwa 6 bis 10 Mitglieder) leitet sowohl die Fachabteilungen des zentralen Parteiapparates als auch die gesamten untergeordneten Organe an und kontrolliert deren Tätigkeit. Den Sekretären — sie sind hauptamtliche Parteifunktionäre — unterstehen in der Regel mehrere Abteilungen des ZK, und zwar in mehr oder minder direkter Analogie zur Struktur des staatlichen Ministerialapparates. Als Ressortchefs zeichnen sie für Gesamtbereiche der Partei, der Wirtschaft, Landwirtschaft und der Gesellschaft verantwortlich.[84]

Als im Januar 1949 zunächst das Kleine Sekretariat des Politbüros und auf dem III. Parteitag 1950 das Sekretariat des Zentralkomitees gebildet wurde, zog Edith Baumann als erste Frau in dieses Spitzengremium der innerparteilichen Exekutive ein. Sie ist bis heute die einzige Frau geblieben, die jemals die Funktion eines Sekretärs des ZK ausgeübt hat. Umso bedeutsamer ist allerdings die Tatsache, daß sie nach einer mehrjährigen Unterbrechung noch einmal als Mitglied in dieses Organ zurückkehrte.

Die Relegierung Edith Baumanns aus dem Sekretariat des Zentralkomitees im Juli 1953 scheint — ebenso wie der politische Sturz von Elli Schmidt — mit den Ereignissen des Juni-Aufstandes und ihrer Haltung in den voraufgegangenen innerparteilichen Auseinandersetzungen in Zusammenhang zu stehen. Ob sie allerdings in jener Zeit tatsächlich Vorbehalte gegen Ulbricht und seine Politik geäußert hat, womit Carola Stern die Absetzung Edith Baumanns als ZK-Sekretär begründet[85], entzieht sich der Nachprüfung. Vorläufig wurde sie aus der zentralen Parteileitung entfernt und fand seit August 1953 im regionalen SED-Apparat als Sekretär für Landwirtschaft der Bezirksleitung Berlin Verwendung. Bereits 1955 kehrte sie als Leiterin der Abteilung Frauen in den zentralen Apparat zurück und wurde 1958 zum Kandidat des Politbüros gewählt.

Dieser erneute Aufstieg Edith Baumanns Ende der 50er Jahre widerlegt Richert, der im Verlauf ihrer gesamten Parteikarriere lediglich die politische Kaltstellung einer ehemaligen Sozialdemokratin sieht.[86] Vielmehr gelangte sie im November 1961 wieder in ihre frühere Funktion und soll als Sekretär des Zentralkomitees für den Bereich Handel und Versorgung verantwortlich gewesen sein. Diese Wahl war zugleich mit einer besonderen Auszeichnung verbunden: auf der 14. Tagung des Zentralkomitees vom 23. bis 26. November 1961 erstattete Edith Baumann als Kandidat den Bericht des Politbüros.[87]

Die Einsetzung dieser Frau in einem derartig diffizilen Aufgabenbereich, wie es das Gebiet Handel und Versorgung ist, erscheint angesichts ihrer fehlenden fachlichen Ausbildung als unverständlich. Denn die gelernte Stenotypistin hatte ihre Parteikarriere als Apparatschik gemacht, nicht als Technokrat. Möglicherweise war es ihr bis 1961 gelungen, sich wieder eine stabile Machtposition aufzubauen, die ihr die Rückkehr in ihre ehemalige Stellung erlaubte.

Diese Position konnte sie jedoch nur für den kurzen Zeitraum eines Jahres halten. Bereits auf dem VI. Parteitag im Januar 1963 mußte sie ihre Funktion in der Parteispitze wieder abgeben und diesmal — wie es scheint — endgültig. Wie Carola Stern vermutet, ist Edith Baumann, wie vor ihr auch andere, an der „heiklen, kaum zu lösenden Aufgabe gescheitert", die Versorgungslage in der DDR zu bessern.[88] Seit März 1963, nach ihrer gleichzeitigen Entfernung aus dem Politbüro und dem Sekretariat des ZK, ist sie als Sekretär des Magistrats von Ost-Berlin wieder auf Bezirksebene tätig.

Edith Baumann dürfte eine der wenigen Frauen sein, die innerhalb des zentralen Parteiapparates politischen Einfluß ausgeübt haben. Von 1949 bis 1963 war sie — abgesehen von einer zweijährigen Arbeit in der Berliner SED-Organisation — ununterbrochen in ihm tätig. Sie ist damit die einzige Frau, die als hauptamtliche Funktionärin nicht nur bis in die Spitze der Parteiexekutive aufstieg, sondern auch über einen langen Zeitraum hinweg im zentralen Apparat mitarbeitete. Umso mehr erstaunt die Tatsache, daß ihr Name seit einigen Jahren in einer von der DDR publizierten Aufstellung politisch „bedeutender Frauen" fehlt, während weniger bedeutende bzw. bekannte Frauen weiterhin darin Platz und Erwähnung gefunden haben.[89]

c) Der ZK-Apparat

aa) Die Abteilungen des ZK

Nicht nur im Politbüro und im Sekretariat des Zentralkomitees ist die Beteiligung und Mitwirkung von Frauen verschwindend gering; das gleiche Bild bietet sich bei Betrachtung des hauptamtlichen ZK-Apparates, der — in rund 25 bis 30 Abteilungen gegliedert — für die Sachbearbeitung zuständig und den Sekretären untergeordnet ist. Die Abteilungen befassen sich sowohl mit rein innerparteilichen Aufgaben als auch mit Fachaufgaben, die wichtigen Ressorts des Ministerrates entsprechen.[90] Ihre Leiter bedürfen der Bestätigung durch das Zentralkomitee.[91]

Soweit die vorliegenden Quellen[92] einen Überblick über das Ausmaß der weiblichen Mitarbeit im zentralen Parteiapparat gestatten sowie über jene Arbeitsgebiete, in denen Frauen tätig sind, läßt sich die generelle Feststellung treffen, daß die Funktion eines Abteilungsleiters fast ausnahmslos von Männern ausgeübt wird. Von der verantwortlichen zentralen Organisation und Leitung der laufenden Parteiarbeit sind die Frauen — sieht man von der zeitweiligen Tätigkeit Edith Baumanns als ZK-Sekretär ab — nahezu vollständig ausgeschaltet. Weder im Politbüro, wo die generellen politischen Entscheidungen getroffen werden, noch in den leitenden Funktionen des zentralen Parteiapparates, wo die vorbereitenden Arbeiten erfolgen und die Kontrolle der Parteibeschlüsse organisiert wird, ist eine effektive Mitwirkung und Mitbestimmung von Frauen erkennbar. Im Zentrum der parteipolitischen Macht bleiben die Männer unter sich.

Abgesehen von den Leiterinnen der Frauenabteilung konnten nur zwei Funktionärinnen ermittelt werden, die bisher das Amt eines Abteilungsleiters im ZK-Apparat ausgeübt haben. Greta Keilson, von 1946 bis 1950 Mitglied der Zentralen Revisionskommission, arbeitete in den 50er Jahren als Stellvertreterin des Leiters der Abteilung Außenpolitik und Internationale Verbindungen und zeichnete für den letztgenannten Aufgabenbereich verantwortlich. Dieser Abteilung hatte sie für einige Zeit als Leiterin vorgestanden.[93] Die kaufmännische Angestellte und Diplom-Gesellschaftswissenschaftlerin Gisela Trautzsch, im Juni 1971 erstmals zum Mitglied des Zentralkomitees gewählt, ist vermutlich seit Anfang 1969 als Abteilungsleiterin im ZK-Apparat tätig[94]; es konnte allerdings nicht festgestellt werden, für welches Sachgebiet sie verantwortlich zeichnet.

Den personellen Angaben Carola Sterns zufolge finden sich weibliche Sektoren- und Gruppenleiter vor allem in den Abteilungen Agitation, Propaganda, Wissenschaft und Kultur. Ein entsprechendes schwerpunktmäßiges Wirken von Frauen in einigen speziellen Gebieten der Parteiarbeit wurde bereits oben bei Betrachtung der Situation auf Bezirksebene festgestellt. Daher liegt die Vermutung nahe, daß es sich bei dieser Spezialisierung der weiblichen Mitglieder und Funktionäre auf Teilbereiche der Politik um ein Charakteristikum für die Gegebenheiten in der gesamten SED handelt.

Hier stellt sich nun die Frage, ob dadurch eine Mitentscheidung der Frauen über die generelle Linie und Taktik der Partei verhindert wird oder ob ihre Mitarbeit überhaupt nur auf diese eingrenzende Weise zu gewährleisten ist. Beide Teilfragen müssen mit *ja* beantwortet werden, obwohl sie im Gegensatz zum Postulat der Gleichberechtigung stehen. Aber die zunehmende Differenzierung und Kompliziertheit der politischen Prozesse bewirken in einer Partei wie der SED, die das gesamte staatliche und gesellschaftliche Leben zu leiten und zu kontrollieren beabsichtigt, derartige Sachzwänge. Allerdings tritt in der einseitigen Ausrichtung und Begrenzung der weiblichen Mitarbeit sowohl in den Wahlfunktionen der SED als auch im hauptamtlichen Funktionärkorps ein Versäumnis der gesamten Parteileitung und -organisation zutage. Die „allseitige Förderung und Entwicklung der Frauen" scheint innerhalb der SED nicht mit Konsequenz durchgeführt worden zu sein, sondern dort an ihre Grenzen zu stoßen, wo der Durchbruch der weiblichen Mitglieder in die Spitzenfunktionen der Partei erfolgen müßte.

Die Zahl der im zentralen Parteiapparat beschäftigten hauptamtlichen Funktionäre wurde in den 50er Jahren und wird auch wiederum heute mit rund 2000 angenommen.[95] Da die personelle Zusammensetzung, insbesondere der unteren Gliederungen, weitgehend unbekannt ist, lassen sich keine Aussagen über den Frauenanteil machen. Entsprechend den Ergebnissen der vorliegenden Untersuchung kann jedoch eingeschätzt werden, daß der Anteil weiblicher Mitarbeiter in untergeordneten Funktionen denjenigen in leitenden Positionen übertrifft.

bb) Die Arbeitsgruppe Frauen beim ZK

Dem ZK-Apparat bzw. dem Politbüro sind ständige und ad hoc gebildete Kommissionen und Arbeitsgruppen angegliedert, deren Leiter z. T. den Rang von Abteilungsleitern innehaben bzw. diesen gleichgestellt sind. Eine der Arbeitsgruppen hat stets unter weiblicher Leitung gestanden: die Arbeitsgruppe Frauen beim ZK der SED. Die Terminologie für dieses Aufgabengebiet wurde in der Vergangenheit mehrfach geändert. Hervorgegangen aus den ehemaligen Frauensekretariaten der KPD und SPD, entstand 1946 bei Gründung der SED das Zentrale Frauensekretariat. In den 50er Jahren wurde der Sektor Frauen häufig als selbständige ZK-Abteilung bezeichnet. Seit 1961 findet die Terminologie „Arbeitsgruppe Frauen beim ZK der SED" Anwendung und in jüngster Zeit erneut die Bezeichnung „Abteilung Frauen des ZK der SED".

Wie Tabelle 20 zeigt, hat nur selten ein Wechsel in der Leitung dieses Sektors stattgefunden. Wie schon oben hervorgehoben, waren die Frauenleiterinnen stets gleichzeitig Mitglied bzw. Kandidat des Zentralkomitees, was als Gradmesser für die Bedeutung und Bewertung dieses Aufgabenbereichs innerhalb der Parteiarbeit angesehen werden kann.

Seit 1961 befindet sich die Arbeitsgruppe Frauen unter dem Vorsitz von Inge Lange (geb. 1927), die im Range eines Abteilungsleiters steht. Nach ihrer Lehre als Schneiderin war sie von 1946 an als hauptamtliche FDJ-Funktionärin tätig, von 1952 bis 1961 als Sekretär des Zentralrates der FDJ, bis sie die Nachfolge von Edith Baumann im ZK-Apparat antrat. In den 50er Jahren absolvierte sie ein Fernstudium an der Parteihochschule „Karl Marx" beim ZK der SED.[96] Man darf deshalb annehmen, daß die Diplom-Gesellschaftswissenschaftlerin über die ideologischen, agitatorischen und organisatorischen Fähigkeiten verfügt, die sie für die Ausübung ihrer Funktionen im Parteiapparat benötigt.

Tabelle 20: Die Leiterinnen des Arbeitsgebietes Frauen im ZK-Apparat (1946–1971)

Name	Funktion bzw. Bezeichnung des Arbeitsgebietes	Dauer der Tätigkeit	weitere Mitarbeiterinnen
Schmidt, Elli Kern, Käthe	Leiterinnen des Zentralen Frauensekretariats der SED[1]	1946–1949	
Selbmann, Käte	Leiterin der Frauenabteilung im ZK[2]	1949–?	
Baumann, Edith	Leiterin der Abteilung Frauen beim ZK[3]	1955–1961	
Lange, Inge	Leiterin der Arbeitsgruppe Frauen beim ZK[4] (bzw. Leiterin der Abteilung Frauen des ZK[5])	seit 1961	Glöckner, Elli; stellvertretende Leiterin der Arbeitsgruppe Frauen beim ZK[6]
			Kowalski, Doris; Mitarbeiterin der Arbeitsgruppe Frauen[7]
			Werner, Gerda; Mitarbeiterin der Arbeitsgruppe Frauen[8]

1 Zu dieser Bezeichnung vgl. Schmidt, Das wichtigste Glied unserer Frauenarbeit (Anm. II/107), S. 29.
2 Vgl. Protokoll des III. Parteitages der SED (Anm. Tab. 1/5), Bd. II, S. 196. Der genaue Zeitraum der Tätigkeit Käte Selbmanns im ZK-Apparat war nicht feststellbar; vermutlich wurde sie bereits um 1952/53 als Leiterin der Frauenabteilung abgelöst und diese Funktion bis zur Amtsübernahme Edith Baumanns 1955 kommissarisch ausgeübt. Vgl. hierzu Baumann, Die Aufgaben der Partei (Anm. I/39), S. 7.
3 Vgl. Zörner, Glauchauer Konferenz (Anm. II/54), S. 79.
4 Vgl. Lange, Die Kraft der werktätigen Frauen (Anm. I/75), S. 1087.
5 Vgl. Neues Deutschland, 16. 6. 1971, S. 11.
6 Vgl. Glöckner, Elli, Mit gemeinsamer Kraft dem Frauenkongreß entgegen, in: Neuer Weg, 1964, H. 10, S. 461.
7 Vgl. Weber, Gerda, Die Frauen und die neue Verfassung, in: Deutschland-Archiv, 1968, H. 4, S. 428.
8 Vgl. Werner, Gerda, Worauf kommt es nach der Wahl der Frauenausschüsse an? in: Neuer Weg, 1965, H. 13, S. 692.

Die Namen und Ämter der weiteren Mitarbeiterinnen der Arbeitsgruppe Frauen beim ZK sind weitgehend unbekannt. Nur in einigen Fällen publizistischer Tätigkeit erfolgt gelegentlich ein Hinweis auf die Mitarbeit der Autorin in dieser Arbeitsgruppe (siehe Tabelle 20).

Obwohl organisatorische Sondervereinigungen von Genossinnen innerhalb kommunistischer Parteien abgelehnt werden, betonte schon W. I. Lenin die Notwendigkeit einer gezielten Agitation unter den Frauen mit Hilfe spezieller inner- und außerparteilicher Organe. In einem 1920 erfolgten Gespräch mit Clara Zetkin unterbreitete er ihr seine Vorstellungen:

„Die Partei muß Organe haben, Arbeitsgruppen, Kommissionen, Ausschüsse, Abteilungen oder wie sonst man sagen mag, deren besondere Aufgabe es ist, die breitesten Frauenmassen zu wecken, mit der Partei zu verbinden und dauernd unter ihrem Einfluß zu halten.... Wir brauchen eigene Organe zur Arbeit unter ihnen, besondere Agitationsmethoden und Organisationsformen. Das ist nicht Feminismus, das ist praktische, revolutionäre Zweckmäßigkeit."[97]

Im Verlauf dieser Unterredung wurde Clara Zetkin von Lenin beauftragt, „Richtlinien für die Frauenarbeit der Kommunistischen Internationale" auszuarbeiten. Darin entwickelte sie u. a. auch organisatorische Maßregeln für die Bildung und Arbeitsweise von „Frauenagitationsausschüssen", die bei allen nationalen kommunistischen Parteien und deren örtlichen Organisationsformen bestehen sollten.[98]

Unter diesem Aspekt ist die Bildung der Abteilung bzw. Arbeitsgruppe Frauen beim ZK, ihre Zielsetzung und Arbeitsweise zu betrachten und zu verstehen. Denn die SED läßt sich von der allgemeingültigen Erkenntnis leiten, „daß es zur Arbeit mit den Frauen unumgänglich ist, sich auf spezielle Organe und Organisationen zu stützen".[99]

Der Arbeitsgruppe obliegt die Anleitung der gesamten Frauenarbeit der Partei sowie die Kontrolle über die Durchführung der betreffenden Beschlüsse. Dem Prinzip des demokratischen Zentralismus entsprechend besteht eine enge Zusammenarbeit zwischen der Arbeitsgruppe und den ihr nachgeordneten Frauenkommissionen bei den SED-Bezirksleitungen. Die Arbeitsgruppe Frauen beim ZK ist außerdem – über den Rahmen der eigentlichen Parteiarbeit hinaus – für die direkte Anleitung der Arbeit der Genossinnen im Demokratischen Frauenbund Deutschlands verantwortlich.[100]

In dieser Aufgabenstellung, die die agitatorische Beeinflussung der parteilosen Frauen zum Ziel hat, liegt die eigentliche Funktion und das besondere Wirkungsfeld der Arbeitsgruppe. Dabei dienen die überparteilichen Frauenvereinigungen als „Transmissionsriemen"[101], mit deren Hilfe die Politik der SED in die weibliche Bevölkerung hineingetragen werden soll. Bei diesen Organisationsformen handelt es sich einerseits um den DFD, der seinen Adressatenkreis hauptsächlich im Wohngebiet zu erreichen sucht, und andererseits um die Frauenausschüsse in Industrie und Landwirtschaft, die sich an die Arbeiterinnen innerhalb eines Betriebes wenden.[102]

Die Frauenarbeit der SED, mit Hilfe dieser Organisationen und unter der Anleitung und Kontrolle der ZK-Arbeitsgruppe durchgeführt, läßt sich in ihren Grundzügen und wesentlichen Inhalten in den folgenden Punkten umreißen:

1. Politisch-ideologische Aufklärungsarbeit mit dem Ziel der Einbeziehung aller Frauen in das System der sozialistischen Gesellschaftsordnung. Die weibliche Bevölkerung soll von der „Richtigkeit" der SED-Politik überzeugt und für die Durchführung dieser Politik der Partei und der Regierung mobilisiert werden.[103] Besondere Aufmerksamkeit findet dabei „die Entwicklung der politischen Aktivität und die Herausbildung des Staatsbewußtseins bei unseren Frauen"[104];
2. Gewinnung der Frauen für die Ausübung einer Berufstätigkeit, ihre systematische Aus- und Weiterbildung;
3. Auswahl und Einsatz der Frauen entsprechend ihrer Qualifikation in mittlere und leitende Funktionen;
4. Erleichterung und Verbesserung der Arbeits- und Lebensbedingungen der berufstätigen Frauen, insbesondere während der Zeit ihrer Weiterbildung;

5. Auseinandersetzung mit „rückständigen Auffassungen" über die Rolle der Frau in der sozialistischen Gesellschaftsordnung, die der konsequenten Verwirklichung der Gleichberechtigung entgegenstehen.[105]

So wichtig und bedeutsam jeder einzelne dieser Aspekte seitens der SED eingeschätzt wird, das damit verbundene Ziel einer politisch-ideologischen Erziehung der weiblichen DDR-Bürger steht im Vordergrund und ist ein primäres Anliegen der gesamten Frauenpolitik. Alle Organe, die im politischen, gesellschaftlichen und wirtschaftlichen Rahmen der Frauenarbeit agieren, üben zugleich diese erzieherische Funktion aus. Da die in ihnen tätigen Genossinnen von der Arbeitsgruppe Frauen beim ZK in ihrem Aufgabenbereich angeleitet und unterstützt werden, bietet sich die Gewähr für eine konsequente Durchsetzung der Frauenpolitik entsprechend den Vorstellungen der SED.

cc) Die Frauenkommission beim Politbüro

Innerhalb des zentralen Parteiapparates besteht seit 1962 neben der Arbeitsgruppe ein weiteres Gremium, das sich mit Fragen und Maßnahmen zur Frauenpolitik befaßt: die Frauenkommission beim Politbüro der SED. Sie steht seit dieser Zeit unter dem Vorsitz von Inge Lange, die zugleich in Personalunion die Arbeitsgruppe beim ZK leitet. Hierdurch dürfte eine größtmögliche Homogenität der Arbeitsweise und politischen Zielsetzung beider Gremien gegeben sein.

Während im ZK-Apparat hauptamtliche Funktionärinnen tätig sind, setzt sich die Frauenkommission beim Politbüro auch aus Vertreterinnen des Staatsapparates, der Wirtschaft, der Wissenschaft und der Massenorganisationen zusammen (siehe Tabelle 21).[106] Die Größe dieser Kommission und die Anzahl ihrer Mitarbeiterinnen sind nicht bekannt. Es trifft ebenfalls die obige Feststellung zu, daß in den Publikationen der DDR gelegentlich die Autorin eines Artikels als Mitglied dieser Kommission charakterisiert wird.

Prominenteste Mitarbeiterin der Frauenkommission beim Politbüro ist die „First Lady" der DDR, Lotte Ulbricht. In der Funktion eines Kommissionsmitglieds tritt sie immer wieder in der Öffentlichkeit auf; als Rednerin auf Frauenkonferenzen und -kongressen, als Autorin zahlreicher Artikel, in denen sie sich insbesondere zu den Aufgaben und Schwierigkeiten der Frauenarbeit äußert.[107] Wie es scheint, legt Lotte Ulbricht persönlich großen Wert darauf, als „Mitglied der Frauenkommission beim Politbüro" an entsprechenden Veranstaltungen teilzunehmen[108] und weniger als oberste Repräsentantin des Staates respektiert zu werden. Diese Verhaltensweise bekräftigt das aktive Interesse und Engagement, mit denen sie sich für die Anliegen der Frauen, vor allem der berufstätigen, einsetzt.[109]

Wenn Lotte Ulbricht auch keine offiziellen Parteifunktionen innehat, dürfte sie doch die Frauenpolitik der SED nicht unerheblich mitbestimmen. So betont sie nachdrücklich, sie gehöre zu den „Geburtshelfern" der betrieblichen Frauenausschüsse und habe die ganzen Jahre entschieden für die Durchsetzung und die Stärkung der Rechte dieser Ausschüsse gearbeitet.[110] Auch an der Verwirklichung des Kommuniqués des Politbüros der SED „Die Frau — der Frieden und der Sozialismus" (Frauenkommuniqué) wird Lotte Ulbricht ein bedeutender Anteil zugeschrieben.[111]

Tabelle 21: Mitglieder der Frauenkommission beim Politbüro des ZK der SED

Name	Funktion
Lange, Inge	Vorsitzende der Frauenkommission beim Politbüro und Leiterin der Arbeitsgruppe Frauen beim ZK; Abteilungsleiterin im ZK der SED; 1963 Kandidat, seit Dez. 1964 Mitglied des ZK[1]
Ulbricht, Lotte	Mitglied der Frauenkommission beim Politbüro[2]
Grandke, Anita, Prof. Dr. habil.	Mitglied der Frauenkommission; Leiterin der Forschungsgruppe „Die Frau in der sozialistischen Gesellschaft" an der Deutschen Akademie der Wissenschaften zu Berlin[3]
Müller, Margarete[4]	Mitglied der Frauenkommission; Mitglied des Präsidiums und Sekretär des Bundesvorstandes des FDGB[5]
Credo, Renate	Mitglied der Frauenkommission; seit 1965 Direktor des VEB Fotochemische Werke in Berlin-Köpenick, 1971 Abteilungsleiter in der Zentralstelle für chemische Industrie, Berlin; 1963–1971 Mitglied des ZK der SED[6]
Thoms-Heinrich, Lieselotte	Mitglied der Frauenkommission; 1949–1968 Mitarbeiterin in der Redaktion des Zentralorgans der SED „Neues Deutschland", seit 1968 Chefredakteurin der (Frauen-)Zeitschrift „Für Dich"[7]

1 Vgl. z. B. Die Volkskammer der DDR, 5. Wahlperiode (Anm. IV/19), S. 398.
2 Vgl. Becher, Lilly, Lotte Ulbricht, eine Frau unserer Zeit, in: Für Dich, 1963, H. 16, S. 8.
3 Vgl. Weber, Änderungen am Familiengesetz (Anm. I/65), S. 50.
4 Nicht identisch mit der gleichnamigen LPG-Vorsitzenden, Mitglied des ZK und Kandidat des Politbüros!
5 Vgl. Müller, Margarete, Zur Arbeit der Frauenausschüsse bei den Betriebsgewerkschaftsleitungen, in: Neuer Weg, 1966, H. 10, S. 485.
6 Vgl. A bis Z (Anm. II/158), S. 756; Neues Deutschland, 16. 6. 1971, S. 11.
7 Vgl. Die Volkskammer der DDR, 6. Wahlperiode (Anm. IV/19), S. 617.

Trotz dieses prominenten Mitglieds muß der Einfluß, den die Frauenkommission beim Politbüro – ebenso wie die Arbeitsgruppe Frauen beim ZK – innerhalb der Parteiorganisation ausübt, gering eingeschätzt werden. Obwohl sich diese Gremien auch als Interessenvertretung der Genossinnen verstehen[112], ist es ihnen bisher nicht gelungen, eine Erhöhung des weiblichen Anteils in den leitenden Organen der SED durchzusetzen. Allerdings liegt hierin auch nicht die primäre Aufgabe der Arbeitsgruppe und der Frauenkommission. Vielmehr koordinieren sie die Frauenarbeit der Partei, die die gesamte weibliche Bevölkerung betrifft und deshalb von weitreichender gesellschaftspolitischer Bedeutung ist. Die Gremien sind also weniger dafür zuständig, den Status der Genossinnen *innerhalb der Partei* zu verbessern, sondern sie sollen die Masse der *parteilosen* Frauen erfassen und für die Politik der SED, für den Sozialismus, für die aktive berufliche und politische Mitarbeit in der sozialistischen Gesellschaftsordnung gewinnen und mobilisieren.

Entsprechende Richtlinien und Maßnahmen zur Frauenarbeit, die als Parteibeschlüsse allgemeine Verbindlichkeit erlangen, dürften von der Arbeitsgruppe Frauen beim ZK vorbereitet werden. Dabei erhält sie Beratung und Unterstützung von der Frauenkommission beim Politbüro, in der führende Kräfte aus Praxis und Wissenschaft vereint sind.[113] Seit der im Jahre 1964 erfolgten Gründung des Wissenschaftlichen Beirats „Die Frau in der sozialistischen Gesellschaft" beim Präsidenten der Deutschen Akademie der Wissenschaften zu Berlin stützt sich die SED auch in der Frauenarbeit zunehmend auf wissenschaftliche Forschungsergebnisse.[114]

Zur Kontrolle über die Durchführung der Parteibeschlüsse zieht die ZK-Arbeitsgruppe nicht nur die weiblichen SED-Mitglieder heran, die als Funktionärinnen des DFD und der betrieblichen Frauenausschüsse in der praktischen Arbeit stehen; sie organisiert auch zentrale Konferenzen[115], auf denen die Funktionärinnen dieser Organe zu Wort kommen. Ihre offenen und kritischen Beiträge vermitteln einen Einblick in die Schwierigkeiten und Probleme, die sich auch heute noch der raschen und völligen Durchsetzung der Frauenpolitik der SED entgegenstellen.[116]

Auftritte in der Öffentlichkeit sind allerdings seit 1962 — nach Übernahme der Leitung durch Inge Lange — seltener geworden; vermutlich konzentriert sich die Arbeitsgruppe nunmehr stärker auf die parteiinternen Wege der Anleitung und Kontrolle der Frauenfunktionärinnen.[117] Der Grund hierfür dürfte das im Dezember 1961 beschlossene Frauenkommuniqué des Politbüros sein, das eine neue Periode in der Frauenpolitik der SED kennzeichnet.[118] Denn nach der „Sicherung der Staatsgrenze" durch den Bau der Berliner Mauer am 13. August 1961 erfordert „das Ziel, den Sozialismus in der DDR zum Siege zu führen"[119], „nicht nur die gleichberechtigte Mitarbeit der Frauen, sondern auch die Entfaltung aller ihrer Fähigkeiten und Talente".[120] Zur Erreichung dieses Zieles bedarf es aber weniger der spektakulären Massenveranstaltungen in der Öffentlichkeit — wenn auch die beiden vom DFD durchgeführten Frauenkongresse der DDR im Juni 1964 und im Juni 1969 derartige Demonstrationen waren —, sondern der internen sachlichen und fachlich fundierten Arbeit.

3. Zentrale Parteikontrollkommission

Neben der zentralen Parteiexekutive bestehen die obersten Instanzen der Parteijustiz und der Finanzrevision.

Die Zentrale Parteikontrollkommission, 1949 erstmals gebildet, wird vom Zentralkomitee berufen und wacht über die Einhaltung der Parteidisziplin.[121] Dieses Gremium von neun Mitgliedern und fünf Kandidaten (seit 1971 sechs Kandidaten) hat zwar stets Frauen in seinen Reihen gehabt; der geringe Anteil weiblicher Mitglieder liegt allerdings mit 11,1 Prozent noch unter dem entsprechenden Frauenanteil von etwa 15 Prozent in den subalternen Bezirksparteikontrollkommissionen (Anteil weiblicher Kandidaten in der ZPKK: rund 40 Prozent; in den BPKK: 20 bis 25 Prozent). Dem steht jedoch eine bemerkenswert lange Funktionsausübung und mehrfache Wiederwahl aller Mitarbeiter der ZPKK gegenüber (siehe Tabelle 22). Elli Hempel gehört ihr bereits in der 5. Amtsperiode als Mitglied an[122], Herta Geffke wurde dreimal in dieses Organ gewählt und die weiblichen Kandidaten Hanny Gläser und Erna Warnke vier- bzw. ebenfalls dreimal.

Tabelle 22: Die weiblichen Mitglieder und Kandidaten der Zentralen Parteikontroll- und Revisionskommission der SED (1946 bzw. 1949–1971)[1]

Partei-organ	Name	Dauer der Funktionsausübung	
		als Mitglied	als Kandidat
ZPKK	Geffke, Herta	1949–1958	
	Gerbig, Emma		1949–1950
	Gläser, Hanny		seit 1958
	Hempel, Elli	1950–1951 und seit 1954	
	Vielhauer, Irmgard		seit 1971
	Warnke, Erna		1958–1971
ZRK	Bergner, Elli		1950–1954
	Gurgeit, Hildegard	seit 1958	
	Keilson, Greta	1946–1950	
	Langner, Margarete	1952–1954	1950–1952
	Lembke, Herta		seit 1971
	Müller, Sonja	seit 1963	
	Ruske, Gerda	seit 1963	
	Schlichting, Hilde		1963–1971
	Sonntag, Hannelore		seit 1971
	Steier, Gertrud	1950–1963	
	Taubenheim, Maria	1958–1963	
	Verner, Irma	seit 1971	
	Witz, Johanna	seit 1971	
	Zöllner, Margarete	1954–1967	

1 Vgl. Protokoll des II. Parteitages der SED (Anm. Einl./1), S. 429; Protokoll der 1. Parteikonferenz der SED (Anm. II/9), S. 548; Protokoll des III. Parteitages der SED (Anm. Tab. 1/5), Bd. II, S. 197 f.; Neues Deutschland, 26. 7. 1950, S. 1; Protokoll des IV. Parteitages der SED (Anm. Tab. 1/8), Bd. II, S. 1084; Neues Deutschland, 8. 4. 1954, S. 1; Protokoll des V. Parteitages der SED (Anm. Tab. 1/11), Bd. II, S. 1033; Neues Deutschland, 17. 7. 1958, S. 1 und 3; Protokoll des VI. Parteitages der SED (Anm. Tab. 1/12), Bd. II, S. 499 f.; Neues Deutschland, 22. 1. 1963, S. 1; Protokoll des VII. Parteitages der SED (Anm. I/82), Bd. II, S. 293 f. und S. 308; Neues Deutschland, 20. 6. 1971, S. 1 und 5; Stern, Porträt (Anm. II/14), S. 335 ff.

Die bedeutendste Mitarbeiterin der Zentralen Parteikontrollkommission war zweifellos Herta Geffke-Kaasch (geb. 1893), eine Altkommunistin[123], die über die SPD zur KPD gelangte. Zeitweise fungierte sie auch als stellvertretende Vorsitzende; sie ist bis heute die einzige Frau geblieben, die innerhalb dieses Gremiums eine führende Position innehatte. Bekannt wurde sie vor allem als Vorsitzende einer Sonderkommission, die im September 1949 von der ZPKK gebildet wurde, um die Verbindungen deutscher kommunistischer West-Emigranten zu dem angeblichen amerikanischen Agenten Noel H. Field zu untersuchen.[124]

Über die weiteren weiblichen Mitglieder und Kandidaten der Zentralen Parteikontrollkommission ist wenig zu erfahren. Die Mitarbeiter der Parteijustiz wirken in aller Stille, und meist nur in Fällen spektakulärer Untersuchungen gegen Spitzenfunktionäre der SED – wie z. B. im Zusammenhang mit der Affäre Noel H. Field – werden einige Einzelheiten ihrer Tätigkeit bekannt.[125]

4. Zentrale Revisionskommission

Der Zentralen Revisionskommission obliegt die Überprüfung der Parteifinanzen und der Geschäftsführung seitens der zentralen Parteiorgane.[126] In der ZRK haben stets einige Frauen mitgearbeitet; die mehrmalige personelle Vergrößerung der Kommission (1954: von 5 auf 11 Mitglieder; 1958: 21 Mitglieder; 1971: 25 Mitglieder) wirkte sich allerdings nicht auf den weiblichen Mitgliederanteil aus: dieser blieb mit rund 19 Prozent relativ konstant und sank nur vorübergehend durch das Ausscheiden eines weiblichen Mitglieds 1967 auf etwa 14 Prozent ab. Damit liegt der Frauenanteil in der ZRK beträchtlich unter demjenigen in den nachgeordneten Bezirksrevisionskommissionen. Unter den 4 bzw. 5 Kandidaten der ZRK befindet sich im allgemeinen zumindest eine Frau, so daß der prozentuale Anteil von 25 bis 40 Prozent dem entsprechenden Wert für die BRK recht nahekommt.

Auch für die Zentrale Revisionskommission gilt die bereits oben für das Zentralkomitee und die Zentrale Parteikontrollkommission getroffene Feststellung in vollem Umfang: die weiblichen Mitglieder haben sehr stabile Parteipositionen inne und üben ihre Funktion über mehrere Amtsperioden hinweg aus (siehe Tabelle 22). Das trifft zwar auch auf einige Männer in der ZRK zu, die Mehrheit ist jedoch nur während einer, höchstens zwei Wahlperioden tätig. Eine Reihe von männlichen Mitgliedern hat überdies zunächst als Kandidat fungiert, ehe sie in die Vollmitgliedschaft aufrückten. Auch hierin sind Unterschiede zu den Frauen feststellbar. Sie wurden – ohne zuvor eine Kandidatur durchlaufen zu haben – sogleich zu Mitgliedern gewählt. Die schwache Fluktuation unter den Frauen in der ZRK und ihre sofortige Wahl zu Vollmitgliedern können deshalb als Äquivalent für ihre geringere Beteiligung im höchsten Organ der Finanzrevision angesehen werden, als sie vergleichsweise auf Bezirksebene gegeben ist.

Ebenso wie die weiblichen Mitglieder und Kandidaten der ZPKK sind auch die in der ZRK tätigen Frauen nur selten in anderen Leitungsfunktionen der Partei hervorgetreten; die Mehrheit von ihnen arbeitet in beruflichen Positionen, wo sie hauptsächlich mit wirtschaftlichen und organisatorischen Fragen konfrontiert werden. Dieser Trend zum Expertentum innerhalb der Mitgliedschaft der ZRK wurde bereits 1954 von Carola Stern konstatiert und oben auch für die entsprechenden Gremien auf Bezirksebene bestätigt.[127]

5. Zusammenfassung

Die vorliegende Untersuchung über das Ausmaß der Mitwirkung von Frauen in den zentralen Parteiorganen bestätigt im wesentlichen die Feststellungen, die oben für die Gremien auf Bezirksebene gemacht wurden. Wiederum läßt sich aus dem prozentualen weiblichen Anteil im Zentralkomitee und in seinen Organen sowie in der daneben bestehenden Kontroll- und Revisionskommission ablesen, daß der *Zunahme* des Kompetenzbereichs und der Machtstellung dieser Gremien eine *Verringerung* des Frauenanteils in ihnen entspricht. Diese Staffelung wird aus den in Tabelle 23 zusammengestellten Zahlenwerten ersichtlich.

Eine Gegenüberstellung von Mitgliedern und Kandidaten bringt allerdings nicht immer die eindeutigen Ergebnisse, die für die Bezirksleitungen herausgearbeitet werden konnten, daß nämlich der Anteil weiblicher Kandidaten denjenigen weiblicher Mitglieder überwiegt. Die Gründe hierfür liegen in den teilweise erheblichen Schwankungen des prozentualen Anteils weiblicher Kandidaten und in der meist nur geringen Anzahl von Personen, die diese Funktion bekleiden. Deshalb verlieren besonders für die Gremien, denen nur einige wenige Kandidaten angehören (Politbüro, ZPKK, ZRK), derartige Prozentwerte stark an Bedeutung und Aussagekraft und können nur bedingt als Beleg für die Beteiligung von Frauen herangezogen werden.[128]

Im Vergleich mit den entsprechenden Parteiorganen auf Bezirksebene ist der weibliche Anteil in der zentralen Leitung erheblich niedriger. Diese Erscheinung bestätigt wiederum die Zusammenhänge von Zuständigkeit und Verantwortlichkeit innerhalb einer Funktion und dem Ausmaß der Mitwirkung von Frauen. Es liegt also eine *doppelte* Stufung vor, die für den Frauenanteil in den jeweiligen Organen der SED bestimmend ist: einerseits wirken sich innerhalb einer regionalen Parteiorganisation die unterschiedlichen Kompetenzbereiche der einzelnen Gremien und Funktionsträger aus; zum anderen beeinflußt das mehrstufige Organisationsschema der Partei ein stetiges Absinken des weiblichen Anteils in den Leitungen von der lokalen Ebene bis hin zur zentralen Gewalt. Diese Zusammenhänge werden von den in Tabelle 24 einander gegenübergestellten Prozentzahlen in überzeugender Weise verdeutlicht.

Die weibliche Repräsentanz in der zentralen Führung der SED unterscheidet sich von derjenigen auf Bezirksebene noch durch ein weiteres wesentliches Merkmal. Die Fluktuation unter den Frauen im Zentralkomitee ist erheblich geringer als unter den Frauen in den Bezirksleitungen, die weiblichen Mitglieder und Kandidaten der Zentralen Parteikontroll- und Revisionskommission nehmen *gefestigtere* Positionen ein als ihre Kolleginnen in den entsprechenden bezirklichen Parteigremien. Hierin kann ein Äquivalent für den sich nach oben hin verringernden Frauenanteil gesehen werden, aber auch ein Anzeichen für eine mit der Bedeutung der Funktion zunehmende Selektion.

Wenn auch die Repräsentation der Frauen in den Führungsgremien der SED nur gering ist, so kann doch nicht die Meinung geteilt werden, die Bewegung sei „insgesamt seit 1945 rückläufig".[129] In diesem Zusammenhang ist vielmehr von einer Stagnation zu sprechen, die seit Beginn der 50er Jahre andauert. Es sind allerdings keine Anzeichen sichtbar, die auf eine Überwindung dieser Situation hindeuten.

Ob rückläufige Tendenz oder Stagnation: die Lage der weiblichen Mitglieder, ihre mangelnde Beteiligung an der Parteileitung und am Zustandekommen politischer Entscheidungen dürfte die SED nicht befriedigen. Wenn eine staatsbeherrschende Partei die volle Gleichberechtigung der Frau fordert, muß sie diese auch in ihrem internen Bereich verwirklichen und kann sich nicht auf deren Durchsetzung in Teilbereichen der Wirtschaft und Gesellschaft beschränken. Das Politbüro der SED hat mit seinem 1961 beschlossenen Frauenkommuniqué und als Initiator weiterer staatlicher Maßnahmen eine großangelegte Kampagne gestartet, um den „völlig ungenügenden Pro-

Tabelle 23: Prozentualer Frauenanteil in den zentralen Parteiorganen der SED (1946–1971)[1]

Gremium und Funktion	I. Parteitag 1946	III. Parteitag 1950	V. Parteitag 1958	VII. Parteitag 1967	VIII. Parteitag 1971
Zentralsekretariat / Politbüro					
Mitglieder	14,3	–	–	–	–
Kandidaten		16,7	25,0	16,7	14,3
Mitglieder und Kandidaten		6,7	9,5	4,8	4,3
Sekretariat des ZK					
Sekretäre		9,1	–	–	–
Parteivorstand / Zentralkomitee					
Mitglieder	13,7	15,7	9,9	12,2	13,3
Kandidaten		10,0	22,7	12,0	13,0
Mitglieder und Kandidaten		13,6	13,5	12,2	13,2
ZPKK					
Mitglieder		12,5	11,1	11,1	11,1
Kandidaten		–	40,0	40,0	33,3
Mitglieder und Kandidaten		7,7	21,4	21,4	20,0
ZRK					
Mitglieder	16,7	20,0	19,0	14,3	20,0
Kandidaten		66,7	–	25,0	40,0
Mitglieder und Kandidaten		37,5	16,0	16,0	23,3

1 Die Prozentsätze wurden von der Verfasserin errechnet und basieren auf einer Auswertung der namentlichen Veröffentlichungen in den Parteitagsprotokollen und im Neuen Deutschland über die personalpolitischen Entscheidungen der Parteitage.

Tabelle 24: Prozentualer Frauenanteil in den Parteiorganen der SED auf zentraler und regionaler (Bezirks-) Ebene 1971[1]

Funktion	Parteiorgane auf zentraler Ebene[2]	Parteiorgane auf Bezirksebene[3]
	Politbüro	*Sekretariate der Bezirksleitungen*
Mitglieder	–	4,6
	Sekretariat des ZK	
Sekretäre	–	4,4
	Zentralkomitee	*Bezirksleitungen*
Mitglieder	13,3	24,9
Kandidaten	13,0	42,7
	ZPKK	*BPKK*
Mitglieder	11,1	18,0
Kandidaten	33,3	30,0
	ZRK	*BRK*
Mitglieder	20,0	26,2
Kandidaten	40,0	30,8

1 Zentrale Parteiorgane nach dem Stand vom VIII. Parteitag Juni 1971; regionale Parteiorgane nach dem Stand der X. Bezirksdelegiertenkonferenzen Mai 1971.
2 Die Prozentzahlen sind nach Kapitel IV, S. 139 (Tabelle 23) zusammengestellt.
3 Die Prozentzahlen basieren auf einer Auswertung der namentlichen Veröffentlichungen in der SED-Bezirkspresse über die personalpolitischen Entscheidungen der X. Bezirksdelegiertenkonferenzen im Mai 1971.

zentsatz" von Frauen und Mädchen in mittleren und leitenden Funktionen zu erhöhen.[130] Innerhalb der Partei haben sich aber derartige Kampagnen nicht niedergeschlagen und als Resultat zu einer Förderung der Frauen geführt. Damit verliert die SED in ihrem Kampf für die Gleichberechtigung an Glaubwürdigkeit.[131] Ob bei solchen Maßnahmen der außerparteilichen Frauenarbeit sorgsam darauf geachtet wird, daß sie keine unliebsamen Rückwirkungen auf die interne Situation auslösen, muß dahingestellt bleiben. Es erscheint aber als zweifelhaft, daß die SED überhaupt gewillt ist, den weiblichen Anteil in mittleren und leitenden Parteifunktionen zu erhöhen. Angesichts der Methoden, deren sich die SED bei den Parteiwahlen bedient, verfügt die politische Führung über Mittel und Wege, mehr Frauen in verantwortliche und einflußreiche Positionen zu bringen. Schultz nennt diese Methoden „Wahlmanipulierung", da durch die Herausgabe entsprechender „Richtlinien" für die Kandidatenaufstellung die Ergebnisse der Parteiwahlen schon im voraus festliegen.[132]

Deshalb ist es naheliegend, die geringe weibliche Repräsentanz in Parteifunktionen mit einem wirksamen Widerstand seitens der SED-Führung in Zusammenhang zu bringen. Auch heute noch bestehen bei vielen Funktionären starke Ressentiments gegen die politische Aktivität und Einflußnahme von Frauen, und zwar dergestalt, wie es die folgende Klage treffend charakterisiert:

„Wir Frauen beobachten doch noch oft spießbürgerliche Überheblichkeit der Männer. Einige davon erkennen die Gleichberechtigung der Frau in Referaten und Versammlungen mit hochtrabenden Worten an. Sie fordern: Mehr Frauen in die Produktion oder in leitende Funktionen in Staat und Gesellschaft. Bei ihrer eigenen Frau kommen sie dann mit spießbürgerlichen Argumenten gegen die Gleichberechtigung der Frau."[133]

Die Zukunft wird zeigen, ob die SED-Führung bereit ist und es versteht, jene Schranken abzubauen, die die weiblichen Mitglieder bisher an einer verstärkten Übernahme verantwortlicher Leitungsfunktionen gehindert haben. Es wäre eine Antinomie, wollte die Partei die zahlreichere Einbeziehung von Frauen in leitende Funktionen in Staat, Wirtschaft und Gesellschaft fördern, sich selbst aber weiterhin der Verwirklichung der Gleichberechtigung in den eigenen Reihen verschließen.

Dritter Teil: Die Frau in den Parlamenten und in der staatlichen Exekutive

V. Kapitel: Frauen in den Parlamenten

1. Die Frau als Wählerin

Als im September 1946 die ersten Gemeindewahlen — damit die ersten Wahlen nach Kriegsende — in der sowjetischen Besatzungszone stattfanden[1], wurde zugleich die Bedeutung der Frauen als Wählerinnen entdeckt. Die SED erkannte, daß der Ausgang der Wahlen hauptsächlich von der Entscheidung der weiblichen Stimmberechtigten abhing, die infolge der Kriegsereignisse den überwiegenden Anteil an der Bevölkerung ausmachten.

„Die Frauen entscheiden den Ausgang der Wahlen, — darüber muß sich jedes Mitglied der Sozialistischen Einheitspartei Deutschlands im klaren sein. Der Hitlerkrieg hat die Männer so dezimiert, daß heute im Durchschnitt auf 100 Männer 170 Frauen entfallen. Welcher Partei die Millionen und aber Millionen Frauen ihre Stimme geben, das wird den Sieg der einen oder der anderen Partei bei den Gemeindewahlen bestimmen. Dabei hat ein großer Teil der Frauen die Männer verloren oder überhaupt keine Ehe schließen können, so daß sie *allein* und ohne Beeinflussung durch den Ehegatten die Wahlentscheidung treffen müssen, während früher die Frauen meistens so wählten wie ihre Männer. ... Wie können wir nun die Frauen und Mütter davon überzeugen, daß sich die SED von allen Parteien am besten für ihre Interessen und Forderungen einsetzt?"[2]

Da sich die SED in ihrem Kampf um die Gunst der Wähler in Konkurrenz mit den bürgerlichen Parteien CDU und LDP befand[3], mußte sie die Frauen nicht nur zum Gang an die Wahlurnen, sondern vor allem zu einer Stimmabgabe für ihre Kandidaten bewegen. Zur Erreichung dieses Ziels bediente sie sich einer speziell auf die weibliche Bevölkerung ausgerichteten Wahlpropaganda, die neben politischer Programmatik auch emotionale Komponenten enthielt. Grundsätzlich wurden alle Frauen angesprochen und die Forderung nach ihrer vollen Gleichberechtigung auf allen Gebieten des gesellschaftlichen Lebens als wesentlicher Punkt in das „Programm zu den Gemeindewahlen" aufgenommen. Besondere Maßnahmen sollten den Arbeiterinnen zugute kommen, z. B. die gleiche Entlohnung von Männern und Frauen bei gleicher Leistung, die Verbesserung des Mutterschutzes, die Schaffung von Kindergärten, Nähstuben und Waschanstalten zur Entlastung der erwerbstätigen Frauen. Aber auch die Hausfrauen wurden bedacht und ihnen eine bessere Versorgung mit Lebensmitteln versprochen.[4]

„Eure Sorgen sind unsere Sorgen"[5] — um diese Haltung der SED zu den Frauen und Müttern zum Ausdruck zu bringen, sollten in speziellen Frauen-Wahlversammlungen keine „hochpolitischen" Themen beraten werden, sondern die brennenden Fragen, die täglichen Sorgen und Nöte zur Sprache kommen:

",Wie kann die Kohlen- und Kartoffelversorgung sichergestellt werden?' ,Kommen unsere Kriegsgefangenen bald zurück?' Auf solche Fragen antwortet die SED den Frauen in ihren Versammlungen..."[6]

Aber nicht nur derartige Versammlungen dienten der Werbung weiblicher Wählerstimmen, den größeren Erfolg versprach sich die SED von einer mündlichen Agitation und persönlichen Fühlungnahme mit den Frauen. In einem kleinen vertrauten Kreis sei es viel leichter, Not und Zweifel auszusprechen, aber auch in einer Art „sozialistischer Seelsorge" davon zu überzeugen, „daß es einen Ausweg gibt".[7] Wahlplakate der SED zeigten den Frauen ebenfalls diesen Ausweg an, so z. B. jene Darstellung einer Mutter, die ihr lachendes Kind mit ausgestreckten Armen emporhält. Die Aufschrift lautete: „Frohe Kinder, glückliche Mütter – Mütter wählt SED".[8] Auch in späteren Wahlen versuchte die SED wiederholt, die mütterlichen Gefühle der Frauen in eine politische Entscheidung für sich und ihre Politik umzusetzen; dafür nutzte sie bevorzugt den Internationalen Kindertag, der in der DDR alljährlich am 1. Juni gefeiert wird.[9]

Neben dieser auf die Mütter abgestellten Wahlpropaganda wurden auch bestimmte Schichten weiblicher Berufstätiger angesprochen. So zeigte ein Werbeplakat der Nationalen Front für die Volkskammerwahlen im Oktober 1950 eine junge, hübsche Landarbeiterin mit Ähren: „Nach Einbringung der Friedenserträge bereit zur Friedenswahl am 15. Oktober".[10]

Obwohl sich die SED während des Wahlkampfes zu den Gemeindewahlen im September 1946 mit einer massiven psychologischen Werbung und sozialfürsorgerischen Programmatik um die weiblichen Stimmberechtigten bemühte, konnte sie bei den Wählerinnen nicht in dem Maß Zuspruch finden wie die bürgerlichen Parteien. Eine nach Geschlecht getrennt durchgeführte Abstimmung in den sächsischen Städten Dresden, Riesa, Werdau und Zwickau ergab, daß die Wahlentscheidung von Männern und Frauen für die SED nicht dem jeweiligen Anteil an den Wahlberechtigten entsprach (siehe Tabelle 25). Während das Verhältnis Männer : Frauen unter den Stimmberechtigten 38,3 Prozent : 61,7 Prozent betrug, machte es unter den Wählern der SED 43 Prozent: 57 Prozent aus. Dagegen konnten die bürgerlichen Parteien CDU und LDP bei den Frau-

Tabelle 25: Wahlentscheidung von Männern und Frauen bei den Gemeindewahlen 1946 in ausgesuchten Städten der SBZ[1]

	Männer		Frauen	
	insgesamt	in %	insgesamt	in %
Wahlberechtigte	159.036	38,3	256.714	61,7
Wahlentscheidung				
SED	84.839	43	111.441	57
CDU	49.105	36	88.127	64
LDP	24.677	31	54.184	69

1 In den sächsischen Städten Dresden, Riesa, Werdau und Zwickau wurde nach Geschlecht getrennt abgestimmt; vgl. Barth, Frauenarbeit (Anm. II/8), S. 12.

en größere Erfolge erzielen als bei den Männern. Die SED zog aus diesen Ergebnissen die Schlußfolgerung, sich im Wahlkampf zu den bevorstehenden Landtagswahlen (Oktober 1946) noch stärker auf eine Werbung unter den Frauen zu konzentrieren, um weitere Schichten von Wählerinnen für sich zu gewinnen.[11]

Seitdem in der DDR die Wahlen in der Art einer Abstimmung über Einheitslisten stattfinden[12], in denen die Kandidaten aller Parteien und Massenorganisationen gemeinsam aufgestellt sind, hat die Werbung der SED um die Wählerinnen andere Formen angenommen. Es gilt nun nicht mehr, die Frauen zu einer Stimmabgabe für sich zu veranlassen — die Entscheidung über den Wahlerfolg der einen oder anderen Partei ist den Stimmberechtigten seit Einführung der Einheitslisten generell genommen —, vielmehr sollen sie alle von ihrem Wahlrecht Gebrauch machen und den Kandidaten der Nationalen Front ihre Stimme geben. Im Mittelpunkt des Interesses steht also die Erzielung einer hohen, möglichst totalen Wahlbeteiligung. Auf Grund des immer noch bestehenden Frauenüberschusses ist es deshalb weiterhin notwendig, die Wählerinnen als Bevölkerungsgruppe gesondert anzusprechen und zur Stimmabgabe aufzufordern.[13]

Der Wahlaufruf der Nationalen Front, der jeweils etwa einen Monat vor einer Wahl veröffentlicht wird, wendet sich durchweg in einer speziellen Passage auch an die Frauen und Mütter. Darin werden ihnen zunächst ihre Leistungen bestätigt, die sie als gleichberechtigte und geachtete Bürgerinnen beim Aufbau und der Sicherung des Arbeiter- und Bauernstaates vollbracht haben. Unter Hinweis auf die sozialistischen Errungenschaften, die es zu erhalten und zu mehren gelte, ergeht schließlich an die Frauen der Appell, die Kandidaten der Nationalen Front zu wählen.[14]

„Jede Frau gibt ihre Stimme der Arbeiter- und Bauernmacht, denn sie gab ihr die volle Gleichberechtigung im gesellschaftlichen Leben, in Beruf und Familie, sie sichert ihr die Achtung und Ehre, die der werktätigen Frau, der Mutter und Hausfrau gebührt, sie schützt ihre Familie und ihr Heim vor der Not und den Tränen des Krieges, sie weist ihren Kindern den Weg des Friedens."[15]

Die Wählerinnen sollen aber nicht nur von ihrem Stimmrecht Gebrauch machen, es „kommt alles darauf an, seinen Mißbrauch zu verhindern und die Frauen so mit den Problemen ihres Landes vertraut zu machen, daß sie ihr Recht tatsächlich im Interesse ihres Volkes wahrnehmen können".[16]

Den Frauen zu zeigen, was im Interesse des Volkes liegt, ist während der Wahlkampagne eine wesentliche Aufgabe des DFD und der betrieblichen Frauenausschüsse. Um die weibliche Bevölkerung „über die große Bedeutung der Volkswahl aufzuklären" und ihnen den Wahlaufruf und die politische Programmatik der Nationalen Front zu erläutern, werden die Funktionärinnen des DFD und der Frauenausschüsse als Versammlungsredner und Agitatoren eingesetzt.[17] Jede Frau und jedes Mädchen soll mobilisiert werden, damit sie die Rolle der Volksvertretungen als der in ihrem Bereich höchsten Organe der Staatsmacht erkennen, sich selbst aktiv bei der Entwicklung der sozialistischen Demokratie einsetzen und zur weiteren „Festigung der politisch-moralischen Einheit der Bevölkerung" und zur Stärkung der Arbeiter- und Bauernmacht beitragen.[18] Der politischen Agitation unter den Wählerinnen und ihrer Aktivierung dienen deshalb besondere Ausspracheabende und Veranstaltungen für Frauen, die eher den Charakter einer gemeinschaftlichen Freizeitgestaltung haben als den einer Wahlversammlung, so z. B. Modenschauen, Vorträge, Buchbesprechungen.[19] Eine erfolgreiche Vorbereitung und Durchführung der Wahlen findet schließlich ihren Ausdruck „in der vollen Zustimmung (der Frauen) zum Wahlprogramm der Nationalen Front und in der hohen Aktivität in der Übernahme von Tausenden Verpflichtungen zu Ehren der Volkswahlen".[20]

Die weiblichen Stimmberechtigten werden aber auch für eine Teilnahme an den allgemeinen Wählerversammlungen mobilisiert, in denen sich die Kandidaten vorzustellen haben und die noch amtierenden Abgeordneten Rechenschaft über ihre bisherige Tätigkeit in den Volksvertretungen ablegen müssen.[21] Um das Interesse der Frauen an dieser Form der Wahlvorbereitung zu wecken bzw. zu steigern, sollen die speziellen Interessen der Frauen in derartigen Versammlungen besondere Berücksichtigung finden. Den Wählerinnen selbst wird empfohlen, die sich hier bietende Gelegenheit zu nutzen, um den Volksvertretern „unangenehme Fragen" nach erfolgten Maßnahmen zur Unterstützung der berufstätigen Frauen zu stellen, etwa in der Art: „Was haben die örtlichen Organe der Staatsmacht getan, um den neuen Forderungen der Frauen insbesondere nach der Entlastung von der Hausarbeit und der Hilfe für die berufstätigen Frauen bei der Erziehung ihrer Kinder nachzukommen und den Frauen zu helfen?" Wenn die Rechenschaftslegung der Abgeordneten in dieser Weise erfolge, ließe sich die Autorität der Volksvertretungen unter den Wählerinnen erhöhen und außerdem fänden sich mehr Frauen für eine ehrenamtliche Mitarbeit an der Lösung staatlicher Aufgaben.[22]

In den letzten Jahren soll die politische Aktivität der weiblichen Stimmberechtigten gestiegen sein, was sich besonders an ihrer regen Beteiligung an der Wahlvorbereitung zeige. In den Wählerversammlungen kämen zahlreiche Hinweise und Vorschläge der Frauen zu wichtigen kommunalen Fragen, und viele von ihnen ergriffen das Wort, um ihre „Liebe zur DDR" und ihren Haß gegen die „imperialistischen Aggressoren" zu bekunden.[23]

Die SED hat — wie gezeigt wurde — frühzeitig erkannt, daß es zur Werbung unter den Frauen einer speziellen, auf ihre Interessen abgestellten Wahlpsychologie bedarf. Wenn sie auch seit Einführung der Einheitslisten nicht mehr mit alternativen Parteien konkurriert und für den Erfolg ihres eigenen Programms und ihrer Kandidaten zu kämpfen hat, so bedient sie sich doch weiterhin einer besonderen, an die Wählerinnen gerichteten Propaganda, um alle zum Gang an die Urnen zu mobilisieren; die Formen dieser Propaganda unterscheiden sich im übrigen kaum von denjenigen, die die westdeutschen Parteien zwecks Werbung weiblicher Wählerstimmen anwenden.[24] Der intensiven Werbung der SED bzw. der Nationalen Front um die Stimmabgabe der Frauen für ihre Kandidaten liegen im wesentlichen Methoden zugrunde, die an das Emotionale appellieren. Die Wahlpropaganda konzentriert sich dabei auf zwei Themenkreise, die in besonderem Maße die Gefühle einer Frau ansprechen: dies sind zum einen jene Fragen, die die Lebensbedingungen und die Zukunft der Kinder betreffen, und zum anderen das Problem der Erhaltung und Sicherung des Friedens; indem auch die Kinder aktiv in die Wahlagitation einbezogen werden — sei es im Rahmen der Jugendorganisation oder schulischer Wahlveranstaltungen —, lassen sich beide Themenkreise geschickt verknüpfen.

Da bei den „Volkswahlen" in der DDR eine Wahlbeteiligung von 98 bis 99 Prozent üblich ist und die gültigen Stimmen fast ausnahmslos den Wahlvorschlag der Nationalen Front befürworten (oder als Bestätigung gewertet werden), läßt sich generell feststellen: alle Frauen machen von ihrem Wahlrecht Gebrauch und stimmen für die Einheitsliste. Dies sagt jedoch nur wenig über die tatsächliche politische Haltung und Entscheidung der weiblichen Stimmberechtigten aus. Bei Durchführung freier, geheimer Wahlen in der DDR wäre es durchaus möglich, daß Männer und Frauen in ihrer Wahlbeteiligung und -entscheidung spezifische, unterschiedliche Verhaltensweisen zeigten, wie es z. B. in der Bundesrepublik der Fall ist.[25] Allerdings dürften die DDR-Bürgerinnen eine regere Wahlbeteiligung erkennen lassen als die Bundesbürgerinnen, denn seit den ersten Nachkriegswahlen im September 1946 ist ihnen ihr Wahlrecht stets als „Wahlpflicht im sozialistischen Sinn" nahegelegt worden.[26]

2. Kandidaturen von Frauen

Einer Mobilisierung der Frauen zur Stimmabgabe für die SED bzw. für die Kandidaten der Nationalen Front dient aber auch die Aufstellung weiblicher Kandidaten. Bereits bei den ersten Wahlen in der SBZ im September 1946 versprach sich die SED einen stärkeren Zuspruch und Erfolg bei den Wählerinnen, wenn sie nur eine genügend große Anzahl von Frauen auf aussichtsreichen Listenplätzen kandidieren ließe. Es sollten vor allem solche Frauen sein, die in ihrer Stadt oder Gemeinde bekannt und geschätzt waren, damit ihr persönliches Ansehen der Einheitspartei zugute käme.

„Die SED wird auch dafür Sorge tragen, daß die Interessen der Frauen in den Gemeindeparlamenten durch die Frauen selbst vertreten werden. Es darf keine SED-Liste geben, auf der nicht bekannte und beliebte Frauen an aussichtsreicher Stelle kandidieren."[27]

Um den Frauen einen Anteil an den Kandidaturen und sich selbst den erhofften Wahlerfolg bei den weiblichen Stimmberechtigten zu sichern, erließ das Zentralsekretariat der SED einen Beschluß, „nach welchem die Kandidaten zu den Gemeindewahlen mindestens zu einem Drittel aus Frauen bestehen müssen".[28] Die dezidierte Bestimmung, an jeder dritten Stelle der Liste eine Frau zu nominieren, garantierte den weiblichen Kandidaten überdies den Wahlerfolg und ein entsprechendes Verhältnis der Geschlechter in der Zusammensetzung der gewählten Abgeordneten. Der Parteivorstand räumte sogar jenen Frauen das Recht der Kandidatur ein, die sich noch nicht zu einer Parteimitgliedschaft entschließen konnten, aber bereit waren, „im fortschrittlichen Sinne" in der Volksvertretung zu wirken.[29]

Dank diesen Bestimmungen der SED erreichte der Frauenanteil in den 1946 gewählten Kommunal- und Landesparlamenten der SBZ eine Größenordnung, wie es sie weder in der Weimarer Zeit gegeben hatte noch in den westdeutschen Volksvertretungen erzielt werden konnte.[30] Während die Gemeindevertretungen einen durchschnittlichen Frauenanteil von 16,2 Prozent aufwiesen, gehörten den fünf Landtagen sogar 20,6 Prozent weibliche Abgeordnete an (siehe Tabelle 26). Diese zahlreiche parlamentarische Vertretung der Frauen ergab sich in erster Linie auf Grund der hohen Quote von Kan-

Tabelle 26: Der Frauenanteil in den Parlamenten der SBZ und der Stadt Berlin 1946[1]

	Abgeordnete insgesamt	davon Frauen	Frauen in %
Sowjetische Besatzungszone			
Gemeinde[2]	132.356	21.389	16,2
Kreistag[3]	6.045	1.039	17,2
Landtag[3]	520	107	20,6
SBZ insgesamt	138.921	22.535	16,2
Stadt Berlin[4]			
Bezirksverordnete	805	168	20,8
Stadtverordnete	130	30	23,0
SBZ und Berlin insgesamt	139.856	22.733	16,3

1 Vgl. Bericht an den II. Parteitag (Anm. I/56), S. 98.
2 Gemeindewahlen im September 1946.
3 Land- und Kreistagswahlen am 20. Oktober 1946.
4 Stadtverordneten- und Bezirksverordnetenwahlen in Groß-Berlin (in allen vier Sektoren) am 20. Oktober 1946.

didatinnen auf den Wahllisten der SED. Von den insgesamt 22.535 Frauen, die 1946 in die Volksvertretungen der SBZ gewählt wurden, entfielen auf die einzelnen Parteien und Organisationen:

SED	78,6 Prozent
CDU	8,5 Prozent
LDP	6,1 Prozent
Antifaschistische Organisationen (FDGB, FDJ, VdgB, Kulturbund, Frauenausschüsse)	6,8 Prozent.[31]

Es ist hervorzuheben, daß sich die weiblichen Abgeordneten der SED in den Parlamenten der SBZ besonders für die Interessen der Frauen einsetzten. Hatte die SED allerdings gehofft, ein Zusammengehen aller Frauen in den Volksvertretungen, auch über die Grenzen der einzelnen Parteien hinweg, in solchen Fragen erreichen zu können, die für die weibliche Bevölkerung von Bedeutung waren – und solche Frauenfragen wurden insbesondere von der SED selbst aufgeworfen –, so blieb ihr der Erfolg versagt. Mit Bedauern stellte sie fest, daß sich die weiblichen Abgeordneten der anderen Parteien oft mehr von parteipolitischen Gesichtspunkten leiten ließen, denn als Interessenvertreter der Frauen fühlten und deshalb keine Aktionseinheit mit ihren Kolleginnen aus den Reihen der SED anstrebten.[32]

Seitdem den Wahlen in der DDR die Einheitslisten der Nationalen Front zugrunde lagen, war es vor allem der DFD, der die weiblichen Kandidaten nominierte, während die Parteien SED, CDU, LDPD, NDPD und DBD die Frauen nur in geringem Maße in ihren Wahlvorschlägen berücksichtigten.[33] Diese Praxis hatte aber bis Mitte der 50er Jahre dazu geführt, daß in den Parlamenten zahlreicher Gemeinden, wo noch keine Ortsgruppen des DFD bestanden, es keine weiblichen Abgeordneten gab.[34]

Auf Grund der Zuständigkeit des DFD für die Nominierung von Kandidatinnen hatte sich zudem eine Sozialstruktur der weiblichen Abgeordneten herauskristallisiert, die den Vorstellungen der SED vom neuen sozialistischen Frauentyp — nämlich der klassenbewußten und gesellschaftlich aktiven Arbeiterin — widersprach. So setzten sich 1957 die 115 Gemeindevertreterinnen im Kreis Fürstenwalde aus 50 Angestellten, 41 Hausfrauen, 15 Bäuerinnen und nur 9 Arbeiterinnen zusammen. Der Unwille der Parteiführung richtete sich vor allem gegen die zu zahlreiche Nominierung von Hausfrauen als Kandidaten für die Volksvertretungen, die in ihrer Abgeordnetentätigkeit kaum überschauen könnten, „was die Arbeiterinnen bewegt, welche Sorgen und Schwierigkeiten sie zu überwinden haben und wie sie sich die Erleichterung ihrer Arbeit vorstellen".[35] Deshalb sollte bei der Aufstellung der Kandidaten für die Gemeinde- und Kreistagswahlen im Juni 1957 zwar eine größere Anzahl Frauen berücksichtigt werden, insbesondere aber die zukünftige sozialstrukturelle Zusammensetzung der Parlamente beachtet und im Sinne der Arbeiter- und Bauernmacht reguliert werden. Es galt nicht, schlechthin einige Frauen zu nominieren, sondern die fortschrittlichsten Schichten unter ihnen, die Betriebsarbeiterinnen und die Genossenschaftsbäuerinnen, sollten kandidieren.[36]

Wenn auch in der DDR der Aspekt einer repräsentativen sozialstrukturellen Zusammensetzung der Wahlbewerberinnen spätestens seit diesem Zeitpunkt im Vordergrund steht, so ist ihnen doch weiterhin die Aufgabe zugedacht, in speziellen Frauenversammlungen aufzutreten und die Wählerinnen zur Stimmabgabe und zur Mitarbeit in den Aktivs der Volksvertretungen zu mobilisieren. Insofern sind die Kandidatinnen ein fester Bestandteil der Wahlpropaganda. Nicht zuletzt sollen ihre Verbindungen zu ihren Geschlechtsgenossinnen der SED bzw. der Nationalen Front zugute kommen und zu einer Zustimmung weiter Kreise der weiblichen Bevölkerung zur Einheitsliste führen.[37] Dabei stehen die Kandidatinnen der einzelnen Parteien vor der besonderen Aufgabe, jeweils bestimmte soziale Schichten von Frauen anzusprechen und zu aktivieren, seien es die christlichen Frauen, die aus der Verantwortung ihres Glaubens den Sozialismus wählen, sei es der weibliche Mittelstand, die Bäuerinnen, die Arbeiterinnen.[38] Die zahlreichen weiblichen Kandidaturen sollen aber auch die gleichberechtigte Mitarbeit der Frauen im politischen Leben der DDR dokumentieren und die weibliche Bevölkerung zur Dankbarkeit und Loyalität gegenüber Partei und Staat verpflichten.

„Groß sind die Rechte, aus denen wir gleichzeitig unsere Verpflichtungen ableiten, als Frauen, als Bürgerinnen in unserem Arbeiter-und-Bauern-Staat. Wir sind nicht nur mehr als die Hälfte aller Wähler in der Deutschen Demokratischen Republik, sondern es wurden auch Tausende Frauen als Kandidaten aufgestellt, die eine große Arbeit als Abgeordnete zu leisten haben. Sie alle beglückwünschen wir zu dem Vertrauen, das ihnen die Bevölkerung schenkt. Wir sind glücklich, Bürgerinnen unseres Arbeiter-und-Bauern-Staates zu sein, denn er gab uns volle Gleichberechtigung im gesellschaftlichen Leben, im Beruf und in der Familie."[39]

Wie oben dargelegt, wird in der DDR ein hoher Frauenanteil an den Kandidaturen für die Parlamente angestrebt. Diesem liegt jedoch kein einheitlicher Prozentsatz für alle Gebiete zugrunde, vielmehr weist er in den einzelnen Bezirken und Wahlkreisen sehr unterschiedliche Werte auf.[40] Anhand der weiblichen Kandidaturen für die Volkskammer sollen die Schwankungen des Frauenanteils verdeutlicht und seine Spannweite zahlenmäßig belegt werden. Zu diesem Zweck sind in Tabelle 27 die Wahlkreise nach Bezirken zusammengefaßt[41] und die jeweiligen Frauenanteile an den Kandidaturen berechnet worden. Diese weisen in den hier untersuchten Wahlperioden (2. bis 6. Legislaturperiode) zum Teil beträchtliche Abweichungen von den Durchschnittswerten auf. Die Unterschiede haben sich allerdings erst seit der Gebiets- und Verwaltungsreform von 1952 ergeben. Der Kandidatenaufstellung für die Wahlen zur ersten Volkskammer 1950, die entsprechend der Landes- bzw. Provinzialgliederung erfolgte, lag in allen Ländern ein nahezu einheitlicher weiblicher Anteil an den Kandidaturen zugrunde (siehe Tabelle 27, Anmerkung 1). Damit bestand für die Frauen im gesamten Gebiet — unabhängig von lokalen und regionalen Besonderheiten — die gleiche Chance, für ein Mandat nominiert zu werden, und die Länder waren in bezug auf ihre Bevölkerungsstruktur nach Geschlecht in der Volkskammer einigermaßen gleichartig repräsentiert. Bei der Kandidatenaufstellung nach Bezirken und Wahlkreisen hingegen wird nur in vereinzelten Fällen der durchschnittliche Frauenanteil an den Kandidaturen erreicht; in vielen Bezirken bleibt der weibliche Anteil — zum Teil erheblich — unter bzw. über dem Mittelwert. Die Extremwerte weisen für alle hier untersuchten Wahlperioden nahezu die gleichen Abweichungen vom Mittel nach oben und nach unten auf:

	Höchster Frauenanteil	Abweichung	Durchschnittl. Frauenanteil	Abweichung	Geringster Frauenanteil
1. Wahlperiode	25,4	2,4	23,0	2,8	20,2
2. Wahlperiode	34,5	12,0	22,5	12,0	10,5
3. Wahlperiode	41,4	17,6	23,8	17,1	6,7
4. Wahlperiode	40,9	14,1	26,8	14,3	12,5
5. Wahlperiode	47,1	17,4	29,7	17,2	12,5
6. Wahlperiode	45,5	15,5	30,0	16,7	13,3

Die Ursache für diese Schwankungen des Frauenanteils ist hauptsächlich in der Art und den Grundsätzen der Kandidatenaufstellung zu sehen. Die Nominierung wird nicht in den Bezirken und Wahlkreisen autonom vorgenommen, sondern obliegt den zentralen Vorständen der Parteien und Massenorganisationen. Diese bestätigen die Kandidaturen der „besten Vertreter" des Volkes, „die sich durch hervorragende Taten, ihre Initiative und ihre Verbundenheit mit dem werktätigen Volk auszeichnen".[42] Unter dem Aspekt der Nominierung „bester Vertreter" des Volkes, also der klassenbewußten und parteilich dynamisierten Arbeiter- und Bauernschaft und der werktätigen Intelligenz, spielt der Gedanke einer sozialen und regionalen Repräsentation in

Tabelle 27: Der Frauenanteil an den Kandidaturen für die Volkskammer (1954–1971) nach Bezirken[1]

Bezirk	2. Wahlperiode 1954[2]			3. Wahlperiode 1958[3]			4. Wahlperiode 1963[4]			5. Wahlperiode 1967[5]			6. Wahlperiode 1971[6]		
	Kandidaturen insges.[7]	davon weiblich	weibl. Kandid. in %[8]	Kandidaturen insges.[7]	davon weiblich	weibl. Kandid. in %[8]	Kandidaturen insges.[7]	davon weiblich	weibl. Kandid. in %[8]	Kandidaturen insges.[7]	davon weiblich	weibl. Kandid. in %[8]	Kandidaturen insges.[7]	davon weiblich	weibl. Kandid. in %[8]
Rostock	21	4	19,0	20	4	20,0	22	6	27,3	23	7	30,4	23	7	30,4
Schwerin	15	4	26,7	15	1	6,7	16	2	12,5	16	2	12,5	16	3	18,8
Neubrandenburg	16	3	18,8	17	4	23,5	17	5	29,4	17	8	47,1	17	7	41,2
Potsdam	29	10	34,5	29	12	41,4	31	10	32,3	31	10	32,3	31	8	25,8
Frankfurt/Oder	16	2	12,5	16	4	25,0	18	4	22,2	18	5	27,8	18	5	27,8
Cottbus	19	2	10,5	20	4	20,0	22	9	40,9	22	8	36,4	22	10	45,5
Magdeburg	34	6	17,6	34	9	26,5	37	14	37,8	37	12	32,4	37	11	29,7
Halle	48	15	31,3	49	11	22,4	53	9	17,0	53	18	34,0	53	20	37,7
Erfurt	31	6	19,4	31	7	22,6	34	10	29,4	34	11	32,4	34	12	35,3
Gera	19	3	15,8	19	5	26,3	20	4	20,0	20	5	25,0	20	5	25,0
Suhl	14	4	28,6	13	4	30,8	15	4	26,7	15	4	26,7	15	2	13,3
Dresden	46	12	26,1	46	9	19,6	51	13	25,5	51	15	29,4	51	15	29,4
Leipzig	39	6	15,4	38	7	18,4	41	11	26,8	41	12	29,3	41	11	26,8
Karl-Marx-Stadt	53	13	24,5	53	14	26,4	56	15	26,8	56	12	21,4	56	14	25,0
DDR insgesamt und durchschnittlicher Frauenanteil	400	90	22,5	400	95	23,8	433	116	26,8	434	129	29,7	434	130	30,0

Anmerkungen siehe Seite 151, oben.

Anmerkungen zu Tabelle 27:

1 Die erste Wahlperiode der Volkskammer (1950 – 1954) läßt sich in dieses Schema nicht einfügen, da die Kandidatenaufstellung entsprechend der bis 1952 bestehenden Landes- bzw. Provinzialgliederung erfolgte. Der Frauenanteil an den Kandidaturen verteilte sich wie folgt:

Land Brandenburg: 63 Kandidaten, davon 16 Frauen = 25,4 Prozent
Land Mecklenburg: 63 Kandidaten, davon 15 Frauen = 23,8 Prozent
Land Sachsen: 104 Kandidaten, davon 21 Frauen = 20,2 Prozent
Land Sachsen-Anhalt: 91 Kandidaten, davon 20 Frauen = 22,0 Prozent
Land Thüringen: 79 Kandidaten, davon 20 Frauen = 25,3 Prozent
DDR insgesamt: 400 Kandidaten, davon 92 Frauen = 23,0 Prozent

Vgl. Die Kandidaten des deutschen Volkes. Wahlvorschlag der Nationalen Front des demokratischen Deutschland für die Volkskammer, in: Neues Deutschland, 24. 9. 1950, S. 1 und S. 3.
2 Vgl. Bekanntgabe des Wahlvorschlages für die Wahl zur Volkskammer am 17. Oktober 1954, in: Tägliche Rundschau, 23. 9. 1954, S. 3 f.
3 Vgl. Bekanntgabe des Wahlvorschlages für die Wahlen zur Volkskammer der DDR am 16. November 1958, in: Neues Deutschland, 30. 10. 1958, S. 3 f.
4 Vgl. Liste der Kandidaten der Nationalen Front des demokratischen Deutschland für die Wahlen zur Volkskammer am 20. Oktober 1963, in: Neues Deutschland, 22. 9. 1963, S. 3 ff.
5 Vgl. Liste der Kandidaten der Nationalen Front des demokratischen Deutschland für die Wahlen zur Volkskammer am 2. Juli 1967, in: Neues Deutschland, 10. 6. 1967, S. 5 ff.
6 Vgl. Liste der Kandidaten der Nationalen Front für die Wahlen zur Volkskammer am 14. November 1971, in: Neues Deutschland, 23. 10. 1971, S. 3 ff.
7 Die Anzahl der Kandidaturen ist im allgemeinen identisch mit der Anzahl der Mandate. Zwar räumt die Wahlordnung in der Neufassung vom 2. Juli 1965 die Möglichkeit ein, daß in jedem Wahlkreis mehr Kandidaten aufgestellt werden können, als Mandate zu besetzen sind (§ 24). Allerdings bleibt diese Bestimmung für den Wähler politisch bedeutungslos, weil mit der in der Einheitsliste angegebenen Reihenfolge der Kandidaten die Entscheidung bereits präjudiziert wird: entsprechend der in jedem Wahlkreis zu besetzenden Anzahl von Mandaten rücken jene Kandidaten, die auf den vorderen Listenplätzen rangieren, als gewählte Abgeordnete in das Parlament ein; die übrigen — etwa ein Drittel bis ein Viertel — sind Nachfolgekandidaten und stehen als Ersatz für während der Legislaturperiode ausscheidende Volksvertreter bereit. Vor dem Erlaß dieser Neufassung wurden die Kandidaten entsprechend der Anzahl von Mandaten nominiert und die Nachfolgekandidaten gesondert aufgestellt. Vgl. Graf u. Seiler, Wähler — Wahlen — Entscheidungen (Anm. V/21), S. 57; A bis Z (Anm. II/158), S. 694.
8 Die Prozentsätze wurden von der Verfasserin errechnet.

den Volksvertretungen, die doch Abbilder der gesellschaftlichen Verhältnisse in der DDR sein sollen, in bezug auf das Geschlecht nur eine untergeordnete Rolle. Fragen wie die regional einheitliche Bereitstellung weiblicher Kandidaturen und die angemessene Mitwirkung von Frauen in den Parlamenten sind — wieviel Wert auch immer auf deren Gleichberechtigung gelegt wird — sekundär, wenn der Aspekt der Parteilichkeit der Volksvertretung denjenigen der Repräsentation überwiegt.[43]

Die Kandidaten bewerben sich üblicherweise in den Wahlkreisen ihres Heimatgebietes. Sie müssen sich die verfügbaren Listenplätze mit einer großen Anzahl von Volkskammerabgeordneten teilen, die in den zentralen Apparaten des Staates, der Parteien und Massenorganisationen hauptamtlich tätig sind und infolgedessen ihren Wohnsitz nicht im Wahlkreis selbst, sondern in Ost-Berlin haben. Dadurch ergibt es sich, daß in einzelnen Kreisen überhaupt keine Frauen auf den Wahllisten geführt werden und in den zahlreichen örtlichen Vorstellungsaktionen sich ausschließlich männliche Kandidaten den Bürgern präsentieren, um über ihren Lebenslauf und ihre bisherige gesellschaftliche Tätigkeit Rechenschaft abzulegen und Wähleraufträge entgegenzunehmen. Damit entfällt aber die Möglichkeit einer direkten persönlichen Werbung der Kandidatinnen unter der weiblichen Bevölkerung als spezieller Bestandteil der Wahlpropaganda. Allerdings sind die Massenmedien sehr intensiv in die Werbekampagnen einbezogen und stellen nicht nur die Kandidaten insgesamt, sondern vor allem auch die Frauen unter ihnen öffentlich heraus.[44]

Auf Grund der mangelnden Beachtung eines einheitlichen weiblichen Anteils an den Kandidaturen in den Bezirken und Wahlkreisen ergeben sich auch innerhalb eines Bezirkes von Wahlperiode zu Wahlperiode sehr große Schwankungen des Frauenanteils. Dieser zeigt nur in den wenigsten Fällen ein kontinuierliches Ansteigen entsprechend dem Durchschnittswert; im allgemeinen wechseln sich höhere und geringere Werte ab. Im Bezirk Potsdam liegt der weibliche Kandidatenanteil meist erheblich über dem Durchschnitt, in Schwerin dagegen extrem niedrig. Die meisten Bezirke lassen sich aber nicht in derartige Kategorien — auf Grund der Schwankungen — einteilen.

Da von den Kandidatinnen eine ihnen eigene psychologische Werbewirksamkeit und Ausstrahlung auf die weibliche Bevölkerung ausgehen soll, ist eine weitere Untersuchung von ganz besonderem Interesse, die sich mit der Anzahl und den Typen der speziell als Spitzenkandidaten herausgestellten Frauen befaßt. Obwohl alle nominierten Abgeordneten den Anforderungen genügen müssen, die „besten Vertreter" des Volkes zu sein, und den Wahlen die gemeinsamen Einheitslisten der Parteien und Massenorganisationen zugrunde liegen, ist es auch in der DDR üblich, einige dieser Volksvertreter der Bevölkerung als Spitzenkandidaten zu präsentieren: sie rangieren in ihren Wahlkreisen auf den ersten Listenplätzen.[45]

Es zeigt sich, daß stets nur sehr wenige Frauen als Spitzenkandidaten in der Wahlkampagne auftreten, nämlich 3 bis 7 von insgesamt 62 (1954 und 1958) bzw. 67 (seit 1963). Der weibliche Anteil an den Spitzenkandidaturen beträgt rund 5 bis 11 Prozent und liegt damit wesentlich unter demjenigen an den Kandidaturen insgesamt, der inzwischen auf 30,0 Prozent (1971) angestiegen ist. Es wird also sehr genau differenziert zwischen der überwiegenden Mehrheit der Wahlbewerberinnen und den wenigen als Spitzenkandidaten herausgestellten Frauen. Beträchtliche Unterschiede sind auch zwischen den männlichen und den weiblichen Spitzenkandidaten feststellbar auf Grund ihrer Listenplacierung. Bis zur Volkskammerwahl 1963 hatten stets Männer die ersten Listenplätze inne, während die Frauen nur die folgenden, noch als Spitzenkandidaturen geltenden Placierungen einnahmen.[46] Einzige Ausnahme ist die SED-Funktionärin Edith Baumann, die 1958 die Einheitsliste in Zwickau (Wahlkreis 19) anführte. Seit der 1963 erfolgten Neueinteilung des Gebietes der DDR in 67 Wahlkreise kann nur noch der jeweils erste Listenplatz als Spitzenkandidatur bezeichnet werden; ihn hat — wie bereits oben hervorgehoben — in nur wenigen Fällen eine Frau inne.

Die Differenzierung zwischen Männern und Frauen, die im Listenbereich der Spitzenkandidaturen erkennbar ist, kann in gleicher Weise im übrigen Bereich beobachtet werden. Obwohl bei der Aufstellung der Einheitslisten für die Wahlkreise die Reihenfolge der Placierung keine Auswirkungen auf die Wahlchancen der Kandidaten hat — wer im vorderen, auf Grund der vorgegebenen Anzahl der pro Wahlkreis zu besetzenden Mandate fest umrissenen Listenbereich placiert wird, kann seiner Wahl sicher sein —, kumulieren die weiblichen Kandidaturen am Ende der Liste.

Der geringe weibliche Anteil an den Spitzenkandidaturen wird nicht zuletzt dadurch verursacht, daß die Exponenten aller Parteien und Massenorganisationen sowie des Regierungsapparates der DDR fast ausnahmslos der Volkskammer angehören und durchweg die ersten Plätze auf den Einheitslisten belegen. Auch unter den wenigen Spitzenkandidatinnen finden sich zumeist führende Funktionärinnen der Parteien, des Staates, der Wirtschaft sowie der Massenorganisationen; so z. B. die SED-Funktionärinnen Edith Baumann und Inge Lange, die weiblichen Minister Hilde Benjamin und Margarete Wittkowski, die Wirtschaftsfunktionärinnen Luise Ermisch und Margarete Müller. Allerdings wird nicht jede Spitzenfunktionärin auch als Spitzenkandidatin für die Volkskammer herausgestellt. Weder die Volksbildungsministerin Margot Honecker noch die langjährige Vorsitzende des Demokratischen Frauenbundes Deutschlands, Ilse Thiele, haben bisher führende Listenplätze eingenommen.

Bei den Wahlen zur 1. und 2. Volkskammer (1950, 1954) wurden auch einige Arbeiterinnen als Spitzenkandidaten herausgestellt; sie hatten sich durch besondere berufliche Aktivität ausgezeichnet.[47] Ihre Placierung auf den vorderen Listenplätzen dürfte in erster Linie dazu gedient haben, sie der Öffentlichkeit als ein nachahmenswertes Beispiel sozialistischen Pflichtbewußtseins zu präsentieren.

Seit den Volkskammerwahlen von 1963 finden sich unter den Spitzenkandidatinnen nur noch führende Funktionärinnen; verdiente Arbeiterinnen werden in dieser Form nicht mehr öffentlich herausgestellt, was vermutlich an den Bemühungen der DDR liegt, die Volkskammer als ein befähigtes Abgeordnetengremium mit hoher fachlicher Bildung (möglichst mit Fach- oder Hochschulbildung) zu legitimieren.[48]

Wie oben dargelegt wurde, hat die SED bzw. die Nationale Front stets eine Reihe von Frauen als Kandidaten nominiert, deren Wahlchancen auf Grund aussichtsreicher Listenplätze bzw. der Erstellung von Einheitslisten gesichert sind. Die zahlreiche Vergabe weiblicher Kandidaturen erfolgt aus partei- und gesellschaftspolitischen Erwägungen sowie zu Zwecken der Wahlwerbung. Dabei wird in zunehmendem Maße darauf geachtet, daß die Kandidatinnen in ihrer sozialstrukturellen Zusammensetzung die neue sozialistische Frauengeneration repräsentieren.

Dem weiblichen Anteil an den Kandidaturen liegt aber kein einheitlicher Prozentsatz für alle Gebiete der DDR zugrunde, vielmehr weist er in den einzelnen Bezirken und Wahlkreisen erhebliche Unterschiede und Abweichungen vom Durchschnittswert auf, der für die Wahlen zur Volkskammer von rund 23 Prozent (1950) bis auf 30 Prozent (1971) angestiegen ist. Trotz dieses recht hohen weiblichen Anteils an den Kandidaturen werden nur äußerst wenige Frauen aus der Masse der Wahlbewerberinnen hervorgehoben und als Spitzenkandidaten präsentiert. Somit besteht bereits im vorparlamentarischen Bereich eine Abstufung des Frauenanteils, und zwar dort, wo sich bestimmte Funktionen von der Menge allgemeiner und gleichrangiger Positionen abheben, und sei es auch nur durch den verstärkten Charakter einer ehrenvollen Auszeichnung, den eine Spitzenkandidatur für die Volkskammer enthält.

3. Die Frau als Volksvertreterin

Einer Analyse der weiblichen Mitarbeit in den Volksvertretungen sollen zunächst einige grundsätzliche Überlegungen zur normativen und faktischen Stellung der Parlamente im Staatssystem der DDR und zu den Aufgaben und Kompetenzen der Abgeordneten vorangehen. Des weiteren ist eine Auseinandersetzung mit jenen Aspekten ideologischer Natur notwendig, aus denen heraus sich die Rolle der Frauen als Mandatsträger erklärt.

a) Stellung, Funktion und Kompetenzen der Volksvertretungen und ihrer Abgeordneten

Die Parlamente der DDR nehmen als oberste Organe der Staatsmacht in ihrem Zuständigkeitsbereich eine eigenartige staatsrechtlich überhöhte Stellung gegenüber der Exekutive – den Räten – ein. Das verfassungsrechtliche Primat der Volksvertretungen beruht auf dem Prinzip der Gewaltenkonzentration, dem Grundsatz der Einheit von Beschlußfassung und Durchführung, nach dem die Parlamente tätig werden und ihren Willen in der Praxis der Verwaltung verwirklichen sollen. Nach dieser Grundkonzeption vereinigen die Volksvertretungen in ihrer Rechtsstellung sowohl die Funktionen von Gesetzgebungskörperschaften als auch die Funktionen einer vollziehenden Gewalt, indem sie die Verwaltung und untergeordnete Parlamente anleiten und kontrollieren. Insofern sind sie diejenigen Staatsorgane, die den gesamten sozialistischen Staat leiten.[49]

Der Aufbau der Volksvertretungen und ihr Verhältnis untereinander ist – wie auch bei den Exekutivorganen – nach dem Prinzip des demokratischen Zentralismus geregelt[50]: der Volkskammer als dem verfassungsmäßig höchsten Organ der Republik sind alle weiteren Parlamente, die Bezirkstage, Kreistage, Stadtverordneten- und Stadtbezirksversammlungen sowie die Gemeindevertretungen nach- und untergeordnet. Die Gesetze und Beschlüsse der höheren Volksvertretungen sind für die unteren Parlamente verbindlich; außerdem haben die übergeordneten Volksvertretungen das Recht, Beschlüsse unterer Parlamente aufzuheben, wenn sie gegen zentrale Beschlüsse und Verordnungen verstoßen.[51]

Obwohl den Volksvertretungen nach der formellen Verfassung die führende Stellung im Staatssystem der DDR zukommt, erweisen sie sich in der Verfassungswirklichkeit als zwar oberste, aber politisch bedeutungslose Organe innerhalb der staatlichen Organisation. Dies zeigt sich insbesondere im Bereich der normativen Tätigkeit, der wichtigsten unter den Aufgaben und Rechten der Parlamente. Die Volksvertretungen üben nämlich keineswegs die alleinige Gesetzgebungskompetenz aus; vielmehr sind neben ihnen die Exekutivorgane ebenfalls zur Normsetzung befugt. Deren Beschlüsse sind weitreichender und bestimmen das Verhalten der Bürger in stärkerem Maße als die der Parlamente. Feddersen betrachtet deshalb als bedeutungsvollste Aufgabe der Volksvertretungen die Wahrnehmung der „kulturell-erzieherischen Funktion" des sozialistischen Staates, die ihren Ausdruck findet in der feierlichen Verabschiedung grundsätzlicher Entscheidungen und Beschlüsse und in der Zusammenarbeit mit der Bevölkerung bei der Vorbereitung, Durchführung und Erläuterung der Gesetze.[52]

In den Volksvertretungen findet also kein Prozeß der politischen Willensbildung statt, der sich in der normativen Tätigkeit niederschlagen könnte. Vielmehr wird der Wille des Parlaments mit dem Volkswillen gleichgesetzt, was bedingt, daß dem Parlament keine eigene Willensbildung gestattet ist. Da das Volk aber der Führung durch die kommunistische Partei bedarf, sind Volks- und Parteiwille identisch und bestimmen, was der Wille der Volksvertretungen ist.[53]

Die Wahrung der Identität von Partei- und Parlamentswillen erfordert deshalb eine Zusammensetzung der Volksvertretungen entsprechend den Vorstellungen der Staatspartei und unter Beachtung der gesellschaftlichen Struktur der Bevölkerung. Die Aufstellung von Einheitslisten der Kandidaten aller Parteien und Massenorganisationen gewährleistet eine solche politisch homogene Zusammensetzung der Abgeordneten. Die Parlamente der DDR sind deshalb primär Repräsentationskörperschaften, ihre Mitglieder nicht Exponenten sozialer Gruppen, sondern Symbolfiguren, „beste" Vertreter des Volkes. Die Zugehörigkeit zur Volksvertretung ist demnach kein Amt, vielmehr eine Ehre und Auszeichnung.[54]

Zu den Aufgaben der Abgeordneten gehört die regelmäßige Teilnahme an den Sitzungen der Parlamente und ihrer Ausschüsse. Die Volkskammer tagt allerdings nicht periodisch, sondern nur gelegentlich für ein oder zwei Tage. Die Bezirkstage treten mindestens vierteljährlich, die übrigen Parlamente mindestens alle zwei Monate, die Gemeindevertretungen mindestens alle sechs Wochen zusammen.[55] Die Abgeordneten, die ihr Mandat ehrenamtlich ausüben, müssen zu diesen Sitzungen von ihrer Berufsarbeit freigestellt werden.

Als führende Repräsentanten der Staatsmacht kommt den Abgeordneten als wesentlichste Funktion die Aufgabe zu, um das Vertrauen der Bevölkerung zur politischen Führung zu werben, indem sie den Bürgern die Politik der Volksvertretungen und der staatlichen Exekutivorgane „erläutern". Sie sollen ständige, enge Verbindung zu ihren Wählern halten, deren Hinweise, Vorschläge, Empfehlungen und Kritiken beachten und gewissenhaft erledigen. Die Abgeordneten sind verpflichtet, regelmäßig Sprechstunden und Aussprachen mit den Werktätigen durchzuführen und der Bevölkerung mindestens einmal jährlich Rechenschaft über ihre Arbeit zu geben.[56]

b) Die weibliche Mitarbeit in den Volksvertretungen – ein Gradmesser für die politische Rolle der Frau?

In DDR-Publikationen heißt es, die Frau werde durch ihre Teilnahme an der staatlichen Leitung der Gesellschaft politisch bewußter, sie lerne die Zusammenhänge der kleinen Dinge des Alltags mit den politischen Grundfragen der Zeit besser verstehen, bilde sich geistig weiter und fasse Mut und Selbstvertrauen. Das alles wirke sich günstig auf die Bildung der sozialistischen Persönlichkeit der Frau aus.[57]

Was unter der allgemeinen Formulierung „Teilnahme der Frauen am politisch-staatlichen Leben" konkret zu verstehen ist, ergibt sich dank gleichzeitiger Hinweise auf das System der sozialistischen Demokratie in der DDR aus der verfassungsrechtlichen Stellung der staatlichen Organe. Innerhalb dieses Systems sind die Volksvertretungen „die bedeutsamsten Organe der Entwicklung der sozialistischen Demokratie, der Mobilisierung und Organisierung der Millionenmassen des Volkes". Sie gelten somit auch als „die bedeutsamsten Organe . . . zur allseitigen Einbeziehung der Frauen in die staatliche Leitung" des gesamten gesellschaftlichen Lebens.[58]

„Im System der sozialistischen Demokratie nehmen *die Volksvertretungen* den hervorragendsten Platz ein. Ein wichtiger Gradmesser für die Rolle der Frau ist daher in der Antwort auf die Frage nach ihrer Mitwirkung in den Volksvertretungen, nach dem Umfang und den Entwicklungsmöglichkeiten der Mitwirkung gegeben."[59]

Da also die normativen Bestimmungen der DDR-Verfassung das Primat der Volksvertretungen vor allen anderen Staatsorganen der jeweiligen Ebene betonen, verwirklicht sich nach östlicher Auffassung die Teilnahme der Frauen an der Lenkung und Leitung des Staates in erster Linie durch ihre Tätigkeit als Abgeordnete. In der DDR wird deshalb die politische Rolle der Frau *vorrangig* unter dem Aspekt der weiblichen Mitarbeit in den Parlamenten gesehen und ihre umfangreiche Mitwirkung an der Arbeit dieser Gremien angestrebt. Auf Grund dieser Interpretation ist ein hoher Frauenanteil in den Volksvertretungen sogar zwangsläufig notwendig, damit der sozialistische Staat den sichtbaren Nachweis für die Verwirklichung der Gleichberechtigung auch im politischen Raum erbringen kann.

Unzählige Publikationen weisen immer wieder auf den großen Frauenanteil in den Parlamenten hin, um der weiblichen Bevölkerung mit Hilfe dieser Zahlen zu dokumentieren, wie umfassend die Leitung des Staates auch in ihren Händen ruht.[60] Internationale Vergleiche sollen diese Wirkung noch verstärken und zudem auch gegenüber dem Ausland belegen, in welch erheblichem Maß die Frauen in der DDR am politischen Leben gleichberechtigt teilnehmen. Dabei werden bevorzugt die geringen weiblichen Prozentanteile in den entsprechenden bundesrepublikanischen Parlamenten herangezogen, um die beachtlich hohen Werte für die Volksvertretungen der DDR noch eindrucksvoller erscheinen zu lassen.[61]

Eine solche Gegenüberstellung west- und mitteldeutscher Parlamente und ihrer jeweiligen Frauenanteile ist zwar verständlich, da es zu Zwecken der propagandistischen Auswertung geschieht. Es bleibt aber ein unzulässiges Verfahren, wenn damit die Stellung der Parlamente bürgerlich-demokratischer Prägung und der Volksvertretungen in der sozialistischen Demokratie als gleichartig vorausgesetzt bzw. definiert wird. Im übrigen werden westliche Untersuchungen, die das System der Volksvertretungen in der DDR lediglich mit eigenen Maßstäben messen, diesen ebenfalls nicht gerecht.[62]

Die zahlreiche Einbeziehung von Frauen in das staatliche Leben, d. h. in die Tätigkeit der Volksvertretungen, erfolgt also nicht nur unter den bereits aufgezeigten Aspekten der sozialen Repräsentation der Bevölkerung und der propagandistischen Nutzung weiblicher Kandidaturen, sondern ebenfalls aus ideologischen Gründen: in diesen verfassungsrechtlich obersten Organen der Staatsmacht wird die politische Gleichberechtigung der Frau demonstrativ sichtbar. Da aber die politische Rolle, die die Frau in der DDR spielt, mit dem Umfang ihrer Mitwirkung und mit ihrer Stellung innerhalb der Parlamente gleichgesetzt und begründet wird, läßt sie sich entsprechend der Rolle der Volksvertretungen im System der sozialistischen Demokratie eingrenzen und bestimmen. Diese sind, wie oben gezeigt wurde, keine Organe mit eigener politischer Willensbildung, sondern Repräsentationskörperschaften, die den Willen der SED in Staatswillen zu transformieren haben.[63] Die Abgeordneten üben keinen Einfluß auf die Gestaltung der Politik aus, vielmehr konzentriert sich ihre Funktion darauf, der Bevölkerung die Gesetze und darüber hinaus die gesamte Politik der DDR, d. h. die Generallinie der SED, zu erläutern. Dementsprechend sind Aufgabenstellung und Wirkungsbereich auch der weiblichen Volksvertreter: sie nehmen an den Sitzungen der Parlamente und ihrer Ausschüsse teil und bemühen sich um eine enge Verbindung zu den Wählern, um sie mit den Gesetzen und Beschlüssen vertraut zu machen. Dabei sollen sich die weiblichen Abgeordneten in besonderem Maße für die Erläuterung der Gesetze und Rechte der DDR unter den Frauen einsetzen.[64]

Die *politische Rolle* der Frau in der DDR ist also, wenn sie sich von deren Mitwirkung in den Volksvertretungen ableitet, vorwiegend eine *gesellschaftlich-erzieherische Funktion*. Politisch hingegen, unter dem Gesichtspunkt der Machtausübung betrachtet, ist ihre Rolle ineffektiv auf Grund des Primats der Partei und der daraus resultierenden Abhängigkeit und Unterordnung aller Staatsorgane – auch der höchsten Organe, der Parlamente – unter den Willen der SED. Denn nicht die weiblichen Abgeordneten – wie die Volksvertreter insgesamt – lenken und leiten den Staat, sondern die Mitglieder der operativen Führungsgremien der SED, die über Inhalt und Ziel der Politik entscheiden. Deshalb kann das Ausmaß der weiblichen Mitwirkung in den Volksvertretungen kein „wichtiger Gradmesser" für die politische Rolle der Frau in der DDR sein[65]; ihre tatsächliche politische Rolle ergibt sich vielmehr aus dem Umfang ihrer Mitarbeit in der SED, vor allem in den Leitungsorganen der Partei, den Sekretariaten und dem Politbüro. Wie es aber um die Mitwirkung der Frauen in der SED bestellt ist, auf welche Schwierigkeiten und Grenzen die weiblichen Mitglieder stoßen, wurde bereits ausführlich dargelegt.

Wie wenig die politische Rolle der Frau, d. h. die Ausübung einer einflußreichen, machtpolitischen Funktion, in ihrer Abgeordnetentätigkeit zu suchen ist, ergibt sich auch aus dem Bild, das von den Volksvertretern gezeichnet wird. Der Abgeordnete „sozialistischen Typus" soll Vertrauensmann, Helfer und Organisator der Werktätigen sein. Er

„hat hohe Leistungen in seinem Beruf zu erbringen, als Arbeiter für neue Arbeitsmethoden, für reale Normen, für hohe Planziele, als Bauer oder Handwerker für die sozialistischen Genossenschaften, als Vertreter der Intelligenz für die fortschrittlichsten Erkenntnisse der Wissenschaft einzutreten. Ebenso unermüdlich und vorwärtsdrängend hat er in der Abgeordnetenfunktion selbst tätig zu sein. Dabei ist es für die vorbildliche berufliche wie auch für die Abgeordnetentätigkeit gleichermaßen erforderlich, daß unsere Volksvertreter unablässig an ihrer politischen Qualifizierung arbeiten."[66]

Angesichts eines solchen Idealbildes des sozialistischen Abgeordneten und der von ihm zu bewältigenden beruflichen, gesellschaftlichen und schulischen Aufgaben erhebt sich die Frage, wie eine Frau allen diesen Anforderungen gerecht werden kann, da sie noch zusätzliche spezifische Pflichten zu erfüllen hat. Selbst der Hinweis, die Aufgaben der Abgeordneten erwüchsen „ganz organisch und natürlich aus den Belangen ihres eigenen Lebens als Frau und Mutter"[67], kann nicht darüber hinweg täuschen, daß die weiblichen Volksvertreter überfordert werden, wenn sie ihre parlamentarische Funktion gewissenhaft ausüben wollen. Zudem müssen die Repräsentanten des Staates, wenn sie einmal aus der Masse der Bevölkerung hervorgetreten sind, meistens noch zusätzliche gesellschaftliche Funktionen übernehmen. So kann es nicht verwundern, wenn von den Frauen Klagen laut werden wie diese:

„Zu den Erschwernissen, die nicht wenigen Volksvertreterinnen aus dem Egoismus ihrer Männer erwachsen, kamen weitere. Die Erfordernisse der beruflichen Qualifizierung, die Führung des Haushalts und die Erziehung der Kinder stellen die Volksvertreterinnen vor nicht leichte Aufgaben. Dazu kommt, daß einige Funktionäre in den Betrieben glauben, Frauen dadurch zu fördern, daß sie ihnen eine Vielzahl von Funktionen übertragen. So manche Volksvertreterin wird so zum Packesel gesellschaftlicher Pflichten."[68]

Unter diesen Umständen erscheint es unmöglich, politisch leitend, gestaltend und beeinflussend tätig zu werden, ja bereits nahezu ausgeschlossen, als Repräsentantin des Volkes die Abgeordnetenfunktion so vorbildlich auszufüllen, wie oben dargestellt. In manchen Veröffentlichungen findet sich dann auch der kritische Hinweis, daß die weiblichen Abgeordneten nicht überall als gleichberechtigte Mitglieder der Volksvertretungen angesehen[69], ihre Bereitschaft zur Mitarbeit und ihre Initiative häufig gar nicht genutzt oder sogar zunichte gemacht werden und sich einige Mitarbeiter der staatlichen Organe selbst über Beschlüsse der Parlamente hinwegsetzen.[70] Diese Geringschätzung der weiblichen Abgeordneten resultiert jedoch nicht nur aus männlicher Voreingenommenheit; sie wird auch von den Frauen selbst verursacht, da nicht alle die Plenartagungen so vorbereiten, um in ihnen „als wahrhaft gleichberechtigte Mitglieder" auftreten zu können.[71] Außerdem mangelt es ihnen oft an Unterstützung und Anleitung durch die Nationale Front, durch Partei- und Staatsfunktionäre, und sie wissen nicht, „auf welchem Gebiet sie gerade als Frau das Beste" zu leisten vermögen.[72]

Um die weiblichen Abgeordneten, die wie die meisten Volksvertreter „einfache Menschen aus der Produktion sind" und „selbstverständlich noch nicht genügend Erfahrung in der parlamentarischen Arbeit haben"[73], zu einer qualifizierten Ausübung ihrer staatlichen Leitungsfunktion zu befähigen und sie als gesellschaftliche Kraft wirksamer werden zu lassen, erfolgen deshalb spezielle Maßnahmen zu ihrer Schulung. So hat sich der DFD seiner Abgeordneten angenommen und führt an seiner Bundesschule in Potsdam Lehrgänge für Volksvertreterinnen durch.[74] Es erscheint aber geradezu als grotesk, daß sich sogar die staatlichen Exekutivorgane der Schulung der weiblichen Parlamentarier widmen müssen[75], die doch als Repräsentanten des Volkes die Exekutive in ihrer Tätigkeit anleiten und kontrollieren sollen. Aber diese Qualifizierungsmaßnahmen sind notwendig, damit

„die weiblichen Abgeordneten, Mitglieder der ständigen Kommissionen und der Aktivs sich einen festeren Klassenstandpunkt erarbeiten, mehr Selbstvertrauen, mehr Mut in ihre eigenen Kräfte und mehr Sicherheit in ihrem Auftreten im gesellschaftlichen Leben erhalten sowie eine größere Autorität als Frau und Abgeordnete erwerben. Dadurch wird sich nicht nur die Frau als Persönlichkeit weiterentwickeln, sondern dadurch werden die ... Volksvertretungen immer mehr zu ‚arbeitenden Körperschaften'."[76]

Nicht nur aus der tatsächlichen Stellung der Parlamente, ihrem Aufgaben- und Kompetenzbereich innerhalb des sozialistischen Staatssystems wird ersichtlich, wie wenig die weibliche Abgeordnetentätigkeit als eine *politische* Rolle der Frau zu bezeichnen ist; dies ergibt sich auch aus den Berichten der Volksvertreterinnen über ihre Tätigkeit. Danach kann von einer Teilnahme an der Lenkung der Leitung des Staates keine Rede sein; ja, die Frauen weisen oft nicht einmal die Fähigkeit auf, als gestaltende und führende Politikerinnen aktiv zu werden.

Trotzdem erhebt sich in der DDR immer wieder die Forderung, den Anteil der Frauen in den Volksvertretungen zu erhöhen entsprechend ihrer gleichberechtigten gesellschaftlichen Stellung und ihrer verantwortungsvollen Mitarbeit am Aufbau des Sozialismus.[77] Diese Forderung ist sachlich richtig und notwendig, damit die These von der politischen Gleichberechtigung der Frau, die sich in ihrer parlamentarischen Tätigkeit verwirklicht, aufrechterhalten und nachgewiesen werden kann.

4. Frauen in den örtlichen Volksvertretungen

a) Der Einfluß der Gemeindegröße auf die parlamentarische Vertretung von Frauen

Der Frauenanteil in den Volksvertretungen der DDR ist groß; dies wurde bereits oben erwähnt und muß auch angesichts der voraufgegangenen Untersuchung erwartet werden. Einen Überblick über den Umfang der weiblichen Mitwirkung in den Parlamenten gibt Tabelle 28. Danach ist der Frauenanteil mit rund 30 bis 36 Prozent (1971) nicht nur insgesamt recht hoch, er hat sich zudem innerhalb des untersuchten Zeitraums von 1958 an um 8 bis 15 Prozent kontinuierlich vergrößert.

Die weibliche Beteiligung ist aber weder innerhalb der verschiedenen Arten von Volksvertretungen (z. B. Bezirkstage, Gemeindevertretungen) noch regional in den Parlamenten gleicher Rangstufe einheitlich. Während sich der Frauenanteil in der Volkskammer und in den Vertretungskörperschaften der Land- und Stadtkreise in relativ gleicher Größenordnung bewegt – nur in den Bezirkstagen war er nach den Wahlen von 1963 und 1971 zeitweilig etwas höher –, ist er in den Stadtverordnetenversammlungen der kreisangehörigen Städte und in den Gemeindevertretungen stets auffallend niedriger und liegt um rund 6 Prozent unter den allgemeinen Durchschnittswerten.[78] Diese Diskrepanz zeigt sich noch deutlicher, wenn der weibliche Anteil in den Stadtverordnetenversammlungen (kreisangehörige Städte) und den Gemeindevertretungen getrennt ermittelt wird. Auf Grund von Einzelaufstellungen nach den Gemeindewahlen 1957[79] ist eine solche getrennte Berechnung möglich. Danach ergibt sich für die Stadtverordnetenversammlungen in den 14 Bezirken der DDR ein durchschnittlicher Frauenanteil von 19,6 Prozent, während er für die Gemeindevertretungen nur 15,9 Prozent beträgt. Da die meisten Abgeordneten dieser örtlichen Parlamente in den Gemeindevertretungen tätig sind (das Verhältnis Stadtverordnete in kreisangehörigen Städten : Gemeindevertreter beträgt etwa 1 : 6 bis 10), ergibt sich für die Stadt- und Gemeindeparlamente insgesamt ein weiblicher Anteil von durchschnittlich 16,3 Pro-

Tabelle 28: Der Frauenanteil in den Volksvertretungen der DDR (1958–1971)[1]

Jahr	Volks-kammer	Bezirks-tage[2]	Kreistage (Land-kreise)	Stadtverord-netenver-sammlungen (Stadt-kreise)	Stadtverord-netenver-sammlungen und Gemein-devertretun-gen (kreisan-gehörige Städte u. Gemeinden)	Stadtbezirks-versammlun-gen
November 1958[3]	23,8					
Dezember 1958[4]		24,5	17,4	21,8	16,3	
November 1959[5]						23,9
November 1961[6]			22,4	25,1	19,3	26,3
Oktober 1963[7]	26,5					
Dezember 1963[8]		31,1				
November 1965[9]			31,0	31,4	25,2	31,4
Juli 1967[10]	30,2					
September 1967[11]		32,5				
März 1970[12]			36,1[15]		29,8	35,2
November 1971[13]	30,6					
Ende 1971[14]		36,0				

1 Die Prozentsätze wurden von der Verfasserin errechnet. Einzelaufstellungen über den Frauen-anteil in den Volksvertretungen nach Bezirken vgl. in: Sie und unsere Republik (Anm. I/89), S. 29 f.; Frauen in Wahlfunktionen des Staates. DDR und Westdeutschland, in: Sozialistische Demokratie, 8. 3. 1964, Beilage, S. 17; Riemer, Probleme der Ausbildung (Anm. Einl./10), S. 377 ff.
2 Bezirkstage einschließlich der Stadtverordnetenversammlung von Groß-Berlin.
3 Vgl. Handbuch der Volkskammer der DDR, 3. Wahlperiode (Anm. IV/19), S. 96.
4 Vgl. Statistisches Jahrbuch der Deutschen Demokratischen Republik. 1958. 4. Jahrgang. Hrsg. von der Staatlichen Zentralverwaltung für Statistik. Berlin-Ost 1959, S. 163 ff.
5 Vgl. dasselbe. 1959. 5. Jahrgang. Hrsg. von der Staatlichen Zentralverwaltung für Statistik. Berlin-Ost 1960, S. 169 f.
6 Vgl. dasselbe. 1962. 7. Jahrgang. Hrsg. von der Staatlichen Zentralverwaltung für Statistik. Berlin-Ost 1962, S. 147 ff.
7 Vgl. Die Volkskammer der DDR, 4. Wahlperiode (Anm. IV/19), S. 125.
8 Vgl. Statistisches Jahrbuch der Deutschen Demokratischen Republik. 1964. 9. Jahrgang. Hrsg. von der Staatlichen Zentralverwaltung für Statistik. Berlin-Ost 1964, S. 555.
9 Vgl. dasselbe. 1966. 11. Jahrgang. Hrsg. von der Staatlichen Zentralverwaltung für Statistik. Berlin-Ost 1966, S. 582 ff.
10 Vgl. Die Volkskammer der DDR, 5. Wahlperiode (Anm. IV/19), S. 176 ff.
11 Vgl. Statistisches Jahrbuch der Deutschen Demokratischen Republik. 1968. 13. Jahrgang. Hrsg. von der Staatlichen Zentralverwaltung für Statistik. Berlin-Ost 1968, S. 576 f.
12 Vgl. dasselbe. 1970. 15. Jahrgang. Hrsg. von der Staatlichen Zentralverwaltung für Statistik. Berlin-Ost 1970, S. 488 ff.
13 Vgl. Die Volkskammer der DDR, 6. Wahlperiode (Anm. IV/19), S. 176 ff.
14 Vgl. Statistisches Taschenbuch der Deutschen Demokratischen Republik 1972. Hrsg. von der Staatlichen Zentralverwaltung für Statistik. Berlin-Ost 1972, S. 19.
15 Kreistage (Landkreise) einschließlich der Stadtverordnetenversammlungen der Stadtkreise.

zent (siehe Tabelle 28). Der höhere weibliche Anteil in den Stadtverordnetenversammlungen bewirkt also nur eine geringfügige Steigerung des niedrigeren Anteils in den Gemeindevertretungen, wenn er für beide Kategorien gemeinsam ermittelt wird.

Aus diesen Zahlen wird ersichtlich, daß die kleineren Gemeinden weniger Frauen in ihre Volksvertretungen aufnehmen als die Städte, Kreise und Bezirke, sich also die Gemeindegröße und möglicherweise auch die -struktur auf das Ausmaß der parlamentarischen Vertretung von Frauen auswirkt.[80] Sogar der weibliche Anteil in der Volkskammer liegt stets über demjenigen in den Gemeindevertretungen. Selbst nach den Kommunalwahlen von 1970 haben sich diese Relationen nicht verändert, wenn auch die Diskrepanz zwischen der weiblichen Beteiligung in der höchsten Vertretungskörperschaft und in den lokalen Parlamenten weitgehend zusammengeschrumpft ist.

Als Ursache für die geringere Beteiligung von Frauen an der Arbeit der Volksvertretungen in den Dörfern lassen sich verschiedene Aspekte heranziehen. Ganz allgemein werden in der DDR auch heute noch die besonderen Schwierigkeiten betont, die speziell in ländlichen Gegenden die volle Durchsetzung der Gleichberechtigung der Frau behindern und verzögern. So seien die tradierten Vorstellungen, der Mann habe über alles zu entscheiden und die Frau brauche am öffentlichen Leben nicht teilzunehmen, auf dem Lande besonders zählebig und nur allmählich zu überwinden.[81] Neben männlichen Vorbehalten gegen eine politische Aktivität der Frauen dürfte im übrigen auch eine gewisse Passivität der weiblichen Landbevölkerung selbst wirksam sein.

Auch die in vielen Dörfern nur ungenügende Organisation des Demokratischen Frauenbundes, der in den meisten Fällen die weiblichen Abgeordneten für die Gemeindevertretungen nominiert[82], kann als weiterer Grund für den geringeren Frauenanteil herangezogen werden. Allerdings ist der DFD bemüht, mit Hilfe der beim Sekretariat des Bundesvorstandes bestehenden „Kommission für Arbeit in den Dörfern", die die Tätigkeit der ländlichen Gruppen des DFD organisieren und kontrollieren soll,

„die gesellschaftliche Rolle der Bäuerinnen durchsetzen zu helfen und rückständige Auffassungen schneller zu überwinden, das Selbstbewußtsein der Bäuerinnen weiter zu entwickeln, damit sie ihrer Verantwortung für die demokratische Mitarbeit in den staatlichen Organen ... besser gerecht werden können".[83]

Ein besonders wesentlicher Aspekt ergibt sich aber aus der Rolle der örtlichen Volksvertretungen selbst. Im Gegensatz zur Volkskammer, die als bedeutungsvollste Aufgabe die „kulturell-erzieherische Funktion" des sozialistischen Staates wahrnimmt, besteht bei den örtlichen Parlamenten ein geringer Wirkungsbereich, innerhalb dessen eigene Entscheidungen der Abgeordneten möglich sind; allerdings handelt es sich dabei nur um Fragen von untergeordneter Bedeutung. So sind aber Mehrheitsentscheidungen der Volksvertretungen auf lokaler Ebene durchaus denkbar, wenn sie die Ausführungsbestimmungen zu den Beschlüssen zentraler Instanzen erlassen.[84] Danach bleibt den örtlichen Volksvertretern ein größerer Bereich für eigene Initiativen als den Volkskammerabgeordneten, wenn das auch nichts an der grundsätzlichen Feststellung ändert, daß sie weder an einer politischen Willensbildung noch an der Ausübung staatlicher Machtfunktionen teilhaben. Der Handlungs- und Entscheidungsspielraum lokaler Mandatsträger ist also weiter bemessen als derjenige der Abgeordneten höherer Parlamente, was sich auf das Ausmaß der weiblichen Mitwirkung in den Gemeindevertretungen auswirken und wesentlich ihre Grenzen bestimmen dürfte. In den Parlamenten der DDR zeigen sich demnach ebenfalls bestimmte Zusammenhänge von Wirkungs- und Kompetenzbereich des Gremiums bzw. der Funktionsinhaber und der Höhe des Frauenanteils. Für die Organisationsformen der SED, in deren Gremien mit Entscheidungsbefugnissen die weibliche Beteiligung nur gering ist, konnte diese Korrelation bereits in eindeutiger Weise analysiert werden.

Die örtlichen Volksvertretungen gewinnen überdies noch zusätzlich an Bedeutung, weil sie einen Teil der Wirtschaft, nämlich alle nicht zentral unterstellten Betriebe, zu leiten haben und insbesondere die Verantwortung für die Entwicklung der Landwirtschaft tragen.[85] Die Steigerung der landwirtschaftlichen Produktion, die Entwicklung und Förderung der landwirtschaftlichen Produktionsgenossenschaften, der Maschinen-Traktoren-Stationen und volkseigenen Güter, all das sind Fragen, die in den Gemeindevertretungen beraten werden. Diese Fragen berühren aber zugleich den Aufgaben- und Interessenbereich der LPG-Vorstände, in deren entscheidenden Leitungsfunktionen nur wenige Frauen vertreten sind und sich nur unter Schwierigkeiten durchzusetzen vermögen.[86] Deshalb ist zu vermuten, daß auch die spezifische Aufgabenstellung der Gemeindevertretungen den niedrigen weiblichen Anteil in den lokalen Parlamenten verursacht und sich somit eine Parallele ergibt zur Situation in den Vorständen der LPG.

b) Frauenüberschuß und weiblicher Anteil in den örtlichen Volksvertretungen

In den Parlamenten gleicher Rangstufe bestehen ebenfalls in den einzelnen Bezirken unterschiedliche Frauenanteile und damit zum Teil erhebliche Abweichungen vom Durchschnittswert. So ist die weibliche Mitwirkung im Bezirkstag von Leipzig (1970: 41,0 Prozent) stets außergewöhnlich umfangreich, in der Stadtverordnetenversammlung von Berlin (1970: 24,6 Prozent) jedoch durchweg am geringsten. Überdurchschnittlich hohe Frauenanteile finden sich im allgemeinen auch in den Bezirkstagen von Potsdam (1970: 37,5 Prozent), Erfurt (36,5 Prozent) und Cottbus (36,1 Prozent), während die Frauenanteile in den regionalen Vertretungskörperschaften von Dresden (29,0 Prozent), Neubrandenburg (29,4 Prozent), Schwerin (29,6 Prozent), Magdeburg (30,2 Prozent) und Suhl (30,8 Prozent) unter dem Durchschnittswert (32,6 Prozent) bleiben.[87]

In propagandistischen Publikationen der DDR wird – nicht ohne einen gewissen Stolz – darauf hingewiesen, daß der Bezirkstag Leipzig „die größte Zahl weiblicher Abgeordneter innerhalb sämtlicher gewählter Volksvertretungen besitzt".[88] So bemerkenswert diese Tatsache auch zunächst erscheint, sie verliert sehr rasch den Charakter des Außergewöhnlichen, wenn der weibliche Anteil in den Volksvertretungen zum Frauenanteil an der Wohnbevölkerung der Bezirke in Beziehung gesetzt wird. Dabei zeigt sich, daß der Frauenüberschuß im Bezirk Leipzig überdurchschnittlich hoch ist und diese Region in bezug auf ihren weiblichen Bevölkerungsanteil (1969: 54,7 Prozent) den dritten Platz hinter Berlin (55,5 Prozent) und Dresden (54,9 Prozent) einnimmt (DDR insgesamt: 54,0 Prozent).[89] Somit kann die große Zahl weiblicher Abgeordneter im Bezirkstag Leipzig nur als angemessen erscheinen, weil sie dem höheren Frauenanteil an der Bevölkerung entspricht.

Diese Gegenüberstellung des weiblichen Anteils an der Wohnbevölkerung eines Bezirkes und an der Mitgliedschaft der entsprechenden Volksvertretung läßt zugleich erkennen, wie außerordentlich groß die Diskrepanz in Berlin ist. In der Stadtverordnetenversammlung sind die Frauen prozentual am geringsten vertreten, obwohl Berlin den regional höchsten Frauenüberschuß aufweist. Die Repräsentation der weiblichen Bevölkerung in der Vertretungskörperschaft von Berlin ist somit — im Vergleich zu allen anderen Bezirkstagen in der DDR — am schlechtesten gelungen. Vermutlich dürfte die besondere Stellung Berlins als „Hauptstadt der DDR" die Ursache hierfür sein; ihrer Volksvertretung kommt eine größere Bedeutung zu als den übrigen Bezirkstagen. Selbst in den regionalen Parlamenten zeigt sich damit jener Zusammenhang, der zwischen dem Aufgabenbereich eines Partei- oder Staatsorgans und dem Ausmaß der weiblichen Mitwirkung besteht.

In den Volksvertretungen der Land- und Stadtkreise sind die Abweichungen vom durchschnittlichen Frauenanteil regional nicht so stark ausgeprägt wie in den Bezirkstagen. Dagegen bestehen jedoch beträchtliche Unterschiede zwischen dem weiblichen Anteil in den Kreistagen einerseits und in den Stadtverordnetenversammlungen der kreisfreien Städte andererseits; letzterer liegt im allgemeinen erheblich über demjenigen in den Kreistagen. Die parlamentarische Mitwirkung der Frauen ist also — wie bereits oben für die Gemeindeparlamente festgestellt — auch in den übergeordneten Vertretungskörperschaften ländlicher Gebiete geringer als in den entsprechenden Organen der Städte. Die Gemeindegröße, der Kompetenzbereich der Volksvertretungen und der Handlungsspielraum der Abgeordneten sind demnach wesentliche Einflußfaktoren und bestimmen das Ausmaß der parlamentarischen Vertretung der Frauen. Dies zeigt sich z. B. auch in dem vergleichsweise hohen weiblichen Anteil in den Stadtbezirksversammlungen.

Nach den Wahlen zu den örtlichen Volksvertretungen im Oktober 1965 haben sich die Differenzen zwischen dem Frauenanteil in den Parlamenten der Stadtkreise und der Landkreise stark nivelliert. Dieser Trend zeichnete sich bereits einige Jahre zuvor ab, als zunächst im Bezirk Leipzig, später auch in den Bezirken Magdeburg und Gera der weibliche Anteil in den Kreistagen erstmalig denjenigen in den Stadtverordnetenversammlungen der kreisfreien Städte überstieg. Wie weit dieser Prozeß der allmählichen Angleichung fortgeschritten ist, läßt sich allerdings nicht feststellen, da nach den Kommunalwahlen im März 1970 nur summarische Angaben über die Anzahl der Kreistagsabgeordneten und Stadtverordneten gemacht wurden, also keine Aufschlüsselung nach Landkreisen einerseits und Stadtkreisen andererseits vorliegt.

5. Frauen in der Volkskammer

a) *Der Frauenanteil in der Volkskammer und Fluktuationstendenzen unter den weiblichen Abgeordneten*

Die oberste Volksvertretung der DDR weist — wie bereits festgestellt und zum Teil zahlenmäßig belegt wurde — einen bemerkenswert hohen Anteil weiblicher Mitglieder auf. Seit 1967 sind fast ein Drittel aller Abgeordneten Frauen. Damit hat sich der weibliche Anteil in der Volkskammer seit Gründung der DDR nahezu verdoppelt.

Als sich der 2. Deutsche Volksrat — er war am 30. Mai 1949 auf dem 3. Deutschen Volkskongreß gewählt worden — am 7. Oktober 1949 zur „Provisorischen Volkskammer der DDR" ernannte, gehörten diesem Gremium 53 Frauen = 16,1 Prozent an (siehe Tabelle 29). Dieser prozentuale Anteil entsprach ungefähr jener Größenordnung, in der die Frauen in den kommunalen und Landesparlamenten der SBZ seit 1946 mitarbeiteten (siehe Tabelle 26). Nach den ersten Volkskammerwahlen im Oktober 1950 erhöhte sich der weibliche Anteil auf 23,0 Prozent, stagnierte dann allerdings während der 50er Jahre und stieg 1963 — bei einer gleichzeitigen Erhöhung der Abgeordnetenzahl von 400 auf 434 — auf 26,5 Prozent, 1967 auf 30,2 Prozent und 1971 auf 30,6 Prozent an.[90]

Neben den gewählten Abgeordneten gehören 66 Berliner Vertreter der Volkskammer an, unter denen sich ebenfalls zahlreiche Frauen befinden. Auch ihr Prozentanteil blieb in den 50er Jahren konstant und erhöhte sich erst 1963 von 28,8 Prozent auf 33,3 Prozent, 1967 auf 36,4 Prozent und 1971 auf 39,4 Prozent. Der weibliche Anteil an der Vertreterschaft Berlins liegt damit stets um rund 5 bis 9 Prozent über demjenigen an der Abgeordnetenschaft. Die Ursache hierfür dürfte in dem Status zu sehen sein, den die Berliner Vertreter in der Volkskammer einnehmen. Sie werden nicht, wie die Abgeordneten, in allgemeinen Wahlen unmittelbar gewählt, sondern von der Stadtverordnetenversammlung Berlins ernannt und als Repräsentanten der „Hauptstadt der DDR" in die Volkskammer entsandt. An den Sitzungen der obersten Volksvertretung nehmen sie mit beratender Stimme teil, üben also kein Stimmrecht aus.[91]

Wie schon zuvor für die Führungsorgane der SED festgestellt, ist auch in der Volkskammer ein höherer Frauenanteil in solchen Funktionen gegeben, die lediglich beratenden Charakter haben. Trotz der politischen Wirkungs- und Bedeutungslosigkeit des obersten Parlaments ist also selbst in diesem Gremium noch eine Differenzierung und Abstufung der Funktionen nach ihren Befugnissen anhand des weiblichen Anteils möglich.

Seit 1950 waren etwa 475 Frauen Mitglieder der Volkskammer, davon rund 400 Frauen stimmberechtigte Abgeordnete. Bei einer die 1. bis 6. Wahlperiode umfassenden Übersicht nach Fraktionszugehörigkeit und Mandatsdauer der weiblichen Abgeordneten und Berliner Vertreter (siehe Anhang, Tabelle 2) fällt auf, daß einige Frauen nach ihrer Wiederwahl in anderen Fraktionen als zuvor auftreten, ein Fraktionswechsel nach Ablauf der Legislaturperiode also durchaus im Bereich des Möglichen

Tabelle 29: Der Frauenanteil in der Volkskammer der DDR (1949–1971)[1]

Jahr	Abgeordnete			Berliner Vertreter		
	insgesamt	davon Frauen[2]	Frauen in %[3]	insgesamt	davon Frauen[2]	Frauen in %[3]
Provisorische Volkskammer Oktober 1949[4]	330	53	16,1			
1. Volkskammer Oktober 1950[5]	400	92	23,0	66	19	28,8
2. Volkskammer Oktober 1954[6]	400	92	23,0	66	19	28,8
3. Volkskammer November 1958[7]	400	95	23,8	66	19	28,8
4. Volkskammer Oktober 1963[8]	434	115	26,5	66	22	33,3
5. Volkskammer Juli 1967[9]	434	131	30,2	66	24	36,4
6. Volkskammer November 1971[10]	434	133	30,6	66	26	39,4

1 Alle Untersuchungen in diesem Abschnitt beziehen sich – wenn nicht anders vermerkt – jeweils auf den Stand zur Neuwahl der Volkskammer. Personelle Veränderungen, die sich im Laufe einer Legislaturperiode ergaben, wurden nicht berücksichtigt.
 Die tabellarischen Zusammenstellungen basieren auf den Handbüchern der Volkskammer. Diese weisen in den statistischen Angaben zum Teil erhebliche Unstimmigkeiten auf. Soweit möglich wurden die Statistiken von der Verfasserin korrigiert und in den vorliegenden Tabellenkomplex einbezogen.
 Über die Provisorische Volkskammer und die Volkskammer der 1. Wahlperiode liegen keine Handbücher vor. Das Volkskammer-Handbuch der 2. Wahlperiode, dessen biographischer Teil besonders unzulänglich ist, erschien erst im Jahre 1957, also im dritten Jahr der Legislaturperiode. Mit Hilfe des 1955 vom Informationsbüro West-Berlin herausgegebenen Handbuches der Volkskammer und des 1957 erschienenen Ergänzungsbandes wurde die personelle Zusammensetzung der Volkskammer auf den ursprünglichen Stand zur Neuwahl im Oktober 1954 gebracht.
2 Auffallend sind die wiederholt falschen Angaben auch in der Fachliteratur der DDR über die Anzahl der weiblichen Volkskammerabgeordneten. So wurden z. B. für die Volkskammer der 2. Wahlperiode 108 weibliche Abgeordnete (und 20 weibliche Berliner Vertreter) angegeben. Vgl. Statistisches Jahrbuch der Deutschen Demokratischen Republik. 1957. 3. Jahrgang. Hrsg. von der Staatlichen Zentralverwaltung für Statistik. Berlin-Ost 1958, S. 149. Tatsächlich zählte die Volkskammer jedoch 92 Frauen als Abgeordnete und 19 Frauen als Berliner Vertreter zu Beginn der Legislaturperiode. Die Volkskammer der 5. Wahlperiode, in der 131 weibliche Abgeordnete fungierten, wurde hingegen mit 129 bzw. 137 Frauen ausgewiesen; vgl. dasselbe. 1968 (Anm. Tab. 28/11), S. 575; Protokoll des VII. Parteitages der SED (Anm. I/82), Bd. IV, S. 142.
 Die Anzahl der weiblichen Mitglieder der Volkskammer – wie sie in dieser Tabelle jeweils angegeben ist – wurde mit Hilfe der biographischen Daten der Volkskammer-Handbücher ermittelt und anhand der Kandidatenlisten der Nationalen Front auf ihre Genauigkeit überprüft. Die vorliegenden Zahlenwerte können deshalb als weitestgehend zuverlässig bezeichnet werden.
3 Die Prozentsätze wurden von der Verfasserin errechnet. Dies gilt ebenfalls für die folgenden Tabellen.
4 Am 7. Oktober 1949 bildete sich der 2. Deutsche Volksrat – er war am 30. Mai 1949 auf dem 3. Deutschen Volkskongreß gewählt worden – zur Provisorischen Volkskammer der DDR um; vgl. Die Frauen des Hohen Hauses (Anm. V/61), S. 27; Unser Wort gilt (Anm. V/82), S. 23.
5 Vgl. Die Kandidaten des deutschen Volkes (Anm. Tab. 27/1), S. 1 und 3.
6 Vgl. Handbuch der Sowjetzonen-Volkskammer, 2. Legislaturperiode (Anm. IV/19), T. I, S. 101 ff., und T. II, S. 19 ff.; Handbuch der Volkskammer der DDR, 2. Wahlperiode (Anm. I/54), S. 293 ff.

liegt. Diese Fluktuation vollzieht sich allerdings nur zwischen einzelnen Massenorganisationen sowie zwischen der SED und den Massenorganisationen. In mehreren Fällen liegt auch ein Wechsel zwischen dem Status einer Abgeordneten und einer Berliner Vertreterin vor. Dies läßt sich aber durchweg auf eine Veränderung in der Berufstätigkeit und damit verbunden des Wohnsitzes zurückführen.

Die weiblichen Abgeordneten üben ihr Mandat im allgemeinen nur über einen recht kurzen Zeitraum aus. Zwar finden sich in fast jeder Fraktion ein oder zwei weibliche Mitglieder, die ihr Amt bereits seit den ersten Volkskammerwahlen im Oktober 1950 bzw. seit 1954 innehaben; die meisten Frauen sind jedoch nur während einer oder zwei Legislaturperioden in der Volkskammer tätig. Lediglich einige wenige Parlamentarierinnen können auf eine 5- bzw. 6fache Wiederwahl verweisen, so z. B. die Seniorinnen unter den weiblichen Abgeordneten Edith Baumann (SED), Käthe Kern (SED/DFD) und Wilhelmine Schirmer-Pröscher (LDPD/DFD), die seit Oktober 1949 ununterbrochen der Volkskammer angehören; alle drei sind ebenfalls langjährige Mitglieder der zentralen Führungsorgane ihrer Parteien.

Der zahlreiche Wechsel unter den weiblichen Mitgliedern der Volkskammer nach Ablauf einer Legislaturperiode bewirkt eine relativ geringe durchschnittliche Mandatsdauer; diese beträgt in der Zeit von 1954 bis 1971 (5 Wahlen) 1,58 Legislaturperioden (6,6 Jahre[92]) für die weiblichen Abgeordneten und 1,62 Legislaturperioden (6,8 Jahre[92]) für die weiblichen Berliner Vertreter (siehe Tabelle 30). Die Frauen in der Volkskammer weisen damit eine erheblich niedrigere Mandatsdauer auf als die westdeutschen Parlamentarierinnen; Fülles ermittelte eine durchschnittliche Mandatsdauer von 2,0 Legislaturperioden (8 Jahre) für die weiblichen Landtagsabgeordneten und von 2,6 Legislaturperioden (10,4 Jahre) für die weiblichen Bundestagsabgeordneten der CDU, CSU, SPD und FDP, bezogen auf den Zeitraum von 1946 bzw. 1949 bis 1965 (5 Wahlen).[93]

Die Frauen in der DBD- und in der SED-Fraktion werden am häufigsten wiedergewählt und bekleiden infolgedessen am längsten ihre parlamentarische Funktion: mit durchschnittlich rund 8 Amtsjahren bleiben sie fast doppelt so lange Abgeordnete der Volkskammer wie die weiblichen Mitglieder der FDJ-Fraktion, die auf Grund starker Fluktuation eine Mandatsdauer von nur 4,6 Jahren aufweisen. Diese Fluktuation erklärt sich aus der Altersstruktur der FDJ, deren Mitglieder in der Regel bis zum 26. Lebensjahr der Jugendorganisation angehören.[94] Da die weiblichen Fraktionsmitglieder am Ende einer Wahlperiode zumeist diese Altersgrenze erreicht haben, wird durchweg auf eine erneute Nominierung verzichtet, um den nachrückenden jüngeren Kräften den Weg in die Volkskammer freizugeben.

Angesichts vorstehender Ergebnisse kann allgemein formuliert werden, daß etwa die Hälfte aller Frauen nach Ablauf einer Legislaturperiode aus der Volkskammer ausscheidet. Diese Feststellung läßt sich bei Ermittlung der prozentualen Häufigkeit

---

Anmerkungen zu Tabelle 29 — Fortsetzung.

7 Vgl. Handbuch der Volkskammer der DDR, 3. Wahlperiode (Anm. IV/19), S. 237 ff.
8 Vgl. Die Volkskammer der DDR, 4. Wahlperiode (Anm. IV/19), S. 165 ff.
9 Vgl. dasselbe, 5. Wahlperiode (Anm. IV/19), S. 176 ff.
10 Vgl. dasselbe, 6. Wahlperiode (Anm. IV/19), S. 176 ff.

Tabelle 30: Durchschnittliche Mandatsdauer der weiblichen Volkskammermitglieder (1954–1971) nach Fraktionen

Fraktion (Partei bzw. Massenorganisation)	Abgeordnete			Berliner Vertreter		
	Weibl. Mandate 2. bis 6. Wahlperiode insgesamt	Anzahl der Frauen	durchschnittliche Mandatsdauer[1]	Weibl. Mandate 2. bis 6. Wahlperiode insgesamt	Anzahl der Frauen	durchschnittliche Mandatsdauer[1]
SED	74	40	1,85	32	17	1,88
CDU	54	32	1,69	9	6	1,50
LDPD	37	26	1,42	4	3	1,33
NDPD	41	24	1,71	12	5	2,40
DBD	56	29	1,93	7	5	1,40
FDGB	79	53	1,49	11	5	2,20
FDJ	64	58	1,10	10	9	1,11
DFD	138	82	1,68	23	16	1,44
DKB	13	8	1,63	1	1	1,00
VdgB	10	7	1,43	1	1	1,00
Insgesamt	566	359	1,58	110	68	1,62

1 Ausgedrückt in Wahlperioden.

der Wiederwahl noch differenzieren und für die einzelnen Wahljahre präzisieren: so betrug der Anteil der wiedergewählten weiblichen Abgeordneten 1958 und 1967 etwa 50 Prozent, 1971 sogar fast 63 Prozent; hingegen war er 1954 und 1963 mit rund 30 Prozent besonders gering.[95]

Während die niedrige Zahl von Frauen, deren Volkskammermandate 1954 wiederum bestätigt wurden, insbesondere mit dem politischen Geschehen in der DDR Anfang der 50er Jahre in Zusammenhang steht, ist die auffallend starke Fluktuation 1963 primär auf eine in das Wahlgesetz vom Juli 1963 neu aufgenommene Bestimmung zurückzuführen, nach der „bei jeder Wahl zur Volkskammer und zu den örtlichen Volksvertretungen ... mindestens ein Drittel der bisherigen Abgeordneten durch neue Kandidaten zu ersetzen" sind.[96]

In bezug auf die weiblichen Abgeordneten hat dieser Passus bei den Volkskammerwahlen 1963 eine besonders konsequente Anwendung gefunden: von den Frauen wurden nur 28,4 Prozent zur Wiederwahl nominiert, mehr als zwei Drittel schieden aus der parlamentarischen Tätigkeit aus. Demgegenüber blieben die männlichen Volksvertreter von dieser radikalen Regeneration des Parlaments verschont; 46,9 Prozent der Männer wurden erneut als Kandidaten aufgestellt und zur Wiederwahl vorgeschlagen.[97]

Im Bereich der Volksvertretungen wirken sich also strukturelle und konstitutive Veränderungen ebenfalls vorrangig auf die weiblichen Mitglieder aus und verursachen vorübergehend eine erhebliche Fluktuation unter ihnen, nämlich eine weitgehende Entfernung aus den von solchen Maßnahmen betroffenen Funktionsbereichen und Funktionen; dieses Phänomen konnte bereits ausführlich für die Parteiorganisation der SED dargelegt werden. Derartige Vorgänge lassen darauf schließen, daß die Stellung der Frauen in der ohnehin politisch recht bedeutungslosen Volkskammer noch schwächer ist als diejenige ihrer männlichen Kollegen. Hierin offenbart sich allerdings ein erheblicher Widerspruch zu jener in der DDR vertretenen Konzeption, wonach sich die politische Rolle der Frauen aus „dem Umfang und den Entwicklungsmöglichkeiten" ihrer Mitwirkung in den Volksvertretungen ablesen läßt. Denn nicht nur das Ausmaß der weiblichen Beteiligung in den Parlamenten ist für die Einschätzung und Beurteilung ihrer politischen Rolle von Bedeutung, sondern auch die Stellung der Frauen innerhalb dieser Organe und ihren Gremien, aus der heraus sich erst eine effektive Mitwirkung entfalten kann. Deshalb erscheint die Kontinuität der parlamentarischen Tätigkeit als ein wesentlicher Faktor, der über die Festigkeit und Stärke der weiblichen Position in der Volkskammer Aufschluß gibt.

Besonders gering ist die Anzahl jener Frauen, die zunächst als Nachfolgekandidaten aufgestellt wurden und während der Legislaturperiode oder nach den folgenden Wahlen als Abgeordnete in die Volkskammer eingezogen sind. Für die meisten Nachfolgekandidatinnen, die zum Teil auch über zwei oder drei Legislaturperioden hinweg diese Funktion innehaben, bestehen indessen keine Chancen, in die Mitgliedschaft der obersten Volksvertretung aufzusteigen. Es scheint vielmehr, als sei die Nachfolgekandidatur eine Art *Ersatzfunktion* für das parlamentarische Mandat und ihre Ausübung schließe in der Regel eine spätere Zugehörigkeit zur Volkskammer aus.[98] Wiederum läßt sich auf Parallelen zur Organisation der SED und zur Rolle der Frauen in der Staatspartei hinweisen: wie die vorangegangene Untersuchung zeigte, kann der Kandidatenstatus in den Parteileitungen der SED bei Frauen keineswegs als Stufe der Vorbereitung auf eine Vollmitgliedschaft angesehen werden; der betreffende Personenkreis ist zudem durch eine starke Fluktuation gekennzeichnet.[99]

b) Die weiblichen Abgeordneten nach ihrer Fraktions- und Parteizugehörigkeit sowie dem Datum ihres Eintritts in die Parteien und Massenorganisationen

Für die Beurteilung der politischen Rolle der Frauen in der Volkskammer ist nicht nur ihr prozentualer Anteil in diesem Staatsorgan von Bedeutung, darüber hinaus interessiert in besonderem Maße, in welcher Größenordnung sich der Frauenanteil auf die einzelnen Fraktionen verteilt. Die Tabellen 31 a und b enthalten eine Aufschlüsselung der Gesamtzahl der weiblichen Volkskammerabgeordneten und Berliner Vertreter nach ihrer Fraktionszugehörigkeit.

Als wesentlichstes Ergebnis der Tabelle 31 a muß der auffallend niedrige Frauenanteil in der SED-Fraktion hervorgehoben werden, der sich bei einem ansteigenden Durchschnittswert von zunächst rund 23 Prozent (1954, 1958) und schließlich 26,5 Prozent (1963) bzw. rund 30 Prozent (1967, 1971) weiblichen Abgeordneten stets zwischen nur 11 bis 15 Prozent bewegt. Der weibliche Anteil in der SED-Fraktion liegt damit nicht nur erheblich unter dem durchschnittlichen Frauenanteil in der Volkskammer, sondern erweist sich auch – im Vergleich mit den übrigen Fraktionen – im allgemeinen als ein Minimalwert. Die SED, in deren Führungsgremien das männliche Element bis zur Totalität vorherrscht, zeigt sich auch im obersten Parlament als eine Partei, in der weibliche Amtsträger eine Minderheit darstellen.

Umso mehr überrascht der große Frauenanteil an der Berliner Vertreterschaft der SED, der 1954, 1958 und 1971 ungefähr dem Durchschnittswert entsprach, jedoch 1963 und 1967 weit über dem weiblichen Anteil in der Volkskammer lag. 1967 stellten die Frauen sogar die Mehrheit der Berliner Vertreter in der SED-Fraktion.

Der Frauenanteil in den Fraktionen der „bürgerlichen" Parteien war 1954 und 1958 ebenfalls recht gering und differierte nur um ein weniges von demjenigen in der SED-Fraktion. 1963 und 1967 stieg er allerdings jeweils erheblich an, so daß die Abweichungen vom durchschnittlichen Frauenanteil geringer geworden sind bzw. sich nivelliert haben. Während der DBD-Fraktion stets relativ viele Parlamentarierinnen angehörten, hat sich ihre Anzahl in der CDU-Fraktion erst seit 1963 beträchtlich vergrößert. Demgegenüber haben die LDPD und NDPD die Anzahl ihrer weiblichen Abgeordneten – bei gleichbleibender Gesamtstärke der Fraktion – nur zögernd erhöht.

In bezug auf die weiblichen Berliner Vertreter der „bürgerlichen" Parteien bestätigen sich obige, für die SED-Fraktion getroffene Ausführungen nur für die Fraktion der NDPD, wenn auch weniger augenfällig. In der CDU-Fraktion ist die weibliche Beteiligung an der Abgeordnetenschaft und an der Vertreterschaft Berlins annähernd gleich groß, während sich die Zahl der weiblichen Berliner Vertreter in der DBD-Fraktion auf nunmehr eine Frau verringert hat. Der LDPD-Fraktion gehört erst seit 1971 wieder eine Repräsentantin Berlins an.

Im Gegensatz zu den Fraktionen der Parteien zeichnen sich die Fraktionen der

Tabelle 31a: Die weiblichen Volkskammerabgeordneten (1954–1971) nach ihrer Fraktionszugehörigkeit

Fraktion	2. Volkskammer 1954			3. Volkskammer 1958			4. Volkskammer 1963			5. Volkskammer 1967			6. Volkskammer 1971		
	Frakt.-mitgl. insges.	davon Frauen	Frauen in %	Frakt.-mitgl. insges.	davon Frauen	Frauen in %	Frakt.-mitgl. insges.	davon Frauen	Frauen in %	Frakt.-mitgl. insges.	davon Frauen	Frauen in %	Frakt.-mitgl. insges.	davon Frauen	Frauen in %
SED	100	15	15,0	100	11	11,0	111[1]	17	15,3	110	14	12,7	111	17	15,3
CDU	45	7	15,6	45	7	15,6	45	11	24,4	45	15	33,3	45	14	31,1
LDPD	45	6	13,3	45	5	11,1	45	7	15,6	45	10	22,2	44	9	20,5
NDPD	45	7	15,6	45	6	13,3	45	8	17,8	45	11	24,4	44	9	20,5
DBD	45	9	20,0	45	8	17,8	45	13	28,9	45	13	28,9	46	13	28,3
FDGB	45	10	22,2	45	15	33,3	60	15	25,0	60	18	30,0	60	21	35,0
FDJ	25	7	28,0	25	10	40,0	35	13	37,1	36[2]	17	47,2	35	17	48,6
DFD	25	25	100,0	25	25	100,0	29[1]	29	100,0	29[2]	29	100,0	30	30	100,0
DKB	15	2	13,3	15	2	13,3	19	2	10,5	19	4	21,1	19	3	15,8
VdgB	10	4	40,0	10	6	60,0									
Insgesamt	400	92	23,0	400	95	23,8	434	115	26,5	434	131	30,2	434	133	30,6

1 Die Angaben des Volkskammer-Handbuches über die Fraktionsstärke der SED (110 Mitglieder) und des DFD (30 Mitglieder) sind unkorrekt, da ein weibliches Mitglied der SED-Fraktion fälschlicherweise der DFD-Fraktion zugeordnet wird. Unter Berücksichtigung der Abgeordneten-Biographien wurde dieser Fehler von der Verfasserin korrigiert, so daß die in Tabelle 31 a genannten Zahlen als zutreffend gelten können.
2 Die Angaben des Volkskammer-Handbuches über die Fraktionsstärke der FDJ (35 Mitglieder) und des DFD (30 Mitglieder) sind unkorrekt, da ein weibliches Mitglied der FDJ-Fraktion fälschlicherweise der DFD-Fraktion zugeordnet wird. Unter Berücksichtigung der Abgeordneten-Biographien wurde dieser Fehler von der Verfasserin korrigiert, so daß die in Tabelle 31 a genannten Zahlen als zutreffend gelten können.

Tabelle 31b: Die weiblichen Berliner Vertreter in der Volkskammer (1954–1971) nach ihrer Fraktionszugehörigkeit

Fraktion	2. Volkskammer 1954		3. Volkskammer 1958		4. Volkskammer 1963		5. Volkskammer 1967		6. Volkskammer 1971	
	Frakt.-mitgl. insges.	davon Frauen / Frau-en in %	Frakt.-mitgl. insges.	davon Frauen / Frau-en in %	Frakt.-mitgl. insges.	davon Frauen / Frau-en in %	Frakt.-mitgl. insges.	davon Frauen / Frau-en in %	Frakt.-mitgl. insges.	davon Frauen / Frau-en in %
SED	17	5 / 29,4	17	4 / 23,5	17	7 / 41,2	17	10 / 58,8	16	6 / 37,5
CDU	7	1 / 14,3	7	1 / 14,3	7	2 / 28,6	7	2 / 28,6	7	3 / 42,9
LDPD	7	2 / 28,6	7	1 / 14,3	7	– / –	7	– / –	8	1 / 12,5
NDPD	7	2 / 28,6	7	3 / 42,9	7	2 / 28,6	7	2 / 28,6	8	3 / 37,5
DBD	7	2 / 28,6	7	2 / 28,6	7	1 / 14,3	7	1 / 14,3	6	1 / 16,7
FDGB	8	2 / 25,0	8	2 / 25,0	8	2 / 25,0	8	2 / 25,0	8	3 / 37,5
FDJ	4	1 / 25,0	4	1 / 25,0	5	2 / 40,0	5	2 / 40,0	5	4 / 80,0
DFD	4	4 / 100,0	4	4 / 100,0	5	5 / 100,0	5	5 / 100,0	5	5 / 100,0
DKB	3	– / –	3	– / –	3	1 / 33,3	3	– / –	3	– / –
VdgB	2	– / –	2	1 / 50,0						
Insgesamt	66	19 / 28,8	66	19 / 28,8	66	22 / 33,3	66	24 / 36,4	66	26 / 39,4

Massenorganisationen im allgemeinen durch einen überdurchschnittlich hohen weiblichen Anteil aus. Sowohl unter ihren Abgeordneten als auch unter ihren Berliner Vertretern finden sich stets zahlreiche Frauen, wenn man von der kleinen Gruppe der Kulturbund-Fraktion absieht. Der FDGB — mit 47,1 Prozent weiblichen Mitgliedern im Jahre 1969[100] — beteiligt die Frauen zwar nicht in entsprechender Relation an den ihm zustehenden Volkskammermandaten; der weibliche Anteil in seiner Fraktion stimmt aber weitgehend mit dem Durchschnittswert im Parlament überein. Die FDJ-Fraktion — in ihr befinden sich ausschließlich junge Frauen und Mädchen — setzt sich seit den Volkskammerwahlen von 1967 nahezu paritätisch aus männlichen und weiblichen Mitgliedern zusammen. Der DFD-Fraktion gehören naturgemäß nur Frauen an. Diese Gruppe stellt letztlich ein Regulativ zu dem geringen weiblichen Anteil in den Fraktionen der Parteien, insbesondere der SED, dar und hebt dadurch den Frauenanteil in der Volkskammer auf nunmehr insgesamt 30,6 Prozent an.

Nach der bis 1971 bestehenden Sitzordnung in der Volkskammer traten die unterschiedlichen Frauenanteile in den Fraktionen auch optisch zutage. Während die SED mit ihren wenigen weiblichen Abgeordneten die augenfälligen Plätze in der vorderen Mitte des Plenums besetzte, nahmen sich jene Fraktionen, in denen das weibliche Element zahlreich vertreten war, als „Hinterbänkler" aus (siehe Abbildung 3).

Die Fraktionen der Massenorganisationen unterscheiden sich — wie ausführlich dargelegt wurde — von den Fraktionen der Parteien im allgemeinen durch einen höheren Frauenanteil. Ihre weiblichen Mitglieder sind aber größtenteils ebenfalls in Parteien organisiert, wie auch umgekehrt die weiblichen Parteimitglieder den Massenorganisationen angehören, und zwar insbesondere dem DFD und dem FDGB.

Die Parlamentarierinnen, die ihr Volkskammermandat für eine Massenorganisation ausüben, sind in ihrer überwiegenden Mehrheit Mitglieder der SED. Damit trifft ebenfalls für die Frauen zu, was in unzähligen westlichen Publikationen immer wieder betont wird: die Massenorganisationen stellen heimliche Mitgliederreserven der SED dar und sichern somit die absolute Mehrheit dieser Partei in der Volkskammer. Der Tabelle 32, in der die weiblichen Fraktionsmitglieder der Parteien und Massenorganisationen entsprechend ihrer Parteizugehörigkeit summiert wurden, ist zu entnehmen, daß die SED auch unter den weiblichen Abgeordneten die absolute Mehrheit besitzt. Allerdings kann hierin kein Äquivalent für die geringe Beteiligung von Frauen in der SED-Fraktion selbst gesehen werden.

Geradezu minimal ist die Anzahl von Frauen, die als Abgeordnete der Massenorganisationen einer „bürgerlichen" Partei angehören. Es handelt sich dabei nur um Mitglieder der LDPD und der CDU; weibliche Mitglieder der NDPD und der DBD sind bisher nicht in den Fraktionen der Massenorganisationen aufgetreten. Etwas größer ist dagegen die Anzahl der parteilosen Frauen, die sich durchweg in allen betreffenden Fraktionen finden; 1967 ist ihre Zahl jedoch erheblich zurückgegangen. Hinsichtlich der Parteimitgliedschaft der Parlamentarierinnen ergeben sich für die weiblichen Mitglieder der „bürgerlichen" Parteien und die parteilosen Frauen annähernd gleiche Prozentwerte: bezogen auf die Gesamtheit der weiblichen Volkskammerabgeordneten schwankt ihr jeweiliger Anteil zwischen rund 7 bis 11 Prozent.

Neben der Fraktions- und Parteizugehörigkeit der weiblichen Abgeordneten interessiert ebenfalls die Dauer der Mitgliedschaft in jenen Parteien oder Massenorganisa-

Abbildung 3: Die Sitzordnung im Plenum der Volkskammer[1]

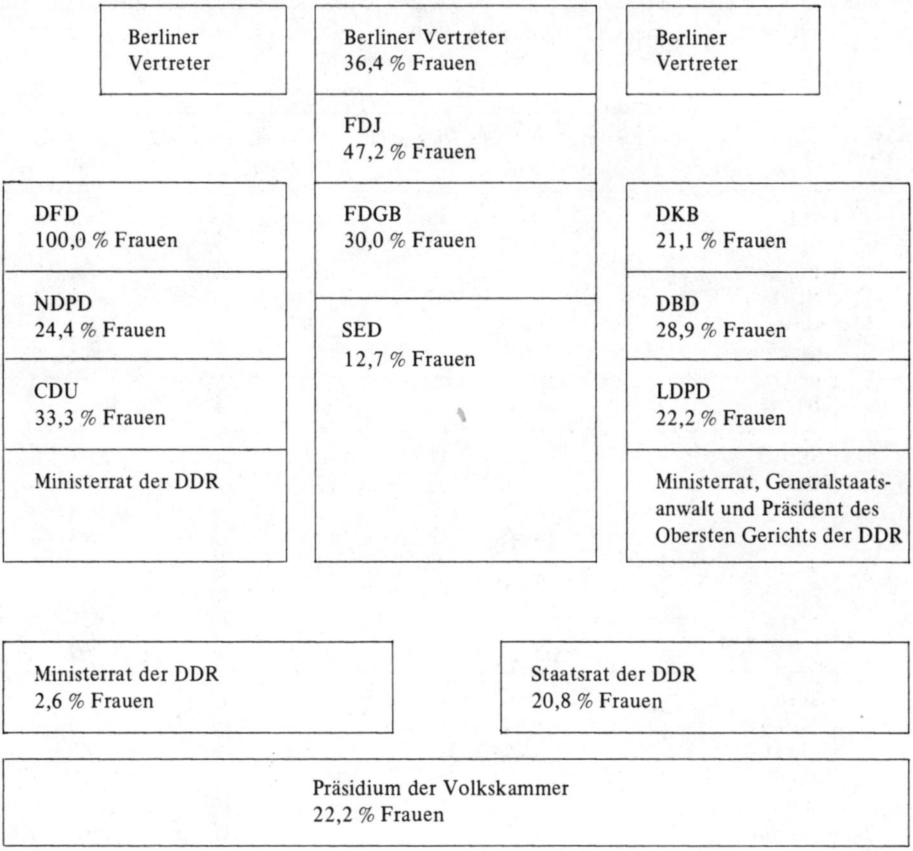

Berliner Vertreter	Berliner Vertreter 36,4 % Frauen	Berliner Vertreter
	FDJ 47,2 % Frauen	
DFD 100,0 % Frauen	FDGB 30,0 % Frauen	DKB 21,1 % Frauen
NDPD 24,4 % Frauen	SED 12,7 % Frauen	DBD 28,9 % Frauen
CDU 33,3 % Frauen		LDPD 22,2 % Frauen
Ministerrat der DDR		Ministerrat, Generalstaatsanwalt und Präsident des Obersten Gerichts der DDR

| Ministerrat der DDR 2,6 % Frauen | Staatsrat der DDR 20,8 % Frauen |

Präsidium der Volkskammer
22,2 % Frauen

Stand: 5. Legislaturperiode 1967

1 Vgl. Die Volkskammer der DDR, 5. Wahlperiode (Anm. IV/19), S. 112. Seit der 6. Legislaturperiode 1971 sitzen die Berliner Vertreter nicht mehr geschlossen hinter den Fraktionen, sondern nehmen ihre Plätze im Block ihrer jeweiligen Fraktion ein; vgl. dasselbe, 6. Wahlperiode (Anm. IV/19), S. 89.

tionen, für die sie das parlamentarische Mandat ausüben. Einen entsprechenden Überblick gibt Tabelle 33. Wie aus dieser Aufstellung hervorgeht, ist der Anteil der Frauen, die bereits vor 1933 politisch bzw. gewerkschaftlich organisiert waren, in der Volkskammer nie übermäßig groß gewesen und zudem seit 1963 bis zum Nullwert gesunken. Zu dieser Gruppe gehören ausschließlich mehrere Altkommunistinnen und ehemalige Sozialdemokratinnen aus der SED-Fraktion sowie einige weibliche FDGB-Mitglieder, die sich bereits in den 20er Jahren der Gewerkschaftsbewegung angeschlossen haben. Die von der SED allgemein geübte Praxis, parteiinterne und staatliche Funktionen

Tabelle 32: Die weiblichen Volkskammerabgeordneten (1954–1971) nach ihrer Fraktionszugehörigkeit und Parteimitgliedschaft

	Parteizugehörigkeit	Weibl. Fraktionsmitgl. der Massenorganisationen		Weibl. Fraktionsmitgl. der Parteien		Weibliche Abgeordnete	
		insgesamt	in Prozent	insgesamt	%-Anteil in Frakt.	insgesamt	in Prozent
2. VK 1954	SED	39	81,2	15	15,0	54	58,7
	CDU	–	–	7	15,6	7	7,6
	LDPD	1	2,1	6	13,3	7	7,6
	NDPD	–	–	7	15,6	7	7,6
	DBD	–	–	9	20,0	9	9,8
	parteilos	8	16,7	–	–	8	8,7
	Insgesamt	48	100,0			92	100,0
3. VK 1958	SED	47	81,0	11	11,0	58	61,1
	CDU	–	–	7	15,6	7	7,4
	LDPD	1	1,7	5	11,1	6	6,3
	NDPD	–	–	6	13,3	6	6,3
	DBD	–	–	8	17,8	8	8,4
	parteilos	10	17,3	–	–	10	10,5
	Insgesamt	58	100,0			95	100,0
4. VK 1963	SED	46	78,0	17	15,3	63	54,8
	CDU	1	1,7	11	24,4	12	10,4
	LDPD	1	1,7	7	15,6	8	7,0
	NDPD	–	–	8	17,8	8	7,0
	DBD	–	–	13	28,9	13	11,3
	parteilos	11	18,6	–	–	11	9,5
	Insgesamt	59	100,0			115	100,0
5. VK 1967	SED	61	89,7	14	12,7	75	57,2
	CDU	2	2,9	15	33,3	17	13,0
	LDPD	1	1,5	10	22,2	11	8,4
	NDPD	–	–	11	24,4	11	8,4
	DBD	–	–	13	28,9	13	9,9
	parteilos	4	5,9	–	–	4	3,1
	Insgesamt	68	100,0			131	100,0
6. VK 1971	SED	63	88,7	17	15,3	80	60,1
	CDU	2	2,8	14	31,1	16	12,0
	LDPD	1	1,4	9	20,5	10	7,5
	NDPD	–	–	9	20,5	9	6,8
	DBD	–	–	13	28,3	13	9,8
	parteilos	5	7,1	–	–	5	3,8
	Insgesamt	71	100,0			133	100,0

Tabelle 33: Die weiblichen Volkskammerabgeordneten (6. Legislaturperiode 1971) nach ihrer Fraktionszugehörigkeit und dem Datum ihres Eintritts in die Parteien bzw. Massenorganisationen[1]

Fraktion	Datum des Beitritts								
	1971	1970	1969	1968 –65	1964 –60	1959 –55	1954 –50	1949 –45	vor 1933
SED bzw. SPD/KPD				1	5 (3)	1 (3)	3 (2)	7 (6)	
CDU				2 (1)	2 (3)	3 (2)	1 (1)	6 (8)	
LDPD				2	(1)	1 (1)	1 (1)	5 (7)	
NDPD					3 (2)	1 (2)	3 (5)	2 (2)	
DBD				1 (1)	1	4 (4)	4 (5)	3 (3)	
FDGB					3 (2)	3 (1)	3 (4)	12 (10)	(1)
FDJ			1	3	9 (4)	4 (13)			
DFD	1			3 (4)	3 (3)	8 (6)	5 (6)	10 (10)	
DKB	1				1 (1)	(2)		1 (1)	
weibl. Abgeordnete insgesamt	2	–	1	12 (6)	27 (19)	25 (34)	21 (24)	45 (47)	– (1)
in Prozent	1,5	–	0,8	9,0	20,3	18,8	15,8	33,8	–
5. VK				4,6	14,5	25,9	18,3	35,9	0,8
4. VK					8,7	23,5	33,9	31,3	2,6
3. VK						5,3	36,8	49,5	8,4
2. VK							27,2	66,3	6,5

1 Die in Klammern gesetzten Zahlen geben die entsprechenden Werte für die 5. Legislaturperiode 1967 wieder.

zu einem großen Teil mit Altkommunisten zu besetzen, gelangt also in bezug auf die weiblichen Volkskammerabgeordneten nicht in dem gleichen Maße zur Anwendung wie z. B. bei den Parteifunktionärinnen.

Der Gruppe der Altkommunistinnen und -gewerkschaftlerinnen steht eine bemerkenswerte Gruppe von Frauen gegenüber, die auf eine nur kurze Mitgliedschaftsdauer in ihren Parteien bzw. Massenorganisationen zurückblicken können. So finden sich in jeder Legislaturperiode einige weibliche Abgeordnete, die bereits wenige Monate nach ihrem Eintritt in die Partei oder Massenorganisation als Kandidatinnen für die Volkskammerwahlen nominiert und mit einem Mandat betraut wurden. Diese Erscheinung — für die parlamentarischen Systeme westlicher Prägung nur in den Jahren unmittelbar nach dem 2. Weltkrieg denkbar — ergibt sich aus der Funktion und Stellung der Abgeordneten im System der sozialistischen Demokratie. Sie sind „beste" Vertreter des Volkes, vorbildlich in ihrer beruflichen Arbeit und Leistung, politisch und persönlich integer; sie kämpfen für die Interessen der Werktätigen, nicht für die Ziele konkurrierender Parteien. Diesem Rollenbild brauchen aber nicht nur Parteimitglieder zu entsprechen, sondern jeder Werktätige, der für den Sieg des Sozialismus kämpft, kann sich als „bester" Vertreter des Volkes profilieren. Es scheint demnach durchaus möglich zu sein, daß eine in ihrem beruflichen Wirkungsfeld vorbildlich tätige Frau für ein parlamentarisches Mandat vorgeschlagen wird, was dann zum Eintritt in eine Partei oder Massenorganisation führt, um auf der Einheitsliste der Nationalen Front kandidieren und in einer Volkskammerfraktion mitarbeiten zu können.

Dieser Eindruck verstärkt sich umso mehr, als jene Frauen, deren Organisationsmitgliedschaft erst unmittelbar vor ihrer Wahl beginnt, fast ausschließlich als Kandidatinnen des DFD aufgetreten sind.[101] In zwei Fällen liegt auch ein kurzfristiger Eintritt in die SED bzw. den DKB mit anschließender Nominierung für die Volkskammerwahlen vor. Die weiblichen Fraktionsmitglieder aller übrigen Parteien und Massenorganisationen weisen hingegen eine mindestens 2- bis 3jährige Mitgliedschaftsdauer auf.

Weibliche Abgeordnete, die in den ersten Jahren nach Kriegsende in die neugegründeten Parteien und Massenorganisationen eingetreten sind, waren naturgemäß in der Volkskammer der 2. und 3. Legislaturperiode besonders zahlreich; 1963 hat sich ihr Anteil jedoch auf ein Drittel reduziert. Mit Ausnahme der FDJ- und seit 1971 auch der DKB-Fraktion finden sich aber in allen Fraktionen stets einige Frauen, die ihrer Partei oder Organisation bereits seit den Gründungsjahren angehören. Besonders die LDPD und die CDU stützen sich auch heute noch zum großen Teil auf „Parteiveteranen", vor allem auf solche Frauen, die 1945/46 am Aufbau der politischen Organisation mitgewirkt haben. Das Beitrittsdatum der weiblichen Fraktionsmitglieder der NDPD und der DBD konzentriert sich in ähnlicher Weise auf die ausgehenden 40er und ersten 50er Jahre, was den unterschiedlichen Gründungsdaten der Parteien entspricht.[102]

In bezug auf das Beitrittsdatum erweist sich nur die FDJ-Fraktion als äußerst geschlossen, wobei die Dauer der Mitgliedschaft ihrer weiblichen Abgeordneten in der Regel 6 bis 12 Jahre beträgt. Dies ergibt sich allerdings aus der Altersstruktur der FDJ: im allgemeinen treten die Jugendlichen im Alter von 14 oder 15 Jahren in die FDJ ein, deren Mitglieder sie bis zum 26. Lebensjahr sind.[103] Da die DDR-Bürger mit Vollendung des 21. Lebensjahres das passive Wahlrecht besitzen[104], können die Mitglieder der FDJ-Fraktion durchweg auf eine mindestens 6- bis 7jährige Mitgliedschaft in der Jugendorganisation zurückblicken.

c) Die weiblichen Volkskammerabgeordneten in ihrer sozialstrukturellen Zusammensetzung

aa) Die altersstrukturelle Entwicklung

Auf Grund der vorangegangenen Untersuchung über die Dauer der Partei- bzw. Organisationsmitgliedschaft sowie die Fluktuation unter den Parlamentarierinnen lassen sich noch keine konkreten Aussagen über die Altersstruktur der Frauen machen. Hierzu ist eine spezielle Analyse notwendig, deren zahlenmäßige Ergebnisse in Tabelle 34 festgehalten sind.

Da sich die Untersuchung über einen Zeitraum von fünf Legislaturperioden erstreckt, kann das auffallend niedrige Durchschnittsalter von rund 40 Jahren als für die weiblichen Abgeordneten charakteristisch bezeichnet werden. Es liegt damit stets um ca. 5 Jahre unter dem Durchschnittsalter der männlichen Volkskammerabgeordneten, das etwa 44 bis 46 Jahre beträgt.[105] Nicht zuletzt bewirken der relativ hohe Anteil junger Frauen und der nur geringe Anteil von über 60jährigen diese für die Parlamentarierinnen günstige Bilanz. In einem Vergleich mit der Altersstruktur der männlichen Abgeordneten wird dies noch deutlicher sichtbar und lassen sich die geschlechtsspezifischen Unterschiede aufzeigen.

Außergewöhnlich stark vertreten ist die jüngste Altersgruppe der 21- bis 25jährigen, die rund 15 Prozent der weiblichen Mitgliedschaft in der Volkskammer stellt. Sie rekrutiert sich in überwiegendem Maße aus Angehörigen der FDJ, aus Frauen und Mädchen also, die neben der Schul- und Berufsausbildung in der Jugendorganisation gesellschaftspolitisch aktiv sind. Da sich die FDJ-Fraktion nahezu paritätisch aus jungen Männern und Frauen zusammensetzt, wird hierdurch die Altersstruktur der weiblichen Abgeordneten stärker beeinflußt als diejenige der männlichen Volksvertreter, deren Gesamtzahl die Anzahl der Frauen um das 3- bis 4fache übersteigt. Unter ihnen wirkt sich deshalb der Anteil der Jugendlichen nicht so stark aus wie unter den weiblichen Abgeordneten und beträgt nur etwa 4 bis 6 Prozent.

Umso beachtlicher ist die relativ geringe Anzahl von 26- bis 30jährigen Frauen; diese Gruppe bildet ein nur schwaches Bindeglied zwischen den Jugendlichen und den 31- bis 40jährigen Abgeordneten. Es dürfte kaum an restriktiven Maßnahmen der Parteien und Massenorganisationen liegen, daß nur so wenige Frauen im Alter von 26 bis 30 Jahren in der Volkskammer mitarbeiten; vielmehr handelt es sich hier um jenes Alter, in dem die jungen Frauen bereits verheiratet sind und eine Familie zu versorgen haben[106], ein Zeitabschnitt also, in dem die privaten Belange einen breiten Raum einnehmen und die politischen – oft auch die beruflichen – Interessen zurücktreten. In dieser Phase der familiären Introversion entziehen sich die Frauen dem gesellschaftlichen Leben, zeigen weniger Neigung zur Übernahme politischer Funktionen und scheiden nicht selten auch vorübergehend aus der Berufstätigkeit aus.[107]

In der DDR lassen sich also – wie auch in der Bundesrepublik – bestimmte Phasen im Leben einer Frau abstecken. Nach der Berufsausbildung und den gesellschaftspolitischen Aktivitäten in der FDJ beginnt eine Zeit der stärkeren Konzentration auf die persönlichen und familiären Belange, dann aber wiederum auf die beruflichen und politischen Interessen. Allerdings ist die Phase der Ausrichtung auf die Familie in der

Tabelle 34: Die weiblichen Volkskammerabgeordneten (1954–1971) nach ihrem Alter

Altersgruppen	2. Volkskammer 1954		3. Volkskammer 1958		4. Volkskammer 1963		5. Volkskammer 1967		6. Volkskammer 1971	
	weibliche Abgeordnete	in Prozent	weibliche Angeordnete	in Prozent	weibliche Abgeordnete	in Prozent	weibliche Abgeordnete	in Prozent	weibliche Abgeordnete	in Prozent
21–25 Jahre	6	6,5	15	15,8	17	14,8	20	15,3	15	11,3
26–30 Jahre	12	13,1	7	7,4	9	7,8	13	9,9	16	12,0
31–40 Jahre	20	21,7	20	21,0	41	35,6	41	31,3	32	24,0
41–50 Jahre	29	31,5	27	28,4	27	23,5	39	29,8	49	36,8
51–60 Jahre	19	20,7	22	23,2	14	12,2	13	9,9	17	12,8
61–65 Jahre	5	5,4	1	1,0	6	5,2	2	1,5	1	0,8
über 65 Jahre	1	1,1	3	3,2	1	0,9	3	2,3	3	2,3
Insgesamt	92	100,0	95	100,0	115	100,0	131	100,0	133	100,0
Durchschnittsalter in Jahren	42,4		41,9		38,9		39,2		40,4	

DDR weitaus kürzer bemessen als in der BRD, nicht zuletzt dadurch bedingt, daß die Frauen auch nach der Eheschließung weiterhin berufstätig und gesellschaftlich aktiv sind. Selbst ein Ausscheiden aus den beruflichen und politischen Funktionen nach der Geburt von Kindern ist im allgemeinen nur von kurzer Dauer. Mit spätestens 35 Jahren nehmen die Frauen wieder aktiv am öffentlichen und Erwerbsleben teil.

Anhand der Altersstruktur der weiblichen Volkskammerabgeordneten sind diese Zeitabschnitte nachlesbar. Die Gruppe der 30- bis 40jährigen Frauen ist bereits wieder zahlreich im Parlament vertreten; ihr Anteil hat sich insbesondere 1963 noch stark erhöht und zu einer merklichen Verjüngung geführt.[108] Die umfangreiche Nominierung von Frauen dieser Altersgruppe für ein parlamentarisches Mandat kann als ein Charakteristikum hervorgehoben werden und unterscheidet die Volkskammer beispielsweise weitgehend vom westdeutschen Bundestag. In der BRD wird dieser Altersabschnitt noch zu jener Phase gerechnet, in der sich die Frauen ausschließlich ihrer Familie widmen und damit dem öffentlichen Leben entzogen sind; sie treten deshalb in parlamentarischen Ämtern weit weniger in Erscheinung.[109]

Die Gruppe der 41- bis 50jährigen Frauen macht in der Volkskammer ebenfalls einen großen Anteil an der weiblichen Abgeordnetenschaft aus und gleicht in ihrer Größenordnung weitgehend der entsprechenden Gruppe von Männern. Bei den über 50jährigen ergeben sich allerdings wiederum spezifische Unterschiede: in dieser Altersklasse sind die Männer mit über 10 Prozent stärker vertreten als die Frauen.[110] Die geringe Mitwirkung älterer Frauen im Parlament ist umso bemerkenswerter, als von einem mit zunehmendem Alter nachlassenden politischen Interesse nicht die Rede sein kann; so hat gerade die altersstrukturelle Untersuchung der weiblichen ZK-Mitglieder eine gegenteilige Entwicklung aufgezeigt.[111] Zudem ist der Frauenüberschuß in der älteren Generation besonders groß und läßt die Diskrepanz noch deutlicher werden, die zwischen den Anteilen von Männern und Frauen dieser Altersgruppe in der Volkskammer besteht. Die Ursache hierfür dürfte sich nur mittels eingehender soziologischer Untersuchungen finden lassen; aus dem vorliegenden Material kann sie nicht erhellt werden.

So stellt sich die Volkskammer als ein Parlament dar, dessen weibliche Abgeordnete in besonderer Weise das jugendliche Element verkörpern. Der Gedanke ist nicht von der Hand zu weisen, daß sich in diesem Gremium die neue sozialistische Frauengeneration präsentiert, die von der Politik und den erzieherischen Maßnahmen der SED geprägt wurde und ihre politische Rolle als Abgeordnete des Volkes spielt.

bb) Die Schul- und Berufsbildungsstruktur (Schul- bzw. Ausbildungsabschluß/
   Erlernter Beruf)

Die für 1963 feststellbare Verjüngung und starke Fluktuation unter den Parlamentarierinnen hat sich auch auf deren Bildungsstruktur ausgewirkt und zu einer Veränderung, d. h. Verbesserung des Bildungsniveaus geführt; angesichts derselben Erscheinung im Zentralkomitee zum gleichen Zeitpunkt konnte bereits für die weiblichen ZK-Mitglieder und -Kandidaten ein Ansteigen des Bildungsstandes nachgewiesen werden.

Wie aus Tabelle 35 hervorgeht, waren Volksschulabsolventinnen im Parlament der

Tabelle 35: Die weiblichen Volkskammerabgeordneten (1954–1971) nach ihrem Schul- bzw. Ausbildungsabschluß[1]

Schul- bzw. Aus- bildungsabschluß	2. Volkskammer 1954		3. Volkskammer 1958		4. Volkskammer 1963		5. Volkskammer 1967		6. Volkskammer 1971	
	weibliche Abgeordnete	in Prozent	weibliche Abgeordnete	in Prozent	weibliche Abgeordnete	in Prozent	weibliche Abgeordnete	in Prozent	weibliche Abgeordnete	in Prozent
Volksschule	57	62,0	60	63,2	46	40,0	42	32,1	45	33,8
Realschule/ Mittlere Reife	9	9,8	10	10,5	11	9,6	13	9,9	8	6,0
Abitur	2	2,2	3	3,2	2	1,7	6	4,6	5	3,8
Fachschule	13	14,1	12	12,6	37	32,2	38	29,0	38	28,6
Fachhochschule, Hochschule, Universität	11	11,9	10	10,5	19	16,5	32	24,4	37	27,8
Insgesamt	92	100,0	95	100,0	115	100,0	131	100,0	133	100,0

1 Bei der Erstellung dieser Übersicht wurde jede Abgeordnete nur einmal aufgeführt, und zwar mit der jeweils höchsten Qualifikationsstufe, die zum Zeitpunkt der Wahl in die Volkskammer erreicht war. Unvollständige Angaben in den biographischen Daten der Volkskammer-Handbücher über Schul- und Ausbildungsabschluß der Parlamentarierinnen beeinträchtigen zwar die absolute Genauigkeit dieser Untersuchung, lassen aber dennoch die wesentlichen Entwicklungstendenzen erkennen.

2. und 3. Legislaturperiode zahlenmäßig und prozentual in auffallend starkem Maße vertreten. Ihnen stand eine wesentlich kleinere Gruppe gegenüber, die eine Fach- oder Hochschulausbildung aufweisen konnte. Seit 1963 hat sich dieses Verhältnis fast diametral geändert: der Anteil von Fach- und Hochschulabsolventinnen ist sprunghaft angestiegen bei gleichzeitigem Rückgang des Anteils von Volksschulabsolventinnen. Annähernd gleich geblieben und insgesamt relativ gering ist der Anteil jener Frauen, deren Schulbildung mit der Mittleren Reife oder dem Abitur endete, da beide Abschlüsse in der Regel weiterführende Ausbildungsgänge nach sich ziehen.

Die Verjüngung und starke Fluktuation unter den Parlamentarierinnen 1963 scheint demnach ein Hebel gewesen zu sein, um das Schulbildungsniveau der weiblichen Abgeordneten zu heben, was sich im übrigen mit den allgemeinen Entwicklungstendenzen in der Volkskammer seit 1963 deckt[112], also keine geschlechtsspezifische Erscheinung darstellt. Hieraus läßt sich ableiten, daß für die Ausübung eines parlamentarischen Mandats nicht mehr nur politische Zuverlässigkeit und berufliche Einsatzfreudigkeit vorausgesetzt, sondern auch die fachliche Qualifikation immer stärker beachtet wird. Da in der DDR die Mädchen in zunehmendem Maße ein Fach- bzw. Hochschulstudium absolvieren, dürfte sich das Potential solcher Frauen noch vergrößern, die auf Grund ihrer Qualifikation und ihres Alters den vorliegenden sozialstrukturellen Merkmalen der weiblichen Volkskammerabgeordneten entsprechen. Für jene Frauen hingegen, die ihre Schulbildung mit dem Volksschulabschluß (10klassige allgemeinbildende polytechnische Oberschule) beenden, dürften sich die Chancen der Nominierung für ein Abgeordnetenmandat verschlechtern, wenn sich die Tendenz der Anhebung des Bildungsstandes im Parlament weiter fortsetzt.

Parallel zur Verbesserung des Schulbildungsniveaus ist seit 1963 ein erhebliches Ansteigen der beruflichen Qualifikation der weiblichen Abgeordneten feststellbar. Während in der 2. und 3. Legislaturperiode viele ungelernte oder angelernte Industrie- und Landarbeiterinnen ein Mandat innehatten, finden sich nunmehr zahlreiche Facharbeiterinnen und Ingenieurinnen, Volkswirtschaftlerinnen sowie Lehrerinnen unter den Volksvertretern.[113] Diese Erscheinung ist einerseits auf die starke Fluktuation unter den Parlamentarierinnen bei den Wahlen von 1963 zurückzuführen; andererseits zeigen sich hierin aber auch die Auswirkungen der intensiven Bemühungen in der DDR um eine nachträgliche Berufsausbildung der ungelernten Arbeiterinnen.

Neben dieser für 1963 feststellbaren Zäsur fällt vor allem die unterschiedliche Häufigkeit der von den Frauen erlernten Berufskategorien auf. In relativ gleich großen Anteilen von jeweils rund 20 Prozent sind die industriellen, landwirtschaftlichen und verwaltenden Berufe vertreten, hinter denen in geringeren Größenordnungen die erzieherischen (14 bis 20 Prozent), Dienstleistungs- (6 bis 14 Prozent) und Freien Berufe (6 bis 10 Prozent) rangieren.

Im Vergleich mit der oben durchgeführten berufsstrukturellen Analyse der weiblichen Mitglieder und Kandidaten des Zentralkomitees[114] erscheint die Berufsstruktur der weiblichen Volkskammerabgeordneten noch ausgeglichener. Eine Dominanz der unteren und mittleren kaufmännischen Berufe — für die Funktionärinnen der SED ein geradezu typisches Merkmal — ist unter den weiblichen Volksvertretern nicht gegeben. Tätigkeiten als Stenotypistin und Kontoristin sind zwar in angemessener Zahl vertreten, werden aber seit 1963 und insbesondere seit 1967 durch solche Leitungsberufe wie Diplom-Ökonom und Handelswirtschaftler anteilmäßig übertroffen.[115] In bezug auf das sozialstrukturelle Merkmal „Erlernter Beruf" lassen sich also wesentliche Unterschiede zwischen den Frauen feststellen, die als hauptamtliche Funktionäre in der Parteiarbeit tätig sind, und jenen, die ehrenamtlich ein Abgeordnetenmandat innehaben.

Weiterhin ist zu bemerken, daß die Anzahl der erlernten Dienstleistungsberufe eine rückläufige Tendenz aufweist.[116] Diese Erscheinung dürfte sich noch weiter fortsetzen und steht in Einklang mit den Bestrebungen in der DDR, mehr Frauen und Mädchen in technisch-naturwissenschaftlichen Disziplinen auszubilden und sie auf neue Berufskategorien hinzulenken, die mit den „typischen" Frauenberufen vorangegangener Jahrzehnte nichts gemein haben.[117]

Weibliche Abgeordnete, in deren biographischen Daten der Hinweis „ohne Beruf" vermerkt ist, finden sich seit 1963 nicht mehr in der Volkskammer. Auch dies entspricht der allgemeinen Tendenz, allen Frauen und Mädchen eine möglichst abgeschlossene Berufsausbildung zu vermitteln – und sei es in nachträglichen Ausbildungs- und Qualifizierungsverfahren.

cc) Die Berufsstruktur (Ausgeübter Beruf)

Die meisten weiblichen Abgeordneten sind entsprechend der Art und des Grades ihrer Berufsausbildung im Erwerbsleben tätig (siehe Tabelle 36). Ein großer Teil von ihnen arbeitet im Bereich der industriellen Produktion, der mit seinen rund 1,1 Millionen weiblichen Beschäftigten die größte Anzahl von berufstätigen Frauen aufweist.[118] Auch die Zahl der in der Landwirtschaft beschäftigten Frauen – es handelt sich zumeist um Mitglieder der DBD – entspricht annähernd den volkswirtschaftlichen Gegebenheiten, sieht man von dem außergewöhnlich hohen Prozentanteil 1963 ab. Dagegen ist die Anzahl jener Parlamentarierinnen, die im Bereich des Handels und der Banken arbeiten, recht niedrig und weicht von den tatsächlichen Relationen im Erwerbsleben ab: bei rund 600.000 weiblichen Beschäftigten sind nahezu 17 Prozent der arbeitenden Frauen in diesem Wirtschaftszweig tätig.[119]

Mit einem recht hohen Anteil sind die im Erziehungs- und Bildungswesen wirkenden Frauen in der Volkskammer vertreten. Es handelt sich hierbei um einen Bereich, in dem sich das weibliche Element besonders stark durchsetzen konnte. So waren bereits im Jahre 1960/61 50,4 Prozent aller Lehrkräfte Frauen.[120] Die erzieherisch tätigen Frauen – Lehrerinnen, Heimleiterinnen, Kindergärtnerinnen – haben nicht selten eine nachträgliche pädagogische Ausbildung durchlaufen. In ihrer überwiegenden Mehrheit gehören sie den „bürgerlichen" Parteien CDU, LDPD und NDPD an.

Die rechtspflegerischen Berufe werden hingegen nur äußerst gering von den weiblichen Volkskammerabgeordneten repräsentiert. Dies erstaunt umso mehr, als gerade im Bereich der Justiz der Frauenanteil in den 50er Jahren erheblich angestiegen ist. 1959/1960 waren bereits 26,8 Prozent aller Richter und 23,3 Prozent der Staatsanwälte weiblichen Geschlechts.[121] Im Laufe der 60er Jahre hat sich der Frauenanteil im Richteramt auf 30,4 Prozent und unter den Notaren auf 23,4 Prozent erhöht.[122]

Eine weitere Berufskategorie ist seitens der weiblichen Abgeordneten unterreprä-

Tabelle 36: Die weiblichen Volkskammerabgeordneten (1954–1971) nach dem ausgeübten Beruf

Ausgeübter Beruf / Tätigkeitsbereiche	2. Volkskammer 1954		3. Volkskammer 1958		4. Volkskammer 1963		5. Volkskammer 1967		6. Volkskammer 1971	
	weibl. Abgeord.	in Prozent	weibl. Abgeord.	in Prozent	weibl. Abgeord.	in Prozent	weibl. Abgeord.	in Prozent	weibl. Abgeord.	in Prozent
Parteifunktionen	11	11,95	5	5,3	2	1,7	6	4,6	5	3,8
Funktionen im Staatsapparat	12	13,0	9	9,5	7	6,1	9	6,9	6	4,5
Funktionen in Massenorganisationen	11	11,95	11	11,6	11	9,5	10	7,6	10	7,5
Parteiveteranin	–	–	–	–	–	–	–	–	2	1,5
Tätigkeit in der Industrie	20	21,7	33	34,7	27	23,5	37	28,2	33	24,8
Landwirtschaft	13	14,1	17	17,9	35	30,4	17	13,0	24	18,0
Handel / Banken	3	3,3	4	4,2	7	6,1	8	6,1	7	5,3
Dienstleistungswesen	2	2,2	2	2,1	2	1,7	6	4,6	8	6,0
Erziehungs- und Bildungswesen	12	13,0	6	6,3	14	12,2	18	13,7	19	14,3
Studium	–	–	–	–	–	–	2	1,5	7	5,3
Medizin	3	3,3	3	3,2	4	3,5	4	3,1	3	2,3
Justiz	–	–	–	–	1	0,9	1	0,8	–	–
Kunst / Wissenschaft	2	2,2	1	1,0	4	3,5	11	8,4	8	6,0
Hausfrau	3	3,3	4	4,2	1	0,9	2	1,5	1	0,7
weibliche Abgeordnete insgesamt	92	100,0	95	100,0	115	100,0	131	100,0	133	100,0

sentiert: die Tätigkeit als Hausfrau.[123] Wenn auch die SED anstrebt, möglichst alle arbeitsfähigen Frauen in den wirtschaftlichen Produktionsprozeß einzubeziehen, und der weibliche Anteil an den Beschäftigten von 42,7 Prozent (1952) auf 48,0 Prozent (1969) kontinuierlich angestiegen ist[124], so bedeutet das noch keineswegs, daß es in der DDR so gut wie gar keine „Nur-Hausfrauen" mehr gibt. Immerhin besteht eine Differenz von 1,1 Millionen (1969) zwischen der Anzahl von Frauen im arbeitsfähigen Alter (15 bis unter 60 Jahre) und der Gesamtzahl weiblicher Beschäftigter und Lehrlinge.[125] Berücksichtigt man, daß sich von diesen 1,1 Millionen eine Reihe junger Frauen und Mädchen noch in der Schul- bzw. Hochschulausbildung befindet, so verbleibt doch eine überwältigende Mehrheit, die als Hausfrau tätig sein dürfte.

In der Volkskammer treten die Hausfrauen fast ausschließlich als Mitglieder der „bürgerlichen" Parteien auf, also in den Fraktionen der CDU, der LDPD und der NDPD. Einzige Ausnahme ist Rosa Thälmann, die Witwe des kommunistischen Parteiführers Ernst Thälmann, die als SED-Mitglied der DFD-Fraktion angehörte. Alle anderen Parteien und Massenorganisationen haben keine Hausfrauen als Abgeordnete nominiert, obgleich sich diese sehr wohl unter ihren weiblichen Mitgliedern befinden. So setzt sich z. B. die Mitgliedschaft des DFD nur zu gut zwei Dritteln aus Berufstätigen zusammen, rund 32 Prozent sind jedoch Hausfrauen.[126]

Neben jenen weiblichen Abgeordneten, die in der Wirtschaft tätig sind bzw. als Hausfrau arbeiten, gehören der Volkskammer auch einige hauptamtliche Funktionärinnen der Parteien, des Staatsapparates und der Massenorganisationen an. Die Relationen, in denen diese drei Kategorien vertreten sind, dürften den tatsächlichen Gegebenheiten entsprechen. Danach ist die Zahl der Parteifunktionärinnen am geringsten; sie sind zumeist unter den Fraktionsmitgliedern der SED zu finden und besetzen durchweg Positionen in Kreisleitungen und Betriebsparteiorganisationen, also auf der mittleren und unteren Organisationsebene. Die im Staatsapparat tätigen Frauen arbeiten vorwiegend in Funktionen der Räte der Kreise, als Stadträtinnen und hauptamtliche Bürgermeisterinnen; auch sie rekrutieren sich insbesondere aus Mitgliedern der SED. Die etwas zahlreicheren Mitarbeiterinnen der Massenorganisationen gehören dagegen vor allem den Fraktionen des FDGB und des DFD an — bei gleichzeitiger Mitgliedschaft in der SED — und sind auf allen Organisationsebenen dieser Vereinigungen tätig.

Bezüglich der Sozialstruktur der weiblichen Volkskammerabgeordneten läßt sich zusammenfassend feststellen: parallel zur Verringerung des Anteils älterer Frauen im Parlament ist ein Anstieg des Schul- und Berufsbildungsniveaus erkennbar. Diese Umstrukturierung wurde mit den Volkskammerwahlen von 1963 eingeleitet und 1967 bzw. 1971 fortgesetzt. Das Bildungsniveau der weiblichen Abgeordneten dürfte zwar nicht DDR-repräsentativ sein, sondern über demjenigen der Bürgerinnen liegen. Allerdings verdeutlicht es den allgemein steigenden Bildungsstand innerhalb der DDR-Gesellschaft.

Auch in bezug auf die ausgeübte Berufstätigkeit repräsentieren die Parlamentarierinnen nicht umfassend die berufliche Situation der weiblichen Bevölkerung. Einzelne Bereiche — wie die industrielle und landwirtschaftliche Produktion und das Erziehungs- und Bildungswesen — werden in den entsprechenden Relationen von den Frauen in der

Volkskammer vertreten, andere Berufe sind dagegen unterrepräsentiert. Hier fällt vor allem die geringe Anzahl von Hausfrauen ins Auge. Ihre mangelnde Beteiligung läßt sich primär mit der Absicht der SED erklären, eine neue sozialistische Frauengeneration heranzubilden, die sich durch bewußtes und loyales Staatsbürgertum, qualifizierte Berufstätigkeit und gesellschaftspolitische Aktivität auszeichnet. Alle Frauen, die politische Funktionen ausüben und öffentliche Ämter bekleiden, sollen diesem Bild weitestgehend entsprechen und sich als „die neue Frauengeneration" der Gesellschaft präsentieren. Deshalb kann die Volkskammer jenem Teil der weiblichen Bevölkerung kaum Platz bieten, der in einem „Hausfrauen-Dasein" eine von der gesellschaftlichen Entwicklung überholte Rollennorm verkörpert.[127]

d) Die Mitarbeit der weiblichen Abgeordneten in den Ausschüssen der Volkskammer

Als 1946 die ersten Nachkriegswahlen in der SBZ stattfanden und eine ganze Reihe von weiblichen Abgeordneten in die neuentstandenen Parlamente der Länder und Kommunen einzogen, hatten die Frauen bereits konkrete Vorstellungen darüber, wie ihre künftige Mitarbeit in den Volksvertretungen aussehen sollte. Sie wollten in allen Gebieten der Politik ihren Einfluß zur Geltung bringen und sich nicht mehr auf eine bloße Mitwirkung in Fragen der Sozialpolitik eingrenzend festlegen lassen.

„Die künftige Mitarbeit der Frau in den verschiedenen Parlamenten wird sich, dem fortschrittlichen Geist unserer Zeit gemäß, nicht mehr – wie während der Weimarer Republik – auf die Gebiete Sozialpolitik, Gesundheitswesen, Bevölkerungspolitik, Ehe-, Familien-, Güter- und Strafrecht beschränken, sondern die Frau wird auch gestaltend mitwirken an der Lösung der Fragen der großen Politik – Verwendung der Staatsgelder, Lenkung der Wirtschaftspolitik, Maßnahmen der Außenpolitik –, und die Zusammenarbeit der beiden Geschlechter wird sich in der Folgezeit für das Allgemeinwohl des Volkes als fruchtbringend erweisen."[128]

Eine Untersuchung der Mitarbeit der weiblichen Abgeordneten in den Ausschüssen der Volkskammer soll klären, ob sich im obersten Parlament der DDR diese vorausgesagte und angestrebte Zusammenarbeit der Geschlechter in allen Fragen der Politik ergeben hat oder ob weiterhin eine Ausrichtung der Frauen auf bestimmte sozial- und kulturpolitische Aufgabengebiete erkennbar ist.

Wie aus Tabelle 37 hervorgeht – sie gibt einen Überblick über die Zusammensetzung der Volkskammerausschüsse nach Geschlecht während der 2. bis 6. Wahlperiode –, sind die Parlamentarierinnen stets in nahezu allen Ausschüssen der Volkskammer mit zumindest einer Abgeordneten vertreten. Insofern könnte von einer Mitwirkung der Frauen in allen Fragen der Politik gesprochen werden und hätten sich ihre Forderungen nach umfassender Beteiligung erfüllt. Aber in auffallender Weise konzentriert sich die Mitarbeit der weiblichen Abgeordneten doch weiterhin schwerpunktmäßig auf ganz bestimmte Parlamentsausschüsse und damit verbunden auf bestimmte politische Themenkreise. Es sind die Ausschüsse für Arbeit und Sozialpolitik, für Gesundheitswesen, für Volksbildung und Kultur und der Jugendausschuß, in denen die Frauen zahlreich mitarbeiten und nicht selten die Mehrheit der Mitglieder stellen.[129] Somit hat sich die in den Reichstagen der Weimarer Republik herauskristallisierte Konstellation[130]

Tabelle 37: Der Frauenanteil in den Ausschüssen der Volkskammer (1957–1971)

Ausschüsse der Volkskammer	2. Volkskammer 1957[1]					3. Volkskammer 1958[2]				
	Vorsitz. und Stellvertr.	Schriftführer/ Sekretär	Mitglieder[6]			Vorsitz. und Stellvertr.	Schriftführer/ Sekretär	Mitglieder[6]		
			insgesamt	davon Frauen	Frauen in Prozent[7]			insgesamt	davon Frauen	Frauen in Prozent[7]
Ständiger Ausschuß für die örtlichen Volksvertretungen	5	1[10]	15	3	20,0	4	1[10]	14	3	21,4
Ständiger Ausschuß für Allgemeine Angelegenheiten	2	–	14	1	7,1	2	1[10]	14	3	21,4
Ständiger Ausschuß für Wirtschafts- und Finanzfragen	2	–	15	2	13,3	2	1	15	4	26,7
(Ständiger) Ausschuß für Auswärtige Angelegenheiten	2	–	15	1	6,7	2	1	15	1	6,7
Ausschuß für Nationale Verteidigung										
Verfassungsausschuß[11]	–	–	15	1	6,7	2	1[10]	15	3	20,0
Rechtsausschuß	2	–	15	4	26,7	2	1	15	3	20,0
Verfassungs- und Rechtsausschuß[11]										
Haushalts- und Finanzausschuß (Ausschuß f. Haushalt u. Finanzen)	3	–	15	4	26,7	3	1	15	4	26,7
Wirtschaftsausschuß	3	–	27	3	11,1	3	1	27	4	14,8
Ausschuß für Industrie, Bauwesen und Verkehr										
Ausschuß für Handel und Versorgung										
Ausschuß für Land- und Forstwirtschaft	2	–	15	2	13,3	2	1	15	3	20,0
Ausschuß für Arbeit und Sozialpolitik	2	–	15	3	20,0	1	1[10]	14	7	50,0
Ausschuß für Gesundheitswesen	2	–	15	7	46,7	2	1[10]	15	9	60,0
Ausschuß für Volksbildung und Kultur	2	–	15	5	33,3					
Ausschuß für Volksbildung						2[9]	1	9	2	22,2
Ausschuß für Kultur						2[8]	1	9	6	66,7
Jugendausschuß	2[9]	–	9	4	44,4	2[9]	1	9	2	22,2
Justizausschuß[11]	–	–	4	–	–	1	–	4	–	–
Gnadenausschuß	2	–	9	4	44,4	2[9]	1[10]	9	4	44,4
Ausschuß für Eingaben der Bürger	3[8/9]	–	15	5	33,3	3[8/9]	1	15	7	46,7
Geschäftsordnungsausschuß	2	–	9	1	11,1	2	1	9	–	–
Wahlprüfungsausschuß (Mandatsprüfungsausschuß)	2	–	9	1	11,1	2	1	9	2	22,2
Ausschußmitglieder insgesamt			246	51	20,7			247	67	27,1

4. Volkskammer 1963[3]					5. Volkskammer 1967[4]					6. Volkskammer 1971[5]				
Vorsitz. und Stellvertr.	Schriftführer/ Sekretär	Mitglieder[6] insgesamt	davon Frauen	Frauen in Prozent[7]	Vorsitz. und Stellvertr.	Schriftführer/ Sekretär	Mitglieder[6] insgesamt	davon Frauen	Frauen in Prozent[7]	Vorsitz. und 1. Stellvertr.	weitere Stellvertreter	Mitglieder[6] insgesamt	davon Frauen	Frauen in Prozent[7]
2	1	14	1	7,1	2	1	18	3	16,7	2	5	27	2	7,4
5	1	15	2	13,3	5	1	16	2	12,5	1	4	17	2	11,8
2	1	15	3	20,0	2^9	1^{10}	16	4	25,0	2^9	2	19	7	36,8
3	1^{10}	16	6	37,5	3	1	13	2	15,4	2	3	17	2	11,8
3	1	28	5	17,9	5^9	1	37	4	10,8	2	4^9	37	7	18,9
$3^{8/9}$	1^{10}	14	8	57,1	3^9	1	15	9	60,0	2	4^9	21	14	66,7
2	1	20	7	35,0	2	1	21	6	28,6	2	$4^{9/9}$	21	6	28,6
2^9	1^{10}	15	5	33,3	3^9	1^{10}	21	9	42,9	2^9	2^9	22	10	45,5
2^9	1^{10}	15	9	60,0	2^9	1^{10}	14	6	42,9	2^9	2^9	16	9	56,3
2^9	1	15	9	60,0	3	1	14	7	50,0	2	2	17	4	23,5
2	1	16	7	43,8	2	1	15	7	46,7	1	3	17	6	35,3
2^9	1^{10}	16	9	56,3	3^9	1^{10}	18	8	44,4	2	$2^{9/9}$	22	10	45,5
3	1	15	6	40,0	3	1	16	4	25,0	2	3	18	8	44,4
2	1^{10}	9	3	33,3	2	1^{10}	8	3	37,5	2^9	1	6	2	33,3
2^9	1	9	3	33,3	2	1	9	2	22,2	2	1^9	7	3	42,9
		232	83	35,8			251	76	30,3			284	92	32,4

Anmerkungen zur Tabelle auf der nächsten Seite.

wie im Bundestag[131] so auch in der Volkskammer in ähnlicher Weise fortgesetzt; zu einer „Befreiung" der Frauen aus der Spezialisierung auf sozial- und kulturpolitische Gebiete ist es keineswegs gekommen.

Wie stark sich die Mitarbeit der weiblichen Volkskammerabgeordneten auf die vorgenannten Ausschüsse konzentriert, wird auch anhand der berufsstrukturellen Zusammensetzung der Frauen ersichtlich. Unter ihnen sind die Lehrerinnen, Sozialarbeiterinnen und Ärztinnen zwar in angemessener, jedoch nicht in überragend großer Anzahl vertreten. Ihre Beteiligung in den sozial- und kulturpolitischen Ausschüssen ergibt sich aus ihrer fachlichen Qualifikation und ist daher verständlich. Aber auch Frauen, die eine gänzlich anders geartete Berufsausbildung durchlaufen haben und in der industriellen Produktion tätig sind, wirken als Mitglieder dieser Ausschüsse. Hier liegt die Vermutung nahe, daß sie nicht auf Grund fachlicher Befähigung oder persönlichen Interesses für eine Mitarbeit in den sozial- und kulturpolitischen Ausschüssen nominiert wurden, sondern weil sie eben Frauen sind und sich als Frauen — entsprechend der historischen Rollenerwartung — für erzieherische und sozialfürsorgerische Aufgaben zu interessieren haben.

Eine Bestätigung dieser Auffassung findet sich in der bereits zitierten theoretischen Abhandlung über die „Verwirklichung der Gleichberechtigung der Frau" aus dem Jahre 1962. Darin wird u. a. ausgeführt:

„Allseitige Einbeziehung der Frauen heißt . . . , sie für die *gesamte* Arbeit der Volksvertretung, für *jeden* Bereich der staatlichen Leitungstätigkeit heranzuziehen und zu entwickeln. Die Arbeit unserer Staats- und Wirtschaftsfunktionäre ist in dieser Hinsicht manchmal noch von einer gewissen Einseitigkeit bestimmt. Die Frauen werden in der Regel nur dann zur Mitarbeit herangezogen, wenn über ‚Frauen'fragen diskutiert und entschieden wird. . . . Sicher ist eine der Ursachen dieser Praxis, daß die Ausbildung der Frauen für technische Berufe nicht den Anforderungen unseres gegenwärtigen und zukünftigen Aufbaus entspricht. Wir müssen auch in Rechnung stellen, daß gerade die Sozialarbeit ein interessantes, wichtiges und weites Betätigungsfeld für die Frau darstellt; aber andererseits findet doch hier die schädliche Auffassung ihre Auswirkung, nicht alle Bereiche des gesellschaftlichen Lebens seien Tätigkeitsgebiete der Frau."[132]

(Anmerkungen zu Tabelle 37)

1 Stand: nach der Umbildung vom Januar 1957; vgl. Handbuch der Volkskammer der DDR, 2. Wahlperiode (Anm. I/54), S. 161 ff.; vgl. auch Handbuch der Sowjetzonen-Volkskammer, 2. Legislaturperiode (Anm. IV/19), T. II, S. 13 ff.
2 Vgl. Handbuch der Volkskammer der DDR, 3. Wahlperiode (Anm. IV/19), S. 98 ff.
3 Vgl. Die Volkskammer der DDR, 4. Wahlperiode (Anm. IV/19), S. 145 ff.
4 Vgl. dasselbe, 5. Wahlperiode (Anm. IV/19), S. 155 ff.
5 Vgl. dasselbe, 6. Wahlperiode (Anm. IV/19), S. 149 ff.
6 Mitglieder einschließlich Vorsitzendem, stellvertretenden Vorsitzenden und Schriftführer bzw. Sekretär, jedoch *ohne* Berliner Vertreter, Nachfolgekandidaten und die — bis 1958 amtierenden — Vertreter der Länderkammer.
7 Die Prozentsätze wurden von der Verfasserin errechnet.
8 Vorsitzender des Ausschusses: weiblich.
9 1. Stellvertreter bzw. ein Stellvertreter des Vorsitzenden: weiblich.
10 Schriftführer bzw. Sekretär: weiblich.
11 Ohne die Vertreter des Obersten Gerichts und des Generalstaatsanwalts sowie die Staatsrechtslehrer, die dem Ausschuß als Mitglieder angehören, aber keine gewählten Abgeordneten der Volkskammer sind.

Ein weiteres Fachgebiet, in dem die weiblichen Abgeordneten außergewöhnlich zahlreich mitarbeiten, ist mit dem Ausschuß für Handel und Versorgung gegeben. Dies deckt sich einerseits mit der Situation im Bereich des Handels, wo die Frauen mehr als die Hälfte der Beschäftigten ausmachen[133], und entspricht andererseits auch der größeren Anzahl von Ökonominnen und Versorgungsexpertinnen, die vor allem seit 1963 der Volkskammer angehören. Daneben fällt jedoch die geringere weibliche Beteiligung im Haushalts- und Finanzausschuß auf, die seit 1967 besonders niedrig ist; gleiches gilt für den Frauenanteil im Wirtschaftsausschuß bzw. im Ausschuß für Industrie, Bauwesen und Verkehr. In die Arbeit der industriell-technischen Fachausschüsse werden die weiblichen Abgeordneten also weit weniger einbezogen, obwohl sich Ingenieurinnen, Technikerinnen und Arbeiterinnen unter den Parlamentariern befinden.

Mit nur ein bis zwei Repräsentantinnen sind die Frauen in den von ihrer nominalen Aufgabenstellung her so wichtigen Ausschüssen für Auswärtige Angelegenheiten und für Nationale Verteidigung durchweg am schwächsten vertreten. Diese Gremien, in den Parlamenten westlicher Prägung ein Reservat der Politiker, erweisen sich auch in der Volkskammer weitgehend als männliche Domäne. Obwohl man in der DDR nie nachgelassen hat, die Frauen für den Kampf um die Erhaltung und Sicherung des Friedens zu mobilisieren — weil es das ureigenste Streben einer jeden Frau und Mutter sei, mit ihrer Familie in Frieden und Sicherheit zu leben[134]—, werden die weiblichen Abgeordneten an der Beratung von außen- und sicherheitspolitischen Fragen in der obersten Volksvertretung doch unzureichend beteiligt.

Eine dem durchschnittlichen Frauenanteil in der Volkskammer entsprechende und damit angemessene weibliche Mitwirkung ist nur im Ausschuß für Eingaben der Bürger, im Verfassungs- und Rechtsausschuß sowie im Geschäftsordnungs- und Mandatsprüfungsausschuß gegeben.

Von allen genannten Gremien dürften nur jene eine größere Rolle spielen, denen die Aufgabe zukommt, eine Verbindung zwischen der Regierung und den Massen herzustellen und die „Interessen der Werktätigen" gegenüber der Exekutive zu vertreten. Dieser Zielsetzung dient z. B. der Ausschuß für Eingaben der Bürger. Doch in bezug auf die eigentliche Aufgabenstellung parlamentarischer Ausschüsse — die Wahrnehmung der Gesetzesinitiative und die Ausarbeitung und Beratung von entsprechenden Vorlagen — ist die Tätigkeit der Volkskammerausschüsse recht belanglos.[135] Als umso unverständlicher und verwirrender erscheint die so spürbare unterschiedliche Beteiligung von Frauen in diesen Gremien, nicht zuletzt auch deshalb, weil der weibliche Anteil entsprechend der „Wichtigkeit" bürgerlich-demokratischer Parlamentsausschüsse differiert und sich insofern eine Parallelität zur Situation der Frauen in den westlichen Volksvertretungen ergibt.

Die schwerpunktmäßige Mitwirkung der weiblichen Abgeordneten in einzelnen Volkskammerausschüssen ist nahezu analog aus der personellen Zusammensetzung ihrer Vorstände ablesbar (siehe Tabelle 37). Weibliche Vorsitzende oder stellvertretende Vorsitzende finden sich fast ausschließlich in den sozial- und kulturpolitischen Gremien.

Als Ausschußvorsitzende haben bisher erst wenige Frauen gewirkt; seit 1967 ist keine weibliche Abgeordnete mehr in dieser Funktion tätig. So werden selbst jene

Ausschüsse, in denen die Frauen die Mehrheit der Mitglieder stellen, in der Regel von einem Mann geleitet. Die meisten weiblichen Vorstandsmitglieder üben das Amt eines Stellvertreters aus, dürften also nur in seltenen Fällen einmal die Tagung eines solchen Gremiums leiten. Häufig amtiert neben einer Stellvertreterin des Vorsitzenden auch eine Schriftführerin. Eine außergewöhnlich zahlreiche Delegierung von Frauen in diese Funktion ist aber nicht festzustellen.

Obwohl die weiblichen Volkskammerabgeordneten in einzelnen Ausschüssen unterrepräsentiert und auch an den Leitungsfunktionen nur in geringer Anzahl beteiligt sind, entspricht das durchschnittliche Ausmaß ihrer Mitwirkung in den Ausschüssen doch allgemein ihrem prozentualen Anteil in der Volkskammer. In der 3. und 4. Legislaturperiode waren die Frauen sogar besonders zahlreich in diesen Gremien tätig. Während durchweg nur 50 bis 60 Prozent der männlichen Abgeordneten einem Ausschuß angehören, beträgt dieser Wert für die Parlamentarierinnen 60 bis 70 Prozent.[136]

Insgesamt sind also die Frauen mit einem beachtlich hohen Anteil in der Volkskammer und in zumeist noch höheren Relationen in den Ausschüssen vertreten. Von einer umfassenden Mitarbeit in allen Bereichen der Politik sind sie aber noch weit entfernt, solange sie in überwiegendem Maße in den Ausschüssen für Gesundheits- und Sozialwesen, für Handel und Versorgung, für Volksbildung und Kultur sowie für Jugendfragen arbeiten. Diese einseitige Beschränkung auf spezielle politische Gebiete erscheint als besonders schwerwiegend, weil die Volkskammer — wegen ihrer Bedeutungslosigkeit als politisches Entscheidungsgremium — eine Plattform für die angestrebte allseitige Einbeziehung der Frauen in die Politik sein könnte.

e) Frauen im Fraktionsvorsitz und im Präsidium der Volkskammer

Wie in den Volkskammerausschüssen so erweisen sich auch in den Parlamentsfraktionen die Führungsfunktionen als männliche Domäne. Die Fraktionen der Blockparteien werden traditionell von einem Mann geleitet, der auch dem engeren Vorstand seiner Partei angehört; selbst in der Funktion des stellvertretenden Fraktionsvorsitzenden findet sich nur höchst selten eine Frau (siehe Tabelle 38). Auch die Massenorganisationen nominieren in der Regel einen männlichen Fraktionsvorsitzenden, obwohl sich unter ihrer Mitgliedschaft in der Volkskammer zumeist eine größere Anzahl von Frauen befindet. Einzige Ausnahme ist die FDJ-Fraktion, die von 1954 bis 1958 von der SED-Funktionärin und Sekretär des Zentralrates der FDJ, Edith Brandt, geleitet wurde. Die DFD-Fraktion steht naturgemäß unter weiblicher Führung; als langjährige Vorsitzende amtiert die ehemalige Leiterin des Frauensekretariats der SED und Mitbegründerin des DFD, Käthe Kern.

Dem 8- bis 11köpfigen Präsidium der Volkskammer gehören hingegen traditionell zwei weibliche Mitglieder an. Bereits 1949 fungierten zwei Frauen — Repräsentantinnen des Gewerkschafts- sowie des Frauenbundes — als Beisitzer im Präsidium der Provisorischen Volkskammer; beide Massenorganisationen entsenden seitdem ein weibliches Fraktionsmitglied in das Parlamentspräsidium. Für den DFD übt Wilhelmine

Tabelle 38: Die weiblichen Vorsitzenden von Volkskammer-Fraktionen und die weiblichen Mitglieder des Präsidiums der Volkskammer (1949—1971)

Fraktionszugehörigkeit	Name	Dauer der Funktionsausübung
FDJ	Brandt, Edith	1954—1958 Fraktionsvorsitzende
DFD	Kern, Käthe	1950—1954 und seit 1958 Fraktionsvorsitzende
DFD	Keller, Wally	1954—1958 Fraktionsvorsitzende
DFD	Windisch, Lisbeth	seit 1967 Stellvertreter des Fraktionsvorsitzenden
LDPD	Sasse, Gertrud	seit 1963 Stellvertreter des Fraktionsvorsitzenden
FDGB	Malter, Friedel[1]	1949/50 Beisitzer im Präsidium
FDGB	Groh-Kummerlöw, Margarete	1950—1954 Mitglied des Präsidiums, 1954—1963 Stellvertreter des Präsidenten, 1963—1967 Mitglied des Präsidiums
FDGB	Müller, Margarete[2]	seit 1967 Mitglied des Präsidiums
DFD	Schmidt, Elli[1]	1949/50 Beisitzer im Präsidium
DFD	Schirmer-Pröscher, Wilhelmine	1950—1954 Beisitzer im Präsidium, 1954—1963 Stellvertreter des Präsidenten, seit 1963 Mitglied des Präsidiums

1 Vgl. Provisorische Volkskammer der Deutschen Demokratischen Republik. Protokoll der 1. (konstituierenden) Sitzung vom 7. 10. 1949, S. 1.
2 Nicht identisch mit der gleichnamigen LPG-Vorsitzenden und Kandidat des Politbüros der SED!

Schirmer-Pröscher, seit 1948 stellvertretende Vorsitzende des DFD-Bundesvorstandes, das Präsidialamt aus. Der FDGB wurde lange Zeit von seinem Sekretariats- und Präsidiumsmitglied, Margarete Groh-Kummerlöw, vertreten; ihre Funktion im Volkskammerpräsidium übernahm 1967 der Sekretär des FDGB-Bundesvorstandes, Margarete Müller. Im Gegensatz zu den Massenorganisationen entsenden die Blockparteien stets männliche Fraktionsmitglieder — und zwar ihre Parteivorsitzenden bzw. führenden Funktionäre — in dieses Gremium.

Die Zugehörigkeit zum Präsidium der Volkskammer hat vorwiegend repräsentativen Charakter; seine weiblichen Mitglieder (18 bis 25 Prozent) dürften darüber hinaus den hohen Frauenanteil im Parlament augenfällig widerspiegeln.

6. Zusammenfassung

Wie die Untersuchung zeigte, spielte die Frau als Wählerin und Parlamentskandidatin in den ersten Nachkriegsjahren eine wichtige Rolle für die SED und wurde als ein entscheidender Faktor in der Wahlkampagne berücksichtigt. Mittels einer speziell auf die Interessen der weiblichen Bevölkerung ausgerichteten Wahlwerbung und der zahlreichen Nominierung weiblicher Kandidaten erhoffte die SED, eine besonders große Zustimmung unter den Wählerinnen für ihr politisches Programm zu finden. Seit 1949 liegen den Wahlen die Einheitslisten der Nationalen Front zugrunde; zwar wird auch weiterhin eine besondere Form der Wahlpropaganda unter den Frauen betrieben, doch nicht als Ausdruck konkurrierender Parteien, die um die Gunst der Wähler ringen, sondern in der Absicht, alle Bürgerinnen zur Stimmabgabe zu mobilisieren.

Ebenso werden zahlreiche weibliche Kandidaten für die Parlamente nominiert, deren Wahlchancen auf Grund der Einheitslisten absolut gesichert sind. Ihre Aufstellung erfolgt aber nicht allein zu Zwecken der Wahlwerbung, sondern auch aus ideologisch motivierten, gesellschaftspolitischen Erwägungen. Denn in der Funktion des Volksvertreters dokumentiert sich die politische Rolle der Frau; ihre umfangreiche Einbeziehung in die Parlamente der DDR gilt somit als Zeichen für die Verwirklichung der Gleichberechtigung auch im politischen Bereich. Auf Grund des verfassungsrechtlichen Primats der Volksvertretungen vor allen anderen Staatsorganen scheinen deshalb die weiblichen Abgeordneten — und damit die Frauen insgesamt — eine einflußreiche Stellung in der Politik einzunehmen; da jedoch die politischen Entscheidungen in den operativen Führungsgremien der SED getroffen werden, ist die Rolle der Frauen in den Parlamenten politisch ineffektiv und vielmehr repräsentativ.

Der weibliche Anteil in den Volksvertretungen der DDR ist zwar beachtlich hoch, aber keineswegs einheitlich in den Vertretungskörperschaften aller Verwaltungsebenen. Vielmehr besteht ein Zusammenhang zwischen der Gemeindegröße und dem Ausmaß der weiblichen Beteiligung. In den Parlamenten kleinerer Gemeinden sind die Frauen in geringerer Anzahl vertreten als in den entsprechenden Organen auf Bezirks- oder zentraler Ebene. Die Ursache hierfür dürfte vor allem in der spezifischen Aufgabenstellung der örtlichen Volksvertretungen liegen, denen ein geringer Wirkungsbereich verblieben ist, innerhalb dessen eigene Entscheidungen der Abgeordneten über Fragen von untergeordneter Bedeutung im Rahmen der lokalen Zuständigkeit möglich sind. Damit kommt dem Amt des örtlichen Volksvertreters eine etwas größere Bedeutung zu als demjenigen der Abgeordneten höherer Parlamente, die als wesentlichste Aufgabe die „kulturell-erzieherische Funktion" des sozialistischen Staates wahrnehmen.

In der Volkskammer stellen die Frauen nahezu ein Drittel aller Abgeordneten. Ihre Amtsdauer ist aber relativ kurz bemessen und erstreckt sich im allgemeinen über nur eine oder zwei Legislaturperioden; sie unterliegen einer stärkeren Fluktuation als ihre männlichen Kollegen. In bezug auf die Fraktionszugehörigkeit weist die SED den niedrigsten Frauenanteil auf; in den Fraktionen der „bürgerlichen" Parteien schwankt die weibliche Beteiligung zwischen unterdurchschnittlichen und mittleren Werten. Die Massenorganisationen stellen traditionell eine große Anzahl weiblicher Abgeordneter, und der DFD ist mit einer eigenen Fraktion in der Volkskammer vertreten, die sich naturgemäß ausschließlich aus Frauen zusammensetzt. Die weiblichen Fraktionsmitglieder der Massenorganisationen gehören in ihrer überwiegenden Mehrheit zugleich der SED als Mitglieder an und sichern somit dieser Partei auch unter den Parlamentarierinnen die absolute Mehrheit.

Die weiblichen Volkskammerabgeordneten zeichnen sich durch ein beachtlich niedriges Durchschnittsalter aus, das bei rund 40 Jahren liegt. In bezug auf ihr Schul- und Berufsbildungsniveau sind seit 1963 erhebliche Umstrukturierungen festzustellen: bei steigendem Anteil von Fach- und Hochschulabsolventinnen sinkt der Anteil von Volksschulabsolventinnen; anstelle von ungelernten Arbeiterinnen gelangen immer mehr fachlich qualifizierte Frauen in das Parlament. Die berufsstrukturelle Zusammensetzung der weiblichen Abgeordneten repräsentiert allerdings nur teilweise die Berufsstruktur der weiblichen Bevölkerung; so fällt vor allem die geringe Anzahl von Hausfrauen auf.

In der DDR geht es aber nicht allein darum, den Anteil der Frauen in den Volksvertretungen zu erhöhen — als Zeichen ihrer wachsenden Rolle in der Gesellschaft; „wesentlich ist, daß sie in diesen Organisationen *aktiv* und *bewußt* mitwirken, zu den wichtigen, von der Entwicklung aufgeworfenen Fragen Stellung nehmen und ihre ganze Kraft für den Frieden und den Sozialismus einsetzen".[137] Die aktive Mitwirkung der weiblichen Volkskammerabgeordneten erstreckt sich zwar auf alle Parlamentsausschüsse und damit auf alle Bereiche politisch-staatlichen Lebens. Doch die meisten Frauen arbeiten in sozial-, kultur- und handelspolitischen Ausschüssen mit und sind somit einseitig und begrenzt auf die Beratung von „Frauenfragen" festgelegt. Insofern unterscheidet sich ihre Situation in nichts von derjenigen ihrer Geschlechtsgenossinnen in den Parlamenten westlich-demokratischer Prägung.

VI. Kapitel: Frauen in der staatlichen Exekutive

Fragte man einen Bundesbürger nach den Namen weiblicher Mitglieder der Regierung und Verwaltung der DDR, so würde er wahrscheinlich eine Frau vor allen anderen nennen: Hilde Benjamin, 14 Jahre lang Minister der Justiz. Doch sie gilt eher als Negativsymbol für die „Terrorjustiz des SED-Regimes" und den „Stalinismus in der Zone"[1], denn als Repräsentantin all jener Frauen, die man schlechthin als Staatsfunktionärinnen zu bezeichnen pflegt.

In der folgenden Untersuchung soll deshalb — neben einer Analyse des Ausmaßes der weiblichen Mitwirkung in den Organen des Staatsapparates — der Versuch unternommen werden, den beruflich-politischen Werdegang führender Staatsfunktionärinnen zu skizzieren und sie als Politikerinnen zu charakterisieren.

1. Frauen in den örtlichen Exekutivorganen der Staatsmacht

a) Struktur, Zusammensetzung und Arbeitsweise der örtlichen Exekutivorgane der Staatsmacht

Während der Periode des Aufbaus einer antifaschistisch-demokratischen Ordnung in der SBZ und in den ersten Jahren nach Gründung der DDR deckte sich die territorial-administrative Gestaltung der Staatsmacht noch weitgehend mit der Föderativstruktur der Landes- bzw. Provinzialgliederungen aus der Zeit vor 1945. Wenn auch die föderativen Elemente seit 1948/49 bereits eingeengt wurden, so blieb den fünf Ländern als den obersten regionalen Verwaltungseinheiten noch ein erheblicher Spielraum für die kommunale Selbstverwaltung.[2]

Eine völlige Umwandlung der Administration von diesem gegliederten in einen zentralistischen Aufbau erfolgte mit der Verwaltungsreform vom Juli 1952[3]; sie führte zur Auflösung der Länder, an deren Stelle 14 Bezirke (ohne Ost-Berlin) traten. Die Bezirke wurden — ebenso wie die Stadt- und Landkreise — territorial verkleinert, umstrukturiert und nach wirtschaftlichen Schwerpunkten abgegrenzt. Die damit verbundene Erhöhung der Anzahl von Bezirken und Kreisen bedeutete zugleich eine entsprechende Einengung ihres räumlichen Zuständigkeits- und Wirkungsbereiches, wodurch sich die Macht der Zentralgewalt bereits auf organisatorischem Wege vergrößern ließ.[4] Aber auch der strukturelle Aufbau der neugebildeten Verwaltungsorgane bewirkte eine Ausweitung des Einflusses der zentralen Amtsgewalt; denn gemäß dem Prinzip des demokratischen Zentralismus und nach sowjetischem Vorbild wurde der Typ der doppelt unterstellten Verwaltung geschaffen und damit die Selbständigkeit der regionalen Administration aufgehoben. Die Organe der örtlichen Verwaltung — die Räte — sind nunmehr als vollziehende und verfügende Organe der jeweiligen Volksvertretungen diesen verantwortlich und rechenschaftspflichtig. Zugleich besteht ein direktes Weisungsrecht seitens der übergeordneten Administrationseinrichtung, die die subalternen Dienststellen anleitet und kontrolliert, um die Einheit von Beschlußfassung und Durchführung zu gewährleisten.[5]

An die Stelle von eigenständigen Gebietskörperschaften, wie es die Länder waren, sind also mit den Bezirken Territorien eines Einheitsstaates getreten, der eine von der Spitze bis zur kleinsten Gemeinde durchgehende einheitliche Verwaltung aufweist. Die Organe der Staatsgewalt (spätere Bezeichnung: der Staatsmacht) haben daher keine Selbständigkeit, sondern sind Bestandteile eines Staatsapparates, der sich von den Gemeinden, Städten, Kreisen und Bezirken bis hin zur Zentralinstanz unter strikter Wahrung des Prinzips der doppelten Unterstellung systematisch aufbaut.[6]

Als oberste Organe der Staatsmacht fungieren die örtlichen Volksvertretungen; sie wählen die Räte (des Bezirkes, des Kreises, der Stadt, der Gemeinde) als ihre vollziehenden und verfügenden Organe. Der Rat des Bezirkes setzt sich zusammen aus dem Vorsitzenden, seinen Stellvertretern (zugleich Leiter von bestimmten Dezernaten größerer Bedeutung), den Vorsitzenden der regionalen Wirtschaftskommissionen, dem Sekretär des Rates, dem Direktor des Bezirksbauamtes und weiteren Mitgliedern (zugleich Leiter von bestimmten Dezernaten minderer Bedeutung). Bis 1965 konnten darüber hinaus weitere ehrenamtliche Ratsmitglieder — zumeist Fachleute — berufen werden, um dem Kollektiv bei der Bewältigung seiner Aufgaben beratend zur Seite zu stehen. Die Mitglieder des Rates sollen der örtlichen Volksvertretung als Abgeordnete angehören. Die Regelung in den Kreisen und Städten erfolgt in ähnlicher Weise, wobei die jeweiligen lokalen Bedingungen für die Größe und Personalstruktur des Exekutivorgans bestimmend sind.[7] Insgesamt weist der örtliche Verwaltungsapparat eine fachliche Gliederung auf, die dem Ressortschema der Ministerien entspricht.

Eine hervorragende Stellung nehmen die Vorsitzenden der Räte ein; sie leiten nicht nur die Sitzungen des Rates, sondern beeinflussen maßgeblich die gesamte Arbeit des Gremiums und können zudem die Vorsitzenden nachgeordneter Räte in ihrer Tätigkeit anweisen. Auch der Sekretär des Rates übt eine wesentliche Funktion aus, da er neben der Erledigung formaler Geschäftsaufgaben die Arbeit aller Abteilungen und Einrichtungen des Rates ständig zu koordinieren und zu kontrollieren hat und ebenfalls für die Anleitung subalterner Dienststellen zuständig ist.[8]

Die Räte arbeiten nach dem Prinzip der kollegialen Leitung: die Beratungen erfolgen im Kollektiv. Die Entscheidung liegt aber letztlich beim Vorsitzenden. Als Repräsentant der örtlichen Staatsgewalt steht dieser in enger Verbindung zur entsprechenden Parteileitung der SED, deren operativem Büro bzw. Sekretariat er bis zur Reorganisation vom Februar 1963 und wiederum seit dem Frühjahr 1967 kraft Amtes angehört. Richert schätzt deshalb ein, daß der Vorsitzende des Rates, der Sekretär und die Vorsitzenden der wirtschaftlichen Räte (Wirtschaftsrat, Landwirtschaftsrat, Plankommission) die einzigen seien, „deren Funktionen über bloße Exekutive hinausgehen und in den Bereich der verkörperten Staatsgewalt hineinragen".[9]

b) Der Frauenanteil in der Funktion des Bürgermeisters (Vorsitzende der Räte der kreisangehörigen Städte und Gemeinden)

Bereits kurz nach Gründung der SED waren in einer Reihe von Stadt- und Landgemeinden Frauen in den Leitungsfunktionen der kommunalen Verwaltung tätig: als Bürgermeister bzw. Gemeindevorsteher. Damit zeichnete sich „etwas ganz Neues in der Entwicklung nach 1945" ab, denn weibliche Bürgermeister hatte es „nicht einmal in der Weimarer Zeit gegeben".[10]

Die Bürgermeisterinnen mußten sich oftmals unter den schwierigsten Arbeitsbedingungen behaupten und erbrachten damit den Beweis für ihre Fähigkeit. Die überdurchschnittlichen Leistungen dieser Frauen in ihrem Amt wurden mit den erhöhten Anforderungen an ihr Können begründet:

„In den weitaus meisten Fällen war es bisher so, daß man eine Frau nur dann auf diesen Posten stellte, wenn sie mit ihrem Können weit über dem Durchschnitt stand. Bei den Männern wurde ein solcher Maßstab nie angelegt. Die Folge davon ist allerdings, daß auch die Leistungen der weiblichen Bürgermeister über dem Durchschnitt stehen."[11]

In Anbetracht dieser Tatsache erfolgte die Empfehlung, mehr Frauen, insbesondere den Gemeindesekretärinnen, die über praktische Erfahrung verfügten, den Platz des Bürgermeisters einzuräumen – zum Wohle der Allgemeinheit.[12]

1947 gab der Parteivorstand der SED bekannt, daß 176 Bürgermeisterinnen tätig seien, von denen 132 der SED angehörten.[13] Bei einer Gesamtzahl von mehr als 12.000 Städten und Gemeinden in der SBZ betrug der Frauenanteil in dieser Funktion allerdings nur 1,4 Prozent (siehe Tabelle 39). Bis 1950 hatte er sich auf 2,8 Prozent erhöht, wobei der wachsenden Anzahl weiblicher Bürgermeister die erhebliche Verringerung der Anzahl von Gemeinden entgegenkam. Nunmehr erfolgte eine nicht unwesentliche Steigerung des weiblichen Anteils bis Anfang 1952, also bis kurz vor Durchführung der Gebiets- und Verwaltungsreform. Die weitere Entwicklung in den nun folgenden Jahren läßt sich nicht mit Genauigkeit feststellen; die vorliegenden Zahlenangaben sind – obwohl in nur kurzen Zeitabständen veröffentlicht – so widersprüchlich (siehe Tabelle 39), daß sie keine eindeutigen Aussagen über den Frauenanteil im Bürgermeisteramt erlauben; allerdings lassen sich doch eine Stagnation Mitte der 50er Jahre erkennen.[14] Seitdem hat sich aber die Zahl der Bürgermeisterinnen erheblich vergrößert, besonders in den letzten Jahren. Ein sprunghafter Anstieg erfolgte vor allem nach den Kommunalwahlen im März 1970, als sich der Frauenanteil in dieser Funktion auf fast 18 Prozent erhöhte. Somit wird in der DDR inzwischen jede sechste Gemeinde von einem weiblichen Bürgermeister geleitet.[15]

Aus dem vorliegenden Zahlenmaterial ist allerdings nur selten ersichtlich, auf welche unterschiedlichen Gemeindegrößen sich die Anzahl der Bürgermeisterinnen verteilt und auf welche Ortsgröße sich die Mehrheit dieser Funktionsträger konzentriert. Es dürften in erster Linie kleine Ortschaften sein, an deren Verwaltungsspitze Frauen stehen, zumal die ländlichen Siedlungen mit weniger als 1.000 Einwohnern über zwei Drittel aller Gemeinden in der DDR ausmachen.[16] Diese Vermutung wird z. B. durch einen Hinweis Ilse Thieles bestätigt, wonach 1954 nur 44 Frauen (= 5,4 Prozent) als Bürgermeister in Städten, aber 772 Frauen (= 94,6 Prozent) als Bürgermeister in Gemeinden tätig gewesen sein sollen.[17]

Tabelle 39: Der Frauenanteil in der Funktion des Bürgermeisters in kreisangehörigen Städten und Gemeinden der DDR (1947–1970)[1]

Jahr	Anzahl der Städte und Gemeinden[2]	Weibliche Bürgermeister insgesamt	in Prozent[3]
Anfang 1947[4]	12.249	176	1,4
März 1950[5]	9.776	276	2,8
Anfang 1952[6]	9.782	624	6,4
1954[7]	9.778	600	6,1
(1954)[8]	(9.778)	(816)	(8,3)
April 1955[9]	9.758	600	6,1
(März 1955)[10]	(9.758)	(816)	(8,4)
1957[11]	9.555	772	8,1
Anfang 1960[12]	9.436[16]	859	9,1
1966[13]	9.055	1.082	11,9
1969[14]	9.011[16]	1.172	13,0
1970[15]	8.951[16]	ca. 1.600	17,9

1 Die in der Literatur wiedergegebene jeweilige Anzahl der Bürgermeisterinnen wurde der entsprechenden Gesamtzahl von Städten und Gemeinden gegenübergestellt. Da in den Stadtkreisen mehrere Bürgermeister amtieren (als Stellvertreter der Oberbürgermeister sowie als Vorsitzende der Räte der Stadtbezirke), dürfte der tatsächliche Frauenanteil noch geringfügig unter den errechneten Werten liegen.
2 Vgl. Statistisches Jahrbuch der DDR. 1970 (Anm. Tab. 28/12), S. 9 (Tabelle 4). Zahlenangaben nach dem Stand vom 31. Dezember des laufenden Jahres.
3 Die Prozentsätze wurden von der Verfasserin errechnet.
4 Vgl. Bericht an den II. Parteitag (Anm. I/56), S. 96.
5 Vgl. die Rede Otto Grotewohls vor der Provisorischen Volkskammer der DDR am 28. 9. 1950, in: Gesetz über den Mutter- und Kinderschutz und die Rechte der Frau. Die Begründung des Gesetzes durch den Ministerpräsidenten Otto Grotewohl. Mit Durchführungsbestimmungen und Auszügen aus anderen Gesetzen. Berlin-Ost 1953, S. 15 f.; vgl. auch Schmidt, 40 Jahre Internationaler Frauentag (Anm. VI/10), S. 85.
6 Vgl. Frauen an verantwortlicher Stelle, in: Neues Deutschland, 8. 3. 1952, S. 5; Zweijahrbericht des DFD (Anm. V/17), S. 95.
7 Vgl. Dyballa, Die gesellschaftliche Stellung der Frau (Anm. V/19), S. 585.
8 Vgl. Thiele, Die Verwirklichung der Gleichberechtigung (Anm. I/36), S. 979. Obwohl dieser Aufsatz fast zum gleichen Zeitpunkt wie der von Erna Dyballa (siehe Anm. 7) veröffentlicht wurde, widersprechen sich beide Publikationen bezüglich der genannten Anzahl weiblicher Bürgermeister. Während Erna Dyballa schrieb: „Wir haben zur Zeit ... 600 Bürgermeisterinnen", sagte Ilse Thiele: „Wir haben ... 44 Frauen als Bürgermeister in Städten und 772 Frauen, die als Bürgermeister in Gemeinden der Deutschen Demokratischen Republik tätig sind."
9 Vgl. Sechshundert Bürgermeisterinnen, in: Tägliche Rundschau, 8. 4. 1955, S. 3.
10 Vgl. Frauen schützen den Frieden, in: Neues Deutschland, 8. 3. 1955, S. 1. Es handelt sich hier um den gleichen Widerspruch wie bei den beiden vorstehenden Literaturangaben (s. Anm. 7 und 8). Während Neues Deutschland im März 1955 anläßlich des Internationalen Frauentages meldete: „Heute sind schon 772 Frauen Bürgermeisterinnen in Gemeinden und 44 in Städten", berichtete Tägliche Rundschau (siehe Anm. 9) genau einen Monat später: „600 Frauen arbeiten beispielsweise als Bürgermeister." Offensichtlich beziehen sich hier jeweils zwei Quellen aufeinander, wobei allerdings nicht festgestellt werden kann, welche der beiden Zahlenangaben tatsächlich zutrifft.
11 Vgl. Mühlen, Gisela, Die Lage der Frauen in der Sowjetzone. Teil 3, in: Deutsche Fragen, 1958, H. 4, Ausg. A, S. 3. Die hier angegebene Zahl ist identisch mit derjenigen von Ilse Thiele (siehe

(Fortsetzung der Anmerkungen n. Seite)

Wenn auch diese Zahlen scheinbar im Widerspruch stehen zu den auch heute noch häufig geäußerten Klagen über die Voreingenommenheit der Männer gegen den Einsatz von Frauen in leitenden Funktionen, die auf dem Lande weitaus zählebiger sei als in den städtischen Ballungszentren[18], so wird doch – angesichts der territorial eng begrenzten Zuständigkeit der ländlichen Gemeinden, die die kleinsten Verwaltungseinheiten im Staatsgefüge der DDR bilden – die recht hohe Anzahl von Bürgermeisterinnen verständlich. Den Räten der Gemeinden sind keine weiteren Administrationsorgane unterstellt, denen die weiblichen Vorsitzenden Weisungen erteilen könnten; vielmehr werden sie selbst in ihrer Arbeit von den Räten der Kreise angeleitet und kontrolliert. Sie verfügen also über einen nur eng bemessenen Entscheidungsspielraum und wirken in erster Linie als „Vollzugsbeamte" der staatlichen Exekutive.

c) Die weiblichen Oberbürgermeister (Vorsitzende der Räte der kreisfreien Städte)

Es ist besonders bemerkenswert, daß einige der insgesamt nur wenigen Stadtkreise in der DDR unter der Führung eines weiblichen Oberbürgermeisters stehen. Der Frauenanteil in dieser Funktion lag zeitweise sogar noch über demjenigen im Bürgermeisteramt. Er reduzierte sich allerdings gegen Ende der 60er Jahre auf Grund des Entstehens einiger neuer Stadtkreise (siehe Tabelle 40).

Als erste Oberbürgermeisterin in der DDR trat Lisa Krause am 1. Dezember 1949 ihr Amt in Dessau an (siehe Tabelle 41), ein Beispiel, dem „noch manche intelligente Frau folgen" würde.[19] Wenn sie auch nur kurze Zeit amtierte, so gilt sie doch als Initiator des Wiederaufbaus der im Kriege schwer zerstörten Stadt. 1952, nach der Verwaltungsreform, übernahm sie die wichtige Funktion des Sekretärs des Rates des Bezirkes Halle.[20]

Nachfolgerin Lisa Krauses als weibliches Stadtoberhaupt von Dessau wurde Maria Dank, „eine bewährte Sozialistin und kraftvoll-energische Kommunalpolitikerin, eine wahre Mutter ihrer Stadt".[21] Nach langjähriger Tätigkeit mußte sie 1961 ihren Posten an ihren Stellvertreter abgeben und schied aus der hauptamtlichen politischen Arbeit aus.

Seit 1963 ruht die Leitung des Stadtkreises Dessau, die sich zur ausgesprochen weiblichen Domäne entwickelt hat, nun schon zum drittenmal in den Händen einer

---

Fortsetzung der Anmerkungen zu Tabelle 39.

Anm. 8) bzw. im Neuen Deutschland (siehe Anm. 10) genannten. Vermutlich stützt sich Gisela Mühlen, die ihre Zahlenangaben nicht mit Quellenhinweisen belegt, auf eine dieser beiden Publikationen.
12 Vgl. 50 Jahre Internationaler Frauentag (Anm. I/53), S. 3.
13 Vgl. Sie und unsere Republik (Anm. I/89), S. 32. In dieser Publikation wird ein weiblicher Anteil von 12,2 Prozent im Bürgermeisteramt genannt. Bezogen auf die Anzahl der Städte und Gemeinden in der DDR beträgt der Frauenanteil jedoch nur 11,9 Prozent.
14 Vgl. Sozialistische Demokratie, 13. 6. 1969, S. 1; vgl. auch ADN, 20. 10. 1969, in: Monitor-Dienst der Deutschen Welle, 21. 10. 1969; ADN, 27. 1. 1970, in: Monitor-Dienst der Deutschen Welle, 28. 1. 1970.
15 Vgl. ADN, 14. 4. 1970, in: Monitor-Dienst der Deutschen Welle, 15. 4. 1970.
16 Die Zahlenangaben beziehen sich auf das Ende des vorangegangenen Jahres.

Tabelle 40: Der Frauenanteil in der Funktion des Oberbürgermeisters in kreisfreien Städten der DDR (1950 – 1970)

Jahr	Anzahl der Stadtkreise[1]	Weibliche Oberbürgermeister	
		insgesamt	in Prozent[2]
März 1950[3]		2	
Anfang 1952[4]		2	
1954[5]	23[8]	2	8,7
Anfang 1962[6]	23[9]	3	13,0
1970[7]	26[10]	3	11,5

1 Ohne Berlin, „Hauptstadt der DDR".
2 Die Prozentsätze wurden von der Verfasserin errechnet.
3 Vgl. Gesetz über den Mutter- und Kinderschutz (Anm. Tab. 39/5), S. 15 f.
4 Vgl. Frauen an verantwortlicher Stelle (Anm. Tab. 39/6), S. 5.
5 Vgl. Dyballa, Die gesellschaftliche Stellung der Frau (Anm. V/19), S. 585.
6 Vgl. Ohlsen, Gleichberechtigung der Frau? (Anm. II/129), S. 2.
7 Zahlenangabe von der Verfasserin.
8 Vgl. Leissner, Verwaltung (Anm. V/49), S. 135.
9 Vgl. Statistisches Jahrbuch der DDR. 1962 (Anm. Tab. 28/6), S. 17 (Tabelle 1).
10 Vgl. dasselbe. 1970 (Anm. Tab. 28/12), S. 3 (Tabelle 1).

Frau. Die Oberbürgermeisterin Thea Hauschild steht heute vor der Aufgabe, die Ausweitung Dessaus zur Großstadt zu leiten und damit einen Beschluß des Rates des Bezirkes Halle zu verwirklichen, der bis 1980 die Vergrößerung der Einwohnerzahlen um ein Drittel vorsieht. Es wäre im übrigen nicht ausgeschlossen, daß Thea Hauschild eines Tages wiederum von einer Frau in ihrem Amt abgelöst wird. Schon jetzt hat sie sich eine wissenschaftliche Mitarbeiterin herangezogen, um diese auf ihre Nachfolge vorzubereiten; ein bemerkenswerter Vorgang, da die Oberbürgermeisterin nicht zuletzt auf das „Vertrauen der Dessauer" angewiesen ist.[22]

Das wohl bekannteste weibliche Stadtoberhaupt in der DDR ist Brunhilde Hanke, die seit 1961 an der Spitze der Verwaltung Potsdams steht. Frau Hanke, wie auch Thea Hauschild verheiratet und Mutter dreier Kinder, wird als eine natürliche Frau beschrieben, „teilnehmend, besorgt, aufs Morgen bedacht, energisch wo's nottut, immer tätig"[23] – eine Frau mit praktischem Sinn und der Fähigkeit, mit vielen Menschen umzugehen und auszukommen.[24]

Seit 1969 wird auch die westsächsische Industriemetropole Zwickau von einem weiblichen Oberbürgermeister geleitet. Lisbeth Windisch nimmt, was die Größenordnung und Wirtschaftsstruktur der kreisfreien Städte anbelangt, den ersten Rang unter ihren Kolleginnen ein. Zwickau ist mit rund 128.000 Einwohnern die achtgrößte Stadt der DDR und überdies ein wichtiges Industriezentrum; auch Potsdam gehört zu den Großstädten, während sich Dessau und Schwerin allmählich einer Einwohnerzahl von 100.000 nähern. Wenn auch die größten Ballungszentren – Leipzig, Dresden, Karl-Marx-Stadt, Magdeburg und Halle – bisher stets unter der Führung eines männlichen Stadtoberhauptes verwaltet wurden, so kann doch festgestellt werden,

Tabelle 41: Die weiblichen Oberbürgermeister in der DDR

Stadt	Einwohner insgesamt[1]	Weiblicher Oberbürgermeister	Dauer der Tätigkeit	Alter bei Amtsantritt	Erlernter Beruf	Vorherige Tätigkeit (insbesondere Funktionen in der staatlichen Verwaltung)
Dessau	31. Aug. 1950 = 91.973 31. Dez. 1960 = 93.459 31. Dez. 1964 = 95.452 31. Dez. 1969 = 97.811	Krause, Lisa[2] (1945 KPD/SED)	1. 12. 1949 bis 1951	34 Jahre	Kaufm. Angestellte; Studium der Gesellschaftswissenschaften	Direktor der Staatlichen Handelsorganisation in Dessau
		Dank, Maria[3] (SED)	ca. 1954 bis Sept. 1961	47 Jahre		
		Hauschild, Thea[4] (1954 SED)	seit Aug. 1963	30 Jahre	Diplomökonomin	seit 1957 im Staatsapparat tätig, zuerst als stellv. Bürgermeister und Vorsitzende der Plankommission in Dessau, später als Mitarbeiterin der Plankommission des Bezirks Halle
Frankfurt/Oder	31. Dez. 1960 = 56.638 31. Dez. 1964 = 57.975 31. Dez. 1969 = 60.611	Hein, Lucie[5] (SED)	1960 bis Sept. 1965 (verstorben)	50 Jahre	Studium an der Verwaltungsakademie „Walter Ulbricht" in Potsdam-Babelsberg	nach 1945 Bürgermeister von Petershagen, Krs. Strausberg; ab 1952 Mitarbeiterin für Staatsfragen bei der SED-Bezirksleitung Frankfurt/Oder
Görlitz	31. Dez. 1960 = 89.909 31. Dez. 1964 = 88.800 31. Dez. 1969 = 87.623	Umlauf, Charlotte[6] (1945 KPD/SED)	1960 bis 1962	40 Jahre	Kaufm. Angestellte	1956–1957 Bürgermeister des Stadtbezirks III Dresden; 1957–1960 Bürgermeister des Stadtbezirks Dresden West
Potsdam	31. Dez. 1960 = 115.004 31. Dez. 1964 = 110.083 31. Dez. 1969 = 110.750	Hanke, Brunhilde[7] (1946 SED)	seit Sept. 1961	31 Jahre	Näherin; Diplomgesellschaftswissenschaftler	1952–1961 2. Sekretär der Bezirksleitung Potsdam der FDJ
Schwerin	31. Aug. 1950 = 93.576 31. Dez. 1960 = 92.508 31. Dez. 1964 = 91.164 31. Dez. 1969 = 95.277	Blecha, Johanna[8] (1945 KPD/SED)	2. 12. 1949 bis 1953	33 Jahre	Stenotypistin	1945–1947 Angestellte des Jugendamtes Schwerin; 1947–1949 Abteilungsleiter in der mecklenburgischen Landesregierung
Zwickau	31. Dez. 1960 = 129.138 31. Dez. 1964 = 128.431 31. Dez. 1969 = 127.395	Windisch, Lisbeth[9] (1945 KPD/SED)	seit Juni 1969	47 Jahre	Kaufm. Angestellte; Diplomgesellschaftswissenschaftler	1950–1952 stellv. Bürgermeister in Wiesen, Krs. Zwickau; 1961–1969 Vorsitzende des Bezirksvorstandes Karl-Marx-Stadt des DFD

Berlin-Ost	31. Aug. 1950 = 1.189.074 31. Dez. 1960 = 1.071.775 31. Dez. 1964 = 1.070.731 31. Dez. 1969 = 1.083.856	Schirmer-Pröscher, Wilhelmine[10] (1945 LDPD)	April 1952 bis 1959	62 Jahre	Drogistin, Lehrerin	1948–1963 Stadtrat von Berlin-Ost
(Stellvertreter des Oberbürgermeisters)		Blecha, Johanna[8] (1945 KPD/SED)	1953 bis Mai 1960	37 Jahre	Stenotypistin	Dez. 1949–1953 Oberbürgermeister von Schwerin; als Stellv. des Oberbürgermeisters von Berlin-Ost und zugleich Stadtrat zuständig für Volksbildung und Kultur

1 Die Einwohnerzahlen für 1950, 1964 und 1969 vgl. in: Statistisches Jahrbuch der DDR. 1970 (Anm. Tab. 28/12), S. 11 ff. (Tabelle 6); Einwohnerzahlen für 1960 vgl. in: dasselbe. 1960/61. 6. Jahrgang. Hrsg. von der Staatlichen Zentralverwaltung für Statistik. Berlin-Ost 1961, S. 29 (Tabelle 9).
2 Vgl. Zum Internationalen Frauentag (Anm. VI/19), S. 13 f.; Volkskammerabgeordnete Lisa Krause (Anm. VI/20), S. 2; Müller-Beeck, Lisa Krause (Anm. VI/19), S. 3.
3 Vgl. Dank, Maria, Gesamtdeutsche Kommunalkonferenzen – Brücken zur Verständigung, in: Freiheit, 20. 8. 1954, S. 1; Wir sprachen mit Dessaus Oberbürgermeisterin (Anm. VI/21), S. 6; Situationsbericht des UfI, 28. 9. bis 4. 10. 1961, S. 11.
4 Vgl. IWE-Berlin, Informationsdienst, Nr. 8/36, 12. 8. 1963; Berliner Zeitung, 12. 6. 1964, S. 7; Für Dich, 1968, H. 39, S. 18 ff.; Die Volkskammer der DDR, 6. Wahlperiode (Anm. IV/19), S. 318.
5 Vgl. SBZ-Biographie, 3. Aufl. (Anm. Tab. 9/1), S. 137; Der Morgen, 4. 7. 1961, S. 2; Neues Deutschland, 17. 9. 1965, S. 2.
6 Vgl. SBZ-Biographie, 3. Aufl. (Anm. Tab. 9/1), S. 361.
7 Vgl. Die Volkskammer der DDR, 6. Wahlperiode (Anm. IV/19), S. 313; SBZ-Biographie, 3. Aufl. (Anm. Tab. 9/1), S. 131.
8 Vgl. SBZ-Biographie, 3. Aufl. (Anm. Tab. 9/1), S. 39; Neue Zeit, 3. 3. 1967, S. 3.
9 Vgl. Die Volkskammer der DDR, 5. Wahlperiode (Anm. IV/19), S. 614; dasselbe, 6. Wahlperiode (Anm. IV/19), S. 667; Sozialistische Demokratie, 13. 6. 1969, S. 1.
10 Vgl. Pfefferkorn, Oskar, Wilhelmine Schirmer-Pröscher, „Partisanin des Fortschritts", in: SBZ-Archiv, 1955, H. 17, S. 265 f.; Handbuch der Volkskammer der DDR, 2. Wahlperiode (Anm. I/54), S. 362; Die Volkskammer der DDR, 6. Wahlperiode (Anm. IV/19), S. 557; SBZ-Biographie, 3. Aufl. (Anm. Tab. 9/1), S. 305.

daß die Oberbürgermeisterinnen ebenfalls an der Spitze großer und volkswirtschaftlich bedeutender Städte standen und stehen.[25]

Die weiblichen Oberbürgermeister gehören ausnahmslos der SED als Mitglieder an, während sich unter den Bürgermeisterinnen der kleineren Städte und Gemeinden auch vereinzelt Mitglieder der nichtkommunistischen Parteien befinden. Hier zeigt sich bereits auf der unteren Ebene der staatlichen Verwaltung, daß anscheinend *nur den Genossinnen* eine Karriere innerhalb des Staatsapparates offensteht, während sich die politische Rolle der weiblichen Mitglieder von CDU, LDPD, NDPD und DBD auf Funktionen innerhalb der eigenen Parteien und der Volksvertretungen sowie auf subalterne Positionen in der Verwaltung beschränkt. In der folgenden Analyse der weiblichen Mitarbeit im Regierungsapparat soll dieser Aspekt noch besonders berücksichtigt werden.

Aus Tabelle 41 ergibt sich als weiteres wesentliches Merkmal das auffallend niedrige Alter der Oberbürgermeisterinnen zum Zeitpunkt ihrer Amtsübernahme, das im allgemeinen zwischen 30 und 40 Jahren liegt. In Verbindung mit den erlernten Berufen, unter denen wiederum die kaufmännisch-verwaltenden Tätigkeiten dominieren, bietet sich geradezu die Schlußfolgerung an, diese Frauen könnten auf Grund ihrer Jugend und ungenügenden fachlichen Qualifikation keine wirklich machtpolitische Funktion ausüben und Entscheidungsbefugnisse wahrnehmen, sondern stünden aus „optischen Gründen" und primär zu Zwecken der Repräsentation an der Spitze ihrer Stadt. Dies wäre jedoch ein Fehlurteil, denn die Oberbürgermeisterinnen haben sich sowohl in gesellschaftswissenschaftlichen und wirtschaftlichen Studien theoretisch weitergebildet als auch in Funktionen der Verwaltung – zum Teil als Bürgermeister – praktische Erfahrungen erworben. Es kann deshalb angenommen werden, daß sie als Vorsitzende der Räte der Städte, denen die Leiter der einzelnen Fachabteilungen und damit die für die jeweiligen Sachgebiete zuständigen Experten angehören, sich zwar von den kollektiv gefaßten Beschlüssen leiten lassen, aber als die letztlich verantwortliche Instanz über einen begrenzten politischen Einfluß und persönliche Autorität verfügen. Insofern sind sie nicht nur die „Ersten Bürger", also Repräsentanten ihrer Stadt, sondern leitende Funktionärinnen im Bereich der Kommunalpolitik.

d) Der Frauenanteil in den mittleren und leitenden Funktionen der Räte der Kreise und Bezirke

Während die Frauen bereits zahlreich als Vorsitzende von Räten der Städte und Gemeinden fungieren und dabei zum Teil beachtliche Positionen einnehmen konnten, ist ihr Anteil unter den Vorsitzenden der Räte der Kreise und Bezirke nach wie vor verschwindend gering. 1962 waren in nur drei von 192 Landkreisen weibliche Ratsvorsitzende tätig.[26] Diese Bilanz dürfte sich auch bis Ende der 60er Jahre kaum verändert haben.

Ebenso ungünstig zeigt sich die Situation auf Bezirksebene. Seit der Verwaltungsreform vom Juli 1952 haben erst zwei Frauen das Amt einer Vorsitzenden des Rates des Bezirkes ausgeübt: Lydia Poser, die von 1952 bis 1959 dem Verwaltungsbezirk Gera vorstand[27], und seit Mai 1971 Irma Uschkamp im Bezirk Cottbus.[28] Auch als

Erste stellvertretende Vorsitzende treten die Staatsfunktionärinnen kaum in Erscheinung. In den 14 Bezirken der DDR sowie Ost-Berlin (Rat des Bezirks dort als Magistrat bezeichnet) hatten 1962 nur zwei Frauen dieses Amt inne[29], 1969 fungierte lediglich ein weiblicher Erster Stellvertreter, und seit Ende 1970 wird auch diese Funktion ausschließlich von Männern ausgeübt.[30]

Als bemerkenswert ist allerdings hervorzuheben, daß die ebenso wesentliche Position eines Sekretärs des Rates des Bezirks stets in größerem Maße mit weiblichen Kräften besetzt worden ist. In den 15 Verwaltungsbezirken bekleideten 1954 3 Frauen[31], 1963 sogar 5 Frauen[32] und 1970 wiederum 3 Frauen[33] diese Funktion. Auch unter den weiteren Ratsmitgliedern finden sich mehr Frauen.

Einen Überblick über den weiblichen Anteil in leitenden und mittleren Funktionen in den örtlichen Exekutivorganen der Staatsmacht gibt Tabelle 42. Eine genaue Abgrenzung und Definition dieser beiden Kategorien wird zwar in der dort genannten Publikation nicht vorgenommen, ihnen dürften aber folgende Zuordnungen zugrunde liegen:

1. leitende Funktionen: Vorsitzender des Rates,
Stellvertreter des Vorsitzenden des Rates,
Sekretär des Rates,
Mitglieder des Rates, Abteilungsleiter;
2. mittlere Funktionen: stellvertretende Abteilungsleiter,
Mitarbeiter im Apparat des Rates.

Wie Tabelle 42 eindeutig belegt, ist auch im Staatsapparat der Frauenanteil in den subalternen Funktionen recht hoch, während er sich in Ämtern mit zunehmendem Verantwortungsbereich und Entscheidungsbefugnissen rapide verringert und in den Spitzenpositionen nur noch Minimalwerte aufweist – die entsprechende Erscheinung wurde für den Parteiapparat der SED bereits ausführlich dargestellt. Situation und politische Rolle der Frauen in Partei und Staat *gleichen* einander also weitgehend: es ist eine Rolle, die zwar die Ausübung zahlreicher kompetenzarmer, allerdings ehrenvoller Funktionen in politischen und gesellschaftlichen Organisationen umfaßt, aber nur *geringe* Chancen eines Aufstiegs in wesentliche Führungspositionen enthält. Insofern läßt sich die politische Rolle der Frauen in der DDR auf eine Aktivierung weiter Kreise der weiblichen Bevölkerung für die Politik der SED reduzieren, die ihren Ausdruck findet in der tätigen und meist ehrenamtlichen Mitarbeit in den vielfältigen Einrichtungen der sozialistischen Demokratie.[34]

Allerdings deutet die in den 60er Jahren erfolgte Steigerung des weiblichen Anteils in allen örtlichen Räten auf eine verstärkte Berücksichtigung der Frauen bei der Auswahl, Qualifizierung und Einsetzung der Kader hin. Hierin lassen sich konkrete Auswirkungen sowohl des Frauenförderungsprogramms, das mit dem Kommuniqué des Politbüros vom Dezember 1961 intensiviert wurde, erkennen als auch der seit dem VI. Parteitag der SED 1963 eingeleiteten Maßnahmen, um die Frauen in den umfassenden Aufbau des Sozialismus unter den Bedingungen der technischen Revolution einzubeziehen.[35] Es wird sich aber in der zukünftigen Entwicklung noch zeigen müssen, ob die Funktionärinnen tatsächlich in stärkerem Maße auch in die leitenden Ämter der örtlichen Staatsverwaltung berufen werden und insbesondere in die Spitzenpositionen auf mittlerer Ebene vordringen können.

Tabelle 42: Der Frauenanteil in leitenden und mittleren Funktionen in den örtlichen Exekutivorganen der Staatsmacht (1961 — 1964)[1]

Örtliche Exekutivorgane der Staatsmacht	Frauenanteil in Prozent		
	31. Dez. 1961	31. Dez. 1962	31. Dez. 1964
Leitende Funktionen			
Räte der Bezirke	5,1	6,1	9,0
Räte der Kreise	8,3	9,6	12,2
Räte der Stadtbezirke, Städte und Gemeinden	7,2	7,5	8,8
Mittlere Funktionen			
Räte der Bezirke	23,4	26,3	27,3
Räte der Kreise	27,4	29,7	35,2
Räte der Stadtbezirke, Städte und Gemeinden	–	–	58,1

1 Vgl. Armbrust, Willi, Ein Fazit – aber kein Abschluß. Es geht um die Entwicklung von mehr Frauen für mittlere und leitende Funktionen in den örtlichen Staatsorganen, in: Sozialistische Demokratie, 22. 1. 1965, S. 3.

e) Das Ausmaß der weiblichen Mitwirkung in den örtlichen Exekutivorganen der Staatsmacht in Abhängigkeit vom Machtcharakter der Funktion

Wie ähnlich die Situation der Frauen in Partei und Staat ist, d. h. wie sehr das Ausmaß ihrer Mitwirkung von der machtpolitischen Bedeutung einer Funktion determiniert wird, geht aus der Abbildung 4 hervor. Auch der weibliche Anteil in den Spitzenfunktionen der örtlichen Exekutivorgane der Staatsmacht läßt sich graphisch in Form einer Pyramide darstellen, wobei die einzelnen Stufen mit der Struktur der nach dem Territorialprinzip aufgebauten staatlichen Verwaltung identisch sind. Von Stufe zu Stufe, nämlich von der lokalen zur regionalen Ebene, nimmt der Frauenanteil ab und vergrößert sich der Kompetenzbereich der Exekutivorgane, die gegenüber den untergeordneten Behörden ein Weisungs- und Kontrollrecht ausüben. Es liegt also eine *direkte Analogie* zum mehrstufigen Organisationsschema der SED vor, das ebenfalls ein stetiges Absinken des weiblichen Anteils in den Führungsfunktionen von der lokalen Ebene bis hin zur zentralen Gewalt bewirkt.[36]

In den Staatsorganen zeigt sich aber auch – wie in der Partei – ein System der doppelten Stufung. Außer der regionalen Bedeutung der Behörden beeinflussen ebenfalls die unterschiedlichen Kompetenzen einzelner Funktionsträger innerhalb eines örtlichen Rates den Umfang der weiblichen Mitarbeit. Entsprechend machthierarchischer Strukturen verringert sich der Frauenanteil bei zunehmenden Einflußmöglichkeiten und Entscheidungsbefugnissen, also von den mittleren über die leitenden Funktionen bis hin zu den Spitzenpositionen (siehe Tabelle 42).[37]

Abbildung 4: Der Frauenanteil in den Spitzenfunktionen der örtlichen Exekutivorgane der Staatsmacht

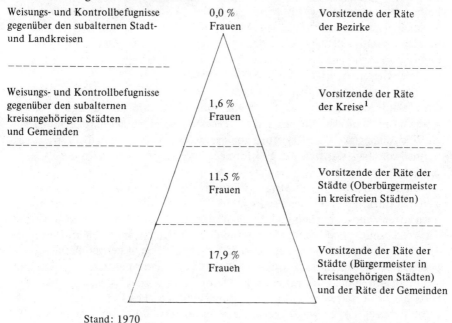

Stand: 1970

1 Prozentualer Frauenanteil nach dem Stand von Anfang 1962. Selbst bei einem inzwischen erfolgten – vermutlich nur geringfügigen – Anstieg des weiblichen Anteils in dieser Funktion läßt sich der Prozentwert zur Darstellung der Gesamtrelation heranziehen.

2. Frauen in der Regierung (Ministerrat)

a) Struktureller Aufbau und Machtbefugnisse des Regierungsapparates der DDR

Nach Artikel 91 der Verfassung der DDR von 1949 besteht „die Regierung ... aus dem Ministerpräsidenten und den Ministern".[38]

„Der Ministerpräsident bestimmt die Richtlinien der Regierungspolitik ... Innerhalb dieser Richtlinien leitet jeder Minister den ihm anvertrauten Geschäftszweig selbständig unter eigener Verantwortung gegenüber der Volkskammer."[39]

Die Stellung, Kompetenzen und Zusammensetzung der Regierung der DDR werden jedoch nicht allein von der Verfassung bestimmt, sondern in weit stärkerem Maße durch Gesetze geregelt, die die häufigen Veränderungen sowohl der Struktur als auch der Befugnisse des obersten Exekutivorgans legalisieren. So wurde 1952 auf Gesetzeswege die Bezeichnung „Ministerrat" eingeführt[40], die seit 1954 bevorzugt für die Formulierung „Regierung" steht. Es handelt sich hierbei jedoch nicht nur um die bloße Umbenennung eines mit reinen Exekutivfunktionen ausgestatteten Organs. Vielmehr legte das Gesetz über den Ministerrat vom 16. November 1954[41] erstmalig auch legislative Befugnisse der Regierung ausdrücklich fest. Seitdem wird der Ministerrat als das „höchste vollziehende und verfügende Organ der Staatsgewalt der Deutschen Demokratischen Republik" charakterisiert.

Entsprechend den Prinzipien des demokratischen Zentralismus und ausgestattet mit exekutiven (vollziehendes Organ) und normativen (verfügendes Organ) Befugnissen nahm damit der Ministerrat die höchste Stellung im Staatsaufbau der DDR ein. Die Abhängigkeit der Regierung von der Volkskammer, wie es die Verfassungsnormen vorsahen, war stets nur eine formelle, niemals praktisch gewordene Unterordnung unter die Kontrolle des Parlaments.

Seit der Schaffung des Staatsrates im September 1960 — nach dem Tod des ersten und einzigen Präsidenten der Republik, Wilhelm Pieck — hat der Ministerrat jedoch zunehmend an Einfluß und Ansehen verloren. Er ist heute das Exekutivorgan der Volkskammer *und* des Staatsrates und diesen beiden Gremien für seine gesamte Tätigkeit verantwortlich und rechenschaftspflichtig. Seine bisherigen Befugnisse, politische Entscheidungen zu treffen, hat er an den Staatsrat abtreten müssen. Dafür steht „im Mittelpunkt der Tätigkeit des Ministerrates ... die Verwirklichung der wirtschaftlich-organisatorischen und kulturell-erzieherischen Funktion".[42]

Im Rahmen seiner Kompetenzen, die nunmehr verstärkt auf der Durchführung wirtschaftlicher Aufgaben liegen, kann der Ministerrat Rechtsnormen in Form von Verordnungen und Beschlüssen erlassen; seine einzelnen Mitglieder erlassen Anordnungen und Durchführungsbestimmungen, die allgemein verbindlich sind.[43] Er nimmt also auch weiterhin gesetzgeberische Befugnisse wahr.

Der Ministerrat bildet aus seiner Mitte ein Präsidium, das zwischen den Tagungen des Ministerrates dessen Funktion wahrnimmt; seine Entscheidungen gelten als die des Ministerrates. Das Präsidium stellt also eine Art „Überkabinett" dar, dem es aber ebensowenig wie dem Ministerrat zusteht, politische Entscheidungen zu fällen.[44]

Die Struktur der Regierung (bzw. des Ministerrates) ist in der Vergangenheit häufig geändert worden. Neben die klassischen Ministerien[45] tretem — mehr oder weniger langfristig — Ressorts zur Wahrnehmung spezieller wirtschaftlicher Aufgaben.[46] Darüber hinaus gehören die Vorsitzenden von Wirtschaftskommissionen[47] dem Ministerrat an; auch ihre Stellvertreter und die Leiter von Abteilungen können zu Ministern berufen werden. Weiterhin sind jene Staatssekretäre, die einem Staatssekretariat mit eigenem Geschäftsbereich vorstehen, sowie die Leiter einiger zentraler Organe der staatlichen Verwaltung Mitglieder des Ministerrats.

Die strukturellen Veränderungen haben wechselweise zur Aufblähung des Regierungsapparates und wiederum zu seiner Straffung und Vereinheitlichung geführt; sie waren stets mit personellen Umbesetzungen verbunden. Diese Tatsache sowie die mangelnde Information insbesondere über personalpolitische Maßnahmen erweisen sich als unüberbrückbare Schwierigkeiten in dem Bestreben, Größe und Umfang der Exekutive und die Anzahl der in ihren obersten Leitungsfunktionen tätigen Personen zu bestimmen. Es wird deshalb im folgenden auf die Berechnung des prozentualen

Frauenanteils in der Regierung verzichtet; die Untersuchung beschränkt sich darauf, die Zahl der weiblichen Minister, Staatssekretäre, Stellvertreter der Minister und Leiter zentraler staatlicher Organe den entsprechenden ungefähren Gesamtzahlen gegenüberzustellen, um die jeweiligen Relationen zu verdeutlichen.

b) Der Frauenanteil in den Spitzenfunktionen des Regierungsapparates

Seit der Gründung der DDR und der Konstituierung der Provisorischen Regierung im Oktober 1949 haben stets einige Frauen leitende Funktionen in der Exekutive ausgeübt. Diese Tatsache muß angesichts der Auseinandersetzungen und des großen Zeitraums bis zur Berufung eines weiblichen Bundesministers und Staatssekretärs in der Bundesrepublik besondere Beachtung finden.[48] In der DDR gab und gibt es Frauen, die als Stellvertreter des Vorsitzenden des Ministerrates, als Ressortchefs, Staatssekretäre in Ministerien, Stellvertreter von Ministern und ebenfalls als Leiter staatlicher Institutionen fungieren; lediglich die Staatssekretariate mit eigenem Geschäftsbereich wurden bisher ausschließlich von Männern geführt.

Wie Tabelle 43 zeigt, gehören weibliche Minister bereits seit Anfang der 50er Jahre der DDR-Regierung an. Die strukturellen Veränderungen im Apparat — Vergrößerungen und Verkleinerungen — haben sich nicht auf ihre Mitarbeit in der Regierung ausgewirkt und weder zu einer verstärkten Heranziehung von Frauen noch zu ihrer Ausschaltung aus der Exekutive geführt. Innerhalb des Ministerrats — einem recht umfangreichen Gremium der Chefs oberster Verwaltungen — stellen die Frauen jedoch eine erhebliche Minderheit dar. Noch geringer ist ihre Anzahl im Präsidium, dem „eigentlichen Führungsausschuß" des Ministerrats[49]: bisher hat erst eine Frau während einiger Jahre als Präsidiumsmitglied fungiert.

In den 50er Jahren bekleideten Frauen besonders zahlreich die Funktion eines Staatssekretärs. Unter der Provisorischen Regierung, die sich am 12. Oktober 1949 konstituierte, arbeitete bereits eine Frau in diesem Rang. Mit Bildung der ersten Regierung im November 1950 erhöhte sich diese Zahl auf vier, im Verlauf derselben Amtsperiode auf sieben. Da sich die gesamte Anzahl von Staatssekretären in diesem Zeitraum nur unwesentlich veränderte, kann der weibliche Anteil mit rund 20 Prozent als beachtlich hoch eingeschätzt werden. Umso bemerkenswerter ist die Tatsache, daß bis zur Regierungsneubildung im Dezember 1958 alle weiblichen Staatssekretäre abgelöst wurden; zugleich verringerte sich vorübergehend auch die Gesamtzahl dieser Funktionsträger. Seitdem haben keine Frauen mehr die Aufgaben eines Staatssekretärs wahrgenommen.

Nicht selten ist diese Funktion mit dem Amt eines Stellvertreters bzw. 1. Stellvertreters des Ministers in Personalunion verbunden; so auch bei einigen weiblichen Staatssekretären, die in den 50er Jahren amtierten. Darüber hinaus fungieren in den einzelnen Ressorts noch mehrere Personen als stellvertretende Minister, unter denen sich aber vergleichsweise nur wenige Frauen befinden. Zudem hat sich die Zahl der stellvertretenden Minister bis heute auf über 100 ständig erhöht, so daß der weibliche Anteil mit 2 bis 4 Prozent sehr niedrig ist. Dies erscheint insofern als beachtenswert, da sich die weibliche Einbeziehung in Spitzenfunktionen der Regierung vom Rang eines Staatssekretärs

Tabelle 43: Der Frauenanteil im Regierungsapparat der DDR (1949–1971)[1]

Jahr	Funktion					
	Präsidium des Ministerrates – Mitglieder		Ministerrat[2] – Mitglieder		Minister (Ressortleiter) bzw. im Rang eines Ministers stehend	
	insgesamt	davon Frauen	insgesamt	davon Frauen	insgesamt	davon Frauen
Provisorische Regierung[4]						
Oktober 1949			18	–	14	–
1. Regierung[4]						
November 1950			22	–	19	–
Mai 1952			23	–	19	–
Mitte Juli 1953			26	2	21	2
Oktober 1954			23	1	20	1
2. Regierung						
November 1954[5]	13	–	28	2	18	1
Juli 1955[4]	13	–	32	2	20	1
3. Regierung[6]						
Mai 1959	11	–	20	1	16	1
4. Regierung						
Februar 1964[7]	14	1	37	3	25	2
Mai 1966[8]	16	1	48	3	32	2
5. Regierung						
Februar 1968[9]	15	–	38	1	29	1
März 1969[10]	15	–	39	1	29	1
Dezember 1970[11]	16	–	39	1	29	1
6. Regierung[12]						
Dezember 1971	16	–	39	1	30	1

1 Häufige strukturelle und personelle Veränderungen im Regierungsapparat der DDR sowie lückenhaftes Material erschweren eine genaue zahlenmäßige Zusammenstellung der in ihm verantwortlich tätigen Personen. Für diese Tabelle kann deshalb kein Anspruch auf Vollständigkeit und absolute Zuverlässigkeit erhoben werden. Sie gibt vielmehr einen ungefähren Überblick über die Größe des Regierungsapparates, d. h. über die Gesamtzahl der Minister, Staatssekretäre (in Ministerien bzw. beim Ministerrat), Stellvertreter der Minister und Leiter staatlicher Institutionen. Allerdings kommen die Relationen, in denen sich jeweils die Anzahl weiblicher Mitglieder befindet, deutlich zum Ausdruck. Hierin liegt auch der eigentliche Wert der Tabelle.
2 Bis zur Bildung des Ministerrates im November 1954 umfassen die Gesamtzahlen in dieser Rubrik: den Ministerpräsidenten, die Stellvertreter des Ministerpräsidenten, die Minister.
3 Unter dem Sammelbegriff „Staatliche Institutionen" wurden zusammengefaßt: staatliche Kommissionen, Räte, Komitees, Ämter und sonstige Organe, die beim Ministerrat bestehen und diesem direkt unterstellt sind.
4 Vgl. Strukturwandel und Fluktuation im Regierungsapparat der Sowjetischen Besatzungszone Deutschlands, Hektograph. Hrsg. vom Bundesministerium für gesamtdeutsche Fragen, Presse- und Informationsstelle. Berlin 1955.
5 Vgl. Der Ministerrat der Deutschen Demokratischen Republik, in: Dokumentation der Zeit, 1954, H. 84, S. 6097.
6 Vgl. Die Sowjetzonen-Regierung, graph. Darstellung. Stand: 1. Mai 1959. 0. 0. 1959; in der Bundesanstalt für gesamtdeutsche Aufgaben, Abt. II/Bonn unter Pol 1208 archiviert.
7 Vgl. Staatsrat und Regierung der „DDR". Struktur und personelle Besetzung. Stand: Februar 1964. Zusammengestellt vom Informationsbüro West (IWE), Berlin. Überarb. Sonderdruck aus:

Funktion (Fortsetzung)

Staatssekretäre und/oder 1. Stellvertreter des Ministers		Stellvertreter des Ministers		Staatssekretäre mit eigenem Geschäftsbereich		Vorsitzende bzw. Leiter staatlicher Institutionen[3]	
insgesamt	davon Frauen	insgesamt	davon Frauen	insgesamt	davon Frauen	insgesamt	davon Frauen
15	1						
23	4			4	–	3	–
26	5	14	–	9	–	7	1
30	4	21	–	10	–	11	2
28	7	37	–	8	–	8	1
31	6	44	1	5	–	8	1
30	6	45	1	5	–	8	1
17	–	50	2	3	–	13	
16	–	59	1	2	–	28	–
22	–	69	2	4	–	27	–
34	–	98	1	5	–	31	1
35	–	93	2	5	–	32	1
34	–	115	4	8	–	26	1
33	–	116	3	7	–	28	1

SBZ-Archiv, 1963, H. 24, S. 4 ff.; vgl. auch Die Volkskammer der DDR, 4. Wahlperiode (Anm. IV/19), S. 915 ff.; Staatsrat und Regierung der DDR. Struktur und personelle Besetzung. Stand: April 1965, in: IWE-Berlin, Dokumentationsdienst, Nr. IV/103, 23. 4. 1965.
8 Vgl. Der Staatsapparat der SBZ. Stand: Anfang Mai 1966. Hrsg. i. A. des Bundesministeriums für gesamtdeutsche Fragen vom Archiv für gesamtdeutsche Fragen. 1. Auflage. Bonn 1966, S. 12 ff.
9 Vgl. Der Staatsapparat der „Deutschen Demokratischen Republik". Stand: Mitte Februar 1968. Hrsg. i. A. des Bundesministeriums für gesamtdeutsche Fragen vom Archiv für gesamtdeutsche Fragen. 2. Auflage. Bonn 1968, S. 12 ff.; vgl. auch Probst, Peter, Die Regierung der DDR. Struktur und personelle Zusammensetzung. Stand: August 1968, in: Deutschland-Archiv, 1968, H. 7, S. 753 f. Zum Stand vom Juli 1967 vgl. Die Volkskammer der DDR, 5. Wahlperiode (Anm. IV/19), S. 780 ff.
10 Vgl. Der Staatsapparat der „Deutschen Demokratischen Republik". Stand: Anfang März 1969. Hrsg. i. A. des Bundesministeriums für gesamtdeutsche Fragen vom Archiv für gesamtdeutsche Fragen. 4. Auflage. Bonn 1969, S. 12 ff.
11 Vgl. Der Staatsapparat der DDR, 5. Aufl. (Anm. VI/30), S. 11 ff.
12 Vgl. Staats- und Parteiapparat der DDR (Anm. IV/92), S. 4 ff.; vgl. auch Die Volkskammer der DDR, 6. Wahlperiode (Anm. IV/19), S. 127 ff.

und/oder 1. Stellvertreters des Ministers zum Rang eines bloßen Ministerstellvertreters verlagert hat. Verglichen mit der Situation in den 50er Jahren kann man seitdem nicht nur von einem Rückgang der Beteiligung von Frauen im Regierungsapparat, sondern auch von einer Verminderung ihrer Rangstufe sprechen.

Während bisher noch keine Frau einem Staatssekretariat mit eigenem Geschäftsbereich vorgestanden hat, finden sich in den beim Ministerrat bestehenden zentralen Staatsorganen zumindest einige weibliche Vorsitzende. Allerdings ist auch in bezug auf dieses Amt eine rückläufige Tendenz feststellbar: während sich die Anzahl der staatlichen Institutionen erhöhte, waren die Frauen bis 1958 aus ihrer leitenden Position entfernt. Erst seit 1967 arbeitet eines der Organe wieder unter weiblichem Vorsitz.

Angesichts des sich — gegen Ende der 50er Jahre — verringernden Frauenanteils in den Führungsfunktionen des Regierungsapparates übte die DFD-Vorsitzende, Ilse Thiele, in einem bemerkenswerten Diskussionsbeitrag auf dem V. Parteitag der SED im Juli 1958 heftige Kritik an jenen Praktiken, die zu dieser Situation geführt hatten.[50] Vor allem machte sie die Staatsfunktionäre — in ihrer Mehrzahl SED-Mitglieder — für die systematische Ausschaltung der Frauen verantwortlich und zwar auf Grund der falschen Auslegung und Durchführung eines Gesetzes, das die effektivere Organisation des Regierungs- und Verwaltungsapparates zum Ziel hatte.[51] Die Ausführungen Ilse Thieles bestätigen zudem, daß strukturelle Veränderungen des Apparates nicht selten eine Reduzierung des weiblichen Anteils in leitenden Funktionen verursachen, wie in der vorliegenden Untersuchung bereits mehrfach festgestellt wurde.

„Es ist eine Tatsache . . . , daß der Anteil der Frauen in leitenden und verantwortlichen Funktionen im Staatsapparat in den letzten Jahren stagniert und sogar absinkt und daß einige Mitarbeiter des Staatsapparates die Durchführung des Gesetzes über die Vereinfachung und Vervollkommnung des Staatsapparates anscheinend so aufgefaßt haben, daß sie bei kadermäßigen Veränderungen in den Ministerien vor allem die Frauen aus ihren Funktionen entfernten. Es gibt dann dazu zwar auch die formale Begründung, daß diese oder jene Kollegin nicht qualifiziert genug sei, aber wir müssen doch die Frage erheben, wie auch im Staatsapparat — genau wie in der Produktion — ständig um die Qualifizierung der Frauen und ihre Heranziehung an verantwortliche Aufgaben gekämpft wird. Mit solcher Entwicklung können wir jedenfalls auf keinen Fall einverstanden sein, denn wie wollen wir neuen Tausenden Frauen in den Volksvertretungen und überall Mut machen, daß sie fähig sind, den Staat zu regieren, wenn sie andererseits wieder ausgeschaltet werden?"[52]

Trotz dieser kritischen Bemerkungen erreichte der Frauenanteil in den Spitzenpositionen der Ministerialbürokratie — nämlich in den Rangstufen eines Staatssekretärs und stellvertretenden Ministers — keineswegs wieder den Stand von 1954 bis 1957. In Auswirkung des Frauenkommuniqués des Politbüros wurden derartige Mißstände schließlich auch von staatlicher Seite aufgegriffen und in einem Ministerratsbeschluß 1962 konkrete Maßnahmen zur Erhöhung des weiblichen Anteils in mittleren und leitenden Staatsfunktionen festgelegt: im Falle der Neubesetzung solcher Positionen sollten in erster Linie Frauen berufen werden; bei der Schaffung einer Kaderreserve für leitende Funktionen im Staatsapparat sollten Frauen — entsprechend ihrem Anteil an der Gesamtbeschäftigtenzahl im jeweiligen Bereich, jedoch mindestens 25 Prozent — bis zum Ende des Jahres 1962 gewonnen und planmäßig auf eine Amtsübernahme vorbereitet werden. An einige Ministerien, in denen der weibliche Anteil in leitenden Funktionen weit unter dem Republikdurchschnitt lag, erging die besondere Aufforderung zu verstärkten Anstrengungen; im einzelnen wurden folgende Ressorts genannt: Land- und Forstwirtschaft, Finanzen, Handel und Versorgung, Volksbildung, Gesundheitswesen sowie einige Staatliche Institutionen.[53] Doch gerade in diesen Ressorts — und hier im ministeriellen Apparat bietet sich eben das gleiche Bild wie in den Ausschüssen der Volkskammer — waren und sind die weiblichen Minister, stellvertretenden Minister und Staatssekretäre tätig, wie aus den Tabellen 44 a—d hervorgeht. Dagegen werden so eminent wichtige Ministerien wie Auswärtige Angelegenheiten, Nationale Verteidigung, Staatssicherheit, Inneres und die diversen Ressorts für spezielle Wirtschaftsbereiche nicht erwähnt, obwohl sich in deren Führungsfunktionen noch nie Frauen im Range eines Staatssekretärs oder stellvertretenden Ministers fanden. Die innerhalb der SED und der Volkskammer festgestellte Ausrichtung und Spezialisierung der weiblichen Mitglieder auf bestimmte Arbeitsgebiete ist *auch* im Staatsapparat in gleicher Weise gegeben, wobei die Bereiche Handel und Versorgung sowie Volksbildung besonders stark frequentiert sind. Wenn also in DDR-Publikationen das Thema Gleichberechtigung abgehandelt und die Teilnahme der Frauen an der Lenkung und Leitung des Staates dargelegt wird, so kann deren Mitarbeit als prädisponiert und auf einzelne Teilbereiche der Politik begrenzt charakterisiert werden.

Im übrigen hat sich die Situation seit dem Ministerratsbeschluß vom April 1962 nicht verändert, wenn auch Willi Stoph bereits auf dem VI. Parteitag der SED im Januar 1963 mitteilte, daß der weibliche Anteil in leitenden und mittleren Funktionen des Staatsapparates nach der Veröffentlichung des Frauenkommuniqués des Politbüros gestiegen sei.[54] Diese Erfolgsmeldung trifft zwar auf die örtlichen Exekutivorgane der Staatsmacht zu (siehe Tabelle 42), kann sich aber nicht auf die Spitzenpositionen in der Regierung beziehen, in denen es wohl einige personelle Umbesetzungen, jedoch keine generellen Veränderungen gab. Es erscheint im übrigen als nahezu ausgeschlossen, innerhalb einer so kurzen Frist von neun Monaten, die zwischen der Veröffentlichung des Ministerratsbeschlusses und dem VI. Parteitag der SED liegt (13 Monate seit der Publizierung des Frauenkommuniqués des Politbüros), mittels personalpolitischer Maßnahmen den Frauenanteil in leitenden Stellungen effektiv zu erhöhen.

Nach dem Rücktritt zweier weiblicher Minister im Juli 1967 verringerte sich die Mitwirkung von Frauen in der Spitze der Exekutive noch weiter. Obwohl die Verabschiedung des Frauenkommuniqués nunmehr bereits einige Jahre zurücklag, wurden die ausscheidenden weiblichen Regierungsmitglieder nicht durch Kolleginnen ersetzt. Insofern sind die mit dem Ministerratsbeschluß von 1962 intensivierten Förderungsmaßnahmen für die Frauen ohne dauerhafte Auswirkungen auf die personelle Besetzung der Spitzenfunktionen im Staatsapparat geblieben. Ebenso wie die Parteiführung der SED ist auch die DDR-Regierung vorwiegend ein *Männergremium,* in dem Frauen nur vereinzelt, aber keineswegs systematisch mitarbeiten.[55]

c) Die Staatsfunktionärinnen nach Parteizugehörigkeit, Ausbildungsniveau und Mitgliedschaft in der Volkskammer

Wenn auch der im Rahmen dieser Untersuchung berücksichtigte Personenkreis zahlenmäßig recht klein ist, so lassen sich doch einige sozialstrukturelle und biographische Merkmale der Frauen – wie Parteimitgliedschaft, Ausbildungsniveau und Zugehörigkeit zur Volkskammer – analysieren und die Ergebnisse generalisieren. Die Tabellen 44 a – d, die bereits einen Überblick über Funktion, Arbeitsbereich und Amtsdauer der Staatsfunktionärinnen gaben, enthalten außerdem die Daten ihres Parteieintritts sowie Hinweise zu ihrer beruflichen Vorbildung.

Die weiblichen Staatsfunktionäre sind nahezu ausnahmslos Mitglieder der SED und überdies zumeist Altkommunistinnen, die bereits vor 1933 der KPD angehörten. Eine Reihe dieser Frauen hat während des Dritten Reiches aktiv im Widerstand mitgearbeitet, Haftstrafen in Zuchthäusern und Konzentrationslagern verbüßt oder die Jahre des Faschismus in der Emigration überstanden. Die Altkommunistinnen haben also nicht nur in den führenden Gremien der Partei stets dominiert, sondern ebenfalls in den Spitzenpositionen des Regierungsapparates. Dies gilt insbesondere für die 50er Jahre, als der weibliche Anteil in den staatlichen Führungsfunktionen noch beträchtlich hoch war. Sein Rückgang bewirkte jedoch eine weitgehende Dezimierung dieser Frauen, zumal ihre neuen Kolleginnen, die erst seit Beginn der 60er Jahre hohe Ränge im Regierungsapparat einnehmen, zum Teil der politischen Nachkriegsgeneration angehören.

Fast alle weiblichen Minister der DDR waren bzw. sind – auch über die Dauer ihrer Amtsausübung hinaus – Mitglieder des Zentralkomitees der SED.[56] Hierin unterscheiden sie sich generell von den Frauen, die im Rang eines Staatssekretärs oder stellvertretenden Ministers stehen: jene haben keine Führungsfunktionen in ihrer Partei inne, vielmehr beschränkt sich ihre politische Laufbahn im allgemeinen auf die verantwortliche Mitarbeit im Bereich der Exekutive und in den gesellschaftlichen Massenorganisationen.

Einzige Spitzenfunktionärin im Staatsapparat, die nicht der SED angehört, ist Ruth Fabisch/LDPD, von 1949 bis 1956 Staatssekretär in den Ministerien für Volksbildung und für Lebensmittelindustrie. Ihre beachtlich langfristige Funktionsausübung sowie der Wechsel in ein anderes Ressort unter Beibehaltung ihres Ranges lassen darauf schließen, daß sich ihre Zugehörigkeit zu der „bürgerlichen" LDPD nicht nachteilig auf ihre politische Karriere ausgewirkt hat. Aber eben weil sie eine Ausnahme unter den weiblichen Staatsfunktionären darstellt, sind Verallgemeinerungen über die Situation der in den nichtkommunistischen Parteien organisierten Frauen und ihre Aufstiegschancen in der Ministerialbürokratie möglich. Diese Frauen, die rund 25 bis 30 Prozent der jeweiligen Mitgliedschaft von CDU, LDPD, NDPD und DBD ausmachen[57] und auch in den Führungsgremien ihrer Parteien recht zahlreich mitwirken, treten in den höchsten Ämtern der staatlichen Exekutive überhaupt nicht in Erscheinung. Ihr politisches Wirkungsfeld erstreckt sich nur auf die interne Parteiarbeit, auf die Mandatsausübung in den Parlamenten der DDR, die Mitwirkung in der staatlichen Verwaltung auf lokaler Ebene und in den gesellschaftlichen Massenorganisationen. Die *Karriere* einer Frau innerhalb des Regierungsapparates der DDR ist demnach nicht nur selten, sondern auch lediglich den *Genossinnen* vorbehalten.

Tabelle 44a: Die weiblichen Minister der DDR bzw. Frauen im Ministerrang (1949–1971)[1]

Name / Erlernter Beruf	Datum des Parteieintritts bzw. Parteizugehörigkeit	Funktion	Amtsdauer	Vorherige Funktion
Benjamin, Hilde Dr. h.c. (Juristin)	1927 KPD; 1945 KPD/SED	Minister der Justiz	Juli 1953 bis Juli 1967	Vizepräsident des Obersten Gerichts der DDR
Honecker, Margot (Kaufm. Angestellte)	1945 KPD/SED	Minister für Volksbildung	seit November 1963	Stellvertreter des Ministers für Volksbildung
Wittkowski, Margarete Dr. rer. pol. (Nationalökonomin)	1932 KPD; 1945 KPD/SED	Stellvertreter des Vorsitzenden des Ministerrates, zuständig für den Bereich Handel und Versorgung und Landwirtschaft	Februar 1961 bis Juli 1967	Stellvertreter des Vorsitzenden der Staatlichen Plankommission
Zaisser, Else Professor (Lehrerin/Dozentin)	vor 1933 KPD; nach 1945 KPD/SED	Minister für Volksbildung	August 1952 bis Oktober 1953	1. Staatssekretär im Ministerium für Volksbildung
Kuckhoff, Greta (Dipl.-Volkswirt)	1945 KPD/SED	Präsident der Deutschen Notenbank	Dezember 1950 bis April 1958	Hauptabteilungsleiter im Ministerium für Auswärtige Angelegenheiten
Schmidt, Elli (Schneiderin)	1927 KPD; 1945 KPD/SED	Vorsitzende der Staatlichen Kommission für Handel und Versorgung	Februar bis Juli 1953	zugleich 1. Vorsitzende des Bundesvorstandes des DFD

1 Den Tabellen 44 a – d liegen dieselben Quellen zugrunde, die zur Erstellung der Tabelle 43 benutzt wurden (einzelne Literaturangaben siehe dort). Die biographischen Daten wurden anhand weiterer Materialien auf ihre Genauigkeit überprüft und ergänzt; vgl. Die Sowjetzonen-Volkskammer der 2. Legislaturperiode 1954–1958, in: IWE-Berlin, Dokumentationsdienst, Nr. IX/115, 23. 9. 1954; Handbuch der Sowjetzonen-Volkskammer, 2. Legislaturperiode (Anm. IV/19), T. I, S. 358 ff.; Handbuch der Volkskammer der DDR, 2. Wahlperiode (Anm. I/54); dasselbe, 3. Wahlperiode (Anm. IV/19); Die Volkskammer der DDR, 4., 5., und 6. Wahlperiode (Anm. IV/19); SBZ-Biographie, 1. und 3. Aufl. (Anm. Tab. 9/1; A bis Z (Anm. II/158), S. 753 ff.; Die Frau. Kleine Enzyklopädie (Anm. I/60), S. 878 ff.; Materialien der Personenkartei der Bundesanstalt für gesamtdeutsche Aufgaben, Abt. II/Bonn.

Tabelle 44b: Die weiblichen Staatssekretäre in den Ministerien der DDR (1949–1971)

Name / Erlernter Beruf	Datum des Parteieintritts bzw. Parteizugehörigkeit	Funktion	Amtsdauer	Vorherige Funktion
Bobek, Gertrud, Dr. (Studium der Geographie und Kunstgeschichte)	1928 KPD; nach 1945 KPD/SED	Staatssekretär im Ministerium für Volksbildung; zugleich Stellvertreter des Ministers	März 1954 bis August 1958	Stellvertreter des Vorsitzenden des Rates des Bezirkes Dresden
Fabisch, Ruth (Dipl.-Volkswirtschaftlerin)	1945 LDPD	(2.) Staatssekretär im Ministerium für Volksbildung	Oktober 1949 bis März 1954	Leiterin der Hauptabteilung für deutsche Umsiedler im Ministerium für Arbeit und Sozialfürsorge des Landes Sachsen
		1. Staatssekretär im Ministerium für Lebensmittelindustrie; zugleich Stellvertreter des Ministers	März 1954 bis Dezember 1956	(2.) Staatssekretär im Ministerium für Volksbildung
Krause, Lisa (Gesellschaftswissenschaftlerin)	1945 KPD/SED	Staatssekretär im Ministerium für Handel und Versorgung	Oktober 1952 bis Februar 1953	Stellvertretender Innenminister des Landes Sachsen-Anhalt
Malter, Friedel (Weberin)	1927 KPD; 1945 KPD/SED	Staatssekretär im Ministerium für Arbeit (seit Nov. 1954: für Arbeit und Berufsausbildung)	November 1950 bis 1958	Mitglied des Sekretariats des Bundesvorstandes des FDGB
Matern, Jenny (Stenotypistin)	vor 1933 KPD; nach 1945 KPD/SED	Staatssekretär im Ministerium für Gesundheitswesen	November 1950 bis 1958	Vizepräsident der Zentralverwaltung für Arbeit und Sozialfürsorge in der DDR
Staimer, Eleonore (Sekretärin)	vor 1933 KPD; nach 1945 KPD/SED	Staatssekretär im Ministerium für Außenhandel und Innerdeutschen Handel; zugleich Stellvertreter des Ministers	1953 bis 1957	Hauptabteilungsleiter im Ministerium für Außenhandel und Innerdeutschen Handel
Wachowius, Gerda (Arbeiterin)	vor 1933 KJVD; 1945 KPD/SED	Staatssekretär im Ministerium für Handel und Versorgung	August 1954 bis 1956	Hauptreferentin in der Zentralen Parteikontrollkommission der SED
Wittkowski, Margarete Dr. rer. pol. (Nationalökonomin)	1932 KPD; 1945 KPD/SED	1. Stellvertreter des Vorsitzenden der Staatlichen Plankommission, im Range eines Staatssekretärs	Juli 1954 bis 1958	Präsident des Verbandes Deutscher Konsumgenossenschaften
Zaisser, Else, Professor (Lehrerin/Dozentin)	vor 1933 KPD; nach 1945 KPD / SED	1. Staatssekretär im Ministerium für Volksbildung	November 1950 bis August 1952	Leiterin des Pädagogischen Zentralinstituts der DDR

Tabelle 44c: Die weiblichen Stellvertreter der Minister der DDR (1949–1971)

Name / Erlernter Beruf	Datum des Parteieintritts bzw. Parteizugehörigkeit	Funktion	Amtsdauer	Vorherige Funktion
Bobek, Gertrud, Dr. (Studium der Geographie u. Kunstgeschichte)	1928 KPD; nach 1945 KPD/SED	Stellvertreter des Ministers für Volksbildung; zugleich Staatssekretär	März 1954 bis August 1958	Stellvertreter des Vorsitzenden des Rates des Bezirkes Dresden
Fabisch, Ruth (Dipl.-Volkswirtschaftlerin)	1945 LDPD	Stellvertreter des Ministers für Lebensmittelindustrie; zugleich 1. Staatssekretär	März 1954 bis Dezember 1956	(2.) Staatssekretär im Ministerium für Volksbildung
Honecker, Margot (Kaufm. Angestellte)	1945 KPD/SED	Stellvertreter des Ministers für Volksbildung	August 1958 bis November 1963	Leiterin der Hauptabteilung Lehrerbildung im Ministerium für Volksbildung
König, Herta	SED	Stellvertreter des Ministers der Finanzen	seit ca. 1970	
Lieberwirth, Erika	SED	Stellvertreter des Ministers für Leichtindustrie	seit 1969	
Müller, Martha	SED	Stellvertreter des Ministers für Handel und Versorgung, zuständig für den Bereich Lebensmittel	ca. 1963 bis ca. 1967	Hauptdirektor des Deutschen Innen- und Außenhandels Nahrung, Berlin
Neisener, Ilsabe	SED	Stellvertreter des Ministers für Außenwirtschaft	1969 bis 1971	angebl. Leiter der Abteilung Handelspolitik der Wiratex-Export, Gesellschaft für Wirkwaren und Raumtextilien, Berlin
Oeser, Edith (Professor für Staats- u. Völkerrecht)	SED	Stellvertreter des Ministers für Hoch- und Fachschulwesen	seit Juni 1969	Prodekan an der Humboldt-Universität zu Berlin
Singer, Adelgunde	SED	Stellvertreter des Ministers für Leichtindustrie (i. V. des stellv. Ministers Paul Krauss, SED)	1955	Leiterin der Verwaltung der VVB Druck, Leipzig
Staimer, Eleonore (Sekretärin)	vor 1933 KPD; nach 1945 KPD/SED	Stellvertreter des Ministers für Außenhandel und Innerdeutschen Handel; zugleich Staatssekretär	Dezember 1964 bis Juli 1967:	Hauptabteilungsleiter im Ministerium für Außenhandel und Innerdeutschen Handel
Wagner, Elfriede	SED	Stellvertreter des Ministers für Außenhandel und Innerdeutschen Handel (seit Juli 1967: Ministerium für Außenwirtschaft)	Dezember 1964 bis Februar 1969	Leiter der Handelsvertretung der DDR in Budapest/Ungarn
Wittkowski, Margarete Dr. rer. pol. (Nationalökonomin)	1932 KPD; 1945 KPD/SED	1. Stellvertreter des Vorsitzenden der Staatlichen Plankommission (im Range eines Staatssekretärs)	Juli 1954 bis 1958	Präsident des Verbandes Deutscher Konsumgenossenschaften
		Stellvertreter des Vorsitzenden der Staatlichen Plankommission	1958 bis Februar 1961	1. Stellvertreter des Vorsitzenden der Staatlichen Plankommission

Tabelle 44d: Die weiblichen Leiter und stellvertretenden Leiter staatlicher Institutionen beim Ministerrat der DDR (1949–1971)

Name	Funktion	Amtsdauer	Bemerkungen
Kuckhoff, Greta	Präsident der Deutschen Notenbank	Dezember 1950 bis April 1958	mit Sitz und Stimme im Ministerrat
Schmidt, Elli	Vorsitzende der Staatlichen Kommission für Handel und Versorgung	Februar bis Juli 1953	im Range eines Ministers
Wittkowski, Margarete Dr. rer. pol.	Präsident der Deutschen Notenbank (seit Dezember 1967: Staatsbank der DDR)	seit Juli 1967	
Benjamin, Hilde, Dr. h.c.	Vizepräsident des Obersten Gerichts der DDR	1949 bis Juli 1953	der Volkskammer verantwortlich
Honecker, Margot	Stellvertreter des Leiters der Staatlichen Kommission zur Gestaltung des einheitlichen sozialistischen Bildungssystems	1963 bis ca. 1965	
Jonas, Freija	Stellvertreter des Leiters der Staatlichen Zentralverwaltung für Statistik	ca. 1969 bis 1971	

Die weiblichen Mitglieder der „bürgerlichen" Parteien – und unter ihnen nicht wenige politisch interessierte und aktivierte Frauen – übernehmen damit eine Rolle, die als *pseudopolitisch* zu bezeichnen ist. Zwar können sie innerhalb ihrer Parteien bis in die Führungsspitze aufsteigen und das sogar recht zahlreich; aber im staatlichen Bereich haben sie vorwiegend jene Funktionen inne, denen ein Repräsentativcharakter anhaftet, die aber keine echte politische Einflußnahme gestatten. Während die männlichen Exponenten von CDU, LDPD, NDPD und DBD hohe Ämter im Staats- und Regierungsapparat der DDR bekleiden, ist den Frauen eine solche Laufbahn schon von einer mittleren Stufe an verwehrt. Sie besitzen „das falsche Parteibuch", auch wenn – oder gerade weil – sich ihre politischen Organisationen zum Primat der SED und zum Aufbau einer sozialistischen Staats- und Gesellschaftsordnung bekannt haben. Insofern besteht der Eindruck einer „politischen Diskriminierung" der weiblichen Mitglieder nichtkommunistischer Parteien, da sie die Karrieren ihrer Geschlechtsgenossinnen in der SED nicht nachvollziehen können.

Die weiblichen Minister und Staatssekretäre weisen zum Teil eine fachliche Vorbildung auf, die sie für die jeweilige Funktionsausübung als geeignet erscheinen lassen. Das gilt insbesondere für alle weiblichen Ressortchefs, die – mit Ausnahme von Margot Honecker – ein akademisches Studium absolvierten und als Experten zu charakterisieren sind.[58] Zudem haben die Staatsfunktionärinnen bereits vor Übernahme der ministeriellen Verantwortung in führenden Stellungen gearbeitet, und zwar entsprechend ihrer beruflichen Ausbildung. Letzteres trifft auch auf jene Frauen zu, die keine fachliche Schulung aufweisen; in Leitungsfunktionen der staatlichen Verwaltung und politisch-gesellschaftlicher Organisationen konnten sie jedoch praktische Erfahrungen für ihre Tätigkeit im Regierungsapparat sammeln. Es kann deshalb angenommen werden, daß die Mitarbeiterinnen der Exekutive nicht nur in bezug auf ihre ideologisch-politische Zuverlässigkeit, sondern vor allem hinsichtlich ihrer fachlichen Qualifikation besonderen Ansprüchen zu genügen haben. Allerdings besteht auch bei Betrachtung der staatlichen Organe – wie dies bereits oben für die Führungsgremien der SED betont wurde – keine Veranlassung, den geringen weiblichen Anteil mit einer ungenügenden Qualifikation der Frauen schlechthin zu erklären; die Gründe hierfür dürften primär machtpolitischer Natur sein.

Rund 50 Prozent der Staatsfunktionärinnen haben während der Zeit ihrer Amtsausübung in der Exekutive zugleich der Volkskammer angehört. Es besteht also eine enge personelle Verbindung zwischen der Verwaltungsspitze und dem höchsten gesetzgebenden Organ. Auffallend ist im übrigen der zeitliche Zusammenhang von Entlassung aus dem Regierungsapparat und dem Verlust des Abgeordnetenmandats. Hierin können durchweg politische Motive gesehen werden, vor allem bei jenen Frauen, deren Entfernung aus der Exekutive mit einer Kritisierung ihrer Person seitens der SED verbunden war.[59] Der Mandatsverlust dürfte jedoch vorwiegend nur moralische Bedeutung haben, da der Funktion des Volkskammerabgeordneten in besonderer Weise der Charakter einer öffentlichen Auszeichnung und Ehrung anhaftet; das Ausscheiden aus dem Staatsapparat bedeutet hingegen eine Eliminierung des persönlichen machtpolitischen Einflusses.

Anhand des verfügbaren biographischen Materials soll im folgenden auf den Verlauf der politischen Karriere jener Frauen eingegangen werden, die als Minister, stellvertretende Minister und Staatssekretäre in der Regierungsspitze tätig waren und sind. Dabei wird insbesondere versucht, ihre Tätigkeitsbereiche zu charakterisieren und ihren Einfluß auf das politische Geschehen in der DDR zu umreißen.

d) Die weiblichen Minister der DDR – Charakteristik

Der erste weibliche Minister der DDR war Professor Else Zaisser, die Ehefrau des damaligen Ministers für Staatssicherheit, Wilhelm Zaisser. Sie wurde im August 1952 zum Minister für Volksbildung berufen, nachdem sie bereits seit November 1950 als 1. Staatssekretär in diesem Ressort gearbeitet hatte.

Else Zaisser (geb. 1898) kam bereits vor 1933 zur KPD. Während des Dritten Reiches emigrierte sie in die Sowjetunion, wo sie zunächst als Dozentin, später als Professor an der Leninschule in Moskau tätig war. Ebenso wie ihr Mann, der als Stabschef der Internationalen Brigaden am spanischen Bürgerkrieg teilgenommen hatte, ehe auch er 1938 in die Sowjetunion ging, erwarb sie während der Zeit des Exils die sowjetische Staatsangehörigkeit. 1946 kehrte Else Zaisser nach Deutschland zurück und setzte ihre Lehrtätigkeit an den Universitäten der SBZ fort. Von 1948 bis zu ihrer Berufung als Staatssekretär in das Ministerium für Volksbildung leitete sie das Pädagogische Zentralinstitut der DDR.[60]

Mit der Lehrerin und Philologin Else Zaisser war eine Expertin und zugleich geschulte Altkommunistin in einer leitenden staatlichen Funktion des Bildungswesens in der DDR tätig. Während ihrer Amtszeit erfolgte z. B. die Neugestaltung des schulischen Geschichtsunterrichts entsprechend den Weisungen des Ministeriums für Volksbildung: so wurde die abendländische Geschichte insbesondere unter dem Gesichtspunkt des Klassenkampfes und seiner gesellschaftlich-politischen Wurzeln gegliedert und dargestellt.[61]

Die Stellung Else Zaissers im Staatsapparat Anfang der 50er Jahre kann – angesichts verschiedener Faktoren – als gefestigt und einflußreich charakterisiert werden. So verdrängte sie die bereits seit 1949 als Staatssekretär amtierende Ruth Fabisch auf den 2. Platz, ehe sie 1952 zum Minister berufen wurde. Auch die machtvolle Spitzenposition, die ihr Ehemann von 1950 bis 1953 als Minister für Staatssicherheit und überdies als Mitglied des Zentralkomitees und des Politbüros der SED innehatte[62], dürfte ihrer eigenen politischen Rolle – wenn auch nicht entscheidend, so doch zumindest fördernd – zugute gekommen sein.

Darum kann es nicht verwundern, daß die Ablösung Else Zaissers als Ressortchef eng mit dem politischen Sturz ihres Mannes verknüpft ist[63]: in Auswirkung der innerparteilichen Machtkämpfe im Juni 1953 wurde schließlich auch die Volksbildungsministerin am 12. Oktober 1953 abgesetzt und aus allen Partei- und Staatsfunktionen entfernt. Richert äußert zwar die Ansicht, Else Zaisser sei „aus Solidarität mit ihrem Mann" von ihrem Posten zurückgetreten.[64] Dieser Meinung widerspricht jedoch der relativ späte Zeitpunkt ihrer Ablösung, nachdem ihr Mann bereits aus allen Funktionen entfernt und politisch entmachtet war. So erscheinen jene Gründe als zutreffender, die Jänicke für die Absetzung Else Zaissers annimmt:

„Daß sie die Gattin Wilhelm Zaissers war, dürfte dabei ebenso von Bedeutung gewesen sein wie die Tatsache, daß sie die ‚sozialistische Umgestaltung des Schulwesens' vermutlich zu weitgehend rückgängig gemacht hatte."[65]

In politische Funktionen ist Else Zaisser, die nach ihrer Demission in einem Ostberliner Verlag arbeitete, nicht wieder zurückgekehrt, auch nicht nach dem Tode ihres Mannes im Jahre 1958.

Während die mit dem Aufstand vom 17. Juni 1953 in Zusammenhang stehenden Ereignisse die politische Karriere des ersten weiblichen Ministers der DDR beendeten, wurden sie für eine andere Frau zum Ausgangspunkt einer langfristigen Tätigkeit in der Regierung. Hilde Benjamin, im Volksmund „die rote Guillotine" genannt, dürfte die bekannteste aller weiblichen Ressortchefs sein. Im Juli 1953 erfolgte ihre Berufung zum Minister der Justiz[66]; sie trat damit die Nachfolge von Max Fechner an, der als „Feind der Partei und des Staates" aller Funktionen enthoben, aus der SED ausgeschlossen und verhaftet worden war.[67]

Schon zum Zeitpunkt ihrer Ernennung zum Minister nahm Hilde Benjamin (geb. 1902) eine zentrale Machtstellung im Justizapparat der DDR ein. Als versierte Volljuristin und bewährte Altkommunistin hatte sie seit 1949 die Funktion des Vizepräsidenten des Obersten Gerichts der DDR inne. Zuvor war sie als Staatsanwältin in Berlin (Mai bis September 1945), dann als Vortragender Rat und von 1947 bis 1949 als Leiter der Personalabteilung in der Zentralverwaltung für Justiz tätig gewesen.[68] Damit übte sie bereits in den Jahren des Aufbaus einer antifaschistisch-demokratischen Ordnung einen entscheidenden Einfluß auf die Personalpolitik im Bereich der Justiz aus. Diese war vor allem gekennzeichnet durch die planmäßige Ausschaltung der „bürgerlichen" Juristen; an ihre Stelle traten politisch bewußte Proletarier, die in Volksrichterlehrgängen kurzfristig auf ihr juristisches Amt vorbereitet worden waren.[69]

Während ihrer Tätigkeit als Vizepräsident des Obersten Gerichts und zugleich als Vorsitzende des für politische Strafsachen zuständigen Strafsenats wurde Hilde Benjamin besonders durch jene spektakulären Schauprozesse bekannt, die Anfang der 50er Jahre in rascher Folge unter ihrem Vorsitz stattfanden.[70] Der Zweck dieser Prozesse lag darin, die Opposition zum Schweigen zu bringen; zugleich übten sie eine „abschreckende Wirkung" auf weite Kreise der Bevölkerung aus.[71]

Gerade diese in aller Öffentlichkeit durchgeführten Schauprozesse haben bewirkt, daß Hilde Benjamin seitdem in westlichen Publikationen als „Megäre" dargestellt wird, als jener „Typus intellektueller Frauen, die an Stelle eines weiblichen Gemütes einen eiskalten Fanatismus zur Schau tragen, der nur Schauder erregen kann".[72]

In den Publikationen der DDR wird hingegen das Bild einer Frau gezeichnet, die schon immer „die Interessen der Werktätigen" vertrat, „auch nach 1933 mutig Antifaschisten gegen die nazistische Terrorherrschaft verteidigte" und sich 1945 „sofort dem Neuaufbau einer demokratischen Justiz" widmete.[73] Hilde Benjamin erwarb sich dabei „bedeutende Verdienste um die antifaschistische Rechtspflege".[74] Aus Anlaß ihres 50. Geburtstages (5. Februar 1952) wurde ihr deshalb die Ehrendoktorwürde der Humboldt-Universität zu Berlin verliehen.

Als Hilde Benjamin im Juli 1953 zum Minister der Justiz ernannt wurde, hatte sie sich also bereits einen erheblichen Einflußbereich und Entscheidungsspielraum gesichert, den sie in den folgenden Jahren noch zu vergrößern und zu festigen verstand. Denn während ihrer Amtszeit war sie nicht nur für die juristische Gesetzgebung und die Personalpolitik innerhalb der Justizverwaltung zuständig, auch die Rechtsprechung befand sich bis 1963 unter ihrer Anleitung und Kontrolle[75], welche systematisch auf das gesamte straf- und zivilrechtliche Gebiet und auf das Staatliche Notariat ausgedehnt wurde.[76] Auf Grund eines Staatsratsbeschlusses vom April 1963[77] wurde schließlich die Leitung der Rechtsprechung dem Justizministerium entzogen und dem Obersten Gericht übertragen und damit der Einfluß Hilde Benjamins wesentlich reduziert. Trotzdem konnte sie noch an der Neuschreibung des Strafgesetzbuches entscheidend mitwirken[78], so daß sich ihre Tätigkeit als Justizminister auch nach ihrem Ausscheiden aus der Regierung noch auf Jahre hinaus im gesellschaftlichen Leben der DDR niederschlagen wird.[79]

Am 14. Juli 1967 gab der Vorsitzende des Ministerrates, Willi Stoph, vor der Volkskammer den Rücktritt Hilde Benjamins „aus gesundheitlichen Gründen im gegenseitigen Einvernehmen" bekannt.[80] Das Ausscheiden Hilde Benjamins aus der Regierung der DDR veranlaßte westliche Beobachter, obwohl man seit langem von ihrer angegriffenen Gesundheit wußte, zu spekulativen Äußerungen. Denn es galt allgemein als bekannt, daß sie sich selbst in den Reihen der eigenen Partei nur wenige Freunde erwerben konnte.[81] Da ihre Ablösung kurz nach dem arabisch-israelischen Junikrieg 1967 erfolgte, wurde z. B. ein Gegensatz Hilde Benjamins zur offiziellen proarabischen Politik der SED vermutet.[82]

Über ihre Bedeutung für die Entwicklung eines in sich geschlossenen, der sozialistischen Gesellschaftsordnung angepaßten Rechtssystems in der DDR besteht indes eine einheitliche Meinung in Ost und West, wenn sich auch die Bewertungen diametral gegenüberstehen. Allein die Tatsache ihrer 14jährigen ununterbrochenen Amtszeit als Justizminister und ihrer noch länger währenden Mitgliedschaft im Zentralkomitee der SED läßt ermessen, welchen nachhaltigen politischen Einfluß sie in Partei und Staat ausgeübt hat. So wird Hilde Benjamin — wohl nicht zu Unrecht — zu den wenigen Frauen gezählt, „die in der deutschen Politik Profil gewannen".[83]

Seit September 1967 lehrt die frühere Justizministerin als Professor für Geschichte der Rechtspflege und Kriminalitätsbekämpfung an der Deutschen Akademie für Staats- und Rechtswissenschaft „Walter Ulbricht".[84]

Weit weniger bekannt als Hilde Benjamin ist jene Frau, die zum erstenmal in der Geschichte der DDR „die Machthöhen eines stellvertretenden Ministerpräsidenten erklomm"[85]: Dr. Margarete Wittkowski, von Februar 1961 bis Juli 1967 Stellvertreter des Vorsitzenden des Ministerrates für Handel und Versorgung und Landwirtschaft.[86] Sie ist bisher die einzige Frau geblieben, die den Rang eines Ressortchefs zu übersteigen vermochte.

„Wenn ihr Name auch der Öffentlichkeit wenig sagt, den Funktionären war ‚die Grete', wie sie kurz, aber mit Respekt genannt wurde, ein Begriff"[87],

berichtet Schenk über Margarete Wittkowski, die als Technokrat jahrzehntelang in Schlüsselstellungen des zentralen Versorgungsapparates entscheidend mitgewirkt hat. Zweimal wurde sie im Verlauf ihrer Karriere aus obersten Gremien verdrängt und zürückgestuft, aber immer wieder kehrte sie in Führungsfunktionen innerhalb der

Wirtschaftsplanung zurück. So meint denn Richert, Frau Wittkowski sei wohl die

„einzige Person, für die der Satz, daß es kein Comeback gibt, niemals gegolten hat. Ob das an ihren überragenden fachlichen Fähigkeiten liegt oder an ihrer fraglosen Integrität muß offenbleiben."[88]

Margarete Wittkowski[89] (geb. 1910), wie Hilde Benjamin und Else Zaisser eine Altkommunistin, studierte in der Schweiz und in England Nationalökonomie. Rassisch und politisch verfolgt, emigrierte sie 1933 nach England, kehrte 1945 nach Deutschland zurück und war einige Zeit als Wirtschaftsjournalistin tätig. Sie wurde dann in die Deutsche Wirtschaftskommission berufen, wo sie von März 1948 bis Oktober 1949 als stellvertretende Leiterin der Hauptverwaltung Wirtschaftsplanung gemeinsam mit Bruno Leuschner „den Grundstein für die Planbürokratie legte".[90] 1951 wurde ihre Karriere jedoch jäh unterbrochen; als Ulbricht im Zusammenhang mit der Merker-Affäre den Parteiapparat von jüdischen Westemigranten säuberte, war auch Margarete Wittkowski von diesen Maßnahmen betroffen: sie wurde „auf den für östliche Verhältnisse bedeutungslosen Posten des Vorsitzenden der Konsumgenossenschaften abgeschoben".[91] Nach ihrer Rehabilitierung erhielt sie am 1. Juli 1954 die Berufung zum 1. Stellvertreter des Vorsitzenden der Staatlichen Plankommission, zuständig für die Ressorts „Versorgung der Bevölkerung", „Planung im Einzel- und Großhandel" und „Leicht- und Lebensmittelindustrie"[92], und konnte damit erneut einen erheblichen Einfluß auf die Entwicklung der Wirtschaftsplanung nehmen.

Als sich die SED-Führung in den Jahren nach Stalins Tod — insbesondere aber seit dem XX. Parteitag der KPdSU im Februar 1956 — stärker auf die Wirtschaftspolitik konzentrierte, festigte sich auch die Stellung jener fachlich geschulten Funktionäre, die zu einer realistischen und nüchternen Betrachtungsweise der wirtschaftlichen Situation neigten.[93] Zu dieser Gruppe gehörte neben Leuschner, Rau, Selbmann, Ziller und Oelßner auch Margarete Wittkowski. Als „Intellektuelle mit stark individualistischen Zügen"[94] schloß sie sich 1956/57 den oppositionellen Ökonomen an, die gegen Ulbrichts dogmatische Wirtschaftspolitik der Sozialisierung Widerstand leisteten und sich für eine Versachlichung des Industriemanagements einsetzten.[95] Diese innerparteilichen Auseinandersetzungen konnte Ulbricht — wie schon zuvor andere interne Konflikte — für sich entscheiden; Margarete Wittkowski wurde auf dem 35. ZK-Plenum im Februar 1958 wegen ihrer „revisionistischen Haltung" mehrfach kritisiert und zum einfachen Stellvertreter des Vorsitzenden der Staatlichen Plankommission degradiert. Im Sommer 1958 erfolgte ihre Rückstufung vom Vollmitglied des Zentralkomitees zum Kandidat; zugleich verlor sie auch ihr Mandat als Abgeordnete der Volkskammer.

Aber, so meint Richert, die DDR brauche solche Persönlichkeiten wie Margarete Wittkowski, und man habe sie immer wieder geholt.[96] Bereits im Februar 1961 avancierte sie erneut und in eine ranghöhere Position, als sie zuvor eingenommen hatte. Als Stellvertreter des Vorsitzenden des Ministerrates war sie nicht nur Mitglied des Ministerrates, sondern verfügte auch über Sitz und Stimme in dessen Präsidium. Bis heute ist sie die einzige Frau geblieben, die jemals dem Präsidium des Ministerrates angehörte.

Als Margarete Wittkowski zum Stellvertreter — zuständig für die Bereiche Handel und Versorgung und Landwirtschaft — berufen wurde, hatte die Versorgungskrise in der DDR einen neuen Höhepunkt erreicht, nicht zuletzt als Folge der 1960 forciert durchgeführten Kollektivierung der Landwirtschaft. Angesichts der erstmaligen Unterstellung der beiden Ressortministerien des Handels und der Landwirtschaft unter einen Verantwortlichen vermutete Schenk, die Partei brauche nun wieder einen „starken Koordinator"[97], wie es die fachlich hochqualifizierte Wirtschaftsfunktionärin sei. Trotz der schwierigen Aufgabenstellung scheint Margarete Wittkowski in ihrer koordinierenden Tätigkeit im Bereich der Versorgung erfolgreich gewesen zu sein.[98] Denn bei der Regierungsneubildung im November 1963 wurde sie in ihrem Amt erneut bestätigt. Inzwischen war sie auch an der Durchsetzung des „Neuen Ökonomischen Systems" maßgeblich beteiligt[99], dessen grundlegende Kriterien sie bereits 1957 im Zusammenhang mit der Schirdewan-Selbmann-Oelßner-Krise vertreten hatte.

Als Margarete Wittkowski, „die große alte Dame der Regierung"[100], im Juli 1967 „aus gesundheitlichen Gründen" aus dem Ministerrat ausschied[101], sahen westliche Beobachter allerdings in ihrer Entlassung — ebenso wie im Falle der Hilde Benjamin — primär politische Gründe.

„Angesichts der dogmatischen Anti-Israelhaltung der SED-Führung kann man eher vermuten, daß sich die aus der zionistischen Jugendbewegung zur KPD übergetretene Jüdin Wittkowski dem offiziellen Parteikurs widersetzt hat."[102]

Diese Meinung wird nicht zuletzt durch die Tatsache erhärtet, daß Margarete Wittkowski auch in entscheidenden politischen Situationen ihre Individualität stets wahrte und sich nicht bedingungslos der Parteidisziplin beugte.[103] In dem eigenwilligen Verhalten der profilierten Technokratin liegt aber auch der Schlüssel für die wiederholte Kritisierung und Degradierung von Margarete Wittkowski und ihre erneute Berufung in leitende Funktionen. Wenn zwar ihr Individualismus keine allzu ernsthaften Konsequenzen für sie hervorrief und den generellen Verlust ihrer staatlichen Ämter bewirkte, so waren ihr doch innerhalb des Parteiapparates Grenzen gesetzt. In die Spitzen der SED-Führung konnte sie, trotz ihres Expertentums, nicht vordringen.

Seit ihrem Ausscheiden aus dem Ministerrat arbeitet Margarete Wittkowski weiterhin in einer Schlüsselstellung des staatlichen Wirtschaftsapparates. Im Juli 1967 erhielt sie die Ernennung zur Präsidentin der Deutschen Notenbank[104] und bekleidet damit eine Spitzenfunktion im Bankensystem der DDR.

Margot Honecker[105] (geb. 1927) war eines der jüngsten Mitglieder des Ministerrates, als sie im November 1963 — 36jährig — zum Minister für Volksbildung berufen wurde. Obwohl sie bereits seit 1954 in leitenden Funktionen dieses Ministeriums tätig ist, kann sie nicht — wie ihre Kolleginnen Hilde Benjamin, Margarete Wittkowski und auch Else Zaisser — als fachlich geschulte Funktionärin bezeichnet werden. Deshalb sehen viele westliche Beobachter in dem Verlauf ihrer Karriere die Auswirkung einer gezielten Protektion, die sie auf Grund ihrer Ehegemeinschaft mit Erich Honecker genieße, und ihr Name wird stets mit dem des langjährigen „Partei-Kronprinzen" und

Ulbricht-Nachfolgers (seit Mai 1971) in Verbindung gebracht.[106] Der Protektion allein dürfte Margot Honecker jedoch kaum ihre jetzige Stellung verdanken; es ist anzunehmen, daß sie auch die entsprechenden Fähigkeiten aufweist, deren es an der Spitze der zentralen Instanz der Schulverwaltung und der Jugendarbeit bedarf. Das in der DDR konzipierte einheitliche sozialistische Bildungssystem[107] bedingt geradezu einen geeigneten Ressortchef im Ministerium für Volksbildung, das in bezug auf die Ausarbeitung von Bildungserfordernissen für die Nachwuchsgeneration von besonderer gesellschaftspolitischer Bedeutung ist.

Auf dem Sektor der agitatorisch-propagandistischen und erzieherischen Jugendarbeit hat Margot Feist-Honecker bereits in jungen Jahren Erfahrungen sammeln und Fähigkeiten entwickeln können. Knapp 18jährig war sie seit 1945 in den antifaschistischen Jugendausschüssen bzw. — nach Konstituierung der FDJ[108] — in der einheitlichen Jugendorganisation tätig. 1949 erfolgte ihre Wahl in den Zentralrat der FDJ, wo sie die Leitung der Abteilung Junge Pioniere[109] übernahm. Als Vorsitzende der Pionierorganisation entwickelte sie große Aktivitäten zur Erhöhung der Mitgliedszahlen und zur intensiven Durchführung einer der kindlichen Psyche gemäßen politischen Schulung.[110] 1953 heiratete sie Erich Honecker, der von 1946 bis 1955 als Vorsitzender der FDJ fungierte. Im gleichen Jahr trat Margot Honecker von ihren Funktionen in der FDJ zurück und ging zu einem Schulbesuch in die Sowjetunion, wo sie „den letzten Schliff" erhielt.[111]

Seit ihrer Rückkehr 1954 ist sie in führenden Funktionen des Ministeriums für Volksbildung tätig, bis 1958 zunächst als Abteilungsleiter und von August 1958 bis November 1963 als Stellvertreter des Ministers. Seit November 1963 befindet sich das Ministerium unter ihrer verantwortlichen Leitung[112], und sie hat bereits alle ihre Vorgänger um mehrere Amtsjahre als Ressortchef übertroffen. So liegt die Schlußfolgerung nahe, daß die Volksbildungsministerin den ihr gestellten Anforderungen sowohl ideologisch als auch fachlich gewachsen ist, wenn sie auch nicht als Expertin aus dem Erziehungs- und Bildungswesen hervorging. Auf dem VI. Parteitag der SED im Januar 1963 — also kurz vor ihrer Ernennung zum Minister — avancierte sie zum Mitglied des Zentralkomitees, nachdem sie diesem Gremium bereits während drei Legislaturperioden als Kandidat angehört hatte.

Übrigens ist Margot Honecker — neben Lotte Ulbricht —

„auch die einzige Frau, die sich bei offiziellen Anlässen an der Seite ihres Mannes zeigen darf. Die anderen Spitzenfunktionäre des SED-Regimes, darunter sogar DDR-Ministerpräsident Willi Stoph, erscheinen in der Regel selbst bei Empfängen ohne ihre Ehefrauen, die darum auch in der Öffentlichkeit nicht einmal dem Namen nach bekannt sind."[113]

Derartige repräsentative Auftritte sind jedoch kein Privileg für Margot Honecker, das sie der politischen Rolle ihres Mannes verdankt, sondern begründen sich mit ihrer Stellung als Minister für Volksbildung. In dieser Funktion nimmt sie an offiziellen Anlässen teil und verkörpert somit als selbständig denkende und handelnde Persönlichkeit alle Attribute des sozialistischen Frauentyps.

Mit der Wahl Erich Honeckers am 3. Mai 1971 zum 1. Sekretär des ZK der SED und seiner Bestätigung in dieser Funktion auf dem VIII. Parteitag im Juni 1971 dürfte sich ebenfalls das politische Gewicht seiner Ehefrau in Zukunft noch verstärken, und zwar sowohl im Ministerrat als auch im Zentralkomitee. Wenn Margot Honecker auch nicht dem Politbüro angehört[114], so kann doch angenommen werden, daß sie über parteiinterne Vorgänge und Entscheidungen in der höchsten Führungsspitze der SED sehr genau informiert ist, was ihrer Stellung im Ministerrat zusätzliches Gewicht verleiht und ihre politischen Einflußmöglichkeiten erweitert.

Trotz der machtpolitisch gefestigten Stellung der Volksbildungsministerin wäre es aber ebenfalls denkbar, daß Margot Honecker in der Folgezeit von ihrem Amt in der staatlichen Exekutive zurücktritt, um — wie zuvor Lotte Ulbricht — die repräsentativen Pflichten einer „First Lady" der DDR zu übernehmen.

Außer den vorgenannten weiblichen Ressortchefs standen zwei weitere Frauen im Rang eines Ministers und gehörten der DDR-Regierung an. Elli Schmidt[115] leitete von Februar bis Juli 1953 die Staatliche Kommission für Handel und Versorgung und vertrat in ihrer Funktion als Minister „ziemlich energisch die Interessen der Werktätigen".[116]

Eine führende Stellung im Regierungsapparat der DDR nahm auch Greta Kuckhoff, geb. Lorke, ein, von Dezember 1950 bis April 1958 Präsident der Deutschen Notenbank und mit Sitz und Stimme im Ministerrat vertreten. Greta Kuckhoff (geb. 1902) studierte von 1924 bis 1929 in Deutschland und in den USA Volkswirtschaftslehre und war anschließend bei einem Züricher Rechtsanwalt und als wissenschaftliche Assistentin an den Universitäten Berlin und Frankfurt tätig. Durch ihren Ehemann, den Schriftsteller und Dramaturgen Adam Kuckhoff, fand sie Zugang zum Kommunismus und arbeitete während des 2. Weltkrieges in der Widerstandsgruppe „Rote Kapelle" mit. 1942 wurde sie verhaftet, zum Tode verurteilt, jedoch zu 10 Jahren Zuchthaus begnadigt und 1945 von den sowjetischen Truppen befreit.

Greta Kuckhoff, inzwischen der KPD/SED beigetreten, arbeitete zunächst als stellvertretende Leiterin des Ernährungsamtes in Berlin sowie in Führungsfunktionen des Berliner Kulturbundes. 1948 wurde sie zum Mitglied des Sekretariats der Deutschen Wirtschaftskommission ernannt und wechselte im Oktober 1949 als Finanzreferentin im Range eines Hauptabteilungsleiters in das Ministerium für Auswärtige Angelegenheiten. Am 1. Dezember 1950 erfolgte ihre Berufung zur Präsidentin der Deutschen Notenbank.[117]

Greta Kuckhoff, ebenso wie Margarete Wittkowski eine Expertin auf dem Gebiet der Wirtschaftspolitik, nutzte — im Gegensatz zu ihrer Kollegin in der Plankommission — ihre führende Funktion im staatlichen Finanzapparat der DDR, um nicht nur ihre wirtschaftswissenschaftliche Konzeption durchzusetzen, sondern zugleich auch ihre eigene Machtposition und ihren Einflußbereich auszudehnen. Bereits in den ersten Jahren ihres Präsidiums gelang es ihr, die Stellung der Notenbank zu stärken; so soll Greta Kuckhoff weit mehr Einfluß besessen haben als der damalige Finanzminister Hans Loch.[118] Besondere Aktivität entfaltete sie 1956 bis 1958 in den theoretischen Diskussionen führender Ökonomen, die eine Revision der stalinistischen Planungsmethoden und die Gestaltung der Wirtschaft nach ökonomisch-rationalen Gesichtspunkten forderten.[119] In diesem Zusammenhang verlangte Greta Kuckhoff den Ausbau der Lenkungsfunktionen der Deutschen Notenbank, insbesondere eine Zentralisierung der gesamten Kreditgewährung bei dieser Institution. Mit ihrer Forderung geriet sie allerdings in einen Interessenkonflikt mit dem seit 1955 amtierenden Finanzminister Willy Rumpf, der sich schließlich gegen sie durchsetzen konnte.[120]

Im April 1958 reichte Greta Kuckhoff „aus Gesundheitsgründen" ihr Rücktrittsgesuch ein[121], kurz nachdem ihr der bisherige 1. Stellvertreter des Finanzministers als Vizepräsident zur Seite gestellt worden war. Trotz ihrer fachlichen Qualifikation fand sie nicht wieder in Funktionen des Wirtschaftsapparates Verwendung. Auch hierin unterscheidet sie sich von Margarete Wittkowski, die ungeachtet ihrer wiederholten politischen Degradierung stets mit Aufgaben der Wirtschaftsführung betraut wurde. Greta Kuckhoff amtierte vielmehr in den repräsentativen Funktionen eines Vizepräsidenten des Deutschen Friedensrates und seit Juni 1963 als Präsident der Deutsch-Britischen Gesellschaft.[122]

e) Die weiblichen Staatssekretäre und stellvertretenden Minister

Wie bereits oben gezeigt, avancierten die weiblichen Minister durchweg nach vorhergehender längerer Tätigkeit als Staatssekretär und/oder Ministerstellvertreter zum Ressortchef. Das gilt sowohl für die beiden Volksbildungsminister, Else Zaisser und Margot Honecker, als auch für die Wirtschaftsexpertin Margarete Wittkowski. Selbst Hilde Benjamin hatte vor ihrer Berufung mehrere Jahre lang in einer führenden Funktion der Justiz gearbeitet. Insofern kann die Amtsausübung als Staatssekretär oder stellvertretender Minister als Zeit der Bewährung und Selektion angesehen werden. Die meisten der in dieser Positon tätigen Frauen konnten jedoch nicht den weiteren Aufstieg in die Spitze der Ressorts vollziehen, wenn sie auch zum Teil jahrelang in der gleichen Funktion blieben, während die politischen Ereignisse wiederholt zu einem Wechsel in der Leitung der Ministerien führten.

Hier ist insbesondere Ruth Fabisch[123] (geb. 1903), Mitglied der LDPD, zu nennen, die bei der Bildung der Provisorischen Regierung der DDR im Oktober 1949 als erste Frau das Amt eines Staatssekretärs bekleidete. Vor ihrer Berufung ins Ministerium für Volksbildung war sie seit 1947 als Ministerialrätin im sächsischen Ministerium für Arbeit und Sozialfürsorge tätig gewesen. Ruth Fabisch blieb auch noch während der Ressortleitung Else Zaissers, mit der sie im November 1950 eine Kollegin und zugleich Konkurrentin bekommen hatte, im Volksbildungsministerium und wechselte erst im März 1954 als 1. Staatssekretär und stellvertretender Minister in das Ministerium für Lebensmittelindustrie. Für diese Stellung brachte sie vermutlich eine bessere fachliche Vorbildung und Eignung mit als für das Ressort Erziehung und Bildung; sie hatte 1930 das Studium der Wirtschafts- und Sozialwissenschaften als Diplom-Volkswirtschaftler abgeschlossen. Trotzdem wurde sie im Dezember 1956 in ihrer staatlichen Funktion abgelöst[124] und auch im Zentralvorstand der LDPD ersetzt, dem sie auf Grund ihrer führenden Stellung in der Ministerialbürokratie angehört hatte.[125] In der Folgezeit ist sie nicht mehr in leitenden Positionen ihrer Partei oder des Staates in Erscheinung getreten.

Nachfolger von Ruth Fabisch als Staatssekretär und Ministerstellvertreter im Volksbildungsministerium wurde im März 1954 die Altkommunistin und Sowjetunion-Emigrantin Dr. Gertrud Bobek (geb. 1898). Sie hatte ein Studium der Geographie und

Kunstgeschichte absolviert und stand nach 1945 in der bildungspolitischen Arbeit. Sie kann also der Kategorie der fachlich geschulten Funktionäre zugeordnet werden. Im August 1958 wurde sie von Margot Honecker abgelöst, einige Monate vor einem personellen Wechsel auch in der Ressortleitung. Gertrud Bobek verblieb jedoch in einer verantwortlichen Funktion des Erziehungswesens: sie erhielt die Ernennung zum Direktor der Pädagogischen Schule für Kindergärtnerinnen in Leipzig.[126]

Innerhalb des Regierungsapparates der DDR arbeitet seit Juni 1969 eine weitere Frau im Bereich des staatlichen Erziehungs- und Bildungswesens: Edith Oeser, stellvertretender Minister für Hoch- und Fachschulwesen.[127] Die ca. 40jährige gehört — wie Margot Honecker — zu jener jüngeren Generation, die in den Nachkriegs- und Aufbaujahren durch ihre aktive Mitarbeit in der FDJ und die Politik der SED entscheidend geprägt wurde. Auf Grund ihrer Ausbildung zur Juristin und der vorangegangenen Lehrtätigkeit als Professor für Staats- und Völkerrecht an der Berliner Humboldt-Universität weist sie zudem die notwendige fachliche Qualifikation für ihr staatliches Amt auf. In ihrer Funktion als Stellvertreter des Ministers befaßt sich Edith Oeser mit jenen Aufgaben, die die Organisation der Hochschule betreffen; dabei stellen die besonderen Probleme, die sich bei der Weiterbildung berufstätiger Mütter ergeben, ein Teilgebiet ihrer Arbeit dar.[128] Insofern hat Edith Oeser die Möglichkeit, innerhalb ihres Kompetenzbereiches und unter Berücksichtigung der Sachzwänge die Belange der Frauen effektiv zu vertreten.

In diesem Zusammenhang sei noch einmal betont, daß sich der weibliche Anteil in den Spitzenfunktionen des Regierungsapparates besonders auf den pädagogischen Sektor konzentriert. Dies entspricht im übrigen der allgemeinen Situation im Erziehungswesen der DDR, wo die Mehrzahl der Lehrkräfte und rund ein Viertel aller Schuldirektoren Frauen sind.[129] Lediglich im universitären Bereich befinden sich die weiblichen Professoren erheblich in der Minderheit.[130]

Mit berufspädagogischen und sozialfürsorgerischen Aufgaben befaßten sich Jenny Matern und Friedel Malter, die in den 50er Jahren als Staatssekretäre fungierten. Die Altkommunistin Jenny Matern (geb. 1904), Ehefrau des langjährigen Politbüromitglieds und Vorsitzenden der ZPKK, Hermann Matern, arbeitete nach ihrer Rückkehr aus der Emigration zunächst als Staatssekretär in der sächsischen Landesregierung. Anschließend übte sie das Amt einer Vizepräsidentin der Zentralverwaltung für Arbeit und Sozialfürsorge aus, ehe sie im November 1950 zum Staatssekretär im Ministerium für Gesundheitswesen berufen wurde.[131] Trotz fehlender fachlicher Vorbildung übte Jenny Matern ihr staatliches Amt über zwei Legislaturperioden hinweg aus. Sie dürfte demnach eine recht gesicherte Position eingenommen haben, wobei ihr vermutlich die exponierte Stellung ihres Mannes zugute kam. Ihre Ablösung als Staatssekretär 1958 scheint im übrigen mit den gesetzlichen Maßnahmen zur Verbesserung der Arbeit des Regierungsapparates in Verbindung zu stehen, die — wie Ilse Thiele ausführte[132] — die Ausschaltung einiger Frauen „wegen ungenügender Qualifikation" zur Folge hatten.

Aus eben diesen Gründen dürfte auch die Absetzung von Friedel Malter (geb. 1902) erfolgt sein, die von 1950 bis 1958, also im gleichen Zeitraum wie Jenny Matern, als Staatssekretär im Regierungsapparat tätig war. Die Altkommunistin und ehemalige Abgeordnete des Preußischen Landtages wurde 1946 in den Bundesvorstand des FDGB gewählt und gehörte außerdem seinem Sekretariat als Mitglied an[133]; sie soll für die gesamte Sozialpolitik des FDGB verantwortlich gewesen sein.[134] Auf Grund ihrer kommunistischen Vergangenheit und ihrer leitenden Gewerkschaftsfunktionen dürfte sich der Aufstieg der gelernten Weberin zum Staatssekretär im Ministerium für Arbeit und Berufsausbildung erklären lassen. So verblieb Friedel Malter auch während der 2. Legislaturperiode der DDR-Regierung in ihrem staatlichen Amt, obwohl sie im Herbst 1954 nicht wieder als Kandidatin für die Volkskammer nominiert worden war. Ihre Ablösung als Staatssekretär 1958 führte dann allerdings zu ihrer politischen Kaltstellung; sie übernahm im Mai 1959 den repräsentativen Vorsitz des neugegründeten „Komitees zum Schutz der Menschenrechte, gegen militaristische Willkür und Klassenjustiz in Westdeutschland".[135] Die ehemalige Gewerkschaftlerin ist allerdings stets Mitglied des Bundesvorstandes des FDGB geblieben.[136]

Ein dritter Bereich innerhalb der staatlichen Verwaltung, in dem der Anteil weiblicher Spitzenfunktionäre kumuliert, ergibt sich mit dem Sektor Handel und Versorgung bzw. Außenhandel und Innerdeutscher Handel. 1952/53 übte Lisa Krause (geb. 1915) für einige Monate das Amt eines Staatssekretärs im Ministerium für Handel und Versorgung — vermutlich kommissarisch —aus, nachdem der bisherige Staatssekretär sämtlicher Funktionen enthoben und verhaftet worden war. Lisa Krause hatte zuvor in der staatlichen Handelsorganisation gearbeitet, fungierte 1950/51 als Oberbürgermeister von Dessau, 1951 als stellvertretender Innenminister des Landes Sachsen-Anhalt und seit Mitte 1952 als Sekretär des Rates des Bezirkes Halle.[137]

Von August 1954 bis 1956 hatte eine weitere Frau, Gerda Wachowius (geb. 1914), das Amt eines Staatssekretärs im Ministerium für Handel und Versorgung inne. Sie war innerhalb des Parteiapparates der SED avanciert und galt als Mitarbeiterin von Hermann Matern: vor Übernahme der Staatsfunktion arbeitete sie als Hauptreferentin in der ZPKK. Der Aufstieg Gerda Wachowius' zum Staatssekretär dürfte sich vorrangig aus ihrer Parteitätigkeit erklären lassen, zumal die ehemalige Arbeiterin keinerlei fachliche Vorbildung auf dem Gebiet der Wirtschaftswissenschaften aufweisen konnte. Vermutlich hatte sie sich aber in ihren vorherigen Funktionen organisatorische Fähigkeiten erworben, die sie für die Ausübung des staatlichen Amtes geeignet erscheinen ließen. Für diese Annahme spricht auch ihre spätere Tätigkeit als stellvertretender Bezirksbürgermeister in Berlin-Mitte (1956/57) und als Sekretär des Rates des Bezirkes Erfurt (1959/60).[138]

Martha Müller (geb. 1909) fungierte in den 60er Jahren als Stellvertreter des Ministers für Handel und Versorgung; sie soll für den Bereich Lebensmittel zuständig gewesen sein.[139] Von 1951 bis 1963 war sie im Außenhandel der DDR tätig, u. a. als Hauptdirektor des Deutschen Innen- und Außenhandels Nahrung, Berlin.[140]

Mit Problemen des Außenhandels befaßte sich ferner Ilsabe Neisener, deren Amtsvorgängerinnen Eleonore Staimer und Elfriede Wagner auch im diplomatischen Dienst der DDR Karriere machen konnten. Ilsabe Neisener bekleidete von 1969 bis 1971 die Funktion eines Stellvertreters des Ministers für Außenwirtschaft und soll zuvor die handelspolitische Abteilung einer Export-Gesellschaft geleitet haben.

f) Frauen in leitenden Rängen des diplomatischen Dienstes

Wie bereits erwähnt, hatten zwei Frauen im Ministerium für Außenhandel und Innerdeutschen Handel (seit Juli 1967: Ministerium für Außenwirtschaft) die Funktion eines Staatssekretärs bzw. stellvertretenden Ministers inne und standen außerdem im diplomatischen Dienst der DDR; ihre staatspolitische Tätigkeit soll deshalb im folgenden unter dem Aspekt der Auslandsaktivitäten und internationalen Beziehungen der DDR betrachtet werden. Die wechselseitige Verbindung, die zwischen einer Funktionsausübung im Ministerium für Auswärtige Angelegenheiten bzw. für Außenhandel und im auswärtigen Dienst besteht, wird aus Tabelle 45 ersichtlich, die einen Überblick über Einsatz und Tätigkeitsdauer der weiblichen Spitzenkräfte unter den Diplomaten gibt.

Angesichts der wenigen diplomatischen Vertretungen, die die DDR in den ersten Jahren nach ihrer Staatsgründung ausschließlich in den sozialistischen Ländern Osteuropas errichten konnte, erscheint die Ernennung Änne Kundermanns zum Chef der Diplomatischen Mission in Bulgarien, die sie von April 1950 bis Juli 1951 leitete, als besonders bemerkenswert. Wenn sie auch vorläufig nur den Titel „Gesandter" führte[141], so war sie doch die erste Frau, die in einer Spitzenfunktion des auswärtigen Dienstes der DDR Verwendung fand.[142]

Änne Kundermann[143] (geb. 1907), seit 1928 Mitglied der KPD, arbeitete in den ausgehenden 20er Jahren in der sowjetischen Handelsvertretung in Berlin. Angeblich soll es sich bei dieser Stellung um eine Tarnung gehandelt haben und Änne Kundermann sowohl für die IV. Abteilung beim Stab der Roten Armee (sowjetische Militärspionage) als auch für den illegalen Militärapparat der KPD tätig gewesen sein.[144] 1933 emigrierte sie in die Sowjetunion, wo sie zum engeren Kreis um Wilhelm Pieck gehörte und in verschiedenen Positionen arbeitete, so z. B. in der Kommunistischen Gewerkschafts-Internationale und während der Kriegsjahre im Nationalkomitee Freies Deutschland. 1945 nach Deutschland zurückgekehrt, war sie bis zu ihrer Ernennung zum Botschafter in Parteifunktionen der KPD bzw. SED tätig.

Die politische Karriere dieser Frau erstaunt umso mehr, als sie keinerlei fachliche Vorbildung für den diplomatischen Dienst aufweist und auch nicht auf eine Laufbahn innerhalb der Parteihierarchie zurückblicken kann. Deshalb sind jene Vermutungen naheliegend, die in „ihren Beziehungen zum sowjetischen Geheimdienst" den Schlüssel für ihren Aufstieg sehen.[145]

Im Juli 1951 wurde Änne Kundermann in den Rang eines Außerordentlichen und Bevollmächtigten Botschafters erhoben und als Chef der Diplomatischen Mission nach Warschau versetzt, wo sie bis November 1953 blieb. Nach ihrer Abberufung arbeitete sie als Leiter der Abteilung UdSSR im Ministerium für Auswärtige Angelegenheiten; außerdem gehörte sie dem in diesem Ministerium bestehenden Kollegium — ein Gremium von Spitzenfunktionären und Experten mit beratender Funktion — als Mitglied an.[146] Damit nahm Änne Kundermann eine recht einflußreiche Stellung im Regierungsapparat ein; die Verantwortung, die sie in diesem Tätigkeitsbereich trug, war „weitaus größer als die politisch unbedeutende Repräsentation, auf die nun einmal die sowjetzonalen Diplomaten beschränkt sind".[147]

Es spricht für die Fähigkeiten Änne Kundermanns und ihre gesicherte politische Position, daß sie nahezu sieben Jahre lang ihre Funktionen im Ministerium für Auswärtige

Tabelle 45: Frauen in Spitzenfunktionen des diplomatischen Dienstes der DDR (1950–1971)[1]

Name	Dauer der Tätigkeit	Funktion
Kundermann, Änne	April 1950–Juli 1951	Gesandter und Chef der Diplomatischen Mission der DDR in Sofia/Bulgarien
	Juli 1951–November 1953	Außerordentlicher und Bevollmächtigter Botschafter und Chef der Diplomatischen Mission der DDR in Warschau/Polen
	1953–1960	Leiter der Abteilung UdSSR und Mitglied des Kollegiums des Ministeriums für Auswärtige Angelegenheiten
	August 1960 – Dezember 1961	Außerordentlicher und Bevollmächtigter Botschafter der DDR in der VR Albanien
	seitdem	Abteilungsleiter im Ministerium für Auswärtige Angelegenheiten
Staimer, Eleonore	1949–Oktober 1953	Hauptabteilungsleiter im Ministerium für Außenhandel und Innerdeutschen Handel
	Oktober 1953–1957	Staatssekretär und Stellvertreter des Ministers für Außenhandel und Innerdeutschen Handel
	Februar 1958– Januar 1969	Gesandter bzw. Botschafter der DDR in Jugoslawien (Gesandtschaft der DDR am 12. Oktober 1966 in den Rang einer Botschaft erhoben)
Wagner, Elfriede	1962–Dezember 1964	Handelsrat und Leiter der Handelsvertretung der DDR in Budapest/Ungarn
	Dezember 1964– Februar 1969	Stellvertreter des Ministers für Außenhandel und Innerdeutschen Handel
	seit Februar 1969	Handelsrat und Leiter der handelspolitischen Abteilung der DDR-Botschaft in Warschau/Polen
Sickert, Irmgard	seit 1951	Referent bzw. Leiter in verschiedenen Abteilungen des Ministeriums für Auswärtige Angelegenheiten; Tätigkeit in den DDR-Botschaften in Prag (Presseattaché) und Peking (3. Botschaftssekretär)
	seit Oktober 1966	Generalkonsul und Leiter des Generalkonsulats der DDR in Kiew/UdSSR

1 Der Tabelle liegen jene Publikationen zugrunde, die bei den jeweiligen Charakteristiken verwendet wurden (Literaturangaben siehe dort).

Angelegenheiten ausübte. Im August 1960 trat sie schließlich noch einmal an die Spitze einer Diplomatischen Mission: als Außerordentlicher und Bevollmächtigter Botschafter repräsentierte sie die DDR in der Volksrepublik Albanien.[148] Als sich im Zusammenhang mit dem sowjetisch-chinesischen Konflikt die Beziehungen zwischen der DDR und Albanien zunehmend verschlechterten, wurde Änne Kundermann am 18. Dezember 1961 von ihrem Posten abberufen; seitdem nimmt ein Geschäftsträger die Interessen der Botschaft in Tirana wahr.[149] Änne Kundermann arbeitete anschließend wieder als Abteilungsleiter im Ministerium für Auswärtige Angelegenheiten.[150]

In den 60er Jahren stieg eine weitere Frau in den Rang eines Botschafters auf: Eleonore Staimer[151] (geb. 1906), die jüngste Tochter des ersten Präsidenten der DDR, Wilhelm Pieck. Während ihre ältere Schwester, Elly Winter[152], dem Vater als Mitarbeiterin zur Seite stand, konzentrierte sich Eleonore Staimer stärker auf die eigene politische Karriere. Vor 1933 arbeitete sie zunächst im zentralen Parteiapparat der KPD und anschließend — wie auch Änne Kundermann — in der sowjetischen Handelsvertretung in Berlin. Nach ihrer Emigration in die Sowjetunion war sie in verschiedenen Funktionen tätig, u. a. als Mitarbeiterin des Volkskommissariats für Außenhandel. 1949 wurde sie Hauptabteilungsleiter (von August 1951 bis Oktober 1953 Leiter der Hauptabteilung Handelspolitik — Oststaaten), 1953 Staatssekretär und Stellvertreter des Ministers für Außenhandel und Innerdeutschen Handel.

Nach Aufnahme der diplomatischen Beziehungen zwischen der DDR und Jugoslawien im Herbst 1957 — was seinerzeit den Abbruch der Beziehungen zwischen Bonn und Belgrad zur Folge hatte — kam Eleonore Staimer als Gesandte und Leiterin der DDR-Gesandtschaft nach Jugoslawien. Während ihrer langjährigen diplomatischen Tätigkeit in Belgrad verfügte Frau Staimer, trotz wiederholter Unstimmigkeiten zwischen den jugoslawischen und den ostdeutschen Kommunisten, stets über persönliche Kontakte zu Tito, wozu möglicherweise gemeinsame Erinnerungen an die Moskauer Exilzeit beitrugen. Tito selbst soll Eleonore Staimer sehr geschätzt haben, zumal er wußte, „daß sie ihr Bestes für gute Beziehungen zwischen Ost-Berlin und Belgrad tat".[153] Ein besonderer Höhepunkt ihrer Tätigkeit in Belgrad war deshalb der jugoslawische Staatsbesuch Ulbrichts Ende September 1966, in dessen Verlauf die Gesandtschaft der DDR in den Rang einer Botschaft erhoben wurde.[154]

Trotz ihres persönlichen Engagements konnte Eleonore Staimer jedoch nicht verhindern, daß sich das Verhältnis zwischen der DDR und Jugoslawien — insbesondere seit dem Einmarsch der Truppen des Warschauer Paktes in die ČSSR im August 1968 — zunehmend verschlechterte. Deshalb wurde der personelle Wechsel an der Spitze der Belgrader Botschaft der DDR im Januar 1969 primär unter diesem Aspekt betrachtet. Allerdings hatte Eleonore Staimer zu diesem Zeitpunkt schon das Pensionsalter erreicht und ihre Abberufung somit auch unpolitische, persönlich bedingte Motive.[155]

Wechselnde Funktionen im Ministerium für Außenhandel und Innerdeutschen Handel sowie im diplomatischen Dienst charakterisieren in noch stärkerem Maße die politische Karriere Elfriede Wagners. Seit Beginn der 50er Jahre ist sie im Außenhandel tätig und soll zunächst als Leiterin des Länderreferats Rumänien im zuständigen Ministerium gearbeitet haben. Ihren ersten Einsatz im Rahmen der auswärtigen Beziehungen der DDR absolvierte sie seit 1962 als Handelsrat und Leiter der Ost-Berliner Handelsvertretung in Budapest. Ende 1964 wurde sie zum Stellvertreter des Ministers für Außenhandel und Innerdeutschen Handel (bzw. für Außenwirtschaft) ernannt; in dieser Funktion verblieb sie bis zu ihrer erneuten Berufung zum Handelsrat an die DDR-Botschaft in Warschau Anfang 1969, wo sie die handelspolitische Abteilung leitet.[156]

Als die DDR im Oktober 1966 Generalkonsulate in Kiew und Leningrad errichtete, wurde Irmgard Sickert die Leitung der Vertretung in Kiew übertragen und ihr der Rang eines Generalkonsuls verliehen.[157] Sie hatte nach 1946 zunächst einige Jahre am Leipziger Rundfunk gearbeitet und war seit 1951 in verschiedenen Abteilungen des Ministeriums für Auswärtige Angelegenheiten (u. a. als Leiter der Abteilung Auslandspropaganda und der Amerika-Abteilung bzw. als stellvertretender Leiter der 1. Außereuropäischen Abteilung) sowie in den Botschaften der DDR in Prag (als Presseattaché) und Peking (als 3. Botschaftssekretär) tätig.[158]

Für alle Frauen, die Führungsfunktionen im diplomatischen Dienst bekleiden, trifft die gleiche Feststellung zu wie für die Spitzenfunktionärinnen des Regierungsapparates: sie sind ausnahmslos Mitglieder der SED. Dies gilt im übrigen allgemein für alle Diplomaten, die in den Auslandsvertretungen der DDR leitende Positionen einnehmen. Somit haben die weiblichen Mitglieder der „bürgerlichen" Parteien überhaupt keine Chance, in diesem Teilgebiet staatlicher Tätigkeit eine politische Karriere zu starten. Ist schon die Anzahl der Frauen in den Spitzenfunktionen des auswärtigen Dienstes sehr gering, so wird zudem nur unter den weiblichen SED-Mitgliedern eine Selektion getroffen.

Zwar hat die DDR bereits im Jahre 1950 den ersten weiblichen Botschafter berufen, zu einem Zeitpunkt also, als erst in zehn Ländern Diplomatische Missionen bestanden[159]; die Ausweitung ihrer internationalen Beziehungen in den 60er Jahren, insbesondere zu den Ländern der Dritten Welt, hat jedoch keineswegs die Anzahl weiblicher Karrierediplomaten gleichermaßen steigen lassen. Im Gegenteil: seit der Abberufung Eleonore Staimers stehen nahezu alle Auslandsvertretungen der DDR unter männlicher Führung.[160] Der für den gesamten Staatsapparat beobachtete Rückgang des weiblichen Anteils in Spitzenfunktionen zeigt sich ebenso deutlich in dem speziellen Bereich des auswärtigen Dienstes. Wenn auch bezweifelt werden muß, daß die DDR den Eintritt von Frauen in die diplomatische Laufbahn ablehnt[161] – dieser Interpretation widerspricht z. B. die Einsetzung Elfriede Wagners als Handelsrat in Budapest (1962) und Irmgard Sickerts als Generalkonsul in Kiew (1966) –, so sind doch keine effektiven Förderungsmaßnahmen erkennbar, mit deren Hilfe die weiblichen Mitarbeiter auf die Übernahme von Führungsfunktionen in Auslandsvertretungen vorbereitet werden.

Wie hoch der Frauenanteil am diplomatischen Personal insgesamt ist und auf welche weiblichen Kaderreserven das Ministerium für Auswärtige Angelegenheiten bzw. die SED überhaupt zurückgreifen kann, läßt sich infolge der schwierigen Materiallage nicht feststellen.[162]

g) Zusammenfassung

Die voraufgegangene Untersuchung hat gezeigt, daß in den ersten Jahren nach Gründung der DDR eine größere Anzahl Frauen – allerdings fast ausnahmslos Mitglieder der SED – in der Spitze der staatlichen Verwaltung verantwortlich tätig war. Als Ressortchefs, Staatssekretäre, stellvertretende Minister und Diplomaten konnten sie nicht selten erheblichen Einfluß auf die Gestaltung der Politik nehmen und eigene Vorstellungen in die tägliche Arbeit einbringen. Wie auch im engeren Kreis der Parteiführung handelte es sich bei diesen Frauen durchweg um Altkommunistinnen, die zum Teil entscheidende und prägende Jahre im sowjetischen Exil verbracht hatten.

Die Ausweitung des Regierungsapparates einerseits und die allmähliche Ablösung der altgedienten Funktionärinnen andererseits ließen den weiblichen Anteil in den Spitzenfunktionen seit Ende der 50er Jahre rapide absinken, zumal nur vereinzelt Frauen aus der politischen Nachkriegsgeneration in führende Positionen der Exekutive übernommen wurden. Trotz der äußerst geringen weiblichen Mitwirkung in den verantwortlichen Stellen des zentralen Staatsapparates sollte man der SED aber keine Motive der Beabsichtigung unterstellen. Ihr ist allerdings der Vorwurf nicht zu ersparen, daß die Frauen bei kaderpolitischen Erwägungen ungenügend berücksichtigt und die Initiativen zur Förderung des weiblichen Nachwuchses in nachlässiger Weise gehandhabt werden. Denn der Rückgang des Frauenanteils in den Spitzenfunktionen des Staatsapparates läßt sich keineswegs mit einer mangelnden Qualifikation der Funktionärinnen und einem nur geringen Kaderreservoir begründen. Waren bereits die ersten weiblichen Minister als versierte Experten zu charakterisieren, so dürfte die SED heute auf Grund der ständig ansteigenden Zahlen von Hochschulabsolventinnen auf ein großes Reservoir fachlich gebildeter Frauen zurückgreifen können.

Der Wechsel zwischen männlicher und weiblicher Leitung eines Ministeriums verdeutlicht im übrigen, daß sich kein Ressort zur weiblichen Domäne entwickelt hat. Wenn sich auch die Mitwirkung von Frauen und ihr Einsatz in Spitzenfunktionen auf einige bestimmte Ministerien konzentriert — dies sind insbesondere die Ministerien für Volksbildung, für Handel und Versorgung und für Außenwirtschaft —, so ergibt sich daraus noch kein Anspruch auf ständige Besetzung der Ressortleitung oder wichtiger ministerieller Positionen mit weiblichen Kadern.[163] Es ist anzunehmen, daß die Parteiführung derartige Ansprüche nicht dulden würde. Für die Frauen selbst verringert sich damit aber die Gefahr, einseitig in spezielle Bereiche der staatlichen Verwaltung abgedrängt und auf die Ausübung bestimmter Leitungsfunktionen festgelegt zu werden.

3. Frauen im Staatsrat

a) Entstehung, Zusammensetzung und Machtbefugnisse des Staatsrates

Durch ein verfassungsänderndes Gesetz, das die Volkskammer am 12. September 1960 beschloß[164], trat der Staatsrat der DDR als kollektives Staatsoberhaupt an die Stelle des Präsidenten der Republik. Diese Umstrukturierung erfolgte bereits einige Tage nach dem Tode des ersten Präsidenten der DDR, Wilhelm Pieck, der dieses Amt seit der Staatsgründung im Oktober 1949 ausgeübt hatte.

Die sich daraus ergebenden weitreichenden verfassungsrechtlichen Änderungen wurden mit den gewandelten politischen und gesellschaftlichen Verhältnissen begründet. Die Weiterentwicklung der sozialistischen Demokratie mache es notwendig, den Aufbau und die Arbeitsweise der staatlichen Institutionen dem erreichten Stand der gesellschaftlichen Entwicklung anzugleichen, „damit sie mit maximalem Erfolg ihren Aufgaben gerecht werden".[165] Der Volkskammer als höchstem Organ an der Spitze der Staatsmacht erwüchsen nunmehr gestiegene Anforderungen hinsichtlich der einheitlichen und qualifizierten Ausarbeitung und Durchführung der Politik, wozu dieses nur zeitweilig tagende Gremium auf Grund seiner Organisationsform und seines personellen Umfangs nicht imstande sei.

„Deshalb erwies es sich als notwendig, daß die Volkskammer aus sich heraus als Staatsoberhaupt ein kollektives Organ, den Staatsrat, schuf, der hohe Autorität mit den Vollmachten eines ständig arbeitenden Organs verbindet, das im Namen der Volkskammer als höchstem Machtorgan auch zwischen ihren Tagungen die Einheit der Staatspolitik gewährleistet . . ."[166]

Nach der Neufassung des Artikels 106 der Verfassung von 1949 (Artikel 71 ff. der Verfassung von 1968) nimmt der Staatsrat der DDR neben repräsentativen Funktionen oberste Zuständigkeiten auf dem Gebiet der Legislative, der Exekutive und der Rechtsprechung wahr. Er ratifiziert und kündigt internationale Verträge, erläßt Beschlüsse mit Gesetzeskraft, faßt grundsätzliche Beschlüsse zu Fragen der Verteidigung und Sicherheit des Landes und gibt allgemein verbindliche Auslegungen der Gesetze. Außerdem schreibt der Staatsrat die Wahlen zur Volkskammer aus und kann eine allgemeine Volksbefragung vornehmen. Die Fülle dieser Kompetenzen überschreitet in starkem Maße die Befugnisse des ehemaligen Präsidenten der Republik, der nur eine schwache Stellung hatte und im wesentlichen die repräsentativen Aufgaben eines Staatsoberhauptes wahrnahm.[167]

Der Staatsrat besteht aus dem Vorsitzenden, sechs Stellvertretern des Vorsitzenden, 16 Mitgliedern (seit 1971: 17 Mitglieder) und dem Sekretär. Lediglich der Vorsitzende und der Sekretär üben ihre Funktion hauptamtlich aus, die übrigen Mitglieder sind ehrenamtlich tätig. Die Leitung der Arbeit des Staatsrates obliegt seinem Vorsitzenden; er ist damit nicht „primus inter pares", sondern gewinnt einen maßgeblichen Einfluß auf die Politik und die Arbeit des Staatsrates.[168] Die ganze Machtfülle dieses Organs vereinigt sich in der Funktion des Vorsitzenden, der den Staatsrat nach außen und die Republik völkerrechtlich vertritt (Artikel 107 der Verfassung von 1949), was seine führende Stellung noch zusätzlich verstärkt.

Westliche Beobachter teilen die Meinung, daß die Institution des Staatsrates allein auf die Person ihres Vorsitzenden, Walter Ulbricht, zugeschnitten worden ist[169], der dieses Amt seit September 1960 ausübt. Da er bis Mai 1971 zugleich als Erster Sekretär des Zentralkomitees der SED fungierte, waren in diesem Zeitraum Partei- und Staatsführung in Personalunion verbunden. Carola Stern urteilte deshalb, Walter Ulbricht hätte sich mit dem Staatsrat

„eine Institution geschaffen, die es ihm ermöglicht, Partei- und Staatsmacht in einer Person zu vereinen, als Staatsoberhaupt zu wirken und seinen mit zunehmendem Alter immer stärker werdenden Wunsch zu befriedigen, als Landesvater des ‚ersten Arbeiter- und Bauernstaates' geehrt zu werden".[170]

b) Der Frauenanteil im Staatsrat

Die personelle Zusammensetzung des kollektiven Staatsoberhauptes soll die „Einheit der staatlichen Führung mit der patriotischen Einheit der Bevölkerung" verkörpern.[171] Deshalb gehören dem Staatsrat Persönlichkeiten aus den verschiedensten Berufs- und Bevölkerungsschichten und allen Gebieten der DDR an.[172]

Seit der Bildung dieses Gremiums haben stets einige Frauen als Mitglieder fungiert, was angesichts des Repräsentativcharakters seiner Personalstruktur als geradezu unabdingbar erscheint. Ihre Mitarbeit kann deshalb nicht als besonders bemerkenswert angesehen werden. In der ersten Wahlperiode gehörten dem Staatsrat allerdings nur zwei weibliche Mitglieder an, was einem Anteil von 8,3 Prozent entspricht; inzwischen hat sich ihre Anzahl auf 5 = 20,8 Prozent (1967) bzw. 20,0 Prozent (1971) erhöht (siehe Tabelle 46).

Der recht niedrige Frauenanteil im Staatsrat zum Zeitpunkt seiner Bildung und die rasche und beträchtliche Erhöhung der weiblichen Mitgliederzahl bis November 1964 gibt — unter Berücksichtigung der bisherigen Untersuchungsergebnisse — zu einigen Überlegungen Anlaß. Obwohl der Zuständigkeitsbereich des Staatsrates seit seinem Bestehen keine Schmälerung erfuhr, hat sich der Frauenanteil in diesem Organ innerhalb einer kurzen Frist mehr als verdoppelt. Es ist deshalb zu vermuten, daß die anfangs nur geringe weibliche Beteiligung unmittelbar mit den machtpolitischen Überlegungen und internen Auseinandersetzungen in Zusammenhang steht, die der Bildung des Staatsrates vorausgingen[173] und in der ersten Zeit seines Bestehens zu Verlagerungen von Zuständigkeiten führten, was in der geänderten Verfassung nicht vorgesehen war. Das neugegründete Organ mußte sich zunächst in den Aufbau der staatlichen Verwaltung einfügen und unter Wahrnehmung der ihm übertragenen Kompetenzen alle anderen zentralen Staatsorgane sich unterordnen. Darüber hinaus wurde bereits in der Anfangsphase die Tendenz deutlich, die Stellung Walter Ulbrichts als Vorsitzender des Staatsrates weiter auszubauen und seine Position gegenüber den Mitgliedern zu stärken.[174] In diesen bedeutsamen machtpolitischen Vorgängen und Veränderungen dürfte die Ursache für den zunächst nur geringen weiblichen Anteil an der Mitgliedschaft liegen; entsprechende Erscheinungen wurden bereits oben für den Partei- und Regierungsapparat festgestellt. Erst nachdem der Prozeß der institutionellen und personellen Konsolidierung abgeschlossen war, erhöhte sich der Frauenanteil im Staatsrat sehr schnell.

Wie oben ausführlich dargelegt wurde, deutet die geringe weibliche Mitwirkung in einem politischen Gremium auf dessen umfassende Machtbefugnisse hin (und umgekehrt). Auf den mit einer Fülle von weitreichenden Kompetenzen versehenen Staatsrat läßt sich diese These ebenfalls übertragen, wenn auch der weibliche Anteil mit rund 20 Prozent recht hoch ist. Die ihm angehörenden Frauen fungieren jedoch lediglich als einfache Mitglieder dieses Organs, während alle wichtigeren und insbesondere die wesentlichen Positionen von Männern eingenommen werden: nämlich das Amt des Staatsratsvorsitzenden, des Sekretärs und der Stellvertreter. Während der Vorsitzende und der Sekretär ihre Funktion hauptamtlich ausüben, sind die Stellvertreter und die übrigen Mitglieder ehrenamtlich tätig. Sie nehmen deshalb an der Erledigung der laufenden Staatsgeschäfte nicht teil; vielmehr ist ihre Mitwirkung

Tabelle 46: Der Frauenanteil im Staatsrat der DDR (1960–1971)

Jahr	Vorsitzender	Stellvertretende Vorsitzende		Mitglieder (einschl. Vorsitzendem, stellv. Vors., Sekr.)		
		insgesamt	davon Frauen	insgesamt	davon Frauen (Name)	Frauen in %[1]
1. Wahlperiode September 1960[2]	Ulbricht, Walter	6	–	24	Ermisch, Luise Neumann, Irmgard	8,3
2. Wahlperiode November 1963[3]	Ulbricht, Walter	6	–	24	Herforth, Lieselott Merke, Else Pappe, Christel	12,5
3. Wahlperiode Juli 1967[4]	Ulbricht, Walter	6	–	24	Hanke, Brunhilde[6] Herforth, Lieselott Merke, Else Neumann, Anni[6] Schneider, Maria	20,8
4. Wahlperiode November 1971[5]	Ulbricht, Walter	6	–	25	Hanke, Brunhilde Herforth, Lieselott Müller, Margarete[7] Thiele, Ilse Walther, Rosel	20,0

1 Die Prozentsätze wurden von der Verfasserin errechnet.
2 Vgl. Dokumente über die Bildung des Staatsrates der DDR (Anm. VI/172), S. 15 ff.
3 Vgl. Der Staatsrat der Deutschen Demokratischen Republik. Unser neuer Staatsrat. Dokumente zur Wahl und Zusammensetzung des Staatsrates der Deutschen Demokratischen Republik der 2. Wahlperiode. Schriftenreihe des Staatsrates der DDR, 1963, H. 6. Berlin-Ost 1963, S. 15. Zum veränderten Stand von Anfang 1965 vgl. Staatsrat und Regierung der DDR (Anm. Tab. 43/7).
4 Vgl. Der Staatsrat der Deutschen Demokratischen Republik. 3. Wahlperiode. Dokumente zur Wahl und Zusammensetzung des Staatsrates der Deutschen Demokratischen Republik der 3. Wahlperiode. Hrsg. von der Kanzlei des Staatsrates der DDR. Schriftenreihe des Staatsrates der DDR, 3. Wahlperiode, H. 1. Berlin-Ost 1967, S. 17.
5 Vgl. Neues Deutschland, 27.11. 1971, S. 3.
6 Brunhilde Hanke und Anni Neumann wurden am 19. November 1964 zu neuen Mitgliedern des Staatsrates gewählt; vgl. Neues Deutschland, 20. 11. 1964, S. 5.
7 Es handelt sich um die LPG-Vorsitzende und Kandidat des Politbüros, Margarete Müller.

auf die Beratungen und Abstimmungen in den Sitzungen des Staatsrates beschränkt, die in der Regel monatlich stattfinden. Letztlich spielen also die weiblichen Mitglieder — wie das Kollegium des Rates insgesamt — eine recht einflußlose Rolle, und ein relativ hoher Frauenanteil in diesem Gremium ist durchaus möglich.

Wenn auch das Amt eines Stellvertreters primär einen repräsentativen Charakter hat, so kann es bei einer Stellvertretung Ulbrichts allerdings an Bedeutung gewinnen. Diese Funktion wurde aber bisher ebenfalls noch nicht von einer Frau ausgeübt, sondern ist den Vorsitzenden der „bürgerlichen" Parteien, dem Ministerratsvorsitzenden und dem Volkskammerpräsidenten vorbehalten.[175] Es erscheint im übrigen vorläufig als undenkbar, daß eine Frau in diese Funktion gewählt wird und anstelle des Staatsratsvorsitzenden die Rechte und Pflichten eines Staatsoberhauptes der DDR wahrnimmt, so z. B. hohe ausländische Gäste empfängt und Orden und Auszeichnungen verleiht.

c) Die weiblichen Mitglieder des Staatsrates als Repräsentanten von Berufs- und Bevölkerungsgruppen

Die angestrebte Repräsentation einzelner Berufs- und Bevölkerungsgruppen durch die Mitglieder des Staatsrates ist auch seitens der Frauen gegeben (siehe Tabelle 47), die zugleich die Gesamtheit ihrer Geschlechtsgenossinnen vertreten; die Wahl der Vorsitzenden des Demokratischen Frauenbundes, Ilse Thiele, zum Staatsratsmitglied (1971) hat überdies eine zusätzliche Repräsentation des weiblichen Geschlechts bewirkt.

Als Repräsentanten des politischen Bereichs erscheinen die Werkleiterin Luise Ermisch, bis 1963 Kandidat des Politbüros, die Kommunalpolitikerin Brunhilde Hanke, seit 1961 Oberbürgermeister von Potsdam, und die Direktorin der Zentralen Parteischule der NDPD, Rosel Walther. Gemessen an den führenden Funktionärinnen des Partei- und Staatsapparates können die beiden Erstgenannten jedoch nicht als wirklich kompetente Exponenten angesehen werden. Dasselbe trifft auch auf die Vertreterinnen der mittleren und leitenden Angestellten in der Industrie zu, die bisher nur in unbedeutenden politischen Funktionen tätig waren. Hier ist insbesondere die Chemie-Ingenieurin Christel Pappe zu nennen, von 1963 bis 1967 Mitglied des Staatsrates, die erst 1961 der SED beitrat und 1963 als Nachfolgekandidat der Volkskammer gewählt wurde. Die Physik-Professorin Lieselott Herforth kam anstelle des Vorsitzenden des Forschungsrates der DDR in den Staatsrat; wenn sie auch bislang nur unwesentliche Parteifunktionen ausgeübt hat, so gilt sie doch als anerkannte Wissenschaftlerin und profilierteste Frau in diesem Bereich. Von 1967 bis 1971 hatte auch die kleine sorbische Minderheit, die in der Niederlausitz beheimatet ist, mit Maria Schneider einen Repräsentanten im Staatsrat. Die bisherigen politischen Funktionen der kaufmännischen Direktorin beschränken sich auf eine zeitweise Abgeordnetentätigkeit in einer Gemeindevertretung und im Kreistag Bautzen.

Während alle hier genannten Frauen — mit Ausnahme von Rosel Walther — SED-Mitglieder sind, gehören zwei weibliche Vertreter der Landwirtschaft, Else Merke und Irmgard Neumann, der Demokratischen Bauernpartei an; beide Frauen arbeiten als Genossenschaftsbäuerinnen. Seit 1971 repräsentiert jedoch ebenfalls ein SED-Mitglied, die LPG-Vorsitzende Margarete Müller, den landwirtschaftlichen Bereich; sie kann zugleich als Vertreterin des Parteiapparates bezeichnet werden, da sie dem Politbüro als Kandidat angehört.

Eine Übersicht über die höchsten Funktionen, die von den weiblichen Staatsratsmitgliedern bisher in den Parteien und gesellschaftlichen Organisationen der DDR ausgeübt wurden, läßt ebenfalls erkennen, daß die politische Rolle einiger Frauen weder durch eine partei- noch durch eine gesellschaftspolitische Karriere untermauert ist, sondern sich primär aus ihrer beruflichen Stellung ableitet (siehe Tabelle 48). Ihre Führungstätigkeit beschränkt sich durchweg auf subalterne Organisationsbereiche, in denen sie als Leitungsmitglieder fungieren. Auffallend ist jedoch das Nachrücken weiblicher Parteielite in den Staatsrat der 4. Wahlperiode: alle drei Frauen, die im November 1971 zu neuen Mitgliedern dieses Organs gewählt wurden, gehören den Zentralvorständen ihrer Parteien an. Ob sich hierin ein neuer Trend in Richtung auf eine zahlreichere Besetzung des Staatsrates mit Parteifunktionären andeutet, muß vorerst noch abgewartet werden.

Bemerkenswert ist im übrigen die Parteikarriere von Else Merke. Auf dem VII. Parteitag der DBD im Mai 1963 wurde sie erstmalig in den zentralen Vorstand ihrer Partei gewählt und avancierte gleichzeitig zum Mitglied des Präsidiums des Parteivorstandes.[176] Im November 1963 erfolgte ihre Wahl zum Mitglied des Staatsrates. Sollte zwischen beiden Vorgängen ein Zusammenhang bestehen — und die Wahrscheinlichkeit ist groß, da Else Merke die Nachfolge ihrer Parteifreundin Irmgard Neumann antrat —, so bedeutete dies eine frühzeitige interne Regelung der personellen Veränderungen im Staatsrat. Die sofortige Wahl ins Präsidium der DBD ohne vorherige längere Zugehörigkeit zum Parteivorstand könnte insofern als eine taktische Maßnahme angesehen werden, als bewußte Betonung einer parteipolitischen Rolle Else Merkes, um ihre Stellung im Staatsrat aufzuwerten.

Wie aus Tabelle 48 ebenfalls hervorgeht, besteht eine auffallend enge personelle Verbindung zwischen dem Staatsrat und der Volkskammer, der nahezu alle weiblichen Mitglieder angehören. In dieser Erscheinung dürfte sich der Versuch äußern, „die staatsrechtliche Stellung des Staatsrates als wichtigstes Organ der Volkskammer"[177] auch in seiner Personalstruktur zu legitimieren. Insofern vertreten die Mitglieder des Staatsrates nicht nur bestimmte Bevölkerungs- und Berufsgruppen, sondern fungieren darüber hinaus als Repräsentanten des verfassungsmäßig höchsten Organs.

d) Zusammenfassung

Zusammenfassend kann festgestellt werden, daß die Frauen im Staatsrat keine *politische*, sondern eine *repräsentative* Rolle spielen. Einerseits verkörpern sie eine staatsrechtlich einzigartige Konstruktion, seitdem sich die Volkskammer mit dem Staatsrat „aus ihrer Mitte ein Organ geschaffen" hat, das zwischen den Plenartagungen die grundsätzlichen Aufgaben wahrnimmt, die sich aus ihren Gesetzen und Beschlüssen ergeben[178]; denn die weiblichen Mitglieder des Staatsrates sind in ihrer überwiegenden Mehrheit zugleich als Abgeordnete der Volkskammer tätig. Zum anderen verleihen sie „der gesellschaftlichen und beruflichen Vielgestaltigkeit" der zum Sozialismus strebenden DDR-Gesellschaft „beredten Ausdruck".[179]

Tabelle 47: Die weiblichen Mitglieder des Staatsrates der DDR (1960–1971) als Repräsentanten von Berufs- und Bevölkerungsgruppen[1]

Name	Parteizuge-hörigkeit	Ausgeübter Beruf	Repräsentierte Staats- und Wirtschaftsbereiche	Repräsentierte Bevölkerungsgruppen
Ermisch, Luise[2]	SED	Betriebsleiterin des VEB Bekleidungswerk Mühlhausen	Parteiapparat (Kandidat des Politbüros)	
Hanke, Brunhilde[3]	SED	Oberbürgermeister der Stadt Potsdam	Kommunalpolitik	
Herforth, Lieselott[4]	SED	Physikerin, Prof. Dr.-Ing., Direktor des Instituts für die Anwendung radioaktiver Isotope an der TU Dresden	Wissenschaftsorganisation	Wissenschaftler
Merke, Else[5]	DBD	Genossenschaftsbäuerin	Landwirtschaft	Bauernschaft
Müller, Margarete[6]	SED	Vorsitzende der LPG „Pionier" in Kotelow, Krs. Neubrandenburg	Landwirtschaft (zugleich Parteiapparat; Kandidat des Politbüros)	Bauernschaft
Neumann, Anni[7]	SED	Dipl.-Ing.-Ökonom für Schiffbau, Hauptabteilungs-leiter für Arbeitsökonomie im VEB Schiffswerft „Neptun", Rostock	Industrielle Produktion	Angestellte
Neumann, Irmgard[8]	DBD	Genossenschaftsbäuerin	Landwirtschaft	Bauernschaft
Pappe, Christel[9]	SED	Chemie-Ingenieur	Industrielle Produktion	Angestellte
Schneider, Maria[10]	SED	Dipl.-Ing.-Ökonom, Ökonomischer Leiter im VEB Fernmeldewerk Bautzen		Sorbische Minderheit
Thiele, Ilse[11]	SED	Vorsitzende des Bundesvorstandes des DFD	Massenorganisation	Frauen
Walther, Rosel[12]	NDPD	Direktorin der Zentralen Parteischule der NDPD	Parteiapparat	

1 Vgl. Richert, Macht ohne Mandat (Anm. IV/5), S. 71; Stern, Der Staatsrat der „DDR" (Anm. IV/74), S. 273; Die neue Zonenregierung, in: SBZ-Archiv, 1963, H. 22, S. 337; Frank, Henning, Der Staatsrat. Ulbrichts Machtinstrument, in: Christ und Welt, 29. 11. 1968, S. 6.
2 Biographische Angaben vgl. Dokumente über die Bildung des Staatsrates der DDR (Anm. VI/172), S. 75; Die Volkskammer der DDR, 4. Wahlperiode (Anm. IV/19), S. 219; SBZ-Biographie, 3. Aufl. (Anm. Tab. 9/1), S. 81.

3 Biographische Angaben vgl. Der Staatsrat der DDR, 3. Wahlperiode (Anm. IV/19), S. 294; dasselbe, 6. Wahlperiode (Anm. IV/19), S. 313; SBZ-Biographie, 3. Aufl. (Anm. IV/19), S. 407; A bis Z (Anm. II/158), S. 131 und S. 407; Die Volkskammer der DDR, 5. Wahlperiode (Anm. IV/19), S. 67; A bis Z (Anm. II/158), S. 761 (zur dortigen Funktionsangabe: 1952–1961 2. Sekretär der Bezirksleitung Potsdam, muß hinzugefügt werden: der FDJ).

4 Biographische Angaben vgl. Der Staatsrat der DDR, 2. Wahlperiode (Anm. IV/19), S. 63; dasselbe, 3. Wahlperiode (Anm. Tab. 46/4), S. 67; Die Volkskammer der DDR, 4. Wahlperiode (Anm. IV/19), S. 300; dasselbe, 5. Wahlperiode (Anm. IV/19), S. 311 f.; dasselbe, 6. Wahlperiode (Anm. IV/19), S. 332; SBZ-Biographie, 3. Aufl. (Anm. Tab. 9/1), S. 145; A bis Z (Anm. II/158), S. 762.

5 Biographische Angaben vgl. Der Staatsrat der DDR, 2. Wahlperiode (Anm. Tab. 46/3), S. 75; dasselbe, 3. Wahlperiode (Anm. Tab. 46/4), S. 75; Die Volkskammer der DDR, 4. Wahlperiode (Anm. IV/19), S. 419; dasselbe, 5. Wahlperiode (Anm. IV/19), S. 424; SBZ-Biographie, 3. Aufl. (Anm. Tab. 9/1), S. 236; A bis Z (Anm. II/158), S. 766.

6 Biographische Angaben vgl. Die Volkskammer der DDR, 6. Wahlperiode (Anm. IV/19), S. 482; SBZ-Biographie, 3. Aufl. (Anm. Tab. 9/1), S. 246; A bis Z (Anm. II/158), S. 767.

7 Biographische Angaben vgl. Der Staatsrat der DDR, 3. Wahlperiode (Anm. Tab. 46/4), S. 83; Die Volkskammer der DDR, 5. Wahlperiode (Anm. IV/19), S. 448; SBZ-Biographie, 3. Aufl. (Anm. Tab. 9/1), S. 253 und S. 407; A bis Z (Anm. II/158), S. 768.

8 Biographische Angaben vgl. Dokumente über die Bildung des Staatsrates der DDR (Anm. VI/172), S. 107; SBZ-Biographie, 3. Aufl. (Anm. Tab. 9/1), S. 253.

9 Biographische Angaben vgl. Der Staatsrat der DDR, 2. Wahlperiode (Anm. Tab. 46/3), S. 83; Die Volkskammer der DDR, 4. Wahlperiode (Anm. IV/19), S. 610; SBZ-Biographie, 3. Aufl. (Anm. Tab. 9/1), S. 261.

10 Biographische Angaben vgl. Der Staatsrat der DDR, 3. Wahlperiode (Anm. Tab. 46/4), S. 95; Die Volkskammer der DDR, 5. Wahlperiode (Anm. IV/19), S. 517; A bis Z (Anm. II/158), S. 770.

11 Biographische Angaben vgl. Die Volkskammer der DDR, 6. Wahlperiode (Anm. IV/19), S. 614; SBZ-Biographie, 3. Aufl. (Anm. Tab. 9/1), S. 350; A bis Z (Anm. II/158), S. 773.

12 Biographische Angaben vgl. Die Volkskammer der DDR, 6. Wahlperiode (Anm. IV/19), S. 641.

Tabelle 48: Die weiblichen Mitglieder des Staatsrates der DDR (1960–1971) nach politischen Funktionen und der Mitgliedschaft in der Volkskammer[1]

Name	Parteieintritt	Höchste ausgeübte Funktionen in Parteien und gesellschaftlichen Organisationen	Mitgliedschaft in der Volkskammer
Ermisch, Luise	1950 SED	seit 1954 Mitglied des ZK der SED, 1958–1963 Kandidat des Politbüros	seit 1950 Abgeordnete
Hanke, Brunhilde	1946 SED	seit 1952 Mitglied der Bezirksleitung Potsdam der SED; 1952–1963 Mitglied des Zentralrates der FDJ, 1952–1961 2. Sekretär der Bezirksleitung Potsdam der FDJ	seit 1963 Abgeordnete
Herforth, Lieselott	1963 SED	seit 1967 Mitglied der SED-Kreisleitung an der TU Dresden	seit 1963 Abgeordnete
Merke, Else	1948 DBD	seit 1963 Mitglied des Präsidiums des Parteivorstandes der DBD; seit 1964 stellvertretende Vorsitzende des Bundesvorstandes des DFD	seit 1953 Abgeordnete
Müller, Margarete	1951 SED	seit 1963 Mitglied des ZK der SED und Kandidat des Politbüros	seit 1963 Abgeordnete
Neumann, Anni	1949 SED	1949–1952 Mitglied des Zentralrates der FDJ	seit 1954 Abgeordnete
Neumann, Irmgard	DBD	seit 1963 Mitglied des Parteivorstandes der DBD; seit ca. 1957 Mitglied des Präsidiums des Bundesvorstandes des DFD	–
Pappe, Christel	1961 SED	seit 1962 Mitglied der zentralen Parteileitung der SED des VEB Büromaschinenwerk Sömmerda; seit 1962 Mitglied des Kreisvorstandes Sömmerda des DFD	1963–1967 Nachfolgekandidat
Schneider, Maria	1948 SED	1965–1967 Mitglied der APO-Leitung der SED; seit 1965 Mitglied des Gewerkschaftskomitees und des Gesellschaftlichen Rates der VVB Nachrichten- und Meßtechnik	seit 1967 Abgeordnete
Thiele, Ilse	1945 KPD/SED	seit 1954 Mitglied des ZK der SED; seit 1953 Vorsitzende des Bundesvorstandes des DFD; seit 1954 Mitglied des Präsidiums des Nationalrates der Nationalen Front	seit 1954 Abgeordnete
Walther, Rosel	1949 NDPD	seit 1963 Mitglied des Hauptausschusses, seit 1967 Mitglied des Parteivorstandes der NDPD; 1959–1965 Mitglied des Zentralausschusses und stellvertretende Vorsitzende des Präsidiums der Volkssolidarität; 1964–1969 Mitglied des Bundesvorstandes des DFD	1950–1958 und seit 1967 Abgeordnete

1 Literaturangaben zu den biographischen Daten siehe in Tabelle 47, Anmerkungen 2–12.

Es ist eine zweifache Repräsentationspflicht, der die Frauen im Staatsrat nachkommen. Wie alle Mitglieder stehen sie stellvertretend für bestimmte Berufs- und Gesellschaftsschichten, als Frauen repräsentieren sie zugleich die gesamte weibliche Bevölkerung und dokumentieren darüber hinaus, daß es ihnen in der DDR möglich ist, hohe Stellungen im politischen, wirtschaftlichen und gesellschaftlichen Leben einzunehmen.

Wenn auch Ulbricht in seiner Programmatischen Erklärung vom 4. Oktober 1960 ausführte, der Staatsrat sei auf Grund seiner personellen Zusammensetzung in der Lage, „die Probleme gründlich und allseitig zu beurteilen"[180], so läßt sich daraus keineswegs eine politische Wirksamkeit der weiblichen Mitglieder ableiten. Denn sie haben zum Teil keine führenden Positionen in den Zentralen der Parteien und Massenorganisationen inne; vielmehr üben sie untergeordnete politische Funktionen in örtlichen Gremien aus, die im günstigsten Fall einen lokal begrenzten Einfluß gestatten, zur Festigung der persönlichen Stellung und des politischen Gewichts im Staatsrat jedoch schwerlich beitragen können. Mit ihrer Wahl in den Staatsrat wird den meisten Frauen also letztlich eine zwar ehrenvolle, aber weitgehend bedeutungslose Funktion übertragen.

Schlußbetrachtung

Nach der Teilung Deutschlands und der Errichtung einer „antifaschistisch-demokratischen Ordnung" in der SBZ sah sich die SED vor die Aufgabe gestellt, die gesamte Bevölkerung – also auch die Frauen – in das neue Herrschaftssystem zu integrieren. Dieses Vorhaben war umso wichtiger, als es dazu diente, die usurpierte, mit Hilfe des sowjetischen Militärs abgesicherte Macht im Inneren durch eine loyale und systemkonforme Haltung der Bürger zu festigen.

Die umfassende Integration der Frauen in die neue Gesellschaftsordnung erforderte ihre gleichberechtigte Einbeziehung sowohl in das wirtschaftliche und soziale Leben als auch in die politische Arbeit. Dabei erscheint das anfängliche Bestreben der SED durchaus glaubwürdig, die Frauen nicht nur schlechthin „einzubeziehen", sondern sie darüber hinaus an der Bewältigung politisch-staatlicher Aufgaben verantwortlich teilnehmen zu lassen.

So bemühte sich die SED in den ersten Jahren nach ihrer Gründung um die Gewinnung zahlreicher weiblicher Mitglieder und deren aktive Mitwirkung in der allgemeinen Parteiarbeit. Neben der Teilnahme an den innerparteilichen Aufgaben hatten die weiblichen SED-Mitglieder eine weitere, nicht minder wichtige Funktion zu erfüllen: als engagierte und ideologisch bewußte Bürgerinnen sollten sie beispielgebend auf die Masse ihrer politisch uninteressierten und inaktiven oder sogar resistenten Geschlechtsgenossinnen einwirken und sie von der „historisch erwiesenen Richtigkeit" der Politik von Partei und Regierung überzeugen. Indem sie die politische Rolle der Frau im neuen Gesellschaftssystem vorlebten, würden von ihnen – wie die SED erhoffte – erzieherische Impulse auf die weibliche Bevölkerung ausgehen, die zu einer Festigung ihrer loyalen Haltung gegenüber der Staatsmacht beitrügen.

Nicht von ungefähr lag deshalb das Hauptarbeitsgebiet der weiblichen SED-Mitglieder im Rahmen der gesamten parteiinternen Aufgaben auf dem Sektor der Frauenarbeit. Einerseits neigten die Frauen anfangs noch selbst zu dieser Tätigkeit, weil sie sich hierfür als besonders geeignet empfanden; andererseits wurden sie von ihren männlichen Parteikollegen gezielt in dieses spezielle Aufgabengebiet geleitet. Vorurteile von Männern und Frauen gleichermaßen, die sich an den historisch überlieferten Vorstellungen von der weiblichen Rolle in der Gesellschaft orientierten, aber auch ein von den Männern befürchteter Konkurrenzdruck seitens der Frauen im Ringen um einflußreiche Parteipositionen führten zu dieser Entwicklung, unter deren Auswirkungen die gleichberechtigte und umfassende Mitarbeit der Frauen in der SED heute noch leidet.

So konzentriert sich die weibliche Mitwirkung in der Parteiarbeit – neben dem gesamten Gebiet der Frauenarbeit – vor allem auf die Bereiche der Agitation und Propaganda, der Wissenschaft, Volksbildung und Kultur sowie der internen Parteijustiz.

Die hauptamtlichen Mitarbeiterinnen des zentralen SED-Apparates sowie der regionalen operativen Organe (Sekretariate der Bezirksleitungen) sind insbesondere in diesen Teilbereichen der Politik tätig. Die Spezialisierung der weiblichen Mitglieder und Funktionäre auf einzelne Gebiete der Parteiarbeit verhindert zwar ihre generelle Mitentscheidung über alle Grundfragen der Politik; vermutlich liegen dem schwerpunktmäßigen Wirken der Frauen aber auch Sachzwänge zugrunde, die sich aus der zunehmenden Differenzierung und Kompliziertheit politischer Prozesse ergeben und die weibliche Mitarbeit in der Politik nur auf diese eingrenzende Weise ermöglichen.

Unzureichende Maßnahmen zur politischen Schulung der weiblichen Mitglieder haben ebenfalls deren umfassende Integration in das Parteileben erschwert, ihre qualifizierte Mitarbeit an der Lösung anstehender Aufgaben und insbesondere die Übernahme verantwortlicher Parteifunktionen behindert. Während sich die SED in den ausgehenden 40er Jahren zunächst intensiv der politischen Schulung ihrer weiblichen Mitglieder widmete, um den Frauen die notwendigen Kenntnisse für die Bewältigung ihrer Parteiarbeit — speziell der Frauenarbeit — zu vermitteln, wurden diese Aufgaben in der Folgezeit mehr und mehr vernachlässigt und die Frauen im Schulungsprogramm nur unzureichend berücksichtigt. Das Nachlassen der weiblichen Mitarbeit in der Partei im Laufe der 50er Jahre und das Absinken des weiblichen Anteils in den Führungspositionen dürften hierin eine wesentliche Ursache haben.

Während die Frauen rund ein Viertel der SED-Mitgliedschaft ausmachen, sind sie in jenen Parteifunktionen in entsprechenden Anteilen oder sogar überproportional vertreten, die lediglich repräsentativen oder beratenden Charakter haben oder denen wohl ein Stimmrecht, aber keine Einflußnahme auf politische Entscheidungsprozesse zukommt. Dies gilt sowohl für die weibliche Mitwirkung in den verschiedenen Gremien der SED-Parteitage als auch für ihre Wahl in die Leitungsorgane der unteren und mittleren Organisationsebene.

Mit zunehmendem Kompetenzbereich und sich ausweitenden Machtbefugnissen sinkt der Frauenanteil hingegen rapide ab. Einerseits verringert er sich in den verschiedenen Parteigremien auf gleicher Organisationsstufe, und zwar entsprechend der funktionalen Stellung der abstimmungsbefugten Leitungen und ihrer entscheidungsberechtigten Exekutivorgane sowie der daneben bestehenden Kontroll- und Revisionskommissionen. Andererseits nimmt der weibliche Anteil in Parteigremien gleicher Aufgabenstellung und Zuständigkeit von einer Organisationsebene zur nächst höheren ab. Es liegt also eine doppelte Stufung des Frauenanteils vor, analog zum territorial gegliederten Parteiaufbau sowie zur internen Machthierarchie der Partei „leitungen" und ihrer politischen Entscheidungs- und Vollzugsorgane.

In nahezu allen Parteigremien nehmen die weiblichen SED-Mitglieder besonders zahlreich den Status von Kandidaten ein. Diese Funktion erweist sich aber gerade bei Frauen als sehr instabil und ist gekennzeichnet durch eine erhebliche Fluktuation. Während die Kandidatur für Männer vielfach eine Stufe der Vorbereitung und Anwartschaft auf die Vollmitgliedschaft darstellt, charakterisiert sie sich für Frauen — entgegen der verbalen Bedeutung — als eine Art „Ehrenmitgliedschaft" von zumeist kurz bemessener Dauer.

Dagegen erweist sich die Stellung der Frauen im obersten Leitungsorgan der SED als gesichert und gefestigt. Die weiblichen Mitglieder des Zentralkomitees unterliegen in weit geringerem Maße der Fluktuation als die Männer; es sind ausgeprägte Beharrungstendenzen sichtbar, die auf eine möglicherweise sehr sorgfältige Selektion der Frauen vor ihrer Aufnahme in dieses Gremium schließen lassen. Wenn auch nur wenige weibliche Mitglieder dem Zentralkomitee angehören, so kann doch in ihrer gefestigten Position ein Äquivalent für die geringe zahlenmäßige Repräsentation der Frauen gesehen werden.

Die Führungsfunktionen der Partei auf Bezirks- und zentraler Ebene – insbesondere die Spitzenpositionen – werden weitestgehend bzw. ausschließlich von Männern eingenommen, und an dieser Konstellation hat sich in den über 25 Jahren des Bestehens der SED nichts geändert. Besonders extrem zeigt sich diese Situation im Machtzentrum der Partei, dem Politbüro, dem zwar bisher einige Frauen als Kandidaten angehörten und die auch vereinzelt über einen beträchtlichen Handlungs- und Entscheidungsspielraum verfügten. Aber zur Vollmitgliedschaft ist bisher noch keine Frau aufgestiegen.

Der innerparteilichen Situation der Frauen gleicht die weibliche Mitarbeit im Staatsapparat der DDR. So ist auch im Bereich der Administration eine doppelte Stufung des Frauenanteils erkennbar, die sich einerseits aus dem territorialen Zuständigkeitsbereich der Verwaltungseinheit und damit ihrer Rolle im zentralistischen Staatsgefüge ergibt und deren Ursache andererseits in der internen Hierarchie der Funktionsträger liegt. Während in den unteren Chargen der Exekutive, vor allem in Positionen mit lokal begrenzter Zuständigkeit, die Frauen recht zahlreich vertreten sind – wie die große Anzahl weiblicher Bürgermeister zeigt –, verringert sich ihr Anteil in den Räten der Kreise und Bezirke, also bei zunehmender Machtstellung der Staatsorgane, erheblich. Besonders gering ist der weibliche Anteil im zentralen Regierungsapparat der DDR; zwar waren in den 50er Jahren mehrere Frauen in wesentlichen Führungsfunktionen tätig, aber nach ihrer Ablösung rückten kaum noch weibliche Nachwuchskräfte in die leitenden Positionen der Exekutive vor, so daß speziell in diesem Bereich eine rückläufige Tendenz sichtbar wird.

Bisher haben vier Frauen – zum Teil äußerst langfristig – das Amt eines Ministers bekleidet; zwei weitere standen im Rang eines Ministers. Demgegenüber finden sich nur wenige Frauen unter den zahlreichen Vorsitzenden zentraler staatlicher Institutionen. Die meisten Spitzenfunktionärinnen des Staatsapparates indessen waren bzw. sind als Staatssekretäre und/oder stellvertretende Minister tätig. In diesen Funktionsbereichen haben sich 1958 charakteristische Veränderungen bei den Frauen ergeben: während in den 50er Jahren die Anzahl weiblicher Staatssekretäre die der stellvertretenden Minister überwog, bekleiden Frauen seitdem nur noch die letztere, rangniedrigere Funktion.

Wie bei Männern, so besteht auch bei Frauen eine enge personelle Verbindung zwischen dem Parteiapparat der SED und der Exekutive: die Spitzenfunktionärinnen des Staatsapparates gehören fast ausschließlich der SED an. Die weiblichen Mitglieder der „bürgerlichen" Parteien hingegen spielen in der Exekutive kaum eine Rolle; ihre politische Karriere erstreckt sich im wesentlichen auf Führungsfunktionen in ihren eigenen Parteien sowie in den Volksvertretungen und bleibt damit letztlich begrenzt.

Als relativ begrenzt auf bestimmte politische Sachbereiche erweisen sich zudem die weibliche Mitarbeit im Staatsapparat und der Einsatz von Frauen in Spitzenfunktionen.

Die Staatsfunktionärinnen sind überwiegend in den Ministerien für Volksbildung, für Handel und Versorgung sowie für Außenwirtschaft tätig. Trotz dieser recht einseitigen Sachorientierung hat sich aber bislang kein Ressort zur ausgesprochen weiblichen Domäne entwickelt; ebensowenig besteht ein — wenn auch nur fiktiver — Anspruch auf ständige Besetzung einer Ressortleitung oder bestimmter ministerieller Positionen mit Frauen.

Eine nahezu kontinuierlich sich ausweitende weibliche Mitwirkung ist nur in den Gremien der Legislative gegeben: in zunehmendem Maße werden weibliche Kandidaten für die Volksvertretungen nominiert, deren Wahlchancen auf Grund der Abstimmung über Einheitslisten absolut gesichert sind. Die umfangreiche Einbeziehung von Frauen in die Parlamente der DDR ist aber nicht zuletzt ideologisch motiviert; denn nach Ansicht der SED dokumentiert sich die politische Rolle der Frau in der Funktion des Volksvertreters, und eine große Anzahl weiblicher Abgeordneter gilt als sichtbares Zeichen für die Verwirklichung der Gleichberechtigung auch im Bereich der Politik. Da jedoch die politischen Entscheidungen — ungeachtet des verfassungsrechtlichen Primats der Volksvertretungen vor allen anderen Staatsorganen — in den operativen Führungsgremien der SED getroffen werden, ist die Rolle der Frauen in den Parlamenten politisch ineffektiv und vielmehr repräsentativ.

Obwohl die weiblichen Abgeordneten die politische Emanzipation der Frauen in der DDR verkörpern sollen, deuten verschiedene Fakten darauf hin, daß sie keine völlig gleichberechtigte Stellung in den Volksvertretungen einnehmen. Zwar sind rund ein Drittel aller Abgeordneten Frauen, doch steht das Ausmaß ihrer Einbeziehung in die Vertretungskörperschaften der verschiedenen Verwaltungsebenen in Zusammenhang mit der jeweiligen Gemeinde- bzw. Gebietsgröße und damit in Zusammenhang mit den politischen Möglichkeiten und dem Entscheidungsspielraum von Volksvertretern: in den Parlamenten kleinerer Gemeinden, in denen noch eigene Entscheidungen der Abgeordneten über Fragen von untergeordneter Bedeutung im Rahmen der lokalen Zuständigkeit möglich sind, arbeiten die Frauen in geringerer Anzahl mit als in den entsprechenden, politisch wirkungslosen Organen auf Bezirks- und zentraler Ebene, die als wesentlichste Aufgabe die „kulturell-erzieherische Funktion" des sozialistischen Staates wahrnehmen.

Auch in der obersten Volksvertretung der DDR, der Volkskammer, besteht keine generelle und umfassende Integration der Frauen in die parlamentarische Tätigkeit. So unterliegen die weiblichen Abgeordneten einer stärkeren Fluktuation als ihre männlichen Kollegen; ihre Mandatsdauer ist mit nur ein bis zwei Legislaturperioden relativ kurz bemessen, so daß die geringe Kontinuität einer effektiven Mitarbeit entgegensteht. Zudem werden die parlamentarischen Führungsfunktionen — Fraktions- und Ausschußvorsitz — trotz des hohen Frauenanteils in der Volkskammer überwiegend von Männern ausgeübt. Schließlich konzentriert sich die weibliche Mitarbeit in der obersten Volksvertretung auf die sozial-, kultur- und handelspolitischen Ausschüsse und ist damit ebenfalls auf Teilbereiche der Politik begrenzt.

Die einseitige Beschränkung der Funktionärinnen auf spezielle politische Gebiete, nämlich auf die typischen „Frauenaufgaben" — und zwar sowohl innerhalb der SED im Rahmen der Parteiarbeit als auch innerhalb der Legislative und Exekutive —, ist kennzeichnend für die noch *ungenügende* politische Emanzipation der Frauen in der DDR.

Trotz der angestrebten allseitigen Einbeziehung der Frauen in die Politik kann weder von einer gleichberechtigten Mitwirkung noch von einer effektiven Mitentscheidung in allen Bereichen des politisch-staatlichen Lebens die Rede sein; von einer Teilhabe an der politischen Macht sind die Frauen in der DDR noch beträchtlich entfernt.

Die mangelnde Repräsentation der Frauen — nicht nur speziell in politischen Leitungsfunktionen, sondern generell in gesellschaftlichen und wirtschaftlichen Führungspositionen — wird von der SED bereits seit Jahren gesehen und zumindest verbal verurteilt. So kritisierte der 1. Sekretär der SED-Bezirksleitung Potsdam, Kurt Seibt, 1960:

„Weder in der Partei noch im Staatsapparat, oder sonst irgendwo im gesellschaftlichen Leben, wo es um die Frauen geht –, haben sie die ihnen gebührende Stellung."[1]

Und einige Tage vor Beginn des 2. Frauenkongresses der DDR 1969 veröffentlichte „Neues Deutschland" eine recht vielsagende Karrikatur. Die Darstellung zeigt eine Frau, die mißmutig und mit hängenden Armen vor einem großen Steuerrad steht. Hinter ihr steht ein selbstsicher und zufrieden lächelnder Mann, der mit weit ausgestreckten Armen über sie hinweg greifend das Ruder fest in beiden Händen hält. Der Kommentar zu diesem Bild lautet: „Siehste, nun haste 'ne leitende Stellung!"[2]

Wenn auch diese unbefriedigende Situation von der SED erkannt wird, so hat sie doch wenig überzeugende Schritte unternommen und Maßnahmen ergriffen, um mehr Frauen auf die Übernahme verantwortlicher Leitungstätigkeiten im Partei- und Staatsapparat vorzubereiten und sie in größerem Umfang an der Ausübung tatsächlicher politischer Macht zu beteiligen. In dieser Hinsicht unterscheidet sich die DDR nicht von anderen sozialistischen Staaten.[3]

Die *Hindernisse,* die einer verstärkten Einbeziehung von Frauen in den politischen Entscheidungsprozeß im Wege stehen, sind sehr komplex. Einige sollen im folgenden genannt werden, ohne jedoch festlegen zu können, als wie erschwerend und hemmend sie sich im einzelnen erweisen:

1. Ein wesentlicher Grund für die geringe weibliche Beteiligung an der Partei- und Staatsführung ist in einer Fülle von Vorurteilen gegen Frauen-Karrieren zu sehen, die in der DDR-Bevölkerung auch heute noch tief verwurzelt sind und sich an historisch überlieferten Geschlechtsrollen-Klischees orientieren. Derartige Ansichten werden auch von Partei- und Staatsfunktionären gepflegt, obwohl es nicht an Mahnungen seitens der SED ermangelt, solchen Hemmnissen energisch entgegenzutreten. Die französischen Journalisten Nicole Bernheim und Thomas Schreiber spezifizieren die Vorurteile der Funktionäre und sprechen in diesem Sinne sogar von einem „Mißtrauen" der politischen Führer sozialistischer Demokratien gegenüber den Frauen, was sie allerdings nicht mit einer ausgesprochenen „Frauenfeindschaft" gleichgesetzt wissen wollen. Die Gründe für dieses Mißtrauen seien vielmehr politischer Natur: die altgedienten kommunistischen Parteifunktionäre, die in allen Ostblockstaaten weiterhin einflußreich seien, neigten noch dazu, Frauen als „ideologisch unbeständig" zu beurteilen.[4]

Die Vermutung liegt nahe, daß auch die SED- bzw. DDR-Führung ein solches ideologisch motiviertes „Mißtrauen" gegenüber politisch engagierten und karrieristisch ambitionierten Frauen hegt. Ihr „Mißtrauen" richtet sich insbesondere gegen die weiblichen Mitglieder der „bürgerlichen" Parteien, die kaum über Chancen des Aufstiegs in staatliche Spitzenpositionen verfügen, aber auch gegen die weiblichen SED-Mitglieder selbst. Als Indiz hierfür können die Richtlinien, die den Parteiwahlen zugrunde liegen, herangezogen werden. Zwar soll bei diesen Wahlen die künftige sozialstrukturelle Zusammensetzung der Leitungsorgane berücksichtigt werden, doch erfolgt die Auslese der Funktionäre und Kader primär unter dem Gesichtspunkt ihrer politischen Zuverlässigkeit und Parteidisziplin. In diesem Zusammenhang läßt der geringe weibliche Anteil vor allem in den operativen Führungsgremien der SED darauf schließen, daß den Frauen eine gewisse politisch-ideologische Unbeständigkeit unterstellt wird.

Des weiteren sei hervorgehoben, daß sich die im Partei- und Staatsapparat tätigen Funktionärinnen besonders zahlreich aus Altkommunistinnen rekrutieren, aus langgedienten und bewährten Parteimitgliedern also, die noch in den „revolutionären Traditionen der deutschen Arbeiterbewegung" verwurzelt sind. Die Heranziehung von Frauen aus der politischen Nachkriegsgeneration ist hingegen nur zögernd erfolgt.

Wie die vorliegende Untersuchung außerdem zeigen konnte, ist die Mitarbeit und damit der politische Einfluß der Frauen in Partei und Staat stets in Zeiten organisatorischer Umstrukturierungen und ideologischer Klärungsprozesse zurückgedrängt worden. Derartige personelle Konsequenzen deuten darauf hin, daß sich die DDR-Führung – ob bewußt und begründet oder mehr intuitiv, muß dahingestellt bleiben – der absoluten Linientreue und ideologischen Zuverlässigkeit der Frauen nicht unbedingt sicher ist.

Schließlich sind auch die permanenten Bemühungen der SED um eine politisch-ideologische Erziehung der weiblichen Bevölkerung zu nennen, die vermutlich einem Gefühl des Zweifels an der klassenbewußten und loyalen Haltung der Frauen gegenüber der Staatsmacht entspringen. So steht die politisch-ideologische Aufklärungsarbeit unter der weiblichen Bevölkerung im Vordergrund aller Maßnahmen der SED-Frauenpolitik und ist ein primäres Anliegen aller Organe, die auf diesem Arbeitsgebiet tätig sind.

Ob es sich bei dem „Mißtrauen" gegenüber den Frauen lediglich um ein Generationsproblem handelt, wie Bernheim und Schreiber es darstellen, das sich mit der Ablösung der „alten Garde" sozusagen von selbst überwindet, erscheint allerdings als zweifelhaft. Denn die Vorurteile sind zählebig und werden als „bürgerliches Erbe" von Männern und Frauen gleichermaßen überliefert und weitervermittelt.

2. Als weiteres Hindernis für den Aufstieg von Frauen in leitende Positionen innerhalb der zentralen Partei- und Staatsführung erweist sich der erhebliche Mangel an Spitzenfunktionärinnen in den politischen Vollzugsorganen der SED und den administrativen Gremien auf mittlerer Organisationsebene. In den Bezirken der DDR ruht die hauptamtliche Parteiarbeit und verantwortliche Verwaltungstätigkeit überwiegend in den Händen von Männern. Qualifizierte Frauen, die sich bereits in den örtlichen Exekutivorganen der Staatsmacht und in subalternen Parteileitungen mit lo-

kaler Zuständigkeit und begrenztem politischen Handlungsspielraum bewährt haben, werden – soweit bekannt – nicht systematisch auf die Übernahme verantwortlicher Tätigkeiten in den übergeordneten regionalen Gremien vorbereitet, die als Plattform für einen weiteren Aufstieg in die zentrale Partei- und Staatsführung dienen könnten. Im „Kaderentwicklungsprogramm" der SED, das sich speziell mit der Heranbildung zukünftiger Führungskräfte befaßt, scheinen die Frauen viel zu wenig berücksichtigt zu werden.

Zeigt sich im vertikalen Aufbau der Partei- und Staatsorgane bereits auf mittlerer Ebene eine ausgeprägte weibliche Unterrepräsentation in den Leitungsfunktionen, so fehlt es auch in den zentralen Apparaten an weiblichen potentiellen Führungskräften. Sowohl im ZK-Apparat der SED als auch in den Ministerien der DDR sind die höheren Positionen – insbesondere die Funktionen des Abteilungsleiters bzw. des stellvertretenden Ministers und Staatssekretärs – fast ausschließlich mit Männern besetzt. Infolgedessen bleibt das weibliche Kaderreservoir, aus dem heraus sich der weitere Aufstieg einzelner Frauen in die Machtzentrale der SED oder an die Spitze von Ministerien vollziehen könnte, permanent gering.

3. Die enge personelle Verknüpfung von Partei-, Staats- und Wirtschaftsapparat in der DDR wirkt sich ebenfalls nachteilig auf die gleichberechtigte Teilnahme von Frauen am politischen Entscheidungsprozeß aus. Bei einer Reihe von Funktionären verbinden sich hohe Positionen in der Staats- und Wirtschaftsführung mit einer entsprechend exponierten Stellung in der Parteihierarchie. Dadurch erlangen diese Funktionen eine solche Gewichtung, daß sie für Frauen fast noch schwerer zugänglich sind als die ausschließlich auf den Parteiapparat bezogenen hauptamtlichen Tätigkeiten. Weiterhin kann angenommen werden, daß die männlichen Inhaber dieser Partei- und Staats- bzw. Wirtschaftsfunktionen weibliche Positionsanwärter nicht primär als Kolleginnen betrachten – die als Frauen zudem einer besonderen Förderung bedürfen –, sondern als Konkurrenz im Streben nach politischer Macht empfinden.

4. Die Konzentration der weiblichen Mitarbeit in der Politik auf bestimmte Teilbereiche steht nicht nur einer umfassenden Integration der Frauen in die gesamte politische Arbeit entgegen, sondern auch einer verstärkten Übernahme verantwortlicher Leitungstätigkeiten in den Apparaten. Auf Grund dieser Eingrenzung auf spezielle Sachgebiete verringert sich die Anzahl von Partei- und Staatsfunktionen, die für Frauen „zugänglich" und in denen weibliche Karrieren möglich sind, ganz erheblich.

5. Die stärkere Belastung der Frauen und Mütter durch Beruf, Haushalt und Familie ist ebenfalls als wichtiger Grund für die geringe Anzahl weiblicher Polit-Karrieren zu nennen. Bereits im ersten Stadium gesellschaftlicher und politischer Aktivität sind die Frauen im allgemeinen ungünstigeren Bedingungen ausgesetzt als die Männer. Denn das politische Engagement beginnt mit der regelmäßigen Teilnahme an den Veranstaltungen der Grundeinheiten der Partei und der Übernahme ehrenamtlicher Funktionen; diese Tätigkeiten sind neben der Berufs- und Hausarbeit zu er-

ledigen und verkürzen die Freizeit. Die staatlichen Sozialeinrichtungen zur Betreuung der Kinder sowie das Dienstleistungswesen — auf diesen Gebieten bestehen immer noch erhebliche Engpässe und Mängel, die in der Öffentlichkeit permanent diskutiert werden — können die Frauen aber nur in bedingtem Maße entlasten und für zusätzliche politische Aktivitäten freistellen. Es besteht kein Zweifel, daß sich die Ambitionen engagierter Frauen negativ auf das Familienleben und die Haushaltsführung auswirken und es möglicherweise zu individuellen Schwierigkeiten kommt.

Der Faktor einer zusätzlichen Belastung verheirateter Frauen durch Haushalt und Familie betrifft auch speziell jene Funktionärinnen, die in den betrieblichen oder örtlichen Parteiorganisationen sowie in durchweg untergeordneten Stellungen der staatlichen Verwaltung tätig sind und zumeist nicht weniger beansprucht werden als die Inhaberinnen höherer und höchster Funktionen. Deren Position verschafft ihnen sogar eher die Möglichkeit, die vom Staat zur Verfügung gestellten Einrichtungen und Maßnahmen zur Erleichterung des Lebens und der Arbeit umfassend zu nutzen. Den meisten Funktionärinnen unterer Chargen dürfte es deshalb kaum möglich sein, sich über die Vielfalt ihrer Aufgaben und Pflichten hinweg intensiven Schulungsmaßnahmen zu unterziehen, um das Fundament für eine ungewisse politische Karriere zu legen.

6. In einer besonderen Weise wirkt sich der Zeitfaktor auch hemmend auf das weibliche Interesse am politischen Engagement aus. Als Ursache für ihren geringen Anteil in mittleren und leitenden Funktionen nennen die Frauen den zeitraubenden Arbeitsstil innerhalb der Leitungstätigkeit, der sie davor zurückschrecken läßt, ein politisches Amt zu übernehmen oder sich dafür qualifizieren zu lassen.

7. Seitens der Frauen selbst wird aber auch nicht genügend Druck auf die Partei- und Staatsführung ausgeübt, um einer größeren Anzahl ihrer Geschlechtsgenossinnen den Weg in die politischen Entscheidungsgremien zu ebnen. Allerdings fehlt es den DDR-Bürgerinnen an geeigneten Organen, die mächtig genug wären, ihren Forderungen Nachdruck zu verleihen. Weder die Einheitsorganisation der Frauen, der DFD, noch die Frauenkommissionen bei den Parteileitungen bieten sich für diesen Zweck an. Beide Organisationsformen sind zwar auf dem Gebiet der Frauenarbeit tätig, jedoch als Ausführungsorgane der von der SED konzipierten Politik. Einem Adressatenkreis zugewendet, der außerhalb der Partei steht, zielt ihre Tätigkeit auf eine politische Mobilisierung und Erziehung der weiblichen Bevölkerung ab, nicht aber auf eine parteiinterne Wahrnehmung der politischen Interessen der Frauen.

Angesichts des äußerst geringen Frauenanteils in den Spitzenpositionen der SED und der Exekutive, der mangelnden weiblichen Vertretung in den Zentren von Partei- und Staatsmacht und der daraus resultierenden ungenügenden Mitwirkung im politischen Entscheidungsprozeß ergibt sich insgesamt eine recht bescheidene Bilanz: man kann wohl von *Ansätzen* zur politischen Emanzipation der Frau sprechen, aber über dieses Stadium ist die DDR nicht weit hinausgekommen.

In Anlehnung an Lenins Ausspruch, jede Köchin müsse es lernen, den Staat zu lenken, resümieren deshalb Bernheim und Schreiber, der sozialistische Staat scheine zur Zeit keine Köchinnen zu benötigen.[5] Diese Ansicht bestätigt sich vorläufig auch für die DDR.

Anmerkungen

Einleitung

1 Vgl. Protokoll des II. Parteitages der Sozialistischen Einheitspartei Deutschlands. 20. bis 24. September 1947 in der Deutschen Staatsoper zu Berlin. Berlin-Ost 1947, S. 212.
2 Vgl. Resolution des II. Parteitages zur Frauenfrage, in: Dokumente der Sozialistischen Einheitspartei Deutschlands. Beschlüsse und Erklärungen des Zentralsekretariats und des Parteivorstandes. Band I. 1946 bis 1948. Berlin-Ost 1948, S. 220.
3 Vgl. Protokoll des II. Parteitages der SED (Anm. Einl./1), S. 29.
4 Entschließung des II. Parteitages zur politischen Lage, in: Dokumente der SED, Bd. I (Anm. Einl./2), S. 216.
5 Zur Diskussion über Stand und Aufgaben der DDR-Forschung vgl. Ludz, Peter Christian, Situation, Möglichkeiten und Aufgaben der DDR-Forschung, in: SBZ-Archiv, 1967, H. 20, S. 322 ff.; Thalheim, Karl C., Bemerkungen zum Stand und zu den Aufgaben der „DDR"-Forschung, in: Deutschland-Archiv, 1968, H. 2, S. 141 ff.; Richert, Ernst, Möglichkeiten und Grenzen der DDR-Forschung, in: ebenda, S. 144 ff.; Ludz, Peter Christian, Aktuelle oder strukturelle Schwächen der DDR-Forschung? in: Deutschland-Archiv, 1968, H. 3, S. 255 f.; Burrichter, Clemens, Fragen zu einer soziologischen Theorie der DDR-Gesellschaft, in: Deutschland-Archiv, 1969, H. 7, S. 698 ff.
6 Vgl. Bericht der Bundesregierung und Materialien zur Lage der Nation 1971. Hrsg. vom Bundesministerium für innerdeutsche Beziehungen. Bonn 1971, S. 4. Es ist darauf hinzuweisen, daß sich in den Materialien, die dem Bericht der Bundesregierung beigegeben sind und von einer Wissenschaftlergruppe unter Leitung von Peter Christian Ludz erarbeitet wurden, keinerlei Hinweise zur politischen Stellung der Frauen in beiden deutschen Staaten finden. Während die Situation der Jugend in Beruf, Gesellschaft und Politik in einem speziellen Kapitel abgehandelt wird, befaßt sich nur ein kurzer Passus mit dem Aspekt der Eingliederung der Frauen in das Erwerbsleben. Solche Fragen, wie die Bevölkerungs- und Erwerbsstruktur, soziale Sicherung, Bildung und Ausbildung, sind durchweg unter allgemeinen Gesichtspunkten betrachtet worden.

Vgl. ebenda, S. 65 ff., S. 155 ff. und S. 187 ff. Gleiches gilt auch für die Materialien zur Lage der Nation 1972, in denen die rechtliche Ordnung in beiden deutschen Staaten einander gegenübergestellt wird; vgl. Bericht der Bundesregierung und Materialien zur Lage der Nation 1972. Hrsg. vom Bundesministerium für innerdeutsche Beziehungen. Bonn 1972.
7 Bremme, Gabriele, Die politische Rolle der Frau in Deutschland. Eine Untersuchung über den Einfluß der Frauen bei Wahlen und ihre Teilnahme in Partei und Parlament. Schriftenreihe des UNESCO-Institutes für Sozialwissenschaften Köln, Band 4. Göttingen 1956.
8 Fülles, Mechtild, Frauen in Partei und Parlament. Die Frau in der Politik, Band 1. Köln 1969.
9 Bericht der Bundesregierung über die Situation der Frauen in Beruf, Familie und Gesellschaft. BT-Drucksache V/909 vom 14. September 1966.
10 Eine derartige verkürzte und globale Darstellungsform birgt die Gefahr der oberflächlichen und unkritischen Betrachtungsweise in sich; dies zeigt sich z. B. in der Untersuchung von Joachim Siegfried Riemer, Probleme der Ausbildung, der Berufsfindung und der Berufstätigkeit der Frauen in der Deutschen Demokratischen Republik. Wirtschafts- und sozialwissenschaftliche Dissertation. Köln 1970, S. 326 ff.
11 Zur historisch-politischen Entwicklung der DDR vgl. z. B. folgende allgemeine Darstellungen: Deuerlein, Ernst (Hrsg.), DDR. Geschichte und Bestandsaufnahme. München 1966; Doernberg,

Stefan, Kurze Geschichte der DDR. 3. Auflage. Berlin-Ost 1968; Frank, Henning, Zwanzig Jahre Zone. Kleine Geschichte der „DDR". München 1965; Handbuch der Deutschen Demokratischen Republik. Hrsg. vom Deutschen Institut für Zeitgeschichte in Verbindung mit dem Staatsverlag der DDR. Berlin-Ost 1964; Murawski, Klaus-Eberhard, Der andere Teil Deutschlands. Geschichte und Staat, Band 117. München, Wien 1967; Nettl, John Peter, Die deutsche Sowjetzone bis heute. Politik, Wirtschaft, Gesellschaft. Frankfurt/M. 1953; Vogelsang, Thilo, Das geteilte Deutschland. München 1966; Weber, Hermann, Von der SBZ zur DDR. 2 Bände. Hannover 1966 und 1967.

12 Vgl. Lehmbruch, Gerhard, Einführung in die Politikwissenschaft. Stuttgart, Berlin, Köln, Mainz 1967, S. 153 ff.; Hättich, Manfred, Lehrbuch der Politikwissenschaft. 3 Bände. Mainz 1967, 1969 und 1970, Bd. I, S. 129 ff.; Stammer, Otto, Politische Soziologie, in: Gehlen, Arnold, u. Helmut Schelsky (Hrsg.), Soziologie. Ein Lehr- und Handbuch zur modernen Gesellschaftskunde. 5. Auflage. Düsseldorf, Köln 1964, S. 277 ff.

13 Vgl. Lange, Max G., Politische Soziologie. Eine Einführung. Berlin, Frankfurt/M. 1961, S. 8 ff.

14 Vgl. Stammer, Otto, Politische Soziologie, in: Gehlen u. Schelsky (Hrsg.), Soziologie (Anm. Einl./12), S. 296 f.; zum Begriff der Elite vgl. z. B. Dreitzel, Hans P., Elitebegriff und Sozialstruktur. Eine soziologische Begriffsanalyse. Göttinger Abhandlungen zur Soziologie, Band 6. Stuttgart 1962; Bottomore, T. B., Elite und Gesellschaft. Eine Übersicht über die Entwicklung des Eliteproblems. München 1966, S. 7 ff.; Lange, Politische Soziologie (Anm. Einl./13), S. 177 ff. und S. 197 ff.

15 Vgl. Ludz, Peter Christian, Parteielite im Wandel. Funktionsaufbau, Sozialstruktur und Ideologie der SED-Führung. Eine empirisch-systematische Untersuchung. Schriften des Instituts für Politische Wissenschaft, Band 21. Köln, Opladen 1968, S. 37 ff.

16 Vgl. Zapf, Wolfgang, Wandlungen der deutschen Elite. Ein Zirkulationsmodell deutscher Führungsgruppen. 1919 bis 1961. Studien zur Soziologie, Band 2. München 1965, S. 36.

17 Ludz, Parteielite (Anm. Einl./15), S. 39.

18 So auch Gablentz, Otto Heinrich von der, Einführung in die Politische Wissenschaft. Die Wissenschaft von der Politik, Band 13. Köln, Opladen 1965, S. 42.

19 Zu den besonderen Schwierigkeiten der Materialerhebung für totalitär verfaßte Gesellschaftssysteme vgl. Ludz, Peter Christian, Entwurf einer soziologischen Theorie totalitär verfaßter Gesellschaft, in: derselbe (Hrsg.), Studien und Materialien zur Soziologie der DDR. Kölner Zeitschrift für Soziologie und Sozialpsychologie, Sonderheft 8. Köln, Opladen 1964, S. 22 ff.; vgl. auch Richert, Möglichkeiten und Grenzen der DDR-Forschung (Anm. Einl./5), S. 145 f.

20 So die Bezeichnung von Eckart Förtsch; vgl. derselbe, DDR-Forschung und gesamtdeutsche Politik, in: Deutschland-Archiv, 1968, H. 2, S. 148.

21 Vgl. Mommsen, Hans, Zum Verhältnis von Politischer Wissenschaft und Geschichtswissenschaft in Deutschland, in: Vierteljahreshefte für Zeitgeschichte, 1962, H. 4, S. 370.

22 Vgl. Oberndörfer, Dieter, Politik als Praktische Wissenschaft, in: derselbe (Hrsg.), Wissenschaftliche Politik. Eine Einführung in Grundfragen ihrer Tradition und Theorie. Freiburg/Br. 1962, S. 38.

23 Vgl. ebenda, S. 12 ff.; Naschold, Frieder, Politische Wissenschaft. Entstehung, Begründung und gesellschaftliche Einwirkung. Freiburg/Br., München 1970, S. 52 f.; Ludz, Parteielite (Anm. Einl./15), S. 20 f.

24 Die „Mosaik-Methode" wird von den Vertretern einer Richtung in der DDR-Forschung (so Ludz und Richert) mit einer immanent orientierten Modellfixierung kombiniert; vgl. Richert, Möglichkeiten und Grenzen der DDR-Forschung (Anm. Einl./5), S. 146. Dietrich Grille nennt diese Technik „immanente Methode" und spricht – mit unterschwelliger Polemik – vom „Ausweichen auf methodologisch unverbindlichere ‚Merkmale' "; vgl. derselbe, Was ist objektiv? Die „DDR" als Gegenstand der wissenschaftlichen Forschung, in: Die Welt, 30. 3. 1968.

25 Vgl. Kassube, Ruth, Die Stellung der Frau in beiden deutschen Staaten, in: Deutsche Außenpolitik, 1965, H. 3, S. 262.

26 So auch Richert, Möglichkeiten und Grenzen der DDR-Forschung (Anm. Einl./5), S. 145.

27 Zur Stellung der kommunistischen Partei im sozialistischen Staatssystem und ihrem Anspruch auf alleinige Machtausübung vgl. Mampel, Siegfried, Herrschaftssystem und Verfassungsstruktur in Mitteldeutschland. Die formelle und die materielle Rechtsverfassung der „DDR". Abhandlungen zum Ostrecht, Band 5. Köln 1968, S. 26 ff.

I. Kapitel: Die Gleichberechtigung der Frau im Sozialismus

1 Vgl. Haupt, Lucie, u. Inge Hieblinger, Die volle Verwirklichung der Gleichberechtigung der Frau – ein unabdingbares Prinzip der staatlichen Leitungstätigkeit, in: Staat und Recht, 1962, H. 7/8, S. 1242 f.
2 Marx, Karl, Das Kapital. Band I, in: Marx, Karl, u. Friedrich Engels, Werke. Band 23. Berlin-Ost 1962; Engels, Friedrich, Der Ursprung der Familie, des Privateigentums und des Staats. Im Anschluß an Lewis H. Morgans Forschungen. 7., verb. und erw. Auflage. Berlin-Ost 1964; Bebel, August, Die Frau und der Sozialismus. 61. Auflage. Berlin-Ost 1964; vgl. auch August Bebel. Eine Biographie. Hrsg. von einem Autorenkollektiv des Instituts für Geschichte der Deutschen Akademie der Wissenschaften zu Berlin unter Leitung von Horst Bartel. Berlin-Ost 1963, S. 123 f.
3 Vgl. Bebel, Die Frau und der Sozialismus (Anm. I/2), S. 35.
4 Vgl. Engels, Der Ursprung der Familie (Anm. I/2), S. 66 f.; Bebel, Die Frau und der Sozialismus (Anm. I/2), S. 36.
5 Bebel, Die Frau und der Sozialismus (Anm. I/2), S. 58 f. (Zitat im Original hervorgehoben.)
6 Vgl. Engels, Der Ursprung der Familie (Anm. I/2), S. 75.
7 Ebenda, S. 76.
8 Bebel, Die Frau und der Sozialismus (Anm. I/2), S. 28 f.
9 Das Zerbröckeln der alten Familienordnung als Folge der kapitalistischen Produktionsweise legten Marx/Engels bereits im „Kommunistischen Manifest" vom Februar 1848 dar. Sie kennzeichneten die Lebensbedingungen der alten Gesellschaft als „schon vernichtet in den Lebensbedingungen des Proletariats. Der Proletarier ist eigenthumslos; sein Verhältniß zu Weib und Kindern hat nichts mehr gemein mit dem bürgerlichen Familienverhältniß." Vgl. Marx, Karl, u. Friedrich Engels, Manifest der Kommunistischen Partei, in: Weber, Hermann (Hrsg.), Das Kommunistische Manifest von Karl Marx und Friedrich Engels. Hannover 1966, S. 10. Für Marx/Engels war die alte Familienordnung nur noch in der Familie der Bourgeoisie existent, da diese auf dem Kapital und dem Privaterwerb beruhte; der Proletarier hingegen war einer „erzwungenen Familienlosigkeit" ausgesetzt. Vgl. ebenda, S. 13. Zur Interpretation der Marx'schen Ausführungen über den Niedergang der überkommenen Familienform vgl. Zetkin, Clara, Was die Frauen Karl Marx verdanken, in: dieselbe, Ausgewählte Reden und Schriften. Hrsg. vom Institut für Marxismus-Leninismus beim ZK der SED. 3 Bände. Berlin-Ost 1957 und 1960, Bd. I, S. 220 ff.; vgl. insbesondere dieselbe, Zur Geschichte der proletarischen Frauenbewegung Deutschlands. Hrsg. vom Institut für Marxismus-Leninismus beim ZK der SED. 3. Auflage. Berlin-Ost 1958, S. 90 ff.
10 Vgl. Marx, Das Kapital, Bd. I, in: Marx u. Engels, Werke, Bd. 23 (Anm. I/2), S. 418.
11 Vgl. Eggebrecht, Lucie, Die Bedeutung der Lehre von Marx und Engels für die Befreiung der Frau, in: Lernen und Handeln, 1953, H. 12/13, S. 8.
12 Vgl. Zetkin, Clara, Für die Befreiung der Frau! in: dieselbe, Ausgewählte Reden und Schriften (Anm. I/9), Bd. I, S. 6.
13 Engels, Der Ursprung der Familie (Anm. I/2), S. 181 f.
14 Zetkin, Clara, Für die Befreiung der Frau! in: dieselbe, Ausgewählte Reden und Schriften (Anm. I/9), Bd. I, S. 7.
15 Vgl. Zetkin, Clara, Der Vorkämpfer unserer Frauenbewegung, in: ebenda, Bd. I, S. 460 f.
16 Vgl. Bebel, Die Frau und der Sozialismus (Anm. I/2), S. 349 f.
17 Vgl. ebenda, S. 515.
18 Zur marxistischen Theorie vom Staate vgl. Marx, Karl, Kritik des Gothaer Programms, in: Marx, Karl, u. Friedrich Engels, Werke. Band 19. Berlin-Ost 1962, S. 28; vgl. auch Lenin, W. I., Staat und Revolution, in: derselbe, Werke. Band 25. Berlin-Ost 1960, S. 393 ff. Zur Marx'schen Theorie vom Absterben des Staates vgl. auch Fetscher, Iring, Der Marxismus. Seine Geschichte in Dokumenten. 3 Bände. München 1962, 1964 und 1965, Bd. III, S. 427 ff.; derselbe, Karl Marx und der Marxismus. Von der Philosophie des Proletariats zur proletarischen Weltanschauung. München 1967, S. 146 ff.
19 Walter Ulbricht bezeichnete Clara Zetkin sogar als „die größte Frauenführerin der deutschen Geschichte"; vgl. derselbe, Die Frau – aktive Mitgestalterin unseres sozialistischen Lebens, in: Die Frau – der Frieden und der Sozialismus. Berlin-Ost 1963, S. 32. Zum Kampf Clara Zetkins um die Organisierung der proletarischen Frauenbewegung vgl. Dornemann, Luise, Für Gleichberechtigung, Frieden und Sozialismus. Nach einem Vortrag vor den Mitarbeiterinnen des Bundesvorstandes und den Funktionärinnen des Bezirksvorstandes Berlin. O. O., o. J. (Vermutl. hrsg. vom Bundesvorstand des DFD. Berlin-Ost 1966.), S. 14 ff.

20 Vgl. Zetkin, Clara, Der Kampf um das Frauenwahlrecht soll die Proletarierin zum klassenbewußten politischen Leben erwecken, in: dieselbe, Ausgewählte Reden und Schriften (Anm. I/9), Bd. I, S. 346.
21 Vgl. ebenda, S. 348.
22 Eine Zusammenstellung der wichtigsten Reden und Schriften Lenins zur Frage der Gleichberechtigung und politischen Rolle der Frau in der sozialistischen Gesellschaftsordnung findet sich in: Lenin, W. I., Über die Heranziehung der Massen zur Leitung des Staates. Eine Sammlung ausgewählter Aufsätze und Reden. Berlin-Ost 1964.
23 Vgl. Lenin, W. I., Über die Aufgaben der proletarischen Frauenbewegung in der Sowjetrepublik, in: derselbe, Werke. Band 30. Berlin-Ost 1961, S. 26 f.
24 Stalin, J. W., Zum Internationalen Frauentag, in: derselbe, Werke. Band 7. Stuttgart 1925, S. 41.
25 Vgl. Lenin, W. I., Der Internationale Frauentag, in: derselbe, Werke. Band 32. Berlin-Ost 1961, S. 159.
26 Vgl. ebenda, S. 160.
27 Lenin, W. I., Die Aufgaben des Proletariats in unserer Revolution, in: derselbe, Werke. Band 24. Berlin-Ost 1959, S. 55.
28 Vgl. Lenin, W. I., Über die Aufgaben der proletarischen Frauenbewegung, in: derselbe, Werke, Bd. 30 (Anm. I/23), S. 27; derselbe, An die Arbeiterinnen, in: ebenda, S. 363. In diesem Zusammenhang sei auf die Forderung Lenins hingewiesen, alle Werktätigen in die politische Ausbildung einzubeziehen, damit „jede Köchin" imstande sei, „an der Verwaltung des Staates mitzuwirken". Vgl. derselbe, Werden die Bolschewiki die Staatsmacht behaupten? in: derselbe, Werke. Band 26. Berlin-Ost 1961, S. 97.
29 Lenin, W. I., Grußbotschaft an die Gesamtrussische Konferenz der Gouvernements-Frauenabteilungen, in: derselbe, Werke. Band 31. Berlin-Ost 1959, S. 455.
30 Hieblinger, Inge, Frauen in unserem Staat. Perspektive, Technische Revolution, Qualifizierung, Beruf. Berlin-Ost 1967, S. 6; vgl. auch Bebel über die Frauen. Wirklichkeit und Aufgabe. Berlin-Ost 1964, S. 4.
31 Vgl. Zetkin, Clara, Für die Befreiung der Frau! in: dieselbe, Ausgewählte Reden und Schriften (Anm. I/9), Bd. I, S. 10.
32 Vgl. hierzu z. B. Lange, Inge, Der Kampf unserer Partei um die Befreiung der Frau, in: Neuer Weg, 1966, H. 7, S. 344; Entschließung des Frauenkongresses der DDR, in: Dokumentation der Zeit, 1964, H. 316, S. 48.
33 Ulbricht, Walter, Die Verfassung des sozialistischen Staates deutscher Nation. Rede auf der 7. Tagung der Volkskammer der DDR. Hrsg. von der Volkskammer der DDR und dem Nationalrat der Nationalen Front des demokratischen Deutschland. Berlin-Ost 1968, S. 17.
34 Vgl. Kleines Politisches Wörterbuch. Berlin-Ost 1967, S. 592.
35 Vgl. Lange, Der Kampf unserer Partei (Anm. I/32), S. 350.
36 Vgl. Die Gleichberechtigung der Frau steht in der DDR nicht auf dem Papier. Zum 5. Jahrestag des Gesetzes über den Mutter- und Kinderschutz und die Rechte der Frau, in: Presse-Informationen, 1955, H. 111, S. 5; Grotewohl, Otto, Rede aus Anlaß der Verkündigung des Gesetzes über die Rechte der Frau, in: Neuer Weg, 1950, H. 10, S. 21; Thiele, Ilse, Die Verwirklichung der Gleichberechtigung der Frau in der DDR, in: Einheit, 1954, H. 10, S. 979.
37 Warnke, Herbert, Die Tätigkeit der Frauenausschüsse – eine große Bereicherung für die Gewerkschaftsarbeit, in: Frauenförderung – BGL – Frauenausschüsse. Beiträge aus dem ersten zentralen Erfahrungsaustausch des Präsidiums des Bundesvorstandes des FDGB. Hrsg. vom Sekretariat des Bundesvorstandes des FDGB. Berlin-Ost o. J. (ca. 1966), S. 82.
38 Vgl. Statistisches Jahrbuch der Deutschen Demokratischen Republik. 1969. 14. Jahrgang. Hrsg. von der Staatlichen Zentralverwaltung für Statistik. Berlin-Ost 1969, S. 436 f. und S. 440.
39 Dieser Tatbestand wird auch von kommunistischen Funktionärinnen hervorgehoben; vgl. z. B. Kern, Käthe, Die Frauen und der Zweijahrplan, in: Neuer Weg, 1948, H. 11, S. 23 f.; Baumann, Edith, Die Aufgaben der Partei bei der Gewinnung der Frauen zur aktiven Mitarbeit im politischen, wirtschaftlichen und kulturellen Leben. Referat auf einer Konferenz im Zentralhaus der Einheit am 23. Oktober 1951, in: Neuer Weg, 1951, H. 21, Beilage, S. 9.
40 Vgl. z. B. Dokumente der Sozialistischen Einheitspartei Deutschlands. Beschlüsse und Erklärungen des Zentralkomitees sowie seines Politbüros und seines Sekretariats. Band VI. 1956 bis 1957. Berlin-Ost 1958, S. 211 f.; Donth, Erna, Die Frauen der Deutschen Demokratischen Republik stärken ihren Friedensstaat, in: Frauen der ganzen Welt, 1962, H. 8, S. 27.
41 Das Zentralkomitee der SED bestätigte sogar den Frauen, daß ohne ihre aktive Mitarbeit auf allen Gebieten des gesellschaftlichen Lebens die DDR als Staatsmacht „undenkbar" sei; vgl. Glückwunsch zum Internationalen Frauentag 1956, in: Dokumente der SED, Bd. VI (Anm. I/40), S. 40.

42 Heinrich, Ruth, u. Erna Goralzyk, Ist die Frau Arbeitskraft schlechthin? in: Neuer Weg, 1962, H. 8, S. 399; vgl. auch Protokoll vom IV. Bundeskongreß des Demokratischen Frauenbundes Deutschlands. 16. bis 19. Mai 1952 in der Werner-Seelenbinder-Halle zu Berlin. Hrsg. vom Bundessekretariat des DFD. Berlin-Ost o. J., S. 16.
43 Vgl. Lange, Inge, Die Frau und die technische Revolution. Zu einigen ideologischen Problemen der Gleichberechtigung der Frau, in: Einheit, 1965, H. 1, S. 52; Baumann, Edith, Werden Frauen auch im Sozialismus berufstätig sein? in: Die Arbeiterin, 1959, H. 3, S. 65 ff.
44 Vgl. Haupt u. Hieblinger, Die volle Verwirklichung ... (Anm. I/1), S. 1248 f.
45 Ulbricht, Helga, Probleme der Frauenarbeit. Schriftenreihe Arbeitsökonomik, Heft 7. Berlin-Ost 1963, S. 15.
46 Vgl. Krasnogolowy, Hilde, Tragt die Ideen des Großen Oktober in die Herzen unserer Arbeiterinnen und Bäuerinnen, in: Neuer Weg, 1957, H. 20, S. 1259.
47 Mit allen Frauen kraftvoll und kühn für den Sieg des Friedens und des Sozialismus. Entschließung des VII. Bundeskongresses des DFD, in: Lernen und Handeln, 1960, H. 23/24, S. 29.
48 Vgl. Thiele, Ilse, Aus dem Referat der Vorsitzenden des DFD auf der Beratung mit den Kreisvorsitzenden, in: Lernen und Handeln, 1958, H. 20, S. 10; Dokumente der SED, Bd. VI (Anm. I/40), S. 206.
49 Vgl. Auch die christlichen Frauen tragen unseren sozialistischen Staat, in: Union teilt mit, 1969, H. 4, S. 13; vgl. insbesondere Die Frau im entwickelten gesellschaftlichen System des Sozialismus. Entschließung des 2. Frauenkongresses der DDR, in: Die Arbeit, 1969, H. 7, S. 44 ff. Einen entsprechenden Eindruck haben auch westdeutsche Journalisten während einer Reise durch die DDR gewonnen und in ihrem Buchtitel zum Ausdruck gebracht; vgl. Commandeur, Werner, u. Alfred Sterzel, Das Wunder drüben sind die Frauen. Begegnungen zwischen Dresden und Rügen. Bergisch Gladbach 1965; vgl. ebenfalls eine Artikelserie von Rowe, Harvey T., in: Quick, 1967, H. 28 ff.
50 Vgl. Die Frau – der Frieden und der Sozialismus (Anm. I/19), S. 9; Die Emanzipation der Frau wurde Wirklichkeit, in: Presse-Informationen, 1965, H. 108, Beilage, S. I; Kassube, Die Stellung der Frau (Anm. Einl./25), S. 274.
51 Damit erfüllten sich noch vor der Staatsgründung der DDR einige programmatische Forderungen der SED – wie Gleichberechtigung der Frau im öffentlichen Leben und im Beruf, gleiche Entlohnung bei gleicher Arbeit –, die in den Grundsatzerklärungen der Partei seit ihrer Gründung erhoben worden waren; vgl. Dokumente der SED, Bd. I (Anm. Einl./2), S. 7, S. 57 und S. 93.
52 Vgl. Befehl Nr. 253 des Obersten Chefs der SMAD vom 17. August 1946 über gleiche Entlohnung der Frauen, der jugendlichen Arbeiter und der erwachsenen Männer für gleiche Arbeit, in: Arbeit und Sozialfürsorge. Amtliches Organ der deutschen Verwaltung für Arbeit und Sozialfürsorge, 1946, S. 306.
53 Vgl. 50 Jahre Internationaler Frauentag. Thesen des Zentralkomitees zur Vorbereitung des 8. März, in: Neues Deutschland, 4. 2. 1960, S. 4.
54 Vgl. Die Verfassung der Deutschen Demokratischen Republik, in: Handbuch der Volkskammer der Deutschen Demokratischen Republik. 2. Wahlperiode. Hrsg. von der Volkskammer der DDR. 2., verb. Auflage. Berlin-Ost 1957, S. 32.
55 Ebenda, S. 31 (Art. 7). In der Verfassung vom 6. April 1968 ist der Grundsatz der Gleichberechtigung noch weiter präzisiert worden; Artikel 20, Absatz 2 lautet: „Mann und Frau sind gleichberechtigt und haben die gleiche Rechtsstellung in allen Bereichen des gesellschaftlichen, staatlichen und persönlichen Lebens. Die Förderung der Frau, besonders in der beruflichen Qualifizierung, ist eine gesellschaftliche und staatliche Aufgabe." Vgl. Ulbrichts Grundgesetz. Die sozialistische Verfassung der DDR. Mit einem einleitenden Kommentar von Dietrich Müller-Römer. 2. Auflage. Köln 1968, S. 79.
56 Die Länderverfassungen beruhten auf einem Entwurf der SED, der „die Gleichberechtigung der Frau auf allen Gebieten klar zum Ausdruck" brachte; vgl. Bericht des Parteivorstandes der Sozialistischen Einheitspartei an den II. Parteitag. Berlin-Ost 1947, S. 99. Abweichende Formulierungen und damit Unterschiede in den normativen Bestimmungen der einzelnen Länderverfassungen sind auf Meinungsverschiedenheiten zwischen der SED und den bürgerlichen Parteien zurückzuführen; vgl. den Bericht Käthe Kerns über die Verfassungsdebatten in den Landtagen der SBZ, in: Protokoll des II. Parteitages der SED (Anm. Einl./1), S. 354 ff.
57 Zur Kommentierung der Verfassungsbestimmungen über die Gleichberechtigung der Frau vgl. Müller-Römer, Dietrich, Die Grundrechte in Mitteldeutschland. Sonderausgabe für das Bundesministerium für gesamtdeutsche Fragen. Köln 1966, S. 105 ff.
58 Vgl. GBl., S. 1037. Die Ausarbeitung und Verabschiedung dieses Gesetzes ging auf eine Initia-

tive des Politbüros der SED zurück; vgl. Dokumente der Sozialistischen Einheitspartei Deutschlands. Beschlüsse und Erklärungen des Parteivorstandes, des Zentralkomitees sowie seines Politbüros und seines Sekretariats. Band III. 1950 bis 1952. Berlin-Ost 1952, S. 12 ff. Zur Begründung des Gesetzes vgl. die Rede Edith Baumanns vor der Volkskammer am 27. 9. 1950, in: Neuer Weg, 1950, H. 20, S. 20.
59 Vgl. GBl. I, S. 416.
60 Vgl. Die Frau. Kleine Enzyklopädie. 6., neubearb. Auflage. Leipzig 1967, S. 729.
61 Vgl. Gesetz der Arbeit zur Förderung und Pflege der Arbeitskräfte, zur Steigerung der Arbeitsproduktivität und zur weiteren Verbesserung der materiellen und kulturellen Lage der Arbeiter vom 19. April 1950, in: GBl., S. 349.
62 Vgl. GBl. I, S. 27.
63 Gesetzbuch der Arbeit der Deutschen Demokratischen Republik. Neufassung. (In der Fassung des Gesetzes zur Änderung und Ergänzung des Gesetzbuches der Arbeit vom 17. April 1963 und des Zweiten Gesetzes zur Änderung und Ergänzung des Gesetzbuches der Arbeit vom 23. November 1966.) Hrsg. vom Staatlichen Amt für Arbeit und Löhne beim Ministerrat. Berlin-Ost 1968, S. 66.
64 Vgl. GBl., S. 849.
65 Vgl. GBl. I, 1966, S. 1. Auszüge aus der Begründung und der Diskussion zum Familiengesetzbuch in der Volkskammer und im Staatsrat der DDR vgl. in: Ein glückliches Familienleben – Anliegen des Familiengesetzbuches der DDR. Familiengesetzbuch der DDR und Einführungsgesetz zum Familiengesetzbuch der DDR sowie Auszüge aus der Begründung und der Diskussion zum Familiengesetzbuch in der 17. Sitzung der Volkskammer der DDR vom 20. Dezember 1965 und der 22. Sitzung des Staatsrates der DDR vom 26. November 1965. Hrsg. von der Kanzlei des Staatsrates der DDR. Aus der Tätigkeit der Volkskammer und ihrer Ausschüsse, 4. Wahlperiode, Heft 7. Berlin-Ost 1965. Zur Kommentierung aus DDR-Sicht vgl. Ansorg, Linda, Familienrecht der DDR. Leitfaden. Berlin-Ost 1967; zur Kommentierung aus bundesrepublikanischer Sicht vgl. Weber, Gerda, Änderungen am Familiengesetz, in: SBZ-Archiv, 1966, H. 4, S. 49 f.
66 Vgl. Walther, Rosel, Die Frau – der Frieden und der Sozialismus. Referat auf der Frauenkonferenz der NDPD, in: Der nationale Demokrat, 1962, H. 4, S. 115.
67 An die Frauen und Mädchen zum Internationalen Frauentag 1950! in: Dokumente der Sozialistischen Einheitspartei Deutschlands. Beschlüsse und Erklärungen des Parteivorstandes, des Zentralsekretariats und des Politischen Büros. Band II. 1948 bis 1950. Berlin-Ost 1951, S. 448.
68 Vgl. Hieblinger, Frauen (Anm. I/30), S. 15; vgl. auch Lange, Die Frau und die technische Revolution (Anm. I/43), S. 48.
69 In der Bundesrepublik werden die Frauen mit dieser Problematik in gleicher Weise konfrontiert.
70 Vgl. Ulbricht, H., Probleme der Frauenarbeit (Anm. I/45), S. 21.
71 Um 1964 hatten 84,5 Prozent der Produktionsarbeiterinnen keinen beruflichen Abschluß, während es bei den männlichen Produktionsarbeitern nur 29,8 Prozent waren; vgl. Verner, Irma, Nach dem Frauenkongreß der DDR, in: Neuer Weg, 1964, H. 16, S. 740; vgl. auch Mittag, Günter, Die Förderung der Frau – Sache aller Leitungen. Zum Beschluß des Politbüros vom 15. 12. 1964 über die Frauenausschüsse in den Betrieben, in: Neuer Weg, 1965, H. 3, S. 99. Die mangelnde berufliche Qualifikation der Frauen wird auch aus der Lohngruppenstruktur ersichtlich: in den niedrigsten Lohngruppen (mit dem geringsten Verdienst) ist der Anteil der Frauen am größten; in den höheren Lohngruppen sinkt er hingegen rapide ab. Vgl. Lohnstufenstruktur der Arbeiter und Angestellten in der Volkswirtschaft der DDR, in: Sozialistische Demokratie, 8. 3. 1964, Beilage, S. 13; vgl. auch Ulbricht, H., Probleme der Frauenarbeit (Anm. I/45), S. 22 ff.
72 Vgl. Hieblinger, Frauen (Anm. I/45), S. 40.
73 Vgl. ebenda, S. 114 f.; Die Frau – der Frieden und der Sozialismus (Anm. I/19), S. 19.
74 Vgl. Weißbach, Sigrid, Mehr ideologische Arbeit unter den Frauen und Mädchen. Rolle und Aufgaben der gewerkschaftlichen Frauenausschüsse, in: Forschung, Lehre, Praxis, 1965, H. 7, S. 12; Mittag, Die Förderung der Frau (Anm. I/71), S. 100 f.; Dokumente der Sozialistischen Einheitspartei Deutschlands. Beschlüsse und Erklärungen des Zentralkomitees sowie seines Politbüros und seines Sekretariats. Band X. 1964 bis 1965. Berlin-Ost 1967, S. 330.
75 Vgl. Lange, Inge, Die Kraft der werktätigen Frauen für den Aufbau des Sozialismus nutzen, in: Neuer Weg, 1961, H. 22, S. 1089.
76 Haupt u. Hieblinger, Die volle Verwirklichung ... (Anm. I/1), S. 1251 f.

77 Lange, Die Frau und die technische Revolution (Anm. I/43), S. 49 (Zitat im Original hervorgehoben).
78 Vgl. das Kommuniqué in: Die Frau – der Frieden und der Sozialismus (Anm. I/19), S. 8 ff.
79 Vgl. ebenda, S. 11.
80 Vgl. Beschluß des Ministerrates der Deutschen Demokratischen Republik vom 19. April 1962 über die Aufgaben der Staatsorgane zur Förderung der Frauen und Mädchen in Durchführung des Kommuniqués des Politbüros des ZK der SED vom 23. Dezember 1961, in: GBl. II, S. 295; vgl. ebenfalls Anordnung über die Aus- und Weiterbildung von Frauen für technische Berufe und ihre Vorbereitung für den Einsatz in leitenden Tätigkeiten vom 7. Juli 1966, in: GBl., Sonderdruck 545, S. 25. Zur Intensität und den Schwierigkeiten der praktischen Durchsetzung des Frauenkommuniqués und der staatlichen Anordnungen vgl. Alles für die Entwicklung und Förderung der Frauen. Erfahrungen aus der Arbeit der staatlichen Organe bei der Verwirklichung des Kommuniqués des Politbüros des ZK der SED: „Die Frau – der Frieden und der Sozialismus". Ausgearbeitet von einem Kollektiv ehrenamtl. Mitarbeiter der Abteilung Staats- und Rechtsfragen beim ZK der SED unter Leitung von Willi Armbrust. Berlin-Ost 1964.
81 Vgl. Lange, Die Frau und die technische Revolution (Anm. I/43), S. 48.
82 Ulbricht, Walter, Die gesellschaftliche Entwicklung in der Deutschen Demokratischen Republik bis zur Vollendung des Sozialismus, in: Protokoll der Verhandlungen des VII. Parteitages der Sozialistischen Einheitspartei Deutschlands. 17. bis 22. April 1967 in der Werner-Seelenbinder-Halle zu Berlin. 4 Bände. Berlin-Ost 1967, Bd. I, S. 86.
83 Zum Problem der Frauenarbeit in der DDR und den ideologischen, ökonomischen und politischen Zielen der Frauenqualifizierung vgl. insbesondere Kulke, Christine, Die Qualifizierung der Frauen in der industriellen Produktion: Zum Problem der Frauenarbeit in der DDR, in: Ludz (Hrsg.), Studien und Materialien zur Soziologie der DDR (Anm. Einl./19), S. 145 ff.
84 Vgl. das Referat Edith Baumanns auf der Frauenkonferenz des ZK der SED am 25./26. Juni 1958 im Kombinat „Schwarze Pumpe", in: Neues Deutschland, 6. 7. 1958, S. 4. In diesem Zusammenhang sei darauf hingewiesen, daß selbst junge Frauen und Mädchen langjährige Qualifizierungsmaßnahmen ablehnen, so z. B. mit dem Argument: „Es könnte eine Heirat dazwischenkommen". Vgl. Frauenförderung – BGL – Frauenausschüsse (Anm. I/37), S. 38.
85 Vgl. Hieblinger, Frauen (Anm. I/30), S. 144.
86 Eine Entlastung der Frauen von ihren familiären Pflichten sieht auch die geforderte Arbeitsteilung zwischen Mann und Frau im Haushalt vor. Wie das Familiengesetzbuch ausdrücklich festlegt, sind die Erziehung, Betreuung und Pflege der Kinder sowie die Führung des Haushalts gemeinsame Angelegenheiten *beider* Ehegatten. Vgl. Ein glückliches Familienleben (Anm. I/65), S. 122 (§ 10, Abs. 1).
87 1969 wurden bereits nahezu 25 Prozent aller Kinder unter 3 Jahren in Kinderkrippen oder Dauerheimen, 61,1 Prozent aller Kinder im Alter von 3 bis 6 Jahren in Kindergärten oder Wochenheimen und 45,3 Prozent aller Schüler der 1. bis 4. Klasse in Einrichtungen der Tageserziehung (Schulhorten) betreut; vgl. Thiele, Ilse, Die Frau im entwickelten gesellschaftlichen System des Sozialismus. Referat auf dem 2. Frauenkongreß der DDR, in: Die Arbeit, 1969, H. 7, S. 12.
88 Vgl. Hieblinger, Frauen (Anm. I/30), S. 147 f.
89 1969 wurde festgestellt, daß der Zeitaufwand für Hausarbeiten in einem 4-Personen-Haushalt mit 47 Stunden wöchentlich noch unverhältnismäßig groß sei; vgl. Sie und unsere Republik. 20 Jahre DDR und die Gleichberechtigung der Frau. Hrsg. i. A. des Bundesvorstandes des FDGB. Berlin-Ost 1969, S. 81.
90 Vgl. Alles für die Entwicklung und Förderung der Frauen (Anm. I/80), S. 74.
91 Vgl. Frauenkonferenz des ZK der SED zum 10jährigen Bestehen der Frauenausschüsse. Die Aufgaben der Frauenausschüsse im Kampf um den Sieg des Sozialismus in der DDR, in: Dokumentation der Zeit, 1962, H. 255, S. 3; vgl. auch Grandke, Anita, Gedanken zur Frauenarbeit in der Gegenwart, in: Frauen der ganzen Welt, 1967, H. 3, S. 15; Hieblinger, Frauen (Anm. I/30), S. 81 f.
92 Vgl. Hieblinger, Frauen (Anm. I/30), S. 155.
93 Die Frau in der Deutschen Demokratischen Republik. Hrsg. vom Bundesvorstand des DFD. Dresden 1967, S. 38. Wie die DDR-Bevölkerung die „moderne Frau" sieht und einschätzt, welche Merkmale sie ihr zuordnet, geht aus einer Umfrage aus dem Jahre 1964 hervor. Diesem Meinungstest zufolge sagt die moderne Frau offen ihre Meinung, tritt selbstbewußt auf, ist hilfsbereit, hat modischen Geschmack, ist tüchtig im Beruf, aufgeschlossen für Neues und um ihre Weiterbildung bemüht. Sie nimmt am politischen Leben teil und vereinbart berufliche

und häusliche Pflichten sehr gut. Vgl. Wer sind die modernen Frauen? Eine Umfrage und 9.836 Leserantworten, in: Für Dich, 1964, H. 36, S. 10 ff. Zur Kommentierung dieser Umfrage aus westlicher Sicht vgl. Weber, Gerda, Moderne Frau – moderne Ehe. Meinungstests zeigen Tendenz zur Kleinfamilie, in: SBZ-Archiv, 1964, H. 21, S. 323 ff.

II. Kapitel: Die Frau als Mitglied, Parteiarbeiterin und Parteitagsdelegierte der SED

1 Es ist üblich, die Parteitage der SED mit römischen Ziffern, ihre Parteikonferenzen mit arabischen Ziffern zu numerieren. In den Publikationen der DDR besteht allerdings nicht immer eine Einheitlichkeit hinsichtlich dieser Numerierungsweise. In der vorliegenden Untersuchung werden hingegen alle Parteitage und -konferenzen der SED in der vorgenannten üblichen Form einheitlich beziffert. Die vor dem Vereinigungsparteitag der SED abgehaltenen Parteitage der SPD und der KPD wurden mit arabischen Ziffern numeriert; sie werden in dieser Zählweise wiedergegeben.
2 Vgl. Bericht an den II. Parteitag (Anm. I/56), S. 29.
3 Vgl. ebenda, S. 36.
4 Vgl. Archivmaterialien der SPD-Bundesgeschäftsstelle, Bonn/Referat für gesamtdeutsche Fragen.
5 Vgl. Bremme, Die politische Rolle der Frau (Anm. Einl./7), S. 177; siehe ebenfalls Tabelle 2.
6 Vgl. Bremme, Die politische Rolle der Frau (Anm. Einl./7), S. 73 und S. 85.
7 Vgl. Stärkere Werbung unter den Frauen! in: Neuer Weg, 1946, H. 4, S. 30.
8 Vgl. Barth, W., Frauenarbeit – Sache der Gesamtpartei, in: Neuer Weg, 1946, H. 7, S. 12.
9 Vgl. Bericht an den II. Parteitag (Anm. I/56), S. 35. Den Angaben der SED-Mitarbeiterin Roberta Gropper zufolge, wies die Berliner Parteiorganisation zum Zeitpunkt der 1. Parteikonferenz im Januar 1949 einen weiblichen Mitgliederanteil von 29 bis 30 Prozent auf; vgl. Protokoll der 1. Parteikonferenz der Sozialistischen Einheitspartei Deutschland. 25. bis 28. Januar 1949 im Hause der Deutschen Wirtschaftskommission zu Berlin. 2. Auflage. Berlin-Ost 1950, S. 483.
10 Bericht an den II. Parteitag (Anm. I/56), S. 89.
11 Ebenda, S. 93.
12 Diese Ausführungen beziehen sich auf eine soziologische Untersuchung der weiblichen Mitgliedschaft der westdeutschen Parteien CDU und SPD, haben jedoch teilweise allgemeingültigen Charakter; vgl. Fülles, Frauen (Anm. Einl./8), S. 24–32 und S. 36–39.
13 Eine hohe Einwohnerdichte, Zusammenballung großer Frauenmassen in den Großbetrieben und Wohngebieten der Städte, das Vorhandensein einer starken Parteiorganisation, die geschulte Kräfte gezielt in der Agitationsarbeit einsetzen kann, wurden von der SED als besonders günstige Bedingungen für die Werbung weiblicher Mitglieder und die Arbeit unter den Frauen angesehen; vgl. Bericht an den II. Parteitag (Anm. I/56), S. 92.
14 Zur Phase der Massenpartei vgl. Förtsch, Die SED (Anm. Tab. 1/6), S. 18–23 und S. 66–68; vgl. hierzu insbesondere Stern, Carola, Porträt einer bolschewistischen Partei. Entwicklung, Funktion und Situation der SED. Köln 1957, S. 46–76.
15 Vgl. die Ausführungen von Erich Gniffke, in: Protokoll des II. Parteitages der SED (Anm. Einl./1), S. 124.
16 Vgl. Grundsätze und Ziele der Sozialistischen Einheitspartei Deutschlands. Beschluß des Vereinigungsparteitages vom 21. April 1946, in: Dokumente der SED, Bd. I (Anm. Einl./2), S. 5 ff. In zahlreichen Veröffentlichungen dieses Zeitraums stellte sich die SED als eine „frauenfreundliche" Partei dar.
17 Siehe hierzu im einzelnen S. 50 ff.
18 Vgl. hierzu Bremme, Die politische Rolle der Frau (Anm. Einl./7), S. 150 f. Bremme weist diese Tendenz auch für das Wahlverhalten der Frauen in Krisenzeiten nach.
19 „Mitglied kann werden, wer die Parteitagsbeschlüsse und dieses Statut anerkennt und sich verpflichtet, im Sinne dieser Beschlüsse zu wirken und aktiv in der Partei zu arbeiten." Vgl. Parteistatut der SED, § 2, Abs. 1, in: Dokumente der SED, Bd. I (Anm. Einl./2), S. 11.
20 Zur Umwandlung der SED in eine Kaderpartei („Partei neuen Typus") vgl. Förtsch, Die SED (Anm. Tab. 1/6), S. 23–29 und S. 68 f.; vgl. ebenfalls Stern, Porträt (Anm. II/14), S. 77– S. 108.
21 Der in Tabelle 1 für Juli 1950 angegebene Prozentsatz von 19,8 Prozent für den Frauenanteil

in der SED, der auf westlichen Quellen beruht, erscheint jedoch als zu niedrig angesetzt. Bei dem zunächst noch geringfügigen Rückgang der Gesamtmitgliederzahlen zwischen Januar 1949 und Juli 1950 müßten die Säuberungsmaßnahmen in diesem Zeitraum im wesentlichen die weiblichen Parteimitglieder erfaßt haben, was unwahrscheinlich ist. Deshalb kann angenommen werden, daß der Rückgang des Frauenanteils in der SED erst in den Monaten zwischen Juli 1950 und Juni 1951 erfolgte. Für diesen Zeitraum dürfte der genannte Prozentsatz allerdings zutreffen, zumal er sich nahezu mit den parteioffiziellen Angaben für April 1954 deckt.

22 Zu den Aspekten der Parteisäuberungen vgl. Förtsch, Die SED (Anm. Tab. 1/6), S. 70 ff.; Stern, Porträt (Anm. II/14), S. 109–137.
23 „Als Mitglieder der Partei werden klassenbewußte Arbeiter und Arbeiterinnen, Aktivisten, werktätige Bauern, Angestellte und fortschrittliche Intellektuelle aus den Reihen der Kandidaten aufgenommen, die die festgesetzte Kandidatenzeit durchlaufen haben." Vgl. Zweites Statut der SED, § 4, in: Protokoll des III. Parteitages der SED (Anm. Tab. 1/5), Bd. II, S. 309.
24 Vgl. Ulbricht, Lotte, Schluß machen mit der Vernachlässigung der Arbeit unter den Frauen, in: dieselbe, Reden und Aufsätze (Anm. Tab. 1/4), S. 47.
25 Ebenda, S. 49 (Hervorhebung im Original).
26 Lange, Der Kampf unserer Partei (Anm. I/32), S. 348/350.
27 Es sei im besonderen vermerkt, daß in der DDR weitaus größere Bevölkerungsanteile parteipolitisch organisiert sind als in der BRD. Im Dezember 1966 vereinigte die SED 14,4 Prozent der Wahlberechtigten (ab 18 Jahren) in ihren Reihen, und zwar 24,3 Prozent der männlichen und 6,8 Prozent der weiblichen Wahlberechtigten. Diese Prozentsätze wurden von der Verfasserin auf der Grundlage der SED-Mitgliedszahlen und der DDR-Bevölkerungsziffern vom Dezember 1966 errechnet; vgl. die Bevölkerungsziffern in: Statistisches Jahrbuch der Deutschen Demokratischen Republik. 1967. 12. Jahrgang. Hrsg. von der Staatlichen Zentralverwaltung für Statistik. Berlin-Ost 1967, S. 519. In der Bundesrepublik sind hingegen nur ca. 3 Prozent aller Wahlberechtigten (ab 21 Jahren) Mitglieder einer Partei; vgl. Bremme, Die politische Rolle der Frau (Anm. Einl./7), S. 148.
28 Vgl. Förtsch, Die SED (Anm. Tab. 1/6), S. 67.
29 Vgl. Ulbricht, Lotte, Schluß machen mit der Vernachlässigung der Arbeit unter den Frauen, in: dieselbe, Reden und Aufsätze (Anm. Tab. 1/4), S. 48.
30 Bericht an den II. Parteitag (Anm. I/56), S. 91; mit berufstätigen Frauen werden hier offensichtlich die Arbeiterinnen gemeint. Vgl. das Verhältnis von Arbeiterinnen zu Hausfrauen in der sozialen Zusammensetzung der weiblichen SED-Mitgliedschaft in Tabelle 3.
31 Vgl. die Zahlenangaben in: Bericht an den II. Parteitag (Anm. I/56), S. 33 f. Zwar sind die Hausfrauen in diesen Tabellen nicht als gesonderte Gruppe aufgeführt – ihnen werden die Rentner und „Sonstige" zugeordnet –, aber sie stellen in dieser Gruppe die überwiegende Mehrheit. Deshalb können die Zahlenangaben für den Vergleich herangezogen werden.
32 Vgl. ebenda, S. 34; Ulbricht, Lotte, Schluß machen mit der Vernachlässigung der Arbeit unter den Frauen, in: dieselbe, Reden und Aufsätze (Anm. Tab. 1/4), S. 48.
33 Protokoll des II. Parteitages der SED (Anm. Einl./1), S. 123.
34 Vgl. Protokoll des IV. Parteitages der SED (Anm. Tab. 1/8), Bd. II, S. 969. Schirdewan bezog sich auf bestimmte soziale Kategorien, die für die SED-Mitgliedschaft genannt wurden; vgl. § 4 des 1954 angenommenen (dritten) Parteistatuts, in: ebenda, Bd. II, S. 1120. Die Bezeichnung „Werktätiger" als soziale Kategorie wurde allerdings erst im vierten Parteistatut von 1963 in den Paragraphen 4 aufgenommen; vgl. Statut der Sozialistischen Einheitspartei Deutschlands. Angenommen vom VI. Parteitag der SED, Berlin, 15. bis 21. Januar 1963, mit den vom VII. Parteitag der SED, Berlin, 17. bis 22. April 1967, bestätigten Abänderungen und Zusätzen. 8. Auflage, Berlin-Ost 1967, S. 28 f.
35 Vgl. Protokoll der 1. Parteikonferenz der SED (Anm. II/9), S. 428.
36 Vgl. hierzu Bericht des Parteivorstandes der Sozialistischen Einheitspartei Deutschlands an den III. Parteitag. Berlin-Ost 1950, S. 177.
37 Vgl. Honecker, Erich, Aus dem Bericht des Politbüros auf der 30. Tagung des ZK, in: Neues Deutschland, 2. 2. 1957, S. 3. Von 44.811 neuaufgenommenen Kandidaten waren nur 5,2 Prozent Hausfrauen, wobei dieser Gruppe noch die Handwerker und „Sonstige" zugeordnet wurden, der Anteil der Hausfrauen also noch unter dem genannten Prozentsatz lag. Noch deutlicher wird diese Tendenz, wenn man berücksichtigt, daß 26,6 Prozent der neuaufgenommenen Kandidaten Frauen waren.
38 Vgl. Protokoll des VII. Parteitages der SED (Anm. I/82), Bd. IV, S. 226.
39 Vgl. die Tabellen „Wohnbevölkerung im arbeitsfähigen und nichtarbeitsfähigen Alter nach dem Geschlecht" sowie „Weibliche Berufstätige nach der Stellung im Betrieb und nach Wirt-

schaftsbereichen", in: Statistisches Jahrbuch der DDR. 1969 (Anm. I/38), S. 436 f. bzw. S. 58.
40 Bericht an den II. Parteitag (Anm. I/56), S. 89. Der Prozentsatz von 62 Prozent für den weiblichen Bevölkerungsanteil ist für diesen Zeitpunkt zu hoch angesetzt. Im Statistischen Jahrbuch der DDR wird er für 1946 (Volkszählung) mit 57,5 Prozent angegeben; vgl. ebenda, 1969 (Anm. I/38), S. 440, Tabelle 8.
41 Vgl. Stärkere Werbung (Anm. II/7), S. 30. Der bereits recht hohe weibliche Mitgliederanteil von rund 24 Prozent erscheint dem Betrachter zwar als „günstig", wurde aber von der SED noch als ungünstig empfunden, da er die Frauen als eine Minderheit in der Partei charakterisierte. Die SED erhoffte sich auf Grund ihrer Frauenpolitik die Zustimmung der weiblichen Bevölkerung und darüber hinaus deren zahlreichen Eintritt in die Partei. So wurde in Parteikreisen häufig davon gesprochen, daß der „günstigste Prozentsatz" für den weiblichen Mitgliederanteil erreicht werden müsse, ohne diesen jedoch zahlenmäßig genau zu fixieren. Aus Äußerungen geht allerdings hervor, was die SED darunter verstand: eine Zusammensetzung der Parteimitgliedschaft nach Geschlecht entsprechend ihren Anteilen an der Bevölkerung. Das würde letztlich bedeuten: Frauenüberschuß auch unter den Parteimitgliedern.
42 Vgl. Bericht an den II. Parteitag (Anm. I/56), S. 36; vgl. auch Protokoll des II. Parteitages der SED (Anm. Einl./1), S. 124.
43 Vgl. Protokoll des II. Parteitages der SED (Anm. Einl./1), S. 124.
44 Bericht an den II. Parteitag (Anm. I/56), S. 94.
45 Vgl. Stärkere Werbung (Anm. II/7), S. 30.
46 Vgl. Protokoll des II. Parteitages der SED (Anm. Einl./1), S. 281.
47 Otto Grotewohl auf der 1. Parteikonferenz der SED; vgl. Protokoll der 1. Parteikonferenz der SED (Anm. II/9), S. 393 f.
48 Vgl. Baumann, Die Aufgaben der Partei (Anm. I/39), S. 16.
49 Vgl. Buchmann, Erika, Die Frage steht offen: Wo bleiben die Frauen der Genossen? in: Neuer Weg, 1948, H. 5/6, S. 42.
50 Vgl. Ulbricht, Lotte, Schluß machen mit der Vernachlässigung der Arbeit unter den Frauen, in: dieselbe, Reden und Aufsätze (Anm. Tab. 1/4), S. 48.
51 In dem Beschluß vom 8. Januar 1952 über die Bildung von Frauenausschüssen empfahl das Politbüro der SED den Zusammenschluß der weiblichen Angehörigen eines industriellen bzw. landwirtschaftlichen Betriebes in einem Ausschuß; vgl. Dokumente der SED, Bd. III (Anm. I/58), S. 690 f. Bis zu ihrer Unterstellung unter die Betriebsgewerkschaftsleitungen 1964 wirkten die betrieblichen Frauenausschüsse als selbständige und überparteiliche Organe; vgl. den Beschluß des Politbüros vom 15. Dezember 1964 über die Frauenausschüsse in den Betrieben, in: ebenda, Bd. X (Anm. I/74), S. 224 ff.; vgl. auch Frauenförderung – BGL – Frauenausschüsse (Anm. I/37).
52 Kerber, Gerda, Über die Verantwortlichkeit in der Arbeit mit den Frauen, in: Neuer Weg, 1952, H. 20, S. 36.
53 Zörner, Guste, Die Bedeutung der Frauenausschüsse in der DDR, in: Einheit, 1955, H. 6, S. 595; vgl. auch Baumann, Edith, In den Frauenausschüssen wachsen neue Kämpferinnen für die Partei, in: Neuer Weg, 1956, H. 20, S. 1247.
54 Zörner, Guste, Glauchauer Konferenz der Frauenausschüsse – eine Verpflichtung für die Partei, in: Neuer Weg, 1957, H. 2, S. 78; Krasnogolowy, Tragt die Ideen ... (Anm. I/46), S. 1260; Burkhardt, Elfriede, Betrachten die Parteileitungen die Frauenausschüsse als Kaderreserve? in: Neuer Weg, 1957, H. 22, S. 1405.
55 Vgl. z. B. Protokoll des VI. Parteitages der SED (Anm. Tab. 1/12), Bd. IV, S. 252; vgl. auch: Über das Wachstum der Partei und die Verteilung der Parteikräfte, in: Neuer Weg, 1965, H. 17, S. 897.
56 Vgl. Exel, Erna, Wie wir die politische Hilfe für die Frauenausschüsse organisieren, in: Neuer Weg, 1957, H. 16, S. 1018 f.
57 Vgl. Bericht des ZK an den V. Parteitag, in: Protokoll des V. Parteitages der SED (Anm. Tab. 1/11), Bd. II, S. 1608 f.
58 Inge steht verkürzt für Ingeburg, in manchen Publikationen auch Ingeborg. Die SED-Funktionärin zeichnet als Autorin zahlreicher Artikel zumeist mit dieser Kurzform. Deshalb wird in der vorliegenden Untersuchung ebenfalls der verkürzte Vorname einheitlich verwendet.
59 Frauenkonferenz des ZK der SED (Anm. I/91), S. 3.
60 Vgl. den Bericht des ZK in: Protokoll des VII. Parteitages der SED (Anm. I/82), Bd. IV, S. 227.
61 Vgl. Fülles, Frauen (Anm. Einl./8), S. 32; vgl. insbesondere die Ausführungen von Bremme,

Die politische Rolle der Frau (Anm. Einl./7), S. 148 ff. Förtsch kommt zu der Schlußfolgerung, die Frauen in der DDR fürchteten eine Einschränkung ihrer Freizeit durch die von der Partei auferlegten Verpflichtungen und setzten deshalb der Werbung für den Parteieintritt Widerstand entgegen; vgl. derselbe, Die SED (Anm. Tab. 1/6), S. 74. Dieses Motiv dürfte zwar in einigen Fällen für die Ablehnung bestimmend sein, kann aber nicht so absolut verallgemeinert werden. Überzeugendere Motive erwachsen den Frauen aus ihrer Doppelfunktion als Berufstätige und Mütter und der damit verbundenen stärkeren Belastung. Da die Mitgliederversammlungen der Betriebsparteiorganisationen durchweg im Anschluß an die Arbeitszeit stattfinden, Kindergärten und Läden aber um 18.00 Uhr schließen, machen diese objektiven Hindernisse den Frauen die Teilnahme an den Parteiveranstaltungen nahezu unmöglich.

62 Weiterer, Maria, Es geht um die Masse der Frauen, in: Neuer Weg, 1948, H. 5/6, S. 41.
63 Schmidt, L., Gebt den Frauen in der Partei Entwicklungsmöglichkeiten! in: Neuer Weg, 1947, H. 5, S. 27.
64 Vgl. die Paragraphen 10, Abs. 6; 11, Abs. 3; 13, Abs. 2; 15, Abs. 2 und 18 des Parteistatuts der SED vom 21. April 1946, in: Dokumente der SED, Bd. I (Anm. Einl./2), S. 14 ff.
65 Vgl. die Paragraphen 11, Abs. 4; 13, Abs. 3; 15, Abs. 3 und 19, Abs. 2 des Parteistatuts, in: ebenda.
66 Vgl. den Diskussionsbeitrag von Gertrud Hentsch, in: Protokoll des II. Parteitages der SED (Anm. Einl./1), S. 211 ff. Es gab allerdings auch Parteileitungen, deren weiblicher Anteil weit unter den genannten 25 bis 33 Prozent lag. So gehörten dem Landesvorstand Berlin der SED nur 12 Frauen = 16,1 Prozent an, und in den 20 Berliner Kreisen waren nur 80 Frauen = 13,0 Prozent gewählte Mitglieder der Kreisparteivorstände. Vgl. Bericht an den II. Parteitag (Anm. I/56), S. 95.
67 Zu ähnlichen Ergebnissen kommt Fülles in ihrer Untersuchung über die weibliche Beteiligung in den Parteivorständen der bundesrepublikanischen CDU und SPD; danach liegt der weibliche Prozentanteil in den Landesvorständen im allgemeinen über demjenigen in den Kreis- und Bundesvorständen. Vgl. dieselbe, Frauen (Anm. Einl./8), S. 49.
68 Vgl. Stern, Porträt (Anm. II/14), S. 56.
69 Vgl. Schmidt, L., Gebt den Frauen . . . (Anm. II/63), S. 27.
70 Vgl. Organisationsstatut der Sozialdemokratischen Partei Deutschlands, in: Sozialdemokratischer Parteitag 1924. Protokoll mit dem Bericht der Frauenkonferenz. Berlin 1924, S. 5.
71 Vgl. Organisationsstatut der Sozialdemokratischen Partei Deutschlands. Beschlossen auf dem Parteitag 1946 in Hannover, (einschl. der in Nürnberg beschlossenen Änderungen), in: Protokoll der Verhandlungen des Parteitages der Sozialdemokratischen Partei Deutschlands vom 29. Juni bis 2. Juli 1947 in Nürnberg. Hamburg o. J., S. 3 ff.
72 Der Entwurf zu einer Satzung der KPD aus dem Frühjahr 1919 sah zwar zunächst vor, daß eine Vertreterin der Frauen unmittelbar vom Parteitag in den Zentralausschuß der KPD zu wählen sei; vgl. den Satzungsentwurf in: Weber, Hermann (Hrsg.), Der Gründungsparteitag der KPD. Protokoll und Materialien. Frankfurt/M., Wien 1969, S. 308. Der 2. Parteitag der KPD im Oktober 1919 nahm diese Satzung als verbindlich an, allerdings in etwas veränderter Form. So war u. a. auch der Passus über die pflichtmäßige Wahl einer Frauenvertreterin in den Zentralausschuß gestrichen worden. Es wurde lediglich festgestellt, daß die Leiterin des Sekretariats für Frauenagitation zu den Sitzungen der engeren Zentrale als stimmberechtigte Teilnehmerin hinzuzuziehen sei. Vgl. die Satzung der KPD von 1919, in: Weber, Hermann (Hrsg.), Der deutsche Kommunismus. Dokumente. Köln, Berlin 1963, S. 249. In dem umfassenderen Statut der KPD von 1925 finden sich ebenfalls keine Bestimmungen über eine Mindestvertretung von Frauen in den Parteiorganen; vgl. ebenda, S. 254 ff.
73 Vgl. das Statut der Kommunistischen Partei Deutschlands von 1951, in: Flechtheim, Ossip K. (Hrsg.), Dokumente zur parteipolitischen Entwicklung in Deutschland seit 1945. Band I. Berlin 1962, S. 482 ff.
74 Vgl. den Beschluß der 16. (30.) Tagung des Parteivorstandes über innerparteiliche Maßnahmen, in: Protokoll der 1. Parteikonferenz der SED (Anm. II/9), S. 545 ff.
75 Über die Verbesserung der Organisationsarbeit der Partei. Entschließung des Parteivorstandes vom 21. Juli 1949, in: Dokumente der SED, Bd. II (Anm. I/67), S. 280.
76 Vgl. die Artikel 39 und 41; 49 und 50; 53; 57; 62 und 63 des zweiten Statuts der SED, in: Protokoll des III. Parteitages der SED (Anm. Tab. 1/5), Bd. II, S. 307 ff.
77 Vgl. das dritte Statut der SED, in: Protokoll des IV. Parteitages der SED (Anm. Tab. 1/8), Bd. II, S. 1115 ff.; vgl. auch: Statut der SED. Angenommen auf dem VI. Parteitag (Anm. II/34), S. 53 ff.
78 Vgl. die Entschließung in: Protokoll des III. Parteitages der SED (Anm. Tab. 1/5), Bd. II, S. 267.

79 Vgl. Grundsätze und Ziele der SED, in: Dokumente der SED, Bd. I (Anm. Einl./2), S. 5 ff.
80 Diese Problematik besteht insbesondere für die Frauenvereinigung der westdeutschen CDU; vgl. hierzu Fülles, Frauen (Anm. Einl./8), S. 61 f.
81 Schmidt, L., Gebt den Frauen . . . (Anm. II/63), S. 27.
82 Vgl. Ulbricht, Lotte, Die Gründung der SED – ein Ereignis von historischer Bedeutung, in: Einheit, 1956, H. 4, S. 327 f.
83 Zu den Prinzipien der Kaderpolitik und Kaderarbeit vgl. Förtsch, Die SED (Anm. Tab. 1/6), S. 76 ff.
84 Vgl. Günther-Seelig, Loni, Frauenarbeit in der richtigen Bahn, in: Neuer Weg, 1949, H. 9, S. 11.
85 Diese Feststellungen haben Allgemeingültigkeit für alle politischen Parteien und ihre Mitglieder; vgl. z. B. Fülles, Frauen (Anm. Einl./8), S. 50 ff.
86 Vgl. Protokoll der 1. Parteikonferenz der SED (Anm. II/9), S. 429.
87 Vgl. Selbmann, Käte, Wie werden die Beschlüsse über die Heranziehung der Genossinnen in die Parteileitungen durchgeführt? in: Neuer Weg, 1949, H. 10, S. 8.
88 Vgl. Weiterer, Es geht um die Masse der Frauen (Anm. II/62), S. 41; vgl. auch Protokoll des II. Parteitages der SED (Anm. Einl./1), S. 157.
89 Dazu kommen noch 9.617 Jugendliche im Alter bis zu 25 Jahren. Da diese Gruppe nicht nach Geschlecht unterteilt ist, konnte sie von der Verfasserin bei der Prozentberechnung für den weiblichen Funktionäranteil nicht berücksichtigt werden. Unter den Jugendlichen dürfte jedoch der männliche Anteil ebenfalls überwiegen, so daß sich vermutlich der Prozentsatz für die weiblichen Funktionäre noch verringert. Vgl. Nedwig, Georg, Frauen und Jugend wirklich mitarbeiten lassen! in: Neuer Weg, 1948, H. 4, S. 23.
90 Vgl. Weiterer, Es geht um die Masse der Frauen (Anm. II/62), S. 41.
91 Vgl. ebenda, S. 42; vgl. auch Protokoll der 1. Parteikonferenz der SED (Anm. II/9), S. 429.
92 Vgl. Zörner, Macht die Frauen . . . (Anm. Tab. 3/2), S. 3.
93 Vgl. Protokoll des II. Parteitages der SED (Anm. Einl./1), S. 134.
94 Vgl. Weiterer, Es geht um die Masse der Frauen (Anm. II/62), S. 41.
95 Vgl. z. B. Beling, Walter, Freie Bahn den Frauen, in: Neuer Weg, 1946, H. 6, S. 16; Nedwig, Frauen und Jugend (Anm. II/89), S. 23.
96 Diskussionsbeitrag von Elli Schmidt, in: Protokoll des II. Parteitages der SED (Anm. Einl./1), S. 135.
97 Wie Bremme und Fülles darlegen, sehen sich die bundesrepublikanischen Frauen vor ähnliche Schwierigkeiten gestellt, wenn es um ihre aktive Mitarbeit in einer Partei geht. Trotz der unterschiedlichen politischen Systeme und gesellschaftlichen Strukturen treffen die hier für die DDR genannten Faktoren in gleicher Weise für die BRD zu. Deshalb dürften sie weniger von den grundsätzlichen politischen Gegebenheiten beeinflußt sein, als vielmehr von der immer noch tief verwurzelten traditionellen Rollenerwartungen gegenüber der Frau und der Aufgabenteilung zwischen den Geschlechtern. Vgl. Bremme, Die politische Rolle der Frau (Anm. Einl./7), S. 148 ff.; Fülles, Frauen (Anm. Einl./8), S. 50 ff.
98 Vgl. Beling, Freie Bahn den Frauen (Anm. II/95), S. 16; Nedwig, Frauen und Jugend (Anm. II/89), S. 23.
99 Vgl. Selbmann, Wie werden die Beschlüsse . . . (Anm. II/87), S. 8.
100 Günther-Seelig, Frauenarbeit (Anm. II/84), S. 11 (Hervorhebungen im Original).
101 Vgl. Weiß, Walter, Mehr Genossinnen in verantwortliche politische Funktionen, in: Neuer Weg, 1969, H. 2, S. 58.
102 Bericht an den II. Parteitag (Anm. I/56), S. 59.
103 Beling, Freie Bahn den Frauen (Anm. II/95), S. 16.
104 Vgl. Höding, Edith, Zum Thema Frauen-Sonderlehrgänge, in: Neuer Weg, 1948, H. 7, S. 29.
105 Vgl. Schmidt, L., Gebt den Frauen . . . (Anm. II/63), S. 27 f. Eine ähnlich isolationistische Stellung nehmen die Frauenorganisationen in den westdeutschen CDU und SPD ein, die nach Gabriele Strecker den weiblichen Parteimitgliedern „einen eigenen Raum, eine Heimat" für die politische Arbeit schaffen wollen, „wo ‚man unter sich sein kann' ". Vgl. dieselbe, Der Weg der Frau in die Politik. Hrsg. von der Bundesgeschäftsstelle der CDU. Bonn 1965, S. 28. Vgl. auch Fülles, Frauen (Anm. Einl./8), S. 57 ff.
106 Vgl. Schmidt, L., Gebt den Frauen . . . (Anm. II/63), S. 28.
107 Vgl. Schmidt, Elli, Das wichtigste Glied unserer Frauenarbeit, in: Neuer Weg, 1948, H. 1, S. 29.

108 Vgl. die Entschließung der 1. Parteikonferenz, in: Protokoll der 1. Parteikonferenz der SED (Anm. II/9), S. 530.
109 Vgl. Bessere Massenarbeit unter den Frauen! Beschluß des Politbüros der SED vom 8. März 1949, in: Neuer Weg, 1949, H. 4, S. 14.
110 Vgl. Selbmann, Käte, Reorganisation unserer Frauenarbeit, in: Neuer Weg, 1949, H. 6, S. 10.
111 Vgl. die Entschließung des Parteivorstandes vom 21. Juli 1949, Über die Verbesserung der Organisationsarbeit der Partei, in: Dokumente der SED, Bd. II (Anm. I/67), S. 279 ff.
112 Vgl. Günther-Seelig, Frauenarbeit (Anm. II/84), S. 11; vgl. auch Selbmann, Käte, Mehr Genossinnen in leitende Funktionen, in: Neuer Weg, 1949, H. 8, S. 6.
113 Vgl. Selbmann, Wie werden die Beschlüsse... (Anm. II/87), S. 8.
114 Vgl. Stern, Porträt (Anm. II/14), S. 90 ff.
115 Vgl. den Artikel 2 des SED-Statuts von 1950, in: Protokoll des III. Parteitages der SED (Anm. Tab. 1/5), Bd. II, S. 308.
116 Vgl. Die nächsten Aufgaben der Partei. Entschließung des Parteivorstandes vom 24. August 1949, in: Dokumente der SED, Bd. II (Anm. I/67), S. 311.
117 Vgl. Günther-Seelig, Frauenarbeit (Anm. II/84), S. 11; vgl. auch Selbmann, Wie werden die Beschlüsse... (Anm. II/87), S. 8.
118 Bericht an den III. Parteitag (Anm. II/36), S. 173.
119 Vgl. Böhm, Hans, Wie haben sich unsere Genossinnen in den Grundeinheiten des Kreises Chemnitz bewährt? in: Neuer Weg, 1950, H. 13, S. 30.
120 Für die Neuwahl des Vorstandes einer Wohngruppe in Dresden wurden z. B. 7 Frauen und nur 3 Männer vorgeschlagen, was der personellen Zusammensetzung der Mitgliedschaft dieser Wohngruppe sowie vieler anderer entsprach; vgl. hierzu Selbmann, Wie werden die Beschlüsse... (Anm. II/87), S. 8.
121 Vgl. Zörner, Macht die Frauen... (Anm. Tab. 3/2), S. 2 f.
122 Vgl. Böhm, Wie haben sich unsere Genossinnen... (Anm. II/119), S. 30.
123 Vgl. Zörner, Macht die Frauen... (Anm. Tab. 3/2), S. 3.
124 Glückwunsch des Zentralkomitees der SED zum Internationalen Frauentag am 8. März 1952, in: Dokumente der Sozialistischen Einheitspartei Deutschlands. Beschlüsse und Erklärungen des Zentralkomitees sowie seines Politbüros und seines Sekretariats. Band IV. 1952 bis 1953. Berlin-Ost 1954, S. 7.
125 Vorschläge zur allseitigen Einbeziehung der Frauen in den sozialistischen Aufbau. Entschließung zur Frauenkonferenz der Bezirksleitung Karl-Marx-Stadt der SED am 9. Oktober 1958 im Kulturhaus des VEB „8. Mai". O. O., o. J., S. 9.
126 Vgl. das Referat Walter Ulbrichts auf dem V. Parteitag der SED, in: Protokoll des V. Parteitages der SED (Anm. Tab. 1/11), Bd. I, S. 210 ff.
127 Vgl. Verner, Paul, Aus dem Bericht des Politbüros an das 15. Plenum des ZK, in: Neues Deutschland, 25. 3. 1962, S. 6.
128 Vgl. Leisten Genossinnen weniger Parteiarbeit? in: Neuer Weg, 1968, H. 3, S. 114.
129 Vgl. Ohlsen, Bernhard, Gleichberechtigung der Frau? Propaganda und Wirklichkeit, in: Aus der Zone des Unrechts, 1962, H. 5, S. 2.
130 Leisten Genossinnen weniger Parteiarbeit? (Anm. II/128), S. 114. Zum Begriff und Inhalt des Parteilehrjahres siehe Anm. II/158.
131 Schmidt, Erika, Die Sache mit der langen Leitung. Leserbrief an Susanne, in: Berliner Zeitung, 23. 2. 1969, S. 11; vgl. auch Fenske, Irene, Sind Frauen schlechtere Leiter? in: Neuer Weg, 1965, H. 11, S. 572.
132 Vgl. Beschluß des Sekretariats des Zentralkomitees vom November 1964, zitiert in: Fenske, Sind Frauen schlechtere Leiter? (Anm. II/131), S. 572. Dieser Beschluß wurde in der Parteipresse nicht veröffentlicht; es handelt sich hierbei vermutlich um eine parteiinterne Richtlinie.
133 Beschluß zitiert in: Weiß, Mehr Genossinnen... (Anm. II/101), S. 57. Der Beschluß, vermutlich parteiinternes Material, wurde in der Parteipresse nicht veröffentlicht; ebenso der Beschluß des Sekretariats des ZK der SED „Zur Verbesserung der ideologischen Arbeit mit den Frauen" vom Juli 1966.
134 Vgl. Weiß, Mehr Genossinnen... (Anm. II/101), S. 57 ff.
135 Vgl. Kleines Politisches Wörterbuch (Anm. I/34), S. 206.
136 Diskussionsbeitrag von Elli Schmidt, in: Protokoll der 1. Parteikonferenz der SED (Anm. II/9), S. 408.
137 Vgl. Günther-Seelig, Frauenarbeit (Anm. II/84), S. 11.

138 Vgl. z. B. Nedwig, Frauen und Jugend wirklich mitarbeiten lassen! (Anm. II/89), S. 23.
139 Vgl. z. B. Selbmann, Mehr Genossinnen in leitende Funktionen (Anm. II/112), S. 6.
140 Prof. Anita Grandke, die Leiterin der Forschungsgruppe „Die Frau in der sozialistischen Gesellschaft" an der DAW, weist darauf hin, daß selbst in den Ländern, wo die Gleichberechtigung weitgehend anerkannt und auch praktiziert wird – dieser Terminologie zufolge also in den sozialistischen Staaten –, die Frau es „schwerer (hat) als der Mann", ihren Platz in der Gesellschaft einzunehmen. Sie müsse ihre berufliche und gesellschaftliche Arbeit und Entwicklung mit ihrer „besonderen Rolle im natürlichen Reproduktionsprozeß des menschlichen Lebens" vereinbaren. Diese Aufgabe sei „eines der kompliziertesten Probleme der Verwirklichung der Gleichberechtigung der Frau". Vgl. Grandke, Gedanken zur Frauenarbeit (Anm. I/91), S. 15.
141 Von den 5.049.096 Frauen im arbeitsfähigen Alter (15 bis unter 60 Jahre) waren 1968 3.656.400 berufstätig; das entspricht 72,4 Prozent. Vgl. die Zahlenangaben in: Statistisches Jahrbuch der DDR. 1969 (Anm. I/38), S. 436 f., Tabelle 4, und S. 58. Der Prozentsatz wurde von der Verfasserin errechnet.
142 1968 betrug der prozentuale Anteil weiblicher Hochschulstudierender 31,7 Prozent und weiblicher Fachschulstudierender 41,5 Prozent; vgl. ebenda, S. 388, Tabelle 23, und S. 383, Tabelle 19. Die Prozentsätze wurde von der Verfasserin errechnet.
143 Vgl. Fülles, Frauen (Anm. Einl./8), S. 50 ff.
144 Am 3. Mai 1971 löste Erich Honecker den bisherigen 1. Sekretär des ZK der SED, Walter Ulbricht, in seiner Funktion ab. Ulbricht soll sich stets energisch für die Verwirklichung der Gleichberechtigung der Frau auf allen Gebieten des politischen, gesellschaftlichen, wirtschaftlichen und kulturellen Lebens eingesetzt haben, was zumindest verbal aus seinen zahlreichen diesbezüglichen Reden hervorgeht. Von Funktionärinnen wurde er deshalb wiederholt als „der beste Freund der Frauen" bezeichnet. So sprach z. B. Inge Lange, die Leiterin der Arbeitsgruppe Frauen beim ZK, auf dem VI. Parteitag 1963 das aus, „was heute Millionen Frauen und Mädchen empfinden: Alles, was aus uns geworden ist und was wir heute sind, verdanken wir unserer Partei und unserem besten Freund, dem Genossen Walter Ulbricht". Vgl. Protokoll des VI. Parteitages der SED (Anm. Tab. 1/12), Bd. III, S. 275 f. (Zitat im Original hervorgehoben.)
145 Vgl. Honecker, Bericht des ZK an den VIII. Parteitag (Anm. Tab. 1/15), S. 8. Die Aufforderung Honeckers wurde – mit ebenfalls nur einem Satz und ohne bindende Festlegung – in der Entschließung des VIII. Parteitages aufgegriffen: „Zielstrebig sind Frauen in leitende Funktionen einzusetzen." Vgl. Entschließung des VIII. Parteitages der SED zum Bericht des Zentralkomitees, in: Neues Deutschland, 21. 6. 1971, S. 5.
146 Über Zielsetzung, Form und Inhalt der Parteischulung vgl. Förtsch, Die SED (Anm. Tab. 1/6), S. 83 ff.
147 Vgl. Weiterer, Es geht um die Masse der Frauen (Anm. II/62), S. 41 f.
148 Vgl. Bericht an den II. Parteitag (Anm. I/56), S. 94.
149 Vgl. ebenda, S. 95.
150 Vgl. Förtsch, Die SED (Anm. Tab. 1/6), S. 94 f.
151 Vgl. Bericht an den II. Parteitag (Anm. I/56), S. 94; vgl. auch Höding, Edith, Sonderlehrgänge für Funktionärinnen, in: Neuer Weg, 1948, H. 1, S. 30.
152 Vgl. Höding, Zum Thema Frauen-Sonderlehrgänge (Anm. II/104), S. 28.
153 Diskussionsbeitrag von Gertrud Hentsch, in: Protokoll des II. Parteitages der SED (Anm. Einl./1), S. 213.
154 Vgl. Bericht an den II. Parteitag (Anm. I/56), S. 94.
155 Vgl. Schaare, Maria, Zu den Sonderlehrgängen für Funktionärinnen, in: Neuer Weg, 1948, H. 4, S. 29.
156 Höding, Zum Thema Frauen-Sonderlehrgänge (Anm. II/104), S. 29.
157 Dieselbe, Sonderlehrgänge (Anm. II/151), S. 30.
158 Das einheitliche Parteilehrjahr findet in allen Grundorganisationen der SED auf der Grundlage allgemeinverbindlicher Direktiven der zentralen Parteileitung (Festlegung der Thematik) statt. Der Unterricht wird einmal monatlich in Form von Seminaren und Zirkeln abgehalten. Die Teilnahme am Parteilehrjahr ist für alle Mitglieder und Kandidaten Pflicht, ebenso wie die Erarbeitung bestimmter Lektüren und Lektionen im Rahmen des Selbststudiums. Vgl. hierzu z. B. A bis Z. Ein Taschen- und Nachschlagebuch über den anderen Teil Deutschlands. Hrsg. vom Bundesministerium für gesamtdeutsche Fragen. 11., überarb. und erw. Auflage. Bonn 1969, S. 461 f.
159 Vgl. Weiß, Mehr Genossinnen ... (Anm. II/101), S. 57 f.

160 Vgl. Hieblinger, Frauen (Anm. I/30), S. 116 ff. Die Ausführungen von Hieblinger betreffen primär die berufliche Qualifizierung der Frauen, sind aber auf die Parteischulung generell übertragbar.
161 Vgl. Weiß, Mehr Genossinnen . . . (Anm. II/101), S. 58.
162 Vgl. Artikel 34 und 36 des zweiten Statuts der SED von 1950, in: Protokoll des III. Parteitages der SED (Anm. Tab. 1/5), Bd. II, S. 315; Artikel 36 und 38 des dritten Statuts der SED von 1954, in: Protokoll des IV. Parteitages der SED (Anm. Tab. 1/8), Bd. II, S. 1128; Artikel 34 und 37 des vierten Statuts der SED von 1963, in: Statut der SED. Angenommen auf dem VI. Parteitag (Anm. II/34), S. 53 f. Die Parteimitglieder werden von Delegierten mit beschließender Stimme, die Kandidaten der SED von Delegierten mit beratender Stimme vertreten.
163 Vgl. Stern, Porträt (Anm. II/14), S. 266 f.
164 Sie sind dabei. Beim V. Parteitag der SED sind unter den Delegierten auch viele werktätige Frauen, in: Frau von heute, 1958, H. 28, S. 4.
165 Es ist bemerkenswert, daß die Anzahl weiblicher Parteitagsdelegierter, die lediglich kurzfristig eine Repräsentativfunktion ausüben, als Beweis für die zahlreichere Wahl von Frauen in verantwortliche Parteifunktionen herangezogen wird; vgl. Bericht der Mandatsprüfungskommission, in: Protokoll des IV. Parteitages der SED (Anm. Tab. 1/8), Bd. II, S. 892.
166 Die Hausfrauen werden ganz allgemein als weder klassenbewußt noch klassenverbunden bezeichnet, da in ihnen die erzieherischen und bewußtseinsbildenden Kräfte nicht wirksam werden können, die von der Arbeit innerhalb der materiellen Produktion ausgehen; vgl. Zörner, Macht die Frauen . . . (Anm. Tab. 3/2), S. 18.
167 Siehe Tabelle 3, S. 49.
168 Vgl. Protokoll der 1. Parteikonferenz der SED (Anm. II/9), S. 272. (Prozentzahl von der Verfasserin errechnet.)
169 Vgl. Protokoll des II. Parteitages der SED (Anm. Einl./1), S. 153. (Prozentsatz von der Verfasserin errechnet.)
170 Vgl. Protokoll des VII. Parteitages der SED (Anm. I/82), Bd. II, S. 177. (Prozentsatz von der Verfasserin errechnet.)
171 Die Parteidisziplin erfordert von den Delegierten die vollzählige Teilnahme an den Tagungen. Eine Überprüfung erfolgt durch die Abschnittskontrolle seitens der Mandatsprüfungskommission. Vgl. z. B. Protokoll des IV. Parteitages der SED (Anm. Tab. 1/8), Bd. II, S. 897 f.
172 Vgl. hierzu auch Stern, Porträt (Anm. II/14), S. 266.
173 Dem Präsidium gehören ferner die Delegationen der kommunistischen Bruderparteien an.
174 Vgl. z. B. Bericht der Mandatsprüfungskommission, in: Protokoll des V. Parteitages der SED (Anm. Tab. 1/11), Bd. II, S. 983 f.
175 Weibliche Mitglieder dieser Kommissionen sind insbesondere die fachlich versierten hauptamtlichen Funktionärinnen aus dem Partei- und Staatsapparat.
176 Vgl. Artikel 38 b des vierten Parteistatuts, in: Statut der SED. Angenommen auf dem VI. Parteitag (Anm. II/34), S. 54 f.

III. Kapitel: Frauen in den Bezirksorganisationen der SED

1 An Gesamtübersichten vgl. Stern, Porträt (Anm. II/14), nach S. 352; dieselbe, Die neuen SED-Bezirksleitungen, in: SBZ-Archiv, 1958, H. 14, S. 216 f.; IWE-Berlin, Informationsdienst, 13. 3. 1963; Der Parteiapparat der SBZ. Hrsg. i. A. des Bundesministeriums für gesamtdeutsche Fragen. 2., durchgeseh. Auflage. Bonn 1966, S. 15 ff.; IWE-Berlin, Informations- und Archivdienst, Nr. II/103, 23. 2. 1967; Neues Deutschland, 14. 3. 1967 und 21. 3. 1967; Der Parteiapparat der „Deutschen Demokratischen Republik". Hrsg. i. A. des Bundesministeriums für gesamtdeutsche Fragen vom Archiv für gesamtdeutsche Fragen. 3. Auflage. Bonn 1969, S. 15 ff.; Neues Deutschland, 2. 6. 1969, S. 2, und 9. 6. 1969, S. 2; IWE-Berlin, Dokumentationsdienst, Nr. 7/4, 11. 7. 1969; Der SED-Apparat in den Bezirken der DDR, in: Deutschland-Archiv, 1969, H. 8, S. 877 ff.; Neues Deutschland, 17. 5. 1971, S. 2, und 24. 5. 1971, S. 2.
An Einzelveröffentlichungen für die 14 Bezirke und Ost-Berlin vgl. die Publikationsorgane der SED: für Berlin-Ost: Berliner Zeitung; für Cottbus: Lausitzer Rundschau; für Dresden: Sächsische Zeitung; für Erfurt: Das Volk; für Frankfurt/Oder: Neuer Tag; für Gera: Volkswacht; für Halle: Freiheit; für Karl-Marx-Stadt/Chemnitz: Freie Presse; für Leipzig: Leipziger Volkszeitung; für

Magdeburg: Volksstimme; für Neubrandenburg: Freie Erde; für Potsdam: Märkische Volksstimme; für Rostock: Ostsee-Zeitung; für Schwerin: Schweriner Volkszeitung; für Suhl: Freies Wort. Vgl. die SED-Bezirkspresse zum Zeitpunkt der Delegiertenkonferenzen: I. Bezirksdelegiertenkonferenzen im September/Oktober 1952; II. Bezirksdelegiertenkonferenzen im März 1954; III. Bezirksdelegiertenkonferenzen im März 1956; IV. Bezirksdelegiertenkonferenzen im Juni 1958; V. Bezirksdelegiertenkonferenzen im Mai/Juni 1960; VI. Bezirksdelegiertenkonferenzen im Juni/Juli 1962; VII. Bezirksdelegiertenkonferenzen im Juni 1964; VIII. Bezirksdelegiertenkonferenzen im März 1967; IX. Bezirksdelegiertenkonferenzen im Juni 1969; X. Bezirksdelegiertenkonferenzen im Mai 1971.

2 Vgl. die Artikel 50–55 des dritten Statuts der SED von 1954, in: Protokoll des IV. Parteitages der SED (Anm. Tab. 1/8), Bd. II, S. 1131 f.; die Artikel 49–55 des vierten Statuts der SED von 1963, in: Statut der SED. Angenommen auf dem VI. Parteitag (Anm. II/34), S. 63 ff. Vor der territorialen Neugliederung der DDR im Juli 1952 galten diese Bestimmungen analog für die Landesvorstände der SED und ihre Sekretariate; vgl. hierzu die Artikel 49–52 des zweiten Statuts der SED von 1950, in: Protokoll des III. Parteitages der SED (Anm. Tab. 1/5), Bd. II, S. 317 f.

3 Vgl. Bericht an den III. Parteitag (Anm. II/36), S. 189 f.

4 Vgl. Kapitel II, S. 53 f.

5 Vgl. Ludz, Parteielite (Anm. Einl./15), S. 87. Zum Begriff der strategischen Clique und der institutionalisierten Gegenelite vgl. ebenda, S. 42 ff.

6 Vgl. z. B. Volkswacht, 17. 6. 1964, S. 3; Das Volk, 2. 6. 1969, S. 2.

7 Auf Grund eines Beschlusses des IV. Parteitages 1954 wurden bei den Bezirks- und Kreisleitungen der SED – anstelle der bisherigen Sekretariate – Büros für die Organisation und Durchführung der politischen Arbeit gebildet. Sie wurden gemäß dem Beschluß des Politbüros des ZK der SED vom 26. Februar 1963 „Über die Leitung der Parteiarbeit nach dem Produktionsprinzip" Ende Februar 1963 aufgelöst; an ihre Stelle traten, wie in früheren Jahren, Sekretariate. Vgl. den Beschluß des Politbüros von 1963, in: Dokumente der Sozialistischen Einheitspartei Deutschlands. Beschlüsse und Erklärungen des Zentralkomitees sowie seines Politbüros und seines Sekretariats. Band IX. 1962 bis 1963. Berlin-Ost 1965, S. 331 ff.

8 Zur Funktion der Sekretariate als Anleitungs- und Kontrollinstanzen sowie als Koordinierungsorgane vgl. insbesondere Schultz, Der Funktionär (Anm. Tab. 1/6), S. 179 ff.

9 Zu Einzelaspekten der organisatorischen Entwicklung der SED vgl. 20 Jahre Sozialistische Einheitspartei Deutschlands. Beiträge. Hrsg. von der Parteihochschule „Karl Marx" beim ZK der SED, Lehrstuhl Geschichte der deutschen Arbeiterbewegung. Berlin-Ost 1966. Zur Reform des Parteiapparates auf Bezirksebene 1963 und den damit verbundenen sozialstrukturellen Veränderungen vgl. Ludz, Parteielite (Anm. Einl./15), S. 82 ff.; vgl. auch Schimanski, Hans, Parteiaufbau nach Produktionsprinzip. Die SED wird nach sowjetischem Muster reorganisiert, in: SBZ-Archiv, 1963, H. 8, S. 119 ff.

10 Vgl. Ludz, Parteielite (Anm. Einl./15), S. 82.

11 Vgl. hierzu ebenda, S. 84.

12 Vgl. Jänicke, Martin, Der dritte Weg. Die antistalinistische Opposition gegen Ulbricht seit 1953. Köln 1964, S. 185 ff.

13 Die ehemaligen weiblichen Sekretäre wurden in folgenden Positionen wieder eingesetzt: Liesel Jende – seit Februar 1963 Leiterin der Bezirksparteischule der SED in Schleusingen/Bezirk Suhl; Marianne Blankenhagen – seit ca. 1964 Direktorin der Bezirksparteischule der SED in Ballenstedt/Bezirk Halle; Gerda Holzmacher – seit Oktober 1961 Vorsitzende der BPKK Gera; Irmgard Vielhauer – seit Februar 1963 Vorsitzende der BPKK Neubrandenburg; Margarete Langner – ca. 1962–1969 Bezirkssekretär der Nationalen Front, seit 1969 Politische Mitarbeiterin im Apparat der Bezirksleitung Potsdam der SED.

14 Vgl. hierzu auch: Die Situation der Frau in der SBZ. Die Rolle der Frau in der Kaderpolitik der SED, Ms. O. O. (vermutlich Erlangen) 1967, S. 25.

15 Entsprechende Überlegungen hat Gabriele Bremme für die Situation der Frauen in den bundesrepublikanischen Parteien angestellt; vgl. dieselbe, Die politische Rolle der Frau (Anm. Einl./7), S. 224 f.

16 Irma Uschkamp übernahm im Mai 1971 den Vorsitz des Rates des Bezirkes Cottbus; siehe Tabelle 10.

17 Nicht identisch mit der Vorsitzenden des Demokratischen Frauenbundes Deutschlands, Ilse Thiele!

18 Vgl. Deutschland-Informationen, 1970, H. 19, S. 8.

19 Zur Entstehung der Parteikontrollkommissionen und deren Kompetenzbereich und Tätigkeit

vgl. insbesondere Schultz, Der Funktionär (Anm. Tab. 1/6), S. 121 ff.; vgl. auch Stern, Porträt (Anm. II/14), S. 272 ff.
20 Vgl. Förtsch, Die SED (Anm. Tab. 1/6), S. 59.
21 Vgl. Die Situation der Frau in der SBZ (Anm. III/14), S. 25. Über Parteiverfahren liegen nur wenige Berichte vor, so daß sich die praktische Tätigkeit der Parteikontrollkommissionen und ihr Entscheidungsspielraum nicht genauer umreißen lassen; vgl. Schultz, Der Funktionär (Anm. Tab. 1/6), S. 125.
22 Vgl. Förtsch, Die SED (Anm. Tab. 1/6), S. 59.
23 Vgl. hierzu auch: Die Situation der Frau in der SBZ (Anm. III/14), S. 25.
24 Vgl. Statut der SED. Angenommen auf dem VI. Parteitag (Anm. II/34), S. 98 ff. (Artikel 71); vgl. auch Stern, Porträt (Anm. II/14), S. 274 f.
25 Vgl. z. B. die Berufsangaben für die Mitglieder und Kandidaten der Revisionskommission bei der SED-Bezirksleitung Dresden, in: Sächsische Zeitung, 2. 6. 1969, S. 3.
26 Vgl. Schimanski, Hans, Der Apparat wird stabilisiert. Die Kommissionen bei den leitenden Parteiorganen, in: SBZ-Archiv, 1959, H. 3, S. 35 f.
27 Vgl. z. B. Freie Erde, 22. 6. 1964, S. 2; Berliner Zeitung, 2. 6. 1969.
28 Die Vorsitzende der Frauenkommission beim Politbüro des ZK der SED, Inge Lange, betonte in einem Interview, die Partei habe die Bildung von betrieblichen Frauenausschüssen angeregt, damit sie die Interessen der Arbeiterinnen gegenüber den Betriebsleitungen vertreten. In diesem Zusammenhang führte sie weiter aus: ,,Bekanntlich wendet die Partei solche Prinzipien auch in ihrer eigenen Leitungstätigkeit an, wie sich an der Bildung der Frauenkommissionen beim Politbüro und bei den Bezirks- und Kreisleitungen zeigt." Vgl. Lange, Inge, Die Frauen und die Sozialistische Einheitspartei Deutschlands, in: Für Dich, 1968, H. 51, S. 21.

IV. Kapitel: Frauen in der zentralen Parteiführung der SED

1 Vgl. Artikel 39 des zweiten Statuts der SED von 1950, in: Protokoll des III. Parteitages der SED (Anm. Tab. 1/5), Bd. II, S. 315.
2 Artikel 42 des zweiten Statuts der SED von 1950, in: ebenda, Bd. II, S. 316.
3 Vgl. Artikel 40 des dritten Statuts der SED von 1954, in: Protokoll des IV. Parteitages der SED (Anm. Tab. 1/8), Bd. II, S. 1129.
4 Vgl. die Artikel 44, 47 und 48 des dritten Statuts der SED von 1954, in: ebenda, Bd. II, S. 1130; vgl. ebenfalls Statut der SED. Angenommen auf dem VI. Parteitag (Anm. II/34), S. 56 und S. 59 f. (Artikel 39 und 43–47).
5 Vgl. Richert, Ernst, Macht ohne Mandat. Der Staatsapparat in der Sowjetischen Besatzungszone Deutschlands. Schriften des Instituts für Politische Wissenschaft, Band 11. 2., erw. und überarb. Auflage. Köln, Opladen 1963, S. 30.
6 Vgl. derselbe, Das zweite Deutschland. Ein Staat, der nicht sein darf. Gütersloh 1964, S. 70.
7 Vgl. die analytischen Betrachtungen über den Funktionswandel des Zentralkomitees im einzelnen in: Ludz, Parteielite (Anm. Einl./15), S. 93 ff. Da hier nicht der Ort ist für eine ausführliche Darstellung des in den Statuten festgelegten Aufgabenbereichs des Zentralkomitees und seiner tatsächlichen Entscheidungsgewalt, sei auf die allgemeine Literatur verwiesen, in der diese Fragen eingehend behandelt wurden. Vgl. Stern, Porträt (Anm. II/14), S. 268; Richert, Macht ohne Mandat (Anm. IV/5), S. 29 f.; Förtsch, Die SED (Anm. Tab. 1/6), S. 110.
8 Vgl. Ludz, Parteielite (Anm. Einl./15), S. 257.
9 Vgl. ebenda, S. 160.
10 Vgl. den Artikel 39 des zweiten Statuts von 1950, in: Protokoll des III. Parteitages der SED (Anm. Tab. 1/5), Bd. II, S. 315, und den Artikel 39 c des dritten Statuts von 1954, in: Protokoll des IV. Parteitages der SED (Anm. Tab. 1/8), Bd. II, S. 1129.
11 Vgl. Ludz, Parteielite (Anm. Einl./15), S. 94.
12 Vgl. hierzu Das Volk, 21. 4. 1946; Tägliche Rundschau, 23. 4. 1946, S. 3; vgl. insbesondere Ein Befehl der britischen Militärverwaltung, in: Neues Deutschland, 24. 4. 1946, S. 2.
13 Vgl. Protokoll des II. Parteitages der SED (Anm. Einl./1), S. 425.
14 Vgl. Beschluß des Parteivorstandes der SED vom 24. Januar 1949 über innerparteiliche Maßnahmen, in: Dokumente der SED, Bd. II (Anm. I/67), S. 217.
15 Vgl. Ludz, Parteielite (Anm. Einl./15), S. 95 f.
16 Hierzu ist auch Inge Lange zu zählen, die 1963 erstmalig als ZK-Kandidat gewählt wurde und bereits im Dezember 1964 zum Mitglied aufrückte.

17 Wie Fricke einschätzt, ließ die Wiederwahl der meisten 1. Sekretäre der SED-Bezirksleitungen auf den X. Bezirksdelegiertenkonferenzen, die dem VIII. Parteitag unmittelbar voraufgingen, das Bestreben Honeckers nach Kontinuität in der Führung der Partei auch auf der mittleren Organisationsebene erkennen; vgl. Fricke, Karl Wilhelm, Die SED-Bezirksdelegiertenkonferenzen 1971, in: Deutschland-Archiv, 1971, H. 6, S. 571.
18 Einschließlich Margarete Wittkowski, die vorübergehend in den Kandidatenstand zurückversetzt wurde.
19 Als wesentliche Quellen für die Untersuchung dienten:
   a) Publikationen der DDR: die Protokolle des II.–VII. Parteitages der SED (Anm. Einl./1; Tab. 1/5; Tab. 1/8; Tab. 1/11; Tab. 1/12; I/82); Neues Deutschland, 20. 6. 1971, S. 4 f.; Handbuch der Volkskammer der DDR, 2. Wahlperiode (Anm. I/54); Handbuch der Volkskammer der Deutschen Demokratischen Republik. 3. Wahlperiode. Hrsg. von der Volkskammer der DDR in Verbindung mit dem Deutschen Institut für Zeitgeschichte, Berlin. Berlin-Ost 1959; Die Volkskammer der Deutschen Demokratischen Republik. Hrsg. vom Präsidium der Volkskammer der DDR mit Unterstützung der Presseabteilung der Kanzlei (bzw. der Abteilung Presse und Information) des Staatsrates der DDR. 4. Wahlperiode. Berlin-Ost 1964. 5. Wahlperiode. Berlin-Ost 1967. 6. Wahlperiode. Berlin-Ost 1972; Die Frau. Kleine Enzyklopädie (Anm. I/60), S. 878 ff.; Zörner, Guste (Hrsg.), Sie kämpften auch für uns. Leipzig 1967; biographische Artikel und Notizen, insbesondere im Neuen Deutschland und in der SED-Bezirkspresse.
   b) Publikationen der BRD: SBZ-Biographie, 1. und 3. Auflage (Anm. Tab. 9/1); Wer ist wer? Das deutsche Who's Who. XIV. Ausgabe von Degeners Wer ist's? Band II. Berlin 1965; SBZ von A bis Z. Ein Taschen- und Nachschlagebuch über die Sowjetische Besatzungszone Deutschlands. Hrsg. vom Bundesministerium für gesamtdeutsche Fragen. 7.–10. Auflage. Bonn 1962–1966; A bis Z (Anm. II/158); Handbuch der Sowjetzonen-Volkskammer. 2. Legislaturperiode (1954–1958). Hrsg. vom Informationsbüro West. 2 Teile. Berlin 1955 und 1957; Materialien der Personenkartei des Archivs für gesamtdeutsche Fragen (Bundesanstalt für gesamtdeutsche Aufgaben, Abteilung II), Bonn; biographische Angaben in: Stern, Porträt (Anm. II/14); Ludz, Parteielite (Anm. Einl./15); biographische Artikel und Notizen, insbesondere im SBZ-Archiv (seit 1968 Deutschland-Archiv) und in den Mitteilungen des Informationsbüros West (IWE-Berlin).
20 Es würde im Rahmen dieser Arbeit zu weit führen, auf alle Einzelaspekte der Materiallage einzugehen. Deshalb sei auf die grundsätzlichen Betrachtungen von Ludz verwiesen, die in gleichem Maße für die folgende Untersuchung Gültigkeit haben. Vgl. derselbe, Parteielite (Anm. Einl./15), S. 155 ff.
21 Vgl. ebenda, S. 163 und S. 336. Diese Ergebnisse beziehen sich allerdings auf die Gesamtheit der Mitglieder und Kandidaten.
22 Vgl. ebenda, S. 170 f. und S. 336 f.
23 Das Datum der 2. Parteikonferenz der SED (9.–12. Juli 1952) wird in der Literatur allgemein als Markstein in der Geschichte der DDR gesetzt. Mit der Verkündung des Aufbaus des Sozialismus endete die Nachkriegsphase.
24 Vgl. z. B. die Biographie von Elli Schmidt, in: Pfefferkorn, Oskar, Elli Schmidt. „Ein Mädchen aus der Konfektion", in: SBZ-Archiv, 1952, H. 7, S. 105; Repräsentanten der Deutschen Demokratischen Republik. Berlin 1952, S. 47 ff.
25 Vgl. Ludz, Parteielite (Anm. Einl./15), S. 174.
26 Die Frage nach einem verbesserten Bildungsstand der Frauen ergibt sich mit besonderer Eindringlichkeit auf Grund der historisch geprägten Ansicht von der weiblichen Rolle als Frau und Mutter. Diese Rollenerwartung hatte und hat unzulängliche Bildungsanstrengungen der bzw. für die Mädchen zur Folge, was eine echte Chancengleichheit im Bildungswesen, im Beruf und ebenfalls im politischen Bereich unmöglich macht. Vgl. hierzu insbesondere Pross, Helge, Über die Bildungschancen von Mädchen in der Bundesrepublik. Frankfurt/M. 1969; Fülles, Frauen (Anm. Einl./8), S. 17 f.; Hieblinger, Frauen (Anm. I/30), S. 27 f.; Ulbricht, H., Probleme der Frauenarbeit (Anm. I/45), S. 21 ff.
27 So waren z. B. überhaupt keine Frauen feststellbar, deren Ausbildung mit dem Abitur endete.
28 Vgl. Ludz, Parteielite (Anm. Einl./15), S. 178 ff. und S. 337.
29 Vgl. ebenda, S. 180.
30 Vgl. Kapitel III, S. 87.
31 Vgl. Statistisches Jahrbuch der DDR. 1969 (Anm. I/38), S. 59 (Tabelle 6).
32 Vgl. Ludz, Parteielite (Anm. Einl./15), S. 182.
33 Vgl. ebenda, S. 181.

34 Tabelle 18 basiert auf den biographischen Daten der weiblichen ZK-Mitglieder und -Kandidaten, die im Anhang, Tabelle 1, wiedergegeben sind. Darin sind alle beruflich-politischen Hauptfunktionen der Frauen sowie die Dauer der Ausübung aufgeführt, die sie kurz vor bzw. zum Zeitpunkt des Eintritts in das Zentralkomitee bis zu ihrem Ausscheiden aus diesem Gremium innehatten. Die Tendenzen einer beruflichen Mobilität, die im folgenden ebenfalls untersucht werden, lassen sich aus diesen biographischen Daten ablesen, sofern sie die ausgeübten Funktionen in lückenloser Zeitenfolge enthalten.

35 Vgl. Ludz, Parteielite (Anm. Einl./15), S. 189.

36 Helene Berg leitete von 1951 bis 1962 das Institut für Gesellschaftswissenschaften beim ZK der SED; Hanna Wolf ist seit Dezember 1950 Direktor der Parteihochschule „Karl Marx" beim ZK der SED; siehe auch Anhang, Tabelle 1.

37 Vgl. Tribüne, 11. 5. 1968, S. 1 f.

38 Es handelt sich um Hilde Benjamin, Margarete Wittkowski und Margot Honecker. Eine ausführliche Darstellung ihrer politischen Karriere siehe im Dritten Teil, S. 219 ff.

39 Käthe Kern war von 1949 bis 1970 Hauptabteilungsleiterin im Ministerium für Gesundheitswesen; Margot Honecker hat seit 1954 leitende Funktionen im Ministerium für Volksbildung inne; siehe auch Anhang, Tabelle 1.

40 Im Jahre 1965 waren in der volkseigenen zentralgeleiteten Industrie 792 Frauen in leitenden Funktionen tätig, davon 34 als Werkdirektor oder Technischer Direktor, 150 als Ökonomische Leiter und 28 als Kaufmännische Leiter; vgl. Hieblinger, Frauen (Anm. I/30), S. 134 f. Der weibliche Prozentanteil in führenden Wirtschaftsfunktionen war jedoch immer noch extrem niedrig. So stellten die Frauen 1965 in der zentralgeleiteten Industrie 1,4 Prozent aller Werkdirektoren und 1,6 Prozent der Technischen Direktoren. Vgl. Fenske, Sind Frauen schlechtere Leiter? (Anm. II/131), S. 570.

Eine direkte zahlenmäßige Gegenüberstellung der entsprechenden weiblichen Situation in der BRD ist nur bedingt möglich, da die Kategorie „leitende Wirtschaftsfunktion" sehr dehnbar ist bzw. sich nicht einheitlich definieren läßt und es außerdem an brauchbaren Vergleichszahlen fehlt. Spitzenpositionen in der Wirtschaft haben z. B. die Unternehmerinnen inne, die als Eigentümerinnen ihre Betriebe leiten. Hierbei ist allerdings zu berücksichtigen, daß sie nur in wenigen Fällen den Betrieb selbst aufgebaut haben; vielmehr verdanken sie ihre führende Stellung zumeist einer Erbschaft. Läßt man als Unternehmerin nur gelten, wer als Eigentümerin einen Betrieb mit mindestens zehn Beschäftigten leitet, so betrug 1961 die Anzahl der Unternehmerinnen in der BRD 24.312; das sind 11,8 Prozent der Gesamtheit aller selbständigen Unternehmer zu diesem Zeitpunkt. Vgl. Hartmann, Heinz, Die Unternehmerin. Selbstverständnis und soziale Rolle. Dortmunder Schriften zur Sozialforschung. Hrsg. von der Sozialforschungsstelle an der Universität Münster – Sitz Dortmund, Band 35. Köln, Opladen 1968, S. 12; Hartmann, Heinz, u. Ulrich Hornung, Die westdeutschen Unternehmerinnen, 1950–1961, in: Jahrbücher für Nationalökonomie und Statistik, 1965, Band 178, S. 322; Biermann, Benno, u. Helgard Ulshoefer, Selbständige Unternehmer in der Bundesrepublik, in: Zeitschrift für die gesamte Staatswissenschaft, 1966, Band 122, S. 484. Sieht man von den Kapitaleignerinnen ab, so wurde – einer Untersuchung von Jörg Zauber zufolge – 1971 nur eine einzige unter 3.300 Stellen im Top-Management von einer Frau besetzt. Danach beträgt der weibliche Prozentanteil in Spitzenpositionen der bundesrepublikanischen Wirtschaft 0,03 Prozent. Vgl. Leyen, Hannelore von der, Jung, schön und erfolgreich. Heidi Munte – Firmenchefin aus Passion, in: Stern, 1971, H. 34, S. 54.

41 Vgl. Ludz, Parteielite (Anm. Einl./15), S. 215.

42 Vgl. hierzu ebenda, S. 236.

43 Die Angaben über die Dauer der Ehegemeinschaft Baumann–Honecker sind widersprüchlich. Genauere Hinweise finden sich bei Dornberg, John, Deutschlands andere Hälfte. Profil und Charakter der DDR. Wien, München, Zürich 1968, S. 92; vgl. auch Stern, Porträt (Anm. II/14), S. 332.

44 Vgl. z. B. Pfefferkorn, Elli Schmidt (Anm. IV/24), S. 105.

45 So soll Walter Ulbricht die Patenschaft bei einem der Kinder Margot Honeckers übernommen haben.

46 Vgl. Frank, Henning, Keine „Frauenwirtschaft". Nur wenige Genossinnen im Führungsgremium der SED, in: Christ und Welt, 28. 7. 1967.

47 In der Literatur ist stets auf die Bedeutung dieser beiden Gremien als der eigentlichen politischen und organisatorischen Parteiführung hingewiesen worden; vgl. z. B. Stern, Porträt (Anm. II/14), S. 269 ff.; Richert, Das zweite Deutschland (Anm. IV/6), S. 70 f.; derselbe, Macht ohne Mandat (Anm. IV/5), S. 30; Ludz, Parteielite (Anm. Einl./15), S. 95; Förtsch, Die SED (Anm. Tab. 1/6), S. 58 f.

48 Statut der SED. Angenommen auf dem VI. Parteitag (Anm. II/34), S. 57 (Artikel 41).
49 Vgl. Ludz, Parteielite (Anm. Einl./15), S. 95; Förtsch, Die SED (Anm. Tab. 1/6), S. 58.
50 Vgl. hierzu Stern, Porträt (Anm. II/14), S. 56 f.
51 Elli Schmidt signierte mit dem Namen „Irene Gärtner"; unter diesem Pseudonym hatte sie während des 2. Weltkrieges über den Sender „Freies Deutschland" agitatorische Aufrufe an die deutschen Frauen und Soldaten gerichtet. Mit Elli Schmidt und Martha Arendsee befanden sich zwei Frauen unter den 16 Unterzeichnern. Vgl. den Gründungsaufruf der KPD in: Flechtheim, Ossip K.(Hrsg.), Dokumente zur parteipolitischen Entwicklung in Deutschland seit 1945. Band III. Berlin 1963, S. 313 ff.
   Der Gründungsaufruf der SPD vom 15. Juni 1945 — es signierten 14 Mitglieder des Zentralausschusses der SPD — wurde indessen von keiner Frau unterzeichnet; vgl. ebenda, S. 1 ff.
52 Vgl. die autobiographischen Erinnerungen von Käthe Kern, Die Frauen standen mit in vorderster Reihe, in: Vereint sind wir alles. Erinnerungen an die Gründung der SED. Hrsg. vom Institut für Marxismus-Leninismus beim ZK der SED. Berlin-Ost 1966, S. 87 ff.
53 Vgl. Stern, Porträt (Anm. II/14), S. 57.
54 Vgl. Ebeling, Richard, DFD vergaß Gründungsmitglied, in: Aus der Zone des Unrechts, 1967, H. 3, S. 10 ff.
55 Vgl. Pfefferkorn, Oskar, Anton Ackermann, Shdanows Schatten, in: SBZ-Archiv, 1953, H. 17, S. 263.
56 In einer Glückwunschadresse zum 50. Geburtstag von Käthe Kern konstatierte der Parteivorstand, ihr habe „erklärlicherweise die Vertretung der besonderen Interessen der Frauen stets am Herzen" gelegen; vgl. Glückwunsch des Parteivorstandes zum 50. Geburtstag der Genossin Käthe Kern, in: Neues Deutschland, 22. 7. 1950, S. 9.
57 Vgl. den Beschluß der 16. (30.) Tagung des Parteivorstandes am 24. Januar 1949 über innerparteiliche Maßnahmen, in: Protokoll der 1. Parteikonferenz der SED (Anm. II/9), S. 547. Das Politbüro übernahm die ursprünglichen Aufgaben des Zentralsekretariats, das nunmehr wesentlich an Bedeutung verlor und im Verlauf des Jahres 1949 aufgelöst wurde.
58 Vgl. Leonhard, Wolfgang, Die Revolution entläßt ihre Kinder. Köln, Berlin 1955, S. 451 f.
59 Während sich die Mitglieder und Kandidaten des ersten Politbüros (Januar 1949) aus fünf Kommunisten und vier Sozialdemokraten zusammensetzten, verschob sich dieses Verhältnis im zweiten Politbüro (Juli 1950) auf 12 : 3; vgl. Stern, Porträt (Anm. II/14), S. 92. Zur Ausschaltung der sozialdemokratischen Mitglieder des Zentralsekretariats vgl. ebenda, S. 107 (Anmerkung 44).
60 Vgl. Die Kehrseite der Medaille. Zur Verleihung der Clara-Zetkin-Medaille. „Gleichberechtigung der Frau", in: SBZ-Archiv, 1961, H. 20, S. 318; siehe hierzu auch Kapitel VI, S. 224.
61 Vgl. Repräsentanten der DDR (Anm. IV/24), S. 48.
62 Vgl. Richert, Das zweite Deutschland (Anm. IV/6), S. 202; derselbe, Die DDR-Elite oder Unsere Partner von morgen?, Reinbek b. Hamburg 1968, S. 103. Eine ausführliche Darstellung der innerparteilichen Opposition gegen Ulbricht im Frühjahr 1953 gibt Jänicke, Der dritte Weg (Anm. III/12), S. 32 ff.; vgl. auch Stern, Carola, Ulbricht. Eine politische Biographie. Köln, Berlin 1963, S. 165 ff.
63 Vgl. Stern, Porträt (Anm. II/14), S. 164.
64 Vgl. Dornberg, Deutschlands andere Hälfte (Anm. IV/43), S. 82 ff. Zu den Ereignissen des 17. Juni 1953 vgl. Brant, Stefan, Der Aufstand. Vorgeschichte, Geschichte und Deutung des 17. Juni 1953. Stuttgart 1954.
65 Der DFD nahm zwar erst im September 1953 — also zu einem sehr späten Zeitpunkt — Stellung zu den Ereignissen des Juni-Aufstandes, jedoch noch zeitig genug, um der endgültigen Entscheidung der ZPKK in deren Sinne vorzugreifen.
66 Vgl. hierzu auch Fricke, Karl Wilhelm, Ilse Thiele. Musterexemplar der „fortschrittlichen Frau", in: SBZ-Archiv, 1954, H. 21, S. 327.
67 Vgl. Protokoll des III. Bundeskongresses des DFD vom 21. bis 24. April 1950 in der Staatsoper zu Berlin. Berlin-Ost 1950, S. 257.
68 Vgl. Thiele, Ilse, Der neue Kurs der Regierung und die Aufgaben des DFD. Referat auf der 8./39. Bundesvorstandssitzung am 10. und 11. 9. 1953 in Berlin, in: Lernen und Handeln, 1953, H. 19, S. 11.
69 Vgl. Kommuniqué der 17. Tagung des Zentralkomitees der Sozialistischen Einheitspartei Deutschlands, in: Neues Deutschland, 24. 1. 1954, S. 1.
70 Vgl. Kommuniqué der 28. Tagung des Zentralkomitees der SED, in: Neues Deutschland, 31. 7. 1956, S. 1.
71 Vgl. Die Kehrseite der Medaille (Anm. IV/60), S. 317 ff.
72 Die gelernte Schneiderin leitete von Dezember 1953 bis 1966 das Institut für Bekleidungskultur

(Deutsches Modeinstitut). Trotz ihrer politischen Entmachtung wurde Elli Schmidt bei Ordensverleihungen bis in die jüngste Zeit berücksichtigt: 1960 erhielt sie den Orden „Banner der Arbeit" und 1965 den „Vaterländischen Verdienstorden in Gold". 1968 wurde sie „für ihre hervorragende Arbeit zum Wohle der DDR" mit der „Ehrenspange zum Vaterländischen Verdienstorden in Gold" ausgezeichnet. Vgl. Für Dich, 1968, H. 38, S. 2; Ebeling, DFD vergaß Gründungsmitglied (Anm. IV/54), S. 12.
73 Vgl. Frank, Zwanzig Jahre Zone (Anm. Einl./11), S. 96.
74 Vgl. Stern, Carola, Der Staatsrat der „DDR", in: SBZ-Archiv, 1960, H. 18, S. 273.
75 Vgl. dieselbe, Die neue SED-Führung, in: SBZ-Archiv, 1963, H. 3, S. 33. Die gleiche Ansicht vertritt auch Jänicke; vgl. derselbe, Der dritte Weg (Anm. III/12), S. 177.
76 Nicht zu verwechseln mit der gleichnamigen FDGB-Funktionärin!
77 Vgl. hierzu Frank, Keine „Frauenwirtschaft" (Anm. IV/46); vgl. auch Natürliches Maß, in: Der Spiegel, 1969, H. 34, S. 41.
78 Ludz stellt die Kandidaten des Politbüros der Gruppe der Vollmitglieder gegenüber, die sich ausschließlich aus den Vertretern der „strategischen Clique", also langgedienten und erprobten Parteifunktionären, zusammensetzt; vgl. derselbe, Parteielite (Anm. Einl./15), S. 232. Vgl. hierzu ebenfalls Förtsch, Die SED (Anm. Tab. 1/6), S. 115 ff.
79 Vgl. Stern, Die neue SED-Führung (Anm. IV/75), S. 33; vgl. ebenfalls Die Neuwahl des Politbüros der SED, in: IWE-Berlin, Informationsdienst, Nr. 1/75, 22. 1. 1963, S. 1 f.
80 Vgl. Förtsch, Die SED (Anm. Tab. 1/6), S. 121.
81 In Würdigung ihrer „Verdienste um die Verbesserung der Verhältnisse auf dem Lande" wurde Margarete Müller der Vaterländische Verdienstorden in Silber verliehen; vgl. Die Frau. Kleine Enzyklopädie (Anm. I/60), S. 886.
82 Zu diesem Begriff vgl. Lehmbruch, Einführung in die Politikwissenschaft (Anm. Einl./12), S. 69.
83 Vgl. Richert, Das zweite Deutschland (Anm. IV/6), S. 71.
84 Vgl. derselbe, Macht ohne Mandat (Anm. IV/5), S. 30 ff.
85 Vgl. Stern, Die neue SED-Führung (Anm. IV/75), S. 33; vgl. auch Jänicke, Der dritte Weg (Anm. III/12), S. 38.
86 Vgl. Richert, Die DDR-Elite (Anm. IV/62), S. 43.
87 Vgl. Kommuniqué der 14. Tagung des Zentralkomitees, in: Dokumente der Sozialistischen Einheitspartei Deutschlands. Beschlüsse und Erklärungen des Zentralkomitees sowie seines Politbüros und seines Sekretariats. Band VIII. 1960 bis 1961. Berlin-Ost 1962, S. 502.
88 Vgl. Stern, Die neue SED-Führung (Anm. IV/75), S. 33; vgl. auch Jänicke, Der dritte Weg (Anm. III/12), S. 177.
89 Vgl. Die Frau. Kleine Enzyklopädie. 6., neubearb. Auflage. Leipzig 1967, S. 878 ff. In früheren Auflagen dieser Publikation wurde auch Edith Baumann in der Rubrik „Bedeutende Frauen" genannt; vgl. dasselbe. 4., unveränd. Auflage. Leipzig 1963, S. 690.
90 Vgl. hierzu Förtsch, Die SED (Anm. Tab. 1/6), S. 57 f.; vgl. insbesondere Richert, Macht ohne Mandat (Anm. IV/5), S. 30 ff.
91 Vgl. Statut der SED. Angenommen auf dem VI. Parteitag (Anm. II/34), S. 57 (Artikel 41).
92 Vgl. Stern, Porträt (Anm. II/14), S. 339 ff.; Der Parteiapparat der SBZ (Anm. III/1), S. 10 ff.; Die SED. Historische Entwicklung. Ideologische Grundlagen. Programm und Organisation. Bonner Fachberichte aus der Sowjetzone. Hrsg. vom Bundesministerium für gesamtdeutsche Fragen. Bonn o. J. (ca. 1967), S. 75 f.; Der Parteiapparat der „DDR" (Anm. III/1), S. 10 ff.; Förtsch, Die SED (Anm. Tab. 1/6), S. 57; Staats- und Parteiapparat der DDR. Personelle Besetzung. Stand: 15. Januar 1972, Ms. Zusammengestellt vom Gesamtdeutschen Institut, Bundesanstalt für gesamtdeutsche Aufgaben. O. O., o. J. (vermutl. Bonn 1972), S. 17 f.
93 Vgl. SBZ-Biographie, 3. Aufl. (Anm. Tab. 9/1), S. 175; Stern, Porträt (Anm. II/14), S. 341.
94 Der genaue Zeitpunkt der Übernahme ihrer Leitungsfunktion im ZK-Apparat ist nicht feststellbar. So wird Gisela Trautzsch in einer Liste der Abteilungsleiter im zentralen Parteiapparat, die den Stand von Ende März 1969 wiedergibt, nicht aufgeführt, obwohl sie zu diesem Zeitpunkt bereits als Abteilungsleiterin fungierte. Vgl. Der Parteiapparat der „DDR" (Anm. III/1), S. 10 ff. Als Inhaberin dieser Funktion wurde ihr zum Internationalen Frauentag am 8. März 1969 die Clara-Zetkin-Medaille verliehen; vgl. Neues Deutschland, 8. 3. 1969, S. 2.
95 Vgl. Stern, Porträt (Anm. II/14), S. 275; Förtsch, Die SED (Anm. Tab. 1/6), S. 58.
96 Vgl. Die Volkskammer der DDR, 5. Wahlperiode (Anm. IV/19), S. 398.
97 Zetkin, Clara, Erinnerungen an Lenin, in: dieselbe, Ausgewählte Reden und Schriften (Anm. I/9), Bd. III, S. 145.
98 Vgl. dieselbe, Richtlinien für die kommunistische Frauenbewegung, in: ebenda, Bd. II, S. 282 ff.
99 Lange, Der Kampf unserer Partei (Anm. I/32), S. 347.

100 Vgl. Bessere Massenarbeit unter den Frauen! (Anm. II/109), S. 14; vgl. auch Baumann, Die Aufgaben der Partei (Anm. I/39), S. 6 f.
101 Vgl. Protokoll des III. Parteitages der SED (Anm. Tab. 1/5), Bd. I, S. 259 und Bd. II, S. 272; vgl. auch Zörner, Macht die Frauen . . . (Anm. Tab. 3/2), S. 3.
102 Vgl. Lange, Inge, Unsere Republik braucht alle Frauen – alle Frauen brauchen unsere Republik, in: Neuer Weg, 1964, H. 5, S. 212.
103 Vgl. Kerber, Über die Verantwortlichkeit . . . (Anm. II/52), S. 35; Glöckner, Mit gemeinsamer Kraft . . . (Anm. Tab. 20/6), S. 463 f.
104 Vgl. Hilbert, Horst, Schafft eine enge Verbindung der Abgeordneten mit den werktätigen Frauen in den Betrieben, in: Neuer Weg, 1957, H. 21, S. 1331.
105 Zusammenfassende Darstellungen über diese Aufgabenbereiche finden sich z. B. in folgenden Publikationen: Lange, Die Frauen und die SED (Anm. III/28), S. 21; Die Frau in der DDR (Anm. I/93), S. 16 ff.; Hieblinger, Frauen (Anm. I/30), S. 68 ff.
106 Vgl. hierzu auch Stern, Porträt (Anm. II/14), S. 276.
107 Eine Zusammenstellung der Reden und Schriften Lotte Ulbrichts aus den Jahren 1943 bis 1967 legte der parteieigene Dietz-Verlag 1968 aus Anlaß ihres 65. Geburtstages vor; vgl. Ulbricht, L., Reden und Aufsätze (Anm. Tab. 1/4).
108 Vgl. dieselbe, Mit Hilfe der Frauenausschüsse vorangekommen, in: ebenda, S. 386.
109 Vgl. ebenda, S. 6; vgl. auch Stern, Ulbricht (Anm. IV/62), S. 162.
110 Vgl. Ulbricht, Lotte, Mit Hilfe der Frauenausschüsse vorangekommen, in: dieselbe, Reden und Aufsätze (Anm. Tab. 1/4), S. 386; vgl. auch Thiele, Ilse, Gruß und Glückwunsch für Lotte Ulbricht, in: Lernen und Handeln, 1963, H. 8, S. 1. In diesem Zusammenhang sei auf einen grundsätzlichen Artikel verwiesen, den Lotte Ulbricht ein Jahr vor ihrer Eheschließung mit Walter Ulbricht unter ihrem Mädchennamen im Neuen Deutschland veröffentlichte. Darin begrüßt und unterstützt sie die Bildung der Frauenausschüsse in den industriellen und landwirtschaftlichen Betrieben und übt heftige Kritik an der verständnislosen Haltung und ungenügenden Mitarbeit von Partei- und Gewerkschaftsleitungen. Vgl. Kühn, Lotte, Bedeutung und Aufgaben der Frauenausschüsse, in: Neues Deutschland, 13. 5. 1952, S. 5.
111 Vgl. Die Frau. Kleine Enzyklopädie (Anm. I/60), S. 889.
112 Vgl. Lange, Die Frauen und die SED (Anm. III/28), S. 21.
113 Zur personellen Zusammensetzung und Funktion der zeitweisen und ständigen Kommissionen beim Politbüro vgl. Richert, Macht ohne Mandat (Anm. IV/5), S. 32 ff.
114 Professor Dr. Anita Grandke, die Leiterin der gleichnamigen Forschungsgruppe des Wissenschaftlichen Beirats „Die Frau in der sozialistischen Gesellschaft", ist zugleich Mitglied der Frauenkommission beim Politbüro (siehe Tabelle 21). Zur Gründung, personellen Zusammensetzung und den einzelnen Arbeitsbereichen der Forschungsgruppe vgl. z. B. Im Jahre 1964 beschloß der Ministerrat, bei der Deutschen Akademie der Wissenschaften zu Berlin die Forschungsgruppe „Die Frau in der sozialistischen Gesellschaft" zu bilden, in: Urania, 1965, H. 3, S. 187; Die Frau in der DDR (Anm. I/93), S. 27; Die Frau heute und morgen, in: Arbeit und Arbeitsrecht, 1967, H. 8/9, S. 185. Vgl. auch Beschluß über die weitere Durchführung der Forschung zu Problemen der Entwicklung und Förderung der Frauen und Mädchen in der Deutschen Demokratischen Republik vom 20. Oktober 1966, in: GBl. II, S. 777. Vgl. ferner die Veröffentlichungen der Forschungsgruppe bzw. des Beirats: Die Frau in der Gesellschaft. Tatsachen und Zahlen aus den sozialistischen und ausgewählten kapitalistischen und anderen nichtsozialistischen Ländern. Hrsg. vom Zentralinstitut für Information und Dokumentation, Abteilung Zentrale Information. Beihefte Zentrale Information, Band 2. Berlin-Ost 1966; Grandke, Anita, Herta Kuhrig u. Gabriele Nacke, Die gesellschaftliche Stellung der Frau in der DDR und die Aufgaben der Wissenschaft, in: Einheit, 1967, H. 1, S. 56 ff.; Frau und Wissenschaft. Referate und ausgewählte Beiträge. Hrsg. von der Forschungsgruppe des Wissenschaftlichen Beirates „Die Frau in der sozialistischen Gesellschaft" bei der DAdW zu Berlin durch Prof. Dr. Anita Grandke. Berlin-Ost 1968.
115 Eine Zusammenstellung wichtiger Konferenzen und Beratungen mit Frauen, die von der Parteizentrale durchgeführt wurden, findet sich in: 20 Jahre SED (Anm. III/9), S. 357 ff.
116 Vgl. z. B. Das neue Frauenprogramm der SED. Hausfrauen und Mütter in der Sowjetzone sollen zur „Vollendung des Sozialismus" beitragen, in: Ausschnitte. Faksimile-Wiedergaben aus der Fachliteratur und Tagespresse der Sowjetzone, zusammengestellt von der Publikationsstelle des Bundesministeriums für gesamtdeutsche Fragen (ca. 1958); Alles für die Entwicklung und Förderung der Frauen (Anm. I/80).
117 Auch die direkte personelle Verbindung zwischen der Leitung der Arbeitsgruppe Frauen

beim ZK und dem Demokratischen Frauenbund Deutschlands auf Grund der Übernahme von Wahlfunktionen im DFD ist seit 1961 weniger sichtbar geworden. Inge Lange gehört nicht – wie ihre Amtsvorgängerinnen – dem Bundesvorstand des DFD an; diese Funktion hat nun ihre Stellvertreterin Elli Glöckner inne. Vgl. Der neue Bundesvorstand des DFD, in: Lernen und Handeln, 1961, H. 2, S. 6; Der neue Bundesvorstand des DFD, in: Für Dich, 1964, H. 29, S. 26. Inge Langes Amtsvorgängerin, Edith Baumann, war zugleich Mitglied des Präsidiums des Bundesvorstandes des DFD; vgl. die Mitgliederliste in: Frau von Heute, 1961. H. 2, S. 3.

118 Vgl. Die Frau in der Gesellschaft (Anm. IV/114), S. IV.
119 Vgl. Ulbricht, Lotte, Zehn Jahre Frauenausschüsse, in: dieselbe, Reden und Aufsätze (Anm. Tab. 1/4), S. 255.
120 Vgl. Ulbricht, Lotte, u. Inge Lange, Ein Beschluß zur rechten Zeit, in: ebenda, S. 406.
121 Vgl. die grundsätzlichen Ausführungen über die Aufgaben und Rechte der Parteikontrollkommissionen in Kapitel III, S. 92; vgl. auch Statut der SED. Angenommen auf dem VI. Parteitag (Anm. II/34), S. 58 f. (Artikel 42).
122 Elli Hempel fungierte schon einmal von 1950 bis 1951 kurzfristig als Mitglied der ZPKK; vgl. IWE-Berlin, Informationsdienst, 7. 4. 1954; vgl. auch Stern, Porträt (Anm. II/14), S. 335.
123 Nach Carola Stern sind die Mitglieder und Kandidaten aller Parteikontrollkommissionen in der Regel Funktionäre, die bereits vor 1933 der KPD angehörten; vgl. dieselbe, Porträt (Anm. II/14), S. 274.
124 Eine ausführliche Darstellung dieser Affäre vgl. ebenda, S. 119 ff.
125 Über die Aufgaben der Parteikontrolle, insbesondere hinsichtlich einer politisch-ideologischen Erziehung jener Mitglieder, gegen die ein Parteiverfahren verhängt wurde, äußerte sich z. B. Herta Geffke auf dem IV. Parteitag der SED 1954; vgl. Protokoll des IV. Parteitages der SED (Anm. Tab. 1/8), Bd. II, S. 1005 ff.
126 Vgl. die allgemeinen Ausführungen über die Tätigkeit der Revisionskommissionen in Kapitel III, S. 95; vgl. auch Statut der SED. Angenommen auf dem VI. Parteitag (Anm. II/34), S. 98 ff. (Artikel 71).
127 Vgl. Kapitel III, S. 95.
128 Dem einzigen weiblichen Kandidaten des Politbüros, Margarete Müller, entspricht z. B. 1971 ein Prozentanteil von 14,3 Prozent; auf alle Mitglieder und Kandidaten dieses Organs bezogen, beträgt er 4,3 Prozent. Diesen Zahlen ist jedoch keine Aussage über die effektive weibliche Mitwirkung im Politbüro zu entnehmen; vielmehr widerspiegeln die Absolutwerte – 16 Mitglieder, darunter keine Frauen; 7 Kandidaten, darunter eine Frau – weitaus eindeutiger die tatsächliche Situation. In DDR-Publikationen wird allerdings bevorzugt mit derartigen Prozentwerten operiert, um den Nachweis für die gleichberechtigte und umfassende Beteiligung von Frauen an der Leitung von Staat, Wirtschaft und Gesellschaft anzutreten; vgl. z. B. Sie und unsere Republik (Anm. I/89); Stellung der Frau und ihrer Familie, in: Lernen und Handeln, 1967, H. 3/4, S. 25.
129 Vgl. Die Situation der Frau in der SBZ (Anm. III/14), S. 26.
130 Vgl. Die Frau – der Frieden und der Sozialismus (Anm. I/19), S. 10.
131 In diesem Zusammenhang ist interessant, daß die SED als Beweis für die Verwirklichung der Gleichberechtigung in der DDR niemals die interne Parteistatistik heranzieht, sondern vorrangig auf den weiblichen Anteil in der Volkskammer verweist; vgl. z. B. Die Frau in der sozialistischen Deutschen Demokratischen Republik und unter der formierten Herrschaft des Finanzkapitals in Westdeutschland. Materialien für den Propagandisten. Hrsg. von der Abteilung Propaganda des ZK der SED. O. O. (vermutl. Berlin-Ost) 1967, S. 19 ff.
132 Vgl. Schultz, Der Funktionär (Anm. Tab. 1/6), S. 41 f.
133 Was ist Spießbürgertum? in: Lernen und Handeln, 1956, H. 10, S. 14. In DDR-Publikationen wird das Problem der männlichen Vorurteile gegen die Gleichberechtigung immer wieder diskutiert. Es sei deshalb nur auf einige Beispiele verwiesen. Vgl. Weihs, Rolf, Klarheit über unsere sozialistisch-kommunistische Perspektive schaffen! in: Volksstimme (Karl-Marx-Stadt), 27. 12. 1961, S. 4; Bericht des Zentralkomitees an den VI. Parteitag der Sozialistischen Einheitspartei Deutschlands, in: Protokoll des VI. Parteitages der SED (Anm. Tab. 1/12), Bd. IV, S. 269; Ulbricht, Lotte, Mit Hilfe der Frauenausschüsse vorangekommen, in: dieselbe, Reden und Aufsätze (Anm. Tab. 1/4), S. 389 f.; als zusammenfassende Darstellung vgl. Natürliches Maß (Anm. IV/77), S. 41.

V. Kapitel: Frauen in den Parlamenten

1 Vgl. die Wahlergebnisse in: Wahlfälschungen, Wahlbehinderungen, Wahlbeeinflussungen in der Sowjetischen Besatzungszone. 1946 – 1950. Dokumente und Tatsachen. Hrsg. vom Bundesministerium für gesamtdeutsche Fragen. Bonn 1950, S. 9 ff.; vgl. auch Die Wahlen in der Sowjetzone. Dokumente und Materialien. Hrsg. vom Bundesministerium für gesamtdeutsche Fragen. 6., erw. Auflage. Bonn, Berlin 1964, S. 9 ff.
2 Schmidt, Elli, Frauen und Gemeindewahlen, in: Neuer Weg, 1946, H. 5, S. 3 (Hervorhebung im Original).
3 Diese Parteien waren zwar bereits seit Juli 1945 im Block der antifaschistisch-demokratischen Parteien zusammengeschlossen, den Wahlen lagen aber noch nicht jene Einheitslisten zugrunde, die schon vor der Wahl eine Aufschlüsselung der Mandate nach Parteien vornehmen. Derartige Kandidatenlisten wurden erstmalig bei den Wahlen zum Dritten Deutschen Volkskongreß im Mai 1949 verwendet. Vgl. Mampel, Herrschaftssystem (Anm. Einl. /27), S. 104 f.; vgl. auch Wahlen ohne Wahl. Eine Chronologie der Wahlen in Mitteldeutschland. Hrsg. vom Bundesministerium für gesamtdeutsche Fragen. Bonn, Berlin 1966, S. 1 ff.
4 Vgl. den Programmpunkt „Frauen" in: Dokumente der SED, Bd. I (Anm. Einl. /2), S. 57.
5 Mit dieser Parole warb auch ein Wahlplakat der SED um die Stimmen der Hausfrauen; vgl. Hentsch, Gertrud, Frauen gewinnen heißt Mehrheit des Volkes gewinnen, in: Neuer Weg, 1946, H. 5, S. 26.
6 Schmidt, Frauen und Gemeindewahlen (Anm. V/2), S. 4.
7 Vgl. Hentsch, Frauen gewinnen ... (Anm. V/5), S. 24.
8 Vgl. ebenda.
9 Im Aufruf des Bundesvorstandes des DFD zur Wahl der örtlichen Volksvertretungen im Juni 1957 erging z. B. die Aufforderung an alle Mitglieder, den Internationalen Kindertag zu nutzen, „um mit allen Müttern über die Bedeutung der Wahlen zu sprechen"; vgl. Aufruf! in: Lernen und Handeln, 1957, H. 8, S. 3; vgl. auch Salut der Freude, in: Frau von heute, 1957, H. 25, S. 6.
10 Vgl. Neues Deutschland, 26. 9. 1950, S. 4. Es zeigt sich hier eine bemerkenswerte Parallele zu jener Plakatwerbung, wie sie später von der CDU zu den Bundestagswahlen 1953 benutzt wurde: „In Frieden für Alle das tägliche Brot. CDU"; vgl. Bremme, Die politische Rolle der Frau (Anm. Einl./7), S. 107.
11 Vgl. Dokumente der SED, Bd. I (Anm. Einl./2), S. 84.
12 Zum Kampf um freie Wahlen und zur Einführung von Einheitslisten vgl. Wahlfälschungen (Anm. V/1), S. 31 ff.; vgl. auch Der große Wahlbetrug am 15. Oktober 1950 in der Sowjetischen Besatzungszone. Dokumente und Tatsachen. Hrsg. vom Bundesministerium für gesamtdeutsche Fragen. Bonn 1950.
13 Vgl. z. B. Meyer, Inge, Mehr weibliche Kandidaten aus allen Schichten, in: Stimme des Patrioten, 1957, H. 7, S. 13.
14 Vgl. Handbuch der Volkskammer der DDR, 2. Wahlperiode (Anm. I/54), S. 90; dasselbe, 3. Wahlperiode (Anm. IV/19), S. 82 f.; Die Volkskammer der DDR, 4. Wahlperiode (Anm. IV/19), S. 74 f.; dasselbe, 5. Wahlperiode (Anm. IV/19), S. 69 ff.; dasselbe, 6. Wahlperiode (Anm. IV/19), S. 55 ff.
15 Wir rufen zur Wahl. Die Nationale Front des demokratischen Deutschland an alle Bürger der Deutschen Demokratischen Republik, in: Stimme des Patrioten, 1957, H. 7, S. 17.
16 Vgl. Grandke, Gedanken zur Frauenarbeit (Anm. I/91), S. 14.
17 Vgl. z. B. Zweijahrbericht des Demokratischen Frauenbundes Deutschlands anläßlich des IV. Bundeskongresses vom 16. bis 19. Mai 1952. Berlin-Ost 1952, S. 89 ff. und S. 148 f.; Kandidaten der Nationalen Front des demokratischen Deutschland, in: Frau von heute, 1954, H. 40, S. 4 f.; Kandidaten des Volkes, in: Frau von heute, 1958, H. 45, S. 3; vgl. auch Frauenausschüsse bereiten Volkswahlen vor, in: Tägliche Rundschau, 4. 7. 1954, S. 1.
18 Vgl. Meyer, Mehr weibliche Kandidaten ... (Anm. V/13), S. 13; Thiele, Aus dem Referat ... auf der Beratung mit den Kreisvorsitzenden (Anm. I/48), S. 4.
19 Vgl. Dyballa, Erna, Die gesellschaftliche Stellung der Frau in unserem Staat der Arbeiter und Bauern, in: Die Arbeit, 1954, H. 9, S. 589.
20 Vgl. Donth, Erna, Unsere Stimme den Kandidaten der Nationalen Front – Unsere Kraft für die Erfüllung des Wahlprogramms, in: Lernen und Handeln, 1958, H. 21, S. 1.
21 Zur Durchführung der Rechenschaftslegung von Abgeordneten und der Kandidatenvorstellung vgl. z. B. Graf, Herbert, u. Günther Seiler, Wähler – Wahlen – Entscheidungen. Berlin-Ost 1967, S. 56 ff.

22 Vgl. Baumann, Edith, Denkt besonders an die Frauen bei der Wahlvorbereitung! in: Neuer Weg, 1957, H. 8, S. 473 ff.; vgl. auch Meyer, Mehr weibliche Kandidaten ... (Anm. V/13), S. 13.
23 Vgl. Dreimal soviel weibliche Abgeordnete, in: Neues Deutschland, 22. 10. 1965; Die Frau unserer Tage, in: Neues Deutschland, 29. 6. 1967, S. 1.
24 Allerdings spielt in der DDR jene Plakatwerbung, die Fotoaufnahmen von Politikern zeigt, auf deren Typ Frauen angeblich besonders ansprechen, im Unterschied zur Wahlkampfführung in der Bundesrepublik keine Rolle. Über Formen und Methoden der an die Frauen gerichteten Wahlpropaganda in der Bundesrepublik vgl. Bremme, Die politische Rolle der Frau (Anm. Einl./7), S. 102 ff.
25 Vgl. hierzu ebenda, S. 63 ff. und S. 77 ff.; vgl. ebenfalls Strecker, Der Weg der Frau in die Politik (Anm. II/105), S. 30 f.
26 Vgl. Hentsch, Frauen gewinnen ... (Anm. V/5), S. 24.
27 Schmidt, Frauen und Gemeindewahlen (Anm. V/2), S. 4.
28 Vgl. Beling, Freie Bahn den Frauen (Anm. II/95), S. 16. In zahlreichen Ortsgruppen der SED konnte dieser Beschluß allerdings nur unter Überwindung heftigen Widerstandes durchgesetzt werden; vgl. ebenda; vgl. auch Barth, Frauenarbeit (Anm. II/8), S. 12.
29 Vgl. Bericht an den II. Parteitag (Anm. I/56), S. 97.
30 Zur Anzahl weiblicher Kandidaturen und Mandate in der Weimarer und der Bundesrepublik vgl. Bremme, Die politische Rolle der Frau (Anm. Einl./7), S. 129 ff.; Fülles, Frauen (Anm. Einl./8), S. 70, S. 85 und S. 122.
31 Vgl. Bericht an den II. Parteitag (Anm. I/56), S. 98; vgl. auch Die Frau im Parlament, in: Neuer Weg, 1946, H. 8, S. 30 f.
32 Vgl. Bericht an den II. Parteitag (Anm. I/56), S. 98. Die Frage, ob sich die weiblichen Abgeordneten als parlamentarische Interessenvertreter der Frauen zu fühlen haben, wurde in späteren Jahren noch einmal von der operativen Leitung des Demokratischen Frauenbundes aufgeworfen und bejaht. Die Bundessekretärin der DFD, Inge Meyer, bedauerte, daß die weiblichen Abgeordneten ihre Tätigkeit „sehr oft doch allgemein" durchführten, sich also von den Sachzwängen der Arbeit leiten ließen und weniger als Interessenvertreter der Frauen agierten. Vgl. Meyer, Mehr weibliche Kandidaten ... (Anm. V/13), S. 13. Auch in einer Direktive des Nationalrats der Nationalen Front vom April 1963 wird betont, es sei notwendig, die weiblichen Abgeordneten besser als bisher zu befähigen, „die Frauenprobleme in die Volksvertretungen, Organisationen und Institutionen hineinzutragen und für deren stärkere Beachtung zu sorgen"; vgl. Die Frau in der Nationalen Front. Direktive des Präsidiums des Nationalrats der Nationalen Front des demokratischen Deutschland. Berlin, 5. April 1963. Vgl. ebenfalls Die Frau in der DDR (Anm. I/93), S. 37 f.
33 Im Verlauf der Untersuchung soll anhand der Zusammensetzung der einzelnen Fraktionen der Volkskammer nach Geschlecht die Allgemeingültigkeit dieser Feststellung belegt werden.
34 Vgl. Meyer, Mehr weibliche Kandidaten ... (Anm. V/13), S. 13.
35 Vgl. Stellt mehr Arbeiterinnen als Kandidaten auf! in: Neuer Weg, 1957, H. 9, S. 584.
36 Vgl. Baumann, Denkt besonders an die Frauen (Anm. V/22), S. 474 f.
37 Vgl. Vier von Tausenden. Wir stellen vom DFD vorgeschlagene Abgeordnete vor, in: Lernen und Handeln, 1957, H. 12, S. 13.
38 Dies wird insbesondere aus der Art der Kandidatenvorstellung ersichtlich; vgl. z. B. Kandidaten der Nationalen Front (Anm. V/17), S. 4 f. Zur Einstellung der christlichen Frauen gegenüber der sozialistischen Gesellschaftsordnung vgl. z. B. Wort an die christlichen Frauen, in: Dokumente der CDU. Zusammengestellt durch ein Kollektiv von Mitarbeitern der Parteileitung der Christlich-Demokratischen Union. Band V. 1962 bis 1963. Berlin-Ost 1964, S. 17 f.
39 Ein letztes Wort an die Wählerinnen, in: Frau von heute, 1957, H. 25, S. 2.
40 Der zentrale Block der Parteien und Massenorganisationen trifft zwar die grundsätzlichen Vereinbarungen über die Aufstellung der gemeinsamen Kandidatenliste; diese werden aber „keineswegs in jedem Wahlkreis ... schematisch angewandt". Deshalb kann z. B. innerhalb eines Wahlkreises der Anteil von Mitgliedern der „bürgerlichen" Parteien an der Gesamtzahl der zur Abstimmung gestellten Kandidaten größer oder kleiner sein als der für die prozentuale Verteilung der Mandate vereinbarte Schlüssel, der aber insgesamt eingehalten werden muß. Vgl. Graf u. Seiler, Wähler – Wahlen – Entscheidungen (Anm. V/21), S. 48.
41 Die Anzahl der Wahlkreise pro Bezirk und der Mandate pro Wahlkreis wird unter Berücksichtigung der jeweiligen Einwohnerzahlen festgelegt; vgl. hierzu z. B. den § 9, Abs. 1 des Wahlgesetzes vom 31. Juli 1963, in: Wahlen in der Deutschen Demokratischen Republik – Ausdruck echter Selbstbestimmung des Volkes. Der Staatsrat der Deutschen Demokratischen Republik, Band 4/1963. Berlin-Ost 1963, S. 19.

42 Vgl. § 1, Abs. 2 des Wahlgesetzes von 1963, in: ebenda, S. 17.
43 Vgl. hierzu Richert, Macht ohne Mandat (Anm. IV/5), S. 202 f.; vgl. auch Feddersen, Dieter, Die Rolle der Volksvertretungen in der Deutschen Demokratischen Republik. Veröffentlichungen des Instituts für Internationales Recht an der Universität Kiel, Band 52. Hamburg 1965, S. 41 f.
44 Zur Wahlvorbereitung, Nominierung und Vorstellung der Kandidaten vgl. z. B. Staat und Recht. Schriftenreihe Wissenswertes über die Deutsche Demokratische Republik. Dresden 1966, S. 11 f.
45 Bei den Wahlen zur 4., 5. und 6. Volkskammer wurde in 67 Wahlkreisen (2 − 8 Wahlkreise pro Bezirk) gewählt, und zwar jeweils 4 bis 9 Abgeordnete pro Wahlkreis (insgesamt 434 Mandate). Alle auf Platz 1 der Wahlliste eines Wahlkreises stehenden Kandidaten wurden als Spitzenkandidaten bezeichnet, insgesamt 67.
Die Wahlen zur 3. Volkskammer (insgesamt 400 Mandate) erfolgten in 24 Wahlkreisen (11 − 22 Abgeordnete pro Wahlkreis), deren Abgrenzung in den meisten Fällen mit derjenigen der Bezirke identisch war. Lediglich die stärker besiedelten Bezirke wurden in 2 − 3 Wahlkreise unterteilt. Bei den Wahlen zur 2. Volkskammer entsprachen die 14 Wahlkreise (14 − 53 Abgeordnete pro Wahlkreis) den regionalen Bezirken. Gemäß den oben genannten Relationen für die 4. bis 6. Legislaturperiode der Volkskammer − 434 Mandate, davon 67 Spitzenkandidaturen − wurde für die 2. und 3. Legislaturperiode ein entsprechendes Verhältnis errechnet: 400 Mandate, davon 62 Spitzenkandidaturen. Auf die unterschiedliche Anzahl von Kandidaturen pro Wahlkreis bzw. Bezirk verteilt, ergab sich daraus eine Anzahl von 2 bis 8 Spitzenkandidaturen pro Wahlkreis.
Somit war auch ein Vergleich mit den Wahlen zur 1. Volkskammer (insgesamt 400 Mandate) möglich, als sich 60 Spitzenkandidaturen gleichmäßig auf die 5 Länder verteilten (63 − 104 Abgeordnete pro Land).
46 Bei den Wahlen zur ersten Volkskammer 1950 befanden sich in allen fünf Ländern eine oder zwei Frauen unter den jeweils 12 Spitzenkandidaten, allerdings erst vom 7. Listenplatz an. 1954 nahmen in zwei von 14 Bezirken weibliche Spitzenkandidaten den 3. Listenplatz ein, weitere folgten auf den Plätzen 5 bis 8. 1958 wurde in 24 Wahlkreisen gewählt; weibliche Spitzenkandidaten hatten − mit Ausnahme von Edith Baumann − die Listenplätze 2 bzw. 3 inne.
47 Vgl. z. B. die biographischen Angaben über die 7fache Aktivistin Charlotte Prasse, in: Handbuch der Volkskammer der DDR, 2. Wahlperiode (Anm. I/54), S. 351.
48 Vgl. z. B. die statistischen Angaben über die sozialstrukturelle Zusammensetzung der Volkskammerabgeordneten, in: Die Volkskammer der DDR, 5. Wahlperiode (Anm. IV/19), S. 123; dasselbe, 6. Wahlperiode (Anm. IV/19), S. 94.
49 Vgl. Leissner, Gustav, Verwaltung und öffentlicher Dienst in der Sowjetischen Besatzungszone Deutschlands. Stuttgart, Köln 1961, S. 208; Feddersen, Die Rolle der Volksvertretungen in der DDR (Anm. V/43), S. 100 ff.
50 Zum demokratischen Zentralismus als staatsorganisatorischem Prinzip in der DDR vgl. Türke, Joachim, Demokratischer Zentralismus und kommunale Selbstverwaltung in der Sowjetischen Besatzungszone Deutschlands. Göttinger rechtswissenschaftliche Studien, Band 32. Göttingen 1960, S. 147 ff.
51 Vgl. Mampel, Siegfried, Die Verfassung der Sowjetischen Besatzungszone Deutschlands. Text und Kommentar. Frankfurt/M., Berlin 1962, S. 301.
52 Vgl. Feddersen, Die Rolle der Volksvertretungen in der DDR (Anm. V/43), S. 131 f., S. 159 f. und S. 212 f.
53 Vgl. Mampel, Die Verfassung der SBZ (Anm. V/51), S. 185; derselbe, Die volksdemokratische Ordnung in Mitteldeutschland. Texte zur verfassungsrechtlichen Situation mit einer Einleitung. Frankfurt/M., Berlin 1963, S. 29.
54 Vgl. Richert, Macht ohne Mandat (Anm. IV/5), S. 198 ff.
55 Vgl. Mampel, Die Verfassung der SBZ (Anm. V/51), S. 195 und S. 305.
56 Vgl. Geschäftsordnung der Volkskammer der Deutschen Demokratischen Republik vom 14. November 1963, in: GBl. I, S. 170 (§§ 14 und 15). Vgl. auch Feddersen, Die Rolle der Volksvertretungen in der DDR (Anm. V/43), S. 68 ff.; Kroger, Herbert, Die Volkskammer. Die Aufgaben der Mitglieder der Volkskammer, in: Handbuch der Volkskammer der DDR, 2. Wahlperiode (Anm. I/54), S. 137 ff.; Graf u. Seiler, Wähler − Wahlen − Entscheidungen (Anm. V/21), S. 62 ff.
57 Vgl. Haupt u. Hieblinger, Die volle Verwirklichung ... (Anm. I/1), S. 1253.
58 Vgl. ebenda, S. 1254.

59 Sie und unsere Republik (Anm. I/89), S. 27 (Hervorhebung im Original).
60 Vgl. z. B. Donth, Die Frauen der DDR (Anm. I/40), S. 27; Frauen in den Volksvertretungen der DDR, in: Für Dich, 1964, H. 6, S. 23; Frauenspiegel, in: Für Dich, 1966, H. 10, S. 2; Die Frau in der DDR (Anm. I/93), S. 31 ff.
61 Vgl. z. B. Die Frauen des Hohen Hauses, in: Für Dich, 1963, H. 49, S. 26; Staatsbürger Frau. In der DDR − in Westdeutschland, in: Urania, 1964, H. 2, S. 121; Zwei Staaten − zwei Welten. In der DDR wird die Würde der Frau geachtet, in: Presse-Informationen, 1966, H. 70, S. 8; Frauen im Parlament, in: Junge Welt, 29. 6. 1967.
62 Vgl. hierzu die Ausführungen von Feddersen, Die Rolle der Volksvertretungen in der DDR (Anm. V/43), S. 228.
63 Vgl. ebenda, S. 160; vgl. auch Richert, Macht ohne Mandat (Anm. IV/5), S. 197.
64 Vgl. Gesamtdeutscher Frauenkongreß tagt, in: Neues Deutschland, 2. 7. 1954, S. 4.
65 Gemessen an der sozialistischen Staatsauffassung spielen die Volksvertretungen bei der Verwirklichung der Herrschaft der Arbeiterklasse allerdings eine bedeutende Rolle; vgl. Feddersen, Die Rolle der Volksvertretungen in der DDR (Anm. IV/43), S. 226. Gemäß der Staatsdoktrin der DDR läßt sich dann folgerichtig die Abgeordnetentätigkeit als wesentliche politisch-staatliche Leitungsfunktion definieren und die weibliche Mitwirkung in den Parlamenten als tatsächlich politische Rolle der Frau charakterisieren.
66 Poppe, Eberhard, Die Stellung des Abgeordneten im sozialistischen Staat, in: Demokratischer Aufbau, 1959, H. 3, S. 69. In diesem Zusammenhang ist eine Charakterisierung der Volkskammerabgeordneten Anni Neumann von Interesse, die dem Persönlichkeitsbild eines sozialistischen Volksvertreters beispielhaft entspricht; vgl. Schmidt, Max, u. Gerhard Zielke, Der weitere Ausbau des Wahlsystems in der Deutschen Demokratischen Republik, in: Staat und Recht, 1963, H. 9, S. 1427 f.
67 Vgl. Podrabski, Annemarie, Erfahrungen aus meiner Arbeit als Abgeordnete, in: Lernen und Handeln, 1956, H. 17, S. 16.
68 Mehr Verständnis − bessere Hilfe − größere Verantwortung. Sieben Fragen zum Frauenkommuniqué − sieben Antworten aus der Tätigkeit des Rates des Kreises Hainichen, in: Sozialistische Demokratie, 2. 2. 1962, S. 7; vgl. auch einen Bericht über die Fülle von Aufgaben und Pflichten der Volkskammerabgeordneten Else Merke: Die Frau des Vorsitzenden. Else Merke − Hausfrau, Genossenschaftsbäuerin und Volkskammerabgeordnete, in: Neues Deutschland, 26. 8. 1956, S. 10.
69 Vgl. Haupt u. Hieblinger, Die volle Verwirklichung . . . (Anm. I/1), S. 1260.
70 Vgl. den Diskusssionsbeitrag Ilse Thieles, in: Protokoll des VII. Parteitages der SED (Anm. I/82), Bd. III, S. 675; Hier sprechen unsere Abgeordneten. Der Rat der Stadt und die Interessen der Frauen, in: Lernen und Handeln, 1959, H. 14, S. 20 f.
71 Vgl. Haupt u. Hieblinger, Die volle Verwirklichung . . . (Anm. I/1), S. 1260.
72 Vgl. Praechter, Charlotte, Im zweiten Jahr werde ich noch besser arbeiten, in: Neues Deutschland, 17. 9. 1955, S. 4; Podrabski, Erfahrungen aus meiner Arbeit (Anm. V/67), S. 15.
73 Vgl. Praechter, Im zweiten Jahr . . . (Anm. V/72), S. 4.
74 Vgl. Start frei, in: Frau von heute, 1957, H. 32, S. 8; Ich besuchte den Lehrgang für Abgeordnete an der Bundesschule, in: Lernen und Handeln, 1957, H. 21, S. 19 f.
75 Vgl. Mehr Verständnis − bessere Hilfe − größere Verantwortung (Anm. V/68), S. 7 f.
76 Haupt u. Hieblinger, Die volle Verwirklichung . . . (Anm. I/1), S. 1258.
77 Vgl. z. B. Lohde, Hanna-Ruth, Erst der Sozialismus brachte der Frau die Gleichberechtigung, in: Union teilt mit, 1962, H. 24, S. 4; Zur Qualifizierung der Volksvertreterinnen. Hinweise aus einer Beratung des Kreises Pasewalk mit Volksvertreterinnen, in: Sozialistische Demokratie, 6. 4. 1962, S. 5; Die Emanzipation der Frau (Anm. I/50), S. I.
78 Dies wurde ebenfalls − wenn auch nur äußerst oberflächlich und pauschal − in einer Publikation von Mitarbeiterinnen des Ministeriums für innerdeutsche Beziehungen hervorgehoben. Darin heißt es, die kleineren Gemeinden in der DDR nähmen weniger Frauen in die Parlamente auf als die Volkskammer. Vgl. Schuster, Margarete, u. Marie Elisabeth von Friesen, Die Stellung der Frau in Mitteldeutschland, in: Mitteldeutsche Vorträge, 1966, H. 1, S. 35. In einer späteren überarbeiteten Neuauflage der Abhandlung (ca. Ende 1967) wurde diese Feststellung jedoch völlig ins Gegenteil verkehrt, ohne daß die Fakten einen realen Hinweis darauf gegeben hätten. Nunmehr hieß es, die kleineren Gemeinden in der DDR nähmen etwas mehr Frauen in die Parlamente auf als die Volkskammer. Vgl. dieselben, Die Stellung der Frau in Mitteldeutschland. Sonderdruck aus: Mitteldeutsche Vorträge, 1966, H. 1, S. 8.
79 Vgl. Statistisches Jahrbuch der DDR. 1958 (Anm. Tab. 28/4), S. 165 f.

80 Bremme stellte für die Kommunalparlamente der Bundesrepublik ebenfalls eine Korrelation zwischen der Gemeindegröße und dem Frauenanteil in den Volksvertretungen fest. Danach steigt der Anteil weiblicher Abgeordneter mit zunehmender Gemeindegröße. Vgl. dieselbe, Die politische Rolle der Frau (Anm. Einl./7), S. 133 ff.; vgl. auch Fülles, Frauen (Anm. Einl./8), S. 74 ff.
81 Vgl. z. B. Görner, Kurt, Die politische Arbeit unter den Frauen. Eine wichtige Aufgabe der Rechtsprechung, in: Der Schöffe, 1962, H. 5, S. 176; Die Frau in der Nationalen Front (Anm. V/32).
82 Vgl. Meyer, Mehr weibliche Kandidaten . . . (Anm. V/13), S. 13; vgl. auch Unser Wort gilt. 20 Jahre DFD, in: Für Dich, 1967, H. 6, S. 23.
83 Die Veränderung der Arbeitsweise der Vorstände des Demokratischen Frauenbundes Deutschlands. Beschluß der 2. Bundesvorstands-Sitzung am 1. Oktober 1964. Hrsg. vom Bundesvorstand des DFD. Berlin-Ost o. J., S. 9.
84 Vgl. Feddersen, Die Rolle der Volksvertretungen in der DDR (Anm. V/43), S. 225 und S. 213; Richert, Macht ohne Mandat (Anm. IV/5), S. 212 ff.
85 Vgl. Feddersen, Die Rolle der Volksvertretungen in der DDR (Anm. V/43), S. 199 ff. und S. 224.
86 Vgl. z. B. den Diskussionsbeitrag Lotte Ulbrichts auf einer Bäuerinnenkonferenz, in: dieselbe, Reden und Aufsätze (Anm. 1/4), S. 357 ff. 1965 wurden von 15.139 landwirtschaftlichen Produktionsgenossenschaften in der DDR nur 116 von Frauen geleitet; vgl. 20 Jahre Frauenbund, in: Situationsbericht des UfJ, 23. 2. bis 1. 3. 1967, S. 2. In den LPG-Vorständen hingegen ist der weibliche Anteil sehr viel höher; 1968 waren 26,2 Prozent aller Vorstandsmitglieder Frauen. Vgl. ADN, 15. 12. 1970, in: Monitor-Dienst der Deutschen Welle, 15. 12. 1970.
87 Vgl. Statistisches Jahrbuch der DDR. 1970 (Anm. Tab. 28/12), S. 488 f.
88 Vgl. Die Frau in der DDR (Anm. I/93), S. 33.
89 Vgl. Statistisches Jahrbuch der DDR. 1970 (Anm. Tab. 28/12), S. 438.
90 Eine gegenteilige Entwicklung zeichnet sich seit 1957 für das Ausmaß der weiblichen Mitwirkung im Bundestag ab. Der Frauenanteil verringerte sich von 9,2 Prozent (1957) auf 8,3 Prozent (1961), 6,9 Prozent (1965), 6,1 Prozent (1969) und 5,8 Prozent (1972). Vgl. Fülles, Frauen (Anm. Einl./8), S. 122 (Tabelle 59); zum Stand von 1969 vgl. Krems, Günter, Weniger Frauen – mehr Beamte, Akademiker und „Jugend", in: Die Welt, 3. 10. 1969, S. 3; Stand von 1972 lt. Angaben der Verwaltung des Deutschen Bundestages.
91 Vgl. Mampel, Die Verfassung der SBZ (Anm. V/51), S. 190; Wahlen in der DDR (Anm. V/41), S. 18 (§ 7, Abs. 2).
92 Bei der Umrechnung in Jahre wurde berücksichtigt, daß die 4. Wahlperiode der Volkskammer von 1958 bis 1963 – also fünf anstatt der verfassungsrechtlich festgelegten vier Jahre – dauerte.
93 Vgl. Fülles, Frauen (Anm. Einl./8), S. 123. Die durchschnittliche Mandatsdauer weiblicher Landtags- und Bundestagsabgeordneter insgesamt wurde nach den dort angegebenen Einzelwerten von der Verfasserin errechnet. Da neben den genannten Parteien CDU, CSU, SPD und FDP auch kleinere Parteien wie KPD, DP und der BHE in den ausgehenden 40er Jahren und frühen 50er Jahren durch weibliche Abgeordnete in den Landtagen und im Bundestag vertreten waren, die bei der Ermittlung der durchschnittlichen Mandatsdauer nicht berücksichtigt wurden, sind geringfügige Abweichungen von den oben aufgeführten Zahlen möglich.
94 Vgl. Herz, Hanns-Peter, Freie Deutsche Jugend. Sonderausgabe für das Bundesministerium für gesamtdeutsche Fragen. München 1965, S. 157.
95 Die außergewöhnlich hohe Quote der Wiederwahl 1971 – nur 36,8 Prozent der weiblichen Abgeordneten und 38,4 Prozent der Berliner Vertreterinnen wurden durch neue Kandidaten ersetzt, was gerade der wahlgesetzlichen Vorschrift des Auswechselns von einem Drittel der bisherigen Abgeordneten entspricht – deutet auf ein Bemühen der DDR-Führung um parlamentarische Kontinuität hin; dieselbe Tendenz konnte bereits oben für die SED bei der Wiederwahl der Parteileitungen 1971 auf Bezirks- und zentraler Ebene aufgezeigt werden. Hinsichtlich der Fluktuation bestehen im übrigen zwischen den weiblichen Abgeordneten und den Berliner Vertreterinnen nur geringfügige Unterschiede. So wurden auch die weiblichen Repräsentanten Berlins 1963 nur zu knapp einem Drittel wiedergewählt; im allgemeinen beträgt aber die Häufigkeit der Wiederwahl rund 50 Prozent .
96 Vgl. Gesetz über die Wahlen zu den Volksvertretungen der Deutschen Demokratischen Republik vom 31. Juli 1963 (Wahlgesetz), in: Wahlen in der DDR (Anm. V/41), S. 18 (§ 7, Abs. 4).
97 Von den 95 weiblichen Volksvertretern der 3. Legislaturperiode wurden nur 27 Frauen wieder nominiert, während von den 305 männlichen Abgeordneten 143 erneut kandidierten; vgl. hierzu auch: 170 Abgeordnete behalten ihren Sitz in der „Volkskammer", in: IWE-Berlin, Informationsdienst, Nr. 9/75, 23. 9. 1963.

98	Im Gegensatz hierzu ist für den Bundestag kennzeichnend, daß die Anzahl der weiblichen Mandate am Ende der einzelnen Legislaturperioden stets größer ist als zu Beginn, eine Folgeerscheinung des Nachrückens von weiblichen Abgeordneten im Verlauf der Wahlperiode. Sie hat ihre Ursache in der prozentual stärkeren Vertretung von Frauen unter jenen Listenkandidaten, aus denen sich auf Grund ihrer Placierung auf den Landeslisten die Nachfolger für Abgeordnete rekrutieren. Diesen Kandidatinnen bietet sich also eine echte Chance, innerhalb der Legislaturperiode in den Bundestag nachzurücken. Vgl. hierzu im einzelnen Fülles, Frauen (Anm. Einl./8), S. 120 ff. und S. 113.
99	Vgl. Kapitel III, S. 82 f. und S. 92; Kapitel IV, S. 104 f.
100	Vgl. Statistisches Jahrbuch der DDR. 1970 (Anm. Tab. 28/12), S. 495.
101	Die gleichzeitige Parteizugehörigkeit dieser DFD-Mitglieder zur SED stellt im übrigen keinen echten Ausgleich zu ihrer kurzen Mitgliedsdauer im Frauenbund dar: im allgemeinen erfolgte ihr Eintritt in die Massenorganisation und in die SED in nur geringen Zeitabständen.
102	Die Gründung der Ost-CDU erfolgte am 26. 6. 1945, der LDPD am 5. 7. 1945, der DBD am 29. 4. 1948 und der NDPD am 25. 5. 1948; vgl. Kleines Politisches Wörterbuch (Anm. I/34), S. 115, S. 382, S. 123 und S. 430.
103	Vgl. Herz, Freie Deutsche Jugend (Anm. V/94), S. 157.
104	Vgl. Artikel 52 der DDR-Verfassung von 1949, in: Handbuch der Volkskammer der DDR, 2. Wahlperiode (Anm. I/54), S. 39; entspricht Art. 21, Abs. 2 der Verfassung vom April 1968.
105	Das Durchschnittsalter der männlichen Volkskammerabgeordneten betrug 1954: 44,3 Jahre; 1958: 46,6 Jahre; 1963: 44,0 Jahre; 1967: 44,4 Jahre; 1971: 46,3 Jahre.
106	In der DDR liegt das Alter der Eheschließung bekanntlich sehr niedrig. 1968 betrug z. B. das durchschnittliche Heiratsalter lediger Frauen 22,4 Jahre. Vgl. Statistisches Jahrbuch der DDR. 1970 (Anm. Tab. 28/12), S. 455 (Tabelle 10).
107	Eine soziologische Untersuchung der Zeitschrift „Junge Generation" wandte sich 1962 und 1964 mit der Fragestellung: „Wie wollen Sie Ihr künftiges Leben hinsichtlich von Beruf und Ehe gestalten?" an 1.028 bzw. 820 14- bis 22jährige Mädchen. Die Umfrage ergab, daß rund 70 Prozent der Mädchen ihre Berufstätigkeit zeitweise oder für immer beenden wollen, wenn sie kleine Kinder zu versorgen haben. Außerdem wurde eine Korrelation zwischen politischem Interesse und dem Wunsch nach Berufsausübung sichtbar. Die politisch stark interessierten Mädchen entschieden sich für eine möglichst ständige, allenfalls zeitweise unterbrochene Berufstätigkeit, während die politisch schwach interessierten Mädchen ihrer Berufstätigkeit höchstens bis nach der Geburt des ersten Kindes nachgehen wollen. Wie diese Umfragen zeigen, ist unter den Mädchen der DDR die Einstellung weit verbreitet, sich in den Jahren, in denen kleine Kinder zu betreuen sind, fast ausschließlich auf die Familie zu konzentrieren. Selbst ein ausgeprägt vorhandenes politisches Interesse kann an dieser Einstellung kaum etwas ändern. Vgl. die Untersuchung von: Friedrich, Walter, Jugend, Ehe und Beruf, in: Junge Generation, 1965, H. 4, S. 42 ff.; vgl. auch Jugend, Ehe und Beruf, in: SBZ-Archiv, 1965, H. 14, S. 212.
108	Ebenso wie im Zentralkomitee erfolgte 1963 auch in der Volkskammer eine deutliche Verjüngung der Mitgliedschaft; siehe Tabelle 34.
109	Das Durchschnittsalter der weiblichen Bundestagsabgeordneten betrug 1961 für die Mitglieder der CDU 57,7 Jahre (Gesamtfraktion: 54,8 Jahre), für die Mitglieder der CSU 55,6 Jahre (Gesamtfraktion: 50,0 Jahre) und für die Mitglieder der SPD 52,5 Jahre (Gesamtfraktion: 51,0 Jahre) und lag damit über dem Durchschnittsalter der männlichen Bundestagsabgeordneten; vgl. Fülles, Frauen (Anm. Einl./8), S. 124.
110	Zum Vergleich mit den in Tabelle 34 genannten Werten sei hier die Altersstruktur der männlichen Volkskammerabgeordneten wiedergegeben. In den 7 Altersgruppen (von 21 bis über 65 Jahre) haben die Anteile 1971 folgende Größenordnung: 4,3; 2,7; 19,3; 45,2; 17,9; 3,3; 7,3 Prozent. 1967: 4,9; 4,3; 34,7; 28,4; 16,5; 5,6; 5,6 Prozent.
111	Vgl. Kapitel IV, S. 106 ff.
112	Vgl. z. B. die statistischen Übersichten zur beruflichen Qualifizierung der Abgeordneten, in: Die Volkskammer der DDR, 5. Wahlperiode (Anm. IV/19), S. 123; dasselbe, 6. Wahlperiode (Anm. IV/19), S. 94. Unter ihnen befindet sich eine große Anzahl von Fach- und Hochschulabsolventen.
113	Zum Vergleich seien die Berufsbildungsstrukturen 1958 (95 weibliche Abgeordnete) und 1971 (133 weibliche Abgeordnete) gegenübergestellt (Werte für 1971 in Klammern):

31	(4)	ungelernte und angelernte Industrie- und Landarbeiterinnen;
17	(30)	industrielle und landwirtschaftliche Facharbeiterinnen;
1	(17)	Industrie- und Agraringenieurinnen;
1	(7)	Diplom-Ingenieurinnen und -Agronominnen;
5	(16)	Ökonominnen;
6	(21)	Lehrerinnen.

Übersicht nach den Volkskammer-Handbüchern von der Verfasserin zusammengestellt.
114 Vgl. Kapitel IV, S. 113 ff.
115 Weibliche Abgeordnete mit erlernten unteren kaufmännischen Berufen (Stenotypistin, Kontoristin) 1954: 12; 1967: 11; weibliche Abgeordnete mit erlernten mittleren kaufmännischen Berufen 1954: 3; 1967: 8; weibliche Abgeordnete mit erlernten leitenden kaufmännischen Berufen 1954: 3; 1967: 11.
116 Weibliche Abgeordnete mit erlernten Berufen des Dienstleistungswesens 1958: 14; 1967: 10; 1971: 8.
117 In diesem Zusammenhang sei auf einen Ausspruch Ulbrichts verwiesen, der diese Tendenz verdeutlicht: „Wir können den Sozialismus nicht nur mit Friseusen aufbauen. Ich bin auch für schöne Frisuren, aber das wichtigste und interessanteste sind gerade die technischen Berufe." Vgl. derselbe, Die Frau – aktive Mitgestalterin unseres sozialistischen Lebens, in: Die Frau – der Frieden und der Sozialismus (Anm. I/19), S. 33 f.
118 Vgl. Statistisches Jahrbuch der DDR. 1970 (Anm. Tab. 28/12), S. 58.
119 Vgl. ebenda.
120 Vgl. Ulbricht, Walter, Die Frau – aktive Mitgestalterin unseres sozialistischen Lebens, in: Die Frau – der Frieden und der Sozialismus (Anm. I/19), S. 34.
121 Vgl. Thiele, Ilse, Die internationalen Beziehungen des Demokratischen Frauenbundes Deutschlands, in: Deutsche Außenpolitik, 1960, H. 3, S. 310.
122 Vgl. Gutachten über die soziale und politische Stellung der Frau in Westdeutschland. Hrsg. vom Komitee zum Studium der gesellschaftlichen Verhältnisse und ihrer Veränderungen in Westdeutschland beim Nationalrat der Nationalen Front des demokratischen Deutschland. Berlin-Ost 1962, S. 16; vgl. auch: Die Weberin im Parlament. Über die Rechte der Frauen in der DDR, in: FDGB Rundschau, 1964, H. 4, S. 17; Die Frau in der DDR (Anm. I/93), S. 31.
123 Vgl. hierzu auch: Die neue Volkskammer, in: SBZ-Archiv, 1963, H. 20, S. 305.
124 Vgl. Statistisches Jahrbuch der DDR. 1970 (Anm. Tab. 28/12), S. 59.
125 1969 lebten in der DDR 5.025.121 Frauen im arbeitsfähigen Alter. Die Anzahl weiblicher Berufstätiger betrug zum gleichen Zeitpunkt 3.716.700, die Anzahl weiblicher Lehrlinge 206.000. Vgl. ebenda, S. 434 f. (Tabelle 4) und S. 58.
126 Vgl. die Mitgliederstatistik des DFD in: ebenda, S. 495.
127 Eine sozialstrukturelle Untersuchung der weiblichen Bundestagsabgeordneten hingegen ergab, daß nahezu die Hälfte aller erstmals gewählten weiblichen Fraktionsmitglieder der CDU ihrer beruflichen Stellung nach als Hausfrau tätig war; bei der SPD betrug der entsprechende Wert 30 Prozent. Vgl. Fülles, Frauen (Anm. Einl./8), S. 127 f.
128 Die Frau im Parlament (Anm. V/31), S. 31.
129 Die gleiche Situation besteht auch in den Volksvertretungen auf unterer Ebene; vgl. z. B. Haupt u. Hieblinger, Die volle Verwirklichung ... (Anm. I/1), S. 1256.
130 Zur Beteiligung von weiblichen Abgeordneten in den Ausschüssen des Reichstages 1931 vgl. Bremme, Die politische Rolle der Frau (Anm. Einl./7), S. 222 ff.
131 Auch im Bundestag konzentriert sich die Mitarbeit der weiblichen Abgeordneten auf sozial- und kulturpolitische Bereiche. Im Parlament der 5. Legislaturperiode waren in folgenden sechs Ausschüssen keine Frauen vertreten: Auswärtiger Ausschuß; Verteidigungsausschuß; Verkehrsausschuß; Ausschuß für Angelegenheiten der Heimatvertriebenen und Flüchtlinge; Ausschuß für das Bundesvermögen; Ausschuß für Wahlprüfung, Immunität und Geschäftsordnung. Vgl. Bericht der Bundesregierung über die Situation der Frauen (Anm. Einl./9), S. 238; vgl. auch Die Frau in Beruf, Familie und Gesellschaft. Eine zusammenfassende Darstellung des Berichts der Bundesregierung über die Situation der Frauen in Beruf, Familie und Gesellschaft. Hrsg. vom Presse- und Informationsamt der Bundesregierung. Bonn o. J. (ca. 1966/67), S. 38.
132 Haupt u. Hieblinger, Die volle Verwirklichung ... (Anm. I/1), S. 1256 f. (Hervorhebung im Original).
133 Vgl. Statistisches Jahrbuch der DDR. 1970 (Anm. Tab. 28/12), S. 59.
134 Diese Argumentationsweise findet sich in unzähligen DDR-Publikationen; aus der Fülle

der Literatur seien hier nur einige Beispiele herausgegriffen: Ulbricht, Walter, Die Kraft der Frauenbewegung, in: derselbe, Frauen – Miterbauerinnen des Sozialismus. Aus Reden und Aufsätzen. Hrsg. vom Bundesvorstand des DFD mit Unterstützung des Instituts für Marxismus-Leninismus beim ZK der SED. Leipzig 1968, S. 106 ff.; derselbe, Die DDR ist das wahre Vaterland der deutschen Frauen, in: ebenda, S. 153; Dyballa, Die gesellschaftliche Stellung der Frau (Anm. V/19), S. 589. In diesem Zusammenhang sei auf ein Schreiben der weiblichen Volkskammerabgeordneten an die Frauen im Deutschen Bundestag vom Januar 1955 hingewiesen, in dem sie die westdeutschen Parlamentarierinnen zur Ablehnung der Pariser Verträge und zur Solidarität im Kampf für den Frieden auffordern. U. a. heißt es darin: „Vor allem die deutschen Mütter und die deutsche Jugend erwarten von uns Frauen in den Parlamenten, daß wir ihr Leben schützen und ihnen eine glückliche Zukunft sichern." Vgl. An die Frauen im Bonner Bundestag! in: Die Frau von heute, 1955, H. 5, S. 20.

135 Vgl. Richert, Macht ohne Mandat (Anm. IV/5), S. 211 f.; vgl. auch Mampel, Die Verfassung der SBZ (Anm. V/51), S. 197 ff.
136 Bei der Berechnung dieser Prozentwerte wurden Doppelmitgliedschaften in zwei oder mehreren Ausschüssen – was sowohl bei einigen männlichen als auch bei weiblichen Abgeordneten vorkommt – nicht berücksichtigt.
137 Haupt u. Hieblinger, Die volle Verwirklichung... (Anm. I/1), S. 1256 (Hervorhebung im Original).

VI. Kapitel: Frauen in der staatlichen Exekutive

1 Vgl. Hildebrand, Horst, Das Ende der politischen Karriere Hilde Benjamins, in: SBZ-Archiv, 1967, H. 15, S. 227.
2 Vgl. Leissner, Verwaltung (Anm. V/49), S. 133. Zur Entwicklung der kommunalen Selbstverwaltung in der SBZ seit 1945 vgl. Türke, Demokratischer Zentralismus (Anm. V/50), S. 1 ff.
3 Vgl. Gesetz über die weitere Demokratisierung des Aufbaus und der Arbeitsweise der staatlichen Organe in den Ländern der Deutschen Demokratischen Republik vom 23. Juli 1952, in: GBl., S. 613.
4 Vgl. Odenthal, Willy, Der Begriff des demokratischen Zentralismus, seine Geschichte und seine Durchsetzung beim Staatsaufbau der Deutschen Demokratischen Republik. Juristische Dissertation. Marburg 1961, S. 64.
5 Vgl. Richert, Macht ohne Mandat (Anm. IV/5), S. 182 f.
6 Vgl. Mampel, Die Verfassung der SBZ (Anm. V/51), S. 296 ff. Der demokratische Zentralismus als staatliches Organisationsprinzip fand 1957 seine endgültige Verwirklichung; vgl. Gesetz über die örtlichen Organe der Staatsmacht vom 17. Januar 1957, in: GBl. I, S. 65; Gesetz über die Vervollkommnung und Vereinfachung der Arbeit des Staatsapparates in der Deutschen Demokratischen Republik vom 11. Februar 1958, in: GBl. I, S. 117.
7 Vgl. Richert, Macht ohne Mandat (Anm. IV/5), S. 186.
8 Vgl. ebenda, S. 184; Mampel, Die Verfassung der SBZ (Anm. V/51), S. 315 f.
9 Vgl. Richert, Macht ohne Mandat (Anm. IV/5), S. 188.
10 Vgl. Schmidt, Elli, 40 Jahre Internationaler Frauentag. Berlin-Ost o. J. (ca. 1950), S. 85.
11 Geffke, Herta, Mehr Frauen als Bürgermeisterinnen! in: Neuer Weg, 1946, H. 9, S. 29.
12 Vgl. ebenda; vgl. auch Schmidt, 40 Jahre Internationaler Frauentag (Anm. VI/10), S. 86.
13 Vgl. Bericht an den II. Parteitag (Anm. I/56), S. 96.
14 Möglicherweise verminderte sich sogar die Anzahl weiblicher Bürgermeister um 1952/53 als Folge entweder der territorialen Neugliederung oder des Juni-Aufstandes; beide Ereignisse zogen eine Fülle personeller Umbesetzungen nach sich. In diesem Fall könnte gefolgert werden, daß die Position weiblicher Staatsfunktionäre in Perioden struktureller Veränderungen des Systems oder in Zeiten politischer Krisen relativ instabil ist und die Frauen in größerem Maße durch männliche Kollegen ersetzt werden; ähnliche Erscheinungen konnten bereits innerhalb der Parteiorganisation der SED festgestellt werden.
15 Zum Vergleich sei die Situation in der Bundesrepublik um 1969 angeführt: in acht Ländern (ausgenommen Niedersachsen, Nordrhein-Westfalen und Rheinland-Pfalz, für die keine Statistik vorliegt) mit 14.869 Städten und Gemeinden amtieren nur zwölf weibliche Bürgermeister. Vgl. Natürliches Maß (Anm. IV/77), S. 40.

16 Vgl. Statistisches Jahrbuch der DDR. 1970 (Anm. Tab. 28/12), S. 9 (Tabelle 4).
17 Vgl. Thiele, Die Verwirklichung der Gleichberechtigung (Anm. I/36), S. 979.
18 Vgl. z. B. Ulbricht, Lotte, Rückständiges Denken schneller überwinden, in: dieselbe, Reden und Aufsätze (Anm. Tab. 1/4), S. 436 ff. Als Indiz für die Vorurteile der Landbevölkerung gegen eine weibliche Führungstätigkeit ist z. B. die geringe Anzahl weiblicher LPG-Vorsitzender zu werten; vgl. hierzu Kapitel V, Anm. 86.
19 Vgl. Zum Internationalen Frauentag am 8. März 1950. Über die Gleichberechtigung zur Gleichwertigkeit der Frauen. Hrsg. vom Bundesvorstand des FDGB. Berlin-Ost 1950, S. 13 f. Lisa Krause konnte bereits zu diesem Zeitpunkt das Prädikat des ersten weiblichen Direktors eines HO-Warenhauses in der DDR für sich beanspruchen; vgl. Müller-Beeck, Edith, Lisa Krause. Literarisches Porträt, in: Freiheit, 8. 3. 1955, S. 3.
20 Vgl. Volkskammerabgeordnete Lisa Krause, in: Neues Deutschland, 22. 7. 1954, S. 2.
21 Vgl. Wir sprachen mit Dessaus Oberbürgermeisterin: „Unsere Freundschaft ist das Unterpfand des Sieges!" in: Frau von heute, 1957, H. 40, S. 6.
22 Vgl. Für Dich, 1968, H. 39, S. 18 ff. Über die Tätigkeit Thea Hauschilds als Oberbürgermeister von Dessau vgl. auch Information und Aktivität, in: Neues Deutschland, 7. 12. 1970, S. 3.
23 Vgl. 16 Frauen entdecken ihre Zukunft. 16 westdeutsche Frauen erleben die DDR, Brosch. O. O., o. J. (vermutl. Berlin-Ost, ca. 1962), nicht pag. (S. 23); in der Bundesanstalt für gesamtdeutsche Aufgaben, Abt. II/Bonn unter Ku 1426 archiviert.
24 Vgl. Commandeur u. Sterzel, Das Wunder drüben sind die Frauen (Anm. I/49), S. 114 ff.
25 Zur Größenordnung der Städte nach Einwohnerzahlen vgl. Statistisches Jahrbuch der DDR. 1970 (Anm. Tab. 28/12), S. 14 (Tabelle 7). Bei der Einstufung Zwickaus als achtgrößte Stadt der DDR wurde Ost-Berlin nicht berücksichtigt.
26 Vgl. Ohlsen, Gleichberechtigung der Frau? (Anm. II/129), S. 2. 1954 hatten immerhin 15 Frauen den Ratsvorsitz in Landkreisen inne; vgl. Thiele, Die Verwirklichung der Gleichberechtigung (Anm. I/36), S. 979.
27 Vgl. Kapitel III, S. 89.
28 Vgl. Kapitel III, S. 90 (Tabelle 10).
29 Vgl. Nur wenige Frauen in Leitungsfunktionen der SED und der Sowjetzonen-Verwaltung, in: IWE-Berlin, Informationsdienst, Nr. 2/21, 7. 2. 1962, S. 4; vgl. auch Alles für die Entwicklung und Förderung der Frauen (Anm. I/80), S. 70.
30 Vgl. Der Staatsapparat der Deutschen Demokratischen Republik. Stand: Dezember 1970. Hrsg. vom Gesamtdeutschen Institut, Bundesanstalt für gesamtdeutsche Aufgaben. 5. Auflage. Bonn 1971, S. 36.
31 Vgl. Thiele, Die Verwirklichung der Gleichberechtigung (Anm. I/36), S. 979.
32 Vgl. Alles für die Entwicklung und Förderung der Frauen (Anm. I/80), S. 70.
33 Vgl. Der Staatsapparat der DDR, 5. Aufl. (Anm. VI/30), S. 37.
34 Vgl. hierzu Sie und unsere Republik (Anm. I/89), S. 32 f.
35 Vgl. Armbrust, Ein Fazit – aber kein Abschluß (Anm. Tab. 42/1), S. 3.
36 Vgl. Kapitel IV, S. 138.
37 Vgl. Kapitel III, S. 82 und S. 92 (insbesondere Abbildung 2); Kapitel IV, S. 137 f.
38 Vgl. die Verfassung der DDR vom 7. Oktober 1949, in: Handbuch der Volkskammer der DDR, 2. Wahlperiode (Anm. I/54), S. 46.
39 Ebenda, S. 47 (Artikel 98).
40 Vgl. Gesetz über die Regierung der Deutschen Demokratischen Republik vom 23. Mai 1952, in: GBl., S. 407.
41 Vgl. Gesetz über den Ministerrat der Deutschen Demokratischen Republik vom 16. November 1954, in: GBl., S. 915.
42 Vgl. Gesetz über den Ministerrat der Deutschen Demokratischen Republik vom 17. April 1963, in: GBl. I, S. 89 f. (§ 5, Abs. 1).
Seit dem Inkrafttreten einer neuen Verfassung 1968 haben sich diese Veränderungen auch in den Verfassungsnormen niedergeschlagen: dem Ministerrat sind die eigentlichen Regierungsfunktionen genommen und auf den Staatsrat übergegangen; unter diesem ist der Ministerrat die oberste Verwaltungsspitze mit vorwiegend wirtschaftsleitenden Aufgaben. Vgl. Ulbrichts Grundgesetz (Anm. I/55), S. 47.
43 Vgl. hierzu z. B. Staatsapparat, in: Kommentare und Berichte, 17. 12. 1963, S. 3.
44 Vgl. Mampel, Siegfried, Von der Regierung zum Ministerrat. Zum neuen Ministerratsgesetz vom 17. 4. 1963, in: Deutsche Fragen, 1963, H. 6, S. 103. Zur normativen und faktischen Stellung des Ministerrats vgl. insbesondere Leissner, Verwaltung (Anm. V/49), S. 220 ff.;

Mampel, Die Verfassung der SBZ (Anm. V/51), S. 238 ff.; Richert, Macht ohne Mandat (Anm. IV/5), S. 79 ff.
45 Z. B. die Ministerien für Nationale Verteidigung, Auswärtige Angelegenheiten, Inneres, Finanzen, Handel und Versorgung, Volksbildung, Kultur, Justiz.
46 Z. B. die Ministerien für Schwermaschinenbau, Transportmittel- und Landmaschinenbau, Allgemeinen Maschinenbau, Berg- und Hüttenwesen, Kohle und Energie, Chemische Industrie, Leichtindustrie, Lebensmittelindustrie.
47 Z. B. Staatliche Plankommission, Zentrale Kommission für Staatliche Kontrolle, Volkswirtschaftsrat, Landwirtschaftsrat (seit August 1968: Rat für landwirtschaftliche Produktion und Nahrungsgüterwirtschaft).
48 Vgl. hierzu Strecker, Der Weg der Frau in die Politik (Anm. II/105), S. 30.
49 Vgl. Richert, Macht ohne Mandat (Anm. IV/5), S. 97.
50 Die offenen Ausführungen Ilse Thieles gerade zu diesem Zeitpunkt gewinnen insofern noch zusätzlich an Bedeutung, als die leitenden SED-Mitglieder im DFD bereits seit einigen Monaten einer scharfen Kritik seitens der Parteiführung ausgesetzt waren. Ihnen wurde „ideologischer Stillstand", „Sektierertum" und „Losgelöstheit von der Masse der Frauen" vorgeworfen, weil sie sich in ihrer Arbeit intern auf die eigenen Mitglieder konzentriert und es nicht verstanden hätten, im Wohngebiet massenpolitisch-mobilisierend wirksam zu werden und die Organisation zu einem „Anziehungspunkt für alle Frauen" zu machen. Vgl. das Referat Walter Ulbrichts auf dem V. Parteitag der SED, in: Protokoll des V. Parteitages der SED (Anm. Tab. 1/11), Bd. I, S. 215 f.; vgl. auch den Bericht des Zentralkomitees an den V. Parteitag, in: ebenda, Bd. II, S. 1620 f.; Beschluß des V. Parteitages der SED, in: ebenda, Bd. II, S. 1415. Ilse Thiele ging zwar selbstkritisch auf diese Vorwürfe ein, konterte jedoch zugleich mit einer Gegenoffensive, indem sie den in der Praxis des Alltags bestehenden Widersprüchen zur Gleichberechtigung der Frauen breiten Raum in ihren Ausführungen gab; vgl. ebenda, Bd. II, S. 1264 ff.
51 Vgl. Gesetz über die Vervollkommnung . . . (Anm. VI/6), S. 117.
52 Diskussionsbeitrag Ilse Thieles, in: Protokoll des V. Parteitages der SED (Anm. Tab. 1/11), Bd. II, S. 1267.
53 Vgl. Beschluß des Ministerrates der DDR vom 19. April 1962, in: Die Frau – der Frieden und der Sozialismus (Anm. I/19), S. 17.
54 Vgl. den Diskussionsbeitrag Willi Stophs, in: Protokoll des VI. Parteitages der SED (Anm. Tab. 1/12), Bd. I, S. 413.
55 Trotzdem sollten westliche Beobachter die derzeitige Situation der Frauen in der staatlichen Exekutive nicht völlig losgelöst von der Entwicklung in den 50er Jahren darstellen, um die ungenügende Durchsetzung der Gleichberechtigung im politischen Raum nachzuweisen. Bei einer derartig undifferenzierten Betrachtungsweise bleibt stets unberücksichtigt, daß immerhin schon kurze Zeit nach Gründung der DDR einige Frauen Spitzenfunktionen im Regierungsapparat innehatten.
56 Es handelt sich um Hilde Benjamin, Margot Honecker, Elli Schmidt und Margarete Wittkowski; siehe Tabelle 13.
57 Mitgliederstatistiken dieser Parteien werden nicht veröffentlicht. Die Zahlenangaben beruhen auf Schätzungen des Bezirksvorstandes Karl-Marx-Stadt der jeweiligen Partei. Die LDPD schätzt ihren weiblichen Mitgliederanteil mit knapp 40 Prozent sogar beachtlich hoch ein.
58 Vgl. hierzu Kapitel IV, S. 119.
59 Das gilt insbesondere für Elli Schmidt und Else Zaisser, 1954, und für Greta Kuckhoff und Margarete Wittkowski, 1958; vgl. z. B. Die Sowjetzonen-Volkskammer der 2. Legislaturperiode (Anm. Tab. 44/1).
60 Zur Biographie von Else Zaisser vgl. SBZ-Biographie, 3. Aufl. (Anm. Tab. 9/1), S. 394; Die Frauen in der DDR (Anm. Tab. 1/7), S. 37. Vgl. auch Pfefferkorn, Oskar, Wilhelm Zaisser. Pankows Berija, in: SBZ-Archiv, 1953, H. 8, S. 123 f.
61 Vgl. Das SED-Regime. Der Staatsapparat der DDR als Organ der bolschewistischen Parteimacht, in: Arbeitsbericht, 1953, H. 14, S. 6.
62 Else Zaisser hingegen ist innerhalb des Parteiapparates nicht in Führungsfunktionen hervorgetreten.
63 Vgl. Stern, Porträt (Anm. II/14), S. 166 f.; Jänicke, Der dritte Weg (Anm. III/12), S. 36.
64 Vgl. Richert, Die DDR-Elite (Anm. IV/62), S. 104.
65 Jänicke, Der dritte Weg (Anm. III/12), S. 38.
66 Vgl. Volkskammer bestätigte neuberufene Minister, in: Neues Deutschland, 1. 8. 1953, S. 1.
67 Vgl. Stern, Porträt (Anm. II/14), S. 162 f.; Jänicke, Der dritte Weg (Anm. III/12), S. 38.

Fechner wurde im April 1956 amnestiert und aus der Haft entlassen und im Juni 1958 wieder in die SED aufgenommen; vgl. SBZ-Biographie, 3. Aufl. (Anm. Tab. 9/1), S. 85.
68 Vgl. SBZ-Biographie, 3. Aufl. (Anm. Tab. 9/1), S. 31 f.
69 Zur Dauer der Volksrichterlehrgänge und der damit verbundenen Intention vgl. insbesondere Rosenthal, Walther, Die Justiz in der Sowjetzone. Aufgaben, Methoden und Aufbau. Bonner Berichte aus Mittel- und Ostdeutschland. Hrsg. vom Bundesministerium für gesamtdeutsche Fragen. Bonn, Berlin 1962, S. 73 ff.; vgl. auch Repräsentanten der DDR (Anm. IV/24), S. 44 f.
70 Zu diesen Prozessen und den in ihnen verhängten Strafen vgl. Die Lage der Frau in der Sowjetzone, Ms. O. O., o. J. (ca. 1954), S. 57 f.; in der Bundesanstalt für gesamtdeutsche Aufgaben, Abt. II/Bonn unter K 64/28 archiviert.
71 Vgl. Dornberg, Deutschlands andere Hälfte (Anm. IV/43), S. 241 f.
72 Vgl. Repräsentanten der DDR (Anm. IV/24), S. 44; vgl. insbesondere Pfefferkorn, Oskar, Hilde Benjamin. Die Rote Guillotine, in: SBZ-Archiv, 1952, H. 11, S. 167 f.; Die Lage der Frau in der Sowjetzone (Anm. VI/70), S. 59.
73 Vgl. Fortschritt und Reaktion. Führende Politiker beider deutscher Staaten. Eine Gegenüberstellung. Hrsg. vom Ausschuß für Deutsche Einheit. Berlin-Ost 1961, S. 30.
74 Vgl. Die Frau. Kleine Enzyklopädie (Anm. I/60), S. 878 f.
75 Vgl. Statut des Ministeriums für Justiz vom 20. Juli 1956, in: GBl. I, S. 597.
76 Vgl. hierzu Rosenthal, Die Justiz in der Sowjetzone (Anm. VI/69), S. 29 ff. und S. 38 ff.; vgl. insbesondere Mampel, Die Verfassung der SBZ (Anm. V/51), S. 358 ff.
77 Vgl. Erlaß des Staatsrates über die grundsätzlichen Aufgaben und die Arbeitsweise der Organe der Rechtspflege vom 4. April 1963, in: GBl. I, S. 21.
78 Hilde Benjamin war Vorsitzende der 1963 vom Staatsrat berufenen Gesetzgebungskommission zur Ausarbeitung eines neuen Strafgesetzbuches. Das Strafgesetzbuch trat am 1. 7. 1968 in Kraft. Vgl. A bis Z (Anm. II/158), S. 614 f.
79 Vgl. Hildebrand, Das Ende ... (Anm. VI/1), S. 228.
80 Vgl. Die Volkskammer der DDR, 5. Wahlperiode (Anm. IV/19), S. 782 f.
81 Vgl. Hildebrand, Das Ende ... (Anm. VI/1), S. 227; vgl. auch Kurzer Dank, in: Der Spiegel, 1967, H. 31, S. 54.
82 Vgl. Neuerungen in der Administration, in: SBZ-Archiv, 1967, H. 14, S. 209.
83 Vgl. Kurzer Dank (Anm. VI/81), S. 52.
84 Vgl. A bis Z (Anm. II/158), S. 754.
85 Vgl. Schenk, Fritz, Grete Wittkowski und ihr neues Amt, in: SBZ-Archiv, 1961, H. 5, S. 73.
86 Vgl. Neues Amt für Dr. Grete Wittkowski, in: Neues Deutschland, 10. 2. 1961, S. 2.
87 Schenk, Fritz, Im Vorzimmer der Diktatur. 12 Jahre Pankow. Köln, Berlin 1962, S. 267.
88 Richert, Die DDR-Elite (Anm. IV/62), S. 105.
89 Biographische Angaben vgl. in: SBZ-Biographie, 3. Aufl. (Anm. Tab. 9/1), S. 388; A bis Z (Anm. II/158), S. 776; Fortschritt und Reaktion (Anm. VI/73), S. 19; Die Frau. Kleine Enzyklopädie (Anm. I/60), S. 890.
90 Vgl. Schenk, Grete Wittkowski (Anm. VI/85), S. 73.
91 Vgl. ebenda.
92 Vgl. Ostmann, Konrad, Margarete Wittkowski. „Zwischen Handel und Ideologie", in: SBZ-Archiv, 1955, H. 1, S. 7; vgl. auch Schenk, Im Vorzimmer der Diktatur (Anm. VI/87), S. 268.
93 Vgl. Stern, Porträt (Anm. II/14), S. 233.
94 Vgl. Ostmann, Margarete Wittkowski (Anm. VI/92), S. 7.
95 Vgl. Jänicke, Der dritte Weg (Anm. III/12), S. 92; Richert, Die DDR-Elite (Anm. IV/62), S. 104.
96 Vgl. Richert, Die DDR-Elite (Anm. IV/62), S. 65.
97 Vgl. Schenk, Grete Wittkowski (Anm. VI/85), S. 73 f.
98 Bisher waren die Vorgänger von Margarete Wittkowski in dieser staatlichen Funktion, Elli Schmidt und Fred Oelßner, nach kurzer oder längerer Zeit gescheitert; das Amt des Versorgungskommissars wurde zweimal aufgelöst.
99 Vgl. Richert, Die DDR-Elite (Anm. IV/62), S. 105.
100 Vgl. ebenda, S. 65.
101 Vgl. Die Volkskammer der DDR, 5. Wahlperiode (Anm. IV/19), S. 782 f.
102 Neuerungen in der Administration (Anm. VI/82), S. 209.
103 Vgl. Ostmann, Margarete Wittkowski (Anm. VI/92), S. 7; vgl. auch Richert, Die DDR-Elite (Anm. IV/62), S. 39.
104 Die Deutsche Notenbank wurde im Dezember 1967 aufgelöst; an ihre Stelle trat zur Wahr-

nehmung der Zentralbankaufgaben die Staatsbank der DDR. Vgl. Gesetz über die Staatsbank der Deutschen Demokratischen Republik vom 1. Dezember 1967, in: GBl. I, S. 132.
105 Biographische Angaben vgl. in: SBZ-Biographie, 3. Aufl. (Anm. Tab. 9/1), S. 155; A bis Z (Anm. II/158), S. 763.
106 Vgl. z. B. Frank, Keine „Frauenwirtschaft" (Anm. IV/46).
107 Zur Gestaltung des einheitlichen sozialistischen Bildungssystems vgl. z. B. Dübel, Siegfried, Dokumente zur Jugendpolitik der SED. Sonderausgabe für das Bundesministerium für gesamtdeutsche Fragen. 2., neubearb. Auflage. München 1966.
108 Zur Entwicklung, den Aktivitäten und Zielen der FDJ vgl. Herz, Freie Deutsche Jugend (Anm. V/94).
109 Die Kinderorganisation „Junge Pioniere" wurde im Dezember 1948 gegründet; seit August 1952 führt sie die Bezeichnung „Pionierorganisation Ernst Thälmann". In ihr sind die 6- bis 9jährigen als Jung-Pioniere und die 10- bis 14jährigen als Thälmann-Pioniere erfaßt. Vgl. A bis Z (Anm. II/158), S. 470 ff.
110 Vgl. Pfefferkorn, Oskar, Margot Feist. Vorsitzende des Pionierverbandes, in: SBZ-Archiv, 1953, H. 14, S. 219. Diesem Artikel liegt eine personelle Verwechslung mit der gleichnamigen SED-Funktionärin Margot Feist-Altenkirch zugrunde; nur die Ausführungen über Leitungstätigkeiten in der FDJ bzw. der Pionierorganisation beziehen sich auf Margot Feist-Honecker. Vgl. auch Herz, Freie Deutsche Jugend (Anm. V/94), S. 107 ff.
111 Vgl. Richert, Die DDR-Elite (Anm. IV/62), S. 44.
112 Margot Honecker hat außerdem einige Jahre als Stellvertreter des Vorsitzenden der Staatlichen Kommission zur Gestaltung des einheitlichen sozialistischen Bildungssystems fungiert, die 1963/64 Grundsätze für eine Bildungsreform erarbeitet. Auf diesen Grundsätzen basiert das Gesetz über das einheitliche sozialistische Bildungssystem vom 25. Februar 1965; vgl. GBl. I, S. 83.
113 Frank, Henning, Kollegin X bekommt gerade ein Kind. In der sozialistischen Praxis kommt die verbriefte Gleichberechtigung oft zuletzt, in: Christ und Welt, 27. 6. 1969.
114 Von den Spitzenfunktionären des Regierungsapparates gehören dem im Juni 1971 neugewählten Politbüro nur der Vorsitzende des Ministerrats, Willi Stoph, und sein 1. Stellvertreter, Alfred Neumann, als Mitglieder sowie der Minister für Staatssicherheit, Erich Mielke, als Kandidat an; vgl. Neues Deutschland, 20. 6. 1971, S. 5.
115 Vgl. die ausführliche Darstellung in Kapitel IV, S. 124 ff.
116 Vgl. Ulbricht, Walter, Die Aufgaben der Frauen im Kampf um das neue Leben. Rede auf der Deutschen Frauenkonferenz in Berlin am 20. Mai 1953, in: Neues Deutschland, 21. 5. 1953, S. 3.
117 Vgl. die biographischen Angaben in: SBZ-Biographie, 3. Aufl. (Anm. Tab. 9/1), S. 198; Handbuch der Volkskammer der DDR, 2. Wahlperiode (Anm. I/54), S. 333.
118 Vgl. Pfefferkorn, Oskar, Greta Kuckhoff. Von der „Roten Kapelle" zur „Notenbank der DDR", in: SBZ-Archiv, 1952, H. 1, S. 9.
119 Vgl. hierzu Jänicke, Der dritte Weg (Anm. III/12), S. 104 ff.
120 Vgl. Friebe, Siegfried, Revisionismus auch im Finanzwesen. Die Hintergründe des Rücktritts von Greta Kuckhoff, in: SBZ-Archiv, 1958, H. 10, S. 150.
121 Vgl. Prof. Dr. Schmidt Präsident der Deutschen Notenbank, in: Neues Deutschland, 26. 4. 1958.
122 Vgl. SBZ-Biographie, 3. Aufl. (Anm. Tab. 9/1), S. 198; vgl. auch A bis Z (Anm. II/158), S. 227.
123 Vgl. die biographischen Angaben in: Handbuch der Volkskammer der DDR, 2. Wahlperiode (Anm. I/54), S. 307.
124 Vgl. IWE-Berlin, Informationsdienst, Nr. 12/59, 17. 12. 1956.
125 Vgl. IWE-Berlin, Informations- und Archivdienst, Nr. VII/105, 11. 7. 1957.
126 Vgl. die biographischen Angaben in: SBZ-Biographie, 3. Aufl. (Anm. Tab. 9/1), S. 40.
127 Vgl. Neues Deutschland, 20. 6. 1969.
128 Vgl. Renfordt, Karlheinz, Sozialismus nicht nur mit Friseusen. Frauen in der „DDR", in: Frankfurter Allgemeine Zeitung, 8. 11. 1969, S. 11.
129 Um 1967 waren rund 1.900 Frauen als Direktoren und Schulleiter tätig; vgl. 20 Jahre Frauenbund (Anm. V/86), S. 2. In einer ADN-Meldung vom 20. 10. 1969 wurde ebenfalls berichtet, daß nahezu jede vierte Schule in der DDR unter der Leitung einer Frau steht; vgl. Monitor-Dienst der Deutschen Welle, 21. 10. 1969.
130 Vgl. Herforth, Lieselott, Technische Revolution und Frauenförderung, in: Frauenkongreß der Deutschen Demokratischen Republik. Berlin. 25. bis 27. Juni 1964. Dokumente. Hrsg.

vom Bundesvorstand des DFD. Berlin-Ost 1964, S. 97 f. Mit Professor Dr. habil. Lieselott Herforth, von 1965 bis 1967 Rektor der TU Dresden, und Professor Dr. habil. Rosemarie Sachse, seit Dezember 1966 Rektor der Hochschule für Landwirtschaft und Nahrungsgüterwirtschaft in Bernburg, haben bisher zwei weibliche Magnifizenzen einer wissenschaftlichen Hochschule in der DDR vorgestanden.

131 Vgl. die biographischen Angaben in: SBZ-Biographie, 1. Aufl. (Anm. Tab. 9/1), S. 225.
132 Vgl. Kapitel VI, S. 210.
133 Vgl. Der neue Bundesvorstand des FDGB, in: Neues Deutschland, 6. 9. 1950.
134 Vgl. Die Frauen in der DDR (Anm. Tab. 1/7), S. 35.
135 Vgl. die biographischen Angaben in: SBZ-Biographie, 3. Aufl. (Anm. Tab. 9/1), S. 225.
136 Vgl. Tribüne, 21. 6. 1955, S. 1; Tribüne, 1. 11. 1959, S. 1; Tribüne, 24. 11. 1963, S. 2; Tribüne, 11. 5. 1968, S. 2.
137 Vgl. Müller-Beeck, Lisa Krause (Anm. VI/19), S. 3.
138 Vgl. die biographischen Angaben in: SBZ-Biographie, 3. Aufl. (Anm. Tab. 9/1), S. 367 f.
139 Vgl. Staatsrat und Regierung der „DDR" (Anm. Tab. 43/7), S. 6.
140 Biographische Angaben lt. Personenkartei der Bundesanstalt für gesamtdeutsche Aufgaben, Abt. II/Bonn; vgl. auch Neues Deutschland, 9. 6. 1969, S. 2.
141 Vgl. z. B. Neues Deutschland, 7. 7. 1951.
142 Der erste weibliche Botschafter der Bundesrepublik, Dr. Ellinor von Puttkamer, übernahm im Februar 1969 die Leitung der deutschen Vertretung beim Europarat in Straßburg; vgl. Frankfurter Allgemeine Zeitung, 29. 1. 1969; Frankfurter Allgemeine Zeitung, 5. 4. 1969, Beilage, S. 6.
143 Vgl. die biographischen Angaben in: SBZ-Biographie, 3. Aufl. (Anm. Tab. 9/1), S. 200.
144 Vgl. Fricke, Karl Wilhelm, Änne Kundermann. „Genossin mit Zukunft", in: SBZ-Archiv, 1954, H. 16, S. 251.
145 Vgl. ebenda.
146 Vgl. Fricke, Karl Wilhelm, Die diplomatischen Beziehungen der „DDR". Kommunisten im auswärtigen Dienst, in: SBZ-Archiv, 1955, H. 1, S. 5.
147 Vgl. derselbe, Änne Kundermann (Anm. VI/144), S. 251.
148 Vgl. Neues Deutschland, 30. 8. 1960.
149 Vgl. Neues Deutschland, 19. 12. 1961, S. 1.
150 Vgl. z. B. Neues Deutschland, 6. 10. 1967, S. 2.
151 Vgl. die biographischen Angaben in: SBZ-Biographie, 3. Aufl. (Anm. Tab. 9/1), S. 335.
152 Elly Winter fungierte als Persönlicher Referent Wilhelm Piecks; seit dem Tode des DDR-Präsidenten leitet sie das Wilhelm-Pieck-Archiv.
153 Vgl. Ost-Berlin schickt einen neuen Botschafter nach Belgrad, in: Frankfurter Allgemeine Zeitung, 24. 1. 1969.
154 Vgl. Dokumente zur Außenpolitik der Deutschen Demokratischen Republik. 1966. Band XIV, 2. Halbband. Berlin-Ost 1970, S. 959.
155 Vgl. Ost-Berlin schickt einen neuen Botschafter (Anm. VI/153); vgl. auch DDR-Botschafter verläßt Belgrad, in: Süddeutsche Zeitung, 11. 1. 1969.
156 Biographische Angaben lt. Personenkartei der Bundesanstalt für gesamtdeutsche Aufgaben, Abt. II/Bonn; vgl. auch Neues Deutschland, 20. 11. 1967, S. 2; Neues Deutschland, 7. 2. 1969, S. 2.
157 Vgl. Neues Deutschland, 28. 10. 1966, S. 2.
158 Vgl. Horizont, 1969, H. 44, S. 30.
159 Bis Mitte 1950 bestanden in folgenden Ländern Auslandsvertretungen der DDR: Sowjetunion, Bulgarien, Polen, ČSSR, Ungarn, Rumänien, VR China, Nord-Korea, Albanien, Mongolische VR; vgl. A bis Z (Anm. II/158), S. 63 f.; vgl. ebenfalls Gliederung des Ministeriums für auswärtige Angelegenheiten der „DDR", in: SBZ-Archiv, 1952, H. 12, S. 182.
160 Vgl. Staatsrat und Regierung der „DDR" (Anm. Tab. 43/7), S. 8; vgl. ebenfalls Die Auslandsvertretungen der DDR, in: Deutschland-Archiv, 1969, H. 11, S. 1207 ff.; Staats- und Parteiapparat der DDR (Anm. IV/92), S. 20 ff.
161 Zu dieser Meinung gelangte das Informationsbüro West nach einer Analyse der Ausbildungsrichtlinien des Ministeriums für Auswärtige Angelegenheiten; vgl. Sowjetzone lehnt Frauen für die diplomatische Laufbahn ab, in: IWE-Berlin, Informationsdienst, Nr. 5/39, 13. 5. 1957, S. 1.
162 In der Bundesrepublik befanden sich 1969 knapp fünf Prozent Frauen unter den Beamten des höheren auswärtigen Dienstes; vgl. Frankfurter Allgemeine Zeitung, 29. 1. 1969.
163 In der Bundesrepublik hat sich inzwischen ein solcher weiblicher Anspruch auf permanente Leitung der Ressorts Gesundheit und Familie herauskristallisiert.

164 Vgl. Gesetz über die Bildung des Staatsrates der Deutschen Demokratischen Republik, in: GBl. I, S. 505.
165 Vgl. Polak, Karl, Der Staatsrat der Deutschen Demokratischen Republik, in: Einheit, 1960, H. 10, S. 1443.
166 Schulze, G., Unser Staatsrat − Ausdruck der hohen Demokratie unserer Arbeiter-und-Bauern-Macht, in: Presse-Informationen, 1960, H. 127, S. 2.
167 Zur verfassungsrechtlichen Stellung des Staatsrates und seinen Funktionen vgl. insbesondere Mampel, Die Verfassung der SBZ (Anm. V/51), S. 277 ff.; derselbe, Herrschaftssystem (Anm. Einl./27), S. 128 ff.; Richert, Macht ohne Mandat (Anm. IV/5), S. 65 ff. Vgl. auch die Programmatische Erklärung des Vorsitzenden des Staatsrates, Walter Ulbricht, vom 4. 10. 1960, in: Neues Deutschland, 5. 10. 1960, S. 3 ff. Zur Bildung, Zusammensetzung und Tätigkeit des Staatsrates vgl. Der Staatsrat der Deutschen Demokratischen Republik. 1960 bis 1970. Dokumentation. Berlin-Ost 1970.
168 Vgl. Mampel, Die Verfassung der SBZ (Anm. V/51), S. 281 f.
169 Vgl. Richert, Macht ohne Mandat (Anm. IV/5), S. 74; vgl. auch Rosenthal, Walther, Einheit von Partei und Staat, in: Deutsche Fragen, 1960, H. 10, S. 182 f.
170 Stern, Ulbricht (Anm. IV/62), S. 239 f.; vgl. auch Mampel, Die volksdemokratische Ordnung in Mitteldeutschland (Anm. V/53), S. 44; Staatsrat und Regierung der „DDR" (Anm. Tab. 43/7), S. 2.
171 Vgl. Polak, Der Staatsrat der DDR (Anm. VI/165), S. 1444.
172 Vgl. Dokumente über die Bildung des Staatsrates der Deutschen Demokratischen Republik. Schriftenreihe des Staatsrates der DDR, H. 1. Berlin-Ost 1961, S. 17.
173 Mampel weist darauf hin, es habe die Absicht bestanden, nach dem Tode von Wilhelm Pieck das Präsidium der Volkskammer zum kollektiven Staatsoberhaupt zu machen; vgl. derselbe, Die Verfassung der SBZ (Anm. V/51), S. 280; vgl. auch Richert, Das zweite Deutschland (Anm. IV/6), S. 79.
174 Diese Tendenz äußerte sich darin, daß einzelne Machtbefugnisse, die dem Staatsrat als Kollektiv zustanden, allein auf die Person des Vorsitzenden übertragen wurden; vgl. Der erste Sekretär des ZK und der Vorsitzende des Staatsrates der Deutschen Demokratischen Republik, in: Aus der Zone des Unrechts, 1961, H. 12, S. 6; vgl. auch Mampel, Die Verfassung der SBZ (Anm. V/51), S. 287 f.
175 Es handelt sich hierbei um Spitzenfunktionen, die stets von Männern ausgeübt werden. Die Stellvertreter des Staatsratsvorsitzenden gelangen praktisch kraft ihres leitenden Staats- oder Parteiamtes in diese Position, so daß von vornherein die Wahl eines weiblichen Stellvertreters so gut wie unmöglich ist; denn unter den Exponenten des Staates, der Parteien, der Wirtschaft und Gesellschaft befinden sich keine Frauen.
176 Vgl. Bauern-Echo, 7. 5. 1963, S. 1 f. Vor diesem Zeitpunkt fungierte Else Merke weder als Mitglied des Parteivorstandes noch als Mitglied seines Präsidiums; vgl. Bauern-Echo, 17. 5. 1960; Bauern-Echo, 7. 7. 1957, S. 1.
177 Vgl. Graf, Herbert, u. Hans-Joachim Semler, Die Arbeitsweise des Staatsrates − Vorbild in der Entwicklung des sozialistischen Arbeitsstils, in: Staat und Recht, 1962, H. 3, S. 414.
178 Vgl. Die Volkskammer − das höchste Machtorgan der Deutschen Demokratischen Republik, in: Die Volkskammer der DDR, 4. Wahlperiode (Anm. IV/19), S. 13.
179 Vgl. Schulze, Unser Staatsrat (Anm. VI/166), S. 2.
180 Vgl. Neues Deutschland, 5. 10. 1960, S. 5.

Schlußbetrachtung

1 Seibt, Kurt, Vorwärts unter der Führung der Partei − Der Sozialismus siegt! in: Märkische Volksstimme, 17. 6. 1960, S. 6.
2 Vgl. Neues Deutschland, 29. 5. 1969, S. 2.
3 Zur gesellschaftlichen, wirtschaftlichen und politischen Lage der Frauen in den osteuropäischen Staaten vgl. Bernheim, Nicole, u. Thomas Schreiber, Vingt ans de condition féminine à l'Est, in: Le Monde, 18. 4. 1968 ff. Vgl. ebenfalls Spettnagel, Alice, Ist die sowjetische Frau gleichberechtigt? in: Deutsche Welle, Dokumentation, Nr. 157/70, 21. 7. 1970.
4 Vgl. Bernheim, Nicole, u. Thomas Schreiber, Vingt ans de condition féminine à l'Est. 4. Folge: La cuisinière et le char de l'Etat, in: Le Monde, 21./22. 4. 1968, S. 3.
5 Vgl. ebenda.

Anhang

Tabelle 1: Die beruflich-politischen Hauptfunktionen der weiblichen Mitglieder und Kandidaten des Parteivorstandes bzw. Zentralkomitees der SED (1946 bis 1971) im Zeitraum ihrer Zugehörigkeit zu diesem Gremium

Name	Funktionen
1. Arendsee, Martha	Kampfgefährtin Clara Zetkins; vor 1933 Mitglied des Zentralkomitees der KPD, Mitglied des Preußischen Landtages und des Deutschen Reichstages; Mitunterzeichnerin des Gründungsaufrufes der KPD vom 11. Juni 1945; 1945 Vorsitzende der Versicherungsanstalt Berlin; 1946 Mitglied des Zentralausschusses der KPD.
2. Bauer, Gerda	Mitarbeiterin der VdgB; 1950 Landesbauernreferentin der VdgB in Brandenburg; später Abteilungsleiterin im Sekretariat des Zentralvorstandes der VdgB.
3. Baumann, Edith	1946 Mitglied des Zentralausschusses der SPD; 1946–49 Generalsekretär und Stellv. des Vorsitzenden des Zentralrates der FDJ; 1949–53 Sekretär im Kleinen Sekretariat des Politbüros bzw. im Sekretariat des ZK; Aug. 1953–1955 Sekretär für Landwirtschaft der SED-Bezirksleitung Groß-Berlin; 1955–61 Leiterin der Abteilung Frauen beim ZK; 1958 bis 1963 Kandidat des Politbüros; Nov. 1961–Jan. 1963 Sekretär des ZK; seit März 1963 Sekretär des Magistrats von Berlin-Ost und Stadträtin.
4. Benjamin, Hilde Dr. jur. h.c. (1952), Professor	1949–53 Vizepräsident des Obersten Gerichts der DDR; Juli 1953 bis Juli 1967 Minister der Justiz; seit Sept. 1967 Professor für Geschichte der Rechtspflege und Kriminalitätsbekämpfung an der Deutschen Akademie für Staats- und Rechtswissenschaft „Walter Ulbricht"; Parteiveteranin.
5. Berg, Helene Professor	1951–62 Direktor des Instituts für Gesellschaftswissenschaften beim ZK der SED; seit 1959 Vertreterin der SED im Redaktionskollegium der Zeitschrift „Probleme des Friedens und des Sozialismus" in Prag.
6. Bergmann, Herta	1950 Sekretär der SED-Kreisleitung Grimma; 1952–März 1954 Sekretär der SED-Bezirksleitung Chemnitz/Karl-Marx-Stadt.
7. Brandt, Edith	1952–54 Sekretär für Agitation und Propaganda der SED-Bezirksleitung Magdeburg; 1954–57 Sekretär für Agitation und Propaganda im Zentralrat der FDJ; 1957–66 1. Sekretär der SED-Kreisleitung Wittenberg; seit 1966 Sekretär für Wissenschaft, Volksbildung und Kultur der SED-Bezirksleitung Halle.
8. Credo, Renate	bis 1965 Werkleiterin des VEB Kali-Chemie Berlin; seit 1965 Direktor des VEB Fotochemische Werke in Berlin-Köpenick; 1971 Abteilungsleiterin in der Zentralstelle für chemische Industrie, Berlin.

Name	Funktionen
9. Damerius, Emmi	1947 Stellv. Vorsitzende des DFD in Sachsen; 1948–Mai 1949 Vorsitzende des DFD-Bundesvorstandes; 1950 Mitarbeiterin in der Redaktion der Zeitschrift „Die Wirtschaft".
10. Deutschmann, Gertrud	ca. 1956/57 Leiterin des Büros der Regierungskommission für Preise; ca. 1958–1963 Hauptabteilungsleiterin in der Zentralen Kommission für Staatliche Kontrolle; seit ca. 1965 Stellv. des Präsidenten der Investitionsbank.
11. Dunker, Helene	1954–56 Mitglied der SED-Bezirksleitung Schwerin; seit 1956 LPG-Vorsitzende.
12. Erler, Eva	1954 Studentin; anschließend im Parteiapparat tätig (genaue Funktion nicht feststellbar); 1960–Febr. 1963 Sekretär der SED-Bezirksleitung Berlin.
13. Ermisch, Luise	seit 1951 Betriebsleiterin des VEB Bekleidungswerk Mühlhausen/Thüringen; 1958–63 Kandidat des Politbüros.
14. Feist-Altenkirch, Margot	1949 stellv. Abteilungsleiterin in der SED-Landesleitung Brandenburg, kommissarisch als 2. Sekretär der SED-Landesleitung Brandenburg tätig; 1950 1. Sekretär der SED-Kreisleitung Brandenburg; 1951 1. Sekretär der SED-Kreisleitung Berlin-Mitte; 1952 Stellv. des Vorsitzenden des Rates des Kreises Berlin-Mitte; seit 1954 1. Sekretär der SED-Kreisleitung Berlin-Weißensee; 1959 Sekretär des DFD-Bundesvorstandes.
15. Feist-Honecker, Margot	1949–53 Leiterin der Abteilung Junge Pioniere und Sekretär des Zentralrates der FDJ (Vorsitzende der Pionierorganisation); 1953/54 Schulbesuch in der Sowjetunion; 1954–58 Abteilungsleiterin im Ministerium für Volksbildung (HA Lehrerbildung); 1958–63 Stellv. des Ministers, seit 1963 Minister für Volksbildung.
16. Fischer, Lena	seit Okt. 1949 Sekretär des SED-Landesvorstandes Groß-Berlin; im Mai 1953 wegen „Verrat" aus der SED ausgeschlossen.
17. Grauer, Gertrud	seit 1953 Vorsitzende des Rates des Kreises Hoyerswerda; 1958–60 1. Stellv. des Vorsitzenden des Rates des Bezirkes Cottbus; seit Okt. 1960 Vorsitzende des Bezirksvorstandes Cottbus des DFD.
18. Grundig, Lea Professor	seit 1949 Professor für Graphik an der Hochschule für Bildende Künste in Dresden; seit 1964 Präsident, 1971 Ehrenpräsident des Verbandes Bildender Künstler.
19. Hempel, Eva	1962–71 Sekretär des Zentralrates der FDJ; seit 1971 Sektorleiterin in der Abteilung Landwirtschaft der SED-Bezirksleitung Schwerin.
20. Hentsch, Gertrud	1946 Mitglied des Zentralausschusses der SPD; nach 1946 Mitglied des SED-Landesvorstandes Sachsen; Okt. 1950 Ausschluß aus der SED; 1953 Flucht in die BRD.
21. Hieblinger, Inge Dr. jur. habil. (1964)	seit 1964 Dozent am Institut für Staats- und Rechtstheorie der Universität Halle-Wittenberg.
22. Hoffmann, Friedel	Funktion nicht feststellbar.

Name	Funktionen
23. Holzmacher, Gerda	1950 Leiterin der Organisations-Instrukteurabteilung in der SED-Landesleitung Thüringen; anschließend längeres Studium in der Sowjetunion; 1954–56 stellv. Leiterin der Abteilung Wissenschaft und Propaganda im ZK; 1956–58 Sekretär für Kultur und Erziehung der SED-Bezirksleitung Rostock; 1958–61 Sekretär für Agitation und Propaganda der SED-Bezirksleitung Gera; seit Okt. 1961 Vorsitzende der BPKK Gera.
24. Hoppe, Ilse	1971 Direktor des Centrum-Warenhauses Leipzig.
25. Kaiser, Hildegard	1947 Arbeiterin in einem VEB.
26. Kern, Käthe	1945 Mitglied des Bezirksvorstandes Berlin der SPD und Leiterin des Frauensekretariats, Mitglied des Zentralausschusses der SPD; 1946–49 Leiterin des Zentralen Frauensekretariats der SED (gemeinsam mit Elli Schmidt); 1946–50 Mitglied des Zentralsekretariats der SED; 1949–1970 Leiterin der Hauptabteilung Mutter und Kind bzw. Sozialwesen im Ministerium für Gesundheitswesen; Parteiveteranin.
27. Köckeritz-Wollermann, Frieda	seit 1952 im Parteiapparat der SED in Rostock tätig: Sekretär einer SED-Kreisleitung; danach Parteisekretär im Fischkombinat Rostock und Sekretär der SED-Stadtleitung Rostock; ca. 1958–64 Mitglied der SED-Bezirksleitung Rostock.
28. Körner, Olga	1946 Mitglied des Zentralausschusses der KPD; Sekretär der Abteilung Arbeit und Sozialfürsorge im Landesvorstand Sachsen der KPD bzw. SED; 1946 Abgeordnete des Sächsischen Landtages; Arbeiterveteranin.
29. Konzack, Therese	seit 1956 Vorsitzende der LPG „Vereinte Kraft" in Göritz/Vetschau.
30. Krause, Anna	1954 Leiterin der Politischen Abteilung der MTS „Thomas Münzer" in Wülknitz; 1956 Fraueninstrukteurin der MTS; 1963 BPO-Sekretär der MTS „Thomas Münzer" in Wülknitz/Krs. Riesa.
31. Lange, Inge	1952–61 Sekretär des Zentralrates der FDJ; seit 1961 Leiterin der Arbeitsgruppe Frauen beim ZK; seit 1962 Vorsitzende der Frauenkommission beim Politbüro; im Dezember 1964 zum Mitglied des ZK aufgerückt.
32. Lange, Marianne Dr. phil., Prof.	seit 1950 Dozentin bzw. Leiterin des Lehrstuhls für Literatur und Kulturpolitik an der Parteihochschule „Karl Marx" der SED.
33. Lautenschlag, Helene	um 1960 Bürgermeister in der Gemeinde Zölkow.
34. Meltzer, Hanna	1945 Mitglied der Landesleitung Thüringen der KPD und Leiterin der Frauenarbeit; 1946 Rückkehr ins Ruhrgebiet, Mitglied des Zentralausschusses der KPD; 1947 Mitglied der Landesleitung Nordrhein-Westfalen der KPD und Mitglied der KPD-Fraktion des Landtages von Nordrhein-Westfalen.
35. Müller, Margarete	seit Febr. 1960 Vorsitzende der LPG „Pionier" in Kotelow/Krs. Neubrandenburg; 1960–62 Kandidat, 1962–Febr. 1963 Mitglied des Büros der SED-Bezirksleitung Neubrandenburg; seit Jan. 1963 Kandidat des Politburos.
36. Rentmeister, Maria	1946 Mitglied des Zentralausschusses der KPD; 1953 stellv. Leiterin der Staatlichen Kommission für Kunstangelegenheiten; 1955–58 Leiterin der HA Kulturelle Verbindung mit dem Ausland im Ministerium für Kultur.

Name	Funktionen
37. Sachse, Emma	1946 Mitglied des Zentralausschusses der SPD; Arbeiterveteranin.
38. Schaar, Hella	1946 Mitglied des Zentralausschusses der SPD.
39. Schmidt, Elli	1945/46 Mitglied des Zentralausschusses der KPD, Mitunterzeichnerin des Gründungsaufrufes der KPD vom 11. Juni 1945; 1945–49 Leiterin des Zentralen Frauensekretariats im Parteiapparat der KPD bzw. SED; 1946–50 Mitglied des Zentralsekretariats der SED, 1950–Juli 1953 Kandidat des Politbüros; Febr. bis Juli 1953 Vorsitzende der Staatlichen Kommission für Handel und Versorgung (im Ministerrang); Mai 1949 – Sept. 1953 Vorsitzende des DFD-Bundesvorstandes, im Zusammenhang mit der Zaisser-Herrnstadt-Opposition als DFD-Vorsitzende abgesetzt; erhielt im Jan. 1954 eine Parteirüge, wurde 1956 rehabilitiert; Dez. 1953–1966 Leiterin des Instituts für Bekleidungskultur (Deutsches Modeinstitut).
40. Schuster, Gretl	1947–49 Sachbearbeiterin in der Abteilung Jugend beim Landesverband Sachsen-Anhalt der SED; 1949–ca. 1952 Leiterin der Abteilung Propaganda der SED-Landesleitung Sachsen-Anhalt.
41. Selbmann, Käte	1949 Leiterin der Frauenabteilung des ZK; bis 1954 Mitglied des Bundesvorstandes des DFD.
42. Siegert, Maria	um 1958 Meister in der Baumwollspinnerei Pölbitz.
43. Sternberg, Frieda	seit ca. 1956 Vorsitzende der LPG „Ernst Thälmann" in Bennewitz/Kreis Wurzen.
44. Tamme, Irene	1971 Montiererin im VEB WIBA-Kombinat Karl-Marx-Stadt, Betrieb Spindel- und Spinnflügelfabrik Neudorf.
45. Thiele, Ilse	1952–53 Vorsitzende des DFD-Bezirksvorstandes Berlin; Anfang 1953 stellv. Vorsitzende, seit Sept. 1953 Vorsitzende des DFD-Bundesvorstandes; Mitglied des Rates der IDFF, seit 1964 Vizepräsidentin der IDFF.
46. Töpfer, Johanna Dr. rer. oec., Professor	seit Mai 1968 Stellv. des Vorsitzenden des Bundesvorstandes des FDGB und Mitglied des Präsidiums des Bundesvorstandes des FDGB.
47. Trautzsch, Gisela	seit ca. 1969 Abteilungsleiterin im ZK der SED.
48. Vielhauer, Irmgard	1955–Febr. 1963 Sekretär für Landwirtschaft der SED-Bezirksleitung Neubrandenburg; seit Febr. 1963 Vorsitzende der BPKK Neubrandenburg.
49. Walther, Elisabeth	seit 1962 Werkleiterin bzw. Kombinatsdirektor (früher 1. Sekretär der BPO) des VEB Vereinigte Strumpfwerke „ESDA" in Thalheim/Sa.
50. Weingart, Edith	1960–67 Sekretär der BPO im VEB Thüringisches Bekleidungswerk Erfurt; 1960–62 Kandidat des Büros und Mitglied der SED-Bezirksleitung Erfurt; seit 1967 1. Sekretär der Kreisleitung Arnstadt der SED.

Name	Funktionen
51. Wittkowski, Margarete Dr. rer. pol. (1934)	1951/52 Vizepräsident, 1952–54 Präsident des Verbandes Deutscher Konsumgenossenschaften; 1954–58 1. Stellv. des Vorsitzenden, 1958–61 Stellv. des Vorsitzenden der Staatlichen Plankommission und Leiterin der Abteilung Koordinierung der Jahres-Volkswirtschaftspläne; Febr. 1961 – Juli 1967 Stellv. des Vorsitzenden des Ministerrates der DDR (verantwortlich für Handel und Versorgung und Landwirtschaft); seit Juli 1967 Präsident der Deutschen Notenbank (seit Dez. 1967 Staatsbank der DDR).
52. Wohlgemuth, Toni	1945 Mitglied des Zentralen Frauenausschusses beim Magistrat der Stadt Berlin; 1946 Mitglied des Zentralausschusses der SPD.
53. Wolf, Christa	seit 1962 freiberufliche Schriftstellerin.
54. Wolf, Hanna Professor	seit Dez. 1950 Direktor der Parteihochschule „Karl Marx" beim ZK der SED; seit 1954 Mitglied des Redaktionskollegiums der theoretischen Zeitschrift der SED „Einheit".
55. Zellmer, Christa	seit 1966 Sekretär für Agitation und Propaganda der SED-Bezirksleitung Frankfurt/Oder.
56. Zschau, Ursula	seit 1962 1. Sekretär der BPO des VEB Baumwollspinnerei Flöha/Krs. Karl-Marx-Stadt, außerdem Vorsitzende des Produktionskomitees des VEB.

Tabelle 2: Die weiblichen Mitglieder der Volkskammer der DDR (1950–1971) nach ihrer Fraktionszugehörigkeit[1]

Name	Fraktionszugehörigkeit					
	1. VK 1950[2]	2. VK 1954[3]	3. VK 1958[4]	4. VK 1963[5]	5. VK 1967[6]	6. VK 1971[7]

Abgeordnete

Name	1. VK 1950[2]	2. VK 1954[3]	3. VK 1958[4]	4. VK 1963[5]	5. VK 1967[6]	6. VK 1971[7]
Adler, Ruth	x					
Ahrendt, Lieschen			DBD			
Albrecht, Erika						DFD
Angermann, Luise			DBD			
Arnhold, Margarete				LDPD	LDPD	
Arnold, Traute					CDU	CDU
Arway, Dora		DFD				
Bänder, Hannelore	x					
Bäuml, Luise	x					
Bahmann, Renate	x					
Balke, Annemarie					FDGB	FDGB
Bartko, Katerina					LDPD	
Baumann, Edith	(BV)	(BV)	SED	(BV)	(BV)	(BV)
Baumgärtel, Helga				FDJ		

1 Stand jeweils zum Zeitpunkt der Neuwahl der Volkskammer. Personelle Veränderungen innerhalb einer Legislaturperiode wurden nicht berücksichtigt.
2 Vgl. Die Kandidaten des deutschen Volkes (Anm. Tab. 27/1), S. 1 und 3; Aufstellung der Kandidaten ist beendet, in: Tägliche Rundschau, 24. 9. 1950, S.1 und 3. Zwischen beiden Kandidatenlisten bestehen geringfügige Unterschiede, die bei der Erstellung dieser Tabelle beachtet wurden. Infolgedessen sind hier 94 Frauen aufgeführt, obwohl in der 1. Legislaturperiode nur 92 weibliche Abgeordnete der Volkskammer angehörten. Welche der hier genannten Frauen bis zum Wahltag wieder von der Kandidatenliste gestrichen wurden und damit nicht in die Volkskammer einrückten, entzieht sich der Nachprüfung.
   Bei einigen weiblichen Abgeordneten und Berliner Vertretern ist ihre Fraktionszugehörigkeit während der 1. Legislaturperiode nicht feststellbar. Deshalb wurde insgesamt darauf verzichtet, entsprechende Angaben für diesen Zeitraum zu bringen.
3 Vgl. Handbuch der Volkskammer der DDR, 2. Wahlperiode (Anm. I/54), S. 293 ff.; Handbuch der Sowjetzonen-Volkskammer, 2. Legislaturperiode (Anm. IV/19), T. I, S. 101 ff., und T. II, S. 19 ff.
4 Vgl. Handbuch der Volkskammer der DDR, 3. Wahlperiode (Anm. IV/19), S. 237 ff.
5 Vgl. Die Volkskammer der DDR, 4. Wahlperiode (Anm. IV/19), S. 165 ff.
6 Vgl. dasselbe, 5. Wahlperiode (Anm. IV/19), S. 176 ff.
7 Vgl. dasselbe, 6. Wahlperiode (Anm. IV/19), S. 176 ff.

Name	Fraktionszugehörigkeit					
	1. VK	2. VK	3. VK	4. VK	5. VK	6. VK
Baumgärtel, Herta				CDU	CDU	
Beck, Charlotte				FDJ		
Becker, Lilli					LDPD	
Behnke, Friedl						FDGB
Behrens, Bärbel					(NK)	CDU
Behrens, Helene			SED			
Below, Gertrud			DBD			
Benjamin, Hilde	x	SED	SED	SED		
Benthin, Elsbeth	x					
Berger, Ursula					FDJ	
Bergmann, Charlotte			LDPD			
Bergmann, Wiete						FDGB
Bialas, Regine				DFD		
Blau, Ursula			FDGB			
Boche, Gudrun	x					
Börner, Ute					DBD	
Böttcher, Marta-Maria					NDPD	NDPD
Bondzin, Friderun				NK(1965)	DKB	DKB
Bräutigam, Ute				FDJ		
Brandt, Brunhilde (geb. Schubert)		FDJ				
Brandt, Edith (geb. Bohnefeld)	x	FDJ				
Brandt, Marie		DBD				
Brock, Hella					DKB	
Bruckmann, Magdalene		(NK)	VdgB			
Bullert, Angelika					FDJ	
Bunge, Lina	x					
Centner, Elke					FDJ	
Czeczot, Ursula					CDU	CDU
Dehnke, Else				FDGB		
Dietze, Ilse			CDU	CDU		
Dippe, Herta				FDGB	FDGB	FDGB
Dirumdam, Ursula			FDJ			
Dittmar, Martha		SED	SED			
Dittmar, Regina				DFD	DFD	DFD
Dockhorn, Irma			FDJ			
Dörner, Ursula					DFD	DFD
Dörrer, Anneliese				FDGB		
Drechsler, Maria			FDJ			
Dreihardt, Gertraud						DFD
Dünnhaupt, Sigrid					DBD	
Dürschlag, Rosemarie					FDJ	
Dyck, Margarete	x	LDPD				
Ebermann, Erna				SED		
Ebert, Frieda		SED				
Eichhorn, Elisabeth	x					

Name	Fraktionszugehörigkeit					
	1. VK	2. VK	3. VK	4. VK	5. VK	6. VK
Eisold, Elfriede			FDGB			
Elsner, Christa						LDPD
Endter, Ilse (geb. Biesmann)	x	FDJ	FDJ			
Engel, Elfriede	x					
Engelhardt, Christine						FDJ
Engelke, Renate						FDJ
Enke, Christine		LDPD				
Erdmann, Elisabeth					NDPD	NDPD
Ermisch, Luise	x	SED	SED	SED	SED	SED
Ettlich, Wilma						DKB
Ewert, Helga			FDJ			
Fabisch, Ruth	x	LDPD				
Faust, Martha		FDGB	FDGB			
Fiege, Ingeborg				LDPD		
Finke, Doris						FDGB
Finsterbusch, Charlotte	x					
Fippel, Margit						FDJ
Fischer, Lucie	x					
Flesch, Rosemarie			CDU	CDU	CDU	
Frenzel, Anna			SED	FDGB		
Freyer, Anna-Maria					DFD	DFD
Fricke, Margarete				DFD		
Friedrich, Ursula (geb. Weißhuhn)	x	CDU	CDU			
Fritzsche, Ruth			FDJ			
Fuchs, Gisela		DFD	DFD	DFD	DFD	DFD
Fuckel, Friedel						DFD
Fuhrmann, Hildegard				DFD		
Gau, Liesbeth			DBD			
Gaumitz, Brigitte						FDJ
Gebbert, Rosemarie		FDJ				
Gießner, Utta					FDJ	
Girke, Else		SED	SED			
Gläser, Anita						FDJ
Glanz, Olga					LDPD	(NK)
Glawe, Grete						FDGB
Glitza, Renate				DFD		
Goetzelt, Margarete	x	VdgB	FDGB			
Gretzschel, Liselotte						SED
Groh-Kummerlöw, Margarete	x	FDGB	FDGB	FDGB	FDGB	
Grosche, Ines						CDU
Günther, Hildegard			DBD			
Gunder, Marie				DBD	DBD	DBD
Haalck, Nelly		CDU	CDU			
Haase, Hildegard				DBD	DBD	DBD
Häber, Susanne		DBD		DBD	DBD	DBD

Name	Fraktionszugehörigkeit					
	1. VK	2. VK	3. VK	4. VK	5. VK	6. VK
Hahn, Erika						LDPD
Hahn, Ruth				DFD	DFD	DFD
Hanke, Brunhilde				SED	SED	SED
Hannig, Anna		DFD				
Harnack, Ingelore				CDU		
Hartmann, Gertrud				DBD	DBD	DBD
Hartwig, Charlotte	x					
Hassinger, Johanna				LDPD		
Haupt, Edeltraud					CDU	
Hauschild, Thea						SED
Hedwig, Klara		DFD				
Heine, Hildegard				SED	SED	SED
Heinrich, Emma	(1953)	(NK)	CDU	(NK)		
Heinrichs, Brunhilde					SED	SED
Heinze, Hildegard	x					
Heller, Gerda					(NK)	LDPD
Heller, Irene	x					
Helmdach, Regina				FDGB		
Helmuth, Elsbeth	x					
Hennig, Liselotte	x					
Hennig, Waltraut					LDPD	LDPD
Hennlich, Anneliese					CDU	CDU
Hensel, Karin						SED
Henseler, Gertrud			VdgB			
Hentschke, Elsa	x	SED	SED			
Herforth, Lieselott				FDGB	FDGB	FDGB
Herrmann, Käthe	x					
Heßler, Waltraut	x					
Hieblinger, Inge					DFD	
Hilgenfeld, Edith						FDJ
Hintze, Ursula			NDPD	NDPD		
Hochhaus, Annelotte						DFD
Hockauf, Frida		SED	FDGB			
Höhne, Irmgard				DFD		
Höpner, Elisabeth				FDGB	FDGB	FDGB
Hörenz, Ursula			FDGB			
Hoff, Friedel			CDU	CDU		
Hoffmann, Anni				SED	SED	SED
Hoffmeister, Gunhild						FDJ
Hofmann, Sabine						FDGB
Hojer, Christa				CDU	CDU	CDU
Holl, Gertrud			DFD			
Holtzbecher, Ilse			(NK)	(BV)	CDU	(BV)
Honecker, Margot (geb. Feist)	x				SED	SED
Hoppe, Johanna				DFD		
Hornemann, Irene		(NK)	LDPD			
Ilse, Helene				FDGB	FDGB	
Israel, Martha			(NK)	DFD		

Name	Fraktionszugehörigkeit					
	1. VK	2. VK	3. VK	4. VK	5. VK	6. VK
Jacob, Barbara						FDGB
Jacobs, Ursula				CDU		
Jahnke, Anna	x	DBD				
Jakob, Gudrun					FDJ	
Janke, Ingeburg				SED		
Jauch, Christa					LDPD	LDPD
Jereschinski, Ulrike						NDPD
Jung, Hertha			(BV)	(BV)	DFD	DFD
Kahlert, Susanne				DFD	DFD	DFD
Kanow, Martha		VdgB	VdgB	DFD		
Keller, Wally		DFD	DFD			
Kellermann, Ruth				NDPD	NDPD	
Kern, Käthe	x	DFD	DFD	DFD	DFD	DFD
Kirchhoff, Ruth	x	NDPD				
Kirsch, Ruth				SED	SED	SED
Kleinert, Ingeborg						SED
Kleinke, Anne	x					
Klettner, Lieselotte		DFD				
Klimpel, Rosa			(NK)	DFD		
Kludas, Klara	x					
Köhler, Liselotte	x					
Köhler, Minna		SED	SED			
Kojetinski, Anna		FDGB				
Korb, Gertrud		DKB	DKB			
Koreng, Maria		DBD				
Krambeer, Edith						NDPD
Kramer, Edda				FDJ	FDJ	DFD
Krause, Anna	x					
Krause, Johanna		DBD	DBD	DBD	DBD	DBD
Krause, Lisa	x					
Kreß, Ursula	x					
Kreter, Ingeborg	x					
Kriese, Erna		DFD				
Krohn, Ingeborg				FDJ		
Krüger, Karsta					FDJ	
Krüger, Margot			NDPD			
Krüger, Renate						FDJ
Kuckhoff, Greta	x	SED				
Künanz, Jutta				LDPD		
Küter, Charlotte	x	DKB	DKB			
Kunert, Ulrike						FDJ
Kunz, Traude			(NK)	NK (1966)	SED	SED
Kutschenreuter, Hannelore					FDJ	FDJ
Kutter, Inge (geb. Voigt)				SED	SED	
Kutzner, Ursula				CDU	CDU	CDU
Lange, Elfriede					FDGB	FDGB
Lange, Helene	x					
Lange, Ilse				FDGB	FDGB	FDGB

Name	Fraktionszugehörigkeit					
	1. VK	2. VK	3. VK	4. VK	5. VK	6. VK
Lange, Inge	(1952)			SED	SED	SED
Langenau, Jutta		FDJ				
Lausch, Renate						FDJ
Lebelt, Ursula						DBD
Lehmann, Irene			DFD			
Lenz, Hedwig	x					
Leszczynski, Marlies						FDJ
Liebenthal, Elisabeth		SED				
Liebig, Edith	x					
Lippold, Elsa		DBD	(NK)			
Lisofsky, Ruth					FDGB	
List, Marianne	x	LDPD	LDPD			
Löbel, Ursula		FDJ				
Lorenz, Ilse				DBD	DBD	DBD
Ludwig, Eva	x	(BV)	(BV)			
Ludwig, Johanna					NDPD	NDPD
Ludwig, Margarete	x	CDU				
Ludwig, Margarete			FDGB			
Lück, Gertrud	x					
Luer, Elisabeth			FDGB			
Luthardt, Edith				FDGB		
Maaß, Emma	x					
Malcharek, Christina				SED		
Malter, Friedel	x					
Meier, Hella					FDJ	
Meinhold, Helene		FDGB	DFD			
Meißner, Renate				NDPD	NDPD	NDPD
Melzer, Martha	x					
Merke, Else	(1953)	DBD	DBD	DBD	DBD	DBD
Mettke, Martha				CDU		
Mewes, Charlotte		DFD	DFD	DFD		
Miethig, Gudrun					CDU	CDU
Mix, Lore				DFD	DFD	
Mucke-Wittbrodt, Helga	x	DFD	DFD	DFD	DFD	DFD
Müller, Emma				FDGB	FDGB	FDGB
Müller, Inge					DFD	DFD
Müller, Margarete				SED	SED	SED
Müller, Margarete					FDGB	FDGB
Müßig, Lotte	x					
Muth, Ursula		DFD				
Naroschny, Elisabeth				DFD		
Nattermüller, Luise		DFD				
Nause, Gudrun					DFD	DFD
Neike, Ingeborg				FDGB		
Neumann, Anni		FDGB	FDGB	FDGB	FDGB	FDGB
Neumann, Erika					FDGB	
Neumann, Gisela					DFD	DFD
Neumann, Ilse	x					

Name	Fraktionszugehörigkeit					
	1. VK	2. VK	3. VK	4. VK	5. VK	6. VK
Neumann, Leane					FDJ	
Nieckchen, Klara				FDJ		
Nipkow, Käthe		FDGB				
Nitz, Edeltraut					DBD	DBD
Nitzschke, Elisabeth			DFD			
Nyland-Distler, Rose				DKB	DKB	
Olbrich, Veronika		CDU				
Opitz, Dora			DFD	DFD		
Pässold, Martha		DBD	DBD	DBD	DBD	
Paul, Margarete	x	NDPD	NDPD			
Paulitschke, Marga						DFD
Pawlowski, Maria		DFD				
Pemsel, Heike (geb. Samland)					CDU	CDU
Pfannenberg, Susanne	x	CDU	CDU	CDU	CDU	
Piehl, Waltraut				DFD	DFD	
Pischker, Anneliese			DFD			
Pluntke, Brigitte			FDJ			
Pohl, Erna	x					
Poser, Lydia	x	SED	SED			
Praechter, Charlotte		DFD	DFD			
Prasse, Charlotte		DFD	DFD			
Prautzsch, Elfriede			DFD			
Pressel, Ingrid				DBD		
Pschebizin, Margot					FDGB	FDGB
Puppel, Emma		VdgB	VdgB			
Puttrus, Martel	x					
Radke, Annette	x					
Rakow, Erna	x					
Rateitzak, Helga					FDGB	FDGB
Rausche, Helene					LDPD	LDPD
Redel, Ursula					FDJ	
Rehn, Elly		DFD				
Rehork, Elisabeth				FDGB		
Reich, Regina				FDJ		
Reichel, Ilse	x					
Reiher, Ute						FDGB
Reim, Anni				SED	SED	
Reimann, Rosel						FDGB
Reinicke, Sieglinde (geb. Pietsch)					DBD	DBD
Reinisch, Irmgard	x					
Reum, Christine				FDJ		
Reuter, Elli	x		DFD			
Richter, Heike						FDJ
Richter, Marianne		DFD				
Rienecker, Brunhilde						DFD

Name	Fraktionszugehörigkeit					
	1. VK	2. VK	3. VK	4. VK	5. VK	6. VK
Ritter, Renate						DBD
Rodenberg, Ilse (früher Weintraut-Rinka)	x	NDPD	(BV)	(BV)	(BV)	(BV)
Rösicke, Christine (geb. Holfeld)					FDJ	FDJ
Rose, Karla						CDU
Roß, Marianne				DBD	DBD	DBD
Rotter, Barbara	x					
Rudat, Herta		FDGB				
Rudolph, Dorothea					NDPD	
Rudolph, Marta		CDU				
Runge, Else			DFD			
Rupp, Margarete		DFD				
Sälzler, Anneliese						DKB
Samrowski, Christa					FDJ	
Sarter, Hildegard	x					
Sasse, Gertrud	x	LDPD	LDPD	LDPD	LDPD	LDPD
Schack, Jenny				CDU		
Schäfer, Elisabeth		NDPD	NDPD			
Schäfer, Erna	x					
Schäfer, Lilli					FDGB	
Schaffernicht, Ella		SED	SED			
Scherf, Anita			FDJ			
Schildmann, Erika		NDPD				
Schilling, Rosa	x	DFD				
Schippmann, Ingrid				SED		
Schirmer-Pröscher, Wilhelmine	x	DFD	DFD	DFD	DFD	DFD
Schlitter, Paula			DFD	DFD	DFD	
Schlosser, Ursula			VdgB	DFD	DFD	DFD
Schmerse, Käthe (geb. Köhn)		SED				
Schmidt, Anneliese						DFD
Schmidt, Elfriede					DFD	
Schmidt, Ella			FDGB			
Schmidt, Elli	x					
Schmidt, Else		DBD	DBD			
Schmidt, Erna		FDGB				
Schmidt, Herta	x					
Schmidt, Milly	x					
Schmook, Brunhilde		DFD	DFD			
Schneider, Gabriele		DFD				
Schneider, Maria					FDGB	FDGB
Schneider, Renate				FDJ		
Schöler, Gerty					FDJ	
Schön, Eva			FDGB			
Schönfelder, Edith					FDJ	
Schröder, Elisabeth				NDPD		
Schubert, Ingeborg					DFD	DFD
Schulze, Christa				FDJ		
Schulze, Elfriede			DFD			

Name	Fraktionszugehörigkeit					
	1. VK	2. VK	3. VK	4. VK	5. VK	6. VK
Schumann, Eleonore		LDPD				
Schwedat, Ida				LDPD		
Schweder, Erika (geb. Kessler)			NDPD	NDPD	NDPD	NDPD
Schweiger, Martha	x					
Schwerdtfeger, Charlotte	x					
Sehm, Annelore			FDGB			
Seidel, Ilse		FDGB				
Selbmann, Käte	x					
Sembdner, Charlotte	x	NDPD	NDPD	NDPD		
Seume, Anneliese				(NK)	NDPD	NDPD
Sieber, Johanna	x					
Sievert, Rosemarie					LDPD	LDPD
Simon, Renate			FDJ			
Sirch, Erna				(NK)	LDPD	LDPD
Sitter, Frieda	x					
Soelch, Gertrud	x					
Steinbach, Charlotte				DFD	DFD	
Steinert, Ursula				NK (1965)	CDU	CDU
Steinhardt, Anni				FDJ		
Steinhaus, Charlotte		LDPD				
Stemmler, Antonie	x					
Stoltze, Inge				FDJ		
Straubing, Annemarie	x					
Striffler, Ilse	x					
Strobel, Tatjana				NDPD		
Tänzer, Waltraud						SED
Tampier, Ludmilla			DFD			
Tauschke, Ingeburg		VdgB	VdgB	DFD		
Thälmann, Rosa	x	DFD	DFD			
Theil, Brigitte				DFD		
Thiele, Ilse		DFD	DFD	DFD	DFD	DFD
Thorndike, Annelie				DKB	DKB	
Timm, Käthe		CDU				
Töpfer, Rosemarie						DFD
Trentowski, Hedwig	x					
Ungewiss, Lydia			FDGB			
Uschkamp, Irma		DFD	DFD			
Vieth, Gerda				DFD		
Vogt, Anni					CDU	CDU
Voigt, Herta				DBD		
Wagner, Else	x					
Walther, Rosel (geb. Fischer)	x	NDPD		NDPD	NDPD	
Warzecha, Ingeborg			NDPD			
Wattenbach, Irma				DFD	DFD	

Name	Fraktionszugehörigkeit					
	1. VK	2. VK	3. VK	4. VK	5. VK	6. VK
Wedegärtner, Christine (geb. Gehlert)				FDJ	FDJ	FDJ
Wegener, Margit					NDPD	
Weidenbach-Blum, Cecilie		FDGB	FDGB			
Weigelt, Elsa		SED	SED			
Weigelt, Ingrid					DFD	DFD
Weigt, Marta				DFD	DFD	DFD
Weiss, Sigrid (geb. Thieme)		FDJ				
Welm, Charlotte						FDGB
Wendt, Anni						CDU
Wendt, Ruth					SED	SED
Werner, Monika				SED	SED	SED
Werth, Elisabeth	x					
Wigger, Susanne (geb. Weigert)					FDJ	(BV)
Wilhelm, Karin-Christiane					CDU	CDU
Windisch, Lisbeth					DFD	DFD
Wisor, Irmgard					FDJ	
Witt, Else		DFD				
Wittig, Iris	x					
Wittkowski, Margarete	(1952)	SED		SED		
Wittmar, Charlotte	x					
Wötzel, Ingeborg					DFD	
Wohlleben, Elfriede				LDPD		
Wolf, Adelheid	x					
Wolter, Lucie			FDJ			
Wunderlich, Marianne					FDGB	
Zaisser, Else	x					
Zepernik, Gertrud				DBD		
Zepp, Gisela					DFD	DFD
Zienert, Brigitte						DBD
Zipfel, Ute					NDPD	
Zybolski, Annerose	x					

Berliner Vertreter

Name	1. VK	2. VK	3. VK	4. VK	5. VK	6. VK
Barsch, Helga						DFD
Baumann, Edith	x	SED	(Abg.)	SED	SED	SED
Bednareck, Christel						FDGB
Berek, Monika				CDU	CDU	
Borowski, Waltraud				SED		
Dallmann, Elfriede	x	NDPD	NDPD			
Dorn, Marianne				NDPD	NDPD	NDPD
Eichler, Charlotte		FDGB	FDGB			

Name	Fraktionszugehörigkeit					
	1. VK	2. VK	3. VK	4. VK	5. VK	6. VK
Engelhardt, Gerhilde		LDPD	LDPD			
Freiberg, Helga						NDPD
Friedrich, Helma				FDJ		
Gropper, Roberta	x	FDGB	FDGB	FDGB	FDGB	FDGB
Haback, Karin				FDJ		
Hagel, Martha		SED	SED			
Haltinner, Irmgard					SED	SED
Handke, Emmy		DFD	DFD	DFD	DFD	
Helbing, Katharina	DFD	DFD				
Holtzbecher, Ilse			(NK)	CDU	(Abg.)	CDU
Iwersen, Christel		CDU				
Jänsch, Gisela				SED	SED	
Jung, Hertha			CDU	DFD	(Abg.)	(Abg.)
Kachel, Ingeborg						FDGB
Kadow, Erna		SED	SED			
Kaiser, Elfi						CDU
Kammerath, Susi				SED	SED	SED
Klara, Helmtraut					DFD	DFD
Knobloch, Lucie						DBD
Kornetzke, Inge		FDJ				
Krautzig, Rosemarie					CDU	CDU
Krüger, Liesbeth					SED	SED
Kujoth, Anita				SED		
Kuner, Hanna				DFD		
Lange, Anna		DFD				
Lange, Ingrid				DBD		
Legal, Marga				DFD		
Lehmann, Hannelore					SED	SED
Liedler, Walburga				DBD		
Ludwig, Eva	(Abg.)	NDPD	NDPD			
Lüders, Käte			DFD			
Müller, Frieda	x	DBD	DBD			
Neuhaus, Barbara		DBD	DBD			
Neumann, Elfriede		DFD				
Nowera, Monika				FDJ		
Pech, Anneliese		LDPD				
Rodenberg, Ilse (früher Weintraut-Rinka)	(Abg.)	(Abg.)	NDPD	NDPD	NDPD	NDPD
Roschkowski, Gitta						FDJ

Name	1. VK	2. VK	3. VK	4. VK	5. VK	6. VK
Rossa, Florentiene			DFD			
Ruge, Antje		DFD				
Saefkow, Aenne	x	SED	SED			
Schilling, Helga			FDJ			
Schlecht, Lieselotte					SED	
Schmidt, Martha				DFD		
Schulz, Margarete			SED	SED	SED	
Sima, Käte (geb. Dienstbach)					FDJ	FDJ
Stadtmüller, Ilona						FDJ
Templiner, Hannelore				FDGB	FDGB	
Tetzlaff, Herta (geb. Buss)		SED				
Thoms-Heinrich, Lieselotte				DFD	DFD	DFD
Weimann, Anna		SED				
Weinhold, Regine						DFD
Weituschat, Ingeborg				DFD		
Wenck, Regina					SED	SED
Wencke, Karla				DKB		
Werner, Margarete					SED	
Wigger, Susanne (geb. Weigert)					(Abg.)	FDJ
Wilma, Gudrun						LDPD
Winkler, Luise			VdgB			

Abkürzungen:

Abg.	=	Abgeordneter
BV	=	Berliner Vertreter
NK	=	Nachfolgekandidat
VK	=	Volkskammer
(19..)	=	seit diesem Zeitpunkt in der laufenden Legislaturperiode Mitglied der Volkskammer

Personenregister

(Weibliche Volkskammermitglieder siehe auch Anhang, Tabelle 2, S. 292 bis S. 303)

Ackermann, Anton 122, 124 f.
Arendsee, Martha 102, 269, 287

Bäuml, Luise 88, 292
Bauer, Gerda 102, 287
Baumann, Edith 77, 87 f., 102 f., 110, 117 f., 120–123, 126–131, 152 f., 166, 268, 270, 272, 275, 287, 292, 301
Bebel, August 27 ff., 32
Benjamin, Hilde 102, 110, 117, 119, 121, 153, 194, 213, 216, 219–222, 225, 268, 282 f., 287, 293
Berg, Helene 102, 110 f., 117 f., 268, 287
Bergmann, Herta 88, 102, 287
Bergner, Elli 136
Bernheim, Nicole 246 f., 249
Blankenhagen, Marianne 88, 265
Blecha, Johanna 200 f.
Bobek, Gertrud 214 f., 225 f.
Brandt, Edith 88, 102, 117, 120 f., 190 f., 287, 293
Brandt, Willy 20
Bremme, Gabriele 21, 42, 261, 277

Credo, Renate 102, 134, 287

Damerius, Emmi 102, 122 f., 288
Dank, Maria 198, 200
Deutschmann, Gertrud 102, 288
Dunker, Helene 102, 288

Ebert, Friedrich 103
Engels, Friedrich 27, 29, 252
Erler, Eva 88, 102, 288
Ermisch, Luise 102, 117, 121 f., 126 f., 153, 235 f., 238, 240, 288, 294

Fabisch, Ruth 212, 214 f., 218, 225, 294
Fechner, Max 219, 283
Feddersen, Dieter 154
Feist-Altenkirch, Margot 88, 102 f., 284, 288

Feist-Honecker, Margot, siehe Honecker, Margot
Field, Noel H. 136
Fischer, Lena 87 f., 102, 288
Förtsch, Eckart 46 f., 92, 260
Fricke, Karl Wilhelm 267
Fülles, Mechthild 21, 45, 166, 260 f.

Geffke, Herta 135 f., 272
Gehre, Edith 94
Gerbig, Emma 136
Gläser, Hanny 135 f.
Glöckner, Elli 131, 272
Grandke, Anita 134, 263, 271
Grauer, Gertrud 102, 288
Grille, Dietrich 251
Groh-Kummerlöw, Margarete 191, 294
Gropper, Roberta 257, 302
Grotewohl, Otto 51
Grundig, Lea 102, 110, 117, 288
Günther, Loni 88
Gurgeit, Hildegard 136

Hanke, Brunhilde 199 f., 235 f., 238, 240, 295
Hauschild, Thea 199 f., 295
Hein, Lucie 200
Hempel, Elli 135 f., 272
Hempel, Eva 102, 117, 120, 288
Hentsch, Gertrud 102, 288
Herforth, Lieselott 235 f., 238, 240, 285, 295
Herrnstadt, Rudolf 125 f., 290
Hieblinger, Inge 102, 121, 288, 295
Hinz, Heide 90 f.
Hoffmann, Friedel 102, 288
Holzmacher, Gerda 87 f., 90, 94, 102, 117, 265, 289
Honecker, Erich 66, 103 f., 122 f., 222 f., 263, 267 f.
Honecker, Margot 102 f., 117, 119–123, 153, 213, 215 ff., 222–226, 268, 282, 284, 288, 295
Hoppe, Ilse 102, 117, 289

Jänicke, Martin 218
Jende, Liesel 87 f., 265
Jonas, Freija 216

Kaiser, Hildegard 102, 289
Keilson, Greta 129, 136
Keller, Wally 191, 296
Kern, Käthe 102 f., 110, 117, 119 ff., 124 f., 131, 166, 190 f., 268 f., 289, 296
Kobiella, Erika 71
Köckeritz-Wollermann, Frieda 102, 289
Koenen, Wilhelm 122
König, Herta 215
Körner, Olga 102, 289
Konzack, Therese 102, 289
Kowalski, Doris 131
Krause, Anna 102, 121, 289, 296
Krause, Lisa 198, 200, 214, 227, 281, 296
Kuckhoff, Adam 224
Kuckhoff, Greta 213, 216, 224 f., 282, 296
Kuhnt, Helga 88
Kundermann, Änne 228 ff.

Labs, Helga 90 f.
Lange, Inge 52, 102, 105, 117, 121, 130 f., 133 ff., 153, 259, 263, 266, 272, 289, 297
Lange, Marianne 102, 110, 117, 289
Langner, Margarete 87 f., 136, 265
Lautenschlag, Helene 102, 289
Lembke, Herta 136
Lenin, W. I. 19, 27, 29 ff., 131 f., 249, 253
Leuschner, Bruno 221
Lieberwirth, Erika 215
Loch, Hans 224
Ludz, Peter Christian 22, 80, 98, 104, 106, 108, 110–113, 115, 118, 127, 250 f., 267, 270
Lübeck, Else 88
Lüdtke, Edelgard 90

Malter, Friedel 191, 214, 226 f., 297
Mampel, Siegfried 286
Marx, Karl 27, 29, 252
Matern, Hermann 226 f.
Matern, Jenny 214, 226
Meltzer, Hanna 102, 289
Merke, Else 235–238, 240, 276, 286, 297
Merker, Paul 221
Meschter, Gerda 88
Mewes, Renate 88 ff.
Meyer, Inge 274
Mielke, Erich 284
Mommsen, Hans 24
Müller, Dora 88

Müller, Margarete (LPG-Vors.) 90, 102, 117, 121 f., 127, 153, 235, 237 f., 240, 270, 272, 289, 297
Müller, Margarete (FDGB) 134, 191, 297
Müller, Martha 215, 227
Müller, Sonja 136

Naujoks, Eva 94
Neisener, Ilsabe 215, 227
Neumann, Alfred 284
Neumann, Anni 235, 238, 240, 276, 297
Neumann, Irmgard 235–238, 240

Oelßner, Fred 221 f., 283
Oeser, Edith 215, 226

Pappe, Christel 235 f., 238, 240
Pieck, Wilhelm 206, 228, 230, 232, 285 f.
Plesse, Marianne 88
Poser, Lydia 89 f., 202, 298
Prasse, Charlotte 275, 298
Puttkamer, Ellinor von 285

Rau, Heinrich 221
Reimann, Martel 94
Rentmeister, Maria 102, 289
Richert, Ernst 128, 195, 218, 221, 251
Roisch, Ursula 90
Rumpf, Willy 225
Ruske, Gerda 136

Sachse, Emma 102, 290
Sachse, Rosemarie 285
Sasse, Gertrud 191, 299
Schaar, Hella 102, 290
Schenk, Fritz 220, 222
Schirdewan, Karl 48, 222, 258
Schirmer-Pröscher, Wilhelmine 166, 190 f., 201, 299
Schlichting, Hilde 136
Schmidt, Elli 58, 65, 102, 121–126, 128, 131, 191, 213, 216, 224, 269 f., 282 f., 289 f., 299
Schneider, Maria 235 f., 238, 240, 299
Schreiber, Thomas 246 f., 249
Schultz, Joachim 140
Schuster, Gretl 102, 290
Seibt, Kurt 246
Sela, Christa 90 f.
Selbmann, Fritz 122, 221 f.
Selbmann, Käte 102, 121 ff., 131, 290, 300
Sickert, Irmgard 229, 231
Siegert, Maria 102, 290
Singer, Adelgunde 215
Sonntag, Hannelore 136
Staimer, Eleonore 214 f., 227, 229 ff.
Stalin, J. W. 30, 221
Stangneth, Ruth 94 f.
Steier, Gertrud 136

305

Stern, Carola 126, 128 f., 137, 233, 272
Sternberg, Frieda 102, 117, 290
Stoph, Willi 211, 220, 223, 284
Strecker, Gabriele 261

Tamme, Irene 102 f., 117, 290
Taubenheim, Maria 136
Thälmann, Ernst 184
Thälmann, Rosa 184, 300
Thiele, Ilse (DFD-Vors.) 102, 117, 121, 153, 196, 210, 226, 235 f., 238, 240, 282, 290, 300
Thiele, Ilse (Vors. d. Bezirksplankomm. Dresden) 90 f.
Thoms-Heinrich, Lieselotte 134, 303
Tito, Josip Broz 230
Töpfer, Johanna 102, 117 f., 290
Trautzsch, Gisela 77, 102 f., 117, 129, 270, 290

Ulbricht, Lotte 46, 133 f., 223 f., 271
Ulbricht, Walter 46, 104, 125 f., 128, 221, 223, 230, 233–236, 241, 252, 263, 268, 271, 279
Umlauf, Charlotte 200
Uschkamp, Irma 90 f., 202, 265, 300

Verner, Irma 136
Vielhauer, Irmgard 88, 93 f., 102, 136, 265, 290

Wachowius, Gerda 214, 227
Wagner, Elfriede 215, 227, 229 ff.
Walther, Elisabeth 102, 117, 290
Walther, Rosel 235 f., 238, 240, 300
Warnke, Erna 89 f., 93 f., 135 f.
Warthold, Minna 94
Weingart, Edith 102, 117, 290
Werner, Gerda 131
Windisch, Lisbeth 191, 199 f., 301
Winter, Elly 230, 285
Wittkowski, Margarete 91, 103, 110, 117, 119, 121, 153, 213–216, 220 ff., 224 f., 267 f., 282 f., 291, 301
Witz, Johanna 136
Wohlgemuth, Toni 103, 291
Wolf, Christa 103, 291
Wolf, Hanna 103, 110 f., 117 f., 268, 291

Zaisser, Else 213 f., 218 f., 221 f., 225, 282, 301
Zaisser, Wilhelm 125 f., 218 f., 290
Zauber, Jörg 268
Zellmer, Christa 88, 103, 117, 291
Zetkin, Clara 29 f., 32, 131 f., 252, 287
Ziller, Gerhart 221
Zöllner, Margarete 136
Zschau, Ursula 103, 117, 291

Zeitschrift für Sozialwissenschaft

Herausgeber:

Klaus Horn
Claus Koch
Wolf-Dieter Narr
Claus Offe
Dieter Senghaas
Winfried Vogt

Redaktion: Claus Koch

Diese neue Zeitschrift behandelt die Hauptprobleme der heutigen sozialwissenschaftlichen Diskussion: Staat und Planung, Wachstum und Infrastruktur, Arbeitsökonomie und technischer Fortschritt, Bürokratie und Technokratie. Mit interdisziplinärer Zielsetzung vertreten die sechs Herausgeber von der Politischen Wissenschaft und der Nationalökonomie bis zur Soziologie und Sozialpsychologie die wichtigsten sozialwissenschaftlichen Einzeldisziplinen.

LEVIATHAN erscheint vierteljährlich. Umfang je Heft ca. 144 Seiten, Format: 15,5 x 22,6 cm. Fordern Sie unseren ausführlichen Prospekt an: 4000 Düsseldorf, Postfach 1507. Bestellungen bitte an Ihre Buchhandlung oder direkt an den Verlag.

BERTELSMANN UNIVERSITÄTSVERLAG

STUDIENBÜCHER
ZUR SOZIALWISSENSCHAFT

Band 1   Feest, Johannes · Blankenburg, Erhard
         Die Definitionsmacht der Polizei
         Strategien der Strafverfolgung und soziale Selektion

Band 2   Haferkamp, Hans
         Soziologie als Handlungstheorie
         P. L. Berger / T. Luckmann, G. C. Homans, N. Luhmann, G. H. Mead,
         T. Parsons, A. Schütz, M. Weber in vergleichender Analyse und Kritik

Band 3   Nicholson, Michael
         Konfliktanalyse
         Einführung in Probleme und Methoden. Aus dem Englischen übersetzt
         von Heinrich Engelhardt

Band 5   Sonntag, Heinz Rudolf (Hrsg.)
         Beiträge zur kritischen Theorie in Lateinamerika
         Mit Beiträgen von F. H. Cardoso, R. M. Marini, A. Quijano,
         A. Monteverde und A. Cordova

Band 6   Hennig, Eike
         Soziale Funktion und Basis des Nationalsozialismus

Band 7   Alemann, Ulrich von
         Parteiensysteme im Parlamentarismus
         Einführung und Kritik von Parlamentarismustheorien

BERTELSMANN UNIVERSITÄTSVERLAG